HISTOIRE DE LA FRANCE

OUVRAGES DU MÊME AUTEUR

Chez le même éditeur

Poincaré, 1961.
Les Guerres de Religion, 1980.
La Grande Guerre, 1983 (premier grand prix Gobert de l'Académie française, 1984).
La Seconde Guerre mondiale, 1986.
Les Hommes de la Grande Guerre, 1987.
Histoires vraies de la Seconde Guerre mondiale, 1988.
La Grande Guerre au jour le jour, 1988.

Chez d'autres éditeurs

L'Affaire Dreyfus, P.U.F., 1959.
La Paix de Versailles et l'opinion publique en France, thèse d'État, Flammarion, 1972.
Histoire de la Radio et de la Télévision, Perrin, 1984.
La Lionne de Belfort, Belfond, 1987.

Pierre Miquel

Histoire
de la France

FAYARD

La France et l'Histoire

Il y a des pays sans histoire. La France n'est pas de ceux-là. Depuis que l'homme est apparu sur le continent eurasiatique, il se passe quelque chose dans l'espace aujourd'hui connu sous le nom de « France ».

Un peuplement précoce : on ne peut voyager aujourd'hui en France sans tomber sur quelque site préhistorique. La Bretagne en fourmille, le Sud-Ouest en regorge. On trouve du « néolithique » dans toute la Provence, dans le Massif central, dans les Alpes, et même dans la banlieue parisienne. L'ardeur des chercheurs et des curieux multiplie ces trouvailles, et les champs de fouilles ouverts par des amateurs alimentent les musées locaux et régionaux. C'est un amateur qui a mis au jour le vase de Vix, sur qui se sont penchés, depuis, tant d'éminents savants.

Le pays tout entier est un musée. Les Marseillais veulent-ils construire un immeuble place de la Bourse ? Ils mettent au jour le vieux port phocéen. On creuse à Paris un parking devant Notre-Dame ? On tombe sur une villa mérovingienne. En remuant son champ de betteraves dans les plaines du Nord, un paysan met au jour une importante sépulture mérovingienne. Gageons que s'il prenait fantaisie à un riche Persan d'acheter l'ensemble du territoire français et de le faire fouiller mètre par mètre, il n'y a pas beaucoup de régions où il ne ferait des découvertes. Un passé d'une grande richesse et d'une grande variété, dont nous ne connaissons que des bribes, des fragments discontinus, dort dans notre sol.

Pour des raisons sans doute géographiques, le peuplement de la France a toujours été relativement homogène. Les régions qui composent la France d'aujourd'hui, ainsi que les pays francophones des frontières, ne se sont jamais ignorées les unes les autres. Depuis la conquête de Jules César, les fameuses « voies romaines » ont sillonné le territoire, favorisant les contacts. Même avant les routes terrestres, il y avait les fleuves, les calmes rivières de France, qui pénètrent et relient la plupart des régions. La Seine, la Loire et la Garonne s'enfoncent loin vers l'intérieur. Elles sont partout navigables pour de petites embarcations. Si le Rhône et le Rhin, très violents, sont plus des frontières que des routes, les affluents des grandes rivières irriguent chaque tissu régional : la Dordogne aux rives fertiles, le Cher et l'Allier, l'Indre et la Vienne, la Marne et l'Oise... Il y a, dans le Nord et dans l'Est, de beaux cours d'eau calmes et lents : la souriante Moselle, si appréciée des Romains qui plantèrent sur ses bords la vigne, la Meuse et la Sambre, et tous les cours d'eau de la plaine du Nord. La France est un pays humide, où la pluie et l'eau courante ne sont pas comme en Grèce un miracle, ou comme en Égypte une exception. Et ses rivières n'ont pas de cataractes.

D'une région à l'autre, les montagnes ne font pas obstacle : on peut contourner le Massif central et des témoignages nombreux attestent qu'il fut traversé dès la Préhistoire. On passe sans difficulté des pays de la Seine aux pays du Rhône et de la Saône, et de ceux-ci aux pays rhénans. On va du Sud-Ouest au Sud-Est et du Sud-Ouest au Bassin parisien par des « seuils » qui, traditionnellement, voient défiler les envahisseurs : seuil de Naurouze, entre Garonne et Méditerranée, seuil de Poitou entre l'Occitanie et les pays du Nord. Le plus difficile, sur le territoire national, était le franchissement du Rhône, le fleuve impétueux de Frédéric Mistral : d'où certaines « villes-ponts » très anciennes : Avignon et Lyon notamment.

Pas de frontières au Nord et à l'Est avant le Rhin. L'Histoire nous apprend que le Rhin lui-même, comme le Danube oriental, fut souvent franchi par des peuples venus de l'Est. Mais ce franchissement prenait vite l'allure d'une invasion. Quand les Romains voulurent fixer une frontière à leur Empire en Occident, c'est le Rhin qu'ils choisirent.

La frontière du Sud, celle des Pyrénées, est également solide : mais comme le Rhin, elle n'a pas arrêté les migrations ni les invasions dans les deux sens. Que dire des Alpes, dont les larges vallées transversales sont de véritables boulevards! La France, à aucun moment de son histoire, n'a pu vivre repliée sur elle-même. Elle a connu tous les grands mouvements de peuples du continent, et même ceux des peuples marins. Les côtes rudes de Bretagne n'ont pas davantage arrêté les envahisseurs venus d'Angleterre que les larges terroirs normands n'ont arrêté les Vikings. Les populations de la Méditerranée ont dû déserter les bords de mer et se réfugier dans des villages perchés pour échapper aux incursions des pillards. Ni ses côtes, ni ses montagnes, ni ses fleuves frontaliers n'ont jamais mis la France à l'abri.

Pays ouvert, la France est cependant, plus que n'importe quel autre pays européen, celui des microrégions très individualisées. On passe insensiblement d'une région à l'autre. Mais on se rend compte soudain, sur quelques kilomètres, que tout a changé : le paysage, les sites, les modes de culture et la forme des champs, parfois la langage local, les toits et les pierres des maisons, les meubles traditionnels et l'alimentation. Le bétail lui-même est un élément de variété. Le sol et l'exposition des pentes au soleil font la diversité des vins. Il n'est guère de terroir français qui n'ait eu, à une époque très reculée, ses vins et ses fromages. L'herbe change, et les vaches : rien de commun entre les normandes grasses et bicolores, les bretonnes nerveuses et tachetées, les belles rousses de l'Aquitaine, les petites noiraudes du Languedoc et les blanches charolaises. Si l'on ajoute que les volailles changent comme les vaches et la forme des églises comme les fromages, on se rend compte que ce qui est appelé en France « l'esprit de clocher » correspond à une réalité historique et sociologique. Les peuples divers qui composent aujourd'hui le *puzzle* appelé « France » ont toujours eu entre eux des contacts. Mais ils se sont acclimatés et développés dans l'individualisme des villages.

La densité et la variété du peuplement tiennent sans doute aux conditions naturelles favorables : aux « microrégions » correspondent très souvent des microclimats, qui ont favorisé des formes d'agriculture et d'élevage spécifiques.

Le climat océanique tempéré, avec ses gradations savantes d'Ouest en Est et du Nord au Sud, permet toutes les interprétations, toutes les utilisations du sol.

Une grande partie du territoire se compose de belles plaines de sédiments fertiles : les bassins de la Garonne et de la Seine offrent des terroirs riches, profonds et chauds dans le Midi, très limoneux dans le Nord, où la Beauce et la Brie ont une proverbiale opulence. La Flandre s'ouvre sur la grande plaine de l'Europe du Nord-Ouest qui va s'élargissant vers la Belgique et l'Allemagne, plus loin la

Pologne et la Russie. L'immense ruban des terres à blé de l'hémi-
sphère Nord vient mourir en France, au bord de la mer du Nord
et de la Manche, jusqu'aux plantureux herbages de Normandie.

Les plaines alluviales ne sont pas moins riches, souvent, que les
bassins sédimentaires : la plaine d'Alsace, les « limagnes » du Centre,
certaines plaines du Rhône moyen et inférieur, quelques vallées des
Alpes sont richement céréalières. Les moissons de Giono se font
dans la vallée de la Durance. Des zones réputées ingrates, comme
la Bretagne ou le Languedoc, s'ouvrent soudain sur dès bassins
exceptionnellement fertiles, qui, grâce à la clémence inattendue
du climat, portent de bonnes récoltes et suscitent un peuplement
rapide. La France « hercynienne » de la Vendée et de la Bretagne,
des Ardennes et du Massif central, a des plages, des oasis de
bonnes terres.

Diversité des terroirs, des microclimats, des petites régions individualisées. Diversité, aussi, des races de la France.

Il n'y a pas de race française, comme il n'y a pas de climat français.
Les peuples ont rarement traversé notre territoire sans se fixer peu
ou prou, sans se mêler d'une manière ou d'une autre à la population
locale. Il y a les races montagnardes, qui ne sont pas toujours originaires de leurs montagnes, mais qui constituent, dans leurs villages
élevés, les témoins d'antiques invasions. Des peuples marins venus
d'Orient ont fait souche jusque dans les hauts plateaux du Centre.
La Bretagne et la Normandie sont occupées par des peuples venus
de l'Europe du Nord, à une époque plus ou moins lointaine. Les
gens venus de l'extrême Asie se sont fixés un peu partout.

La diversité du peuplement a pour effet une grande bigarrure
des types physiques qui composent la population française : les
armées du XIXe siècle engageaient les grands géants blonds venus
du Nord, les cavaliers lourds et bruns du Midi. Il y avait des cuirassiers de deux mètres, et des chasseurs à pied d'un mètre cinquante,
des fantassins de toute taille et de tout poil, des « rouquins » du
Nord et des « noirauds » du Centre. Si la légende évoque les Gaulois
grands et blonds, les armures du Moyen Age nous montrent des
croisés petits et trapus. Il n'y a pas de Français-robot. Seulement
quelques types dominants : l'Alsacien mince et blond, l'Alpin petit
au crâne rond, l'Auvergnat au teint sombre mais dont les yeux
sont souvent bleus, le Basque au pied sûr de contrebandier, le
Normand rose et blond. Mais ces types sont contredits d'un terroir

à l'autre, d'une famille à l'autre et jusqu'au sein des familles.

A partir du XIXe siècle, l'industrie et le peuplement des villes, où la population venue de toutes parts se mélangeait sans cesse, ont encore ajouté à la confusion en attirant la main-d'œuvre étrangère. De nombreux Italiens ou Espagnols ont fait souche dans le Midi, des Polonais dans le Nord, des Russes blancs dans la région parisienne. Tous ces peuples, immigrés souvent depuis plus de cinquante ans, sont parfaitement assimilés. Ouverte aux quatre vents, la France a toujours accueilli sur son sol la vague amortie des invasions, et la vague sans cesse renaissante des migrations. Elle importe beaucoup plus d'hommes, traditionnellement, qu'elle n'en exporte. Un Français sur dix est aujourd'hui africain, portugais, espagnol ou yougoslave. Ces travailleurs étrangers retourneront-ils tous dans leur pays ? La France est certainement l'un des pays d'Europe qui assimilent le plus — au sens américain du terme — les étrangers. Les mineurs polonais et les maçons piémontais ont été « faits français », comme jadis furent assimilés les grands nomades de la Préhistoire, les guerriers blonds venus de l'Est, et les marins basanés du Midi.

Ancêtres mythiques des Français, les « Gaulois » sont encore mal connus avant la conquête romaine. Ils font partie d'une histoire légendaire, que l'archéologie rend peu à peu plus précise et plus concrète. Même au temps des Romains, les Gaulois n'ont guère été décrits que du point de vue des conquérants.

Le sentiment de l'unité de la Gaule, ou des Gaules, fut en fait donné aux Gaulois par leur premier envahisseur connu dans l'Histoire. Force est donc de commencer une Histoire de France par un chapitre sur les Gaulois.

Comme l'a très bien fait remarquer leur historien Albert Grenier, « parmi tant de peuples connus ou inconnus dont les efforts successifs ont constitué la France, les Gaulois ont, les premiers, conçu, exprimé et réalisé en partie un idéal politique qui est demeuré le nôtre... C'est d'eux que nous tenons, pour ainsi parler, nos plus anciens parchemins nationaux ».

L' « idéal politique » dont parle Grenier est celui qui, chez les historiens de toute tendance du XIXe siècle, est réputé le ciment de la « nation française ». La marche vers la « nation française », à partir de l'anarchie gauloise, a toujours été en France une tendance fondamentale de l'historiographie. Tous les grands historiens, ou presque, ont écrit leur « Histoire de France ». La plus remarquable est, à certains égards, celle d'un académicien du début de ce siècle, Ernest Lavisse, directeur de l'École normale supérieure et professeur à la Sorbonne. Ce personnage considérable de la IIIᵉ République ne dédaigna nullement de rédiger, à l'usage des écoliers de l'enseignement laïc, gratuit et obligatoire, une Histoire de France familièrement appelée, en raison de son format, le « petit Lavisse », qui expliquait aux jeunes Français pourquoi ils devaient être fiers de constituer une nation. Après Michelet, ou Victor Duruy, Lavisse racontait sur le mode épique cette marche du peuple français vers l'unité, mais aussi vers la liberté et la démocratie des années 1890.

Le thème national, annexé par les républicains, réconciliait ainsi toutes les familles françaises « autour du drapeau », en persuadant les écoliers que les rois, les empereurs et les Républiques avaient tous contribué, chacun en son temps mais avec une remarquable continuité, au grand rassemblement des terres et des hommes. Philippe le Bel le roué, Louis XI le comptable, Louis XIV le conquérant, passaient, aux yeux des républicains, pour des monarques respectables, à qui l'on pardonnait volontiers, en 1890, leurs éclatants défauts, parce qu'on leur reconnaissait le mérite d'avoir été les « rassembleurs de la terre française ».

L'Histoire de France a été longtemps racontée selon ce double schéma : constitution de la nation autour des rois de l'Ile-de-France, puis de l'État centralisateur — évolution du peuple français vers la République démocratique et libérale, vers le suffrage universel et « l'École du peuple ».

Cette dernière interprétation doit beaucoup à Michelet et aux historiens « libéraux » du XIXᵉ siècle. La France aurait vécu dans l'ignorance et l'intolérance pendant les longs siècles du Moyen Age. Mais l'effort global d'un peuple, une volonté collective d'affranchissement au contact de civilisations plus évoluées (l'Italie notamment) auraient imposé la constitution d'une nation moderne. Après mille épreuves et beaucoup de contradictions, cette nation aurait trouvé en elle-même la force d'affirmer son indépendance dans une Europe hostile, et son désir d'élaborer une démocratie.

En ce sens, les guerres nationales seraient des guerres de libération contre la « tyrannie » oppressive des vieux États européens. Dès l'époque de Jeanne d'Arc, et même aux temps de Bouvines, la France aurait eu implicitement conscience d'exister comme nation ! C'est avec la Révolution française de 1789 que la volonté populaire de rassemblement aurait trouvé ses formes juridiques. De ce point de vue, la « Grande Révolution » est pour Michelet un accomplissement. Tout l'effort du XIXᵉ siècle libéral est de retrouver cet idéal perdu, constamment réprimé par les régimes réactionnaires ou bourgeois.

Le thème démocratique n'a donc pas moins d'importance, dans le fond commun des *Histoires de France*, que le thème national. Il est même à remarquer que ces thèmes se confondent d'autant mieux que les auteurs sont fermement attachés au progrès, à la justice sociale. L'idée de nation est très souvent à gauche dans l'histoire moderne et contemporaine de la France. La levée en masse, l'armée et la guerre révolutionnaires sont des idées françaises, de même que le prosélytisme républicain. La Révolution ne doit pas faire seulement le bonheur des Français, elle doit libérer l'Europe, affranchir les esclaves, constituer un modèle pour le monde entier. Elle a des vues continentales et planétaires. Quand le peuple français se libère, il libère aussi les « Républiques-sœurs », et les racines des nouvelles nations sont identiques à celles de la nation française : elles se libèrent pour réaliser la justice et pour institutionnaliser la liberté. 1830, 1848, et plus tard la Commune de Paris sont fidèles à cet idéal de libération universelle, qui sera repris et exalté, sous une autre forme, par les socialistes « patriotes » des cabinets de guerre, après 1914.

Dans l'idée de justice, on trouve, à la base, une volonté égalitaire, celle-là même qui s'est affirmée, longtemps avant la Révolution, dans la passion bien française de la centralisation. Des légistes royaux aux Premiers ministres, anciens élèves de l'École nationale d'administration, cette constante des mentalités françaises s'affirme dans le culte de l'État. Quand Louis XIV affirmait : « l'État, c'est moi », il ne se livrait sans doute pas à une manifestation d'orgueil. Il entendait que la personne royale, seule garante du droit, devait aussi l'imposer à tous ceux qui avaient la prétention de dire le droit, à tous les « privilégiés ». L'État centralisateur de l'ancienne monarchie s'est donné pour but de niveler les particularismes, les coutumes régionales et locales, les survivances de la féodalité et les anomalies dues aux caprices de l'histoire. Une certaine conception de la justice veut que tous les « sujets » soient égaux devant le « souverain ». Il suffit de remplacer la souveraineté du roi par celle du peuple pour maintenir, sous la Révolution, la tradition centralisatrice de la monarchie.

De fait, un des grands débats de la Révolution française fut celui des Girondins et des Montagnards. Les Girondins voulaient une nation fédérée, décentralisée. Les Montagnards, avec Danton et Robespierre, voulaient au contraire imposer la centralisation, au nom de la justice et de l'efficacité révolutionnaire. De leur point de vue, le fédéralisme ne pouvait aboutir qu'au triomphe de la réaction dans les provinces, la vraie révolution n'étant que de Paris.

Le débat des Parisiens centralisateurs et des provinciaux fédéralistes est vieux comme la France. Il se retrouve dans l'affrontement des partis politiques d'hier et d'aujourd'hui. Il se manifeste dans la résistance des grands seigneurs de province — aujourd'hui les maires de certaines grandes villes — aux rois de l'Ile-de-France, à leur appareil étatique. Il apparaît, longtemps après le triomphe de Louis XIV sur la noblesse, dans la lutte des États provinciaux contre les intendants, officiers du roi dans les provinces. Il est tranché péremptoirement par Bonaparte qui établit, avec les préfets, un État hypercentralisé imité de l'ancien Empire romain.

Pour certains historiens, la constitution réelle de la nation-France vient de cette étape décisive dans l'affirmation d'un État égalitaire et niveleur, un État-roi qui interdise toute contestation fédérale, et réduise tous les droits et coutumes particuliers. La continuité de l'Histoire ne proviendrait pas seulement de la volonté de rassembler, mais aussi de cette passion centralisatrice. Les rois ne sont pas de simples rassembleurs de terres, ils sont aussi les créateurs de l'État moderne. La République et Bonaparte ont recueilli, avant d'autres, leur héritage.

Ainsi écrite, l'Histoire de France est évidemment très partielle. Elle suit la ligne d'évolution très apparente vers l'hexagone contemporain. Elle délaisse comme rebuts ou déchets ce qui fait la richesse des forces centrifuges, les civilisations perdues des provinces, leur volonté d'exister. Les tendances actuelles de l'Histoire poussent à la redéfinition, précisément, de l'histoire nationale, dénoncée comme simplification et parfois comme mystification. Le cours de l'Histoire, particulièrement celle de la France, n'est pas lisse et régulier. Il y a les rivières des diverses origines, qui ont leur temps propre, celui de leur région. Le cours des événements se rassemble et se grossit en certains points du profil : la Révolution, par exemple, ou les grandes guerres. A ces instants de crispation collective se définit un avenir plus long, plus calme. Il faut insister, dans le récit, sur les moments privilégiés, qui conditionnent en profondeur les mentalités et laisser courir plus vite le fil des périodes sans orages. Mais il faut aussi rendre compte de la richesse des profils régionaux, dont l'insertion, dans l'explication globale du phénomène «France», apparaît aujourd'hui comme possible. Des tentatives d'histoires régionales ont vu le jour depuis vingt ans. De très sérieuses études existent sur l'Histoire de Bretagne, de Normandie, du Languedoc, de l'Alsace, qui modifient très sensiblement les « perspectives » parisiennes, pour qui toute ligne provient d'un centre, la borne de Notre-Dame... Les conceptions unitaires et linéaires de l'histoire ne parviennent pas à masquer, au cours des événements, l'affrontement souvent passionné, parfois désespéré de Paris, centre de l'État, et de telle ou telle province.

Il fut un temps où l'antagonisme mettait en question plus que le pouvoir politique. L'acharnement des barons du Nord contre le comté de Toulouse, la révolte à la fois mystique et sociale des Cathares ont ouvert dans le Sud-Ouest des plaies qui, avec le temps, n'ont pas été oubliées. Les expéditions royales dans le Languedoc protestant sont du même ordre, ainsi que les « dragonnades » et autres exploits des agents de Paris dans les Cévennes. C'est à la périphérie de l'hexagone que l'on trouve les forces de contestation les plus constantes, dans les pays « à États » plus récemment rattachés au royaume : la Bretagne, le Languedoc, la Provence, le Dauphiné...

Les rapports de Paris et de la province, sous l'angle de l'affrontement et du dialogue, prennent un autre relief que dans la perspective linéaire de l'histoire centralisatrice. Ils font apparaître la survie ou la résurgence des civilisations régionales, parfois d'une grande richesse, et expliquent certains aspects d'une évolution ou d'un comportement politique qui ne peuvent se réduire au dialogue de sourds entre l'autorité centrale et les mauvais sujets de la périphérie.

Il n'est pas indifférent de remarquer combien ces provinces périphériques sont sensibles aux influences des régions d'Europe qui les prolongent. La nation de frontière, comme isolant parfait, joue un rôle très restreint dans la longue période de notre histoire. Elle se limite aux temps malheureux des affrontements nationaux. Jadis, comme aujourd'hui, l'Alsace était du Rhin aussi bien que française, et la Flandre flamande, et le Jura jurassien, de chaque côté des crêtes, et la Savoie alpine, qu'elle fût française ou italienne... De sorte que dans leur conception, les Histoires régionales qui s'écrivent aujourd'hui ne sont pas à la recherche d'une série de civilisations perdues, elles s'efforcent légitimement d'oublier le

point de vue trop strictement national de l'ancienne tradition histo-
riographique pour ouvrir tous les aspects de la vie française à leurs
prolongements européens. Ainsi le nouveau récit de l'Histoire de
France peut-il espérer gagner en rayonnement ce qu'il perd en
simplification, et apporter sa contribution à une nouvelle intelligence des peuples de l'Europe de l'Ouest.

PREMIÈRE PARTIE

Des Gaulois aux Réformés

CHAPITRE I

Les Gaules et les Gaulois

Il n'est certes pas facile d'imaginer l'espace-France aux origines de son peuplement. Les paysages, comme les peuples, ont leur histoire. Ni les hommes ni les sites ne restent semblables à eux-mêmes sur une très longue période, et les données manquent pour se faire une idée très précise. Il est clair cependant que « nos ancêtres les Gaulois » ont habité la région limitée par l'Océan, le Rhin, les Alpes, la Méditerranée et les Pyrénées dès la période du premier âge du fer, c'est-à-dire depuis le début du premier millénaire avant notre ère, il y a 3 000 ans.

L'occupation du territoire.

Longtemps auparavant, l'Europe du Nord-Ouest était peuplée d'humains. Certains sont sortis, presque intacts comme les momies d'Égypte, des marais du Danemark. Les ancêtres de ceux-là vivaient dans des grottes et des cavernes, au quaternaire. Les traces de cette population abondent en France.

LES CHASSEURS DES CAVERNES.

La caverne... telle est l'origine réelle et mythique tout ensemble des hommes de l'Europe occidentale. Dès la seconde moitié de l'ère du quaternaire, il existe sur l'espace-France des cavernes et des hommes. Le climat très rigoureux les avait réduits à se réfugier dans les sites les plus abrités du Sud-Ouest (la Dordogne) ou du couloir Saône-Rhône (Solutré, en Saône-et-Loire). Les grottes-refuges de cette époque sont célèbres pour leurs peintures : Lascaux, Com-

barelles et Font de Gaune du Périgord. Dans la « caverne des Trois
Frères » (à Niaux) les gens des Pyrénées avaient sculpté le rocher et
découvert une technique de peinture polychrome! On était à
l'époque des grands glaciers.

Le froid ne ralentissait pas l'activité humaine. Il la stimulait
au contraire. Les chasseurs de l'espace-France sortaient de leurs
repaires pour traquer le gibier. Ils inventaient des armes et des
outils. Ils débitaient en tranches très minces le silex des montagnes.
Ils taillaient l'os en pointes de flèches, tendaient des arcs primitifs
pour frapper les bisons, les rennes, les mammouths. Bientôt ils
fabriquaient des harpons et des sagaies. Ils imaginaient l'aiguille
d'os, qui permettait aux femmes de coudre des fourrures.

Les chasseurs savaient rabattre les troupeaux, ils les engageaient
dans des vallées étroites, pour les prendre au piège. Ils les acculaient
à des promontoires, comme celui de Solutré, d'où les milliers de
chevaux sauvages sautaient en masse vers la mort.

L'isolement de ces hommes perdus dans une nature hostile
était redoutable. Il fallut bien des générations pour qu'ils pussent
connaître des conditions de vie plus douces, mieux adaptées, plus
confortables. Vers 25 000 avant notre ère, un souci du mieux
vivre se manifeste. Les hommes ne sont plus des bêtes errantes
parmi les bêtes. Ils expriment, et savent exprimer, leurs croyances et
leurs angoisses. Ils enterrent soigneusement leurs morts, ils rendent
un culte à des dieux mystérieux, ils ont des sorciers et des chefs.
Sans doute sont-ils déjà plus nombreux à occuper le sol. Ils sont
mieux nourris, mieux armés, mieux adaptés. De cette époque datent
les statuettes sacrées et les peintures de grottes découvertes dans la
France du Sud-Ouest.

12 000 avant Jésus-Christ : les troupeaux de rennes gagnent le
Nord et le Grand Nord. Les ours se réfugient dans les hautes montagnes. Les hommes peuvent enfin sortir, définitivement, des
cavernes. Le climat a changé, plus vite ici qu'en Amérique du Nord
ou en Asie continentale. Les paysages se couvrent de forêts. Mammouths et bisons disparaissent... Vient le temps des cerfs, des
sangliers et des renards : c'est la fin de la dernière glaciation.

LA FIN DES GRANDS NOMADES.

Beaucoup, parmi les hommes, suivirent les troupeaux vers le
Nord, restant chasseurs et nomades. Les autres, pour survivre,

s'installèrent au bord de la mer ou le long des cours d'eau : si la chasse était plus difficile, dans la forêt touffue, restait la pêche.

Pour la population clairsemée de l'Europe du Nord-Ouest, la disparition des grands troupeaux impliquait une lente et difficile adaptation aux nouvelles données climatiques. Mais la lumière, peu à peu, vint d'Orient.

De proche en proche, par un cheminement obscur, les techniques de l'agriculture et de la métallurgie gagnèrent l'Europe occidentale. Au lieu de vivre de pêche et de cueillette, les hommes défrichaient la forêt, élevaient des troupeaux d'animaux domestiques, et, déjà, semaient des graines de céréales. Avec les techniques vinrent aussi les hommes : la plus importante vague de peuplement aborda les côtes de la Méditerranée sans doute au IVe millénaire. Elle avait l'Orient pour origine. Ces peuples marins élevaient les chèvres et les moutons, ils semaient l'orge. Ils ne s'engageaient pas eux-mêmes dans l'intérieur des terres. Mais leurs techniques faisaient tache d'huile, et se répandaient, d'un peuple à l'autre. Ces marins devenus sédentaires ont été identifiés grâce aux poteries qu'ils fabriquaient, sur lesquelles ils imprimaient des coquillages.

D'autres peuples venus de la mer, également pasteurs et cultivateurs, remontèrent à une époque plus tardive la vallée du Rhône et de la Saône, débouchant sur le Bassin parisien. Les hommes se fixaient encore le long des cours d'eau, construisant, dans la région du Jura, des cités lacustres. Ils défrichaient les forêts et semaient les céréales, tout en pêchant dans les marais et les rivières.

Étaient-ils nombreux ? On ne sait. Ce peuplement se réduisit à un espace utile très restreint. De plus ces peuples pratiquaient sans doute le nomadisme des cultures. La révolution décisive dans l'adaptation des hommes au sol devait provenir de l'utilisation des métaux. Des prospecteurs venus d'Orient découvrirent des mines d'étain et de cuivre en Angleterre et en Espagne.

Dès lors de nouveaux types de peuplements apparaissent, dans la Lozère notamment, mais aussi en Seine-Maritime, avec la civilisation appelée « campignienne », du nom du village de Campigny. Les « Campigniens » ne connaissent pas encore l'usage du cuivre. Mais ils sont fixés au sol. Ils travaillent la terre avec des roches plus dures. Ils apportent la preuve qu'avec l'invention d'outils nouveaux, les nomades deviennent des villageois, parce qu'ils sont plus efficaces.

Si les métaux et leur procédé d'utilisation viennent aussi d'Orient, c'est par voie de terre et non par mer. L'Europe centrale et danubienne est le relais essentiel de cette pénétration de l'art de la métallurgie en Europe occidentale.

A cette époque reculée, l'emploi d'une technique nouvelle définissait une nouvelle civilisation. Avec les métaux apparaissent les premiers « tumulus ». Ces monticules de terre remontent aux années 1600-1300 avant Jésus-Christ. Quand on les fouille, on met au jour des tombeaux, et dans les tombeaux les premiers « Celtes ».

Tout le monde n'est pas d'accord pour appeler « Celtes » les hommes des premiers tumulus. Étaient-ils Celtes aussi, les hommes de la civilisation des dolmens ? Très longtemps avant la période des tumulus, les dolmens et les menhirs, hauts quelquefois de vingt mètres, s'alignaient en Bretagne, à Carnac par exemple. Sans doute étaient-ils dressés en l'honneur des morts. Les hommes des dolmens, contrairement à ceux des tumulus, ignoraient l'usage des métaux. Ils avaient, en guise d'outils, des silex taillés. Ils apprirent l'usage du cuivre grâce aux contacts maritimes qu'ils avaient avec les peuples du Nord et du Midi en relation avec l'Espagne. Les hommes des dolmens préexistent aux premières invasions « celtiques ». Ils vont cependant exporter leur civilisation : il y a des dolmens dans les Cévennes et jusque dans la vallée du Rhône. Inversement, des tumulus existent en Auvergne. Les deux types de civilisation ont donc fini par se rejoindre.

Il n'y avait pas, entre elles, de vide. Entre les hommes des dolmens, à l'Ouest, et ceux des tumulus, à l'Est, une population de plus en plus nombreuse occupait le centre de la Gaule, et s'initiait aux secrets de la métallurgie. Dans leurs tumulus, on trouvait des armes de bronze assez courtes et des vases sommairement décorés. Le bronze venait de Bohême. Il gagna la France par l'Alsace, la Lorraine, la Franche-Comté et la Bourgogne. Vers 1500, il était connu dans le Massif central, dans les Limagnes et la plaine de l'Allier. De là, il gagnait la vallée de la Seine et le Nord. Dans les grands tumulus circulaires, les hommes du bronze enterrés avec leurs armes étaient de grands gaillards solides, au crâne allongé, aux cheveux blonds. Après la Gaule, ils auraient envahi l'Angleterre et l'Irlande. C'est la première expansion des Celtes, ou des « proto-Celtes ».

Vers 1000 avant Jésus-Christ, une seconde vague d'envahisseurs venus de l'Est substitua le rite de l'incinération à celui de l'inhumation. Les tombes, au lieu d'être surmontées d'un tumulus, furent creusées dans le sol. On parle alors de « champs d'urnes », contenant les restes incinérés des hommes. Les « champs d'urnes » existent dans le Centre de la France, mais aussi bien dans l'Europe de l'Est et en Espagne.

LA CHEVAUCHÉE DES ROIS CELTES.

Derrière ces envahisseurs arriva enfin la grande vague des cavaliers celtiques, porteurs des secrets de la fabrication du fer, qu'ils tenaient de la civilisation de Hallstatt, en Basse-Autriche. De 900 à 500 avant Jésus-Christ... ces « hommes du fer » qui sont incontestablement des Celtes se répandirent dans l'Ouest jusqu'au Portugal.

Au Vᵉ siècle, le voyageur grec Hérodote trouve les Celtes installés dans le Sud de l'Espagne. Ils ont envahi l'Europe. A cette époque, toute la Gaule est devenue celtique. Poussés probablement par des peuples germaniques, les Celtes ne sont pas toujours venus en conquérants, mais peut-être en pasteurs, cherchant de place en place des pâturages le long des rivières, éclaircissant les forêts pour installer des villages. Le peuplement celtique n'a pas eu lieu d'une seule poussée. Il fut lent, progressif, lié souvent au parcours des troupeaux. On peut imaginer, en Bretagne par exemple, un contact pacifique de populations entre les agriculteurs et les marins de la civilisation des dolmens, et les hommes venus de l'Est avec le fer et le char à quatre roues.

Autour de 500 avant Jésus-Christ, une deuxième « civilisation du fer », dite « civilisation de la Tène », se développe en Gaule, où les premières mines sont exploitées. A cette époque, toute la Gaule n'est pas celtisée : les Ligures occupent le rivage méditerranéen, des Alpes-Maritimes au Rhône. Les Ibères vivent sur les côtes du Sud-Ouest.

Dans son ensemble, cependant, la Gaule est dominée par les Celtes. Les forges de Lorraine, exploitées dès cette époque, celles de Bourgogne et du Massif central, permettent aux Celtes de s'armer de ces longues épées droites qui répandent la terreur. La nouvelle civilisation, qui enterre les morts dans d'immenses fosses, couvre peu à peu l'essentiel de la Gaule. Les contacts avec l'Orient, notamment par la Méditerranée, permettent aux Celtes de faire des progrès décisifs en artisanat et dans les techniques agricoles. Est-ce à partir de Marseille (fondée vers 600 par les Grecs) que se répandent l'usage de la monnaie et la culture de la vigne ?

Par son unité, le monde celte est comparable au monde romain :

les langues parlées en Gaule sont de même racine. Les arts et les techniques tendent à s'harmoniser. Il en est probablement de même des mœurs et des structures sociales. Dès le VIᵉ siècle, des relations existent avec la Grèce. La découverte de la tombe de Vix, près de Châtillon-sur-Seine, en 1952, peut en témoigner : à côté des objets de la première civilisation du métal (statuettes et vase de bronze, char à quatre roues) on y trouva des objets incontestablement grecs. Ainsi les ancêtres des Gaulois étaient-ils déjà en contact, par mer et par terre, avec les autres civilisations de la période proto-historique.

LES TRIBULATIONS DES GAULOIS HORS DE GAULE.

On ne sait trop comment étaient organisées les premières sociétés celtiques. Ceux que les Grecs appellent indifféremment Celtes ou « Galates », que les Romains appelleront plus tard les « Gaulois », formaient peut-être une fédération de tribus. La tombe de Vix était princière, sans doute les fameux « rois celtes » existaient-ils à cette époque, ou, à leur défaut, des princes.

C'est à la période du second âge du fer, au IVᵉ siècle avant Jésus-Christ, que les Celtes ou Galates, devenus conquérants, se répandirent, au-delà des Alpes, dans la plaine du Pô. Ces « Gaulois » affrontèrent les Étrusques, qu'ils vainquirent. Ils pénétrèrent dans le Latium, s'emparèrent de la ville de Rome, où seul le Capitole put leur résister, vers 390 avant Jésus-Christ.

Ces étranges envahisseurs nous sont connus par un chroniqueur et géographe grec, Strabon, qui a repris des témoignages de l'époque :

> « A leur franchise, dit-il, à leur fougue naturelle, les Gaulois joignent une grande légèreté et beaucoup de fanfaronnade, ainsi que la passion de la parure, car ils se couvrent de bijoux d'or, portent des colliers d'or autour du cou, des anneaux d'or autour des bras et des poignets, et leurs chefs s'habillent d'étoffes teintes de couleurs éclatantes et brochées d'or. »

Strabon, après tant d'autres auteurs, dresse ensuite un portrait moral peu flatté :

> « Cette frivolité de caractère, dit-il, fait que la victoire rend les Gaulois insupportables d'orgueil, tandis que la défaite les

consterne. Avec leurs habitudes de légèreté, ils ont cependant certaines coutumes qui dénotent quelque chose de féroce et de sauvage dans leur caractère, mais qui se retrouvent, il faut le dire, chez la plupart des nations du Nord. »

Et Strabon se fait l'écho des souvenirs terrifiants des anciens Romains, ceux-là mêmes qui affrontèrent les Gaulois lors du siège de Rome :

> « Au sortir du combat, ils suspendent au cou de leurs chevaux les têtes des ennemis qu'ils ont tués et les rapportent avec eux pour les clouer, comme autant de trophées, aux portes de leurs maisons... Les têtes des personnages illustres étaient conservées dans de l'huile de cèdre et ils les montraient avec orgueil aux étrangers, refusant de les vendre, même au poids de l'or. » (Stabon, IV, 4, 5.)

Ainsi les Gaulois avaient constamment des contacts avec les étrangers, ils pratiquaient les échanges et le commerce, ils connaissaient l'usage de l'or comme monnaie et non seulement comme parure. Où auraient-ils trouvé « l'huile de cèdre » sinon dans les échanges avec les peuples de la Méditerranée? Et l'or dont ils étaient couverts?

On sait que, dans les Balkans, les Galates faisaient régner la terreur, qu'au IIIe siècle, conduits par Brennus, ils pillaient les cités grecques et se répandaient jusqu'en Asie mineure. La pression des tribus gauloises devait profondément transformer la population de l'Italie du Nord qui devint véritablement une « Gaule cisalpine ». Sur les bords de la Méditerranée, les Gaulois finirent par se fondre avec leurs adversaires, les Ligures et les Ibères.

Vint le temps des revers. Au IIIe siècle, les Belges, Celtes germanisés, qui incinéraient leurs morts, occupèrent peu à peu les territoires compris entre la Seine, la Marne et le Rhin. Ils chassèrent les Celtes du second âge du fer qui prirent le chemin de la Grande-Bretagne, où ils vinrent occuper les terres de la vague antérieure, celle des proto-Celtes de la période hallstattienne. Ainsi sur les territoires européens se succédaient sans cesse les nouveaux occupants.

A la fin de cette migration, Rome avait grandi. Les légions occupaient l'Espagne (201) et soumettaient les tribus gauloises de la

Gaule cisalpine. Les Celtes n'étaient plus véritablement rassemblés
qu'en Gaule. C'était la fin de l'Europe celtique.

Formèrent-ils jamais une nation? Les récits des voyageurs grecs,
les relations des Romains, celles de Jules César enfin, permettent
de se faire une idée assez précise de la civilisation des Celtes habitant la Gaule transalpine, les Gaulois nos ancêtres, mais non de
donner une réponse définie à cette question.

Les Gaulois en liberté.

UNE RACE GAULOISE?

Les Romains ne connaissaient pas la Gaule, mais les Gaules.
Avec leur sens inné de l'image, ils distinguaient d'abord les Gaulois
porteurs de toge de la *Gallia togata*. Ceux-ci étaient habillés à la
romaine parce qu'ils avaient été les premiers romanisés. Ils habitaient la Gaule cisalpine, l'Italie du Nord.

Il y avait ensuite les Gaulois porteurs de braies (ou culottes) de la
Gallia braccata; c'est l'actuelle Provence, accrue du Languedoc,
conquise par les Romains en 125 avant Jésus-Christ parce qu'elle
se trouvait sur la route de l'Espagne. La troisième Gaule était la
chevelue, *Gallia comata*, ainsi nommée parce que les Gaulois, à
l'inverse des Romains, portaient longs leurs cheveux blonds.

> « Les Gaulois sont de grande taille, écrit Diodore de Sicile,
> leur chair est molle et blanche ; non seulement leurs cheveux
> sont naturellement blonds, mais ils s'appliquent à rehausser
> cette couleur en les lessivant continuellement avec de l'eau
> de chaux. Ils les tirent du front vers le sommet de la tête ou de
> la nuque. Grâce à cette opération, leurs cheveux deviennent
> épais comme la crinière des chevaux. »

Faut-il croire le chroniqueur? Faut-il suivre Virgile quand il
écrit, parlant des Gaulois, « en or leur chevelure, en or leurs vêtements »? L'historien Ferdinand Lot ne croit pas au mythe des
« grands guerriers blonds ». Il pense que les Romains les décrivaient

ainsi par pure convention, et qu'en réalité les cheveux des Gaulois étaient teints ou décolorés...

Blonds ou bruns, les Gaulois étaient en tout cas réputés, dans le monde antique, pour leur ardeur guerrière et leur « habileté à la parole ».

« Le caractère commun à toute la race gauloise, écrit Strabon, c'est qu'elle est irritable et folle de guerre, prompte au combat, du reste simple et sans malignité. Si on les irrite, les Gaulois marchent droit à l'ennemi, sans s'informer d'autre chose... Forts de leur haute taille et de leur nombre, ils s'assemblent en grande foule, simples qu'ils sont et spontanés, prenant volontiers en main la cause de celui qu'on opprime. »

Ils ont une langue commune, proche à la fois du ligure et du latin. C'est une langue indo-européenne. Elle a des variantes en Bretagne, en Irlande, en Pays de Galles. Comme l'écrit Albert Grenier :

« Quand ils apparaissent dans l'Histoire, les Gaulois parlent un langage de même famille que celui des Arya de l'Inde. »

C'est postérieurement que les différences apparaissent dans la langue des peuples. Le début de la dispersion date de l'âge du cuivre. Au moment de l'âge du fer, les Gaulois ont un langage commun qui s'apparente beaucoup à celui des Germains. Ils appellent le fer *isarno* (les Germains : *eisarn*).

Même rameau linguistique, même ethnie, les Gaulois ou Celtes sont bien les ancêtres des Français. Cela ne veut pas dire qu'ils parlaient tous la même langue, ni qu'ils avaient le même type physique : entre les habitants des Cévennes, ceux du Rhin, les Arvernes et les Bretons, les différences étaient déjà très sensibles. Mais comme le dit avec beaucoup de bon sens Ferdinand Lot :

« On prétend qu'il n'y a pas de type français... il y a cependant une moyenne ethnique française... et ce fait ne peut s'expliquer que si les ressemblances entre gens de France sont supérieures aux dissemblances, et cela depuis des temps anciens. »

L'ANARCHIE ORGANISÉE DE LA GAULE AUX TROIS CENTS PEUPLES.

Si l'on admet qu'une certaine unité du monde celtique a jadis existé, il faut bien reconnaître que la centaine de peuples qui habitent la Gaule sont très différenciés, très individualistes, et qu'ils sont souvent en conflit les uns avec les autres. Il n'y a pas d'unité politique. Il y a seulement une dominante de civilisation.

Ces peuples, les Romains les appelaient des « cités ». Certains l'emportaient nettement en puissance sur les autres. Il y avait, en tout, soixante « cités », subdivisées en districts campagnards, les « pagi » ou « pays ».

Les peuples qui dominaient la Gaule chevelue étaient les Arvernes ; maîtres du centre de la Gaule, ils avaient Riom pour capitale (Rigomagnus). Les Éduens, installés en Saône-et-Loire, tiraient leur force de leur métallurgie et de la maîtrise des routes commerciales Nord-Méditerranée et Suisse-Atlantique. A l'est du Jura, les Helvètes, puissamment organisés, dominaient les Allobroges. Les pays entre Loire et Seine étaient contrôlés par les Sénons, cependant que les Carnutes organisaient la navigation sur la Loire, dont ils tiraient un grand profit. C'est dans leur territoire que se tenait l'assemblée générale des druides.

Chez les peuples de la Gaule chevelue, la puissance des tribus venait de la domination d'un fleuve, de la possession de mines de fer, de cuivre, ou d'une certaine disposition pour le commerce. La richesse économique donnait déjà l'influence politique. Dans l'Aquitaine, une quinzaine de petits peuples à moitié ibères se partageaient le territoire, sans que l'un d'eux l'emporte nettement sur les autres. Ils n'avaient ni mines ni grandes routes commerciales. La région méditerranéenne et les Alpes étaient mieux partagées : aussi furent-elles occupées très vite par les Romains. Des villes se fondèrent de bonne heure dans la vallée de la Durance : Sisteron et Gap (Segustero et Vapincum), dans le Vaucluse : Orange (Arausio) et Avignon (Avenio). Les peuples de la côte étaient, soit franchement ligures, soit celto-ligures. Les petits peuples des cols alpins, bien retranchés dans leurs *oppida* (citadelles), tenaient tête aux Romains comme aux Celtes et faisaient payer cher à tout le monde le franchissement de la montagne.

Les peuples les plus entreprenants ont eu, l'un après l'autre, des prétentions d'hégémonie sur la Gaule chevelue : au vᵉ siècle av. J-C., les Bituriges devaient à leur roi Ambicatus d'avoir dominé à la fois les Arvernes, les Sénons, les Éduens et même les Carnutes de la Loire. Deux cents ans plus tard, les Arvernes étaient, semblet-il, maîtres de tout le centre du pays. Ils luttaient contre les Éduens et les Séquanes pour obtenir l'hégémonie.

LE PAYSAGE GAULOIS AU TEMPS DE LA CONQUÊTE.

Combien d'habitants comptait alors la Gaule? Les estimations varient de cinq à trente millions! Au temps de César les Helvètes étaient environ 360 000. Le territoire helvète comptait quatre cents villages ou *vici*. Mais le peuple helvète était particulièrement nombreux.

Il est impossible d'estimer à sa juste valeur l'occupation du sol par les Gaulois, mais il est vraisemblable qu'elle ne dépassait pas dix à douze habitants au kilomètre carré.

Ils semblent s'être fixés de préférence le long des fleuves, dans les régions riches en minerais, sur les côtes, dans les plaines particulièrement fertiles. Quelle était l'importance des forêts dans la Gaule chevelue? On connaît l'existence, au Nord du territoire, de l'immense « forêt charbonnière ». Mais ailleurs? Il est vraisemblable que les tribus gauloises, très largement adonnées à l'élevage et à la chasse, avaient besoin pour leur subsistance d'un assez vaste territoire. Le peuplement était nécessairement discontinu, et d'abord pour des raisons de sécurité. Il ne faisait pas bon, au IIIe siècle avant Jésus-Christ, d'avoir des voisins trop entreprenants. Mieux valait être séparé d'eux par des forêts impénétrables.

Les fleuves, de préférence aux routes, étaient utilisés pour le commerce. Mais il y avait des exceptions. Comment expliquer la puissance des Arvernes ou des Bituriges sans les routes terrestres? Ces régions du centre de la Gaule, qu'ils occupaient, n'étaient-elles pas, déjà, parmi les plus civilisées, et comment expliquer leur degré d'évolution sans les supposer en contact constant avec le monde méditerranéen?

La population des tribus gauloises était, sans doute, essentiellement rurale. Les villages (*vici*) formaient la base du peuplement et de l'organisation sociale. Les grands peuples en comptaient des centaines. En dehors des villages, les nobles faisaient souvent construire des maisons particulières que les Romains devaient appeler *aedificia*. Mais la Gaule avait aussi des villes.

Les capitales, les gros marchés, les lieux importants pour le commerce étaient généralement fixés sur des collines entourées de murailles et de défenses. On les appelait *oppida*. En cas de danger, les populations des villages trouvaient refuge dans l'oppidum, qui était nécessairement vaste : celui d'Alésia pouvait abriter 80 000 guerriers, avec les approvisionnements, la population civile et les réfugiés des campagnes voisines. Tous les oppida contenaient des réserves en vivres et en fourrages, car on abritait aussi les troupeaux.

Construites en matériaux sommaires, avec les murs en torchis, les pierres mal équarries, les remplissages de terre sèche dans le Midi, les villes gauloises étaient de gros bourgs établis à la diable, ayant seulement un but de défense ou de rencontre. Quelques villes plus riches, centres de trafic important, bordaient les fleuves. Mais il n'y avait pas de civilisation urbaine.

Cicéron écrivait : « Il n'y a rien de plus vilain qu'une bourgade gauloise. »

LA PUISSANCE DES CASTES.

Pas de villes véritables, pas de bourgeoisie. La Gaule était aux mains de guerriers, des nobles. Ceux-ci prélevaient un impôt très lourd sur toutes les catégories de la population.

Les nobles composaient une caste de cavaliers jouissant du pouvoir économique et du pouvoir politique tout ensemble. Maîtres de la terre, ils disposaient d'une clientèle plus ou moins nombreuse d'hommes dévoués qui les accompagnaient à la guerre et levaient pour eux les impôts. Les nobles exerçaient eux-mêmes les commandements civils et militaires.

Ils régnaient sur un peuple de paysans libres, et sur un petit nombre d'esclaves. Massacrant les prisonniers de guerre, ils ne pouvaient en effet développer l'esclavage. Les structures familiales, tant chez les nobles que chez les villageois, étaient très solides : le père avait droit de vie et de mort sur sa maison. Une sculpture célèbre du Musée national à Rome montre un guerrier celte vaincu, qui, pour échapper à la captivité, tue sa femme avant de se donner la mort.

Chez les riches, mais aussi chez les moins riches, la femme apportait une dot à son mariage, à charge, pour le mari, de fournir un apport de même valeur. Les enfants reconnus héritaient des biens des parents.

Les paysans n'héritaient pas de la propriété de la terre (qui appartenait aux nobles) mais du droit d'usage, pour le compte des nobles. Ceux-ci possédaient aussi le bétail, qui constituait la richesse fondamentale. Ils disposaient des moyens de culture et des semences. Il n'est pas certain qu'ils aient exercé un droit de propriété individuelle sur leurs terres, au sens où l'entendaient les Romains. Les vastes domaines des *vici* étaient peut-être la propriété collective de la tribu, dont la possession était reconnue aux chefs, à charge pour eux de nourrir leurs clients et les travailleurs des villages.

Le respect entourant les chefs était considérable. Leurs funérailles entraînaient de grandes fêtes, où s'exprimait l'émotion d'un peuple entier. Les chefs étaient d'ailleurs parfois choisis par les tribus, en raison de leur valeur militaire. Le corps du chef mort était solennellement enseveli avec ses objets précieux, ses animaux familiers, ses clients et ses esclaves que l'on sacrifiait pour la circonstance.

A côté des chefs, mais non moindres en dignité et en puissance, étaient les prêtres de la collectivité appelés druides. A la fois sorciers, juges, éducateurs et poètes, les druides, exempts d'impôts, grands sacrificateurs, font figure de gardiens des valeurs spirituelles d'une société qui croit à l'immortalité de l'âme. De grands poèmes analogues à ceux de l'Inde décrivent la vie spirituelle et transmettent les croyances. Ils ne sont pas rédigés, de peur d'être profanés par des indignes. Les druides connaissent par cœur ces textes sacrés, et les transmettent de génération en génération.

Les druides sont donc les seuls à posséder la science de la religion. Ils se rencontrent, en des occasions solennelles, pour chanter les poèmes sacrés et faire échange d'informations et de techniques. Il y a des congrès de druides, où l'on vient de toute la Gaule.

La religion des Gaulois enseigne la mutation des âmes, qui survivent à la mort et connaissent un au-delà. La survie tient une grande place dans la religion, comme en témoigne la cérémonie du gui :

« Les druides n'ont rien de plus sacré que le gui, écrit Pline l'Ancien, du moins celui du chêne rouvre. Le rouvre est pour eux l'arbre divin par excellence. Leurs bois sacrés

appartiennent à cette essence, l'emploi de son feuillage est
exigé dans tous les sacrifices. Aussi, une touffe de gui vient-
elle à surgir sur un chêne, c'est signe qu'elle arrive du chêne,
et que l'arbre est l'élu d'un Dieu. »

Cela peut aussi vouloir dire qu'en hiver, la touffe verdoyante
au sommet du chêne atteste la continuité de la nature, symbole
de la permanence des âmes...

« La coupe s'en fait suivant un rite minutieux et sévère,
ajoute Pline. Elle a lieu le sixième jour de la lune... Le prêtre,
vêtu d'une robe blanche, muni d'une faucille d'or, monte à
l'arbre et coupe le gui qui doit être reçu dans une saie toute
blanche. »

L'arbre, le gui, les sources, les bois, les montagnes, il est vraisemblable que bon nombre de lieux ruraux, aujourd'hui marqués d'une
croix de bois dans les campagnes, sont des lieux de culte qui remontent au passé gaulois. Ces lieux, privilégiés, ont une qualité définie,
qu'il s'agisse de l'eau, de la terre ou de l'ombre. Ils ont exprimé les
dieux depuis plus de deux mille ans.
Les Gaulois adorent toutes sortes de formes symboliques dans
la nature. Le soleil, bien sûr, source de vie, mais aussi la lune et les
animaux magiques des grands bois. Les Helvètes adorent l'ours,
les Belges le sanglier. Le taureau est l'objet d'un culte dans toutes
les régions d'élevage, symbole de force mâle et de fécondation.
Éleveurs ou anciens éleveurs, les Gaulois ont une déesse jument,
Épona, un Dieu couronné de bois de cerf, Cernunnos. Les eaux
thermales, qui sortent bouillonnantes de la terre, sont sacrées.
Bourbon-l'Archambault, Bourbon-Lancy tiennent leur nom du
Dieu Borvo, qui guérit les malades. Très proche de la nature, la
religion des Gaulois se contente, pour le culte, de lieux sacrés, de
statues sommaires, de vases pour les sacrifices. Pas de temples,
pas de constructions en pierre pour ces descendants des grands
nomades des steppes.

LA « QUALITÉ DE LA VIE » EN GAULE.

Il est vrai que les nomades sont devenus villageois : s'ils élèvent
le cheval, la vache, le mouton et surtout le cochon, les Gaulois,

en bons cultivateurs, sèment le blé, et, selon les régions, le millet ou le seigle. Le lin et le chanvre servent pour l'habillement, l'orge pour confectionner la bière, qui est une sorte de boisson nationale. La vigne n'est connue que sur les bords de la Méditerranée.

Les techniques de l'agriculture sont plus évoluées que celles du monde romain. Les Gaulois, grands métallurgistes (ils ont un dieu forgeron) savent fabriquer les charrues à soc de fer pour remuer les terres les plus lourdes. Ils savent marner les sols et conserver le vin et la bière dans des tonneaux en bois cerclés de fer, dont ils sont les inventeurs.

Tant d'adresse suppose un savoir-faire artisanal. Depuis long-temps les Celtes fabriquent les chars à quatre roues et les attelages pour les chevaux. Le cheval est au centre de leur civilisation. Bientôt les roues des chars sont cerclés de bandes de fer. Le fer est abondant en Gaule, où les forges populaires se multiplient, fonctionnant au bois. On le trouve naturellement dans les Ardennes, dans la vallée de la Meuse, sur tout le rebord oriental du Massif central, mais aussi dans le Berry, le Périgord, dans les Pyrénées et dans le Sud-Ouest.

Le plomb, le cuivre, l'étain de Bretagne, l'argent et l'or du Centre (Auvergne et Cévennes) alimentent l'artisanat. Les Gaulois sont bijoutiers, joailliers, ciseleurs. Le placage sur cuivre permet de faire reluire les casques, les cuirasses et les chars. On décore les chevaux de cuivre et de bronze argenté, pour impressionner l'ennemi. Les femmes ont de riches bracelets, des colliers, des fibules en or et en pierres précieuses. Elles portent de belles étoffes de laine et de lin. Pour la cuisine, elles disposent d'une gamme étendue de poteries.

S'ils ne savent pas faire les routes, les Gaulois construisent des voitures à toute épreuve, qui permettent d'affronter les pistes de terre. Peu marins, à l'exception des Vénètes, qui fabriquent de lourds bateaux en chêne avec des voiles de cuir, les Gaulois possè-dent d'innombrables embarcations sur les fleuves, qui sont presque tous navigués. On remonte le Rhône et la Saône jusqu'à Chalon. De là, les marchandises voyagent par terre jusqu'à la Seine. Des échanges se créent à travers tout le territoire. L'étain de Grande-Bretagne arrive-t-il ainsi jusqu'à Marseille ? Il est indiscutable que, grâce aux voies fluviales, les produits grecs de Marseille remontent assez loin vers le Nord, et avec eux les monnaies. La nécessité des échanges avec le monde méditerranéen oblige d'ailleurs cer-taines tribus gauloises à battre monnaie : dès le IIIe siècle avant Jésus-Christ, les Gaulois frappent l'or et l'argent. Ils ont des pièces à motifs géométriques, d'autres qui représentent des cavaliers, des chevaux ou des sangliers.

Profondément rurale, la Gaule exploitait cependant au mieux ses mines et pratiquait certaines cultures industrielles. Riche de ses terroirs, de ses pâturages et aussi de ses hommes (elle était sans doute le territoire le plus peuplé d'Occident) la Gaule aux cent peuples admettait tous les échanges, toutes les pénétrations. Il ne fallait pas plus d'un mois pour parcourir la distance de Boulogne à Marseille. Tout donne à penser que les étrangers pouvaient, à des fins commerciales, emprunter sans trop de risques les routes et les fleuves.

C'est la guerre continuelle des tribus qui constituait la faiblesse essentielle de la Gaule, son impuissance, sa répulsion peut-être aussi, à concevoir un système politique unitaire. Si l'on en croit César, les tribus gauloises avaient le sentiment de l'unité de leur civilisation, de leurs croyances et même, devant l'envahisseur, de leurs intérêts ; mais elles tenaient à préserver leurs sociétés sans État, sans roi, sans chef suprême, et ne se résignèrent à l'action commune que sous l'insupportable contrainte de l'envahisseur romain. La richesse gauloise était célèbre dans le monde romain. Les commerçants italiens, les *negociatores*, sillonnaient depuis longtemps le pays. Les ressources agricoles étaient considérables, les réserves en or abondantes, la civilisation vigoureuse. Autant de tentations pour les généraux romains : ils savaient qu'à l'intérieur des cités, des rivalités opposaient les partis, les clans des nobles, des druides, et les ambitieux qui s'appuyaient sur le peuple. Ils savaient que les cités n'hésitaient pas à demander l'aide de l'étranger, dans leurs incessantes querelles. La Gaule était une proie mûre. Elle ne manquerait pas d'intéresser César.

Sous le joug des Romains.

LES CONQUÉRANTS AUX CHEVEUX COURTS.

Les Romains n'étaient certes pas, au temps de César, des inconnus pour les Gaulois. Ceux-ci les avaient envahis au IVᵉ siècle mais Rome avait pris sa revanche : de 125 à 120 avant Jésus-Christ, elle avait réalisé la conquête de la « Gaule transalpine ». Cn. Domitius Ahenobarbus, consul romain, avait écrasé les Allobroges et les Arvernes. Il avait organisé, des Alpes aux Pyrénées et de part et d'autre de la route d'Italie en Espagne, la *Provincia Romana*. Marseille était, à l'origine, restée indépendante dans cette province où avait été fondée la colonie romaine de Narbonne, en 188 avant Jésus-Christ.

Les habitants de Nîmes, Arles et Narbonne logeaient donc depuis longtemps dans des maisons romaines et apprenaient le latin au moment où Jules César s'apprêtait à faire la conquête de la Gaule chevelue.

Il y fut appelé par les Éduens. Le druide Divitiac, qui vint demander en 60 avant Jésus-Christ le secours de Rome, redoutait une invasion germanique. Déjà cinquante ans auparavant, les Cimbres et les Teutons avaient envahi la Gaule et l'Italie. Seuls les Romains avaient pu les arrêter. Riches commerçants, les Éduens redoutaient de nouveaux pillages. Ils conclurent un traité avec Rome.

Il se trouvait alors que Jules César, proconsul de la Gaule cisalpine, avait l'ambition d'acquérir la gloire en conquérant la Gaule chevelue. En 58 avant Jésus-Christ, les Suèves d'Arioviste, à défaut des Teutons, obligèrent les Helvètes à abandonner une partie de leurs terres pour chercher refuge à l'Ouest. A l'Ouest étaient les Éduens. Ils refusèrent cette pression et appelèrent Rome au secours. C'est ainsi que César entra en Gaule.

Il battit sans trop de peine les Helvètes dans la région d'Autun. Mais ils étaient talonnés par les Germains d'Arioviste. César obligea Arioviste à repasser le Rhin.

Il n'avait plus rien à faire en Gaule. Et cependant ses légions s'attardaient en pays séquane. Les Gaulois bientôt s'inquiétèrent. Les Belges envoyèrent dans toutes les cités des émissaires, pour tenter de nouer une coalition rejetant les Romains au-delà des Alpes.

César prit les devants : il fonça en pays belge, triompha sur la Sambre de la coalition, descendit ensuite vers l'Aquitaine, en traversant toute la Gaule. Il remonta en Bretagne pour battre les Vénètes. Ces campagnes incessantes lui permirent de pousser des pointes en dehors de la Gaule : il tenta un débarquement outre-Manche et passa le Rhin en 55-54 pour défaire les Germains. La conquête fut-elle si facile ?

Elle avait été rapide, mais rude, et César, dans ses *Commentaires*, rendait souvent hommage à la pugnacité des Gaulois. Il est vrai

qu'elle servait leur vainqueur, qui avait ainsi plus de mérite à la
victoire :

> « C'est une race d'une extrême ingéniosité, disait-il, et ils
> ont de singulières aptitudes à imiter ce qu'ils voient faire...
> Ils faisaient écrouler notre terrassement en creusant des sapes,
> d'autant plus savants en cet art qu'il y a chez eux de grandes
> mines de fer et qu'ils connaissent et emploient tous les genres
> de galeries souterraines. Ils avaient garni toute l'étendue de
> leurs murailles de tours reliées par un plancher et protégées
> par des peaux... Ils entravaient l'achèvement de nos galeries
> en lançant dans les parties encore découvertes des pièces de
> bois taillées en pointe et durcies au feu, de la poix bouillante,
> des pièces énormes, et nous interdisaient ainsi de les prolonger
> jusqu'au pied du mur. »

Au prix de grandes difficultés, et grâce à l'extrême mobilité de
ses légions, César pouvait considérer en 53 la Gaule comme pacifiée.
Il avait dominé certaines tribus par la force, et s'était gagné les
autres par des traités d'amitié. C'est alors que, subitement, un sentiment unitaire de résistance se manifesta chez les Gaulois.

En 52, la révolte éclate partout contre les occupants romains.
Un noble arverne, très jeune et très vaillant, en prend la tête. Il se
nomme Vercingétorix.

> « A la plus grande activité, dit de lui César, il joint une
> sévérité extrême dans l'exercice du commandement. La rigueur
> du châtiment rallie ceux qui hésitent. Pour une faute grave,
> c'est la mort par le feu ou par toutes sortes de supplices. Pour
> une faute légère, il fait couper les oreilles du coupable ou lui
> fait crever un œil, et il le renvoie chez lui afin qu'il serve
> d'exemple. »

Vercingétorix obtient tout de suite le soutien massif des Arvernes
et de leurs voisins. Dans presque toutes les tribus, les druides
prennent position pour lui. Il recueille dans ses colonnes, de l'aveu
de César lui-même, « des miséreux, des gens sans aveu ». Incapable
de susciter toutes les révoltes, il essaye de les exploiter toutes. Un
jour les Carnutes massacrent des négociants romains. César, qui se
trouvait en Cisalpine, revient à marches forcées, feint d'attaquer
les Arvernes, parvient à rejoindre son lieutenant Labienus qui se
trouvait dans le Bassin parisien.

Vercingétorix profite de la situation. Il tente d'affamer les Romains en détruisant les réserves des oppida. Il cède aux habitants d'Avaricum (Bourges) qui refusent de détruire leur blé. Mal lui en prend : les Romains se l'approprient. César, par une marche éclair, s'est porté sur Bourges et l'a prise.

Il veut alors attaquer de front Vercingétorix. Mais, à Gergovie, il subit un rude échec. La furie des Gaulois déconcerte ses légions. Les cavaliers tournoient sans cesse, les accablent de traits. Les Romains laissent sept cents morts sur le terrain.

Chez les Gaulois, ce succès a des conséquences immédiates : les Éduens abandonnent César. Tous les peuples de Gaule se réunissent chez eux, à Bibracte. Ils jurent de lutter ensemble jusqu'à la libération.

Cependant César a rassemblé en hâte onze légions. Il gagne la plaine de la Saône. Vercingétorix lance en vain sa cavalerie. Il est battu non loin de Dijon. Il trouve refuge sur le plateau d'Alésia. Alésia n'est pas Gergovie. Le site est plus facile à assiéger. La science romaine fait merveille. César multiplie les défenses, les tours d'assaut, les fossés plantés de pieux contre la cavalerie.

Vercingétorix a devant lui un mois de vivres. Il a dû renvoyer ses chevaux, faute de fourrage. L'armée de secours des Gaulois se fait attendre deux longs mois. Quand elle arrive, les défenseurs sont épuisés. César a fait construire vingt et un kilomètres de fortifications dirigées vers l'extérieur. L'armée de secours, malgré les assauts furieux, ne peut les percer. Vercingétorix n'a plus qu'à se rendre, ce qu'il fait avec panache. Il ornera le triomphe de César à Rome, avant de mourir étranglé dans sa geôle. C'en est fini de la Gaule chevelue.

LES OCCUPANTS.

Une longue période de « paix romaine » commence alors pour la Gaule, ponctuée de rares révoltes. L' « assimilation » des vaincus se fait sans heurts, pacifiquement, progressivement. La Gaule romaine est au sommet de sa prospérité sous les empereurs Antonins. Elle ne connaît de difficultés qu'à partir du IIIe siècle après Jésus-Christ. Ces trois cents ans de paix vont profondément — inégalement d'ailleurs — marquer le pays.

Rome impose adroitement son autorité. La Gaule a beaucoup souffert de la guerre : un million de Gaulois auraient été tués, un million a été réduit en esclavage. Les « pays » ont été ravagés. De toutes parts, on souhaite l'ordre et la paix.

Rome profite de ces bonnes dispositions. Elle garde les cadres administratifs de la Gaule, dont les nobles élites s'intègrent à l'organisation municipale romaine. La Gaule est divisée, sous Auguste, en trois provinces (Aquitaine, Lyonnaise et Belgique) dépendant de l'empereur. Il n'y a pas d'occupation militaire permanente. Il faut attendre le IIe siècle pour que Rome impose à la Gaule un appareil administratif comparable au système italien : neuf provinces dont deux seulement sont militaires : les Germanies.

La Narbonnaise, province sénatoriale, était gouvernée par un proconsul. Les trois provinces de la Gaule chevelue avaient à leur tête un légat d'Auguste qui restait généralement cinq ans en fonction. Ces légats résidaient à Saintes (par la suite à Bordeaux), à Reims et à Lyon. Le légat de Lyon, colonie fondée en 43 par Plancus, avait plus de prestige que ses collègues, parce que Lyon était, sous les Romains, la vraie capitale de la Gaule chevelue.

Sans trop de problèmes, les Romains levaient l'impôt sur les provinces et enrôlaient les Gaulois dans l'armée. Les volontaires pour les légions étaient nombreux. Ils devenaient, en s'engageant, citoyens romains. En quittant l'armée, ils rentraient dans leur village où ils avaient rang de notables. Ils savaient le latin, disposaient de terres, de pensions, et jouissaient de la considération générale.

A l'intérieur des provinces, les vieilles cités gauloises avaient gardé leurs limites et leur personnalité. On retrouverait plus tard ces limites de cité à cité dans les diocèses du Moyen Age. Soixante cités gauloises étaient ainsi reconnues par l'administration romaine pour les trois Gaules, une vingtaine pour la Narbonnaise.

Les cités avaient été traitées avec plus ou moins de faveur au début de l'occupation, selon leur attitude pendant la conquête. On distinguait les cités *fédérées*, ou alliées de Rome, les cités *libres*, repentantes, et les *stipendiaires*, qui payaient tribut. Mais, sous l'Empire, Rome traita également toutes les cités, les soumettant au même régime fiscal. Les cités continuaient à dominer les 300 *pagi*, ou « pays » connus en Gaule.

Les capitales ou *oppida* devenaient de véritables villes à la romaine, imitant ces colonies que César et Auguste avaient fondées surtout en Narbonnaise. Des villes nouvelles doublaient les vieux oppida et abritaient l'administration des cités, les institutions municipales, les magistrats et les décurions. Les villes, sous Auguste, avaient aussi une fonction religieuse. A Lyon, en 12 avant Jésus-

Christ, il avait rassemblé les délégués des soixante cités de la Gaule chevelue pour célébrer le culte de Rome et d'Auguste. Chaque année, le 1ᵉʳ août, la même assemblée devait se réunir en signe de loyauté. Autour de l'autel des Gaules, où se rendait le culte impérial, se dressaient désormais à Lyon, sur les pentes de la Croix-Rousse, les soixante statues des Cités. Les délégués, qui s'y rendaient tous les ans, prirent l'habitude d'approuver ou de critiquer l'action des légats. Auguste avait voulu associer la Gaule au culte impérial. Il l'avait en fait intégrée à la vie politique de l'Empire. Désormais il faudrait compter, à Rome, avec l'opinion publique des Gaulois.

Ainsi ceux-ci acceptaient-ils la romanisation : leurs magistrats municipaux recevaient souvent le titre de citoyens romains. Lyon était colonie romaine, comme les villes de Narbonnaise où s'installaient volontiers les Italiens en raison de la douceur du climat. Combien de Transalpins vinrent-ils ainsi s'installer en Gaule ? 100 000 peut-être pendant un demi-siècle d'immigration. Les nouveaux Romains de Gaule étaient essentiellement des Gaulois « naturalisés » romains.

Il faut dire que cette procédure d'assimilation ne s'exerçait qu'au profit de l'élite. Les anciens soldats, les nobles et les bourgeois de l'administration municipale étaient les seuls bénéficiaires des faveurs de Rome qui n'ouvrait les portes de son Sénat aux « illustres » de la Gaule chevelue qu'avec beaucoup de parcimonie. Et pourtant, en misant sur l'élite, Rome créait dans les cités gauloises un climat d'émulation, une forte tendance à la romanisation. La prospérité économique due à la « paix romaine » faisait le reste.

LES OCCUPÉS.

La route et le mortier romains devaient révolutionner les Gaules bien plus que les lois de l'occupant. Le réseau serré des voies romaines est encore reconnaissable dans l'actuel tracé des routes de France. Il est vrai que ces célèbres voies, presque rectilignes, empruntaient plus volontiers le flanc des coteaux ou les plateaux que le fond des vallées, souvent infestées de marécages et soumises aux inondations. Jalonnées de bornes, ponctuées de gîtes d'étapes qui devaient donner naissance à de nouveaux villages, les voies romaines allaient réaliser, comme beaucoup plus tard les chemins de fer pour la France, l'unité politique des Gaules.

Outre la voie maritime, des routes terrestres reliaient la Gaule
à Rome : la route du littoral, par Narbonne et Arles, qui joignait
l'Italie à l'Espagne — la route des Alpes, par le Petit et le Grand
Saint-Bernard. Les voies romaines rayonnaient en Gaule autour
de Lyon, carrefour stratégique, lieu d'échanges entre les routes
terrestres et les voies fluviales, plus que jamais utilisées par les
Romains. On estime que les associations de bateliers, les *nautes*,
assuraient le transbordement des marchandises d'un fleuve à
l'autre, par exemple de Lyon à Roanne. Les Romains ne creusaient
pas de canaux.

L'organisation des transports permettait le développement du
commerce. Les grands domaines des nobles gaulois, les *fundi*,
comme les villas des colons romains, produisaient des céréales en
quantité suffisante et des produits d'élevage. Les Gaulois vendaient
jusqu'en Italie leur jambon réputé, et leur vin de Bordeaux prenait
déjà, par mer, le chemin de la « Bretagne » (l'Angleterre d'aujour-
d'hui). Ils utilisaient à merveille la capacité de leurs tonneaux en
chêne pour la conservation des vins fins. Ils vendaient non seulement
le bordeaux, mais le vin de Narbonnaise. Ils produisaient aussi,
pour l'extérieur, des étoffes, des vêtements, des draps de lin, des
couvertures de laine. Les céramiques gauloises, celles de La Graufe-
senque en Aquitaine ou de Lezoux en Auvergne étaient exportées
dans tout l'Empire, de même que les bijoux, les célèbres fibules de
Belgique.

Le développement de la production augmentait le niveau de vie
des Gaulois, surtout des habitants des villes. La Gaule importait
des denrées de consommation ou des matières premières, comme
l'étain et le cuivre d'Espagne, le fer des Asturies, le plomb de Bretagne, les marbres d'Italie pour la construction. Les vins et les
huiles de la Méditerranée pénétraient largement tout le pays, et les
« occupés » perdaient peu à peu le goût de la bière. Les échanges
internationaux étaient largement profitables aux Gaulois. L'enrichissement qui en résultait avait favorisé, sur un rythme rapide,
l'urbanisation des cités.

Le mortier romain allait permettre la construction de véritables
villes, aux monuments indestructibles, qui font aujourd'hui partie
de nombre de sites français. Les plus riches parmi les Gallo-
Romains (ou Gaulois romanisés) contribuaient de leurs deniers
à la construction des amphithéâtres de Nîmes et d'Arles, du
théâtre et de l'arc de triomphe d'Orange, du théâtre et de l'odéon
de Lyon, des portes monumentales d'Autun et de Trèves, des

thermes de Paris, etc. Les aqueducs géants, comme le pont du Gard, apportaient l'eau aux villes (20 000 m3 par jour).

L'urbanisation était plus rapide et plus spectaculaire dans le Midi. Elle s'accompagnait toujours de la construction de temples et d'édifices publics. Au sud de la Gaule, ces temples, bâtis à la romaine, étaient rectangulaires. Au nord, ils avaient la forme gauloise, ronde ou carrée. La romanisation fut plus forte au sud de la Loire, ainsi que dans les régions du Rhin et de la Moselle. Elle fut plus lente ailleurs.

Partout où l'influence romaine est forte, les Gaulois édifient de vastes *forum* et surtout des thermes. Les sources thermales du centre sont particulièrement appréciées et gardent encore des monuments romains, comme la petite ville de Néris-les-Bains dans l'Allier qui possède des thermes, des arènes, des lieux de culte et des palais.

Les villes gauloises ressemblaient ainsi singulièrement aux villes romaines. On connaît moins bien ces villes, qui ont disparu sous le tissu urbain postérieur, que les riches villas campagnardes, dont certaines ont été reconstituées. La vie romaine avait en effet gagné les campagnes, où les Romains avaient apporté leur mode de vie. Les villas qu'ils faisaient construire étaient immenses et somptueusement décorées, comme la villa de Montmaurin, près de Toulouse, qui ne comptait pas moins de cent cinquante pièces!

A la ville, le luxe existait également : les riches bourgeois devenus décurions, tous les profiteurs de la paix romaine, les *negociatores* ou marchands parvenus, les membres de l'ordre équestre vivaient dans l'abondance et possédaient de belles résidences. C'est eux qui devaient prendre en charge les dépenses publiques, faire construire à leurs frais les bâtiments urbains. Leur opulence était telle qu'ils achetaient d'immenses domaines à la campagne, où ils faisaient aussi construire des villas.

Grâce à la réussite matérielle, la Gaule avait ainsi de belles villes à la romaine, avec des rues rectilignes, régulières, disposées autour du centre de la cité, ou forum. Sur le forum, vaste place rectangulaire, on construisait la basilique, temple de la justice et des affaires, la curie, le temple à Rome et Auguste. Le forum était bordé sur deux côtés par des boutiques. C'était un lieu de rencontres et de commerce. La ville avait une enceinte percée de portes monumentales. Celle de Vienne, sur le Rhône, avait six kilomètres de circonférence. Les portes, richement décorées, affichaient tout l'orgueil des cités.

Les Romains étaient passés maîtres dans les techniques de l'urbanisation. Ils apprirent aux Gaulois à construire des égouts, des entrepôts souterrains pour les vivres, des aqueducs géants pour que l'eau soit dans toutes les maisons. L'aqueduc alimentant Lyon courait sur soixante-quinze kilomètres. Il allait chercher l'eau au mont Pilat. La moindre ville possédait ses thermes. Pour 10 000 habitants, ceux de Lutèce avaient des proportions colossales. Il y avait plus de cent théâtres (plus qu'aujourd'hui) et cinquante amphithéâtres dans la Gaule romaine. Les grandes villes avaient des cirques. Le théâtre d'Autun pouvait recevoir 30 000 spectateurs !

Combien de Gaulois étaient-ils devenus des citadins ? L'urbanisation ne doit pas faire illusion. Ils restaient, en grande majorité, des ruraux. Lyon n'a jamais eu plus de 80 000 habitants, Bordeaux en comptait 20 000. Les petites villes approchaient de 5 000 habitants. Les villes les plus riches, les plus somptueuses, étaient celles du Midi : Arles et Narbonne, métropoles commerciales qui avaient éclipsé Marseille, Nîmes et Vienne, Saintes et Bordeaux en Aquitaine. Ces villes avaient une architecture romaine combinée à certaines inventions ou traditions gauloises. L'invention se manifestait particulièrement dans l'art des bas-reliefs sculptés. Ainsi la fusion des deux tempéraments s'exprimait-elle jusque dans le décor de la vie.

Si les Romains n'ont pas peuplé massivement la Gaule, si les Gaulois sont restés « entre eux » à l'intérieur de leurs territoires municipaux, une civilisation gallo-romaine, répandue grâce à l'urbanisation, a fini par se dessiner au cours de quatre siècles d'occupation.

Le latin, dans certaines régions au moins, a pu l'emporter sur les dialectes gaulois. Par exemple, en Narbonnaise, où il s'est substitué à la langue locale, non sans s'altérer et se « barbariser ». Partout ailleurs, les colons, les militaires, les commerçants, les administrateurs doivent apprendre le latin, qui est la langue officielle de l'État. On peut parler les langues celtiques, on ne peut les écrire. Pourquoi ne pas écrire le latin ? Il est commode, logique, utile. Tout ce qui sait écrire en Gaule écrit le latin.

Comme le grec, il est enseigné dans les écoles, fréquentées par les enfants de la bonne société gauloise. Les *grammatici* et les *rhetores*, payés par les municipalités, permettaient aux Gaulois fortunés d'accéder aux professions libérales, d'administrer les cités et même d'entrer dans la vie politique romaine. Les grandes villes avaient leurs écoles supérieures et payaient des professeurs réputés :

Lyon, Arles, Reims, Toulouse, Trèves... On apprenait le grec
à Marseille ou à Autun. Le poète Ausone enseignait à Bordeaux,
au IVe siècle, devant deux cents étudiants. Les Gaulois aimaient
l'art oratoire et la poésie. Grâce aux écoles, ils allaient constituer une élite éclairée, instruite, apte aux affaires publiques et
privées.

S'ils avaient perdu leurs druides, les Gaulois avaient gardé leurs
dieux. Les Romains persécutaient les druides, qu'ils soupçonnaient
de pousser les populations à la révolte. Beaucoup se réfugièrent en
Bretagne, où ils vécurent dans la clandestinité. Les dieux gaulois
finirent par se confondre avec ceux des vainqueurs : les vieilles
divinités celtiques, le taureau à trois cornes, le dieu aux bois de cerf,
la déesse Épona, survécurent comme les dieux des bois et des
sources, comme Borvo le guérisseur ou Sucellus, le dieu au maillet.
On adorait encore, sous l'occupation romaine, les déesses mères et les
déesses de carrefour. Il est vrai que ces cultes subsistaient surtout
dans les campagnes ; à la ville, on les avait oubliés.

Les citadins aimaient les dieux romains : Mercure, dieu du commerce et de l'artisanat, Jupiter, maître de la foudre, en qui l'on
reconnaissait le Taranis des Celtes. Mars était estimé. Apollon
rappelait aux Gaulois à la fois Belenus, dieu celtique du soleil,
et Borvo le dieu des sources. Les Gaulois accueillaient les dieux
orientaux, comme Cybèle et Mithra, le dieu-taureau.

Ils adoraient aussi les dieux officiels de Rome. Au cours des
siècles, ils avaient oublié l'indépendance, ils n'avaient plus de
rapports qu'avec le monde romain, dont ils étaient, en Occident,
le pivot. Les liens de dépendance avec l'Empire s'étaient organisés
de telle sorte qu'une élite gauloise en avait profité largement, dans
la paix générale et durable. Le peuple des campagnes, qui était la
majorité de la population, n'avait guère bénéficié des progrès. Du
moins restait-il soumis à ses maîtres et à ses coutumes. C'est lui
qui gardait les vieux cultes et les anciens dialectes.

Les nobles, les bourgeois, les commerçants s'étaient intégrés à
la vie romaine : riches et instruits, ils profitaient pleinement de la
paix. Les magistrats des cités se rendaient à Lyon, une fois l'an,
pour discuter des affaires de la Gaule. Il leur arrivait de briguer des
postes politiques et de forcer les portes du Sénat romain ; au IIIe siècle les Gaulois avaient oublié la guerre. Les Germains les remplaçaient dans les légions. Et cependant deux dangers menaçaient le
monde gaulois comme l'Empire tout entier : le christianisme et les
Barbares.

CHAPITRE 2

Les Francs

La Gaule était le pays le plus riche d'Europe occidentale. Il n'est pas étonnant qu'elle ait tenté, à partir du IIIe siècle, les nouveaux envahisseurs qui se pressaient au-delà du Rhin. Quand les Romains étaient entrés en Gaule, ils avaient trouvé un monde celtique en pleine décadence. Comme le disent très bien Myles Dillon, Nora Chadwick et Christian Guyonvarg'h dans leur livre sur les royaumes celtiques, « qui tenait la Gaule tenait toute l'Europe occidentale, et l'événement a eu deux conséquences : la première a été de romaniser le pays, la seconde de retarder de plus de deux siècles le déferlement de la marée germanique ».

En cinq cents ans, de 300 à 800, la nouvelle ruée des Barbares aboutit à la création d'un Empire franc, celui de Charlemagne, qui fit apprendre le latin aux écoliers et tint à se faire couronner par le pape à Rome. Comme les Celtes, les nouveaux Germains auraient-ils été, en un demi-millénaire, romanisés ?

Les convulsions de l'Empire d'Occident.

A L'ASSAUT DE LA ROMANIA.

Les Romains avaient construit à la périphérie de l'Empire une ligne fortifiée continue, le *limes*, constamment surveillée par les légions, et qui devait maintenir les Barbares hors de l'ensemble des pays romains, la *Romania*.

Mais les empereurs se succédaient au prix d'assassinats et de guerres civiles continuelles. Les luttes armées des candidats à l'Empire dégarnirent dangereusement les frontières. Sous le nez des Barbares, les légions se déchiraient entre elles.

Très au courant des difficultés des Romains (certains Barbares servaient dans les auxiliaires de l'armée), les Francs et les Alamans en profitèrent en 253 pour franchir le Rhin. Ils parvinrent jusqu'à la Seine, puis se replièrent, après un raid fructueux. Ils avaient pillé la Gaule. En 259-260, ils traversèrent tout le territoire, en passant par les routes d'Auvergne, pour aller piller l'Espagne. Une nouvelle expédition, plus sévère encore, affectait la Gaule, en 275. Cette fois les riches avaient caché leur or.

Les empereurs ne restaient pas inactifs : en 254-258, Gallien avait réussi à repousser les envahisseurs au-delà du Rhin. Il fallait empêcher les Barbares de s'installer, si l'on ne pouvait éviter les pillages.

La Gaule livrée à ses seules forces s'était organisée pour la résistance : les soldats du Rhin avaient même proclamé empereur un Gaulois du nom de Postumus (259) qui avait libéré le pays. Rome ne pouvait admettre un tel précédent ; c'était une menace de sécession. Aurélien avait envoyé une armée pour réduire Postumus (274).

L'année suivante Probus avait anéanti les Francs et les Alamans. Mais ces premières invasions avaient laissé des traces douloureuses. On se souviendrait longtemps en Gaule de l'atroce IIIe siècle. Les villages étaient dévastés, les travaux des champs abandonnés. Les paysans fuyaient les *pagi*, constituaient des troupes de brigands errants appelées *bagaudes*. Les villes finissaient par redouter autant les *bagaudes* que les Barbares. Elles s'entouraient hâtivement de murailles, levaient des milices. On démolissait les temples pour bâtir des remparts. La *Romania* était en état de siège.

Les Francs, les Alamans, les Saxons étaient d'obstinés pillards qui guettaient toutes les faiblesses de l'Empire. Les plus acharnés parmi eux étaient les Francs.

Le nom « Franc » vient du norois *frekkr*, qui veut dire « hardi ». Les Francs vivaient en peuplades éparses, depuis le Ier siècle, dans la région du Rhin inférieur. Leur langue était germanique. Ni les Chamaves, ni les Bructères, ni les Sicambres n'étaient dangereux pour Rome. Ils vivaient le long du *limes* et commerçaient avec les villes frontières de l'Empire.

C'est au IIIe siècle qu'ils devinrent agressifs, pour une raison mal connue. Ils se groupèrent en peuples organisés, dirigés par des chefs de guerre. D'autres peuples faisaient-ils pression contre eux, vers l'Est ? Les Francs, c'est incontestable, subissaient en particulier la poussée des Alamans. Ils cherchèrent à s'ouvrir la route des riches plaines de Gaule.

Les moyens guerriers ne leur manquaient pas. Ils intervenaient aussi bien sur terre que sur mer. Les Francs dits *Saliens* s'alliaient aux Frisons et aux Saxons pour lancer des expéditions maritimes contre les îles de Bretagne et les côtes du Nord-Ouest de la Gaule. Sur terre, ils avaient forcé le *limes* à Xanten et gagné peu à peu l'actuelle Belgique et le Sud de la Hollande. Les Francs dits *Ripuaires*, rassemblés dans la région de Cologne, exerçaient une pression directe sur le Nord-Est de la Gaule.

Les Romains avaient songé à utiliser leur compétence à la fois militaire et agricole. Ainsi les Francs n'avaient-ils pas eu toujours à faire la guerre pour entrer en terre romaine. Ils y avaient été invités par les Romains eux-mêmes. Les Francs intégrés dans l'armée montraient des qualités de chefs. Ils gravissaient souvent très vite les échelons de la hiérarchie des légions. Certains étaient devenus officiers supérieurs.

Sur les terres dépeuplées de la Gaule du Nord et du Nord-Est, on avait attiré des populations entières de Francs qui s'installaient ainsi en qualité d'*hôtes* sur les terres gallo-romaines. A la veille de la grande poussée de 406, les Francs n'étaient ni des inconnus, ni même des étrangers pour les Gaulois.

LE MERVEILLEUX RÉPIT DU IVᵉ SIÈCLE.

A Rome, Dioclétien, empereur énergique, avait réorganisé l'Empire. Il nomma pour l'Occident un « César », Maximien, qui rétablit en 286 la frontière du Rhin. Désormais il y avait deux Empires presque distincts, en Orient, en Occident, et, pour la protection de l'Empire d'Occident, la Gaule était plus que jamais essentielle. Tant qu'il y aurait un Empire romain, il ne saurait admettre de sécession gauloise.

Maximien choisit, en 293, un général de valeur pour la défense de la Gaule et de la Bretagne. Ce chef, Constance Chlore (en grec : « le pâle »), devint à son tour « César » et se fit aimer des Gaulois. Il installa sa capitale à Trèves, pour être plus près du Rhin.

Son fils Constantin, devenu empereur d'Occident en 307, fit de

Trèves la « Rome des Gaules » et obtint partout la paix. L'armée fut renforcée, alimentée par un service militaire obligatoire et par les engagements de Barbares. On doubla le nombre des légions sur le Rhin, on constitua de nombreuses troupes barbares, les *numeri*, d'abords commandées par des Romains, puis par des officiers francs. Une armée de réserve fut formée en 316 quand l'empereur Constantin, vainqueur de Maxence, décida de s'installer en Orient. Cette nouvelle armée, le *comitatus*, devait assurer l'ordre en Gaule pour cinquante ans. Une nouvelle administration, plus souple, se proposait de fournir aux cités, dont le nombre était augmenté (il y en avait plus de cent vingt à la fin du IVe siècle), un encadrement plus efficace. La Gaule était divisée en deux *diocèses*, celui de Trèves, au nord, celui de Vienne au sud. Les diocèses étaient divisés en provinces. Une préfecture des Gaules commandait de Trèves à la fois la Gaule, la Bretagne et les Espagnes.

L'énergie des responsables politiques et militaires donna aux Gaules un nouveau sursis d'un siècle, très bénéfique pour l'activité économique. Constantin fit frapper une nouvelle monnaie, le sou d'or ou *solidus*, qui devint valeur universelle d'échanges. Un nouveau système fiscal et le blocage des prix rétablirent la confiance chez les possédants.

La bonne situation monétaire profitait à l'agriculture qui bénéficiait en outre de la décadence des villes, si souvent pillées au siècle précédent. Les hommes riches achetaient des terres, exploitaient leurs biens en utilisant au besoin la main-d'œuvre barbare, en manifestant un vif souci de rentabilité. Partout gagnait la vigne, et les terres céréalières se rassemblaient en immenses domaines. Les villas attiraient les artisans des villes, qui installaient à la campagne leurs ateliers de tissage, de céramique, de joaillerie.

Sans doute les échanges avaient-ils diminué : les routes étaient mal entretenues, les communications peu sûres. Seules les régions peu touchées par les invasions continuaient à s'enrichir dans le cadre d'une civilisation urbaine : l'Aquitaine par exemple. En dehors d'exceptions heureuses comme Trèves, nouvelle capitale d'Empire, les campagnes, et non les villes, devenaient le centre de la nouvelle activité économique.

Aussi bien les notables vivaient-ils désormais sur leurs terres. Les aristocrates, les *clarissimes* (qui avaient rang de sénateurs), étaient des grands propriétaires en même temps que de hauts fonctionnaires. Ils vivaient dans leurs villas, véritables palais comptant parfois plus de cinq cents domestiques, artisans, ouvriers agricoles.

Leurs enfants recevaient l'éducation romaine la plus raffinée. Ils devenaient à leur tour notables et hauts fonctionnaires, familiers, à Trèves, de la Cour impériale. Couverts d'honneurs, bien dotés en argent et en dignités, les aristocrates des Gaules défendaient l'Empire d'Occident dont ils étaient solidaires.

Les représentants de la bourgeoisie urbaine avaient plutôt tendance à se désolidariser : les décurions avaient la responsabilité de l'impôt. Ils cherchaient à l'esquiver. Les fonctionnaires moyens, les *perfectissimes*, n'étaient guère satisfaits de leur sort. Des règlements impériaux régissaient très strictement les corporations de marchands et d'artisans. Ils avaient pour but de maintenir les hommes dans leur profession. Tous cherchaient à en changer, de crainte d'être contraints à trop d'efforts pour un profit trop maigre. Les classes intermédiaires étaient mécontentes, démissionnaires. Le boulanger ne voulait plus cuire le pain, qu'on lui payait trop peu. Le boucher ne voulait plus découper la viande.

A la campagne, seuls les riches triomphaient. Les petits et moyens colons, les anciens de l'armée dotés par l'empereur de maigres terres ne voulaient plus payer l'impôt. Constantin dut les menacer des chaînes pour les empêcher d'abandonner leurs terres. Les plus pauvres se révoltaient, prenant la vie errante des *bagaudes*.

LE CHRISTIANISME CHEZ LES GAULOIS.

Le monde romain n'avait pas pour adversaires que les Barbares. Il était menacé, de l'intérieur, par les chrétiens, qui niaient toute divinité à l'empereur et prêchaient la révolte contre les « idoles ».

La doctrine nouvelle, venue d'Orient, avait gagné, assez lentement, la Gaule. Pourtant, dès 177, une première communauté chrétienne existait à Lyon. Comme la civilisation romaine, le christianisme allait d'abord s'installer en Gaule par les villes.

Longtemps les empereurs ont persécuté les chrétiens. Les Gaulois n'échappaient pas à cette politique de terreur. Pothin, Attale et Ponticos avaient été martyrisés à la Croix-Rousse. Un évêché s'était créé dans la clandestinité. Les persécutions s'étaient poursuivies pendant tout le IIIe siècle, à Lyon et dans les autres villes de Gaule : Saturnin avait été supplicié à Toulouse, Symphorien à Autun. Mais bientôt chaque ville eut son évêque clandestin. Au début du IVe siècle, on en comptait une vingtaine en Gaule : Paris,

Tours, Reims, Marseille, Narbonne, Arles, Limoges, Toulouse, Clermont...

Brusquement, Constantin se convertit au christianisme. Les persécutions cessèrent aussitôt. Le christianisme, devenu religion officielle (« sous ce signe tu vaincras »), était l'auxiliaire du pouvoir politique, de la puissance impériale. Les évêques sortaient de l'ombre et s'installaient au cœur des cités. Les Gaulois trouvaient des chefs spirituels. Les Césars encourageaient la multiplication des évêchés, même aux frontières, dans le Nord et dans l'Est.

Restaient les campagnes. En vain les évangélisateurs comme Martin essayaient-ils de convertir les paysans des *pagi*. Ceux-ci considéraient le christianisme comme une nouvelle religion de Rome, ils restaient fidèles à leurs dieux des sources et des champs. Ils restaient « païens ».

Non seulement la religion nouvelle avait du mal à gagner les campagnes, mais elle était exposée, dans les villes, à tous les dangers de déviation. Les grands évêques gaulois, Irénée et surtout Hilaire, avaient le plus grand mal à protéger la doctrine romaine contre les interprétations locales ou étrangères : Hilaire de Poitiers avait résisté, non sans mérite, à une hérésie venue d'Orient, l'*arianisme*, qui avait séduit le propre fils de Constantin le grand, Constance II.

Ami d'Hilaire de Poitiers, l'ancien officier Martin avait compris que le christianisme, pour s'imposer, pour se démarquer des anciens cultes et des perversions diverses, devait approfondir sa spiritualité. Il avait importé en Gaule une invention de l'Orient : le monachisme. Les hommes renonçaient au monde pour se retirer, en moines, dans la retraite et la prière. Le succès de cette entreprise fut immense en terre celtique. L'évêque de Tours avait fondé le monastère de Ligugé. Des ermites inconnus, Cassien, Honorat, fondaient des règles et se retiraient dans les déserts. La règle de Cassien, en 420, était la première du genre en Occident.

L'Église de Gaule, au IVᵉ siècle, était une création de l'État constantinien. On avait fondé presque autant d'évêchés que de cités. L'évêque, très naturellement, s'installait au chef-lieu de la cité. Il était souvent issu de la société locale. Quelquefois même il était marié, avant de devenir évêque, comme cet Urbicus, évêque d'Auvergne, dont parle Grégoire de Tours. Ancien sénateur converti, il avait dû congédier sa femme pour se livrer à son ministère. Celle-ci ne l'entendait pas de cette oreille :

« Jusqu'à quand dormiras-tu, évêque, lui criait-elle en frappant la nuit à sa porte... Pourquoi méprises-tu ta femme ? »

La dame avait mis tant d'insistance dans sa démarche, que le nouvel évêque la fit entrer, et consomma le péché.

« Gémissant du crime qu'il avait commis, ajoute Grégoire de Tours, il se retira dans le monastère de son diocèse pour y faire pénitence... De son péché naquit une fille qui se voua à la vie religieuse. »

Sans doute les évêques avaient-ils du mal, comme tous les nouveaux convertis, à renoncer à leur vie antérieure. Ils avaient appris, avec les bonnes manières, les belles-lettres — précieuse formation car ils devaient savoir lire et écrire le latin. Ils constituaient une nouvelle élite.

L'évêque choisissait les prêtres et les envoyait officier dans les campagnes, où ils multipliaient les chapelles grâce à l'appui des *clarissimes*. Si les dieux des bornes et des bois restaient en place, les évangélisateurs parvenaient à vaincre la méfiance des Celtes du vieux pays. Martin de Tours réussissait à évangéliser le Centre, et Victrice, de Rouen, les provinces de l'Est. Le cheminement de la religion nouvelle fut à la campagne lent, mais sûr.

Les évêchés les plus développés, les plus puissants étaient en Gaule ceux de Lyon, de Trèves, d'Arles et de Vienne. Désormais, à côté des représentants civils et militaires de l'empereur, les cités avaient un chef spirituel, à la tête d'une hiérarchie qui s'organisait. Quand les autres hiérarchies s'écrouleraient, celle-là resterait en place.

Reposant encore, à la fin du IVe siècle, sur des minorités, mais puissamment encouragé par l'État romain et par les notables gallo-romains, le christianisme risquait de devenir une religion officielle, soumise au pouvoir. L'écroulement de l'Empire le préserva de ce danger en lui confiant, au sein de chacun des royaumes barbares, une fonction politique et sociale essentielle.

Les rois barbares s'installent en Gaule.

La paix de Constantin ne devait pas régner très longtemps sur la Gaule. Après sa mort, ses fils Constantin II et Constant purent maintenir l'ordre jusqu'en 350. Pendant cinquante ans encore, les frontières tinrent tant bien que mal. Puis, en 406, une invasion massive eut raison de toutes les défenses.

LA LONGUE NUIT DU 31 DÉCEMBRE 406.

Quand les Barbares se présentèrent en masse, pour la grande ruée de 406, les défenses étaient affaiblies par plus de cinquante ans d'alertes continuelles. Celle de 352 avait été la première qui présentât des symptômes graves.

L'année d'avant, Constance II avait licencié l'armée de réserve de Gaule, le *comitatus*. Il craignait en effet que ces soldats de métier ne se donnent un César rival, et n'entretiennent la guerre civile. Sans armée de réserve, la Gaule était une proie. Elle fut envahie au Nord-Est par les Francs et les Alamans qui s'installèrent en profondeur, prenant les terres, asservissant les hommes, dominant tous les *pagi* situés entre Rhin et Moselle. Pour la première fois, les Barbares manifestaient l'intention de s'installer définitivement par la force sur terre d'Empire.

Julien, devenu César en 355, avait réussi peu après à reconquérir la plaine du Rhin. Il avait été proclamé *Auguste* à Lutèce, où il avait fait construire un palais. Épris de philosophie grecque, Julien se plaisait sur les rives de la Seine. Valentinien, son successeur, s'était installé à Trèves d'où il avait, une fois de plus, repoussé les Alamans. Les 35 000 guerriers rassemblés sur le Rhin avaient été défaits, contournés, anéantis au prix de grands efforts. Pour empêcher de nouvelles concentrations de peuples, Valentinien et son fils Gratien étaient intervenus au-delà du Rhin, dans la vallée du Neckar.

La Gaule put ainsi s'endormir dans une sécurité trompeuse. N'avait-on pas engagé dans l'armée une masse nouvelle de Barbares, ceux qui n'avaient pas voulu repasser le Rhin?

La surprise fut grande, la nuit du 31 décembre 406. Une concentration de Barbares jamais vue jusque-là se présenta sous les remparts du *limes*. Les garnisons n'en croyaient pas leurs yeux. Tous les peuples germaniques passaient le Rhin, avec femmes, enfants, troupeaux. C'était une véritable migration, un flot ininterrompu qu'il était impossible d'endiguer. Il n'y avait pas là seulement les vieux ennemis, Francs et Alamans, mais aussi les Vandales, les Suèves, les Alains, les Burgondes. La pression formidable de ces peuples faisait céder les fortifications de Valentinien. La foule qui se pressait aux portes de l'Empire ne venait pas pour piller. Elle était partie sans espoir de retour, elle était dangereuse parce qu'elle avait peur. Derrière les Germains, les cavaliers huns prenaient les récoltes et brûlaient les villages.

La *Romania* était envahie. Les secours ne pouvaient venir d'Orient. Là-bas, les Wisigoths, chassés aussi par les Huns, avaient battu l'armée romaine à Andrinople en 378. En Gaule, l'usurpateur Maxime profitait du désordre pour s'emparer du pouvoir. L'empereur romain Théodose avait lâché contre lui une armée de Barbares commandée par des généraux francs, Richomer et Arbogast. Les Francs vainqueurs avaient à leur tour fabriqué un usurpateur : Eugène... Théodose avait dû trouver d'autres Barbares, pour vaincre les Barbares de Richomer et Arbogast. Mais à sa mort, l'empereur d'Occident, Honorius, avait onze ans... Il ne devait jamais connaître la Gaule. Le général vandale Stilichon y régnait à sa place.

En 406, quand fut connu le désastre, Stilichon était occupé à défendre l'Italie contre les Ostrogoths. Les seuls soldats dont disposât la Gaule envahie étaient tous des Barbares.

Ils n'opposèrent aucune résistance au passage des Germains. De Mayence, ceux-ci gagnèrent, de proche en proche, l'Espagne. Quelques peuples s'étaient installés dans les provinces : les Burgondes dans la vallée du Rhône, les Wisigoths d'Athaulf en Narbonnaise. Devenu roi de Narbonne, Athaulf y avait épousé en grande pompe la fille de Théodose, Placidie... Rome trouvait quelque avantage à cette « installation » des rois barbares. Certes la Gaule n'avait plus de nouveaux envahisseurs, mais elle n'appartenait plus à Rome. Honorius devait convoquer à Arles (et non à Lyon) l'assemblée générale des Gaules. Les provinces s'administraient elles-mêmes. On revenait à la grande anarchie gauloise.

En 418, Rome avait fait revenir d'Espagne ceux des Wisigoths qui s'y étaient aventurés. Craignant une invasion des peuples marins, les Saxons, elle avait installé les Wisigoths en Aquitaine.

Les « fédérés » wisigoths étaient alors le seul peuple organisé sur le territoire gaulois, en dehors des Francs et des Burgondes établis sur la rive gauche du Rhin. Ces « fédérés » obéissaient à leurs rois nationaux, pas à Rome.

Nominalement, le pouvoir de Rome, et surtout son prestige, subsistaient. Un « maître de la Milice », Aetius, tenta même d'organiser à la romaine, de 425 à 454, l'installation des différents peuples barbares sur le sol gaulois. Il combattit les Burgondes et leur proposa d'occuper à titre d'*hôtes* la région des Alpes, de Grenoble à Genève. Les « hôtes » barbares prenaient possession des domaines, avec leurs familles. Ils avaient droit à la moitié, quelquefois au tiers, mais souvent aux deux tiers du sol ou des revenus du sol. En échange ils devaient assumer la défense des villages. Après les Burgondes, Aetius avait ainsi « installé » les Francs Saliens, qui avaient investi méthodiquement le Nord.

Il se félicita de sa politique quand il dut affronter, en 451, la grande ruée des Huns. Attila en personne avait passé le Rhin, à la tête d'une armée nombreuse. De Metz, il lui fallut deux mois pour atteindre Orléans. Aetius mit à profit ce délai. Il fit alliance avec les Wisigoths, les Burgondes, les Francs et les peuples de l'Armorique. Attila, étonné de cette résistance, se replia sur Troyes. Au lieu dit « Campus Mauriacus », il fut vaincu par la coalition des Barbares de Gaule. Théodoric, roi des Wisigoths, était mort dans la bataille.

Aetius ne tira guère profit de sa victoire. Celui que l'on appelait en Gaule « le dernier des Romains » mourut victime d'une intrigue de palais. Valentinien III le fit assassiner à Rome. Ceux qui l'avaient aidé à repousser les Huns n'avaient pas manqué de tirer eux-mêmes les bénéfices de leur action. Nulle autorité n'existait plus en Gaule. Les notables gallo-romains, inquiets, appelaient eux-mêmes les rois barbares et leurs guerriers, pour bénéficier de leur protection. Ainsi les Burgondes s'étaient-ils installés dans la vallée de la Saône et jusqu'à Lyon, qu'ils occupèrent. Bientôt ils descendirent le Rhône, « protégeant » tous les domaines de la vallée et des côteaux, prenant pied dans la vallée de la Drôme et dans celle de la Durance. La Franche-Comté et la Suisse romande étaient également sous leur coupe. Les rois burgondes régnaient de l'Yonne et de la Haute-Seine jusqu'à la Durance.

Au Nord, les Francs campaient sur la Somme et poursuivaient leur descente vers le Sud. Dans le Midi, les Wisigoths enlevaient le Berry aux derniers représentants de Rome. Leur roi Euric entrait dans Arles, s'emparait de l'Auvergne, ardemment défendue par Sidoine Apollinaire. Les Wisigoths atteignaient la Loire. Toute la Gaule était aux mains des rois barbares lorsque disparut complètement l'Empire romain d'Occident, en 476.

LA PROGRESSION DES ROIS FRANCS : 476-715.

Les tribus des Francs avaient peu à peu occupé le Nord de la Gaule, s'emparant des terres et des villes. Il leur manquait, pour être redoutables, de constituer un groupe uni, une sorte d'État. Cette tâche revint à un jeune chef franc nommé Clovis, fils de Childéric. Il rassembla les différentes tribus et les lança à la conquête du pouvoir, en Gaule.

Plutôt que de conquête, il faut parler, au début de l'avance franque, d'occupation progressive. Comme l'écrit Lucien Musset :

« Il est probable que les rois francs disposaient, en raison des établissements de colons... et de leurs propres campagnes, de larges intelligences dans les pays allant jusqu'à la Loire. »

Ainsi les chefs de tribus venus du Rhin faisaient-ils la conquête des villages gaulois : ils y étaient souvent les bienvenus.

Clovis, le chef illustre des Francs établis sur la Somme, n'est guère connu que par sa légende, rapportée par Grégoire de Tours plus de soixante-dix ans après les événements. Né sans doute autour de 465, il est roi dès 481. Sa réputation est celle d'un chef de guerre hardi, impitoyable. Pour dominer les tribus franques, il se montre particulièrement brutal. Mais il sait aussi ménager les élites gallo-romaines, dont il a besoin pour accéder au pouvoir. Clovis n'est pas un chef comme les autres. Il veut être aussi, à sa manière, un « romain ».

C'est un «Romain» de Gaule qu'il attaque d'abord près de Cambrai, un certain Syagrius. A cette époque troublée, le prestige des titres et des dignités de l'ancienne Rome était si grand que tous les chefs de guerre voulaient être consuls et réputés « romains ». Pour battre Syagrius, Clovis a fait alliance avec le roi de Cambrai, un autre franc, Ragnacharius. Près de Soissons, Clovis est vainqueur. Syagrius s'enfuit près de Toulouse, chez les Wisigoths qui, lâchement, le livrent à Clovis. Il le fait assassiner. La Gaule est libérée des « Romains ».

Il faut situer ici l'épisode célèbre du « vase de Soissons ». S'il n'est pas authentique, il est significatif. L'évêque demande au roi franc de respecter un vase sacré. Ses soldats ne pensent qu'au butin. Chef de guerre, Clovis ne peut s'opposer au partage coutumier. Il ne peut châtier un soldat cupide, mais il peut punir un soldat négligent, pour le plus grand bien de l'Église. Clovis est en passe de devenir le Prince des notables gallo-romains.

Il lui a fallu un an pour faire un exemple, en fendant le crâne du guerrier de Soissons. Dans le feu de la victoire, il n'aurait pu se le permettre. Il était trop lié aux soldats qui l'avaient hissé sur le pavois.

De combien de guerriers dispose Clovis ? Les Francs Saliens sont 100 000, 150 000 peut-être. Pour l'époque, une armée de 10 000 hommes est importante. Les Wisigoths sont 100 000. Les Francs sont les plus nombreux. Ils sont en outre les meilleurs guerriers. On connaît leur silhouette par la description du dernier poète latin de Gaule, le notable Sidoine Apollinaire :

« Du sommet de la tête, écrit-il, une large chevelure rousse leur descend jusqu'au front, tandis que leur nuque reste à découvert. Dans leurs yeux glauques luit une prunelle couleur d'eau, à leur visage rasé de minces touffes de poils où passe le peigne tiennent lieu de barbe. Des vêtements étroitement cousus collent aux jambes élancées des guerriers, un large ceinturon enserre leur taille étroite. C'est pour se garantir contre la tentation de fuir et de présenter leur nuque découverte aux ennemis que les Francs ne se protégeaient que le devant du crâne avec leurs cheveux. Les casques sont pour eux des coiffures d'apparat, fragiles... Leur passion est la guerre... S'ils sont par hasard accablés par le nombre, la mort seule les abat, la crainte, jamais. »

Après des siècles de romanité, on reconnaît dans ce portrait fait par un riche sénateur gallo-romain les traits que les Romains reconnaissaient jadis aux combattants celtes de Vercingétorix. Il est vrai que si les Francs sont, à l'origine, des cavaliers, ils combattent le plus souvent à pied, comme les Burgondes. Armés de haches (les « francisques ») et de lances, ils portent glaive et bouclier, comme des Romains. Ils sont totalement soumis à leurs chefs, dont le seul insigne de commandement est la longue chevelure blonde.

LE BAPTÊME DU ROI BARBARE.

Ces rudes guerriers permettent à Clovis, vainqueur de Syagrius, de s'affirmer en Gaule et de déployer une puissance militaire irrésistible. Il intervient sur le Rhin, assure la sécurité des marches de l'Est. Il aide en 496 les Francs ripuaires à repousser les Alamans. C'est après sa victoire de Tolbiac qu'il faudrait situer, si l'on en croit la chronique, sa conversion au christianisme.

La conversion de Clovis n'est pas douteuse, mais le mérite en revient peut-être davantage à l'adresse du clergé gallo-romain — et à son influence dans les cités — qu'à l'inspiration divine sur le champ de bataille. On comprend que Grégoire de Tours et les évêques aient voulu faire passer Clovis pour le nouveau Constantin : sa conversion était une œuvre politique préparée de longue main.

Le clergé de Gaule ne pouvait en effet se fier aux autres rois barbares qui occupaient le territoire. Ils étaient chrétiens, faux chrétiens plutôt, adeptes de cette religion pervertie, issue du christianisme, de cette hérésie appelée « arianisme ». L'arianisme avait été condamné avec la plus grande vigueur par le clergé de Rome. Il fallait aux évêques de Gaule un Barbare qui eût la vraie foi.

Précisément Clovis venait d'épouser (est-ce un hasard ?) une princesse burgonde bonne catholique, Clothilde. Il lui promit de se convertir. Remi, évêque de Reims, lui donna le baptême le jour de Noël. (On ne sait si la bonne date pour ce baptême est 496, 498 ou 506.)

La conversion de Clovis avait une importance politique exceptionnelle. Avec le christianisme, il pouvait hériter de la *Romania*, et se parer des dignités et prestiges de l'ancien Empire, puisque, depuis 476, l'Empire d'Occident n'existait plus. Et de fait l'empereur d'Orient Anastase lui dépêcha un ambassadeur qui le salua du titre de consul. Clovis cessait d'être un chef de guerre heureux pour devenir un héritier.

Protecteur de l'Église de Gaule, le roi des Francs Saliens avait le devoir d'intervenir en terre burgonde ou wisigothique, toutes les fois qu'il y serait appelé par les catholiques persécutés par le pouvoir politique arianiste. Enfin Clovis, roi chrétien, pouvait s'attacher, dans les territoires qu'il contrôlait, le dévouement des chefs de l'Église, détenteurs de la seule autorité qui subsistât en Gaule depuis le naufrage de Rome.

Les conquêtes de Clovis furent faciles et rapides. En battant les troupes de Gondebaud, il abattit d'un coup la puissance burgonde. Il était maître, par cette victoire, du sillon rhodanien. D'après Grégoire de Tours, il entreprit ensuite une expédition d'inspiration religieuse contre les Goths d'Alaric, pour libérer les catholiques du Midi du joug hérétique. Il aurait ainsi lancé la première « croisade » franque. Alaric périt près de Poitiers. Son armée fut anéantie. A Toulouse, les évêques accueillirent Clovis comme un libérateur. Les Goths défaits passèrent en Espagne.

Infatigable, Clovis reprit ensuite le chemin du Nord, enlevant au passage Bordeaux, imposant sa loi aux Bretons sans coup férir. Était-il maître de toute la Gaule ?

A sa mort, en 511, il avait effectivement recollé les trois morceaux de l'ancienne Gaule chevelue : le franc, le burgonde et le gothique. Seul le petit royaume de Bourgogne, qui avait finalement survécu, et la Provence ostrogothique échappaient au contrôle des Mérovingiens. En 537, les fils de Clovis se chargeraient de les annexer.

LE GRAND ROYAUME FRANC DES GAULES.

Clovis avait bâti un royaume, non un État. Il devait ses succès au courage et à la terreur qu'inspiraient ses guerriers, à l'appui sans défaillance du clergé et des grands propriétaires, qui nourrissaient ses soldats et finançaient ses expéditions. Mais le problème des descendants du mythique Mérovée était la succession royale. Les rois francs restaient, de ce point de vue, des chefs de guerre soumis à la coutume de leurs peuples.

A la mort de Clovis, ses fils Thierry, Clodomir, Childebert et Clotaire se partagèrent ses conquêtes, comme un butin. L'unité du « grand royaume franc » était aussitôt remise en question. Les frères n'avaient pas, de leur pouvoir, une conception territoriale.

Ils se fixaient, non loin les uns des autres, à Paris, Soissons, Orléans et Reims. Ils restaient des chefs de bandes.

Les massacres familiaux, l'influence désastreuse des femmes et leurs intrigues dans les familles régnantes (Frédégonde et Brunehaut chez le fils de Clotaire, Chilpéric) ajoutaient à la confusion. Trois royaumes distincts devaient se constituer peu à peu : la Neustrie, à l'ouest de l'Oise, l'Austrasie à l'est, autour de la Meuse et de la Moselle, et la Bourgogne dans l'axe Saône-Rhône. Ce dernier royaume était différent des deux autres, en raison de son fort peuplement gallo-romain.

La Bretagne, l'Aquitaine et la Provence, qui n'avaient aucun peuplement franc, échappaient largement aux héritiers de Clovis. Au reste, du VIIe au VIIIe siècle, les luttes entre les rois de Neustrie et d'Austrasie furent continuelles et sauvages. Elles empêchèrent les Francs de rendre effective la conquête de la Gaule. Partout où leurs interventions ne pouvaient assurer l'unité, des royaumes indépendants se constituaient : ainsi les Basques au Nord-Ouest des Pyrénées, et la Septimanie au Nord-Est bravaient la puissance franque. Deux rois se partageaient la Bretagne, bientôt unifiée par Waroc en 580. Contre les Francs, les Provençaux n'hésitaient pas, au VIIIe siècle, à demander le secours des Arabes.

Dagobert, fils de Clotaire II, tenta de recoller l'héritage de Clovis. Roi des Francs de 629 à 639, il réussit à se faire reconnaître par la Neustrie, la Bourgogne et par une partie des Basques et des Bretons. Il passait pour un roi juste et éclairé, sensible aux conseils du clergé. L'orfèvre Éloi, ancien trésorier de Clotaire II et futur évêque de Noyon, l'aidait à se conduire comme un souverain, à rendre la justice sans être soumis aux seules coutumes franques, mais en tenant compte du droit des Gallo-Romains. Dagobert se fit ainsi une réputation de véritable souverain, qui connaissait son métier de roi. Il limita la puissance foncière de l'Église et celle des puissants propriétaires de domaines. Il se fit respecter à l'intérieur comme à l'extérieur du royaume. Il combattait l'âpreté de certains chefs ecclésiastiques, mais non l'Église elle-même, qu'il aida de ses dons. Il fonda l'abbaye de Saint-Denis ainsi que de nombreux monastères.

Pas plus que Clovis, il n'avait réussi à régler le problème de la succession. De son vivant, déjà, il avait renoncé en faveur de son fils Sigebert à la couronne d'Austrasie, en raison de la menace que les Avars faisaient peser sur le Nord-Est de la Gaule. Ainsi les Mérovingiens n'avaient assuré que pour de courtes périodes l'unité des Gaules.

LES LOIS BARBARES.

Les Francs, mais aussi bien les Burgondes ou les Goths avaient cependant modifié partout les mentalités et les mœurs, en apportant et en imposant leurs coutumes.

Ils avaient obtenu le droit d'utiliser en justice leurs coutumes partout où ils résidaient. C'était le principe de la « personnalité des lois ». Les lois barbares, contrairement au droit romain, n'étaient pas écrites, mais coutumières, elles se transmettaient de génération en génération. Les assemblées de justice, en pays gaulois, devaient donc être mixtes, afin de pouvoir juger les gens de toutes les nations. Au « mallus » ou tribunal du comte de la province ou de la cité, les Gallo-romains siégeaient à côté des Barbares.

Le droit barbare était pourtant très différent du droit romain : la loi du sang ou *vergeld* obligeait les Francs coupables d'un crime à payer la « composition » à leur victime ou aux parents de la victime. Le meurtrier remboursait en sous d'or. Les Burgondes et les Francs, sous l'influence des Romains, commençaient à faire rédiger leurs coutumes. Il y aurait bientôt une loi wisigothique, une loi burgonde, une loi salique et une loi ripuaire. Dans les territoires du Midi la loi romaine, solidement implantée, continuait à s'imposer. Peu à peu les lois barbares et le droit romain tendirent à se rapprocher. Du reste les rois barbares utilisaient la compétence des Gallo-Romains pour leurs administrations naissantes, fiscale et judiciaire notamment.

La fusion des lois suivait la fusion des peuples : les mariages mixtes entre les gens des élites sénatoriales et militaires devaient l'accélérer, en pays franc notamment. Il était d'usage que la femme adoptât la loi du mari, mais cette loi était singulièrement corrigée par sa transcription et son adaptation au cadre social. Naturellement, le droit et les coutumes germaniques restaient plus purs partout où le peuplement barbare était dense, dans le Nord et dans l'Est par exemple. Ailleurs, la romanité dominante reprenait tranquillement ses droits.

LA GAULE DES FILS DE MÉROVÉE.

Le roi « des Francs » a le sentiment d'appartenir à une famille royale d'origine mythique, celle de Mérovée. Il se trouve que les

Francs ont pris l'habitude de choisir leurs rois, par superstition sans doute, dans la même famille. Mais le roi ne conçoit pas son royaume comme un État. En ces temps où toute valeur est attachée à la possession de la terre, le royaume est un patrimoine que l'on acquiert par conquête et que l'on divise à la mort du chef entre ses descendants.

Les comtes (ou *comites*) placés à la tête des cités sont des amis, des compagnons du roi, qui leur distribue des « bénéfices », c'est-à-dire les revenus des terres, en échange de leur loyauté. L'administration est embryonnaire. Le seul personnage qui prend de l'importance est le « majordome » ou premier serviteur du roi. On l'appelle bientôt le « maire du Palais ». Les fils de Mérovée étant de plus en plus décadents, le maire du Palais tend à se substituer à ces « rois fainéants » qui ont la réputation de parcourir les villages en chars à bœufs.

Les autres dignitaires sont de moindre importance. Ils sont des exécutants, ou disposent de titres seulement honorifiques. Quand ses « comtes » le trahissent, le roi lève une armée, les tue et les remplace. Les rois, comme les comtes, vivent du produit de l'impôt, payé en nature comme au temps des Romains. Le peu d'or qui reste en Gaule continue à partir vers l'Orient, car le commerce des denrées précieuses et chères (les épices, par exemple, ou les tissus et les armes richement décorés) continue à être actif jusqu'à l'arrivée des musulmans. L'essentiel de l'activité économique est rural. C'est aux campagnes de payer.

Les habitants des villes les ont désertées, sauf si l'évêque, particulièrement puissant, a su protéger sa cité. Seule en effet l'Église balance le pouvoir des aristocraties terriennes franque et gallo-romaine. Celles-ci, de leurs villas, dominent le peuple des esclaves et des manants, de ceux qui « restent » sur la terre (en latin : *manere*, d'où « manant »).

L'évêque est lui-même un personnage important en dignité et en puissance. Sous Clotaire II, on est loin déjà du temps où l'évêque recherchait le sacrifice, le martyre. L'évêque est la plupart du temps d'origine noble. Par les legs et donations, il recueille des biens fonciers qui en font un seigneur parmi les autres, une puissance économique, donc politique. Il peut faire construire des églises rurales, ou persuader les seigneurs de les édifier dans leurs domaines. Le christianisme progresse ainsi dans les campagnes, sous son impulsion. Il est un facteur d'unité et d'assimilation des Barbares.

Les initiatives des rois et des seigneurs permettent aux monastères de se multiplier. Ceux-ci, dotés de biens fonciers, deviennent à leur tour une pépinière d'évêques et de missionnaires. Les moines assurent non seulement le progrès en profondeur de la foi et de la réflexion religieuse, mais la transmission de la culture grécolatine, car ils retrouvent et recopient les manuscrits des Latins et des Grecs.

S'il existe une civilisation mérovingienne, elle est due entièrement aux efforts des gens d'Église, qui encouragent les arts et l'artisanat comme ils peuvent, qui répandent dans leurs écoles le goût de la lecture et la pratique de l'écriture, qui assument en partie la justice et la survivance du droit romain.

La domination de fait de l'Église et des nobles terriens réduit, après la mort de Dagobert, la monarchie mérovingienne à peu de pouvoir. Les maires du Palais gouvernent, mais ils sont choisis par les nobles. Ceux-ci ne voient pas d'un bon œil, bien sûr, les maires du Palais devenir trop entreprenants, trop envahissants.

Ils doivent bien supporter cependant les entreprises de l'un d'entre eux, Pépin de Herstal. Nommé en Austrasie, il domine bientôt la Neustrie et la Bourgogne, nomme « maires » ses propres fils dans ces deux royaumes. Au début du VIIIe siècle, le voilà maître, en fait, de tous les pays francs. Bientôt tous les héritiers des derniers souverains mérovingiens disparaissent, sans laisser de traces...

Très pieux, renommé pour son courage, Pépin s'est rendu illustre en refoulant les Frisons au-delà du Rhin, en repoussant une fois de plus les Alamans. Il est vrai qu'à sa mort, en 715, la Gaule est de nouveau partagée. Les nobles de Neustrie se soulèvent, faisant maire un des leurs. De nouveau les Frisons, les Saxons menacent, et dans le Midi les musulmans. Le sauveur des Francs est un bâtard de Pépin. Il s'appelle Charles Martel. Il a pris le pouvoir en Austrasie

Le nouvel Empire des Francs.

Les Mérovingiens avaient par moments réussi à reconstituer l'unité des Gaules, à créer un royaume unitaire appuyé sur les nobles et sur les évêques. Mais trop souvent l'unité avait été remise en question par les querelles de succession, les intrigues et les assassinats, l'incapacité des souverains. A peine réunis, les Francs se divisaient et revenaient aux guerres tribales. Il appartenait à la nouvelle dynastie des Carolingiens de donner aux Francs plus qu'un royaume : l'ancien Empire romain d'Occident.

LA RECONQUÊTE DU ROYAUME FRANC.

Charles Martel est connu dans l'Histoire pour avoir repoussé à Poitiers, en 732, une armée berbère, et défendu ainsi l'Occident chrétien contre l'Islam. Il est vrai que sa victoire, remportée aux portes de l'Aquitaine, devait avoir dans toute la Gaule un immense retentissement.

Avant de vaincre l'expédition musulmane partie de Pampelune en Espagne, Charles avait fermé les frontières du Nord et de l'Est contre les envahisseurs, il avait dominé la Neustrie en révolte, intimidé l'Aquitaine, qui, après Poitiers, devait se rallier massivement à ses étendards. Il avait parcouru tout le pays, d'une frontière à l'autre, pour le protéger contre les agressions. Il était véritablement le restaurateur du royaume franc.

Charles avait désarmé l'opposition des nobles, dont beaucoup jalousaient sa gloire, en distribuant libéralement les « bénéfices » à ses fidèles, en distribuant aux grands seigneurs les terres confisquées à l'Église qu'il entreprit par ailleurs de réformer, pour en chasser les éléments indignes.

Charles, pas plus que les Mérovingiens, n'avait su régler sa succession. A sa mort, ses fils Carloman et Pépin, dit le Bref, durent faire la guerre pour réprimer une révolte générale des nobles. Ils firent mieux : pour désarmer l'opposition des seigneurs, ils allèrent chercher dans sa retraite un Mérovingien oublié de tous, Childéric III, pour en faire un roi.

Mais Pépin voulait pour lui le pouvoir. Son frère Carloman étant entré au couvent, il réunit, à Soissons, en 751, l'assemblée des nobles du royaume franc. Non content de se faire élire roi selon la coutume franque, il se fit sacrer par saint Boniface, devant tous les évêques du royaume, après avoir reçu l' « onction » de l' « huile sainte ». C'était la première cérémonie du sacre. Pépin voulut recevoir un deuxième sacre, pour mieux établir sa souveraineté, des mains du pape lui-même. Étienne II vint en personne dans l'abbaye de Saint-Denis pour la cérémonie de 754. Selon la chronique, le pape fit ce jour-là « défense à tous sous peine d'interdit et d'excommunication, d'oser jamais choisir un roi issu d'un autre sang ». Ainsi naissait la royauté de « droit divin ». Désormais le roi était protégé par le Dieu des chrétiens. Le sacre en faisait un personnage inviolable. Sur des bases nouvelles, la dynastie des Carolingiens était véritablement fondée.

CHARLES LE GRAND PREND LE POUVOIR.

Si Pépin parvint sans peine à se faire respecter par les Francs, il eut du mal à établir son autorité en Languedoc et à retirer la Septimanie (la région de Nîmes et Béziers) à l'occupation des musulmans. Quand il mourut, en 768, il laissait à ses fils, Charles et Carloman, un royaume pacifié.

Mais en même temps, ce monarque absolu, roi de droit divin, partageait avant de mourir ses biens à la manière franque, également entre ses fils. Heureusement pour l'unité du royaume, Carloman mourut prématurément en 771, laissant Charles seul héritier.

Une rude tâche l'attendait aux frontières : il dut de nouveau pacifier l'Aquitaine, où il établit comme roi son fils Louis. Levant le maximum de guerriers francs, il décida de porter le fer au-delà du Rhin et des Pyrénées, pour frapper les ennemis du monde chrétien. Charles repoussa les tribus païennes de Germanie entre Rhin et Elbe. Il attaqua les musulmans en Espagne. Il entraînait avec lui, dans chaque expédition, des missionnaires qui avaient pour rôle de christianiser aussitôt les pays conquis.

Les expéditions franques partaient chaque année au printemps. Les guerriers payaient eux-mêmes leurs armes, leurs montures, leurs armures et les gens de pied. Charles faisait requérir pour l'*ost* (armée) non seulement les seigneurs, mais les hommes libres. S'ils ne voulaient pas aller à la guerre, ces derniers devaient payer l'équipement de leurs seigneurs. Chaque campagne durait environ trois mois.

Charles engagea ses armées loin vers l'Est. En Bavière la rébellion du duc Tassillon fut matée en 788. Les Saxons, païens, furent poursuivis sans trêve. Ils finirent par se soumettre en 785. Jamais les Francs n'avaient osé intervenir aussi loin, aussi constamment en pays germanique. Avec Charles, l'Europe occidentale cessait d'être soumise à la pression des peuples venus de l'Est, pour enfin reprendre l'initiative.

L'occupation franque dans les pays germaniques était extrêmement dure. En Saxe, on déployait la terreur religieuse. Toute atteinte
à la religion chrétienne était punie de mort. Pendant plus de trente
ans, la Saxe fut victime des expéditions de Charles, qui porta au-
delà de l'Elbe les frontières de la chrétienté. Il soumit même les
Avars de la vallée du Danube et les Frisons du nord du Rhin. Le
Khan des Avars, son peuple une fois converti à la religion catholique, devait faire sa cour au roi des Francs.

A la demande du gouverneur de Barcelone, Charles intervint
contre les Sarrazins qui razziaient le Sud de la Gaule, dès 778. Il
envoya deux armées pour affronter les soldats de l'émir Abd al
Rahmân. Les Pyrénées passées, Charles dut battre en retraite à
l'annonce d'une révolte des Saxons. L'arrière-garde, commandée
par le comte de la Marche de Bretagne, le paladin Roland, périt
dans une embuscade dressée par les Basques, et non, comme le
veut la légende, sous les coups des « Maures », dans le défilé de
Roncevaux. Il fallut plusieurs campagnes pour contenir les musulmans au-delà des Pyrénées, puis pour constituer en Catalogne une
« marche » franque solide. Échappaient encore à Charles, dans les
Pyrénées, le pays basque et les montagnes de Navarre.

En Bretagne, il n'eut pas la partie plus facile : deux expéditions
furent nécessaires (786, 799) pour soumettre les Bretons. Et le
résultat fut loin d'être décisif. Il fallut renoncer à pacifier l'extré-
mité du pays. Charles dut aussi guerroyer contre des marins du
Nord que l'on appelait *Northmanni* ou Normands (en fait, des
Danois) qui agressaient les côtes de l'Ouest depuis 799. Ils pillaient
chaque année les villages côtiers, de la Hollande à l'Espagne. Il
fallut organiser sur les côtes un service de surveillance et un système de défense.

CHARLEMAGNE, ROI DE L'EUROPE CHRÉTIENNE.

Clovis était un converti, Dagobert un homme sage, Charles
était un inspiré. Comme son grand-père, Charles Martel, il avait
une foi profonde et vivante. Il était sensible aux insuffisances et aux
faiblesses de l'Église. Il considérait comme un devoir de veiller lui-
même sur l'éducation et la moralité des prêtres. Le christianisme
était pour lui le ciment de l'Europe nouvelle. Oint du Seigneur, il
prenait très au sérieux sa mission religieuse. Ancêtre des Croisés,

Charlemagne menait sur toutes les frontières le combat de la catholicité.

Il fit tout ce qui était en son pouvoir pour renforcer les croyances et étayer les rites sur des bases incontestables. Il fit venir un moine anglo-saxon, Alcuin, qu'il installa en l'abbaye de Saint-Martin de Tours pour reviser le texte latin de la Bible et imposer la Vulgate. Charles fit copier les textes sacrés dans toute la chrétienté, créant des écoles près des cathédrales et dans les monastères pour avoir des « copistes » en nombre suffisant. L'importance des textes sacrés lui semblait primordiale.

Lui-même cultivé, Charles avait suivi les leçons du célèbre grammairien Pierre de Pise. Il savait le latin et le grec. Il avait appris d'Alcuin l'astronomie, le calcul et la philosophie. Il était convaincu que l'Europe ne pouvait affirmer son existence que par le progrès des sciences, des lettres et des arts, dans le respect absolu de la religion. Mais ce progrès n'était possible que si les Francs attiraient en Gaule tout ce que l'Italie, l'Espagne, la Grèce lointaine et l'Angleterre proche pouvaient encore compter de talents. La « renaissance carolingienne » fut en grande partie l'œuvre personnelle de Charlemagne. Il fut le premier roi « barbare » qui se montrât soucieux de reconstituer la vie spirituelle de l'ancienne civilisation, en lui donnant comme ciment et comme aiguillon la vie religieuse.

A la demande du pape, menacé par les Lombards, Charlemagne intervint en Italie. En 774, après de durs combats, le roi Didier fut pris. Charles coiffa aussitôt la couronne de fer des rois lombards. Par campagnes successives, il fit ensuite la conquête de l'Italie dont il fit roi son fils Pépin (781).

Charlemagne se trouvait alors maître de toute l'Europe continentale, de l'Elbe à l'Èbre et de la mer du Nord à la Méditerranée. Il établit dès 789 sa capitale à Aix-la-Chapelle, où il attira les savants et artistes de tous les pays d'Europe. Protecteur de l'Église et défenseur du pape, c'est très légitimement que Charlemagne pouvait apparaître, au sacre de 800, comme le nouvel empereur d'Occident.

La monarchie franque semblait reconstituer, grâce à la cérémonie romaine, et pour le plus grand bien de l'Église, l'Empire de Théodose.

En fait Charlemagne n'avait pas exagérément désiré cette consécration. Il avait le sentiment de bâtir une Europe nouvelle, et non de reconstituer les formes politiques du passé. Il ne croyait pas à la pérennité de l'Empire, mais il voulait assurer le rayonnement de la civilisation chrétienne.

LA RENAISSANCE CAROLINGIENNE.

Protégée par les armes franques, dominée spirituellement par l'Église qui lui assurait une certaine unité, l'Europe carolingienne connut de nouveau la prospérité. Et cette « renaissance » n'était pas due à la reprise du commerce : certes les riches seigneurs achetaient à grands frais les produits d'Orient, les épices continuaient à s'offrir sur les marchés européens, après avoir parcouru de longues routes maritimes ou terrestres. Mais les marchés urbains restaient faibles et les économies très régionalisées.

La prospérité revint surtout dans l'activité agricole. On pouvait recommencer à cultiver les grands domaines en toute tranquillité. Les terres appartenaient aux seigneurs qui les tenaient du roi, ou aux princes de l'Église. Ceux-ci les faisaient cultiver directement (sur les « réserves ») par leurs serfs, ou grâce aux services qu'ils exigeaient des paysans libres, les anciens « colons » du monde romain. Ils donnaient aussi une partie de leurs terres, sous forme de tenures, à des paysans « tenanciers », à des esclaves « casés » ou « chasés ». Peu enclins à faire du zèle pour travailler la « réserve » des seigneurs, les paysans étaient souvent trop pauvres pour améliorer les rendements de leurs cultures sur leurs propres domaines. De la sorte, les progrès techniques étaient inexistants et les défrichements fort rares. Il n'importe. L'ordre politique garantissait à tous la possibilité de travailler en paix. Ce fait nouveau en Occident se traduisait par un grand bien-être matériel. Les domaines royaux, immenses, assuraient à la Cour des revenus considérables, ainsi qu'aux grands seigneurs.

Charlemagne, comme ses prédécesseurs, distribuait les terres ou « fiefs », à ses « vassaux », en échange d'un serment de fidélité et du « service d'ost ». Pour faire prêter ce serment, et s'assurer de la loyauté des vassaux, il prit l'habitude d'expédier dans les provinces des envoyés spéciaux, les *missi dominici*, qui faisaient connaître les ordres royaux et devaient ensuite lui rendre des comptes, sur leur exécution. Le roi Charles n'avait pas les moyens de s'offrir une administration permanente. Il la remplaçait par une pyramide de vassalités.

Au palais royal, il est vrai, un certain nombre de services fonctionnaient en permanence, autour du souverain. Celui de la « Chapelle » par exemple, chargé des affaires religieuses. Le service de la « Chancellerie » était un secrétariat. Un « comte du Palais » était chargé de la justice. Des dignités domestiques étaient attribuées aux seigneurs de la Cour.

Dans les provinces, les comtes (250 environ) représentaient Charlemagne et disposaient de vastes pouvoirs. Ils recevaient du palais d'Aix-la-Chapelle des ordres écrits, les « capitulaires », qu'ils devaient appliquer scrupuleusement. Les comtes étaient des seigneurs déjà bien nantis en terres et en bénéfices et dont le roi, en reconnaissance pour les services rendus, accroissait les domaines. Eux-mêmes disposaient de vassaux à qui ils distribuaient des terres. Ainsi se consolidait le régime de la « féodalité ».

Issu souvent de la noblesse, le clergé était soumis à l'autorité du roi, depuis que celui-ci se faisait sacrer. Charlemagne avait profité de cette autorité — que ses prédécesseurs n'avaient guère — pour réformer profondément l'Église, dans la voie indiquée par saint Boniface. Les curés recevaient le droit de percevoir un impôt en nature, la dîme, sur les récoltes de leurs paroissiens. La règle monastique était renforcée. Les évêques étaient choisis parmi les hommes pieux et sages. Charles voulait chasser de l'Église tous ceux qui la déshonoraient par leur appétit d'argent et de jouissance. Pour surveiller les évêques et diriger les provinces ecclésiastiques, on avait créé les archevêques. Charlemagne voulait donner au clergé les moyens d'être indépendant de la noblesse, en lui garantissant ses ressources propres ; mais il exigeait de lui, par contre, le zèle le plus scrupuleux dans la défense et l'illustration de la religion.

Il lui donnait en outre mission de répandre partout la culture. Des écoles de village, gratuites, devaient être créées pour alphabétiser le peuple. Le grand Alcuin écrivait lui-même des livres pour les enfants. L'École du Palais formait à Aix des cadres enseignants que l'on expédiait partout dans les villages. Une écriture nouvelle, aux caractères très lisibles (la « carolingienne » ou « caroline »), était répandue, pour faciliter l'alphabétisation. Si le latin redevenait la langue des lettrés, les langues populaires étaient encouragées, et se développaient dans les cités. L'empereur parlait lui-même le franc, mais il suivait avec attention l'évolution de la langue parlée dans les provinces, par les populations gallo-romaines : peu à peu le latin abâtardi de la *Romania* se transformait, sous l'influence des dialectes barbares, en une langue nouvelle d'où sortirait, plus tard, le « français » du Moyen Age.

Pour l'Église rénovée, Charlemagne voulait un cadre éclatant. Il fit venir les meilleurs constructeurs, sculpteurs et peintres d'Europe pour construire des monastères, des abbayes, des cathédrales. Celle de Germigny-les-Prés, dans le Loiret, la crypte de Saint-Germain d'Auxerre sont le témoignage de cet immense effort. Charles avait confirmé le clergé dans ses privilèges. Mais il lui demandait de relever le niveau culturel de l'Europe, et de faire de sa capitale, selon le mot d'Alcuin, « l'Athènes nouvelle ».

LES HÉRITIERS DE CHARLEMAGNE.

A sa mort, Charles, selon la coutume franque, avait partagé ses biens entre ses trois fils. Malgré le sacre, malgré l'Empire, il avait réagi sur son lit de mort en roi franc, pour lui le « patrimoine » se divisait comme à la guerre le butin. La mort rapide de deux des héritiers permit, il est vrai, à Louis le Pieux d'hériter de l'ensemble en 814.

Louis le Pieux est le premier roi qui tenta d'établir une coutume successorale tendant à éviter le morcellement de l'État. Il fit de son fils Lothaire, son aîné, le seul héritier du trône en le proclamant « empereur ». Les cadets, Pépin et Louis, n'étaient que rois d'Aquitaine et de Bavière. Bernard, neveu de Louis le Pieux, était roi d'Italie. L'Empire carolingien, défenseur de la chrétienté, était-il durable?

Du vivant de Louis le Pieux, Bernard s'était déjà révolté. L'empereur avait dû intervenir, avec toutes ses forces. Bernard n'avait pas été exécuté. Il avait eu seulement les yeux crevés. Il mourut au cours du supplice. Le royaume d'Italie était supprimé.

La succession semblait réglée. Mais Louis le Pieux avait eu un fils d'une seconde union avec Judith de Bavière. Ce fils Charles, le futur Charles le Chauve, entrait dans la compétition. Louis le Pieux en faisait son favori. A son profit, il revenait sur ses dispositions antérieures. Lothaire, le fils aîné, était envoyé en Italie. Charles recevait un royaume à l'est de l'Empire comprenant les terres allemandes, l'Alsace et une partie de la Bourgogne.

Les nobles et le clergé de Gaule étaient hostiles à ces mesures dictées au vieux roi par la coterie de la reine Judith. Lothaire, Pépin

et Louis, les enfants du premier lit, étaient mûrs pour la révolte.
En 830, ils tentaient d'imposer la tutelle à leur père. Ils enfermaient
Judith au couvent. Lothaire, aidé par tous les nobles du royaume,
exerçait en leur nom le pouvoir. C'était la revanche des grands,
longtemps abaissés par Charlemagne et le pouvoir impérial.

Louis retourna la situation l'année d'après. Mais pour l'emporter,
il avait dû faire des promesses, renoncer à l'idée de la transmission
intégrale de l'Empire à un seul héritier. Les projets de partage
suscitaient de nouvelles réactions de révolte. L'aristocratie se partageait, soutenant tel ou tel candidat dans sa brigue. L'anarchie était
revenue en Gaule.

A la mort de Louis, en 840, il n'était plus question de maintenir
l'unité de l'Empire, mais de rétablir l'ordre en ses diverses parties.
Les notables s'inquiétaient pour l'héritage. Il fallait sortir des
querelles de famille.

LE SERMENT DE STRASBOURG ET LE TRAITÉ DE VERDUN.

Après bien des manœuvres, Louis dit le Germanique et Charles
l'Austrien se prêtent à Strasbourg serment mutuel d'assistance
contre Lothaire. Le serment fut tenu en 842 devant les deux
armées réunies, qui venaient de défaire complètement les troupes de
Lothaire. Le texte du serment fut écrit en langue romane et en germanique, afin que nul ne l'ignore. Lothaire, qui voulait hériter seul
de l'Empire, était dépossédé.

Il fallait bien cependant qu'il ait sa part de l'héritage. On ne
pouvait tout lui retirer. Il consentit, en 843 à signer le traité de
Verdun qui partageait sur une base solidement établie l'Empire de
Charlemagne. Charles, dit le Chauve, héritait de la *Francia occi-
dentalis* (les territoires à l'ouest de l'Escaut, de la Meuse, de la Saône
et du Rhône). Louis le Germanique recevait les territoires situés
entre le Rhin et l'Elbe. Quant à Lothaire, on lui laissait la bande
médiane, de la mer du Nord à l'Italie.

Les frères respectèrent le partage pendant quinze ans. A la mort
de Lothaire, en 855, les difficultés de succession ressurgirent. Les
trois fils de Lothaire se partageaient son domaine : l'un prenait
le Nord, jusqu'à la Saône. Le deuxième le Rhône et la Provence, le
troisième l'Italie. Il y avait désormais cinq royaumes, qui étaient
l'objet de luttes continuelles. Louis le Germanique envahit celui

de Charles, et Charles la Provence... Il n'y avait plus de paix pour les populations.

UNE NOUVELLE VAGUE D'INVASIONS.

Déchirés entre eux, les rois francs ne pouvaient guère faire face aux envahisseurs qui se pressaient de nouveau aux frontières de la chrétienté. A partir de 850, les raids musulmans faisaient régner la terreur sur les bords de la Méditerranée. Les pillards remontaient les fleuves, notamment le Rhône, pour brûler les villages et emporter tout ce qu'ils pouvaient. Ils s'emparaient des îles de Méditerranée occidentale, la Sicile, la Corse, les Baléares. Ils occupaient le Sud de l'Italie. La conquête musulmane reprenait en force.

Sur les côtes du Nord et de l'Ouest, les Normands, déjà connus de Charlemagne, multipliaient les razzias. Les *Vikings* (Norvégiens et Danois) remontaient l'Escaut, l'Yonne jusqu'à Sens, la Loire et la Charente, utilisant des bateaux à fond plat de vingt mètres de long. Ils embarquaient cent à deux cents guerriers sur chaque bateau qui pouvait affronter aussi bien la haute mer que les fleuves les moins profonds. Ils frappaient partout, à volonté.

Quand ils attaquent, à partir de 850, les côtes franques, ils sont déjà maîtres de la mer du Nord, de la Manche et même de l'Atlantique. Ils pillent systématiquement les églises et les couvents, pour y trouver l'or et les objets précieux. Ils inspirent partout la terreur. Ils embarquent des chevaux pour pouvoir rayonner très au-delà de leurs points de débarquement. En 864 on les signale à Clermont-Ferrand...

Une expédition dirigée par le chef viking Rollon se traduit en 911 par la session aux « Normands » (hommes du Nord) des pays de la basse Seine. Charles le Simple y a renoncé par traité, parce qu'il est dans l'incapacité de les défendre. Voilà les « Normands » installés sur un territoire. Ils en font une base d'opérations et leur hardiesse ne connaît plus de bornes. Ils prennent et pillent Paris.

LA FIN DES CAROLINGIENS.

L'Europe carolingienne, malgré ses divisions, avait gardé toute sa puissance d'assimilation. Les Hongrois s'étaient installés dans l'Est, jusqu'en Lorraine; vers l'Ouest, les fiers Vikings étaient devenus les « Normands ». Les évêques et le clergé avaient entrepris leur conquête spirituelle. Las de piller et de naviguer, ils s'étaient civilisés et même christianisés.

En fait, ils constituaient une nouvelle nation dans la carte troublée de l'Europe, qui ne parvenait pas à retrouver la stabilité. En vain le pape avait-il tenté de rétablir le titre d'empereur d'Occident, en faveur de Charles le Chauve en 875, puis de Charles le Gros (le fils de Louis le Germanique) en 881. En 896 Arnulf, neveu de Charles, devait être le dernier détenteur du titre. Jamais l'unité des terres chrétiennes n'avait été rétablie. La « France », l'Allemagne et l'Italie constituaient des royaumes définitivement distincts.

Les rois étaient incapables de faire régner l'ordre dans leurs royaumes. Les seigneurs y étaient trop puissants, trop insoumis. Déjà Charles le Chauve leur avait garanti l'hérédité de leurs seigneuries. C'est eux qui défendaient le territoire, en construisant, sur leurs terres, aux endroits stratégiques, des forteresses, les fameux « châteaux forts ». La défense s'organisait ainsi région par région. Elle ne dépendait plus du roi.

En Champagne, en Bourgogne, dans les Flandres, en Aquitaine, les seigneurs tenaient seuls leurs territoires. Le roi des Francs n'était plus roi vraiment que sur ses terres propres, sur son « domaine ». Louis le Bègue, Louis III et Carloman, qui succédèrent à Charles le Chauve, n'étaient déjà plus que des roitelets sans pouvoir.

La lutte contre les Normands obligeait les seigneurs à intervenir dans la succession royale. Le comte Eudes défendait Paris assiégé. Son courage décida les seigneurs à lui offrir la couronne, que Charles le Gros, descendant légitime des Carolingiens, ne semblait pas pouvoir défendre. Eudes, fils de Robert dit le Fort, était donc en quelque sorte élu par ses pairs, hissé sur le pavois dans la grande tradition des Francs.

Tous les seigneurs n'étaient pas d'accord. Des intérêts rivaux les divisaient en deux clans : les « Robertiens », partisans d'Eudes, firent ainsi la guerre aux Carolingiens, une guerre sans merci, qui usait rapidement les chefs. Enfin la branche carolingienne s'éteignit définitivement. Les nobles se rassemblèrent à Noyon et élevèrent au trône un abbé laïc, Hugues, du clan des Robertiens. En raison de la « chape » de Saint-Martin qui était conservée dans son abbaye, Hugues fut surnommé « Capet ». La nouvelle dynastie était née, celle des « Capétiens ».

A l'entreprise démesurée des Carolingiens, qui avaient un moment reconstitué l'Empire, se substituait la timide monarchie capétienne, réduite au bon vouloir des ducs et comtes, limitée à la mouvance du domaine. Ainsi naissait vraiment « l'Histoire de France ».

CHAPITRE 3

Roitelets du Nord
et géants du Midi

Autour de l'an mil, la France est dominée par de puissants seigneurs, dont le petit roi de l'Ile-de-France n'égale ni l'influence, ni le prestige, ni la richesse, ni la force. Limité à son domaine amoindri, il dispose cependant d'un atout majeur, dont il fera bon usage : il est le seul qui détienne la puissance spirituelle que confère la cérémonie du sacre. Il n'est pas seulement l'héritier diminué de Charlemagne : par le sacre, il descend en droite ligne des Rois d'Israël. Comme l'écrit très bien Georges Duby :

« *La société féodale n'a jamais pu se passer d'un roi ; la présence terrestre d'un monarque lui fut aussi nécessaire que celle, invisible, de Dieu. Pour cette raison tous les rois de France de cette époque... jouirent d'un prestige et d'un pouvoir de fait sans commune mesure avec ceux que détenaient les princes les plus puissants du royaume* [1]. »

Les petits rois de l'Ile-de-France.

DES SUZERAINS THÉORIQUES.

Élu par ses pairs, sacré roi à Reims, Hugues Capet (987-996) était le suzerain « éminent » des pays situés à l'ouest de l'Escaut,

(1) Histoire de France, Larousse 1973, tome I, p. 258.

de la Saône et du Rhône. Les pays à l'est de cette ligne étaient réputés « d'Empire ». En réalité le premier Capétien ne possédait vraiment que le « domaine » royal, les terres qu'il avait en propre, comme seigneur et non comme roi.

Au Sud, il disposait d'une partie de la plaine de Beauce de Paris à Étampes, et Orléans. Au Nord, le domaine atteignait Senlis, à l'Ouest... Poissy. A l'Est, la limite avec le comté de Champagne était à Sens. Encore le roi devait-il compter, sur ce territoire exigu, avec le caractère indépendant des petits « barons » qui contestaient son autorité.

Restait la couronne. Hugues en connaissait le prestige et le prix. Dès 987, il avait fait, de son vivant, désigner comme roi son fils Robert (le futur Robert le Pieux) par l'Assemblée des seigneurs. Cette procédure devint exemplaire, et fixa la coutume : pendant plusieurs générations, elle serait suivie scrupuleusement par les Capétiens, et respectée par leurs vassaux.

L'élection du roi par les seigneurs, autre coutume venue des usages francs, devint, en somme, une formalité. Robert le Pieux succéda sans difficulté, en 996, à Hugues Capet. N'était-il pas déjà roi ? Il ne put y avoir désormais de vacance du pouvoir. La royauté devenait un principe, elle ne pouvait ni s'abolir ni se partager, même pour un court instant, même pour la liquidation d'une succession : le roi est mort, vive le roi !

Encore fallait-il qu'il y eût un roi. Le roi régnant devait avoir nécessairement un héritier (et non une héritière). Robert le Pieux n'en avait pas eu avec ses deux premières épouses : il les congédia pour en prendre une troisième, qui lui donna quatre fils. L'aîné fut aussitôt associé au trône. Mort prématurément, il fut remplacé par son cadet, Henri. En vain la reine tenta-t-elle d'imposer son dernier fils, Robert, qu'elle préférait, avec l'aide de puissants vassaux. Elle échoua dans son entreprise et Henri Ier fut roi. Il régna de 1027 à 1060.

Il laissait à sa mort un fils de huit ans, ce qui risquait de compromettre la dynastie. Fort heureusement le comte Beaudouin des Flandres et la reine mère assurèrent la régence et Philippe Ier régna jusqu'en 1108. Quand son fils Louis VI fut désigné comme successeur, ce fut seulement par acclamation des seigneurs, et non par une véritable élection; il en fut de même pour Louis VII. La succession des Capétiens était donc désormais assurée par la loi coutumière. Le « dauphin » était publiquement désigné par son père et l'archevêque de Reims le déclarait officiellement élu en le faisant

acclamer par les vassaux réunis. Une des principales causes de
faiblesse de la monarchie franque disparaissait ainsi. Les bases d'un
État durable étaient enfin jetées.

LES DESCENDANTS DE SALOMON.

La cérémonie du sacre jouait un rôle déterminant dans la consécration du pouvoir royal. Les Capétiens ne pouvaient prétendre
à l'héritage légitime des Carolingiens puisqu'ils avaient en fait
usurpé la couronne. Aussi tenaient-ils à maintenir la cérémonie
du sacre, qui donnait à leur accession au trône un prestige incom-
parable. Au XIᵉ siècle, le roi était « oint » à Reims avec un mélange
de baume et d'une huile de qualité particulière. On prétendait que
ce « saint chrême » venait de Dieu lui-même : une colombe l'aurait
apporté à saint Remi, lors du baptême de Clovis. Au-delà des Carolingiens, les Capétiens cherchaient les racines de leur légitimité
dans les traditions religieuses les plus anciennes et les plus mythiques de la monarchie.

Bien au-delà de Charlemagne et de Clovis, le roi capétien se
voulait, par le sacre, l'héritier de Salomon et des rois de l'Ancien
Testament. Ce pouvoir religieux qui lui était solennellement conféré
distinguait d'emblée le roi de France des princes, ses vassaux. Il
frappait en outre l'imagination populaire. Le roi eut bientôt la
réputation de faire des miracles, de guérir les malades. Cette renom-
mée existe dès le temps de Louis le Pieux, qui, selon son biographe,
guérissait les plaies d'un signe de croix. Il soignait les aveugles,
comme le Christ lui-même, en leur lavant le visage avec de l'eau
bénite. De Robert le Pieux jusqu'à l'aube des temps modernes, les
rois « thaumaturges » guériraient les « écrouelles ». Nul ne pouvait
plus contester leur pouvoir spirituel. Pour les mentalités du Moyen
Age, ce n'était certes pas un mince prodige que ce pouvoir surna-
turel placé par Dieu dans les mains du roi.

LA RÉALITÉ DU POUVOIR.

Passant le Rhône ou la Meuse, les voyageurs de l'époque avaient
conscience d'entrer « en France ». Et pourtant l'autorité du roi était
illusoire dans les provinces. Le roi capétien ne pouvait guère faire
respecter sa loi, en dehors de son domaine.

Le roi n'avait pas de résidence déterminée. Il se terrait à Paris ou à Orléans. Il n'avait ni administration ni ressources financières régulières. Il employait ce qui lui restait de forces à se faire respecter par les « barons pillards » de l'Ile-de-France, comme ce Thomas de Marle, qui terrorisait les campagnes autour de son château fort de Coucy, et qui fut réduit à l'obéissance par Louis VI le Gros.

Pourtant les rois amélioraient peu à peu leur puissance. Ils assumaient, sur leurs terres, la protection du clergé. Entourés de sages conseillers comme Suger, ils bénéficiaient des débuts d'un renouveau économique. Les voies d'eau, la Seine, la Loire, la Marne, leur étaient profitables. Les foires du Nord étaient des étapes vers les Flandres. Les marchands italiens recommençaient à fréquenter les marchés de l'Ile-de-France. La Beauce et la Brie, de plus en plus défrichées, enrichissaient à la longue leurs maîtres capétiens qui se comportaient en gestionnaires prudents, et non, comme les Carolingiens, en maîtres prodigues, toujours prêts à aliéner leurs biens. Les rois capétiens voulaient transmettre à leur descendance plus qu'ils n'avaient reçu. Ils se comportaient déjà en rois bourgeois.

DES FRANCS AUX FRANÇAIS.

Le petit roi de Paris était réputé au-dehors « roi des Français ». Il ne manquait pas une occasion de parler en Europe au nom de la France tout entière. Parfois ses interventions n'étaient pas sans audace : face à l'Empire romain germanique, qui était, vers l'an mil, la plus grande puissance chrétienne d'Europe, le Capétien osait revendiquer l'héritage de Charlemagne, affirmer des vues sur la Lorraine... Contre l'empereur allemand, Louis VI le Gros n'hésitait pas à mobiliser les Français. Il en avait le droit : le roi de France, de l'aveu des seigneurs, était celui qui « levait l'host » en cas de danger. Il pouvait user comme bon lui semblait de l'armée rassemblée de ses vassaux. Il restait, dans la tradition des chefs francs, le maître de la guerre et de la paix. En 1124, contre « l'empereur romain et le roi anglais », Louis VI avait réussi une mobilisation des nobles, qui ne fut pas suivie d'effets. Le roi pouvait en effet menacer. Il ne pouvait guère entreprendre. Trop de puissances l'eussent étouffé. Il utilisait seulement dans la diplomatie son pouvoir assez théorique. Il n'allait pas jusqu'à livrer ces grandes guerres de pays à pays, qui devaient ensanglanter l'Europe deux siècles plus tard.

Bientôt les Capétiens résolurent de se fixer à Paris, pour asseoir leur prestige définitivement. Louis VI voyait en l'abbaye de Saint-Denis « le chef de son royaume » et son fils devait établir sa résidence dans l'ancien palais de l'île de la Cité, où avait vécu déjà Robert le Pieux. Autour du palais, les seigneurs et conseillers de la Cour firent construire de solides hôtels. Un embryon de capitale royale existait ainsi dès le XIIe siècle. Les Capétiens disposaient, avec Paris, Saint-Denis et Reims, de trois lieux mythiques bientôt unanimement respectés en France.

Les grands vassaux du royaume.

LE « SYSTÈME FÉODAL ».

Le pouvoir du roi était reconnu par les princes dans le cadre du « système » féodal. Il était le suzerain suprême, capable de convoquer les seigneurs en certaines occasions solennelles, pour les « consulter » sur l'intérêt du royaume. Il ne pouvait les contraindre à accepter quotidiennement son autorité. Le pouvoir, sur le territoire français, était naturellement décentralisé : il appartenait aux seigneurs dominant les régions, qui n'avaient avec le roi, plus haut seigneur du royaume, que des liens assez lâches. Les seigneurs devaient au roi service armé et fidélité dans les circonstances exceptionnelles. Pour le reste du temps, ils étaient maîtres chez eux.

Les grands seigneurs avaient constitué partout de vastes domaines où leur souveraineté était presque totale, puisqu'ils pouvaient battre monnaie, rendre la justice, lever impôts et hommes de guerre. Au nord de la Loire, le comte des Flandres et le comte de Vermandois étaient beaucoup plus riches que le roi de France. A l'Est du domaine royal, les dangereux voisins du Capétien étaient le comte de Champagne et le duc de Bourgogne. A l'Ouest, le duc de Normandie et le comte de Bretagne étaient presque indépendants ainsi que les comtes du Maine, d'Anjou et de Blois. Les grands seigneurs du Midi se partageaient de vastes territoires qui constituaient de véritables États : les comtes de Toulouse et de Barcelone ignoraient les lointains rois de France. Les ducs de Gascogne et d'Aquitaine affichaient le même mépris que leurs voisins de Toulouse pour les « Barbares du Nord ».

S'il existait encore, au seuil de l'an mil, un «royaume de France», la France réelle avait plusieurs souverains, dont celui d'Ile-de-France était, dans la réalité des rapports de force, l'un des plus faibles. La puissance des seigneurs du Nord, des comtes et des ducs du Midi, était une conséquence directe du développement de la féodalité.

Devant les menaces continuelles et l'insécurité endémique, devant les invasions répétées jusqu'au IXᵉ siècle, les populations s'étaient regroupées autour de la seigneurie la plus proche, la plus capable d'assurer la défense commune. Les seigneurs étaient tous de familles nobles qui s'étaient illustrées sous les précédentes dynasties. Comme tels, bien qu'ils ne fussent pas sacrés, ils étaient respectés du peuple. Ces nobles pouvaient être, au Xᵉ siècle, de tout petits barons retranchés dans leurs châteaux forts. Les châteaux, construits à l'origine en bois et non en pierre, avaient en effet tendance à dominer un « pays » (les vieux *pagi* de Gaule), à se rendre indépendants des plus grands seigneurs du comté ou du duché. Les « châtelains » se comportaient sur leur territoire en souverains : ils défendaient la population rurale et lui offraient en cas de danger le refuge du château. Mais, en échange, la famille qui dominait la forteresse levait sur les paysans les droits féodaux et seigneuriaux. De la sorte, la distinction s'établit très vite entre les familles «nées» qui se transmettaient, de père en fils, à la fois l'héritage des terres et celui du « ban » (pouvoir de commandement) — et les familles roturières, nées pour le travail et non pour la guerre, qui devaient livrer aux nobles une partie des fruits de leur travail. En marge de ces deux groupes, les gens d'Église, du clergé séculier ou régulier, avaient droit à la protection des « chevaliers » sans aucunement devoir leur verser l'impôt. La société privilégiale des « ordres » s'imposait ainsi aux mentalités collectives. On peut considérer qu'au XIᵉ siècle la vision de la société impliquait cette idée d'ordres. Le système féodal était en place.

Naturellement les petits châtelains et les barons de terroirs avaient dû subir la suzeraineté effective (et non formelle comme celle du roi de France) des puissants seigneurs des provinces, qui avaient fait sentir leur force et imposé leur droit. S'ils avaient respecté les coutumes et privilèges locaux, ils avaient brisé l'autonomie des petits châteaux, pour les regrouper dans leur possession. La féodalité se trouvait ainsi reconstituée en une sorte de pyramide, à la tête de laquelle se situait nominalement le roi de France. Ce schéma théorique, dont le conseiller Suger faisait l'image même de l'organisation du royaume, restait un idéal.

Le roi ne disposait en effet à l'égard de ces princes que d'une seule arme : il pouvait intervenir, comme suzerain, dans les questions d'héritages ; par exemple Robert le Pieux, profitant d'une vacance dans la succession du duché de Bourgogne, put imposer son propre fils comme héritier. La politique matrimoniale pouvait avoir aussi une certaine efficacité. En 1137, à la mort du puissant duc d'Aquitaine, Louis VI avait marié son fils à l'héritière du duc, Aliénor, espérant qu'un enfant mâle apporterait le duché au royaume. Hélas, Louis VII répudia Aliénor! Le mariage fut annulé en 1152 et l'héritière se jeta dans les bras du duc d'Anjou, futur roi d'Angleterre, Henri Plantagenêt.

C'est à l'intérieur du système féodal que le roi de France, par des interventions heureuses, pouvait espérer rétablir son autorité en étendant son domaine. Il n'avait pas les moyens, ni d'ailleurs la volonté, d'abattre le système lui-même. La fortune du royaume était ainsi conditionnée par le jeu des mariages, des héritages, des alliances et mésalliances. Elle était étroitement liée au sort des familles princières.

LES COUSINS DE NORMANDIE.

Le duc de Normandie était l'un des plus puissants vassaux du roi de France, et aussi l'un des plus dangereux. Pour fixer les Vikings, qui pillaient le fleuve loin vers l'amont, Charles le Simple avait en 911 installé les « hommes du Nord » sur la basse Seine. Leurs chefs étaient devenus des seigneurs bien dotés en terres. Le premier duc, Rollon, avait favorisé le commerce. Devenus chrétiens et bons chrétiens, ces anciens pilleurs d'églises bâtissaient des monastères et des abbayes. En 1034, on vit même un duc de Normandie, Robert, partir en pèlerinage, jusqu'en Terre Sainte...

Avant ce grand départ, il avait désigné comme successeur au trône ducal son fils bâtard Guillaume, né d'une union passagère avec la gentille Arlette, habitante de Falaise. Les fils légitimes du duc, Richard Ier, Richard II et Richard III, se trouvaient ainsi dépossédés. Bientôt Robert mourait en Orient. En Normandie, c'était la guerre.

La guerre et l'anarchie : les petits seigneurs normands retrouvaient d'un coup les instincts des Vikings. Ils devenaient indépen-

dants, refusaient en bloc les Richard, Guillaume et le christianisme. Enfin, las des querelles et des coups de main, ils finissaient
par répondre à l'appel de l'héritier de Richard II, Guy de Brionne,
qui revendiquait le duché.

Guillaume, qui n'avait plus d'amis ni de soutiens, faisait appel,
en désespoir de cause, au roi de France son suzerain. Henri Ier
levait une armée, qui mit en fuite les Vikings de Brionne. Le duc
Guillaume, ayant rétabli la paix, grâce à son suzerain royal, fortifia
bientôt ses possessions, fit de Caen sa capitale, y fonda deux abbayes. Il épousa la fille du comte de Flandre et devint plus riche
que le roi de France. Henri Ier était intervenu pour rien.

Bientôt le duché reçut une administration, il eut des impôts
réguliers, un budget, comme un véritable État. Les « vicomtes »
représentaient le duc dans les différentes régions du duché. Ils
rendaient des comptes au palais ducal, où ils faisaient de fréquents
séjours. Le duc nommait lui-même les évêques, comme les vicomtes ;
l'Église lui était donc dévouée. Il installait dans de nouveaux fiefs
appelés « fiefs de haubert » les cadets des familles nobles qui lui
avaient rendu service. En échange de l'attribution d'une petite
terre, ceux-ci devaient s'équiper à leurs frais pour accomplir un
service de quarante jours par an dans l'armée ducale. Le duc prenait
soin de rappeler à ses grands vassaux qu'ils lui étaient eux-mêmes
redevables du service d'ost. Il disposait ainsi d'une force armée
efficace, et n'avait plus désormais besoin des secours du roi de
France.

La mise en ordre politique s'accompagnait d'un vif essor du
commerce. La démographie normande était alors en pleine expansion. Des relations maritimes s'étaient établies avec les pays de la
mer du Nord, l'Espagne et même la Méditerranée. Les villes
gagnaient en surface et en population.

L'organisation originale et la prospérité du duché ne pouvaient
manquer d'engager le duc à une politique d'expansion. Il se heurtait, à ses frontières, à la rivalité des comtes d'Anjou, qui dominaient le Maine et dressaient leurs places fortes aux limites de la
Normandie (Alençon, Bellême, Domfront). Avec ses seules forces,
le duc Guillaume s'empara bientôt de ces places et reçut en 1058
l'hommage du Maine qu'il acquit définitivement à la mort du
comte quelques années plus tard.

Il n'eut pas, dans l'immédiat, le même bonheur avec les Bretons :
une expédition menée en 1064 contre la Bretagne, qui avait pour
but de constituer vers l'Ouest, entre Bretagne et Normandie, une

marche militaire solide, s'enlisa dans les sables, du côté du Mont-Saint-Michel ; mais Guillaume devait trouver une magistrale compensation dans la conquête de l'Angleterre. Le puissant vassal du roi de France allait ainsi devenir son rival. Duc de Normandie et roi d'Angleterre, Guillaume serait bientôt, par la force des choses, d'abord roi d'Angleterre, puis duc de Normandie.

Il est vrai que le jeune roi de France, craignant l'expansion d'un voisin si entreprenant, avait multiplié les intrigues pour détacher la Normandie du royaume d'Angleterre. On vit ainsi le roi Philippe Ier soutenir contre Guillaume, son propre fils, Robert. Les seigneurs normands avaient souvent acquis, par la conquête, de riches domaines au-delà de la Manche. Ceux qui étaient restés en Normandie n'avaient pas eu leur part. Ils étaient aigris, agités, indisciplinés. A la mort de Guillaume, ses possessions furent partagées entre ses fils : l'aîné, Robert Courteheuse, reçut le duché. Le cadet, Guillaume le Roux, le royaume. Un troisième fils, Henri, était écarté de l'héritage. Il recevait une compensation pécuniaire.

Bien entendu Robert revendiquait bientôt le royaume. Il en chassait Guillaume le Roux. La noblesse anglaise profitait des divisions et des intrigues pour reprendre son indépendance. L'anarchie se développait outre-Manche, pendant que la Normandie également désunie tombait sous les assauts du duc d'Anjou. Pour l'heure, tout danger disparaissait à l'Ouest, où le roi de France n'avait plus de rival.

LA LOINTAINE BRETAGNE.

Pour les Français de Paris, la Bretagne était alors un « bout du monde ».

Les Bretons étaient arrivés en Armorique dès le Ve siècle, chassés d'Angleterre par les invasions. A l'époque de Grégoire de Tours, la province était déjà appelée *Britannia*. Les immigrants auraient d'abord peuplé les côtes du Nord et de l'Ouest, laissant la région de Vannes aux Celtes autochtones. Au Centre et à l'Est du pays, les Armoricains ne furent que peu touchés par l'installation des Bretons. Ils restèrent longtemps des Celtes romanisés. Dès l'époque mérovingienne, une Bretagne bretonne s'opposait ainsi, ou du moins se distinguait, d'une Bretagne celto-romaine.

Le christianisme s'était d'abord développé grâce aux monastères et aux saints missionnaires comme Malo, Pol-Aurélien, Brieuc, Samson de Dol, Tugdual de Tréguier et tant d'autres.

Trois diocèses dominaient la vie religieuse : ceux de Vannes, Nantes et Rennes. Rennais et Nantais étaient naturellement attirés par les pays mérovingiens, pour des raisons à la fois commerciales et religieuses. L'Est de l'Armorique avait été assez facilement conquis par Clovis. L'évêque de Rennes, Melaine, était un gallo-romain. Il se rendait aux conciles nationaux. Et de même pour les évêques de Nantes, ville dont les marchands vendaient déjà du vin et du sel à l'Angleterre.

Au contact de la France mérovingienne, la christianisation se poursuivait en Bretagne. Cependant, vers l'Ouest, les Bretons fédérés regroupaient leurs communautés en une sorte d'association, la *Domonée*, elle-même entourée de petites principautés, le Broerec par exemple, ou encore le Poher et la Cornouaille. La base de l'organisation sociale des Bretons était la paroisse ou « plou ». Le fondateur de la paroisse était un moine ou un chef de clan. Il lui donnait son nom.

Les Bretons avaient des monastères, des abbés et des évêques, qui n'étaient pas sans relations avec ceux de la Bretagne celto-romaine. Les chefs bretons entretenaient, selon Grégoire de Tours, de nombreux rapports avec les princes mérovingiens. Le plus actif de ces chefs s'appelait Waroc. Il s'était installé dans le Morbihan, possédait une flotte, exploitait des mines. Il s'attaquait bientôt aux villes de Rennes, Nantes et Vannes, défendues par les Francs. On comprend pourquoi les évêques de ces villes tenaient à garder des relations étroites avec les Mérovingiens : ils craignaient constamment le pillage. A cette époque, les Francs tenaient garnison le long d'une marche guerrière continue qui correspondait à peu près aux départements de l'Ile-et-Vilaine, de la Loire-Atlantique, du Maine-et-Loire et de la Sarthe.

Cette marche devait s'organiser fortement sous les Carolingiens, après que Pépin le Bref eut fait la conquête du comté de Vannes, en 753. Des Francs devinrent alors comtes ou, comme le « preux » Roland, « préfets des confins de Bretagne ». Le « préfet » s'appuyait sur les « comtes » de Vannes, Nantes et Rennes. Des interventions constantes à cette époque montrent que les Carolingiens n'étaient nullement les maîtres de la Bretagne, s'ils en dominaient les confins.

Pour la première fois au temps de charles le Chauve, un « duc de Bretagne » manifesta sa puissance. Déjà l'empereur Louis avait nommé *missus dominicus* un certain Nominoé, originaire de la région de Vannes. Profitant des querelles des Carolingiens, Nominoé avait unifié la Bretagne sous son autorité. Son fils avait infligé une dure défaite à Renaud, comte de Nantes. Lui-même l'avait emporté en 845 sur les armées de Charles le Chauve. Le chef le plus illustre des Bretons avait pris le titre de duc.

Avec ce duc, Charles fit la paix. Nominoé se trouvait ainsi maître de territoires jadis compris dans la « marche » de Bretagne ; il dominait trois grandes villes et lançait bientôt des expéditions en terres carolingiennes. Il déplaçait ou remplaçait les évêques jugés peu sûrs, sollicitant directement l'investiture du pape, sans passer par l'évêque métropolitain de Tours. Le « duc » breton et ses héritiers finirent par se comporter comme de véritables princes. Ils choisirent les « comtes » parmi les nobles originaires de Bretagne. Ils nommèrent des *missi dominici*, à la manière de Charlemagne, pour surveiller les nouveaux comtes et leur rappeler constamment la suzeraineté ducale. Ils levaient l'impôt et les soldats. Ils dotaient les monastères et les abbayes, assumant la protection de l'Église. Ils exerçaient les pouvoirs régaliens.

Ils encourageaient partout la construction d'églises et de chapelles, pour intensifier les conversions dans les campagnes. Les meilleurs maçons, sculpteurs et couvreurs étaient attirés en Bretagne, pour construire et décorer les églises. La riche abbaye de Redon, qui exploitait de vastes domaines, des marais salants, des moulins et des canaux, recrutait partout des artistes et des écrivains. Foyer de culture et de diffusion de la religion, elle était l'écho, de la « renaissance nationale bretonne » qui se manifestait partout en France. Les ducs bretons faisaient rédiger par les moines la vie des saints de Bretagne : Malo, Guénolé, saint Pol-Aurélien. Les moines copiaient aussi les textes venus de l'Antiquité.

Cette « renaissance » fut compromise, ici comme ailleurs, par les invasions normandes. Les Normands s'infiltraient partout dans l'estuaire de la Loire. Ils prenaient Nantes, pillaient Redon. Vainqueur des Normands, Alain, comte de Vannes, devint « roi des Bretons ». Il reconstruisit les villes et les églises saccagées. A sa mort, en 907, les invasions reprirent. Moines et curés fuyaient devant les pillards.

Quand le roi de France donna la Normandie à Rollon, la paix ne fut pas rétablie en Bretagne, au contraire : des guerres de frontières éclataient constamment. Nantes eut un comte normand, Rennes et Vannes furent menacées. L'œuvre des « rois » bretons était remise en question. Un autre leur succédait : Alain Barbe-torte, par exemple, qui reprenait Nantes et refaisait l'unité bretonne. Les seigneurs du voisinage, Thibault le Tricheur, comte de Blois, et Foulque le Bon, comte d'Anjou, convoitaient les pays bretons, qu'ils sentaient faibles et divisés. Ils savaient que les Normands intervenaient dans la région de Rennes. A chaque querelle successorale, ils se disputaient l'héritage.

C'est finalement le comte d'Anjou, Henri Plantagenêt, devenu duc de Normandie, qui recueillit l'héritage des ducs de Bretagne en mariant son fils Geoffroy à la jeune Constance de Bretagne. Ainsi, par une conséquence imprévue du traité de Saint-Clair-sur-Epte, les Normands dominaient une Bretagne anarchique, qui échappait désormais à l'influence française. Il y avait risque que la Bretagne ne devînt pour la France une terre étrangère, et peut-être une terre ennemie.

LES SEIGNEURS DU MIDI.

Le risque était plus grand encore dans le Midi. Le roi de France n'avait pu intervenir en Bretagne. Il lui était encore plus difficile de se manifester au sud de la Loire. Les comtes d'Anjou et de Blois étaient plus puissants que lui. Que dire alors des comtes de Toulouse, qui, depuis 877 pratiquement, avaient cessé de reconnaître l'autorité royale.

A cette époque, le comté de Toulouse était loin d'être le maître de tout le Midi. Le comte de Barcelone, le comte de Roussillon et d'Ampurias, les comtes d'Auvergne et de Carcassonne se partageaient l'Aquitaine et la Septimanie (l'actuel Languedoc). Aucun de ces seigneurs ne reconnaissait vraiment le roi de France comme suzerain.

Au Xe siècle, comtes et vicomtes se livraient entre eux des combats sans merci. Comme en Bretagne, l'anarchie était à son comble dans les pays de langue d'oc. Le pouvoir se dispersait progressivement entre petits barons et châtelains, bien installés dans leurs régions, quand il n'était pas exercé par les puissants abbés ou évêques, ceux du moins qui avaient les moyens de défendre leurs terres et leurs gens. Les grandes villes, Toulouse, Carcassonne, Narbonne, Nîmes étaient en décadence. Leur population les avait abandonnées, pour cause d'insécurité.

Seule l'Église conservait son autorité, accroissait même sa force matérielle. Son action spirituelle était plus limitée : les moines du Midi, peu touchés par la « renaissance carolingienne », phénomène du Nord, laissaient l'usage du latin décliner. Une langue populaire, la langue d'oc, dérivée du latin et mêlée aux dialectes locaux se constituait. Elle était partout parlée et parfois écrite. Un moine du Limousin composait en cette langue son premier poème vers l'an mil.

A partir des XIe et XIIe siècles, de nouvelles puissances temporelles se constituèrent dans le Midi. Grâce à ces regroupements, la civilisation urbaine connut une renaissance plus rapide et plus précoce ici que dans le Nord.

Raimond IV, le futur comte de Toulouse, n'était à l'origine que le seigneur abbé de Saint-Gilles-du-Gard. Il n'avait hérité de sa mère, outre l'abbaye, que de quelques biens, dont le puissant château de Tarascon sur le Rhône. Mais il disposait bientôt de l'héritage d'une cousine rouergate : une grande partie du bas Languedoc, le Rouergue et le Gévaudan. A la mort du comte de Toulouse en titre, Guilhem IV, Raimond s'empara, en 1085, de sa succession, à laquelle il ajouta le marquisat de Provence et le duché de Narbonne. Il devint ainsi le plus puissant seigneur du Midi, de la Garonne au Rhône, et au-delà jusqu'aux lointaines possessions de Provence.

Il dut lutter contre l'influence rivale du comte de Barcelone et contre la puissance renaissante du vicomte d'Albi et de Nîmes. Puissamment aidé par l'Église, il fut de ceux qui, pendant la Première croisade, entrèrent à Jérusalem. Il fonda une principauté à Tripoli. A sa mort, en 1105, un véritable État existait dans le Midi, avec une administration originale, une civilisation renaissante, des villes en plein essor, irriguées par l'argent du commerce terrestre et maritime.

Les héritiers de Raimond IV furent très vite aux prises avec le duc d'Aquitaine et le comte de Barcelone. Alphonse, le plus jeune fils de Raimond IV, appelé « Jourdain » parce qu'il avait été baptisé, au cours de la croisade, dans les eaux du Jourdain, ne réussit pas à reconstituer la principauté. Son successeur Raimond V fut plus heureux. Abandonnant le mirage de Tripoli et de l'Orient chrétien, qui avait toujours tenté les Toulousains, il rassembla ses forces sur la principauté et réussit à en faire une sorte de fédération de seigneuries relativement indépendantes, mais reconnaissant son autorité. Une paix relative maintint la prospérité des villes et des campagnes.

Dès le xiᵉ siècle, les défrichements s'étaient faits plus nombreux, dans le cadre des abbayes, puis des grands domaines. Les seigneurs du Languedoc éloignaient des côtes les pirates sarrazins et entreprenaient parfois l'assèchement de la plaine du bas Languedoc. Des champs étaient gagnés sur le « palud » ; on exploitait des marais salants. La culture du blé se développait sur les terres hautes, ainsi que l'élevage, pour l'alimentation des villes. Le commerce et l'industrie étaient en plein essor grâce à l'exploitation du sel, aux pèlerins de Saint-Jacques-de-Compostelle, aux relations maritimes de plus en plus intenses avec les villes italiennes. Cuirs, draps et colorants firent la fortune de nombreuses familles à Toulouse, Narbonne et Montpellier. On exploitait des mines d'argent qui permettaient au comte de battre monnaie. Des foires importantes se tenaient à Carcassonne, à Nîmes ou à Saint-Gilles. Dans cette ville située sur l'ancienne route d'Espagne en Italie, les pouvoirs miraculeux du saint attiraient les pèlerins. La fortune commerciale de Saint-Gilles, bien reliée à la mer par un bras du Rhône, était assurée par la fréquentation régulière des marchands italiens, qui vendaient les produits d'Orient. Génois et Pisans, à partir de Saint-Gilles, étaient partout présents sur la côte du Languedoc.

De proche en proche, cette richesse venue de l'Est se répandait jusqu'au centre de la principauté. A Toulouse la vie urbaine était au xiᵉ siècle en pleine renaissance. Des bourgs nouveaux, des « faubourgs » venaient s'ajouter au vieux noyau urbain, de même qu'à Nîmes, à Narbonne, à Carcassonne, à Béziers. Les villes craquaient dans leurs anciens remparts. De nouvelles villes se formaient : Castres, Alès, Beaucaire. Montpellier, bien défendue par les seigneurs Guilhem, commençait à se peupler à la fin du xiᵉ siècle. Elle connaissait alors une croissance très rapide : ses remparts abritaient déjà six mille habitants au début du xiiᵉ siècle.

Le peuplement était partout favorisé par les franchises accordées aux nouveaux habitants par les seigneurs, ainsi que par les corporations de marchands et d'artisans, qui garantissaient à leurs membres une activité protégée, privilégiée. Toutes les villes accueillaient les communautés juives dont les membres étaient très souvent recrutés par les administrations seigneuriales et même ecclésiastiques, en raison de leurs connaissances parfois approfondies des textes, du droit international, des différentes écritures et des méthodes de comptabilité. Ces administrateurs, appelés « bayles », s'occupaient de la gestion des seigneuries, souvent divisées à l'infini par le jeu des successions. On voyait ainsi un « bayle » juif gérer un domaine regroupant quarante co-seigneurs qui touchaient par ses soins leur part des revenus.

Dès le début du XIIᵉ siècle, les villes du comté étaient administrées par des consuls. Avignon, Arles, Béziers, Narbonne, Montpellier avaient les leurs. D'abord désignés par les seigneurs, les consuls furent ensuite élus pour un an selon des modes de suffrages très variés. Toulouse avait ses « capitouls », qui exerçaient une fonction collégiale. Ils rendaient parfois la justice, rédigeaient les textes des lois, à la manière des municipalités italiennes. Un embryon de démocratie urbaine se développait ainsi en Languedoc, sans luttes violentes (sauf à Carcassonne et à Montpellier) contre les seigneurs.

Cette relative autonomie des villes s'accompagnait d'un développement spectaculaire de la civilisation. Une école de « physique » de grande réputation s'était ouverte à Montpellier. Le maître Placentin enseignait dans une université de droit romain. Les notaires formés dans cette université répandaient partout le droit écrit. Dans toutes les villes, des « troubadours » écrivaient en langue d'oc poèmes et chansons. Ce mouvement littéraire, né en Limousin, s'était répandu par Toulouse et Carcassonne jusqu'à Montpellier. C'est en Languedoc que parut le premier ouvrage kabbaliste, le *Bahir*, qui devait, par l'Espagne, répandre la pensée mystique juive dans le monde musulman. La tradition romaine de l'accueil aux étrangers se retrouvait à la cour des comtes de Toulouse.

A cette époque heureuse, une floraison de monuments vint orner les villes et abbayes. Les sculpteurs de l'art « roman » firent merveille au tympan de Conques comme à celui de Saint-Gilles-du-Gard ou de Moissac. Un art original et neuf multipliait ses créations, à Saint-Guilhem-du-Désert, à Saint-Martin-de-Londres, à Saint-Sernin de Toulouse.

Le développement économique, commercial, culturel du Midi de la France marquait la reprise des habitudes du monde romain : les communications furent de nouveau actives sur les itinéraires traditionnels : la route de Barcelone à Marseille par exemple. Les navigations italiennes et la reprise du commerce avec le monde musulman privilégiaient les villes et les ports du bas Languedoc, sans que le développement de cette côte portât préjudice aux pays de l'intérieur. La prospérité de Narbonne, de Nîmes, de Saint-Gilles et de Montpellier favorisait au contraire la renaissance de Toulouse. Les rivalités seigneuriales s'équilibraient finalement mieux qu'au Nord, en raison d'une évolution économique et sociale plus précoce : le phénomène urbain, l'enrichissement des villes à l'italienne, mettaient au second plan, dans une certaine mesure, les problèmes de la possession du sol et de sa mise en culture. Le servage en bas Languedoc disparaissait dès le XIIᵉ siècle. Les liens de la société féodale se relâchaient, pour faire place à de nouveaux rapports sociaux, fondés sur l'argent et créés par l'enrichissement.

Cette société nouvelle se développait presque en marge des seigneuries et royaumes du Nord, bien que déjà les routes commerciales eussent établi des liens. Mais l'hérésie cathare, et les divisions qui allaient en résulter, rappelleraient durement aux habitants de langue d'oc l'existence des Français du Nord.

LA PAIX DE DIEU ET LES CROISADES.

Pendant que le Midi s'enrichissait, accueillait juifs, Italiens et troubadours, le Nord vivait dans l'inquiétude et, pendant le XIᵉ siècle, dans la hantise de l'Apocalypse. Les terreurs de l'an mil, décrites par Georges Duby, affectaient toute la chrétienté, mais plus particulièrement peut-être les royaumes du Nord. Quand on apprit, en 1009, que le khalife du Caire avait fait détruire les lieux saints de Jérusalem, on s'attendit à ce que le soleil prît la forme de la lune à son premier quartier, selon la description des sages, qui prédisaient la fin du monde.

L'Église réagissait mal devant cette panique, parce qu'elle était entraînée dans la décadence générale de la société. Les évêques et abbés s'étaient constitué des seigneuries et, quand ils en avaient le pouvoir, réagissaient eux-mêmes en seigneurs. Les membres plus humbles du clergé se mettaient comme des paysans à la disposition des seigneurs. L'Église perdait à la fois son âme et son rang.

Elle retrouva son âme dans la paix des grands monastères. Des initiatives prises par des saints hommes finirent par constituer un grand mouvement de purification, celui de Cluny. A Saint-Victor, à Marseille, les abbés obtinrent de travailler au bien de l'Église en toute indépendance par rapport au pouvoir temporel. Dans les monastères de Normandie, l'abbé Guillaume de Volpiano redressa la |règle et forma, avec beaucoup d'autres, la base d'un nouveau clergé. Rattachée directement à Saint-Pierre de Rome, l'abbaye de Cluny, à l'abri des exactions des seigneurs, se joignit au mouvement dont elle prit la tête. L'abbé Odilon, énergique et persévérant, créa des filiales en Auvergne, en Bourgogne, rendit l'ordre présent sur les relais de la route des pèlerinages. Toutes les filiales, tous les monastères qui se réclamaient de Cluny dépendaient de lui, et non plus des évêques.

Les progrès de l'ordre furent très rapides, au point qu'en 1079, Philippe Ier, roi de France, donna à Cluny les clés du couvent de Saint-Martin-des-Champs, dans sa capitale. Les moines faisaient vœu de pauvreté, de chasteté, renonçaient aux combats du siècle, prêchaient la « paix de Dieu ». La propagande des moines pour le retour à la sainteté déborda sur le Midi, pénétra en Aquitaine et jusqu'en Languedoc, par Arles. De grandes assemblées collectives réunissaient le clergé, les nobles, les riches et les pauvres. Les prédicateurs demandaient le retour à la paix, à l'ordre, et l'oubli des injures ou des fautes. Les églises et les monastères devaient être des lieux d'asiles pour les pécheurs repentants.

L'Église prenait ainsi le parti des faibles contre les puissants, dans les villes comme dans les campagnes. Or les villes du Midi, semblables en cela aux villes italiennes, étaient habitées par une plèbe remuante, le « popolo minuto » de Florence ou de Gênes. Curieusement le mouvement pour la vraie foi se constitua d'abord dans le Nord, mais il connut un succès populaire plus immédiat dans le Midi, où il remuait les foules urbaines. Il y eut, autour de l'an mil, des « conciles de paix » dans les villes du Midi, notamment à Narbonne, en Aquitaine, dans la vallée du Rhône. Chacun s'engageait à respecter le « pacte de paix ». Par Lyon, le mouvement tenta de gagner le Nord, mais il se heurta à l'opposition des princes et des seigneurs. Ceux-ci jugeaient dangereux un mouvement qui soutenait les pauvres et empêchait les guerres féodales. C'est eux que les moines et les évêques durent assagir, en leur imposant un serment personnel de respect de la « paix de Dieu ».

Ainsi l'évêque de Beauvais, en 1025, rédigea le texte d'un serment qui devait être imposé par le clergé aux nobles querelleurs : ceux-ci devaient respecter les églises et les biens d'Église. Ils devaient renoncer au pillage des campagnes et aux exactions contre le petit peuple. A Narbonne, en 1054, on déclara criminelle toute action guerrière contre des chrétiens. L'Église, en imposant sa loi aux bouillants barons du Nord, servait en fait l'autorité supérieure des princes et des rois. Elle aidait à l'instauration d'une hiérarchie que le désordre social menaçait. En intervenant dans les cérémonies de la chevalerie (l'adoubement), elle réussit à imposer la « trêve de Dieu » qui interdisait aux chevaliers de combattre pendant certains jours. Elle limitait ainsi l'action guerrière, au profit de la paix sociale. Elle se classait comme l'ordre privilégié le plus important, dans la société chrétienne renouvelée.

L'aboutissement de cette action fut la croisade. Il s'agissait d'unir la foi populaire et l'ardeur guerrière des chevaliers dans un grand mouvement coordonné par l'Église. Elle y réussit parfaitement.

La voie était défrichée par la coutume du pèlerinage. Saint-Jacques-de-Compostelle, Saint-Pierre de Rome et les Lieux saints de Jérusalem devinrent autant de buts de voyages. Certes, les routes d'Espagne ou celles d'Italie, bien jalonnées de relais, ne présentaient pour les pèlerins aucun danger particulier, sinon celui de perdre leur bourse dans quelque embuscade tendue par des voleurs de grand chemin. Mais les routes de l'Orient, par la Hongrie chrétienne et l'Empire byzantin, devenaient très dangereuses quand on entrait en terre musulmane. Les chevaliers prirent l'habitude de s'y rendre en armes, pour faire face aux agressions. Ils avaient ainsi conscience d'avoir, le cas échéant, à combattre « pour Dieu ». Ils étaient déjà des « croisés ».

En portant la chevalerie au bord de la croisade, en la détournant des guerres intestines, l'Église jouait un rôle social qui devait avoir des conséquences politiques. Elle préparait la reprise en main des États féodaux par les États monarchiques. Désormais les nobles ne pouvaient faire impunément n'importe quelle guerre. Il fallait qu'elle fût conforme aux valeurs de la religion, qu'elle fût approuvée par les gens d'Église. Ceux-ci affirmaient donc la primauté d'un pouvoir spirituel dont ils étaient les détenteurs, sur un pouvoir temporel qui, depuis Charlemagne, avait perdu le sens de sa mission. Au seuil des grands bouleversements qui allaient affecter l'Europe et la France pendant les XIIe et XIIIe siècles, l'Église, très longtemps frappée d'incertitude et d'impuissance, avait retrouvé son efficacité.

CHAPITRE 4

Les grands Capétiens

De 1180 à 1328, trois grands rois régnèrent sur la France : Philippe Auguste, saint Louis et Philippe IV le Bel. Ils surent faire respecter leur autorité dans le royaume et porter loin leur influence en Europe et dans le monde. Mais leur œuvre n'aurait pas été possible sans l'incroyable essor qui affectait dans tous les domaines la France, comme le reste de l'Europe du Nord-Ouest, depuis le début du XIIe siècle.

Le nouveau départ de l'Europe.

Après tant de prophéties annonçant l'Apocalypse, l'Europe du XIe siècle découvrait dans l'étonnement, progressivement, que le monde ne cessait pas d'exister, et qu'on y vivait plutôt mieux. Aux prophètes du malheur succédèrent les hommes nouveaux du XIe siècle, bâtisseurs en tout genre qui rendirent à l'Europe l'initiative et la confiance.

LES PROGRÈS MATÉRIELS.

Tous les historiens en sont d'accord : au XIe siècle la France se peuple. Les famines et les pestes se font plus rares, la mortalité diminue et les Français ont plus d'enfants. Il n'est pas rare de voir, dans les campagnes, des familles de dix ou quinze enfants. Les villages deviennent de gros bourgs, les hameaux se multiplient, les villes se gonflent.

L'opulence de l'agriculture en est la cause : des progrès techniques continuels (moulins à eau, outils divers en fer) permettent d'accroître la quantité de vivres offerts à la consommation. Mais le progrès décisif provient des terres nouvelles gagnées aux cultures sur les friches, les marécages et la forêt. Les « villes neuves » du Nord, les « sauvetés » du Midi, les hameaux appelés « essarts » sont attribués aux défricheurs, colons nouvellement installés qui obtiennent des seigneurs des contrats avantageux. Ces « hôtes » payent de plus en plus aux seigneurs des rentes en argent, au lieu de livrer une partie des récoltes comme les anciens « manants ». L'enrichissement est donc possible dans les campagnes, et le rendement des agriculteurs s'en ressent.

De toutes parts, l'argent, qui se terrait, s'intègre aux circuits des échanges. Les routes des pèlerinages favorisaient déjà le commerce et les contacts. Les marchands italiens, flamands, catalans, sillonnent le territoire et sont présents dans toutes les foires et marchés. Ils vendent les produits d'Orient mais aussi les draps et les armes fabriqués en Europe, en Espagne ou dans le Nord. Pour payer, les seigneurs fondent leurs bijoux et frappent monnaie. Ils multiplient les péages sur les routes nouvelles qui se créent et même sur les fleuves pour se procurer de l'argent. La France entre à nouveau dans le circuit monétaire.

Sur le chemin des Flandres, les foires connaissent une fortune sans précédent, à Lagny-sur-Marne, au Lendit, à Bar-sur-Aube, à Troyes, à Provins ; les réunions de marchands, qui se tiennent une fois l'an, durent six semaines au moins, protégées par les seigneurs, établies sous les murailles des villes. Des marchands n'hésitent pas à s'installer à demeure dans les villes les plus actives, car la population urbaine s'est accrue dans le royaume. Chartres, Dijon, Rouen, Amiens craquent dans leurs remparts, qu'il faut agrandir pour abriter les nouveaux arrivants. Outre les marchands et voyageurs, les villes absorbent en effet le surplus des campagnes en pleine expansion démographique. D'anciens serfs vivent à la ville où ils apprennent les métiers d'artisans. Les échoppes et les boutiques s'ouvrent le long des rues. Dans le Nord, en Flandres, Lille et Gand prospèrent. Caen en Normandie, Tours dans la vallée de la Loire sont des centres commerciaux très actifs. A Paris les bouchers, les boulangers, les maîtres de l'alimentation constituent avec les artisans foulons, serruriers, joailliers et tant d'autres des corporations protégées qui finissent par devenir une bourgeoisie. Ces « bourgeois » obtiennent des seigneurs des garanties judiciaires, fiscales, policières et se constituent en « communes », dans beaucoup de villes du royaume.

La commune n'est pas toujours reconnue à la suite d'une action pacifique. Il y a des révoltes des bourgeois contre les seigneurs, à Laon par exemple en 1112, à Reims un peu plus tard. Dans le Nord, les communes des Flandres acquièrent assez vite une large autonomie. Elles sont moins libres quand le pouvoir royal est plus proche ou, comme en Normandie, face au pouvoir ducal. Il n'y a pas dans tout le royaume l'équivalent de la constitution pacifique des « consulats » des pays de langue d'oc. Dans le Nord, la liberté des villes doit souvent être conquise par la force, c'est-à-dire par la révolte des habitants contre les princes.

LES PROGRÈS SPIRITUELS.

Toute l'évolution de l'Église de France poussait le monde seigneurial à la croisade, à la réconciliation générale des chrétiens. Le pape Urbain II avait lui-même prêché à Clermont la Première croisade. Certes le roi de France Philippe Ier n'y avait pas pris part, mais il avait délégué son frère, Hugues de Vermandois. Quand les princes et les seigneurs s'aperçurent qu'il y avait de la gloire et des terres à conquérir en Orient, ils participèrent massivement. A Vézelay, en 1146, saint Bernard avait prêché la Deuxième croisade. Le roi Louis VII avait pris la croix. Les croisés n'avaient guère réussi dans leur entreprise ? Il n'importe. La preuve était faite que la foi nouvelle pouvait entraîner toute la chevalerie française dans la croisade.

Un renouvellement de la foi en profondeur suivait de près, en effet, le mouvement de Cluny. Robert de Molesme, abbé de Cîteaux, appliquait intégralement la règle de saint Benoît et la doctrine de saint Augustin pour obtenir une vie religieuse encore plus pure, encore plus dépouillée. La nouvelle règle, « cistercienne », se répandait dans toute la chrétienté à partir de l'abbaye de Cîteaux. La pauvreté des moines devenait absolue. Les monastères accueillaient les frères roturiers, les « convers », et mettaient à l'honneur les travaux manuels. Ils construisaient de belles abbayes gothiques, de vraies « prières de pierre », sans chapiteaux ornés, sans « images ».

Abbé de Clairvaux, saint Bernard prenait en main les destinées de la Congrégation et lui donnait dans le monde un prestige immense. Ce mouvement correspondait à la construction des cathédrales, qui sortaient de terre en Ile-de-France. A Paris la nef de Notre-Dame devait être achevée en 1180. La foi nouvelle avait ainsi son cadre de pierre, majestueux, dépouillé, où les lignes verticales dominaient, éclairées par les immenses vitraux et les lumières mouvantes des « rosaces ».

La civilisation gagnait enfin les cours, petites et grandes, des pays du Nord. L' « amour courtois », les premiers « romans » de chevalerie, les chansons de geste, s'adressaient à des cœurs que cent ans d'action religieuse avaient rendus perméables à la pitié comme à la piété, aux sentiments complexes et délicats de l'estime, de l'admiration, de l'amitié amoureuse et non plus de la folle passion. Une mentalité nouvelle se faisait jour dans les châteaux, dont les maîtres étaient souvent absents après les départs en croisade. Les femmes, avec les poètes et les nouveaux clercs, rendaient la société plus douce, plus accessible à la communication des idées. Celles-ci, comme les biens, circulaient à loisir en Europe.

La France de 1180 avait subi plus qu'aucun autre pays cette influence nouvelle de la religion. L'amitié des Capétiens et des papes, l'activité du clergé de France, la participation des seigneurs aux premières croisades donnaient à la monarchie un lustre que menaçait cependant, à l'avènement de Philippe Auguste, la puissance anglo-angevine. Les Capétiens avaient ramené chez eux l'ordre et la prospérité. Ils n'avaient pas maté leurs puissants vassaux.

Le duel du Capétien et du Plantagenêt.

UNE MONARCHIE ENTREPRENANTE.

Plus de la moitié du territoire français était, en 1180, absorbée par un nouvel Empire, celui d'Henri Plantagenêt. Il avait hérité, en 1151, de l'Anjou et de la Touraine, du Maine et de la Normandie. Il disposait des biens de sa femme, Aliénor d'Aquitaine, depuis 1152. En 1153 il était reconnu en Angleterre comme héritier du trône et couronné roi l'année d'après. Régnant jusqu'en 1189, Henri II dominait toute la moitié ouest de la France, du pays de Caux aux Pyrénées. Il avait acquis l'Auvergne, la Bretagne, le Poitou et le Limousin. A la barbe du Capétien, il se taillait un empire en France.

Réduit à son étroit domaine, Philippe II, successeur de Louis VII, semblait fort démuni devant son puissant rival. Pourtant il s'employait, par une politique de mariages, d'acquisitions et d'annexions, à étendre au Nord son domaine royal aux dépens du comte des Flandres. Rusé et patient, Philippe réussissait à lui arracher l'Artois, héritage de sa femme Isabelle de Hainaut, nièce du comte des Flandres. Puis il lui faisait la guerre, entreprenait la conquête du Vermandois riche en blé, et du pays d'Amiens. Il reprenait quelques positions aux comtes de Champagne. Restait à se mesurer aux Anglo-Angevins.

Philippe II fut d'abord servi, dans sa tâche, par la rivalité entre le roi Henri II Plantagenêt et son fils Richard. Soutenant Richard qui lui rendit hommage, Philippe lança une expédition pour enlever à Henri le Berry et l'Auvergne (1188). Il envahit ensuite, aidé par Richard, la vallée de la Loire. Henri II fut vaincu et tué.

Devenu roi, Richard dit « Cœur-de-Lion », s'embarquait avec son complice Philippe II dit « Auguste » pour la Troisième croisade (1190). Ils ne tardèrent pas à devenir, sous le soleil d'Orient, les pires ennemis. Richard était jaloux des succès guerriers de Philippe devant Saint-Jean-d'Acre. La succession du royaume de Jérusalem les brouilla définitivement. Philippe décida de rentrer plus vite en France (décembre 1191) pendant que Richard, qui n'avait pas eu son comptant de gloire, s'attardait en Palestine. Il devait pourtant réembarquer quelques mois plus tard. Mal lui en prit : il fut rejeté par la tempête sur les côtes dalmates et capturé par un duc d'Autriche, qui le mit entre les mains de l'empereur d'Allemagne, Henri IV.

Pour Philippe, c'était une aubaine. Il s'entendit avec le frère de Richard, Jean, qui lui céda ses places fortes de Normandie. Il promit une forte somme à l'empereur pour qu'il retînt plus longtemps Richard en captivité. Mais celui-ci réussissait à se faire libérer en 1194. Il allait aussitôt préparer la guerre.

LA VICTOIRE DE BOUVINES.

Richard fit d'abord construire, sur la Seine, le formidable « Château-Gaillard », clé de la Normandie, pour barrer le passage à son adversaire. Il lança ensuite des expéditions en Berry, en Touraine, en Limousin, où il avait constamment l'avantage. Mais il devait trouver la mort au siège de Chalus, en Limousin, alors qu'il voulait châtier un vassal récalcitrant.

Jean, son successeur, fut accommodant avec Philippe. Il conclut avec lui la paix du Goulet qui donnait à la France le Vexin normand, le pays d'Évreux, des possessions en Auvergne et en Berry (1200). Blanche de Castille, la nièce de Jean, devait épouser le fils de Philippe, Louis, héritier du trône de France. Était-ce la paix?

L'ambition de Philippe allait plus loin : il aidait Arthur, neveu de Richard Cœur-de-Lion, contre le roi Jean, comme il avait jadis aidé Jean contre Richard, et Richard lui-même contre Henri II. Jean prit peur : le comte d'Angoulême venait de promettre sa fille à Hugues de Lusignan, comte de la Marche. Si ce mariage se réalisait, les possessions normandes des Anglais risquaient d'être coupées de leurs riches terres d'Aquitaine : la Marche et le comté d'Angoulême, réunis, menaçaient la cohésion de l'Empire angevin. Il ne fallait à aucun prix abandonner le « seuil de Poitou ».

Jean fit aussitôt savoir au comte d'Angoulême qu'il désirait lui-même épouser sa fille. Le comte fut bien obligé d'accepter. Lusignan de la Marche, furieux, fit appel au roi de France son suzerain. C'était pour Philippe II une occasion rêvée d'intervenir.

Il décida de « traduire en Cour de France », suivant l'usage féodal, son vassal d'Angleterre, et de le priver de ses possessions françaises, qu'il attribuait à Arthur. Celui-ci devenait ainsi le vassal du roi de France pour la Bretagne, l'Anjou, le Maine et la Touraine, ainsi que le Poitou si convoité. Philippe se réservait la Normandie, plus proche du domaine royal, plus facile à contrôler.

Ces belles acquisitions ou dévolutions n'existaient que sur le papier. Il fallait les réaliser. Philippe se chargeait de conquérir la Normandie. Arthur devait faire le reste.

Mais Jean battait l'armée d'Arthur et faisait celui-ci prisonnier. On devait le retrouver, étranglé, dans la tour de Rouen. Le roi de France avait perdu son jeune allié.

Philippe exploitait politiquement ce crime. Il rassemblait ses vassaux, leur montrait le caractère criminel et scandaleux de la domination anglaise sur les terres françaises. Il accablait Jean qui restait sans réaction. Instable de caractère, quasiment malade mental, le roi d'Angleterre laissait faire son rival. Philippe enlevait bientôt une à une toutes les places normandes et notamment le redoutable Château-Gaillard, en 1204. Puis il faisait la conquête de l'Anjou, du Maine, de la Touraine et même de la Bretagne. Jean signait une trêve en 1206 : il ne gardait en France que la Guyenne.

Le duel de Philippe Auguste et de Jean sans Terre devait trouver son dénouement définitif quelques années plus tard, en 1214. Jean sans Terre, préparant sa revanche, avait trouvé en Europe des princes que la gloire de Philippe empêchait de dormir : Otton Ier, empereur du Saint Empire romain germanique, le comte de Boulogne et le comte des Flandres. La guerre éclatait de nouveau.

Les Anglais de Jean sans Terre étaient facilement mis en fuite. Mais Philippe Auguste devait cette fois faire face à une armée nombreuse sur la frontière du Nord. La bataille s'engagea à Bouvines, en juillet 1214. Philippe, un moment menacé par un fort parti de fantassins allemands, contraignit Otton à quitter le champ de bataille.

Philippe Auguste l'emportait alors vraiment : son fils Louis avait débandé les Anglais, qu'il poursuivait jusqu'à Londres. Il occupait sans difficulté la ville. Les Allemands, rentrés chez eux, reconnaissaient les conquêtes du roi de France. Le comte de Flandres Ferrand, fait prisonnier, était ramené à Paris comme jadis Vercingétorix à Rome. Il ornait le triomphe du roi. Enfermé au Louvre, il dut abandonner la domination de ses États au Capétien. Philippe songea un moment à se faire couronner roi d'Angleterre. Il était appelé outre-Manche par les barons révoltés contre Jean sans Terre. Mais à la mort de celui-ci, en 1216, le pape Innocent III intervint pour que la couronne d'Angleterre revînt à Henri III, fils de Jean.

La France de Philippe Auguste.

Les progrès et les victoires du Capétien avaient eu raison de l'Empire angevin. Un royaume de France bien administré, pourvu de bonnes finances et d'une solide armée, s'installait sur le continent européen, balançant la puissance du Saint Empire. Philippe concluait un troisième mariage avec Agnès de Méran, dont il eut un fils. Son fils aîné du premier lit, le pâle Louis, n'eut pas besoin d'être couronné du vivant de son père. La monarchie capétienne était désormais assez forte pour pouvoir se passer de cette cérémonie.

LE RÈGNE DE L'ABONDANCE.

Le royaume de France, qui s'était annexé les plaines du Nord, débouchait désormais, vers l'Ouest, sur les plantureuses terres normandes abandonnées par les Anglais. Il avait une large façade sur la Manche et son commerce maritime. Les bateaux marchands naviguaient sans cesse sur la Loire et la Seine. Entre Paris, qui s'entourait d'une solide enceinte, et les Flandres riches en textiles, des relations régulières se nouaient.

Le roi Philippe multipliait les privilèges en faveur des marchands et des bourgeois. Il favorisait les affranchissements communaux, au lieu de les contrarier : Poissy, Chaumont, Pontoise par exemple, dont les bourgeois devinrent des « francs-bourgeois ».

Le développement du commerce international encourageait le mouvement d'urbanisation le long des grands axes : la route de Paris vers les Flandres et vers Rouen d'une part, les routes du Midi, issues de Marseille, de Saint-Gilles, d'Arles et de Beaucaire, qui remontaient la vallée du Rhône, de la Saône et de la Seine, convergeant vers Paris, d'autre part. Le territoire français permettait ainsi la liaison des Flandres à l'Italie, et devenait une succession de lieux d'échanges. Partout les produits orientaux, les cuirs d'Espagne, les armes, les épices, s'échangeaient contre les draps de Flandres et les peaux du Nord, ou contre les produits de l'artisanat parisien, déjà fort actif.

L'abondance des signes monétaires venus d'Orient et du monde musulman provoquait un renchérissement de tous les prix, notamment des prix agricoles, et une dépréciation des rentes en argent payées par les paysans à leurs seigneurs. Ces rentes, fixées une fois pour toutes, n'étaient pas en effet réévaluées. Les paysans bénéficiaient donc de la hausse des produits agricoles. Leur condition s'améliorait lentement. Pour trouver l'argent nécessaire à la satisfaction de leurs besoins, les seigneurs avaient plus que jamais tendance à convertir en nouvelles rentes en argent les anciennes redevances en nature. Les paysans acceptaient ces contrats. Ils étaient gagnants à la longue et s'intégraient eux-mêmes, en vendant à la ville les produits de la terre, au circuit de l'argent. Certains d'entre eux parvenaient déjà à « mettre de l'argent de côté », et la vieille habitude française de la thésaurisation de l'or provient peut-être de ces premiers paysans riches, les « coqs de village » du règne heureux de Philippe Auguste. Le roi encourageait les paysans dans leur effort, comme il encourageait les bourgeois des villes désireux de s'affranchir de la tutelle des seigneurs. Ainsi la monarchie s'affirmait-elle en face du monde féodal qui l'avait longtemps étouffée. Le roi encourageait les marchands et les marchands soutenaient le roi, particulièrement ceux de Paris.

UN ROI ADMINISTRATEUR.

L'enrichissement général profitait rapidement à la monarchie. La cour des premiers Capétiens comprenait un certain nombre d'officiers aux fonctions assez indistinctes. Certains d'entre eux cependant étaient parvenus à jouer un rôle politique, le *sénéchal* par exemple, maître de l'armée et du domaine, ou encore le *chancelier*.

Philippe Auguste se méfiait de ces « grands officiers » et ne désignait plus de successeurs à ceux qui disparaissaient. Il fit exception en 1223 quand il nomma un nouveau chancelier. Mais c'était en faveur d'un serviteur dévoué, le frère Guérin. Il n'avait d'ailleurs pas exactement le titre de « chancelier », mais, plus modestement, de « garde du sceau royal ». La charge de sénéchal était répartie entre plusieurs officiers, de moindre importance, le *connétable* par exemple ou le *bouteiller*. Les services domestiques étaient confiés aux membres de « l'Hôtel du Roi ».

Le roi rendait la justice dans son « Parlement ». Philippe avait décidé d'exclure de la justice les grands seigneurs, qui étaient cependant membres de droit du Parlement, s'ils n'étaient pas directement concernés par les causes évoquées. La justice du roi, qu'il tenait à se réserver, était rendue par des « conseillers » connaissant à fond le droit. Le Parlement se fixait à Paris, dans l'île de la Cité. Il pouvait juger en appel toutes les causes du royaume, y compris celles des tribunaux des grandes seigneuries vassales. Le Trésor royal était abrité dans le donjon du Temple et la Cour du roi s'y rendait une fois l'an pour contrôler la comptabilité de tous les officiers : il faut voir dans cette institution l'embryon de l'actuelle Cour des comptes, à compétence financière et budgétaire.

L'administration locale était confiée à de nouveaux officiers créés sous le règne de Philippe Auguste, les *baillis*. Ceux-ci surveillaient les prévôts du roi, officiers du domaine qui prenaient en charge la levée de l'impôt, dont ils tiraient de bons bénéfices. Ils s'installaient dans les provinces, pour y représenter le roi. Bientôt les bailliages deviendraient de véritables circonscriptions administratives. Ils devaient contribuer à fixer les territoires conquis aux dépens de l'Angleterre, dans les provinces du Centre et de l'Est. Il était essentiel qu'ils soient étroitement rattachés à la Couronne. Les baillis étaient des nobles choisis dans la petite société féodale du Nord. Ils étaient nommés et payés par le roi, qui pouvait les révoquer. L'institution des baillis marquait la première volonté des rois de l'Ile-de-France de construire un royaume centralisé.

Les baillis étaient véritablement le roi présent dans ses provinces. Ils avaient des pouvoirs de finance et de justice. Le bailliage était une juridiction d'appel pour les causes jugées dans les tribunaux seigneuriaux. Ainsi la justice du roi pouvait-elle prétendre coiffer, sinon se substituer, à la justice des seigneurs. Quand un plaignant n'était pas satisfait de la justice ducale ou comtale, il n'était pas obligé de se rendre à Paris pour faire appel. Il lui suffisait d'aller voir le bailli.

Le roi de France avait trouvé des serviteurs zélés, dans la petite noblesse de son domaine. Encore fallait-il les payer. Les officiers civils, les armées, la police et la justice coûtaient cher. Le roi levait un impôt sur les successions nobles (droit de relief) en tant que suzerain. Il se mit à taxer l'Église, les riches communautés juives, et à lever, sur la population, des impôts spéciaux, les tailles ou les aides, chaque fois que la guerre menaçait. Les revenus étaient rassemblés au Trésor royal, gardés dans le donjon du Temple, à Paris. Le roi s'était enfin donné les moyens de sa politique.

LA CONQUÊTE DES TERRES DU MIDI.

L'hérésie cathare, qui gagnait depuis cinquante ans les sujets du comte de Toulouse, fut pour le roi de France l'occasion d'une intervention décisive qui devait porter les barons du Nord vers les riches terres du Midi, et permettre leur rattachement au royaume.

Les Cathares (en grec, « catharos » veut dire « pur ») étaient partisans d'une véritable purification des mœurs, de la foi, des croyances religieuses elles-mêmes. Jugeant l'Église romaine dissoute et sa doctrine coupable, les Cathares tenaient que le salut de l'homme est dans l'ascétisme, seul capable de le délivrer du mal, car le mal est le monde entier, avec toutes ses tentations. Rares sont ceux qui peuvent échapper à son emprise, les portes du Paradis sont réservées aux justes, à ceux qui ont suivi les préceptes de la vie ascétique. Ceux-là ont été guidés par les « parfaits », rares élus ayant reçu de leur vivant le « consolamentum », un sacrement qui fait entrer l'esprit du bien dans l'âme des fidèles. Les « parfaits » sont des bourgeois, des nobles, parfois des prêtres et même des villageois. Ils organisent à leur manière les communautés de fidèles, créant partout des diocèses cathares, qui ignorent les évêques du pape.

Il y avait de ces diocèses à Albi, à Toulouse, à Carcassonne. On appelait Albigeois les Cathares, parce que la ville d'Albi était pour eux un centre spirituel. Les Cathares tenaient des conciles et restaient en liaison constante de communauté à communauté. Certains parfaits, comme Guilabert de Castres, évêque de Toulouse, jouissaient d'un très grand prestige. Convaincus que Dieu, l'esprit du Bien, n'avait pu créer le mal, les Cathares attribuaient le mal à l'esprit mauvais, personnifié par Satan. Ils tombaient ainsi en état d'hérésie, allant contre le dogme chrétien, qui veut que Dieu soit à l'origine de tout.

Le pape Innocent III tenta d'abord de convaincre les hérétiques. Saint Bernard et les moines cisterciens furent dépêchés sur les lieux. Saint Dominique, plus tard, aidé par l'évêque romain de Toulouse, Foulque, tenta à son tour de lutter contre l'hérésie. Pour les femmes cathares converties, il fonda un couvent. Il organisa l'ordre des frères prêcheurs, qui portaient une sorte de pèlerine noire à capuchon. Ces « frères noirs » faisaient vœu de pauvreté et se consacraient à l'enseignement. Plus de soixante de ces couvents avaient été créés à la mort de Dominique, en 1221. Ces initiatives n'avaient cependant pas ébranlé l'Église cathare, protégée par le comte de Toulouse, Raimond VI. Le légat du pape, Pierre de Castelnau, lui reprochait vivement de soutenir l'hérésie, et le fit excommunier.

Aussitôt le peuple s'en prit au légat du pape. Il fut assassiné en 1208. Le pape se devait de réagir.

Il « exposa en proie » les terres du comte de Toulouse. N'importe quel agresseur pouvait de bon droit s'en emparer. Elles étaient déclarées de bonne prise. Le pape invitait en même temps à la croisade le roi de France, dont il connaissait l'avidité en matière de conquêtes, et les seigneurs du Nord.

Philippe n'eut garde de se risquer dans cette entreprise. Il aimait les expéditions militaires contre des bandes armées de chevaliers. Il lui répugnait de donner assaut à toute une population hostile. Il en profita cependant pour réaffirmer sa suzeraineté sur le comté « exposé en proie ». Des barons et des chevaliers du Nord, attirés par les terres du Midi et par l'attrait du pillage, se rendirent à l'appel lancé à Lyon par l'abbé de Cîteaux, Arnaud Amalric.

En 1209, Béziers était assiégée, prise et pillée. Ses habitants étaient exterminés. Les hommes du Nord agissaient de même dans toutes les villes dont ils donnaient l'assaut. Au siège de Carcassonne, Simon de Monfort se distingua par sa férocité. Il devint le chef des « croisés » qui assiégeaient les châteaux les uns après les autres. Ils portèrent bientôt la guerre sous les murs de Toulouse.

Les princes du Midi devinrent alors solidaires dans la résistance contre les barons pillards. Le roi Pierre II d'Aragon se porta au secours de Raimond VI. La rencontre eut lieu à Muret, non loin de Toulouse : les gens de langue d'oc furent écrasés. En 1215 Simon de Monfort faisait son entrée dans la capitale des Cathares. Aussitôt le pape lui remettait les biens du comte de Toulouse excommunié.

Voilà Monfort devenu grand seigneur ! Il n'hésite pas à piller et à voler tout ce qu'il peut dans la ville et ses environs. Mais il craint de tenir un si puissant fief sans en référer au roi de France, dont le fils Louis a participé à la croisade. Simon le Pillard fait hommage à Philippe Auguste, qui se garde bien de paraître en Languedoc.

Du reste, les Languedociens ne tardèrent pas à se révolter en masse contre leurs nouveaux occupants. Monfort, qui tentait de résister, fut tué enfin sous les murs de Toulouse. Son fils Amaury s'enferma dans Carcassonne, d'où il demanda les secours du roi de France. Il promettait, en échange, de renoncer à l'héritage de son père. Une fois de plus, Philippe Auguste refusa, très nettement. Il ne voulait à aucun prix d'une aventure languedocienne. Il ne pouvait pas prendre le risque de laisser le royaume à la merci de nouvelles entreprises anglaises.

C'est Louis VIII, son successeur, qui devait recueillir les terres du Midi, sans pour autant prendre de risques graves. Imitant la prudence de Philippe Auguste, il attendit que le jeune Raimond VII fût dûment excommunié (1225) et rassembla ses vassaux pour leur proposer une expédition. C'est avec leur accord qu'il prit la route du Midi, par la vallée du Rhône. Maître d'Avignon, il gagna, par Arles et Tarascon, les villes du Languedoc qui firent, l'une après l'autre, leur soumission.

Le voyage ne réussit pas à Louis VIII. Malade, il dut abandonner le siège de Toulouse et mourut sur le chemin du retour. Son sénéchal, Humbert de Beaujeu, restait sur place et ravageait le comté, obligeant Raimond VII à faire la paix.

C'était une paix draconienne : Raimond conservait le Toulousain et l'Albigeois, mais il donnait en dot à sa fille, promise au frère du roi Alphonse de Poitiers, l'Agenais, le Rouergue et le Quercy. Si la fiancée n'avait pas d'héritiers directs, ses biens reviendraient au roi. Les seigneuries ecclésiastiques s'emparaient des biens du marquisat de Provence et le roi de France devenait possesseur de ses propres conquêtes : les pays de Beaucaire et de Carcassonne. Raimond VII jurait de poursuivre les Cathares et de défendre l'Église romaine. En 1229, il faisait amende honorable à Notre-Dame de Paris, pieds nus et revêtu seulement d'une chemise blanche.

A partir de 1223, les dominicains eurent les mains libres pour développer dans le comté leur action répressive grâce aux tribunaux de l'Inquisition, qui dressèrent partout des bûchers. La résistance princière une fois éteinte, restait à éliminer la résistance populaire qui se poursuivit jusqu'au bûcher géant de Montségur en 1244. Devant tant d'horreurs, l'hérésie s'éteignait définitivement, ainsi que l'indépendance des pays de langue d'oc.

Quand Raimond VII mourut, en 1249, sa fille Jeanne n'avait pas eu d'enfants. Les biens de Toulouse revinrent alors au roi de France. Avec l'acquisition des terres du Midi, l'œuvre de Philippe Auguste était achevée : le royaume capétien constituait une puissance européenne de premier ordre. La petite France du Nord avait imposé sa loi aux riches seigneuries du Midi.

Les deux visages de saint Louis.

LE SAINT ROI.

Roi en 1226 après la mort prématurée de Louis VIII, Louis IX, dit saint Louis, héritier d'un domaine royal mieux rassemblé et surtout mieux géré, ne gardait en bien propre, des conquêtes de ses prédécesseurs, que la Normandie. Le reste dépendait de ses vassaux. Il est vrai que le roi de France, qui « ne rendait hommage à personne », était désormais respecté des vassaux petits ou grands. Il était redouté à Londres, considéré à Rome, envié dans l'Empire d'Allemagne.

Louis IX n'avait que onze ans à son avènement. Ses oncles dis-

posaient de riches apanages : Philippe Hurepel avait le comté de
Boulogne, Robert possédait l'Artois, Jean l'Anjou et le Maine,
Alphonse le Poitou et l'Auvergne. La reine Blanche de Castille,
très pieuse, exerçait la régence.

Il lui fallut beaucoup d'énergie pour dominer les princes et les
barons qui, dès l'avènement de Louis IX, s'étaient regroupés derrière le comte de Boulogne et refusaient de reconnaître l'autorité de
Blanche. Il déplaisait à ces seigneurs d'être gouvernés par une
femme.

Blanche les découragea l'un après l'autre de leur résistance obsti-
née ; elle sut lutter quand il le fallait, défaire le comte de Champagne,
le duc de Bretagne, Pierre Mauclerc, qui s'était allié contre elle aux
Anglais. Elle fit épouser par Louis IX la fille aînée du comte de
Provence, Marguerite.

Louis IX, à sa majorité, se garda d'écarter du pouvoir une femme
qui avait montré des capacités aussi manifestes. Blanche resta aux
affaires pendant que le roi allait mater lui-même, en 1241, la révolte
du comte de la Marche qui avait, lui aussi, demandé l'aide du roi
d'Angleterre. Louis IX défit à Saintes une armée envoyée par
Henri III d'Angleterre.

Mal guéri encore d'une fièvre paludéenne contractée dans l'Ouest,
Louis revint à Paris pour annoncer à sa mère qu'il partait pour la
croisade. L'objectif était de délivrer Jérusalem, tombée aux mains
des Turcs (1244). L'armée du roi gagnait Aigues-Mortes et s'embarquait pour l'Orient.

Les résultats de cette Septième croisade furent désastreux :
Louis, visant l'Égypte, avait débarqué son armée devant Damiette,
dont il s'était emparé en 1249. Il avait dû attendre la décrue du Nil
pour marcher sur Le Caire, bien protégé par la forteresse de la
Mansourah. L'armée des Croisés, pendant le siège, avait été décimée
par le typhus. Les musulmans, pour leur part, résistaient furieusement. Louis avait dû mettre bas les armes. Ils avaient accepté de le
laisser rentrer en France contre la remise de Damiette et 500 000 livres de rançon.

La croisade n'était cependant pas un échec total : au lieu de
rejoindre les côtes françaises, Louis IX était allé en Syrie. Il avait
remis de l'ordre dans les principautés chrétiennes. S'il n'avait pas
réussi à reprendre Jérusalem, il avait assuré un certain avenir aux
« royaumes francs » d'Orient.

En 1252, Blanche de Castille mourait. Louis IX était enfin un
vrai roi de France, auréolé du prestige de la croisade et d'un renom

de sainteté. N'avait-il pas échappé au typhus, soignant et guérissant ses compagnons ? Il passait pour être fort pieux, travaillant de longues heures à l'étude des textes sacrés. Pratiquant les vertus ascétiques, capable de longs jeûnes, il était aussi renommé pour son humilité et pour sa charité. On l'avait vu à l'Hôtel-Dieu laver les pieds des pauvres. Il distribuait des vivres aux malades, rendait visite aux lépreux. Comme ses ancêtres, il avait la réputation de « guérir les écrouelles ». Pour les aveugles, il avait créé l'hôpital des Quinze-Vingts. Partout, dans le domaine royal, s'élevaient des églises, de belles abbayes comme celle de Royaumont. A Paris, dans l'île de la Cité, il faisait construire la Sainte-Chapelle.

LE GANT DE FER.

Charitable, le roi n'était point faible. Conseillé par des hommes fort sages comme Eudes, archevêque de Rouen, ou Robert de Sorbon, il n'admettait aucun esprit de révolte chez ses vassaux, fussent-ils ses propres frères. Il n'apportait son aide aux évêques que s'ils étaient victimes des abus de la papauté, qui prétendait distribuer des bénéfices à des étrangers ou lever des impôts en France par l'intermédiaire du clergé.

Épris de justice, le roi rappelait à l'ordre les grands seigneurs qui manquaient à leur devoir. Il ne dédaignait pas de rendre lui-même la justice, comme en témoigne abondamment son chroniqueur, le sire de Joinville :

> « Maintes fois, dit-il, il arriva qu'en été il allait s'asseoir au bois de Vincennes, et s'adossait à un chêne, et il nous faisait asseoir autour de lui. Et tous ceux qui avaient affaire venaient lui parler, sans s'embarrasser d'huissiers ou d'autres... »

De fait, sous son règne, la justice tendait à s'imposer aux justiciables, la justice du roi, par-delà les justices seigneuriales. Si le roi tenait lui-même à se saisir des causes, c'était pour en déposséder les seigneurs, pour marquer son droit éminent en matière de justice. Louis IX prit l'habitude de rassembler à la Cour des spécialistes du droit, comme le faisait déjà Philippe Auguste. Ces premiers « parlementaires » reçurent en 1260 par ordonnance royale vocation pour juger les causes en appel, au nom du roi.

Justicier, le roi était aussi législateur. Ses « ordonnances » fai-

saient régner la vertu. Louis IX interdisait la prostitution non
réglementée, le jeu, le blasphème, le port d'armes aux nobles et les
guerres particulières. La justice selon le droit devait remplacer
le « jugement de Dieu ». Le roi veillait personnellement à l'honnêteté
dans la frappe des monnaies et demandait des comptes sur leur
gestion aux baillis et sénéchaux, par l'intermédiaire de ses
officiers.

Ce sens de la justice et de la bonne administration valut au roi
une réputation d'intégrité et de bonté. Elle fut beaucoup contestée,
en son temps, par tous ceux qui furent les victimes de sa politique
intransigeante en matière de foi. L'intolérance de Louis IX le
conduisait à encourager les tribunaux de l'Inquisition, non seulement en pays cathare, mais dans toutes les régions où il estimait
nécessaire de renforcer le sentiment religieux. Après 1233, l'Inquisition mit partout en place ses bûchers. Un Cathare converti,
Robert le Bougre, fit régner la terreur dans les campagnes du Nord
et du Centre. Les juifs furent parmi les premières victimes de la
passion prosélytique du roi. Il leur interdit de pratiquer le prêt à
gros intérêt. Il fit des *autodafés* de leurs livres sacrés et les contraignit à porter sur leurs vêtements, en signe distinctif, une «rouelle»
de couleur jaune. Cette intransigeance favorisait toutes les exactions et tous les abus.

S'il tenait à faire respecter la foi chrétienne, le roi s'appliquait,
à l'extérieur comme à l'intérieur, à faire régner la paix. Dans le
Midi, il réglait le problème du comté de Toulouse en s'entendant
directement avec le roi d'Aragon. Il lui fit de larges concessions,
jusqu'à fiancer son fils Philippe avec sa fille Isabelle. Louis IX
renonçait à sa suzeraineté sur le Roussillon et le comté de Barcelone. Par contre le roi d'Aragon renonçait définitivement au comté
de Toulouse, si Montpellier restait dans sa mouvance.

Louis IX conclut une paix inspirée du même esprit de concession,
avec Henri III Plantagenêt. Celui-ci gardait la Guyenne, recevait
le Limousin, le Périgord et le Quercy. Louis, en échange, faisait
reconnaître ses droits sur la Normandie, l'Anjou et le Poitou. Henri
se déclarait vassal de Louis pour la Guyenne.

Devenu roi de Sicile, Charles d'Anjou, frère de Louis IX, entraîna
le roi dans une nouvelle croisade. Il voulait reconquérir Jérusalem,
bien sûr, mais d'abord s'assurer des conquêtes substantielles en
Méditerranée occidentale. Louis IX s'embarqua avec ses chevaliers
pour Tunis en 1270. L'armée fut aussitôt décimée par la peste.
Louis IX devait mourir sous les murs de Tunis. Il fut considéré

comme un saint, et canonisé en 1297, vingt-sept ans seulement après sa mort.

Saint Louis laissait un royaume dont le prestige spirituel égalait la puissance politique. L'Université de Paris s'était beaucoup développée sous son règne. Ses « écoles » attiraient des étudiants de toute l'Europe. Libérée de la tutelle des évêques, l'Université était protégée par le « chancelier » contre la police du roi. En 1231, elle recevait une existence juridique. Elle avait acquis son indépendance à la suite d'une longue lutte contre la police, et d'une grève de deux ans. Sa charte d'indépendance fut établie par le pape lui-même. Elle avait la charge, et le droit, de fixer le contenu et les formes de l'enseignement, les modalités d'acquisition des grades. Le pape était son autorité de tutelle. L'Université se composait de quatre « facultés » dont la faculté des « arts » qui réunissait les débutants. L'enseignement se distribuait un peu partout, les maîtres n'ayant pas de locaux réguliers. Des institutions charitables appelées « collèges » se construisaient peu à peu, pour abriter les étudiants : par exemple le célèbre collège de Robert de Sorbon, aumônier du roi, familièrement appelé « Sorbonne ».

Les étudiants parisiens étaient constamment agités. Ils contestaient la tutelle du pape, comme ils rejetaient celle du roi. Les maîtres séculiers accueillaient fort mal les enseignants du clergé régulier, particulièrement les dominicains, qui étaient soutenus par le pape. L'Université connaissait des rixes ; elle était souvent en grève.

Maîtres et étudiants se disaient las d'un enseignement trop exclusivement théologique. Ils voulaient lire et commenter les œuvres d'Aristote, celles du philosophe arabe Averroès. L'Église réagissait avec violence, condamnait les livres impies, se lançait à la reconquête du public étudiant. Albert le Grand et Thomas d'Aquin, dominicains tous les deux, entreprenaient le commentaire d'Aristote. Ils réconciliaient dans leur pensée la raison grecque et la foi chrétienne. Leur effort était bientôt payé de retour. Les étudiants les reconnaissaient pour maîtres et leur prestige en Europe devenait immense ; jamais ils ne furent plus écoutés que lorsqu'ils furent victimes des attaques du haut clergé. La méfiance de la hiérarchie traditionnelle à leur égard les rendait crédibles.

Toute université n'est pas que de Paris. On enseignait déjà le droit à Angers, à Orléans, et la médecine à Montpellier. Mais dès l'époque de saint Louis, Paris était, selon le mot du pape Alexandre IV, « l'arbre de vie » qui attirait les meilleurs étudiants, et parfois les meilleurs maîtres venus de l'étranger.

L'âge de saint Louis, dans toute la France, est celui des grandes cathédrales gothiques, commencées, il est vrai, dès la fin du XIIᵉ siècle. Sens et Bourges, Reims et Chartres, Amiens et Beauvais témoignent d'un temps où le renouveau de la foi, secondé par les encouragements du pouvoir et les facilités offertes par l'enrichissement, fit dresser vers le ciel ces « prières de pierre » de l'âge classique du « Moyen Age ». La beauté des vitraux, la finesse des ogives, le renouveau de la statuaire qui se manifestait lyriquement sur les façades, avec les « jugements derniers » et les « couronnements de la Vierge », tout cet ensemble ornemental, dont la beauté culmine, selon Malraux, dans le « sourire de Reims », définissait un art gothique français. La France de saint Louis apparaissait ainsi comme un des foyers de civilisation les plus ardents de l'Europe occidentale.

Philippe le Bel, « organisateur » de la monarchie.

Après saint Louis, Philippe le Bel : un autre « grand » Capétien. Son père Philippe III, qui avait régné seulement quinze ans (1270-1285), avait été assez heureux pour récupérer l'apanage d'Alphonse de Poitiers. Il avait marié le futur Philippe IV avec l'héritière du comté de Champagne. Philippe était le fils cadet du roi. A la mort de son aîné, il hérita à la fois de la couronne de France et du comté de Champagne. Avec un prestige international intact, Philippe IV trouvait à son avènement un domaine royal très élargi.

LA RICHESSE DU ROYAUME.

L'économie française était en pleine prospérité. Le pays n'avait pas connu de grande guerre depuis Bouvines. La paix intérieure avait d'heureux résultats. Les Français étaient plus nombreux, probablement quinze millions à l'avènement de Philippe IV. Les campagnes étaient plus peuplées, mais aussi les villes.

L'attrait des marchés urbains avait donné un coup de fouet à la production agricole, et tenté les surplus de population des campagnes. Nombreux étaient les serfs qui achetaient leur affranchissement pour venir vivre à la ville. Les grands mouvements de défrichement, les entreprises de colonisation des terres incultes avaient certes occupé de la main-d'œuvre, mais ils se ralentissaient avec le temps. Seule continuait à s'accroître spectaculairement la population urbaine.

Au XIIIᵉ siècle, Bordeaux, Toulouse, Arras avaient plus de 30 000 habitants. Paris dépassait le chiffre de 100 000, et peut-être atteignait-il 200 000. Beaucoup de bourgs ruraux s'étaient agrandis, formant des petites villes d'environ 5 000 habitants. De nombreux clochers datant du XIIIᵉ siècle témoignent de cette période d'urbanisation des campagnes.

Les annexions et les héritages rendaient désormais le roi de France présent dans toutes les régions d'importance économique : les textiles du Nord, les foires de Champagne, le sel de l'Atlantique et du Languedoc lui permettaient de prélever sur les échanges des droits de plus en plus lourds, qui augmentaient d'autant les recettes et les moyens d'action de la monarchie.

Tout progrès a ses points noirs : l'enrichissement trop rapide des villes les mettait à la merci des mauvaises récoltes. Quand l'agriculture connaissait la sécheresse, la grêle ou le gel tardif, les villes sous-alimentées éprouvaient de terribles famines : celles de Paris en 1315 et 1317 par exemple.

Les villes d'importance commerciale connurent également des difficultés quand les foires terrestres furent désertées en France au profit des ports, ou quand les routes du commerce empruntèrent plus volontiers le parcours des cols alpins et de la voie rhénane. En fin de siècle, les bourgs de France, en Champagne ou dans le domaine royal, eurent du mal à faire face à la crise. Il y eut des révoltes urbaines : à Provins, les bourgeois et les tisserands refusèrent, faute de ressources, toute augmentation nouvelle des taxes.

Et cependant, en dépit des passages difficiles, la richesse du royaume était considérable. Les riches n'avaient jamais été aussi riches. Ils affichaient dans les villes du Nord, comme dans celles du Midi, le luxe le plus tapageur. Les bourgeoises de Paris rivalisaient en élégance avec les dames de la Cour. Les femmes de Narbonne, de Marseille ou de Bordeaux n'avaient rien à envier, dans leurs atours, aux riches patriciennes d'Italie. A l'italienne précisément, de véritables dynasties bourgeoises se constituaient dans les villes

de France : les Boinebroke à Douai étaient, à l'origine, des marchands fabriquant des tissus de laine. Ils avaient acheté de vastes
terres, engagé de nombreux ouvriers dans leurs ateliers. Ils rayonnaient dans toute la région, où ils faisaient figure de seigneurs. Ce
type de marchands n'était pas rare dans toutes les villes d'importance commerciale. Ils constituaient une solide bourgeoisie d'entreprise.

Il arrivait souvent que cette bourgeoisie fût aux prises, à la ville
comme dans les campagnes, avec les classes moins favorisées, que
trop de misère révoltait. A Provins, à Gand, à Douai, à Arras, il
y eut de ces émeutes d'ouvriers révoltés contre leurs maîtres. Les
paysans eux-mêmes constituèrent des bandes armées, refusant de
payer l'impôt du roi ou les droits seigneuriaux. Les temps avaient
changé depuis le début du règne de saint Louis : à l'optimisme
extraordinaire des XIe et XIIe siècles se substituait déjà l'inquiétude
d'un monde à croissance trop rapide devant les problèmes que pose
l'enrichissement : la surpopulation, l'accroissement de l'activité
économique, la famine monétaire et la hausse des prix, les conflits
sociaux dans les villes et dans les campagnes.

L'ORGANISATION DE L'ÉTAT.

Mais l'État veillait. La monarchie restait forte dans un royaume
aux limites considérablement accrues. Saint Louis était « l'oint
du seigneur » et le suzerain suprême de tous les féodaux du royaume.
Philippe le Bel voulait être quelque chose de plus : l'héritier des
empereurs de Rome, le créateur d'un État pourvu d'une administration égalitaire, dont les règles fussent les mêmes pour tous.
Le roi était ainsi plus un souverain qu'un suzerain. Nobles ou roturiers devaient manifester le même respect de la loi.

Pour que la loi fût respectée, encore fallait-il qu'elle fût connue
de tous, donc écrite, incontestable. Le roi, pour faire rédiger des
textes, s'entoura de conseillers, les fameux « légistes royaux », tous
bourgeois ou nobles de petite noblesse. Ils avaient étudié longtemps
le droit écrit, le droit romain. Ils allaient travailler à codifier le
droit, valable pour l'ensemble des territoires de la monarchie.
Pierre Flote, Guillaume de Nogaret, Guillaume de Plaisians,
Enguerrand de Marigny étaient les conseillers habituels du roi.

Ils allaient doter la France d'une très solide administration. A la Cour était établi le « Conseil royal ». Certains de ses organes allaient se différencier, devenir indépendants. Par exemple la section judiciaire du Conseil s'en détachait pour devenir le « Parlement », divisé en quatre « chambres » (Grand-Chambre, chambre des Enquêtes, chambre des Requêtes et auditoire de droit écrit). Ce Parlement jugeait en appel les causes qui lui venaient de province. Lui-même se rendait à l'occasion en province pour y rendre solennellement la justice, en Normandie par exemple.

Du Conseil royal se distinguait aussi la chambre des Comptes, organisée en 1320, installée dans l'île de la Cité, comme le Parlement. Fixé d'abord au Temple, le Trésor royal gagnait le Louvre. Le Palais royal abritait aussi la Chancellerie, gardienne du sceau, et l'administration de la monnaie.

Le roi nommait toujours en province les baillis, appelés dans le Midi sénéchaux. Au niveau de toutes les administrations, centrales, locales et régionales, le roi prenait grand soin de brasser les titulaires de postes en les choisissant dans des régions et des milieux très différents. Beaucoup venaient du Midi, comme Nogaret, originaire de Marsillargues. Il y avait parmi eux des clercs et des laïcs, des nobles et des bourgeois.

Pour consulter ses sujets, le roi prit l'habitude de convoquer leurs représentants en des assemblées qui allaient devenir les « États généraux du royaume ». En 1302, plus tard en 1308, le roi consulta le peuple avant de lever de nouveaux impôts. Les représentants issus du clergé, de la noblesse et de la bourgeoisie des villes étaient présents. Ces assemblées ne limitaient en rien le pouvoir du roi. Elles étaient réunies, à sa demande, pour donner à ses décisions une audience et une valeur universelles.

La faiblesse majeure du royaume tenait en effet à son organisation militaire insuffisante, trop proche des temps féodaux. Les vassaux ne devaient le service du roi que quarante jours par an. Les milices urbaines donnaient des contingents peu nombreux et mal utilisés. Le roi n'avait pas les moyens de se payer une armée régulière parce que son système fiscal était injuste et désordonné. Ne pouvant se contenter des ressources du domaine, il ordonnait des taxes exceptionnelles — les aides et tailles —, forcément impopulaires, mal réparties, levées à la hâte et insuffisantes dans leur rendement.

PHILIPPE LE BEL ET L'ARGENT.

Philippe le Bel avait donc constamment besoin d'argent, faute
d'avoir, pour ses finances, une alimentation réglée et régulière.
Il en avait besoin surtout pour reprendre la guerre. Des actes de
piraterie opposaient sur les côtes françaises les Français aux Anglais
qui leur disputaient le commerce. Philippe dut envahir la Guyenne,
mais il ne voulait pas d'une longue guerre avec les Plantagenêts.
Il préféra s'entendre avec eux, leur rendre la Guyenne, nouer des
alliances matrimoniales.

Philippe IV, en dépit de son horreur de la guerre, dut cependant
intervenir contre son vassal, le comte des Flandres, en pleine révolte.
Celui-ci avait pris, contre le roi de France, le parti des Anglais qui
étaient ses bons clients pour les tissus et ses bons fournisseurs
pour les laines. La chevalerie française fut battue à Courtrai par
la solide infanterie flamande. Philippe dut réunir une nouvelle
expédition qui lui rendit la maîtrise des Flandres (1304) sans assurer
son autorité sur les bourgeois et les ouvriers du textile.

Les guerres obligeaient Philippe IV à lever des taxes sur le clergé,
les « décimes ». Le pape Boniface VII était fort mécontent de voir
les revenus de l'Église lui échapper. Il avait, lui aussi, besoin d'argent. Quand un conflit éclata à propos de l'évêque de Pamiers
— un ami des Anglais que Philippe le Bel avait traduit en justice —,
le pape annonça la convocation d'un concile de tous les évêques de
France hors de France.

Philippe risquait sa couronne. C'est alors qu'il décida de réunir
en 1302 les premiers États généraux pour faire approuver sa politique. Les évêques le suivirent, par « gallicanisme » et pour ne pas
dépendre du pape plus que du roi. Ils accusèrent le pape d'hérésie
et de simonie.

> « Il a dit, affirmèrent-ils, qu'il aimerait mieux être chien que
> français. »

Ils demandèrent la réunion, contre le pape, d'un concile général
de l'Église. Le pape refusa de s'y rendre. Philippe le Bel envoya
Guillaume de Nogaret pour arrêter le pape. Aidé par la puissante
famille des Colonna, Guillaume de Nogaret mit la main sur le
pontife dans la ville d'Agnani. Le pape mourut peu après. Son
successeur, Clément V, reconnut aussitôt le bon droit du roi de
France.

Maître de l'Église, le roi songea à accroître sensiblement ses ressources à ses dépens. Il ne parvenait pas à résoudre son problème financier, malgré les expédients qu'il imaginait. La crise de l'argent et des échanges gagnait en effet toute l'Europe. Le roi devait trouver des ressources pour payer l'armée et l'administration. Il tenta d'établir des impôts directs : le peuple des villes refusa même les impôts indirects. En 1295, Paris se souleva en masse contre l'impôt.

Autre expédient : les marchands étrangers. Philippe taxa très lourdement les juifs et « Lombards » qui pratiquaient le commerce de l'argent. C'était tuer la poule aux œufs d'or. Les Lombards quittèrent le royaume. Le roi fit des manipulations sur les monnaies, rognant les quantités d'or et d'argent fondues dans les pièces. Ces dévaluations déguisées étaient dures pour les pauvres et indisposaient les marchands étrangers qui perdaient confiance dans les monnaies françaises.

Le roi décida de frapper un coup décisif, et de prendre l'argent où il se trouvait : il s'attaqua de front au puissant ordre des Templiers, qui se livrait, depuis son repli d'Orient, à des opérations financières d'importance internationale, gardant dans ses coffres des fonds privés, facilitant les transferts de capitaux d'un pays à l'autre.

Philippe les fit accuser de trafics et de sorcellerie. Cinquante-deux d'entre eux furent brûlés, dont leur grand maître, Jacques de Molay (1314). Les réserves de leurs coffres furent saisies, ainsi que les revenus de leurs biens. Philippe le Bel devait mourir la même année que Jacques de Molay sa victime.

A la mort du roi, la France était pacifiée, bien administrée. La monarchie jouissait d'un domaine encore agrandi. Pourtant les signes de crise étaient déjà perceptibles. Ils allaient accabler les successeurs de Philippe et de ses conseillers.

Les progrès de la centralisation monarchique avaient en effet beaucoup mécontenté les princes vassaux et tous les barons du royaume. Louis X le Hutin dut faire pendre au gibet de Montfaucon le serviteur fidèle de son père, Enguerrand de Marigny. La pression des nobles était telle que le jeune roi n'avait pu leur résister. Il leur avait abandonné le « conseiller ».

Les nobles n'étaient pas les seuls mécontents : les nouveaux impôts avaient dressé la bourgeoisie unanime contre le pouvoir. Inquiète du marasme des affaires, elle accusait le roi, avec ses taxes, d'empêcher la reprise. Quant au peuple, il souffrait à la fois des

impôts et des manipulations de la monnaie, quand il n'était pas la
victime malheureuse des famines. Il n'avait donc pas d'enthousiasme pour la dynastie.

Philippe V le Long et Charles IV le Bel régnèrent trop peu de
temps pour pouvoir rétablir la situation. En 1328 deux héritiers
se disputaient le trône de France : le roi d'Angleterre Édouard III,
qui avait épousé la sœur de Philippe le Bel — et Philippe de Valois,
descendant collatéral du dernier des Capétiens, Charles IV, mort
sans héritier mâle. Contre les prétentions du roi d'Angleterre, les
barons de France choisirent Philippe de Valois. L'instauration de
la nouvelle dynastie devait provoquer, du fait de la revendication
anglaise, cent ans de guerre entre les deux royaumes.

CHAPITRE 5

La Guerre de Cent ans

Les deux points chauds en Europe, au début du XIVe siècle, sont les plus riches régions économiques du continent : la Guyenne ou Aquitaine, région des vins de Bordeaux, du sel et des relations maritimes avec l'Espagne — la Flandre et ses industries textiles, qui dispose de l'argent des Italiens et de la laine des campagnes anglaises. Le roi de France domine la Flandre et le roi d'Angleterre la Guyenne.

Mais Londres a de si étroites relations avec les bourgeois des Flandres qu'elle ne peut pas admettre la tutelle française, et l'Aquitaine fait si évidemment partie de la France que le roi de Paris peut difficilement renoncer à la rattacher à sa couronne.

Édouard III a prêté, pour l'Aquitaine, l'hommage au nouveau roi de France, Philippe VI de Valois. En 1328, il n'y a pas risque de conflit. Dix ans plus tard, on est au bord de la guerre. Que s'est-il passé ?

L'écrasement des Français.

COMMENT ON PART EN GUERRE.

Il ne se passe pas de journée sans piqûre d'épingle, querelle mineure, entre les deux monarchies : conflits de marins pour les pêcheries, incidents de marchands ; les querelles de préséance ne demandent qu'à s'envenimer. A l'évidence, les deux souverains étaient bientôt prêts à se disputer le fief de Guyenne, les armes à la main.

En 1337 Philippe se crut assez fort pour prendre le risque. Depuis plusieurs années, il multipliait les coups de main en Aquitaine, éprouvant la résistance de l'adversaire. Il allait même jusqu'à soutenir, contre le roi d'Angleterre, les menées des Écossais. Édouard riposta aussitôt : il envoya son défi et revendiqua le trône de France.

C'était folie, en apparence, que de braver le roi de France : Édouard avait trois millions de sujets, quatre ou cinq fois moins que le Valois qui pouvait rassembler quinze mille hommes de guerre. La puissance anglaise était limitée géographiquement au Sud de l'Angleterre. Robert Bruce régnait en Écosse, l'Irlande était indépendante. Le pays de Galles venait à peine d'être conquis. L'Angleterre elle-même avait une richesse agricole et maritime, elle n'avait ni industrie ni grand commerce.

Mais Édouard avait pour amis tous les ennemis de la France : les Flamands, d'abord, que Philippe VI venait d'écraser à Cassel en 1328. Le peuple des Flandres se révoltait contre la dureté de l'administration royale, contre les exactions du fisc, les entraves au commerce. Philippe VI avait chassé du comté Robert d'Artois qui avait trouvé tout naturellement refuge à la Cour de Londres. Menacés par l'Angleterre de ne plus être approvisionnés en laines, les bourgeois des Flandres s'étaient donné un chef en la personne de Jacques Artevelde, marchand drapier de Gand et capitaine général de cette ville. Artevelde avait mené la révolte générale. Le comte français nommé par Philippe VI avait été chassé. Les Flamands avaient reconnu le roi d'Angleterre comme suzerain.

Après la Guyenne et les Flandres, un troisième point chaud devait se manifester en Bretagne : en 1341, le duc mourait sans héritier direct. Un prétendant, Charles de Châtillon-Blois, était soutenu par le roi de France ; le roi d'Angleterre poussait au trône ducal Jean de Monfort.

Monfort, prenant les devants, s'emparait par la force de la Bretagne. Il en était bientôt chassé par Châtillon, avec l'aide de soldats français. Un troisième front était ouvert. En 1342, le roi d'Angleterre, ulcéré, dépêchait une expédition en Bretagne pour défendre celui qui lui avait prêté l'hommage vassalique.

LES GRANDS DÉSASTRES DE LA CHEVALERIE FRANÇAISE.

Édouard d'Angleterre se sentait d'autant plus à l'aise qu'il venait de remporter, au Nord, un important avantage. Certes, après avoir mobilisé un certain nombre de princes allemands (dont Louis de Bavière) il n'avait pas réussi à s'emparer de la Thiérache. Mais il avait dispersé et brûlé, dans le port de l'Écluse en 1340, une flotte franco-castillanne qui s'apprêtait à envahir l'Angleterre. C'est que le Valois avait trouvé des amis en Espagne et qu'il pouvait compter sur l'appui du pape.

Édouard s'était fait saluer du titre de « roi de la mer » après l'Écluse. Il disposait de son côté, sur le continent, de l'aide inconditionnelle des Flamands. Il avait désormais la maîtrise de la Manche et une bonne base de départ pour les chevauchées en France.

A grand-peine, Philippe VI avait-il obtenu de nouveaux crédits pour renforcer son armée. Il était réduit à la défensive et il avait épuisé ses disponibilités en hommes et en argent. Ne venait-il pas d'acheter Montpellier et d'affirmer ses droits sur le Dauphiné?

C'est alors que fut connue à Paris la nouvelle du premier « désastre ». A Crécy, en 1346, les archers gallois et la piétaille flamande avaient eu raison de la lourde chevalerie française. Les compagnons du roi avaient été massacrés par centaines. Édouard avait assiégé et pris Calais, dont il avait humilié les bourgeois. Les Anglais devaient y rester deux siècles.

Un désastre ne vient jamais seul : bien plus meurtrière que l'infanterie anglaise, la peste noire s'abattait sur le royaume. Elle faisait des milliers de victimes, dont le roi Philippe VI. Grâce à l'entremise du pape, une trêve interrompait pour sept ans l'inexpiable conflit franco-anglais. La peste noire ne connaissait ni bannières ni frontières; elle avait passé la Manche, répandant la mort à Londres. Ni les Français ni les Anglais n'avaient les moyens d'en découdre.

En France, Jean II le Bon avait succédé à Philippe VI. A partir de 1355, il préparait de nouveau la guerre. Le Midi avait subi cette année-là une redoutable « chevauchée » du Prince Noir. Édouard III lui-même avait débarqué à Calais, mais, faute d'adversaire, il avait dû repasser la Manche.

Le roi de France n'avait pas d'argent. Pour en obtenir, il dut convoquer les États généraux de langue d'oil, et admettre un certain contrôle des fonds, promettre enfin le retour à une monnaie saine. Quand il fut prêt à châtier le Prince Noir qui ravageait de nouveau le Midi, il n'avait pu mobiliser qu'une troupe de chevaliers. Il s'était brouillé avec le roi de Navarre Charles le Mauvais, descendant par son père de Philippe le Hardi et par sa mère de Philippe IV le Bel. Sans l'aide de Navarre, qui briguait le trône de France, Jean le Bon faisait piètre figure contre les archers anglais aguerris et décidés à en finir : près de Poitiers, en 1356, la cavalerie royale était décimée.

Jean était prisonnier des Anglais. Le dauphin Charles, duc de Normandie, était nommé régent du royaume. Pour libérer le roi, il fallait trouver l'argent de la rançon. Le dauphin réunit une fois encore les États généraux. L'évêque de Laon, Robert Le Coq, se fit l'écho de la lassitude de l'opinion générale du royaume contre la guerre. Soutenu par Étienne Marcel, prévôt des marchands de Paris, il demanda le contrôle permanent par les États des finances du royaume.

Le dauphin dut céder. Une violente révolte avait éclaté dans le pays de Beauvais : cette grande « jacquerie » protestait contre la guerre, les nobles et les impôts. Le dauphin quitta Paris, pour réunir à Compiègne d'autres États généraux, et lever une armée. Laissé seul dans Paris en révolte, Étienne Marcel tente de prendre la tête de la Jacquerie, accueille dans la capitale le roi de Navarre Charles le Mauvais. Mais Navarre n'accepte pas l'alliance des bourgeois et des « Jacques ». Sensible aux craintes de la noblesse, il les écrase avec son armée, cependant qu'un capitaine anglais délivre les troupes du régent assiégé par les Jacques dans Meaux. Ainsi la solidarité de la noblesse se reforme devant un danger social incontrôlé.

Étienne Marcel est bientôt assiégé dans Paris par les troupes royales. Il demande le secours des Flamands, puis ouvre les portes de la capitale aux Anglais tout proches. Cette trahison indigne le peuple qui se soulève contre lui, chasse les Anglais et finalement l'assassine en juillet 1368. Force reste à la monarchie.

Le dauphin est trop faible pour ne pas chercher à faire la paix avec l'Angleterre. Les négociations sont lentes et difficiles, mais elles aboutissent néanmoins parce que l'Angleterre est aussi lasse d'une guerre sans fin. En 1380 le traité de Calais confirme les préliminaires de Brétigny : Jean II sera libéré contre une lourde rançon.

Édouard III renonce à la couronne de France, mais il reçoit le Poitou, le Saintonge, l'Angoumois, le Limousin, le Périgord, l'Agenais, le Quercy et le Rouergue. Charles le Mauvais recevait un fief en Normandie, il était ainsi payé de ses « services ». Le roi d'Angleterre était dispensé de tout hommage pour ses biens en France.

La paix était désastreuse : rentré en France, le roi Jean était incapable de payer sa rançon. Pour libérer les otages gardés par les Anglais, il rentrait à Londres, et mourait en prison, en 1364. Le régent, Charles V le Sage, lui succédait. Il avait déjà une rude expérience des affaires.

Il la mit aussitôt à profit : en 1361, Philippe de Rouvre, duc de Bourgogne, mourait sans héritier. Il descendait des Capétiens. Jean le Bon, suzerain du duché, l'avait attribué à son fils, Philippe. Charles V maria donc Philippe, devenu duc, à l'héritière du comte de Flandres pour en chasser les Anglais, et imposer de nouveau la tutelle française.

LES SUCCÈS DE CHARLES LE SAGE.

Encore fallait-il avoir les moyens militaires de cette politique féodale. Charles V eut la chance d'avoir un capitaine de valeur : le connétable Bertrand du Guesclin, ancien chef de bande qui s'était fait remarquer dans une série de coups de main heureux contre l'occupant anglais. Sur ordre du roi, du Guesclin attaqua Charles le Mauvais en Normandie. Il le poursuivit de château en château avant de le battre définitivement à Cocherel en 1364. Le roi de Navarre, par le traité d'Avignon, renonçait à ses possessions normandes.

La politique royale eut un autre succès : en Bretagne, Monfort l'avait emporté définitivement sur Châtillon. Le roi de France changea dès lors de politique. Il reconnut Monfort comme duc de Bretagne mais lui imposa l'hommage. Le duc s'engageait à chasser de son territoire tous les soldats anglais. Le roi de France n'aurait plus à intervenir en Bretagne.

La France était ravagée depuis Poitiers par des bandes de soldats en chômage qui pillaient et rançonnaient les campagnes, en l'absence de toute autorité royale. Pour éloigner du royaume ces « grandes compagnies », du Guesclin eut l'idée de les engager au service d'un prétendant au trône de Castille, Henri de Trastamare. Les brigands passèrent les Pyrénées, débarrassant ainsi le royaume.

Charles V dut bientôt reprendre la guerre anglaise. Les armées du Prince Noir continuaient leurs raids dans le Midi, poussant jusqu'à Montpellier et Béziers.

Du Guesclin retourna contre les Anglais leur tactique : ils étaient devenus, avec le Prince Noir, des « chevaliers » chevauchant en groupe. Le connétable leur fit une guerre d'embuscades et de replis successifs, une guerre de piétons. Il sut les obliger à livrer bataille sur le terrain qu'il avait lui-même choisi. En 1370, après plusieurs campagnes épuisantes, les Anglais exténués furent battus par du Guesclin à Pontvallain.

Il reprit ensuite l'une après l'autre toutes les forteresses anglaises en France. L'armée d'occupation n'était pas assez nombreuse pour pouvoir tenir tête partout. La tactique de du Guesclin fut couronnée de succès : les Anglais perdirent peu à peu, faute de moyens pour les défendre, les provinces qu'ils avaient acquises par le traité de Brétigny. En 1380, ils ne possédaient sur le territoire français que cinq villes fortifiées : Calais, Bordeaux, Cherbourg, Brest et Bayonne.

Même si les Anglais gardaient les portes de la mer, l'unité française avait été patiemment reconstituée. Mais la tactique de la « terre brûlée », appliquée par du Guesclin, avait ruiné les campagnes déjà durement frappées par la peste, les révoltes et les famines. La France avait fourni un effort financier qui dépassait ses capacités. Il en était de même pour l'Angleterre. Une première phase de la guerre de Cent ans s'achevait avec la mort de ses principaux acteurs : Édouard III, en 1377, le Prince Noir, Charles V et du Guesclin, en 1380.

A cette date, les conflits sociaux et politiques menaçaient dans les deux royaumes : ils étaient acculés à la trêve. Et cependant les causes fondamentales du conflit n'avaient pas disparu : les Anglais restaient présents sur les côtes de France, et les Français dans les Flandres.

La plus petite France : d'Azincourt à Bourges.

Les sages conseillers de Charles V surent éviter à Charles VI les problèmes de la reconstruction et l'affrontement des diverses classes du royaume. Marchands et paysans reprenaient courage après le retour de la paix. La production renaissait de ses cendres, les circuits commerciaux se ranimaient.

A l'extérieur, le roi s'était trouvé des amis en Allemagne, et l'empereur Charles IV lui-même s'était rendu à Paris en visite officielle. La France restait alliée à la Castille. Elle semblait prête à décourager par ses alliances toute nouvelle agression.

Sa prospérité retrouvée était pourtant de nature à tenter l'Angleterre. A Paris les fêtes succédaient aux fêtes. Pour recevoir Charles IV on avait déployé un faste inouï : au cours d'un festin, un véritable vaisseau, porté par des figurants, représentait le départ en croisade. Des acteurs en costume jouaient le rôle de Godefroi de Bouillon et de Pierre l'Ermite. Les nations européennes réconciliées allaient-elles repartir, selon le vœu de l'Église, pour l'Orient ?

De nouveau l'heure du drame allait sonner, au cadran de la nouvelle horloge du Palais que le roi venait de réaliser dans l'île de la Cité. En Angleterre le parti de la guerre — celui des Lancastre — venait de l'emporter sur la précédente dynastie, qui voulait maintenir la trêve. Richard II avait été déposé. Il serait bientôt assassiné par Henri de Lancastre, couronné roi sous le nom de Henri IV en 1399. Son successeur Henri V, roi en 1413, saurait, en bon héritier des Plantagenêt, retrouver la route du continent.

En France, depuis 1392, le roi est fou. Passant dans la forêt du Mans, il a brusquement chargé à coups d'épée son entourage. Il passe par des phases de prostration et par des crises de démence. On renvoie ses conseillers, les « marmousets », et les princes s'emparent du pouvoir, se disputant les bénéfices.

ARMAGNACS ET BOURGUIGNONS : LA FRANCE COUPÉE EN DEUX.

Le duc d'Orléans est le plus ambitieux. Mais les autres sont bien décidés à lui disputer le pouvoir : Louis d'Anjou rêve de conquérir l'Italie, dans le style des preux chevaliers. Jean de Berry a de gros besoins d'argent pour ses femmes, ses chasses et ses châteaux ; quant au puissant duc de Bourgogne, Philippe le Hardi, il veut unir ses forces et ses terres aux possessions flamandes de sa femme en annexant les régions intermédiaires.

Orléans entre rapidement en conflit avec Bourgogne. Le premier est l'ami du pape schismatique d'Avignon et l'ennemi des Anglais. Le second ne veut pas, à cause de ses possessions flamandes, de conflit avec Londres, et il est l'ami du pape de Rome... Tous les seigneurs de France embrassent le parti des Bourgogne ou celui des Orléans.

Le 23 novembre 1407, en plein Paris, le duc d'Orléans est assassiné par les soins du jeune duc de Bourgogne, Jean sans Peur. Pas un Parisien ne proteste. Tous sont partisans de Bourgogne, par haine des Orléans. On voit des moines faire dans leurs prêches l'apologie de l'assassinat. Les bouchers, qui sont les plus sûrs partisans de Bourgogne, répandent la terreur. Ils constituent de véritables bandes d'hommes de main, parcourent les rues sous la direction de leur « capitaine », Simon Caboche. Ils tuent les amis d'Orléans, occupent le Palais royal, vident les prisons, libérant les coupe-gorge et les tire-laine. C'est, en 1413, la « dictature des abattoirs ».

Bourgogne n'a pas pour lui que les bouchers. Les universitaires sont de son parti et le petit peuple suit. L'emblème de Bourgogne est le rabot, celui d'Orléans le bâton. Après le meurtre d'Orléans, le rabot domine le bâton. Jean sans Peur obtient le pardon de la Cour. La reine Isabeau de Bavière est intervenue en faveur de l'assassin.

La croix de Saint-André et le chaperon vert des Bourgogne tiennent les rues de Paris. Le dauphin Louis est placé sous leur garde. C'est alors que la cause des Orléans trouve des défenseurs. Le comte d'Armagnac, beau-père du duc assassiné, prend la tête des opposants. Il s'allie à deux puissants princes, le duc de Berry et le duc de Bourbon. Les seigneurs du Midi rallient l'écharpe blanche et l'ortie des Armagnacs. Ils campent à Pontoise, aux portes de Paris.

Dans la capitale, la colère gronde contre Jean sans Peur, qui n'a pu tenir ses promesses démagogiques. L'ordonnance « cabochienne », faite pour satisfaire la populace, ne peut promettre que des réformes. Le peuple n'obtient pas de satisfactions substantielles.

Les pillages des « Caboche » et les excès de la rue inquiètent les bourgeois qui négocient avec le parti des Armagnacs, c'est-à-dire celui d'Orléans. Jean sans Peur doit bientôt quitter Paris précipitamment et laisser la place à son adversaire. Une trêve est conclue en 1414. Les deux partis songent à négocier l'alliance anglaise, chacun de leur côté, pour être sûrs de l'emporter. La passion féodale domine le sentiment national. C'est la guerre civile qui ouvre les portes de France, de nouveau, à la guerre anglaise.

LA CHEVAUCHÉE D'HENRI V.

En 1415, l'Angleterre d'Henri V a reconstitué ses forces. Le roi a pu réduire les oppositions populaires. Il a lancé des expéditions punitives contre les vassaux ou les Gallois insoumis. Habile négociateur, Henri, très au courant de la situation intérieure française, a fait monter les enchères entre Armagnacs et Bourguignons. Il se méfie de Bourgogne, dont l'Empire, par les Flandres, peut menacer les intérêts anglais. Le parti du dauphin et des Armagnacs est plus faible, plus ductile.

Au départ de la négociation, Henri V revendique la main de Catherine, fille de Charles VI. Il demande aussi la Normandie et l'héritage français des Plantagenêt, la suzeraineté sur les Flandres et la Bretagne. Même pour abattre Bourgogne, les Armagnacs ne sont pas prêts à faire de telles concessions. Henri V perd sa partie de cartes. Il devra faire parler les armes.

Il débarque en Normandie en août 1415. De Honfleur, il gagne, vers le Nord, la Picardie. Il s'entend en secret avec les Bourguignons, qui restent neutres. C'est à l'armée française que le roi Henri V livre bataille, à Azincourt.

Comme jadis à Crécy, la chevalerie est décimée par les traits meurtriers des archers anglais, bien embusqués derrière des palissades. Les seigneurs d'Azincourt n'ont pas retenu la leçon de du Guesclin. Ils ont chargé comme aux croisades. En quelques heures, la partie s'est jouée. Le roi d'Angleterre s'est ouvert la route de Paris.

Versatile, la population parisienne revient alors à ses amours bourguignonnes. Les Armagnacs sont traqués, massacrés, mis en fuite. Ils passent la Loire avec le dauphin Charles, qu'ils emmènent dans leurs bagages. Jean sans Peur rejoint Paris avant les Anglais. Va-t-il enfin les combattre ?

Il ne peut négocier sans l'autorité du dauphin. Il lui propose une rencontre, au pont de Montereau. Les Armagnacs lui tendent une embuscade. Il est assassiné, le 20 septembre 1419. Les Orléans sont vengés. Mais Paris s'ouvre aux Anglais.

Ils se gardent bien d'y entrer. Henri V est un roi prudent. Il est satisfait de l'attentat de Montereau, qui lui procure l'alliance du successeur de Jean sans Peur, Philippe le Bon. Il rentre en Angleterre, pour éviter de reconstituer, contre ses armées, l'unité française.

Quand il repasse la Manche en 1417, à la tête d'une armée, c'est dans un but précis : reconquérir la Normandie. Il sait que le dauphin Charles, lieutenant général du royaume, est un chef sans troupes. Sa propre mère, Isabeau, s'est enfuie chez les Bourguignons. Elle va jusqu'à déclarer publiquement que le dauphin n'est pas le fils du roi. Quand le roi d'Angleterre a emporté une à une toutes les places de Normandie, quand il a contraint les habitants de Rouen, après un long siège, à lui ouvrir les portes de leur ville, il sait qu'il est maître de la situation en France : par les Bourguignons, il obtient que le roi et la reine désavouent le dauphin Charles et le dépossèdent du trône. On lui donne la main de Catherine, la fille de Charles VI. Il est reconnu comme héritier de la couronne de France. C'est le traité de Troyes (24 mai 1420).

LES TROIS FRANCE.

La double monarchie risquait de s'installer des deux côtés de la Manche. C'était de nouveau le rêve réalisé de Guillaume le Conquérant. Le traité fut bien reçu par l'Université et le Parlement de Paris. On réunit une assemblée des États, qui l'approuva. Paris préférait tout au retour des pillards gascons d'Armagnac. Elle accueillit fort bien le roi Henri V qui s'installa au Louvre après son mariage, le roi fou résidant dans l'hôtel Saint-Pol.

Les deux rois devaient trouver une fin presque simultanée : Henri mourut en août 1422 et Charles VI deux mois plus tard. La double couronne tombait entre les mains de l'héritier d'Henri V, un bébé d'un an prénommé comme son père Henri, qui serait élevé par le duc de Bedford, son oncle, proclamé régent.

Il y avait désormais trois France : celle des Anglais, de la Guyenne à Calais, qui comprenait la Normandie, le Vexin, le Maine, la Picardie, la Champagne, l'Ile-de-France. La France bourguignonne, qui comprenait, outre le duché, le comté de Nevers, la Flandre et l'Artois au Nord, bientôt la Frise et le Brabant, cédés par Jacqueline de Bavière. La troisième France, celle du dauphin Charles, était limitée à un royaume croupion, autour de Bourges.

Il est vrai que les Orléans, les Bourbons et les seigneurs du Sud restaient fidèles à Charles, par haine des Anglais. Jean, comte de Dunois, demi-frère du duc d'Orléans Charles, prisonnier en Angleterre, s'était mis au service de Charles VII. Les comtes de Foix et d'Armagnac étaient ses partisans. Il avait rallié le Languedoc et le

Lyonnais. Le renfort des chefs de bandes gascons, comme La Hire ou Amaury de Séverac, était certes précieux pour la petite armée du dauphin.

Charles avait tout juste vingt ans en 1422. Serait-il roi un jour ? Ardente à défendre sa cause, la France du Centre et du Midi n'en doutait certes pas. Mais pour faire du rêve une réalité, il fallait chasser les Anglais et battre les Bourguignons. C'était beaucoup pour le « petit roi de Bourges ».

La reconquête du royaume.

LES MALHEURS DE LA GUERRE.

La guerre n'avait pas entraîné une mobilisation d'effectifs considérable. Les plus grandes expéditions anglaises ne comprenaient pas plus de dix mille hommes. Elles n'étaient dommageables à la population civile que sur l'axe de leur parcours. Des quantités de villages français ne virent jamais un Anglais.

Mais il arrivait qu'une armée anglaise se donnât pour but de faire la conquête de provinces entières. La guerre était alors très meurtrière, car elle impliquait le siège des villes et la mise à sac des campagnes avoisinantes. Tout l'Ouest de la France, la Normandie surtout, fut soumis à rude épreuve. Les ravages des bandes de brigands appelés routiers et même des armées royales, qui pratiquaient depuis du Guesclin la tactique de la « terre brûlée », avaient épuisé les campagnes. Le fisc royal et celui des princes ponctionnaient depuis le début des hostilités les bourgeois des villes. L'insécurité des communications, avec la guerre civile, posait le problème de l'approvisionnement des populations urbaines. La guerre entraînait donc, pour la plupart des Français, un cortège de misères et de calamités, même s'ils n'étaient pas enrôlés en masse dans les armées royales ou seigneuriales.

Naturellement, la guerre et l'insécurité aggravaient la crise économique européenne, sensible dès la fin du XIIIe siècle : les marchands italiens empruntaient de moins en moins les routes de terre, hésitaient à approvisionner les villes de l'intérieur. Le commerce et l'industrie en ressentaient durement les effets. Les grandes foires étaient abandonnées. Les drapiers du Nord faisaient faillite. Les mauvaises récoltes provoquaient la disette dans les villes, faute de secours en vivres venus de plus loin.

La peste noire avait fait des ravages, dans tous les pays européens, pendant tout le XIVe siècle. Venue mystérieusement d'Asie, elle s'était répandue d'abord dans le Midi, avant de multiplier les victimes à Marseille, à Avignon, puis dans le nord-ouest du continent. Elle atteignit son maximum vers le milieu du siècle. Mais elle reparut vivement en 1375, en 1380, en 1399, en 1431. La peste faisait infiniment plus de victimes que la guerre : la population d'une ville comme Albi baissait de moitié. Même la Bourgogne était touchée, ainsi que Paris et Londres : on estime à un sur trois la proportion des Français atteints par la peste.

La guerre et la peste avaient fait disparaître des villes et des campagnes les bras nécessaires pour la survie du pays. Les prix augmentaient en proportion de la rareté des denrées, les monnaies perdaient leur valeur. Les seigneurs avaient libéré les paysans des corvées et redevances en nature, au moment où l'argent se dépréciait sensiblement. Les laboureurs étaient décimés par la peste, et les consommateurs plus encore.

Une telle succession de calamités ne pouvait manquer d'avoir des effets spectaculaires dans certaines régions du Nord-Ouest : révoltes de villages, abandons de villages, confiscation de terres appartenant aux seigneurs, répressions sanglantes et aveugles... Les nobles étaient devenus très durs en raison de la baisse sensible de leurs revenus, et des inquiétudes suscitées par la grande jacquerie. Ils mataient les révoltes avec la dernière sévérité.

Aussi la tentation d'abandonner les campagnes était forte pour les paysans. Dans certains villages, l'ensemble de la population avait disparu : les décès, les abandons, le départ des survivants dans quelque bande de routiers. De la campagne, l'agitation sociale avait gagné les villes, où les bourgeois, frappés dans leurs ressources, refusaient l'impôt royal ou seigneurial. Il y eut des révoltes de bourgeois à Montpellier, à Orléans, à Reims, à Rouen, à Gand. De 1413 à 1418, Paris avait connu une agitation presque quotidienne. A plusieurs reprises, les princes avaient dû intervenir dans les villes pour réprimer les émeutes ou les troubles.

LE ROI DE FRANCE DÉMUNI.

Les mouvements sociaux, à la ville comme à la campagne, empêchaient les rois d'établir un système d'impôts régulier, qui leur eût donné les moyens de lever des armées professionnelles, et de faire sérieusement la guerre. Le roi ne pouvait trouver de ressources que dans des expédients : manipulations monétaires, taxes exceptionnelles. Les impôts sur le sel, les aides étaient très impopulaires et demandaient la mise en place d'une administration lourde. L'agitation due à la guerre permettait à la population d'obtenir facilement du roi ou des princes démagogues la suppression de ces impôts. Ils étaient donc irréguliers, peu rentables, tantôt renforcés, tantôt supprimés selon la conjoncture et les besoins pressants dus à la guerre. A plusieurs reprises, le roi avait dû s'engager à justifier de ses dépenses devant les États généraux, qui, en quelque sorte, consentaient à la levée des impôts. Même s'il est vrai que, par ce biais, les États n'avaient pas obtenu, ni même cherché vraiment à obtenir, la mise en tutelle de la monarchie, celle-ci avait dû mettre à mainte occasion tout son poids dans la balance pour obtenir l'approbation des États. Une perte d'autorité se manifestait à l'évidence.

Le problème fiscal n'était pas le seul qui affaiblît la monarchie. Les limites à l'autorité du roi n'étaient pas seulement dans la résistance ou la réticence de ses sujets, mais bien dans l'incapacité où il se trouvait de faire respecter sa loi, d'imposer ses officiers et ses agents fiscaux dans les territoires distribués aux princes apanagés. La régression de l'autorité royale était dans ce domaine inquiétante. Le « royaume » se composait, avant même l'invasion anglaise, de puissants fiefs reconstitués, dont les princes exerçaient sur leur territoire des droits régaliens de justice, police et finances. Pas plus chez Bourbon que chez Bourgogne, le roi de France n'était vraiment roi. Il n'y avait pas d'État.

L'implantation de l'autorité anglaise et bourguignonne sur de vastes territoires français aboutissait à la coexistence de plusieurs systèmes administratifs, quel que fût le désir des Anglais de changer le moins possible les habitudes sociales des « indigènes ». Au début du XVe siècle, l'état du royaume n'était donc pas seulement compromis par la défaite et l'invasion, il était déséquilibré par les troubles sociaux, les disettes, les désordres, l'incapacité des agents royaux. La prolongation de la guerre anglaise risquait d'avoir pour conséquence l'éclatement de la France, l'échec de l'œuvre patiente et continue des Capétiens rassembleurs de terres et centralisateurs.

JEANNE D'ARC ET LE SENTIMENT NATIONAL.

La reprise du mouvement unitaire ne vint pas de l'Ile-de-France occupée par l'étranger, mais du Midi libre sous l'action d'une héroïne nationale qui avait vu le jour aux confins du comté de Champagne.

Les États de Languedoc, si rebelles aux seigneurs du Nord, votèrent des subsides pour le roi de Bourges, avant même qu'ils connussent l'existence de la « pucelle ». Charles VII put ainsi lever une armée. Tous les États provinciaux du Midi répondirent à son appel. Le Dauphin, qui avait conservé sa Cour, son Conseil et son Parlement, put faire fonctionner la monarchie. Par haine des Anglais, les seigneurs et les notables du Midi lui avaient apporté leur aide.

Les occupants anglais connaissaient, de leur côté, des difficultés dans les territoires qu'ils contrôlaient assez mal. La population devait être tenue constamment en surveillance, mais les Anglais aussi manquaient d'hommes et de ressources. A Paris, en Normandie, et même dans les Flandres, on avait accueilli favorablement les Anglais parce qu'ils promettaient l'ordre et le retour à la prospérité. Ils ne purent offrir que la continuation de la guerre, la famine et les taxes.

Des troubles éclatèrent partout, même en Normandie, où les révoltes furent violentes à Rouen, à Caen, contre l'occupant. Les habitants de Rouen étaient allés jusqu'à demander le secours du Dauphin.

Les Anglais réagirent avec vigueur. A Rouen les meneurs furent exécutés. Ils multiplièrent dans les villes insurgées les actes de répression terroriste. Mais les effectifs manquaient pour maintenir l'ordre. Il fallait rechercher une décision définitive, abattre le roi de Bourges. Le duc de Bedford réunit une armée sous les murs d'Orléans.

Le Dauphin se sentait perdu. De caractère faible, hésitant, il était incapable de rallier les énergies et de lancer un mouvement puissant de reconquête. Il eut la chance d'avoir la visite de Jeanne.

La petite paysanne venue de Donrémy avait entendu des voix célestes qui lui donnaient une mission : voir le Dauphin et le faire couronner roi à Reims. Elle avait dû convaincre le seigneur de son village, très perplexe, pour qu'il lui fournît une escorte. Elle avait dû surmonter les préventions et les intrigues de la Cour pour parvenir à voir le petit Dauphin.

Quand elle parut devant Orléans, à la tête d'une petite armée commandée par Dunois, elle releva tout de suite le courage des assiégés, elle déconcerta les Anglais. Orléans fut délivrée le 8 mai. Elle prit aussitôt le chemin de Reims avec le Dauphin. Le 17 juillet 1429, Charles VII recevait l'huile sainte du sacre.

Acte politique décisif : désormais les Français du Nord ne pouvaient ignorer qu'ils avaient de nouveau un roi. La cérémonie hissait le faible et « gentil Dauphin » sur le pavois. De toute la France occupée, ceux qui avaient des raisons de se plaindre levaient les yeux vers le nouveau souverain, miraculeusement guidé par la « pucelle ». La foi de Jeanne s'était communiquée à la nation. N'avait-elle pas reçu de Dieu mission de « bouter l'Anglais hors de France » ? La libération du territoire n'était plus désormais seulement une affaire de princes se disputant des fiefs, elle devenait le devoir d'un pays rassemblé dans un sentiment mystique par une envoyée de Dieu.

En ces temps de profondes croyances populaires, où les esprits, frappés par des séries de catastrophes, étaient à la recherche de nouvelles raisons de croire, le message de Jeanne fut entendu dans tous les villages. Les Anglais réagirent sur le même terrain : Jeanne, une sainte ? Une sorcière plutôt ! et la propagande anglaise courut de bouche à oreille, colportée par les moines et les abbés. Car le clergé du Nord était en grande partie dévoué à l'occupant. Jeanne est-elle invincible ? Les Anglais font la preuve du contraire : quand elle tente de reprendre Paris, elle échoue totalement, parce que le peuple lui est hostile.

Les Bourguignons, autant que les Anglais, avaient des raisons de détester Jeanne. N'allait-elle pas renverser l'opinion au bénéfice de Charles VII ? Ils montèrent un coup de main heureux : elle tomba en leur pouvoir. Ils la livrèrent aussitôt aux Anglais.

Ceux-ci conçurent une vaste opération politique. Il fallait discréditer, à travers Jeanne, le dauphin Charles, petit roi pour rire. Il fallait le désacraliser.

On réunit, sous la bannière anglaise, le ban et l'arrière-ban de l'Église et de l'Université. On fit à Jeanne un procès de sorcellerie. On choisit des juges français. On assura une large publicité des débats. Les meilleurs esprits de la théologie universitaire se rendirent à Rouen pour la condamner. Elle y fut brûlée vive, le 30 mai 1431. Comme une sorcière.

Les nouvelles circulaient vite, au Moyen Age. Les victoires de

Jeanne avaient réveillé, contre l'occupant anglais, le sentiment national. Son martyre allait faciliter la réconciliation des Français.

Ni le duc de Bedford ni Charles VII n'avaient les moyens de continuer la guerre. Les populations, affaiblies, décimées, rançonnées, ne pouvaient plus consentir d'effort financier supplémentaire. Le duc de Bourgogne lui-même, dont les villes étaient intactes, était las de l'état de guerre, coûteux pour son trésor. Il songeait à en sortir d'une manière avantageuse.

Philippe le Bon s'adressa d'abord aux deux belligérants, proposant, en somme, ses bons offices pour rétablir la paix. Ils firent la sourde oreille. Il offrit alors la paix au roi de France seul. Celui-ci sauta sur l'occasion. L'alliance avec Bourgogne lui coûta cher : il dut lâcher sa bonne ville d'Auxerre, Boulogne-sur-Mer et des places sur la Somme. Mais Philippe le Bon passait l'éponge sur le crime de Montereau. C'était la réconciliation des deux France : Armagnac embrassait Bourgogne.

Après ce traité d'Arras (1435) la reprise de Paris fut facile. Le parti bourguignon y avait toujours été fort. Lassés de l'occupation anglaise, les Parisiens accueillirent en libérateurs les soldats du connétable de Richemont. Les Anglais restaient à Pontoise. Mais le roi de Bourges récupérait, grâce à Bourgogne, sa capitale.

CENT ANS DE MALHEURS.

Des difficultés intérieures incitèrent les Lancastre à demander une trêve au roi de France. De 1444 à 1449, les combats cessèrent de part et d'autre. Charles VII en profita pour rétablir l'ordre dans son royaume et pour constituer une très solide armée. Quand les Anglais reprirent la guerre en attaquant Fougères, Charles put dégager d'un coup toute la Normandie. La fortune avait changé de camp.

En 1449, les Français faisaient leur entrée dans Rouen, la ville où Jeanne avait connu son martyre. L'année d'après, pris par une sorte de dynamique de la victoire, ils écrasaient l'armée anglaise à Formigny.

C'était au tour des Anglais d'être profondément divisés. En Angleterre, la guerre des Deux-Roses faisait rage : York et Lancastre s'affrontaient. Ils étaient incapables de penser à autre chose qu'à leur lutte inexpiable. Charles VII en profita pour reprendre la Guyenne, qui avait connu trois siècles d'occupation anglaise. La tâche était difficile, car des liens économiques solides s'étaient tissés entre Bordeaux et Londres. La bourgeoisie bordelaise était anglophile, comme l'Église. Bordeaux une fois prise, les habitants se révoltèrent contre les Français, appelant les Anglais au secours. Une petite armée commandée par Talbot reprit un moment la ville. Mais en 1453 les Français revinrent en force. A Castillon, les deux armées se rencontrèrent. Les Français avaient changé depuis Azincourt. Bien armés de couleuvrines, bien commandés par des chefs qui n'avaient cure des combats de chevalerie, ils vinrent facilement à bout de l'armée anglaise. Talbot fut tué au combat.

La Guerre de Cent ans se terminait, faute de combattants. Les Anglais n'avaient pas signé la paix. Ils se promettaient bien de revenir. Ils n'avaient pas renoncé à leurs droits sur la riche Guyenne, sur la verte Normandie. Mais ils étaient chassés. Pour la France, c'était la paix : l'occupant avait repassé la Manche. Il n'avait gardé en France que Calais.

Il restait à reconstruire. Charles VII, pour débarrasser le royaume de tous les irréguliers, mercenaires des trois grandes armées en congé de guerre, songea à les intégrer dans son armée. Ces « écorcheurs » parcouraient les campagnes, pillant et rançonnant, prenaient les châteaux qu'ils occupaient. Ils furent incorporés dans l'armée royale, avec de bonnes soldes. Ceux qui refusèrent furent attaqués et décimés par leurs anciens camarades.

La guerre avait beaucoup affecté les régions de l'Ouest. Les chevauchées du Prince Noir avaient laissé dans tout le Midi une impression de désastre. L'Ile-de-France, la Picardie et la Normandie avaient été sans cesse à l'épreuve. On calcule que la Normandie a dû perdre un tiers de sa population en cent ans. De nombreuses paroisses ont été abandonnées, la terre est retournée à la friche. Des villes entières ont été ruinées. Jamais l'histoire de Paris ne fut plus calamiteuse. On voyait, dit-on, des loups rôder autour des remparts. La ville avait connu sans cesse l'occupation, les émeutes, les sièges et les révoltes. La population de Reims avait diminué de moitié. Des villes jadis très riches comme Provins étaient ruinées, désertées de leurs commerçants ou artisans. Plus de navires dans les ports : les Italiens ne se risquaient pas dans la zone des combats : Montpellier, Rouen étaient en difficulté. Bordeaux allait connaître une longue décadence.

LES PROFITEURS DE LA GUERRE.

La ruine du royaume n'était pourtant pas universelle. Seules les régions qui avaient affronté les combats et l'occupation avaient vraiment souffert. Le Centre, l'Est, le Midi étaient beaucoup moins touchés et la Bretagne, cette « Suisse de la guerre de Cent ans », était restée largement à l'écart. De nouveaux courants d'échanges s'étaient créés, à partir de villes qui jusqu'alors ne brillaient pas par leur activité économique. La Cour du roi installée à Bourges avait créé une demande de produits précieux, venus d'Orient. La fortune de Jacques Cœur, habile commerçant de Bourges, tint à la satisfaction de ce besoin. Il eut l'idée d'armer des navires à Marseille et dans les ports du Languedoc, pour aller chercher les produits que les Italiens ne voulaient plus livrer. Les bénéfices réalisés par Jacques Cœur lui permirent d'ouvrir des ateliers textiles, des banques, des comptoirs. Il entra en relations avec les Bretons pour le blé, avec les Italiens pour les produits d'Orient. Il ouvrit des mines de plomb et d'argent dans le Lyonnais. Il reconstitua à son profit les routes du sillon rhodanien, qui, par le territoire bourguignon, se prolongeaient au Nord jusque dans les Flandres.

L'exemple de Jacques Cœur n'est pas unique : à Tours, les Jean Bourré et les Pierre Bérard étaient de puissants chefs d'entreprise, comparables aux plus grands bourgeois de Lyon ou de Marseille. La guerre avait ruiné le royaume, mais profité à certains hommes d'affaires, ceux qui avaient pu créer des liaisons nouvelles, de première nécessité pour la reprise. Les Italiens restaient présents à Lyon, où les Médicis de Florence avaient ouvert un comptoir. Ils étaient aussi présents dans les Flandres. Il fallait rouvrir les circuits économiques en allant au-devant d'eux.

Les ports de la Méditerranée reprirent les premiers leur activité, en raison de cette disponibilité des Italiens, dès la paix revenue. La vivacité de la reprise facilita d'ailleurs l'accès aux affaires de cette nouvelle bourgeoisie d'entreprise, qui avait largement avancé au roi et aux princes les fonds nécessaires aux campagnes de la fin de la guerre. Désormais la Couronne devrait compter avec elle.

Jamais le pouvoir royal n'avait été plus nettement distinct de celui des princes apanagés. Un moment unis contre les Anglais, ces deux pouvoirs s'affrontèrent, aussitôt la victoire acquise. Déjà, sous le règne de Charles VII, les bourgeois qui conseillaient le roi, comme Jean de Bueil ou Guillaume Juvénal des Ursins, luttaient pied à pied contre les empiétements seigneuriaux, rétablissant partout où ils le pouvaient les officiers du roi. Avec le connétable de Richemont, Dunois, Pierre de Brézé et Guillaume d'Estouteville, Charles VII avait su créer une équipe de gouvernement. Il appartenait à Louis XI de continuer dans cette direction l'œuvre de son père, et, les Anglais une fois chassés, de rétablir vraiment le roi en son royaume.

Louis XI, le rassembleur de terres.

LE « ROI BOURGEOIS ».

Roi bourgeois, sans prestige et sans apparence chevaleresque, Louis XI avait un physique dont il sut faire une personnalité. Le menton pointu, la silhouette voûtée, l'œil vif, tour à tour perfide et cruel, ou patelin et velouté, la démarche sautillante, mal assurée, la mise modeste, à la limite du ridicule, avec un curieux chapeau pointu à longue visière, tout indiquait un souverain qui régnerait à sa manière, et non dans le style des « rois chevaliers ».

Louis XI est le véritable liquidateur de la guerre de Cent ans, dans la mesure où il sut faire rendre gorge aussi au Bourguignon. L'alliance de Bourgogne avait coûté le maximum à Charles VII. Pour obtenir l'alliance des princes, le roi avait dû confirmer et accroître leurs privilèges. Il appartenait à Louis XI de restaurer le pouvoir du roi.

Pour se donner les moyens de sa politique, Louis XI songea d'abord à remettre en ordre l'administration. Conscient de ses devoirs de monarque absolu, il savait que de bons officiers, dévoués et sûrs, sont les meilleures armes du pouvoir. Louis XI commença par épurer ceux des magistrats qui s'étaient montrés trop anglophiles. Il devait recoller les morceaux d'une administration partagée entre le royaume de Bourges, la Bourgogne et les territoires occupés par les Anglais. Le roi voulait réunir le maximum de pouvoirs sur sa personne. Il réduisit son Conseil à un rôle honorifique ou consultatif. Il choisit ses conseillers parmi ses amis fidèles, qu'ils fussent ou non des nobles. Il leur demandait seulement d'être compétents. Philippe de Commynes y côtoyait le bourgeois Jean Bourré, très versé dans les questions financières. Le roi de France n'a que faire des titres et des vanités. Il veut des conseillers qui conseillent, et non des seigneurs qui ordonnent. Il veut être le maître.

Par contre, dans les provinces, il lui faut des gouverneurs qui gouvernent, et rudement. L'ordre est à restaurer. Il y avait bien une cinquantaine de baillis et de sénéchaux nommés par les précédents règnes. Mais ils étaient vieux, et souvent discrédités. Louis XI en nomme quatre-vingts. Il crée onze gouvernements militaires pour tenir en main les provinces. La réforme de 1445 instaure une armée permanente de 8 000 cavaliers (les compagnies de « grande Ordonnance ») et de 10 000 « francs archers » fournis par les paroisses. Les frères Bureau organisent une puissante artillerie royale avec bombardes et couleuvrines. Le roi peut être craint sans demander secours aux seigneurs et aux chevaliers. La guerre devient son affaire personnelle.

Il doit cette indépendance à l'instauration d'une fiscalité régulière. L'évolution vers l'impôt permanent s'était déjà dessinée sous Charles VII. En 1439 on avait créé l' « aide » pour l'entretien de l'armée royale. Le roi levait lui-même l'impôt (aides et taille) avec ses propres officiers, sans passer par les seigneurs. Louis XI complétait le système en organisant l'impôt sur le sel ou gabelle.

Le roi n'avait plus besoin, désormais, de convoquer les États de France ou de Languedoc pour lever ses impôts. Après 1439, les États ne furent plus réunis dans ce but. Une *cour des Aides* était créée pour le contrôle de la fiscalité. Elle divisait la France en quatre grandes « généralités », elles-mêmes divisées en « élections ». La levée des impôts se faisait, sous la surveillance de la Cour, dans le cadre de ces circonscriptions.

La complexité des affaires de justice obligea le roi à la décentraliser. Un Parlement fut créé à Toulouse, d'autres à Bordeaux, Dijon et Grenoble. Louis XI traita fort cavalièrement le Parlement de Paris. Il brisait toute velléité d'indépendance et nommait parlementaire qui il voulait. Il multipliait les créations ou les reconnaissances en province pour diminuer d'autant le ressort du Parlement de Paris, qu'il redoutait. Il reconnut ainsi l' « Échiquier » de Rouen et le Parlement de Montpellier.

LOUIS XI CONTRE BOURGOGNE.

Bien servi par ses officiers, disposant de finances saines, d'une justice dévouée et d'une armée régulière, Louis XI pouvait partir à la reconquête de son royaume. Les seigneurs, même au temps de Charles VII, s'étaient montrés indisciplinés, révoltés parfois. La « grande praguerie » de 1440 et 1441 avait dressé contre Charles VII le duc de Bourbon, Dunois et le dauphin Louis. L'armée du roi avait brisé la révolte.

Devenu roi, le dauphin Louis avait agi comme son père à l'égard des princes apanagés. En 1465 la « ligue du bien public » avait regroupé contre lui le duc de Berry, le duc de Bretagne et Dunois. Le duc de Bourgogne soutenait l'entreprise. Louis XI fut assez heureux pour l'emporter à Montlhéry. Il comprit ce jour-là que, pour être véritablement roi de France, il fallait abattre Bourgogne.

Ce n'était pas une mince affaire : à la fin de la guerre de Cent ans, la Bourgogne était la plus riche partie de la France. Elle avait été épargnée par la guerre, sinon par la peste. Elle était sillonnée par les routes commerciales Méditerranée-mer du Nord. Les foires de Châlons avaient remplacé celles de Provins et le duché était prospère. Il disposait d'une administration efficace, avec un conseil ducal, une Cour des comptes, des officiers et une armée régulière. Riche mécène, le duc construisait palais et châteaux. Il donnait de grandes fêtes, recevait en souverain.

Prince français, le duc Philippe se souciait d'influencer le roi, qu'il considérait comme son souverain. Charles le Téméraire, qui lui succéda en 1467, n'avait pas cette optique : c'était un prince lotharingien qui voulait constituer un État indépendant, sans rapport avec le royaume.

La situation devint d'autant plus tendue que Charles le Téméraire épousait bientôt la sœur d'Édouard IV, roi d'Angleterre. La vieille alliance Angleterre-Bourgogne risquait de se renouer contre la France.

Louis XI ne pouvait prendre de front le puissant duc de Bourgogne. Il commença ses grandes manœuvres diplomatiques dans les Flandres, s'efforçant d'y susciter des révoltes contre son rival. Il y réussit trop bien. Charles se mit bientôt sur pied de guerre. Il fit une rapide campagne, réduisit les révoltes et contraignit le roi Louis à faire un humiliant voyage à Liège. Prisonnier à Péronne, il avait dû assister, impuissant, au dur châtiment des Liégeois qui s'étaient révoltés sur son conseil.

Les ducs de Bourgogne avaient toujours convoité la Champagne, qui était sur le chemin de leurs possessions des Flandres. Charles le Téméraire soutint sur le comté la revendication de son ami Charles de Berry. Louis XI intervint, et réussit à désintéresser le duc de Berry, qui fut installé en Guyenne. C'était une défaite pour le duc de Bourgogne. Au même moment, Édouard IV perdait son trône.

Il le retrouvait peu après, ainsi que l'alliance bourguignonne. Charles le Téméraire était déçu de ne pas avoir reçu de l'empereur d'Allemagne le titre de roi de Bourgogne. L'empereur ne lui pardonnait pas d'avoir fait main basse sur l'Alsace. Il chercha une compensation vers l'Ouest, et réussit à convaincre Édouard IV d'envahir le Nord de la France. La guerre de Cent ans allait-elle recommencer ? Louis XI préféra négocier. Il acheta le retrait des Anglais, qui reprirent la mer après avoir signé le traité de Picquigny (1475).

Charles le Téméraire connut alors des difficultés. Les Alsaciens se révoltèrent. Les Suisses envahirent la Franche-Comté. Charles dut occuper la Lorraine et mettre le siège devant Nancy. Le duc René de Lorraine défendit fermement la ville. Charles fut tué sous les remparts et son cadavre fut (dit-on) mangé par les loups.

Louis XI était providentiellement débarrassé d'un coûteux adversaire. Il exploita aussitôt son avantage. Il envahit la Bourgogne et fit le projet de marier son fils avec Marie, fille de Charles le Téméraire. Ses calculs furent déjoués et Marie épousa Maximilien de Habsbourg, fils de l'empereur du Saint-Empire. Désormais l'adversaire principal de la France n'était plus outre-Manche, mais outre-Rhin.

Une fois de plus, Louis XI négociait la paix. A Arras, en 1482, il renonçait à l'héritage flamand du Téméraire. Mais il s'emparait du duché de Bourgogne et de la Picardie. Il prévoyait, grâce au mariage du dauphin avec la fille de Marie et de Maximilien, le rattachement à la France de l'Artois et de la Franche-Comté.

Grand « rassembleur de terres », Louis XI ne se bornait pas à revendiquer l'héritage bourguignon. Il récupérait, chemin faisant, quelques apanages : celui du duc d'Alençon à la mort du prince ; celui des Armagnacs, quand le prince fut tué en 1473 à Lectoure. Louis XI mariait sa fille Jeanne à Louis d'Orléans et son autre fille Anne à Pierre de Beaujeu, héritier des Bourbons. Le roi René d'Anjou, comte de Provence et comte du Maine, léguait à sa mort tous ses biens au roi de France (1481). Patiemment, presque silencieusement, Louis XI dessinait ainsi les contours de la France actuelle.

Seuls quelques territoires restaient en marge : la Bretagne par exemple et les provinces de l'Est.

La fin de la guerre de Cent ans était effective après Picquigny, mais bien plus encore à la mort de Charles le Téméraire. Louis XI avait reconstitué son royaume par le jeu des conquêtes et des héritages, sur des bases, en somme, féodales, mais dans un esprit très moderne : il reviendrait à ses successeurs de construire un État sur les bases de l'unité ainsi jetées.

CHAPITRE 6

L'aventure italienne

Après Louis XI, le « roi bourgeois », la France connut une série de « rois chevaliers ». L'aventure italienne était pour eux plus qu'une chevauchée. Ils découvraient au-delà des Alpes un monde entièrement neuf, une nouvelle manière de vivre, dans une grande profusion de richesses. La douceur, l'allégresse des villes miraculeuses du Quattrocento inspiraient aux rudes seigneurs français un rêve qui n'avait rien d'héroïque. Ils n'allaient pas en Italie pour y gagner des batailles, mais parce qu'ils étaient touchés par l'extraordinaire mirage de la Renaissance.

Le mirage transalpin.

L'EUROPE NOUVELLE.

En Italie, tout était différent : pas seulement le décor urbain, mais aussi les formes du pouvoir ; une puissance nouvelle s'était constituée dans les villes, autour des banquiers, des armateurs, des entrepreneurs. Les princes de Florence, de Sienne ou de Ferrare, les doges de Venise n'étaient plus des seigneurs mais des banquiers ou de vaillants capitaines pour qui la guerre était à la fois une industrie et l'un des beaux-arts.

Les Médicis dominaient l'Europe par la banque, bien plus sûrement que les rois du Nord-Ouest par les armes. En un siècle où l'or et l'argent manquaient cruellement, les hommes d'argent deve-

naient véritablement rois. Et si les Fugger prêtaient de l'argent
à l'empereur d'Allemagne, les villes italiennes, plus évoluées,
avaient directement donné le pouvoir à leurs banquiers.

Ceux-ci ne s'embarrassaient pas de risques inutiles. Puisque
l'Ouest de l'Europe n'était que batailles, ils avaient créé de nouvelles
liaisons commerciales avec l'Allemagne riche en mines, et par
l'Allemagne, avec les Flandres. Les routes alpines devenaient
encombrées, et la puissance des Habsbourg montait en même
temps que celle des Médicis.

Et cependant ni l'Allemagne ni l'Italie n'avaient encore d'efficacité politique. L'empereur allemand régnait sur une multitude de
royaumes, de principautés, de villes libres, de seigneuries. Les villes
et leurs rivalités divisaient l'Italie. Il était logique, dès lors, que le
royaume de France, devenu fort et cohérent sous Louis XI, fût
attiré par la richesse des États d'Europe centrale, qui ne pouvaient
lui opposer de résistance militaire sérieuse. La prodigieuse fortune
des Italiens était à portée de cheval. Il y avait de quoi tenter les
« Barbares du Nord ».

En Italie vivait le pape, et les Barbares étaient chrétiens. Mais le
pape n'avait guère les moyens de les inciter à la sagesse. A la fin
du XIVe siècle, il y avait en Europe trois papes concurrents : celui
de Rome, celui d'Avignon et celui de Pise. Même si le Concile de
Constance avait mis fin au schisme d'Occident, le respect pour le
pape de Rome n'était pas infini. Pour l'Église de France et l'Université de Paris, le Concile était supérieur au pape.

Quant au roi de France, il tirait tous les avantages de cette situation conflictuelle : puisque son Église ne voulait pas du pape, il
fallait qu'elle lui fût soumise. Par la « Pragmatique Sanction de
Bourges » de 1438, le roi se réservait d'exercer son influence sur le
choix des évêques, en principe élus par les chapitres. Le roi et
l'Église de France étaient d'accord sur une chose : ils ne voulaient
pas reconnaître l'autorité absolue du pape. L'universalité romaine
était un mythe : le pape était un seigneur italien comme les autres.

Et comment résister aux prestiges de l'Italie ? Les voyageurs
français connaissaient la splendeur des villes construites en marbre
de toutes les couleurs, avec leurs places prestigieuses, leurs palais
dignes de l'Orient et leurs églises à coupoles d'or. Ils étaient émer-
veillés par cette civilisation urbaine dont l'Occident ne donnait
qu'une image assez pâle. L'Italie était bien connue des artistes
d'Occident, qui avaient créé des liens avec les maîtres italiens, en
particulier par l'intermédiaire de la cour de Bourgogne : Aix-en-

Provence, Moulins, Avignon étaient, comme Dijon, des centres d'art et de diffusion de l'art italien ou flamand. Le Hollandais Claus Sluter sculptait les tombeaux des ducs de Bourgogne. Van Eyck et Van der Weyden rencontraient à la cour des artistes italiens. L'art devenait international et toutes les cours avaient leurs maîtres : Jean Fouquet dans les pays de la Loire, le Maître de Moulins à la cour des Bourbons ; Enguerrand Charonton à Avignon et Nicolas Froment à Aix. Mais pour tous ces peintres, français ou hollandais, les maîtres des maîtres étaient les Italiens.

La même curiosité passionnée pour l'Italie se manifestait chez tous ceux que l'on appelait déjà, à la fin du XVe siècle, les « humanistes ». Ils recherchaient dans les textes anciens, romains et grecs, les sources de la sagesse, de la science et de la foi. Les premiers ateliers d'imprimerie s'étaient installés en 1470 à la Sorbonne. Ils gagnaient toutes les provinces, et Lyon notamment. Guillaume Fichet, Lefèvre d'Étaples et d'autres « humanistes » découvraient, épuraient, traduisaient, imprimaient les textes des Anciens. Ce puissant mouvement de recherche allait dans le sens du progrès, et orientait tout naturellement les chercheurs vers l'Italie, qui abritait dans ses cours princières les plus grands savants grecs et orientaux.

La science, la beauté, le luxe, la puissance de l'argent, autant de mobiles pour les héritiers prodigues du sage Louis XI : puisque tout venait d'Italie, il fallait remonter le fleuve jusqu'à la source, et boire à la fontaine de jouvence.

LA CHEVAUCHÉE NAPOLITAINE.

Au moment où les Espagnols étaient sur le point de découvrir l'Amérique, les Français, eux, découvraient Naples.

Cette découverte n'était mineure qu'en apparence. Elle allait rapporter à la France plus d'un bienfait. Elle était le fait de l'héritier de Louis XI, le roi Charles VIII.

Celui-ci venait d'épouser Anne de Bretagne, et de rattacher le duché au royaume. Mais il n'entendait pas se conduire en roi bourgeois. Il voulait frapper l'imagination de ses contemporains par le prestige de ses exploits, la beauté de ses chevaux, la vaillance de ses tournois. C'était un roi chevalier qui aurait trop lu les « romans de chevalerie », ces romans policiers de l'époque.

Songeait-il à l'Italie? On peut penser que cet « Amadis de Gaule » voulait plutôt gagner par l'Italie l'Orient lointain de ses ancêtres, qui étaient entrés à Jérusalem. Pour lui, le chemin des croisades passait par Naples.

Pourquoi Naples ? Il en avait entendu parler par son père, qui avait hérité, sur Naples, des droits des Angevins. Un bâtard d'Aragon, Ferdinand, régnait péniblement sur le royaume. On n'aurait aucun mal à l'en chasser. Il n'était aimé de personne, pas même du pape.

A sa cour, Charles VIII avait reçu d'étranges émissaires venus d'Italie du Nord, qui préparaient l'entrée en scène des Français. Ces envoyés de Ludovic le More demandaient l'alliance des Français, comme jadis Arioviste celle de Jules César. Ludovic était un bâtard usurpateur, maître du duché de Milan. Avant même de franchir les Alpes, le pauvre roi Charles était la victime des « combinazzione » péninsulaires.

Il devait, en plus, se dépêtrer de ses problèmes européens. Pour épouser Anne de Bretagne, il avait fait doublement injure à Maximilien d'Autriche. Celui-ci devait lui-même épouser Anne, et il avait fiancé sa fille au roi de France ! Sans attendre la noce, Louis XI s'était hâté d'occuper les biens de la jeune promise de Charles, Marguerite, l'Artois et la Franche-Comté. Il y avait rupture de contrat.

Maximilien reprit lui-même les territoires contestés. Il s'allia aux Anglais qui débarquèrent à Boulogne. Au-delà des Pyrénées, une alliance était conclue avec le roi Ferdinand d'Aragon. La France était victime d'une coalition.

Heureusement, le roi Charles VIII avait tout l'argent de Louis XI. Il put acheter tout le monde : les Anglais, qui reçurent 750 000 écus d'or au traité d'Étaples (1492), Aragon, qui récupéra le Roussillon et la Cerdagne, un moment occupés par Louis XI, tout en recevant 200 000 écus. Par le traité de Senlis, Maximilien reprenait l'Artois et la Franche-Comté, avec, en prime, le Charolais. Charles VIII avait tout cédé.

Ruiné, mais non découragé, le roi empruntait de l'argent aux banquiers lyonnais pour monter son expédition. Il s'alliait aux Génois qui lui procuraient des navires. Dès 1494, le duc d'Orléans préparait tout à Gênes. Il mettait en déroute, à Rapallo, une armée napolitaine envoyée à sa rencontre. Le gros de ses troupes, avec son artillerie, sa cavalerie groupée en « compagnies d'ordonnance » fondait bientôt sur l'Italie, prenant au passage toutes les places fortes.

A l'approche des Français, la carte politique de l'Italie se modifiait à toute vitesse : longtemps dominée par Florence, Pise se révoltait. Les Médicis abandonnaient leur capitale où régnait, par la terreur, le moine inspiré Savonarole, qui voulait établir une « dictature de la vertu ». Le pape Alexandre VI Borgia, accusé de tous les crimes par Savonarole, disparaissait.

Les Français poursuivaient sans obstacles sérieux une belle chevauchée. Charles VIII faisait son entrée à Naples, se proclamant « roi de France, de Naples et de Constantinople ». Il était, dit Brantôme,

« vêtu en habit impérial, d'un grand manteau d'écarlate avec son grand collet renversé, fourré de fines hermines mouchetées, tenant la pomme d'or ronde et orbiculaire en sa main droite et en la senestre son grand sceptre impérial... et tout le peuple, d'une voix, le criait empereur très auguste ».

Cette gloire n'était pas durable. Le pape, Venise, Milan, Maximilien, les rois d'Aragon et de Castille se réunissaient dans les Apennins. La retraite vers la France était coupée : Charles VIII était prisonnier dans le Sud de la péninsule.

C'était compter sans la « furia francese » : les chevaliers rangés sur deux files s'ouvrirent le passage à Fornoue. La population napolitaine massacra les quelques Français qui étaient restés sur place. Mais le gros de l'armée était sauvé : ainsi s'achevait la première aventure italienne des rois de France.

L'Italie, centre des guerres européennes.

LES MÉSAVENTURES DE LOUIS XII.

Charles VIII mourut en 1498, alors qu'il préparait fébrilement sa revanche. Son cousin et successeur, Louis d'Orléans, avait épousé sa veuve Anne de Bretagne et sa passion napolitaine. Il avait aussi quelques revendications sur le Milanais. Héritier des Visconti, il faisait valoir ses droits sur le duché, contre l'usurpateur Ludovic le

More. Louis XII préparait aussitôt une nouvelle expédition italienne.

Il n'était plus question cette fois d'une croisade. Les Français voulaient faire la conquête de l'Italie, comme les Anglais avaient voulu faire la conquête de la France de l'Ouest. Dès lors le conflit devenait européen. L'empereur allemand était le suzerain de Ludovic Sforza, dit le More. Les Suisses soutenaient Sforza, pour ne pas avoir les Français des deux côtés des Alpes. Ferdinand d'Aragon, qui avait des prétentions d'hégémonie en Méditerranée occidentale, entrait dans la querelle pour défendre Naples : de belles batailles se préparaient.

Louis XII avait quelques alliés : les Vénitiens, qui devaient lui permettre de battre le More, leur ennemi, et de prendre Milan. Le More donna le siège à sa propre ville, la reprit, la reperdit. Il fut fait prisonnier finalement à Ferrare, et déporté en France. Louis XII restait maître du Milanais.

Pour prendre Naples, il signa un accord avec le roi d'Aragon. Ils feraient ensemble la conquête, et se la partageraient. Ainsi fut fait. Mais les vainqueurs se disputèrent le butin. Les Français eurent le dessous : voilà la domination espagnole installée à Naples pour plusieurs siècles.

Naples ne portait pas bonheur aux rois de France. Restait Milan. Louis XII était, en Lombardie, au cœur de l'imbroglio italien, jeu favori du pape Jules II. Le roi de France négligeait son royaume, où beaucoup commençaient à lui reprocher son goût immodéré pour l'aventure. Jules II se servit de lui pour faire la guerre aux Vénitiens et constitua, aussitôt vainqueur, une ligue contre les Français, avec Venise, les Suisses et les Espagnols.

Louis XII, ulcéré, voulut faire déposer Jules II et réunit dans ce but un concile à Pise. Jules II réunit un autre concile au Latran et déclara les Français schismatiques. Tous les évêques de l'Europe chrétienne, sauf les Français, vinrent au Latran. C'était un camouflet pour Louis XII.

Il l'emporta cependant, grâce à l'admirable Gaston de Foix, qui battit l'armée des coalisés à Ravenne en 1512. Mais Gaston mourut à la bataille, et les Français ne purent se maintenir en Italie du Nord. Les coalisés franchirent les frontières. De nouveau les Anglais et les Impériaux campaient dans les plaines du Nord ; les Suisses passaient le Jura, les Aragonais les Pyrénées. Louis XII dut se hâter d'accepter en 1514 la paix proposée par le nouveau pape Léon X. Il renonçait au Milanais, qu'il cédait à Maximilien d'Autriche. Il payait la retraite des Anglais et acceptait la domination du roi d'Aragon sur la Navarre. Comme Charles VIII, Louis XII avait tout lâché. A sa mort, en 1515, l'aventure italienne connaissait un nouvel échec, fort grave : cette fois les Français avaient subi l'invasion sur toutes leurs frontières.

FRANÇOIS Ier ET CHARLES QUINT.

Nouveau roi de France, François Ier n'était pas homme à renoncer aux grandes chevauchées. Dès l'été de 1515, il réunit une grande armée, bien pourvue d'artillerie, et se jeta sur les Suisses.

Vaincus à Marignan, ils signèrent avec lui la « paix perpétuelle » de 1516, qui permettait au roi de France d'engager dans ses troupes la redoutable infanterie des Cantons, contre de bonnes soldes.

Maître du Milanais, ami des Vénitiens, François Ier s'entendit avec le pape : d'après le Concordat de 1516, les évêques de France étaient désignés par le pape, en accord avec le roi. Il n'y aurait plus de friction entre le pape et l'Église de France. Le roi s'en portait garant.

François Ier profita de la mort de Ferdinand d'Aragon, survenue la même année, pour s'entendre avec les Espagnols : contre l'abandon de la Navarre, ceux-ci acceptaient de marier le jeune roi d'Espagne avec la fille de François, Louise de France (traité de Noyon). Les guerres d'Italie étaient-elles terminées ?

Le jeune héritier des maisons d'Autriche, de Castille, de Bourgogne et d'Aragon s'appelait Charles Quint. Il allait fausser les règles du jeu européen. Désormais une colossale puissance, celle des Habsbourg, disputait à la France l'hégémonie européenne. La question d'Italie était bien dépassée : il s'agissait de savoir qui dominerait les routes du commerce, les mines et les ports qui faisaient désormais la richesse des nations. De 1519 à 1559, les deux maisons de France et d'Autriche devaient se livrer un duel sans merci.

Ce duel commence en 1517 quand Maximilien, de son vivant, ouvre la succession à l'Empire : François Ier est candidat, avec le roi d'Angleterre Henri VIII, le jeune Charles Quint, et un autre prince allemand, Frédéric de Saxe. La couronne impériale s'achète et les banquiers les plus riches du monde soutiennent les enchères des princes. Jacob Fugger met toute sa puissance dans la balance : pour 800 000 florins, il obtient l'élection du Habsbourg, non sans avoir obligé les banquiers italiens de Lyon, de Florence et de Gênes à couper leurs crédits au roi de France.

Voilà Charles Quint maître d'un immense empire : il a l'Espagne et ses possessions américaines, l'Italie et la Sicile espagnoles, l'Autriche, le Luxembourg et les territoires rhénans. Il a les Pays-Bas, l'Artois, la Franche-Comté et le Charolais. Son frère Ferdinand est roi de Bohême et de Hongrie.

François Ier a moins de terres et moins d'hommes. Mais son royaume est rassemblé, unifié, bien administré. Louis XI a débarrassé la couronne de l'opposition des grands féodaux. Les Français ont pris l'habitude de payer régulièrement l'impôt, qui n'a pas été augmenté sous Charles VIII et Louis XII. La monarchie a des ressources fixes, donc du crédit. Elle peut emprunter aux banquiers, organiser son budget en faisant des prévisions de recettes. Après le Concordat de 1516, François Ier dispose des biens de l'Église, même s'il a reconnu au pape l'investiture spirituelle. La distribution des bénéfices ecclésiastiques (les deux cinquièmes des biens fonciers du royaume) est un atout considérable pour la politique royale. Les grands seigneurs deviennent volontiers courtisans, pour obtenir les précieux bénéfices.

Le roi est bien servi dans ses provinces grâce aux gouverneurs, lieutenants généraux, baillis et sénéchaux. L'ordonnance de Villers-Cotterêts en 1539 oblige tous les tribunaux du royaume à utiliser le français dans la rédaction des actes et pendant les débats. Le roi doit lutter contre certains particularismes, en Bretagne notamment. Il doit parfois affronter les parlementaires, toujours soucieux d'empiéter sur le pouvoir monarchique. Mais la seule opposition sérieuse qu'il ait connue pendant son règne fut celle du connétable de Bourbon, grand seigneur en rébellion qui avait fait appel contre son roi, à son suzerain l'empereur allemand dans un procès qui l'opposait à la reine mère. Bourbon une fois vaincu, son apanage disparut avec lui et ses biens revinrent à la couronne. Comme l'écrivait l'ambassadeur de Venise :

 « Les Français ont remis entièrement leur liberté et leur volonté entre les mains du roi. »

Bien assuré de son royaume dont la richesse s'accroissait chaque jour, François Ier se croyait en mesure d'accepter le duel que lui proposait Charles Quint. Dès 1519, chacun d'entre eux rechercha de son côté, pour être sûr de l'emporter, l'alliance du roi d'Angle-

terre Henri VIII. François Ier le reçut fastueusement au « camp du
drap d'or » en 1520. Mais c'est finalement du côté de Charles Quint
que l'Angleterre devait rechercher des satisfactions.

La guerre reprit, sur tous les fronts : en Espagne, aux Pays-Bas,
en Italie surtout, où Charles Quint envahit le Milanais et rétablit
à Milan l'héritier des Sforza. Alliés des Impériaux, les Anglais
envahissaient une fois de plus l'Artois. François Ier se hâta d'aller
défendre le Milanais, mais il fut vaincu et fait prisonnier à Pavie
en 1525, pendant que le connétable de Bourbon, à la tête d'une
armée espagnole et allemande, menaçait Marseille.

Le roi de France était prisonnier. Heureusement, en Europe
orientale, les Turcs attaquaient. Charles Quint dut chercher la
paix à l'Ouest. Il demanda à François Ier de renoncer au duché de
Bourgogne et à ses héritages italiens. Le roi signa, pour être libre.
Aussitôt rentré en France, il réunit les États de Bourgogne. Ceux-ci
déclarèrent qu'ils voulaient rester français. Pour isoler l'empereur,
François Ier réunit, dans la « ligue de Cognac », Venise, Florence,
le pape et Milan. Mais il n'obtint pas de succès militaires. Il dut
signer en 1529 le traité de Cambrai, qui était, il est vrai, plus avantageux pour la France : elle gardait la Bourgogne.

François Ier, qui avait renoncé à l'Italie, avait épousé Éléonore,
la sœur de l'empereur. La France devait connaître sept ans de paix.
Mais le roi n'avait pas renoncé au Milanais. Il profita des troubles
religieux en Allemagne, qui gênaient l'empereur, pour soutenir
les villes et les petites principautés luthériennes. Il fit alliance avec
les Turcs, au grand scandale de l'Église, envoya un ambassadeur
à la Porte d'Or, s'assura du concours de la marine ottomane.

Cette active diplomatie ne permit pas à François Ier de reconquérir le Milanais (il échoua de nouveau en 1535) mais elle lui assura
dix ans de paix avec les Impériaux. En 1540 Charles Quint était
solennellement reçu à Paris.

La guerre reprit en 1542 parce que Charles Quint avait donné
le Milanais à son fils Philippe. C'était plus que le roi de France
n'en pouvait supporter. Il passa de nouveau les Alpes, et les Impériaux entrèrent dans les plaines du Nord, aidés de nouveau par les
Anglais. François Ier les contint de son mieux et signa une paix
blanche à Crépy en 1544. A sa mort, en 1547, le roi de France n'avait
pas renoncé à l'Italie. Il laissait le souvenir d'un roi fastueux et chevaleresque, généreux dans la victoire et courageux dans la défaite,
infatigable héros d'une « aventure » qui avait fini par devenir un
conflit perpétuel pour l'hégémonie en Europe.

HENRI II, LE DERNIER DES ROIS CHEVALIERS.

Héritier de François Ier, Henri II avait pris comme conseiller Montmorency, vieux compagnon de son père dans les guerres contre les Impériaux. Montmorency connaissait trop ses adversaires pour ne pas rechercher la paix. Il voulait s'entendre avec son vieil ennemi, et laisser tomber le mirage italien.

Mais le connétable, maréchal de France, duc de Montmorency était, par ses origines, un tout petit seigneur en face des Guise, qui constituaient sous Henri II une puissance à la Cour, en particulier par l'entremise de la maîtresse du roi, la belle Diane de Poitiers. Sous Henri II, la Cour de France avec les intrigues et les assassinats ressemblait à une cour italienne. Charles de Guise, cardinal de Lorraine, était un grand seigneur avisé qui avait accumulé les bénéfices et soutenait l'ordre nouveau, créé par le pape, la « Compagnie de Jésus ». Son frère François de Guise était un des meilleurs généraux français. Faisant figure de défenseurs de la foi et d'amis du pape, les Guise poussaient le roi à se lancer de nouveau dans l'aventure italienne. La reine Catherine de Médicis et ses amis italiens, les *fuorisciti*, soutenaient également la politique d'intervention.

Henri II n'était pas pressé. Il voulait remettre de l'ordre dans son royaume, affaibli par tant d'années de guerre. Il réalisa des réformes décisives : la création des *présidiaux*, par exemple, tribunaux intermédiaires entre les bailliages et les Parlements. Il sut trouver beaucoup d'argent en vendant les charges de parlementaires et d'officiers aux bourgeois. Il réprima les révoltes qui avaient éclaté dans certaines provinces périphériques contre la fiscalité, en Guyenne notamment. Il obtint du roi d'Angleterre Édouard VI le rachat de Boulogne pour 400 000 écus.

Même si le roi rêvait d'une intervention en Italie, les Impériaux ne lui en laissèrent pas le temps : ils concentraient leurs troupes sur le Rhin. Prenant les devants, Henri II saisit les trois évêchés, Metz, Toul et Verdun, et mit la frontière en état de défense. Il fut battu par le duc de Savoie à Saint-Quentin en 1557. Le maréchal de Montmorency était fait prisonnier. La route de Paris était ouverte.

Charles Quint eut le bon esprit de mourir au moment de sa victoire. Philippe II, son successeur, retint le bras du duc de Savoie. Paris était sauvé.

Rameutés par les Guise, les Français voulurent alors poursuivre les Impériaux qui faisaient retraite. Ils prirent le Luxembourg, ainsi que Dunkerque et Calais en 1558. La paix signée en 1559 à Cateau-Cambrésis donnait à la France les villes de la Somme et les trois évêchés, qui fermaient sa frontière du côté de l'Allemagne. Elle renonçait une fois de plus à ses prétentions italiennes, à la Savoie et à la Corse, donnée aux Génois. Le roi d'Espagne épousait la fille de Henri II et le duc de Savoie la fille de François Ier, Marguerite de France. Pendant les fêtes du mariage, le roi donna un grand tournoi. Il fut blessé à mort.

Ainsi se terminait tragiquement l'aventure italienne : jamais plus un roi de France ne réussirait de percée sérieuse, au-delà des Alpes. La lutte entre la France et l'Empire était désormais circonscrite aux provinces de l'Est.

La France à la fin des guerres d'Italie.

DES GUERRES POUR RIEN ?

Les Français avaient-ils tout perdu en Italie ? Pendant quatre règnes successifs, d'opiniâtres interventions, des sommes fabuleuses dépensées en pure perte, des intrigues interminables sans résultats notables, les fameuses « guerres d'Italie » doivent-elles s'inscrire dans la rubrique désastreuse des querelles successorales entre princes, qui ensanglantaient l'Europe depuis le début de la guerre de Cent ans ?

Ce long duel sans vainqueur ni vaincu avait en fait très vite pris son vrai visage : une lutte acharnée pour la domination de l'Europe entre un pays rassemblé, fort de sa supériorité morale de royaume endurci aux luttes nationales, et un immense Empire germano-espagnol, qui bénéficiait de l'alliance non désintéressée des Anglais.

En réalité, le profit n'est pas mince, en dehors de l'avantage certain que constituaient, pour la France, les sécurités prises sur la frontière du Nord-Est. Depuis la fin de la guerre de Cent ans, la France prenait sur l'Angleterre un avantage politique décisif. Désormais, grâce aux guerres d'Italie, la France était une puissance conti-

nentale qui s'était montrée capable d'affronter pratiquement seule
l'Empire de Charles Quint, et de lui tenir tête à plusieurs reprises
victorieusement. Si la lutte se terminait faute de combattants, cela
indiquait suffisamment que la France avait résisté au choc, qu'elle
était devenue, en Europe, une puissance à part entière.

LA GUERRE, L'AMÉRIQUE ET L'ARGENT.

Le profit essentiel de l'aventure italienne était économique :
sous Louis XII déjà, mais surtout sous François Ier, il était clair
que la guerre était une affaire importante. Il fallait entretenir et
payer une infanterie nombreuse, acheter l'artillerie et la construire,
recruter de bons capitaines, des hommes dont la guerre était
le métier, et non plus seulement des chevaliers, ces héros désin-
téressés d'un autre temps. La guerre posait trop de problèmes
financiers pour être livrée à des amateurs. Elle exigeait des professionnels.

Pour subvenir aux besoins des armées, les rois devaient avoir une
politique financière. Un pays politiquement plus fort avait donc
un avantage décisif sur un immense Empire qui ne parvenait pas à
lever régulièrement des impôts sur ses sujets. Les impôts supposaient l'élimination par le roi des privilégiés et l'unification des
États du royaume. Les emprunts, auxquels les rois devaient souvent recourir, supposaient la coopération de grands banquiers, et
non plus de prêteurs anonymes, d'usuriers de cour. La guerre des
professionnels demandait des professionnels de la banque.

Les rois désormais traitaient avec les banquiers de puissance à
puissance. Les ducs ni les comtes n'avaient fait Charles Quint
empereur, mais l'or des Fugger. Sans les Fugger et les Médicis,
aucune guerre n'était possible en Europe. Pour les banquiers, parfaitement conscients de leur pouvoir, la guerre était l'un des moyens
les plus sûrs de faire fructifier des capitaux à des taux d'intérêts
incomparables, et surtout de développer l'industrie. Ces capitaux,
les banquiers les trouvaient dans les affaires de commerce, de navigation, de mines et d'industries. L'Europe centrale révélait ses
richesses minières, en or notamment. Quand l'argent manquait
sur les marchés, les banquiers utilisaient des techniques nouvelles,
comme la *lettre de change*, pour faire face aux engagements internationaux sans se livrer à des manipulations monétaires. La rareté
de l'argent faisait la fortune de ceux qui disposaient de vastes

réserves, et qui dominaient ainsi les taux d'intérêt. Un entrepreneur comme Jacques Cœur, à l'origine commerçant, devait vite devenir un banquier.

A partir de 1530, ce problème de la famine monétaire ne se posait plus en Europe. L'Espagne avait trouvé l'Amérique, avec ses mines d'or et d'argent qui semblaient inépuisables. Les *maravedis* du roi d'Espagne passaient joyeusement dans les bourses françaises, autrichiennes, flamandes et italiennes. Les prix grimpaient en flèche, stimulant la production. Les redevances fixes des terres cultivées se dépréciaient, ruinant la noblesse, mais soulageant d'autant les paysans. L'afflux de l'argent servait le monde de l'entreprise et du travail, même si les salaires montaient moins vite que les prix. Il précipitait en Europe le mouvement d'affranchissement de la nouvelle société contre la société féodale. Les petits nobles en étaient réduits à écrire des traités d'agriculture pour apprendre à leurs semblables comment cultiver ou faire cultiver eux-mêmes les terres qui leur restaient.

La normalisation des rapports avec l'Amérique donnait au mouvement économique un influx puissant. Les Français, faute d'avoir été présents à la découverte, s'efforçaient de participer à la mise en valeur. Les marins basques, rochelais, normands et bretons se lançaient à leur tour vers l'Ouest. Avec les Anglais et les Hollandais ils s'installaient dans les îles, dirigeant les plantations, quand ils ne pratiquaient pas la course en mer, aux dépens des bateaux lourdement chargés des rois d'Espagne et du Portugal. Ces corsaires français et anglais n'avaient pas l'appui de leurs souverains. Mais ceux-ci ne détestaient pas de voir les corsaires rapporter leurs butins dans les ports de leurs pays. La France avait ses colons, ses corsaires, et même quelques explorateurs, comme Jacques Cartier, découvreur du Saint-Laurent, ou Jean Ango, armateur de Dieppe qui reconnut, après Madagascar et Sumatra, les côtes du Brésil.

Il faut bien dire cependant que si l'or d'Amérique profitait à toute l'Europe, il renforçait d'abord la puissance de Charles Quint. Les routes commerciales traditionnelles, par contre, profitaient plutôt à la France, dans la mesure où elle dominait, par Lyon, les marchés italiens. Au carrefour des routes de Bourgogne vers la Méditerranée, de Suisse vers l'Atlantique, de France vers l'Italie, Lyon, deuxième ville française, avait les foires les plus riches d'Europe. Elles se tenaient quatre fois l'an et réunissaient les plus riches marchands allemands, suisses, italiens et espagnols. Les étrangers habitaient Lyon en permanence. Groupés en « quartiers » ils avaient fait construire palais et églises, ils importaient régulièrement leurs produits nationaux : les armes, les horloges et les outils pour les Allemands, les produits d'Orient pour les Italiens. La banque lyonnaise profitait de ce trafic ininterrompu. Les Suisses, les Allemands et les Italiens suivaient l'exemple des Médicis, qui avaient installé un comptoir à Lyon. Ils pratiquaient le prêt à intérêt à des taux de 15 %, en dépit des interdictions de l'Église. Lyon comptait, au XVIe siècle, les plus riches banquiers du royaume, ceux qui prêtaient directement de l'argent au roi, le récupérant ensuite sur les impôts.

Si l'argent vient à Lyon du fait de la proximité de l'Italie et de l'intensification des échanges qui résulte des guerres, une des sources essentielles de l'enrichissement de la France est dans l'industrie ; au XVIe siècle, les industries traditionnelles se modernisent, et notamment les textiles. Des industries nouvelles se créent, la métallurgie (les fabriques d'artillerie par exemple), les chantiers navals, les imprimeries. Les techniques de l'imprimerie et de la métallurgie viennent d'Allemagne, celles des textiles nouveaux, comme la soierie, viennent d'Italie. Les guerres ont été pour ces industries nouvelles des facteurs incontestables de développement. Le roi avait d'ailleurs accordé des privilèges aux fabricants pour qu'ils puissent créer les manufactures nécessaires à la production des armes et des munitions, aux constructions de navires. Les « gens mécaniques » étaient de plus en plus nombreux et leur réputation était loin d'être bonne. Ils ne pouvaient obtenir, ces nouveaux riches, de fonctions dans les villes, ils étaient éliminés des gouvernements des « métiers », que dominait l'artisanat traditionnel. Sans la protection royale, ces nouvelles industries auraient eu du mal à voir le jour.

LE DÉGEL DES RAPPORTS SOCIAUX.

Le XVIe siècle connut constamment des troubles sociaux : dans les villes d'abord, où les nouvelles industries avaient créé une classe redoutable, celle des « ouvriers ». Des révoltes éclataient déjà contre les patrons, dans l'imprimerie à Lyon, notamment. Mais les troubles éclataient aussi dans les campagnes, en raison de la stagnation des salaires agricoles, qui ne suivaient pas la hausse du coût de la vie. Le paysan riche, celui qui avait les moyens d'engranger les récoltes et de vendre au bon moment, profitait de la situation. Le petit seigneur et le petit paysan étaient l'un comme l'autre des victimes : ils formaient des troupes de mécontents mobilisables pour de nouvelles guerres, les plus meurtrières de toutes, celles qui allaient ensanglanter la fin du siècle, les guerres de religion.

Les profiteurs du nouveau système économique étaient, à l'évidence, les bourgeois. Non pas les parlementaires, ni les vieux maîtres des anciennes corporations, mais les bourgeois de banque, de négoce ou d'industrie. La promotion des banquiers était éclatante. L'argent devenait roi, même dans les cours. Une Médicis était reine de France. Les marchands italiens, qui vivaient déjà comme des princes dans leur pays, lançaient la mode à Paris où ils étaient reçus dans les meilleures maisons. Qu'une faveur de cour les anoblisse, et les voilà grands seigneurs, roulant carrosse, ouvrant palais, entretenant une cour d'artistes et de poètes.

Les Italiens n'étaient pas les seuls à bénéficier de la promotion sociale offerte par la Cour de France. Les Français aussi en profitaient largement. Quand ils n'étaient pas anoblis au titre de services rendus dans le gouvernement ou le Conseil royal, ou pour services rendus au roi lui-même ou aux importants personnages de la Cour, les bourgeois pouvaient, à leur convenance, acheter les offices portant anoblissement (dans la justice royale par exemple) ou encore des terres nobles. Le but des bourgeois était d'acheter des offices pour leurs fils et de marier leurs filles à des nobles. Les questions de dots et d'héritages prenaient ainsi une importance qui ferait la joie des auteurs comiques du siècle suivant.

Tous les moyens de promotion étaient bons, à condition qu'on eût de l'argent. Il en fallait pour s'anoblir, pour acheter de la terre et un « manoir », pour traiter dignement, et parfois fastueusement, les gens de mérite dont dépendaient une carrière et quelquefois une fortune. Les bourgeois n'avaient donc pas seulement besoin de s'anoblir, mais aussi de se cultiver, afin de pouvoir accéder à un monde qui n'était pas, au départ, le leur.

LA NOUVELLE CULTURE.

Les bourgeois s'instruisaient de tout leur pouvoir, et assuraient la fortune des maisons d'édition et des imprimeries, en achetant force livres. Ils disposaient chez eux de collections bien reliées d'auteurs latins et grecs, et même de certains auteurs français. Au cours du XVIe siècle, les œuvres de Rabelais, par exemple,

devaient compter quarante-deux éditions de mille à deux mille
ouvrages. Les bourgeois, et pas seulement les nobles éclairés,
lisaient Rabelais. Ils lisaient aussi Érasme, et les humanistes français. Ils constituaient un public de choix pour le nouveau mouvement de recherche des textes anciens appelé « humanisme ».

Grâce à l'imprimerie, le rayonnement de la pensée échappait
aux seules universités. Partout en Europe de grands éditeurs avaient
pignon sur rue. Ils s'appelaient Alde Manucce, de Venise ; Estienne,
de Paris ; Jean de Wingle ou Sébastien Gryphe, de Lyon. Ces éditeurs étaient d'étonnants animateurs de culture. Ils rassemblaient
autour d'eux les écrivains, les humanistes et les poètes. Ils diffu-
saient le savoir entre tous les savants d'Europe, établissant entre
eux des contacts permanents. Grâce aux savants grecs réfugiés
en Italie, on découvrait à ce moment les grands auteurs de l'Antiquité dans leurs textes authentiques. Les éditeurs assuraient, avec
les savants, cette œuvre de restauration.

Les éditeurs français exploitaient et prolongeaient le mouvement
né en Italie : la « philologie » si prisée par le bourgeois Montaigne
avait été créée par Laurentius Valla. Le Vénitien Barbaro avait
renouvelé la lecture d'Aristote, comme le Florentin Marsile Ficin
celle de Platon. Les manuscrits des grands auteurs latins avaient
été publiés en France par Guillaume Fichet, qui les avait retrouvés
en Italie. En 1507, pour la première fois, les Français imprimaient
des textes en grec ancien.

Est-ce à Paris qu'Érasme, moine hollandais, prit connaissance, à
travers les maîtres italiens, de l'ampleur de la Renaissance littéraire ?
Érasme était, comme beaucoup de bourgeois de son temps, un grand
voyageur. Il allait de Hollande à Paris, de Paris à Venise ou à Genève.
Il écrivait en latin, pour être lu partout, et c'est en Italie qu'il avait
d'abord connu la gloire en publiant à Venise en 1508 ses *Adages*.
Il est vrai que l'*Éloge de la Folie* devait être publié à Paris, en
1511. Le pape Léon X et François Ier se disputaient alors Érasme,
qu'Henri VIII attirait à Londres. Mais Érasme ne se fixait nulle
part. Il publiait dans toute l'Europe ses articles, ouvrages, traités,
éditions critiques. Il était un des « princes » de la Renaissance : reçu
partout, partout fêté. Les bourgeois qui voulaient paraître dans le
monde se devaient de connaître la pensée d'Érasme.

Il fallait en connaître bien d'autres, qui intéressaient vivement
la cour. Lefèvre d'Étaples, commentateur d'Aristote, Guillaume
Budé, un des fondateurs de la philologie, étaient les familiers du roi.
François Ier avait demandé à Guillaume Budé de fonder, en 1529,

le collège des Lecteurs royaux, futur Collège de France. Le roi n'aimait pas la Sorbonne, où les gens d'Église cultivaient les fausses sciences de la théologie. Ouvert aux humanistes, le nouveau Collège répandait la culture nouvelle, s'ouvrait aux enseignements étrangers. Il eut tout de suite un vif succès.

La culture était à la mode. François Ier eut sur l'édition des œuvres antiques une influence personnelle non négligeable. Il fit traduire et éditer Thucydide et Xénophon par Claude de Seyssel. Il demanda à Amyot de traduire Plutarque, à Hugues Salel, Homère. A l'exemple du roi, les grands seigneurs et les riches bourgeois devenaient des mécènes. Ils rassemblaient et commanditaient les « humanistes » : Jean du Bellay, cardinal, protégeait et nourrissait Rabelais.

Cette « nouvelle culture », venue en grande partie d'Italie, faisait fleurir sur les bords de Seine les beautés d'une langue nouvelle, le français, qui devenait enfin littéraire. L'édition, la vulgarisation des bons auteurs touchaient aussi les nouveaux auteurs français, qui étaient souvent des bourgeois écrivant pour des bourgeois, et non des étrangers travaillant pour des princes. Rabelais, dans sa guerre contre les « sorbonnagres », était le porte-drapeau d'une école pour laquelle la littérature donnait les clés d'un monde nouveau. Il y avait plus de découvertes dans le *Pantagruel* que dans le voyage à Naples de Charles VIII. *Pantagruel* affirmait son besoin de culture vivante, son immense appétit de connaissances, sa volonté de connaître les lois de raison, telles qu'elles avaient été transmises par l'Antiquité. Le jeune Pantagruel devait apprendre, non seulement les langues latine et grecque, « mais aussi l'assyrienne et la chaldaïque » parce qu'il devait s'efforcer d'embrasser — et avec lui les hommes de la « Renaissance » — la totalité du savoir humain. Si la Sorbonne — c'est-à-dire l'Église — s'opposait à la découverte, il fallait changer la Sorbonne. Le médecin Rabelais disséquait les corps que l'on volait pour lui, la nuit, dans les cimetières, parce que l'Église interdisait les dissections. L'écrivain Rabelais voulait disséquer aussi Platon, Aristote et tous les auteurs sulfureux de l'Antiquité, et surtout ceux qui étaient tenus enfermés dans la Bastille de Saint-Thomas.

Chez Montaigne comme chez Rabelais, l'amour des auteurs anciens était une manière de libérer l'homme de leur temps, de le faire revenir aux sources du savoir, le « gai savoir ». Les *Essais* de Montaigne manifestaient ce respect pour le langage, pour la langue, qui est en même temps pensée et action, parce qu'elle libère la

pensée. Le souci du langage, le soin apporté au langage se retrouvaient dans la poésie comme dans la prose : un poète lyonnais d'une
grande sensibilité, Maurice Scève, écrivait en 1544 *Délie*. Un
Lyonnais ne pouvait ignorer Pétrarque, et Maurice Scève, dans sa
subtile préciosité, était une sorte de Pétrarque lyonnais. La lecture
de Platon par les poètes, chez les riches banquiers devenus mécènes,
était comparable, à Lyon, au XVIᵉ siècle, à ce qu'elle avait pu être
à Florence à la fin du XVᵉ. Les poètes, et pas seulement les banquiers,
avaient franchi les Alpes.

C'est par le biais de la poésie que la langue française fit au XVIᵉ siècle des progrès décisifs. Elle était une langue vulgaire, rehaussée de
quelques œuvres littéraires estimables. Elle devint, à l'exemple de
l'italien, une langue littéraire. Du Bellay publia en 1549 la *Défense
et Illustration de la Langue française*. Tous les poètes de la Pléiade
affirmaient bientôt leur intention de créer une langue française
comparable au latin, au grec, à l'italien. Ils produisirent dans cette
nouvelle langue, encombrée d'emprunts nombreux aux langues
anciennes, à Dante et à Pétrarque, un grand nombre d'œuvres
d'inégale valeur, mais qui constituèrent incontestablement une
littérature.

UN DÉCOR POUR LA VIE.

Restait à renouveler l'art : l'influence de l'Italie fut aussi dominante dans tous les domaines de l'art. La France, comme Florence
au temps de Brunelleschi, était lasse des « maçons allemands »
bâtisseurs de cathédrales. Aurait-elle son Brunelleschi ?

Il est paradoxalement plus difficile d'implanter dans un pays un
art architectural qu'une littérature. Ce qui avait frappé les « rudes
chevaucheurs » de Charles VIII en Italie, c'était le luxe de la civilisation urbaine, les places et les églises de marbre richement décorées, les palais aux nombreuses fenêtres, aux escaliers extravagants.
Le style italien s'accommodait très mal des traditions françaises
d'austérité en architecture, et encore moins de la vie sociale à la
française. Les princes italiens construisaient leurs palais au cœur
des villes, à proximité des centres d'affaires. Le palais était un élément parmi d'autres du décor de la vie. Les princes français, au
contraire, vivaient depuis des siècles dans de vastes retraites campagnardes. Leurs « châteaux », entourés de bois, de chasses, de villages
de paysans, étaient toujours à l'écart des villes. C'étaient des édifices

militaires faits pour la défense, ou la surveillance. Les bourgeois, quand ils levaient les yeux vers l'horizon, voyaient le château du maître, massif et vigilant.

En France les architectes italiens purent construire, à l'italienne, un certain nombre de palais dans les villes du grand négoce. Lyon avait un quartier italien, dont le palais Gadagne est encore l'ornement. Le Louvre eut une aile italienne. Il y avait de nombreux palais italiens dans Paris, mais aussi à Rouen, à Dijon, et naturellement à Avignon et dans les villes du Midi.

Toutefois l'apport créatif de la Renaissance italienne fut surtout sensible dans les châteaux, parce qu'il n'y avait pas, en France, une bourgeoisie urbaine assez riche pour modifier rapidement le décor urbain. Au reste cette bourgeoisie elle-même rêvait d'acheter ou de faire construire des châteaux à l'italienne dans des sites isolés, comme les grands seigneurs et le roi. Les châteaux de la Loire constituaient alors un modèle, par leurs éléments de luxe et de décoration. Chambord, Azay-le-Rideau, Chenonceaux, Fontainebleau et Saint-Germain dans la région parisienne étaient de conception française et de décoration italienne, sensible surtout dans les escaliers, les fenêtres, les plafonds. Les ouvrages de Vitruve ne furent publiés en France qu'en 1547. Alors seulement les architectes français commencèrent à utiliser, dans les églises notamment, les éléments empruntés à l'antique, les colonnes et les entablements, les voûtes à caissons et les frontons. Pierre Lescot, à la façade du Louvre, multipliait les colonnes et Philibert Delorme édifiait, dans une tradition très italienne, le tombeau de François Ier.

Les châteaux de la Renaissance gardaient les puissantes tours circulaires du Moyen Age et surtout les toits très pentus en ardoises, hérités du passé, et conformes aux exigences d'un climat pluvieux. L'influence italienne était beaucoup plus manifeste chez les sculpteurs et les peintres que chez les architectes, qui devaient tenir compte des goûts traditionnels de leur clientèle. A Paris, Jean Goujon faisait redécouvrir le nu antique, il multipliait les statues de Diane et de Vénus, il construisait au cœur de la capitale, non loin du Louvre, l'admirable fontaine des Innocents, où les nymphes et les génies rivalisaient de grâce. Pierre Bontemps et Germain Pilon ornaient les tombeaux de François Ier et d'Henri II, sacrifiant aussi à la mode italienne.

Il y avait, certes, des peintres français traditionalistes, et l'école des portraitistes (Clouet) donnait encore de belles œuvres. Mais les rois attiraient de plus en plus dans leurs châteaux les peintres dont ils avaient admiré les chefs-d'œuvre en Italie : Ils avaient souvent acheté personnellement des toiles. François Ier avait acquis la *Joconde* de Léonard. Il avait aussi acheté le peintre, qui devait passer la fin de sa vie à la cour. A Fontainebleau peignaient Primatice et Rosso. Benvenuto Cellini, le Florentin, sculptait pour François Ier la *Nymphe* de Fontainebleau, destinée au château d'Anet. Beaucoup de ses œuvres d'orfèvrerie, commandées par le roi, sont actuellement conservées au Louvre.

Le mérite des Italiens avait été de donner à l'artiste, grâce au mécénat, une sorte de statut social. Au lieu d'être considéré comme un humble artisan, il était reçu dans les cours, encensé, payé très cher pour ses œuvres par les riches bourgeois. Ainsi pourraient se développer des écoles originales de peinture, et se manifester les talents. La résistance, la persistance d'un certain goût français en peinture aussi bien qu'en architecture attestent que l'influence italienne est plus un stimulant, une mode, qu'une véritable colonisation. Jamais Paris ne devait ressembler à Florence, mais les artistes français allaient vivre à la cour des rois et des princes sur le même pied qu'un Botticelli à la cour de Laurent de Médicis.

La découverte de la civilisation florissante, foisonnante, des villes italiennes changeait également les mœurs des gens de cour et de la bourgeoisie. La mode se répandit des vêtements coûteux, raffinés, des coiffures très élaborées, des équipages et des mobiliers. Les progrès les plus manifestes étaient ceux qui accomplissaient insensiblement dans les relations humaines, devenues plus douces, plus policées, mieux réglées. L'édition, les enseignements nouveaux, la floraison des milieux littéraires et artistiques faisaient de la culture une exigence pour la vie sociale. Les élites de la noblesse et de la bourgeoisie, celles qui parlaient la langue nouvelle inventée par les poètes découvraient, avec l'Italie, la douceur de vivre. Dans les livres édités par les humanistes, elles trouveraient aussi, avec les délices de l'Antiquité grecque, les poisons de la réforme allemande.

DEUXIÈME PARTIE

D'Henri IV à Napoléon

CHAPITRE 7

Les convulsions religieuses

En peu d'occasions dans son histoire, la France se vit coupée en deux, déchirée en deux clans ennemis, prêts à s'exterminer. Il y avait eu les Cathares, et la croisade de Simon de Montfort. Mais le catharisme ne divisait pas les comtés, les villes et les familles. Il était circonscrit à une région. Les guerres de Religion devaient réaliser le premier grand affrontement national, le choc traumatisant des deux France qui se produirait à nouveau pendant la Révolution française, puis, longtemps plus tard, pendant l'occupation allemande.

La réforme était une idée neuve, au siècle de la Renaissance. C'était sans doute la seule idée du siècle qui ne dût rien aux Italiens. Elle trouvait ses racines, en France, dans le dégoût profond qu'inspirait l'Église, dans un désir de pureté, mais aussi dans la volonté, de la part des protestants, de constituer un État nouveau, fort et libre, un État qui ne dût rien au pape, ni au roi d'Espagne, ni aux banquiers de Florence.

L'Église éclate.

L'AVANT-GARDE DES HUMANISTES.

L'engagement des papes dans la politique européenne se traduisit par des exigences fiscales accrues, au moment où le roi lui-même installait une fiscalité régulière. Les impôts du pape provoquaient un mécontentement croissant des fidèles et du clergé de France.

Le clergé régulier était particulièrement troublé. Le moine Savonarole, à Florence, n'accusait-il pas le pape de tous les maux, et avec
le pape l'ensemble de la société religieuse ou civile? L'échec de
l'Église masquait l'échec, bien plus grave, du christianisme dans la
société des pécheurs. Le monachisme, comme le catharisme,
demandait un retour à la pureté. Les fresques de Fra Angelico au
couvent de San Marco contrastaient, dans leur touchante simplicité,
avec les œuvres des peintres de la société d'abondance, les Uccello,
les Ghirlandaio, qui étalaient sur les murs des cloîtres ou des chapelles privées leur vision optimiste d'un monde revenu à une sorte
de paganisme mystique, à un platonisme qui n'avait plus rien de
chrétien.

La mode italienne n'avait pas fait oublier, en France, l'exigence
de pureté des maîtres du XVe siècle, les peintres de la « danse ma-
cabre » de La Chaise-Dieu. La sensation de la fin d'un monde — celui
où les évêques allaient en enfer avant les larrons — s'accompagnait
de l'attente d'une religion nouvelle, dans une nouvelle société.
Les « humanistes », qui se penchaient sur les œuvres de l'Antiquité,
mais aussi sur les Saints Évangiles, pouvaient contribuer, en restaurant les textes, à restaurer la foi.

La connaissance du grec et de l'hébreu permettait en effet de
retrouver les textes sacrés bien au-delà de leur transcription latine
très déformante. La « Vulgate », version romaine de la Bible, la
rendait méconnaissable. Il fallait entreprendre de véritables fouilles
philologiques pour la retrouver dans sa vérité première. Lefèvre
d'Étaples et Érasme allaient s'en charger. Mais ils allaient bien
plus loin. En 1509, dans l'*Éloge de la Folie*, Érasme dénonçait les
exactions des gens d'Église, attaquait directement les responsables,
le pape et les évêques. Il fallait chasser de l'Église les « princes »
qui la couvraient de honte par leurs « coupables dérèglements ».

Avec l'imprimerie, dans le petit monde européen des lettrés
de la Renaissance, les nouvelles idées faisaient vite leur chemin.
D'autant que les traducteurs ne manquaient pas d'imaginer, avec
des textes tout neufs, une Église plus pure, débarrassée des « œuvres »
et de la magie des sacrements.

Un évêque de Meaux, Guillaume Briçonnet, touché par la grâce,
attirait dans son diocèse Lefèvre d'Étaples et quelques-uns de ses
amis, Guillaume Farel notamment. Soutenu par la sœur du roi,
Marguerite d'Angoulême, l'évêque réalisait les réformes les plus hardies : il supprimait dans ses églises les statues et images des saints,
réduisait le culte de la Vierge Marie à des proportions modestes, fai-

sait dire les prières en français et envoyait ses prêtres prêcher l'Évangile dans les campagnes. Les résultats dépassèrent les espérances : on vit les fidèles de l'évêque manifester sur le parvis de la cathédrale de Meaux. Ils exigeaient la destruction immédiate et totale de toutes les « idoles ». Ils affichaient sur les portes de la cathédrale un « placard » où le pape, appelé « antéchrist », était mis en accusation.

Ainsi à Meaux, en 1524, un petit groupe de Français entrait publiquement en dissidence, son évêque en tête.

L'ARRIVÉE DE MARTIN LUTHER.

A cette date, la révolution luthérienne avait envahi l'Allemagne. Comme les « ardents » de Meaux, les paysans allemands brisaient les idoles au nom de la foi nouvelle. Seule compte la foi, disait Luther, les « œuvres » sont inutiles. Les bourgeois n'ont pas le paradis plus vite que les autres. Dès 1520, ces doctrines de Luther étaient connues à Paris et répandues sous le manteau.

Condamné cette année-là à Rome, Luther fut « déclaré hérétique, maudit et excommunié du pape Léon X et de l'Université de Paris ». Comme nous l'apprend le *Journal d'un Bourgeois de Paris*, il avait écrit « plusieurs livres qui furent imprimés et publiés par toutes les villes d'Allemagne et par tout le royaume de France ».

La *Lettre au pape* de Martin Luther date de 1518. C'est en 1518 que l'évêque Briçonnet s'était installé à Meaux. On peut penser que les idées luthériennes ont rapidement cheminé à travers toute la France, parce qu'elles tombaient sur un terrain favorable, ces nombreuses sociétés de pensée qui s'étaient constituées autour des éditeurs et imprimeurs et des membres éclairés du clergé.

Bientôt les prédicateurs français prolongeaient l'œuvre de Luther. Ils répandaient la doctrine évangélique dans de nombreuses régions : la Picardie, la Normandie, la région parisienne. Les grandes villes, Lyon, Bourges, avaient comme Paris et Meaux leurs cercles d'évangélistes. Partout les « images », les peintures et statues représentant la Vierge et les saints étaient déchirées et détruites. On pouvait voir à la façade de nombreuses églises de Brie des saints décapités ou des Vierges dont la tête avait été martelée. Les réformés chantaient partout des psaumes, et des cantiques qui leur servaient de signes de ralliement.

Ils devinrent vite très prudents, car la répression de l'Église ne se fit pas attendre. Quand on arrêtait des réformés, on leur coupait la langue, avant de les exécuter, pour qu'ils ne puissent pas chanter dans leurs supplices. Les imprimeries devaient tirer clandestinement les ouvrages séditieux. A Lyon notamment, on tirait les livres et libelles que les colporteurs répandaient partout. Cette littérature alerte, violente, était écrite en français, elle était à la portée de tous. Les petits pamphlets ou « libelles » avaient, comme les chansons, une sève souvent populaire qui leur permettait de gagner aussitôt un vaste public.

Une première persécution dispersa le groupe de Meaux dès 1525. Lefèvre et Farel avaient dû fuir à Strasbourg. L'évêque Briçonnet avait cessé toute action. Le groupe de Meaux était mal vu des bourgeois parisiens, qui y voyaient une agitation intellectuelle :

> « On disait qu'un nommé Fabry, note le *Journal d'un Bourgeois de Paris* pour l'année 1525 — et ce Fabry est sans doute Lefèvre —, prêtre étudiant, était cause avec d'autres de cette mauvaise situation, prétendant entre autres choses qu'il ne fallait avoir dans les églises aucune image, ni prendre de l'eau bénite pour effacer les péchés, ni prier pour les trépassés, puisque incontinent après le trépas ils vont en enfer ou en paradis et qu'il n'y aurait aucun purgatoire. »

Dans son aspect misérable ou scandaleux, le trafic des indulgences avait de quoi choquer ou indigner, même s'il avait les suffrages des petits bourgeois en quête de paradis. Aussi bien les évangélistes ne manquaient-ils pas de sympathies, même à la Cour. François Ier leur manifestait beaucoup de bienveillance. Il avait choisi Lefèvre d'Étaples comme précepteur des enfants royaux. Les luthériens profitaient de ce climat pour déployer leur propagande, en dépit des rigueurs des gens d'Église, qui condamnaient les faiblesses du roi.

Le mouvement comptait des sympathisants chez certains évêques, ceux qui avaient lu Érasme. Les dames de la Cour et les bourgeois cultivés aimaient les idées de Luther. Mais bientôt le mouvement gagnait le véritable terrain de la révolte : celui des pauvres avec les curés de campagne, les étudiants et leurs maîtres, les moines mendiants et leur public populaire. Contre la Sorbonne orthodoxe, le Collège royal (ou collège de France) ne comptait que des hérétiques. Les plus sensibles aux idées nouvelles étaient les artisans des milieux urbains, les ouvriers d'imprimerie à Lyon par exemple. A Meaux les cardeurs de laine, à Rouen les artisans des textiles constituaient un public avide de changements dans l'Église et dans la foi.

En 1534, un scandale éclate : sur les murs de Paris, de Tours et de Blois sont affichés des « placards » où l'on dénonce « les insupportables abus de la messe papale ». Le roi trouve un de ces placards sur la porte de sa chambre. Cette fois, il est obligé de sévir : les bûchers s'allument dans toute la France.

L'ENTRÉE EN SCÈNE DE JEAN CALVIN.

Contre la persécution, un inconnu proteste. Il écrit un livre, publié en 1536 : l'*Institution de la Religion chrétienne*. Le livre est écrit en latin. L'auteur est un admirateur du groupe de Meaux. Il s'appelle Jean Calvin.

Pour la première fois, un réformateur de langue française prenait la parole. Érasme, les humanistes étaient des essayistes, des francs-tireurs. Calvin, dès le départ, était un chef d'Église. Il se mettait à l'abri de la persécution, en se réfugiant à Strasbourg, puis à Bâle. Si la première édition de l'*Institution* n'avait pas connu un grand succès de diffusion, la version française répandue en 1541 fut immédiatement reçue et commentée dans tous les cercles réformateurs. Les protestants français avaient désormais un chef et une doctrine : le catéchisme de Calvin, publié en 1537, et sa Bible, en 1550.

Depuis 1541, Calvin s'était installé à Genève, où il avait été reçu par Guillaume Farel. Son implantation n'avait guère été facile. La bourgeoisie genevoise n'avait pas grande sympathie pour son projet de « république de la vertu ». Jean Calvin et ses amis réussirent cependant à s'emparer du pouvoir.

La réforme de langue française avait sa capitale. Calvin entreprenait aussitôt de créer et de mettre en place des institutions : le *Consistoire* des pasteurs réformés surveillait bientôt les mœurs de la ville. Il exerçait une dictature religieuse totale. C'est lui qui fit brûler en place publique Michel Servet accusé d'hérésie, en 1553.

Genève devint la citadelle des protestants français. Les imprimeries s'installèrent partout. L'argent affluait de l'Europe entière. Les persécutés venaient y chercher refuge, et la population de la ville s'accroissait sans cesse. Une académie, dirigée par Théodore de Bèze, formait des missionnaires qui gagnaient clandestinement le royaume tout proche, pour entretenir la résistance.

De 1550 à 1560 les progrès de la réforme étaient foudroyants. A partir des villes, grandes et petites, les idées nouvelles gagnaient les campagnes, et toutes les classes de la société. Il y avait plus de deux mille cercles de Réformés en France. En 1559 se réunit le premier « synode des Églises réformées de France » à l'instigation de Jean Calvin. Ce synode était fondatif : il organisait une Église parallèle, avec ses cadres, sa doctrine, ses institutions et ses règles de fonctionnement. Désormais la religion réformée avait ses racines dans tout le royaume, et sa tête à l'étranger.

La monarchie française et les Réformés.

LA RÉPRESSION EN FRANCE.

Comme en Angleterre ou en Allemagne, la monarchie française aurait pu « passer à la Réforme ». Elle n'était cependant guère tentée de le faire, parce que le roi avait obtenu du pape, avec le concordat de 1516, des avantages qui rendaient toute lutte inutile.

Plusieurs fois déjà, la monarchie avait fait couler le sang réformé : en 1529 le Parlement de Paris avait condamné à mort et fait exécuter un gentilhomme picard nommé Louis Berquin, accusé de détenir des ouvrages séditieux. Les persécutions qui avaient suivi l'affaire des placards avaient fait de nombreuses victimes. La main du roi avait frappé fort.

On était allé jusqu'à pourchasser, en Provence, des populations réputées hérétiques, les Vaudois, à qui l'on prêtait des connivences avec les calvinistes. Ces malheureux vaudois avaient été massacrés sans merci, en 1545.

A la fin de son règne, François Ier, pourtant indulgent de nature, avait pris le parti de la répression. Henri II ne voulait pas avoir d'ennemis à l'intérieur. Son duel avec la maison d'Autriche ne pouvait pas tolérer les troubles religieux ni les divisions politiques. La Réforme risquait de devenir très vite une nouvelle révolte de la noblesse contre l'autorité royale. Pour des raisons politiques, Henri II, comme François Ier, serait pour l'intransigeance.

Le pape avait réagi plus vite et plus fort que les rois de France. En 1540, Paul III disposait déjà de la célèbre «Compagnie de Jésus», fondée par Ignace de Loyola. Il avait rétabli les tribunaux de l'Inquisition, qui avaient fait merveille, jadis, contre les Cathares. Il avait condamné, en bloc, toutes les œuvres des réformés, et ordonné leur *auto da fe*.

L'attitude du pape était nette, sans équivoque. Il gardait le dogme, avec les jésuites, ses soldats. En 1545 le concile de Trente s'était réuni pour la première fois. Pendant dix-huit ans, il allait travailler, lentement, mais sûrement, à la réforme en profondeur de l'Église.

Les aspects les plus spectaculaires de l'œuvre du concile étaient la réaffirmation de la stricte orthodoxie romaine, la soumission du concile au pape, enfin la priorité donnée à l'œuvre d'éducation et de moralisation du clergé. Désormais le pape et le pape seul avait le pouvoir de réfuter point par point l'hérésie. Il était le défenseur tout-puissant de la foi. Devant la menace évangéliste, l'Église avait organisé son unité, sa machine de guerre.

Cette attitude était la plus efficace dans la répression des « fausses doctrines ». Mais elle était de nature à choquer le clergé français, très attaché au gallicanisme. Certes les évêques n'étaient pas prêts à embrasser les hérétiques pour humilier la papauté, mais ils étaient décidés à opposer une certaine résistance aux initiatives du Saint-Siège, proprement hégémoniques.

Le roi se fit le complice de cette résistance. Il refusa de faire publier les décrets du concile et ne facilita en rien l'implantation des « séminaires » qui devaient former les nouveaux prêtres. Protecteur de l'Église de France, le roi entendait assumer seul la lutte contre l'hérésie, dans les limites de son royaume. En dépit des réticences royales, les jésuites réussirent à ouvrir partout leurs collèges, et leurs excellents professeurs allaient entreprendre la reprise en main de l'élite, combinant, dans leur enseignement, l'orthodoxie romaine et les humanités, l'ancien et le nouveau monde.

Si le roi voulait pouvoir se passer du pape, il fallait qu'il prouve qu'il était capable de réduire seul l'hérésie. L'Ordonnance de 1540 et l'Édit de 1545 avaient permis de créer la *Chambre Ardente*, qui avait fait une besogne rapide. La répression fit un bond en avant en 1557 quand un édit royal ordonna la condamnation à mort de tout sujet convaincu d'hérésie.

Et cependant le royaume ne montrait pas une grande cohésion dans la volonté répressive. Le roi lui-même s'alliait, contre l'empereur, aux protestants d'Allemagne. Comment pouvait-il trouver bon pour l'Allemagne ce qu'il condamnait en France ? Il y eut un inévitable flottement dans l'application des édits. Au niveau suprême, la volonté répressive ne s'affirmait pas constamment ni fermement.

Dans l'interprétation des textes par les parlementaires et autres officiers de la Couronne, l'incertitude était bien plus grande encore. Beaucoup de ces nobles ou bourgeois de robe avaient rallié le parti des réformateurs. D'autres lui vouaient une sympathie secrète.

Les progrès des Réformés se confirmaient chaque jour, en dépit de la persécution, et peut-être en raison des hésitations et des inégalités dans l'application des textes ; curieusement, les provinces périphériques étaient souvent entièrement gagnées par la Réforme, comme si la révolte religieuse venait renforcer et confirmer une ancestrale volonté d'indépendance par rapport au pouvoir parisien.

Si Bretagne et Provence restaient catholiques, la Normandie devenait en partie huguenote, comme le Dauphiné, la Saintonge, les rudes Cévennes et le Languedoc. La reine de Navarre, Jeanne d'Albret, était huguenote. Les catholiques gardaient des positions solides dans les régions centrales : Auvergne, Bourbonnais, Berry, dans le Bassin parisien, dans le Nord et dans l'Est.

Même en pays catholiques, la plupart des grandes villes étaient acquises à la Réforme : Orléans par exemple, ou Poitiers. Les villes du Midi songeaient à se constituer, comme Genève, en Républiques indépendantes : Montauban, Agen, Bordeaux.

LES PROGRÈS DES RÉFORMÉS.

L'Église protestante n'était pas, comme sa concurrente, centralisatrice. Elle n'avait pas de pape à combattre, pas d'appuis à attendre du roi. Elle était tout de suite majeure, indépendante. Après le Synode de 1559, elle se regroupait sur les bases d'un large fédéralisme : chaque communauté était libre dans son administration et dans ses décisions.

Les huguenots élargissaient rapidement leur recrutement. Ils comptaient de nombreux fidèles parmi les artisans des villes. Ceux-ci devenaient les missionnaires de la nouvelle foi. Ils étaient rejoints par les intellectuels, les artistes et les écrivains, dont certains d'un grand prestige : Jean Goujon et Bernard Palissy étaient célèbres, comme le chirurgien Ambroise Paré ou l'agronome Olivier de Serres. Le poète Agrippa d'Aubigné serait l'Homère de la Réforme.

La bourgeoisie d'entreprise se joint au mouvement, elle est parfois à l'origine de la diffusion des idées nouvelles. Comment résister à l'entraînement, alors que dans certaines régions tous les ouvriers et employés ont été gagnés et sont devenus eux-mêmes des propagandistes zélés ? Quant à la bourgeoisie de fonctions, à la magistrature, aux officiers royaux, ils sont bien souvent les meilleurs agents de recrutement d'une religion qui correspond si bien aux idées éclairées du siècle.

Le fait nouveau, après la signature du traité de Cateau-Cambrésis avec l'Espagne, en 1559, c'est le ralliement à la cause évangéliste d'une bonne partie de la noblesse : petite noblesse d'abord. Les hobereaux se nourrissaient de la guerre. Quand ils revinrent enfin sur leurs terres, ils trouvèrent des paysans exsangues et des rentes démonétisées. Leurs sujets avaient pris l'habitude de saisir, dans les conflits de justice, les tribunaux royaux. Même les revenus de la justice, dont ils disposaient depuis le haut Moyen Age, leur échappaient. Ils ne pouvaient faire du commerce, étant nobles. Ils étaient sans ressources et sans emplois. Les guerres de Religion les trouvaient disponibles. Ils sauraient y entraîner leurs gens.

Eux-mêmes étaient entraînés dans la lutte par quelques grands seigneurs ambitieux, qui voyaient dans la Réforme le moyen de dominer la monarchie, et d'en imposer à leurs rivaux. Les frères Coligny, les Bourbon étaient de puissants chefs de file. Antoine de Bourbon, le mari de Jeanne d'Albret, était roi de Navarre. Son frère Louis de Condé se disait « protecteur général des protestants de France ». Le plus désintéressé des chefs était l'amiral Gaspard de Coligny, dont le frère François d'Andelot avait été arrêté comme huguenot par Henri II.

LA GUERRE DES PRINCES.

Tous les efforts déployés par les rois de France depuis Louis XI pour mettre un terme aux ambitions des nobles se trouvaient ruinés par l'affrontement des catholiques et des protestants. A la manière allemande, la religion du prince tendait, dans certaines régions, à devenir celle de la province. Le mouvement de foi populaire, l'élan passionné des intellectuels étaient utilisés, récupérés, par les chefs des factions qui reprenaient les vieux conflits des princes apanagés, désireux de recueillir l'héritage d'un pouvoir royal tombé, à la mort d'Henri II, en vacance.

De fait, en 1559, l'héritier du trône avait quinze ans. Le jeune François II, marié à Marie Stuart, était entièrement sous l'influence des Guise, qui étaient parents de la reine. Le duc de Guise François était lieutenant général du royaume. Son frère, le cardinal de Lorraine, était l'un des plus puissants seigneurs de la Cour. Les Guise détestaient les Coligny, qui avaient bénéficié des faveurs des précédents rois. Maîtres du pouvoir, ils en avaient chassé le vieux connétable de Montmorency, oncle des frères de Coligny. Le connétable ne faisait plus partie du Conseil royal. Les Guise avaient licencié l'armée, qu'ils jugeaient peu sûre et favorable aux huguenots. Ils avaient obtenu du jeune roi qu'il condamne au bûcher un des parlementaires les plus en vue, Anne du Bourg. La persécution continuait.

Le sang répond au sang. Les protestants, évincés du pouvoir, n'avaient plus les moyens légaux de protéger leurs coreligionnaires. Le prince de Condé prit alors le parti d'organiser une conspiration. Un homme de main, La Renaudie, fut chargé de lever une troupe pour enlever les Guise. Avertis, ceux-ci réagirent avec rapidité. Les conspirateurs furent arrêtés, torturés et pendus sur-le-champ. Condé ne fut pas touché. Il protestait de son innocence. Mais il fut exilé de la Cour. Le terrain restait aux Guise.

Cette trop belle victoire inquiétait la reine mère, dont la politique était de tenir la balance égale entre catholiques et protestants. Elle obtint des Guise un accord pour faire cesser la persécution. Michel de l'Hospital, qui lui était dévoué, fut nommé chancelier. Craignant la guerre civile dans toute la France, elle promulgua l'*édit de Romorantin* qui atténuait les poursuites et les peines. Il était temps : dans les provinces, les affrontements devenaient fréquents. En Provence, en Dauphiné, catholiques et huguenots s'entretuaient. On avait dû arrêter et faire condamner le duc de Condé, rendu responsable des troubles par les catholiques. Catherine le gracia *in extremis*, contre sa promesse de renoncer à la régence. Pour établir la paix dans le royaume, la reine annonçait la réunion des États généraux.

Elle ne put éviter la guerre. Pourtant, fidèle à sa politique de balance, elle s'était appuyée sur les Coligny, pour combattre l'influence excessive des Guise, partisans de la terreur religieuse.

Michel de l'Hospital, en son nom, prêchait la réconciliation. Mais les Guise voulaient aller jusqu'au bout. Les progrès du calvinisme étaient foudroyants, surtout dans les villes. Ils formèrent un « triumvirat » avec le maréchal de Saint-André pour organiser la résistance et refuser toute concession.

Dans ces conditions, les États généraux réunis en 1560 ne pouvaient apaiser les esprits, malgré la mort du roi François II, qui créait une situation nouvelle. En vain Michel de l'Hospital avait prêché la concorde :

> « Le couteau vaut peu contre l'esprit, disait-il, il faut assaillir les protestants avec les armes de la charité, prières, persuasions, paroles de Dieu. »

Les États demandaient que l'on saisisse les biens du clergé, et que l'on fasse preuve de tolérance. Ils ne furent pas entendus.

LES CATHOLIQUES S'ORGANISENT.

Leurs propos avaient inquiété le parti catholique, et persuadé la reine qu'il fallait plus que jamais poursuivre une politique d'apaisement. Isolé aux États généraux, le clergé avait accepté le *contrat de Poissy* (1561) et le vote d'impôts nouveaux. Il avait promis de rencontrer les calvinistes pour rechercher un accord. Douze ministres protestants, dont Théodore de Bèze, se rendirent effectivement au colloque, pour y exposer leur doctrine. Ni d'un côté ni de l'autre on ne fit les efforts nécessaires au rapprochement.

Catherine et Michel de l'Hospital en conclurent qu'il était du devoir du pouvoir royal d'institutionnaliser la tolérance : l'édit de janvier 1562 donnait pour la première fois aux protestants la liberté de culte en dehors des villes. On autorisait les consistoires et les synodes. Dans les villes, les protestants étaient libres de se réunir en privé.

Ces mesures d'apaisement ne correspondaient plus à la situation politique : les catholiques s'étaient organisés. La Contre-Réforme avait, elle aussi, fait des progrès considérables dans les esprits, du haut en bas de la société, dans toutes les régions où le calvinisme n'était pas majoritaire. Ressaisis, les curés et les moines fanatisaient les populations, qui faisaient spontanément la chasse aux huguenots. Après l'édit de janvier, ils s'opposèrent par la force aux cultes protestants. A Vassy, le duc de Guise, qui revenait de Lorraine, fit charger les huguenots rassemblés pour le culte. Il y eut soixante-quatorze tués. Des massacres semblables ensanglantèrent les provinces : on tua à Tours, en Anjou, à Sens. A Paris les « triumvirs » s'emparaient de la famille royale.

Catherine aussitôt virait de bord, passait des accords avec le pape, le duc de Savoie, le roi d'Espagne. Elle enrôlait des mercenaires pour l'armée des ultras.

C'est que les protestants avaient pris les armes. Le prince de Condé occupait Orléans. Beaucoup de grandes villes étaient entre les mains de chefs réformés. Condé signait un traité d'alliance avec Elisabeth d'Angleterre (Hampton Court, 1562), abandonnait Le Havre aux Anglais. La guerre était livrée aux princes, et la France, de nouveau, à l'étranger.

TRENTE-SIX ANS DE GUERRE CIVILE.

De 1562 à 1598, la guerre civile et étrangère s'installait partout sur le territoire. Les guerres de Religion devaient être beaucoup plus meurtrières que la guerre de Cent ans, limitée à quelques provinces. Elles allaient toucher chaque village.

Les chefs catholiques et protestants levaient partout des armées pour s'affronter : ils devaient connaître, les uns et les autres, une série de revers et de catastrophes. Antoine de Bourbon mourait au siège de Rouen, le duc de Guise était assassiné pendant le siège d'Orléans. Le maréchal de Saint-André était tué au combat. Montmorency et Condé étaient faits tous les deux prisonniers. La première guerre de Religion se terminait par une transaction : les catholiques acceptaient la paix et l'édit d'Amboise, rédigé par Catherine : la liberté de culte aux protestants était confirmée, mais restreinte (une seule ville par bailliage, et le culte n'était autorisé que dans les faubourgs), Condé libéré sur ordre de la reine participait à la reprise du Havre aux Anglais, avec Coligny. En 1563 Catherine abandonnait la régence, et le roi Charles IX était déclaré majeur.

Le retrait de la reine mère n'avait pas calmé les passions. Les catholiques n'acceptaient pas l'édit d'Amboise, pourtant restrictif et mal vu des protestants. Les persécutions continuaient et les princes protestants reprenaient les armes, derrière Condé. L'édit d'Amboise n'avait pas ramené la paix.

La reine mère avait en pure perte entrepris un long voyage autour de la France pour faire connaître aux provinces le jeune Charles IX. Les huguenots projetaient bientôt de s'emparer de la famille royale. Elle s'enfuit à Meaux, sous la protection des mercenaires suisses, réussit à rentrer dans Paris, bientôt assiégé par les protestants. Ceux-ci recevaient les secours d'une armée venue d'Allemagne, commandée par Jean Casimir. Les catholiques et la Cour durent s'incliner : le traité de Longjumeau en 1568 reconduisait l'édit d'Amboise. Les protestants avaient reconquis leur liberté partielle.

Catherine cependant ne pardonnait pas aux princes réformés leur tentative d'enlèvement. Elle reprenait les affaires en main, disgraciait Michel de l'Hospital, et prêtait une oreille complaisante aux catholiques qui réclamaient vengeance. Son fils préféré, le duc d'Anjou, était placé à la tête du parti catholique. Ainsi l'avait voulu le cardinal de Lorraine. De nouveau les Guise avaient leur entrée à la Cour.

En province s'organisaient spontanément des « ligues », qui permettaient de mobiliser à tout moment le parti catholique. Les protestants agissaient de la même manière. De la sorte, les affrontements violents recommençaient dans les villes et dans toutes les provinces.

En 1568, sous la pression des chefs ultras, Charles IX décida d'interdire aux huguenots l'exercice du culte sous quelque forme que ce soit. Tous les officiers et parlementaires étaient contraints de prêter serment de fidélité à l'Église catholique. Les pasteurs protestants avaient quinze jours pour quitter le royaume. Le temps de la tolérance était révolu.

Les chefs protestants comprirent le danger. Ils choisirent un port comme refuge, La Rochelle, pour se placer à l'abri d'un coup de main. Condé, Coligny, tous les chefs du mouvement rallièrent à La Rochelle les huguenots du Midi. Une armée importante était ainsi réunie, qui était en communication par mer avec l'Angleterre.

Les catholiques attaquèrent et furent vainqueurs à Jarnac et Moncontour (1569). Le duc d'Anjou n'accordait pas de quartiers. Condé avait été tué à l'une des batailles. Coligny avait réussi à s'échapper. Il avait gagné le Midi pour lever une autre armée. Les défaites n'affaiblissaient pas le parti huguenot. Il trouvait dans la population des ressources qui semblaient inépuisables.

Les Guise, à Paris, dominaient la situation. Ils avaient obtenu l'appui de la Cour pour faire la guerre d'extermination. Catherine, la reine mère, prit peur. Les Guise n'allaient-ils pas ruiner le royaume, engager le roi dans une politique qui n'était pas d'intérêt national ? De nouveau, elle se rapprocha des protestants. Elle échoua dans son projet de marier le duc d'Anjou à la reine d'Angleterre Elizabeth. Mais elle réussit à signer avec les protestants, en 1570, la paix de Saint-Germain : ils retrouvaient, comme à Amboise, une liberté de culte limitée, avec, en plus, la disposition de quatre « places de sûreté » : Montauban, La Rochelle, Cognac et La Charité-sur-Loire. Le royaume était à l'encan.

LA SAINT-BARTHÉLEMY.

Les combinaisons de mariages de la reine mère, sans doute inspirées par les astrologues italiens, la poussaient de plus en plus à se rapprocher des protestants. Elle voulait marier Anjou à Londres ; elle briguait la main du jeune Henri de Navarre pour sa fille Marguerite. Pour favoriser des alliances profitables, elle ouvrait de nouveau aux protestants les portes du Conseil royal. Coligny ne tarda pas à montrer au jeune roi que l'intérêt de la couronne était d'abattre la puissance espagnole en Europe. Il fallait soutenir les insurgés flamands, rechercher l'alliance de l'Angleterre et des princes protestants d'Allemagne.

La reine s'était rapprochée des protestants pour faire la paix et non pas pour ajouter à la guerre civile une guerre étrangère. Elle voyait avec crainte Coligny lever une armée pour soutenir les insurgés flamands à Mons. Ni les Anglais ni les Allemands n'avaient envoyé de soldats. La redoutable infanterie espagnole avait mis en déroute l'armée de Coligny. Vainqueurs des Turcs à Lépante, les Espagnols étaient plus que jamais les maîtres de l'Europe.

Il fallait se débarrasser de Coligny. Chef incontesté du parti protestant, la reine l'avait introduit dans la place. Elle devait travailler à l'en exclure, à la manière italienne, par un complot : l'amiral de Coligny fut blessé d'un coup d'arquebuse le 22 août 1572. Le tireur avait été maladroit.

Toute la noblesse protestante était alors au Louvre, où l'on célébrait le mariage d'Henri de Navarre et de Marguerite de Valois. Charles IX, qui n'était pas dans la confidence, partageait la stupeur générale. Il parlait de châtier sévèrement les auteurs de l'attentat. La reine était perdue.

Elle réagit rapidement, intimida le roi, lui fit une effroyable scène où elle avouait tout. C'est elle qui avait organisé le complot, avec le duc d'Anjou. Si le roi ne prenait pas immédiatement la décision d'exterminer les princes protestants réunis au Louvre, la maison royale était perdue.

Le faible Charles IX céda. Il donna l'ordre de tuer. Dans la nuit du 23 au 24 août, la sinistre nuit de la Saint-Barthélemy, trois mille huguenots furent égorgés, et leurs corps jetés dans la Seine. Le roi donna carte blanche aux Ligueurs de province : il y eut des morts à Meaux, Orléans, Rouen, Lyon, Toulouse et Bordeaux. A Rome, le pape faisait allumer des feux de joie.

Tous les chefs huguenots avaient été assassinés. Seuls échappaient au massacre Henri de Navarre et le jeune prince de Condé, qui avaient abjuré. A Paris comme dans les villes de province, bourgeois et nobles abjuraient en foule. Le parti protestant n'était pas seulement décapité, il était menacé d'extinction. La terreur catholique avait frappé juste. Le crime avait payé.

La France déchirée.

LE ROYAUME ÉCLATÉ.

La défection de la majorité des élites avait beaucoup découragé les masses protestantes du Midi. Puisque les nobles et les bourgeois du Nord trahissaient, les villes du Languedoc allaient faire sécession, se séparer une fois de plus du royaume. L'occasion d'en finir avec le despotisme centralisateur se présentait de nouveau. Elle fut aussitôt saisie.

Des « assemblées politiques » se constituèrent dans les villes du Languedoc, notamment à Nîmes et à Millau. Les grandes villes de l'Ouest et du Sud-Ouest suivirent le mouvement. Une fédération protestante était en train de se constituer spontanément, qui mettait en question l'unité du royaume. Curieusement les catholiques des villes occupées par les protestants rejoignaient les « assemblées politiques », comme si l'ennemi commun eût été le pouvoir royal et lui seul.

Ce mouvement fut rapidement récupéré par les princes. Jaloux de son frère, le duc d'Anjou, le duc d'Alençon prenait la tête d'une coalition bientôt appelée « parti des malcontents », qui n'avait pour dénominateur commun que la volonté de chasser du pouvoir les Guise et leur camarilla catholique. Le « parti des malcontents » n'était pas confessionnel. Il réconciliait catholiques et protestants dans une commune opposition aux ultras qui tenaient le pouvoir par la terreur. Le parti soulevait La Rochelle, qui avait conclu une alliance avec les villes sécessionnistes du Midi. Le duc d'Anjou mit le siège devant la ville, qui résista pendant de longs mois. Élu roi de Pologne grâce aux intrigues savantes de la reine mère, il finit par abandonner : la paix conclue en 1573 donnait la liberté de culte à La Rochelle, Nîmes et Montauban.

Le Midi restait sous les armes. Quand Charles IX mourut, en mai 1574, le « parti des malcontents » organisa de nouveau la révolte : La Rochelle en prit la tête. Le Languedoc, sous la direction de son ancien gouverneur le comte de Damville, fit officiellement sécession. Un capitaine huguenot du nom de Montgomery soulevait la Normandie.

La France attendait un roi. Elle reçut le duc d'Anjou, qui abandonnait la Pologne pour se faire sacrer à Reims, sous le nom d'Henri III. Il préparait aussitôt la guerre.

D'Allemagne arrivaient à marche forcée les armées de Condé et de Jean Casimir. Henri de Navarre revenait à la religion réformée. Le duc d'Alençon commandait les insurgés. La prise d'armes mobilisait tout le parti huguenot. Il s'agissait de venger la Saint-Barthélemy.

Henri III abandonna aussitôt. Les opposants étaient trop forts, trop nombreux. Il voulait reprendre en main son royaume éclaté. En mai 1576 il consentait à réhabiliter les victimes de la Saint-Barthélemy (édit de Beaulieu), il autorisait le culte réformé dans toutes les villes de France, sauf Paris et les résidences royales. Les protestants avaient désormais huit places de sûreté dans le royaume. La justice dans les villes était mixte : des chambres spéciales étaient créées dans chaque Parlement pour assurer l'impartialité des débats. Dans son État monarchique, Henri III venait de faire sa place à l'État huguenot.

LE RETOUR EN FORCE DES PRINCES CATHOLIQUES.

Le parti catholique humilié poussait fort le roi dans la voie de la revanche. Une nouvelle « ligue » se constitua à Péronne, dont

Henri III prit la tête. Elle demanda au roi la convocation des États généraux.

Les protestants boycottèrent les élections à ces États, craignant d'être en minorité. Les seuls représentants réunis à Blois en 1576 étaient donc ceux des catholiques. Devant ces États, le roi promit de rétablir l'unité religieuse de la monarchie. En même temps les gouverneurs des provinces recevaient des instructions pour armer les catholiques en bandes.

L'argent manquait pour lancer une grande campagne. Les États n'avaient pas donné au roi les moyens financiers de sa politique. Villes et campagnes étaient ruinées. Ceux que n'enflammait pas la passion religieuse ou partisane étaient las de la guerre. Les bourgeois haïssaient les massacreurs, de quelque religion qu'ils fussent. Le roi dut se résoudre à conclure une sorte de trêve : la paix de Bergerac, en 1577. La liberté de culte était garantie dans une ville par bailliage et dans les places fortes des protestants. Ces places n'étaient livrées à leur disposition que pour six ans. Les tribunaux mixtes subsistaient, et la ligue catholique était dissoute.

Les protestants bravèrent allégrement la paix de Bergerac, dans toutes les provinces où l'autorité du roi était faible : le Languedoc par exemple. Henri de Navarre, gouverneur de Guyenne, faisait la guerre à son lieutenant, le maréchal de Biron, qui voulait faire appliquer la paix du roi. Les protestants dominaient le Midi, mais aussi l'Ouest et le Dauphiné. En Picardie, Condé s'emparait par la force du gouvernement de la province, en 1579. De nouveau les deux partis s'affrontaient, sans qu'aucun d'entre eux ne force la décision.

Le roi vivait dans un monde irréel, inconscient de son impuissance. Il se félicitait d'avoir arrêté les progrès des Réformés, d'avoir sauvé l'unité de façade de son royaume. Il menait grand train à la Cour, imposait une étiquette élaborée, des costumes fastueux, des fêtes continuelles. Et pourtant il encourageait les pratiques religieuses, les processions spectaculaires. Entouré d'une étrange coterie de courtisans, il était insensible aux dangers qui menaçaient le trône.

Le roi n'avait pas d'héritier, et ne pouvait en avoir. Le duc d'Alençon, devenu duc d'Anjou, convoitait la succession, mais mourait avant le roi, en 1584 : Henri III disparu, le trône serait vacant. Il n'y avait plus de Valois dans la succession et Henri de Bourbon, roi de Navarre, était héritier présomptif. La couronne allait-elle revenir à un huguenot ?

Henri de Navarre avait refusé d'abjurer, comme Henri III le lui demandait. L'incertitude sur l'avenir de la monarchie allait, dès lors, déchaîner de nouveau les passions. Les princes catholiques soutenaient la candidature du cardinal Charles de Bourbon. Les Guise formaient un parti, s'entendaient avec le roi d'Espagne. De Péronne, les ligueurs, de nouveau réunis, lançaient une « déclaration » annonçant une fois de plus leur intention de rétablir par les armes l'unité de religion dans le royaume (1585). Ils levaient aussitôt des troupes.

Cette fois le roi s'était abstenu de paraître. Il désapprouvait la ligue. Contre lui, les princes catholiques soulevèrent les provinces du Nord et du Centre. Toute la France était en rébellion : le cœur catholique, aux mains des ultras, s'apprêtait à frapper la périphérie, aux mains des protestants. Le roi, totalement débordé, donnait satisfaction à ses ennemis les plus proches, les catholiques : le traité de Nemours révoquait les précédents édits de pacification et imposait aux huguenots l'exil ou la conversion. Les ultras avaient demandé et obtenu la déchéance d'Henri de Bourbon. Une bulle du pape lui enlevait son royaume de Navarre.

LA LONGUE MARCHE D'HENRI DE NAVARRE.

Une guerre furieuse se préparait : la huitième depuis le début des troubles. La propagande des Guise faisait rage jusque dans les seigneuries rurales. Ils répandaient à pleines mains l'argent du roi d'Espagne pour lever des soldats et acheter des armes. La « sainte union des catholiques » dominait à Paris, à Lyon, à Bordeaux, à Marseille, à Dijon et à Rouen. A Marseille le maire Cazeaux imposait par la terreur le respect de la foi catholique et romaine.

En face du duc de Guise, Henri de Navarre était le plus puissant des dissidents huguenots. Il levait aussi des troupes, réunissait à Montauban, à l'Assemblée de la ville, les chefs français et étrangers de la Réforme, pour arrêter une politique commune. Les Allemands, les Anglais étaient venus. On y remarquait même des Espagnols en exil. L'Angleterre fournissait l'argent, et les princes allemands les soldats. Toute l'Europe entrait dans la danse.

Henri III avait aussi levé une armée. Il s'était aussitôt fait battre par Henri de Navarre à Coutras en 1587. Les protestants furent ensuite vaincus en plusieurs combats, non par le roi de France, mais par les Guise. Ceux-ci rossèrent les Allemands de Navarre à Vimory et Auneau. Ils semblaient dominer la situation.

Le roi refusait de retomber en leur pouvoir. Il voulut négocier avec Navarre. Paris apprit sa démarche. Les Parisiens, travaillés par la propagande de la ligue, se révoltèrent. En mai 1588 le roi dut quitter son palais, abandonner la capitale aux ligueurs. Ils répandèrent le bruit que le roi voulait y faire entrer Navarre.

Ainsi les Guise, vainqueurs aux frontières, s'étaient rendus maîtres de Paris. Comment le roi aurait-il pu leur résister ? Il dut accepter de convoquer, à leur demande, les États généraux, qui, bien entendu, approuvèrent tout ce que les Guise proposèrent. Le résultat de cette manœuvre fut l'édit d'Union, signé par le roi à Rouen, qui donnait toutes satisfactions au parti catholique.

Le roi avait signé à contrecœur un édit qui allait contribuer à rendre courage aux protestants humiliés. Il avait eu la main forcée. Il n'était plus le roi. Pour reprendre en main le pouvoir, il eut recours aux méthodes florentines de la reine mère : le 23 décembre 1588, ses gardes assassinèrent le duc de Guise. Tous les chefs catholiques furent emprisonnés. On égorgea le cardinal de Lorraine dans son cachot. Son cadavre et celui d'Henri de Guise furent brûlés.

Le roi venait d'ordonner une Saint-Barthélemy des catholiques. Sa mère mourait en 1589. Il était seul en face de ses responsabilités. Il espérait recouvrer son autorité, grâce à son coup de force, dans les provinces qui n'étaient pas gagnées à la Réforme.

C'était sous-estimer le soutien populaire des ligueurs. Les villes catholiques flambèrent dans un grand sursaut révolutionnaire. Le roi fut brûlé à Paris en effigie. Les statues royales furent brisées. L'Université rejoignait le camp des révoltés. Des conseils d'ultras dominaient les quartiers de Paris et faisaient régner la terreur. Tous les partisans du roi furent jetés en prison. Un « conseil général de l'Union » prit le pouvoir, envoyant des représentants en province. Le duc de Mayenne, un des chefs ultras, fut nommé lieutenant général du royaume.

Le roi n'avait plus ni troupes ni partisans. Il ne pouvait guère compter que sur la région de la Loire et sur le Bordelais. Il n'avait plus d'argent, et ne pouvait plus lever d'armée. En 1589 il prit le parti de se rendre au-devant d'Henri de Navarre pour lui proposer une réconciliation.

Navarre accepta le principe, mais refusa d'abjurer. Les deux Henri vinrent mettre le siège devant Paris. Un moine fanatique réussit à assassiner Henri III. Cette fois le désordre était à son comble.

L'état du royaume était pitoyable : la monnaie n'était plus respectée sur les places commerciales. Les étrangers avaient fui. Les campagnes étaient dévastées, les routes infestées de brigands. Les populations urbaines étaient cruellement démunies de vivres et de ressources. A Paris le peuple avait montré qu'il était prêt à se révolter contre n'importe quelle décision royale : levée d'impôts ou de soldats par exemple. L'exemple de Paris gagnait la province : il n'y avait plus d'autorité. Le roi était mort, le trône vacant.

Devant les murs de Paris, toujours aux mains des ligueurs, Henri de Navarre méditait : certes le trône était à prendre, mais le pouvoir royal n'existait plus. Les deux partis qui déchiraient la France, le sien et celui des Guise, avaient fait amplement la preuve, en trente-six ans de guerres, qu'ils étaient incapables d'exercer seuls le pouvoir. Il fallait à la France exsangue un puissant remède politique. Le roi partisan devait, pour régner, devenir le grand réconciliateur. « Paris vaut bien une messe » et Henri de Navarre n'en est pas à une abjuration près. C'est en roi catholique qu'il fera son entrée dans la capitale, à la tête de ses fidèles huguenots. Il le fait savoir aux Parisiens.

CHAPITRE 8

La reconstitution du royaume

De 1589 à 1661, un roi et deux cardinaux devaient travailler avec acharnement à la réconciliation des Français, puis à la restauration de l'État. Il appartenait au Béarnais de rétablir la paix avec une extraordinaire intelligence politique, digne de Louis XI, et de faire profiter la monarchie d'un sang neuf, celui des Bourbon. Il appartiendrait aux cardinaux Richelieu, puis Mazarin, de rétablir l'autorité du roi dans son royaume, et le principe de l'absolutisme. Après les fureurs de la guerre civile, la marche vers l'organisation d'un État fort, centralisé, efficace, serait inexorable. Les villes libres du Midi et les provinces périphériques troublées allaient rentrer dans le rang.

Henri IV, le réconciliateur.

UN ROYAUME A PRENDRE.

Pour la reconquête du royaume, la personnalité d'Henri de Navarre était l'élément politique le plus important. Il ne suffisait pas, en effet, d'être vainqueur à la guerre. Il fallait pacifier, conquérir les cœurs.

Le rude Béarnais était capable de l'un et de l'autre. Pour la guerre, il avait fait ses preuves : depuis des mois il partageait la vie de dangers — et de plaisirs — des gentilshommes et hommes de main gascons de sa bande turbulente. Il n'hésitait jamais à monter à cheval pour se lancer au cœur d'une chaude affaire. C'était un roi viril, empanaché, botté, cuirassé, un roi galant homme, ou gentil-homme, à la manière de François Iᵉʳ.

Mais Henri le Navarrais avait gardé la rudesse de ses mon-tagnes. Au raffinement légèrement efféminé des derniers Valois, il opposait le côté bourru, agressif et « grand cœur » des paysans des Pyrénées. Sa correspondance permet de reconstituer les traits du personnage, à la fois ferme et subtil.

Marié depuis 1572 à la tumultueuse « reine Margot » (Margue-rite de Valois) qui entretenait en 1584 sur les terres de son mari des bandes armées contre son autorité, Henri de Navarre préférait aux grâces inquiétantes des dames de la Cour les aventures faciles des campagnes militaires. Il était entouré de compagnons fanatiques qui le suivaient à cheval où qu'il leur demandât d'aller.

Respecté, adoré de ses partisans, le roi « au panache blanc » était un conciliateur, un réconciliateur en puissance. Il avait abjuré par deux fois déjà, quand il se présentait sous les murs de Paris. Les scrupules religieux n'étaient pas son fait : tête politique, non métaphysique. Éduqué par Jeanne d'Albret dans la foi protestante, il tenait aux réalités plus qu'aux principes, au pouvoir plus qu'aux doctrines. Homme d'action, non de passions, homme de bon sens surtout, il était prêt déjà, au soir du 2 août 1589, quand les plus grands seigneurs avaient juré à Henri III mourant de reconnaître Henri de Navarre — il était prêt à aller à la messe pour prendre d'un coup Paris et le pouvoir.

Dès le 4 août, il signa, malgré les protestations de ses chers hugue-nots, une déclaration par laquelle il s'engageait à respecter les formes catholiques de l'État, à ne pas inquiéter les catholiques dans leurs fonctions. C'était assez pour rassurer une partie des catholiques de l'armée réunie par Henri III, mais certainement pas pour apaiser les ultras du duc de Mayenne, qui venaient de proclamer roi le vieux cardinal de Bourbon sous le nom de Charles X.

Henri IV dut aller bien au-delà : il promit de réunir un concile. En 1593 il accepta de se faire « instruire » dans la religion catho-lique. L'archevêque de Bourges reçut son abjuration solennelle en la basilique Saint-Denis, le 25 juillet 1593.

Les ligueurs voyaient dans cette abjuration beaucoup de cynisme, et ne croyaient certes pas en la sincérité du roi. Ils s'opposaient à ce que celui-ci fût sacré à Reims, où ils détenaient le pouvoir. Henri s'en fut à Chartres recevoir l'onction et la couronne. Paris finit par lui ouvrir ses portes sans combat, tant les Parisiens détes-

taient les ligueurs qui avaient appelé à l'aide les Espagnols de
Philippe II.

Henri fit à Paris une entrée triomphale le 22 mars 1594. Il avait
très vite compris qu'il fallait chercher dans la capitale la décision
politique : qui tient Paris tient la France. Se retirer dans le fidèle
Midi eût été une faute. Il devait l'emporter au Nord.

Les ultras n'étaient pas en mesure de l'intimider. Son abjuration
ne lui avait pas été imposée. Il avait battu les ligueurs en Picardie,
en Normandie et en Champagne. A Ivry, en 1590, le duc de Mayenne
avait subi un grave échec. Dans les provinces, un mouvement se
dessinait, même chez les catholiques, en faveur du Navarrais.
Issoire, par exemple, et bientôt toute l'Auvergne reconnaissaient
l'autorité d'Henri.

Il est vrai que, dans le même temps, une armée d'Espagnols
commandée par le duc de Joyeuse envahissait le Languedoc, que le
duc de Savoie faisait main basse sur la Provence et le Dauphiné,
que le duc de Lorraine s'emparait des Ardennes et d'une partie
de la Champagne, que le duc de Mercœur enfin se taillait un
fief indépendant en Bretagne, soulevant dans le pays une sorte de
chouannerie.

En 1592 Henri IV devait faire face aux Espagnols, au duc de
Savoie, au pape lui-même qui avait envoyé une armée contre lui.
Sans doute pouvait-il compter sur le secours des Anglais, des Allemands et des Hollandais. Mais la recherche d'une décision militaire aboutissait à une prolongation « sine die » sur le sol français
non seulement de la guerre civile, mais de la guerre étrangère.

L'abjuration de 1593 manifestait le désir du roi de rechercher
une solution politique et non pas seulement militaire — et de régler
les problèmes français entre Français. Le pays était las de voir les
armées étrangères camper sur son sol. Les catholiques une fois
ralliés, Henri comptait s'occuper lui-même des étrangers.

Ce ralliement ne faisait aucun doute : l'abjuration avait divisé
les ligueurs. Les plus modérés comme Vitry, le conseiller du duc
de Mayenne, ou Le Bois-Rosé, qui tenait Fécamp, s'étaient ralliés
tout de suite. Si les intransigeants attendaient toujours les secours
du roi d'Espagne, de nombreuses villes ligueuses s'étaient rendues :
Lyon, Aix et toute la Provence. Les ralliements étaient du reste
facilités par la politique du roi, qui distribuait aux grands seigneurs
catholiques pensions et commandements, et aux villes les franchises
et les garanties. Au total le roi devait se borner à chasser du royaume
ou de la capitale une centaine d'irréductibles et à expulser les jé-

suites, qui complotaient contre lui. Il montra tant de modération
et de générosité dans le traitement de ses adversaires que le pape
lui-même se décida à absoudre le Navarrais de son passé huguenot,
en septembre 1595. Il était alors clair aux yeux de tous que la
reconquête du royaume était définitive. A cette date tous les grands
seigneurs catholiques reconnaissaient l'autorité du roi.

Il fallut encore trois ans pour chasser les étrangers de France. A
Fontaine-Française, une victoire de l'armée royale sur la robuste
infanterie de Philippe II permit de reconquérir d'un coup la Bourgogne. Le pape facilita la paix, qui fut conclue à Vervins en 1598.
L'Espagne avait échoué sur mer dans sa guerre contre l'Angleterre.
Elle n'était pas parvenue à dominer les Pays-Bas. Elle venait de
perdre la guerre française. Elle abandonnait d'un coup sa position
d'hégémonie en Europe. La fin des guerres de Religion situait de
nouveau la France en position de grande puissance européenne.
L'autorité du roi en sortait grandie. Il avait libéré seul son royaume,
sans le secours des armées étrangères.

UN ROYAUME A REFAIRE.

Dans le royaume reconquis, il fallait restaurer l'État. Henri IV
devait s'y employer efficacement.

Les huguenots, ses compagnons, avaient très mal accueilli sa
plus récente abjuration. Ils avaient constitué un parti, divisé le
royaume en neuf grandes régions, renforcé leur organisation fédéra-
liste et égalitaire, dans le cadre des « assemblées ». Ils n'entendaient
pas être les victimes du « ralliement ». Bouillon et La Trémoille, les
chefs protestants, demandaient l'égalité avec les catholiques dans
tous les emplois dépendant de l'État. Henri IV allait-il céder, et
rétablir les deux France ? Pouvait-il refuser toute concession à ses
propres amis ?

Il céda et ce fut, le 13 avril 1598, l'*édit de Nantes*, déclaré « perpétuel ». La liberté de conscience devenait un droit des sujets du roi.
La liberté de culte recevait une extension sensible. L'égalité civile
était affirmée. Des chambres mixtes étaient instaurées dans quatre
grands Parlements de province. Pour huit ans, les protestants recevaient cent places fortes avec garnisons et gouverneurs de leur
parti. Ils avaient le droit d'entretenir une armée permanente de
25 000 hommes.

Aussitôt l'Église catholique et les Parlements protestaient : le Parlement de Paris refusait d'enregistrer l'édit.

« Je veux être roi maintenant et parle en roi, dit Henri IV aux parlementaires rassemblés. Je veux être obéi. A la vérité, les gens de justice sont mon bras droit ; mais si la gangrène se met au bras droit, il faut que le gauche le coupe. »

La menace fut entendue, et l'édit enregistré. L'opposition catholique restait sans effet.

Le roi lui donna bientôt des sujets de satisfaction : en 1603 les jésuites étaient autorisés à rentrer dans le royaume. Henri IV faisait montre de générosité à l'égard des œuvres, et assistait fort régulièrement aux offices religieux. Il poussait l'esprit de conciliation jusqu'à choisir un père jésuite comme confesseur, le célèbre père Coton. A Paris le collège de Clermont rouvrait ses portes.

Le roi cependant renforçait par tous les moyens son autorité. Il décidait de ne plus réunir les États généraux, de sinistre mémoire, qui avaient humilié les précédents règnes. Il nommait à la tête du Parlement de Paris, qui avait multiplié les tentatives de contrôle du pouvoir royal pendant les troubles, le fidèle président de Harlay. Il n'hésitait pas à brusquer les parlementaires pour leur imposer l'enregistrement des édits qu'ils désapprouvaient.

En province, il fut pareillement intransigeant avec les parlementaires. Il exigea une soumission totale des États provinciaux qui se réunirent de nouveau en Bretagne, en Normandie, en Dauphiné et en Languedoc. Il ne leur accordait pas le droit de discuter l'impôt, mais seulement de le répartir. A Bordeaux où grondait la révolte, il tint un langage un peu vif :

« Je suis votre roi légitime, votre chef, dit-il au président de Cheyssac. Mon royaume en est le corps, vous avez cet honneur d'en être membres, d'obéir et d'y apporter la chair, le sang, les os et tout ce qui en dépend. »

Après les États, les municipalités : elles avaient reçu d'importantes franchises à la fin de la guerre. Le roi dut intervenir, pour se faire respecter, dans les élections municipales. Il soutint les échevins loyaux, écarta les autres, diminua leur nombre pour être sûr de les tenir bien en main. Il conserva des garnisons dans les villes suspectes pour leur faire bien sentir la proximité du pouvoir royal.

L'administration elle-même fut l'objet de tous les soins du roi. Pour se faire obéir, il multiplia les offices et démultiplia les institutions centrales. Le chancelier Pomponne de Bellièvre, le ministre Sully, durent accueillir de nouveaux compagnons : chacun des quatre secrétaires du roi reçut au Conseil des attributions précises. En province, où le Conseil donnait des ordres aux intendants, serviteurs zélés du roi, les gouverneurs montraient quelque velléité d'indépendance. Les intendants furent installés à demeure dans les chefs-lieux des généralités.

Les grands seigneurs voyaient d'un mauvais œil les progrès de la centralisation monarchique. En 1600 ils se réunirent pour tenter de s'emparer du pouvoir. Turenne, le duc de Bouillon, le prince de Sedan, le duc d'Épernon, gouverneur de l'Angoumois, le duc de Savoie et le maréchal de Biron étaient, avec Henriette d'Angleterre, les têtes du complot. Les provinces de l'Ouest, mécontentes de l'impôt sur le sel, la gabelle, étaient prêtes à se soulever.

Le roi réagit promptement. Il fit arrêter Biron, qui fut jugé, condamné à mort et décapité en 1602. Une puissante armée royale attaquait le duc de Bouillon qui capitulait en 1606. La conjuration des grands seigneurs était un échec total. Le roi restait le maître en son royaume.

LES COMPTES DE MONSIEUR DE SULLY.

Le complot n'aurait eu aucune chance de succès s'il n'avait exploité le mécontentement populaire contre la fiscalité du roi. Il fallait pourtant bien que Sully, grand argentier du royaume, rétablît, aux dépens des contribuables, l'état des finances, qu'il tentât de résorber la dette publique dont les intérêts seulement couvraient un quart des recettes du Trésor. Il fallait payer à la fois les combattants amis et ennemis, acheter le désarmement général.

Qui faire payer ? Les paysans ruinés par quarante ans de guerres, de troubles, d'insécurité ? Les privilégiés dont on espérait le ralliement définitif ? Les villes, qui avaient acheté des exemptions fiscales, payant au roi une certaine somme, une fois pour toutes ? La trésorerie de Sully ne pouvait, semble-t-il, trouver de recettes qu'en créant de nouveaux impôts indirects.

Sully comprit que, pour faire payer les Français, il fallait d'abord les laisser respirer :

« Je remis par tout le royaume, expliqua-t-il, le reste des impôts de 1596, qui étaient encore à payer ; action autant de nécessité que de charité et de justice. Cette gratification, qui commença à soulager le peuple, fit perdre au roi vingt millions. Mais aussi elle facilita le paiement des subsides de 1597, qui, sans cela, serait devenu moralement impossible. »

Le bon sens de Sully fit merveille. L'ancien compagnon d'Henri de Navarre devenu surintendant des Finances était trop adroit pour créer de nouvelles aides ou de nouvelles gabelles. En ménageant les Français, il put se contenter d'étendre et de généraliser le système existant, d'organiser la levée de l'impôt partout où elle était possible. Rapidement, par ces méthodes, le produit en fut doublé.

Sully créa tout de même une ressource nouvelle très fâcheuse pour l'avenir du pouvoir monarchique : la « paulette ». C'était un droit attaché aux titulaires d'un office de justice ou de finance. L'officier devait payer au roi la « paulette » pour avoir le droit d'exercer son office. La somme, fixée par le roi, était payable annuellement, et dispensait les titulaires de déclarer la disponibilité de l'office quarante jours avant leur mort. L'institution de la « paulette » aboutissait donc, en fait, à la création d'une caste héréditaire d'officiers royaux, qui, en échange de leur office, s'engageaient à payer tous les ans au roi un soixantième du prix d'achat de cet office. La monarchie était ainsi « vendue au détail ».

Dans l'immédiat, la perception de ces nouveaux droits permit au Trésor de revivre. Sully profita des nouvelles mesures pour reprendre en main les titulaires d'offices financiers, pour faire rendre gorge aux plus corrompus d'entre eux. La surveillance de la gestion des officiers tenant des comptes publics fut renforcée. Sully s'arrangea également pour rembourser à des taux très faibles les titulaires de rentes de l'État. Son obstination permit au Trésor de jouir d'une réelle aisance, de 1600 à 1610.

Cette aisance n'aurait pas été possible sans le bond en avant des activités économiques, dès la fin des guerres de Religion. Les campagnes avaient été pacifiées, purgées de leurs bandits et de leurs loups. On avait réduit, parfois à grands frais, les jacqueries paysannes, comme celle de 1580 en Dauphiné ou celle des « croquants » de 1594 en Périgord et en Limousin. Il avait fallu livrer là-bas une véritable bataille contre une armée de paysans en colère. Pour calmer les campagnes, Sully leur avait fait grâce des arriérés de la taille. Il en avait d'ailleurs diminué en 1599 le montant, pour permettre aux villages de retrouver leur équilibre. La taille était passée, globalement, de dix-huit millions de livres à quatorze millions.

En même temps le roi encourageait la petite noblesse, qui avait fait continûment la guerre, à retourner aux champs. Olivier de Serres publiait alors son ouvrage *Théâtre d'agriculture*, où il étudiait les moyens de faire fructifier les domaines. Le roi demandait à des spécialistes hollandais d'enseigner en France les techniques d'assèchement des marais. Des résultats intéressants étaient obtenus dans le Bordelais, la basse Seine, le Marais poitevin, la Limagne. Pour prévenir les famines, on interdisait le trafic des blés avec l'étranger. Sully, « grand voyer de France », s'efforçait d'améliorer les communications intérieures pour permettre aux blés et autres produits agricoles de se vendre à meilleur compte sur les marchés. On entreprenait quelques grandes percées de canaux : le canal du Midi, commencé en 1610, et le canal de Briare.

Ces mesures donnaient d'heureux résultats. La condition des paysans tendait à s'améliorer. La production agricole s'accroissait régulièrement, sans que le prix du blé baissât. La dépréciation continue des monnaies renforçait la position financière des villageois vis-à-vis des seigneurs.

> « Si Dieu me prête vie, disait le roi, je ferai qu'il n'y aura point de laboureur en mon royaume qui n'ait le moyen d'avoir une poule dans son pot. »

Cette réplique d'Henri IV devait, plus que tout, lui valoir une grande popularité dans les villages.

Si neuf Français sur dix vivaient d'agriculture, la France du XVIᵉ siècle avait fait un effort considérable dans certains secteurs de la production industrielle. Mais les maîtres et compagnons des nouveaux métiers étaient souvent calvinistes. Ils étaient partis pour l'étranger. Sully accordait une grande importance à la production industrielle, qui permettait de garder l'or dans le royaume, en évitant les achats à l'étranger. Il entreprit de systématiser la politique des précédents rois, qui avaient créé des manufactures. L'État accordait au départ son aide aux entrepreneurs, et leur donnait le monopole de la fabrication d'un produit. Sully créa quarante des quarante-huit manufactures qui travaillaient en France à la mort du roi.

Barthélemy Laffemas, conseiller du roi, donna une vive impulsion à l'industrie de la soie, acclimatée en France depuis Louis XI. Des ateliers nouveaux furent ouverts à Lyon, à Tours ; dans la vallée du Rhône, on développa la culture du mûrier, pour éviter les importations de fils de soie. Le Languedoc, le Poitou et le Vivarais réussirent si bien dans cette culture que la France devint exportatrice, non seulement de tissus, mais de fils de soie.

L'imprimerie, les poudreries, les manufactures d'armes et d'artillerie, les fabriques de tapisseries, de textiles divers, les chantiers navals furent également encouragés. Grâce à ces initiatives, le commerce extérieur reprit son essor : Marseille et les ports de l'Océan connurent une grande activité. La France redevenait une puissance économique.

REPRENDRE PLACE EN EUROPE.

Henri IV n'aimait pas la guerre et rêvait d'une « paix perpétuelle ». Mais il était roi de France. Dans sa politique extérieure, il s'inspira du réalisme d'un Louis XI.

Au traité de Paris, en 1600, il récupérait les conquêtes faites en France par le duc de Savoie, y compris la Bresse. Au traité de Lyon, en 1601, il prenait en outre le Bugey, le Valromey et le pays de Gex. L'année d'après, le roi renouvelait les accords de François Ier avec les cantons suisses. En Orient, il restait l'ami des Turcs.

Les Habsbourg, cependant, demeuraient menaçants. Ils n'appréciaient pas la protection donnée par Henri IV aux protestants des Flandres, ni ses médiations, en Italie du Nord, entre le pape et les Vénitiens. N'avait-il pas, en outre, encouragé les protestants d'Allemagne à constituer, en 1608, une « Union évangélique », évidemment dirigée contre les Habsbourg d'Espagne et d'Autriche ?

Le conflit se produisit à la mort du duc de Clèves et de Juliers, quand ses possessions furent revendiquées par les princes protestants. L'empereur Habsbourg intervint. Une *Sainte Ligue* groupa tous les princes catholiques. Henri IV, amoureux de la jeune Charlotte de Montmorency, la poursuivit dans les Pays-Bas espagnols où son mari, le jeune Condé, avait trouvé refuge. Se battait-on aussi pour une maîtresse royale ?

La guerre menaçait en Europe. Le moindre prétexte pouvait mettre le feu aux poudres. Le roi de France avait levé l'armée.

L'Europe protestante ne le soutenait guère dans une querelle contre les Habsbourg que l'on sentait très personnelle ; les princes de l'Union évangélique ne voulaient se battre que pour Clèves. Ils n'avaient cure de l'Espagne et des maîtresses du roi. Les « paillardises et adultères du roi » scandalisaient aussi le peuple parisien qui menaçait de ne plus payer les impôts.

Le roi devait partir en guerre le 16 mai 1610. Le 14, il était poignardé dans son carrosse par un fou nommé Ravaillac. La guerre de Troie n'aurait pas lieu.

De Concini à Richelieu.

LES ITALIENS DANS PARIS.

Il revenait à une autre Médicis, Marie, femme d'Henri IV, fille d'une archiduchesse de Vienne, de recueillir la régence à la mort du roi. Elle allait diriger le royaume pendant sept ans. D'Henri IV à Louis XIV, l'histoire de France n'a plus de rois. Le pâle Louis XIII ne comptera guère. Il y aura deux régentes, et deux cardinaux.

La première régence fut longue, difficile, tendue. L'héritage d'Henri IV était plus délicat à recueillir qu'il ne pouvait le sembler. En accordant des bénéfices et des blâmes très judicieusement dans les deux partis, le roi avait brouillé les cartes. Il était le seul à se reconnaître dans le subtil assemblage de clients et d'ennemis qu'il s'était construit.

A sa mort, privilégiés et frères ennemis se mesurent. Les grands voient leurs ambitions ressurgir, les factions renaissent. Condé est à Milan, Soissons est loin de Paris. Épernon est colonel général de l'infanterie. Soutenu par Guise, c'est lui qui fait donner la régence à Marie de Médicis. Les parlementaires de Paris l'ont suivi.

Le premier travail du nouveau pouvoir est d'abandonner au plus tôt la politique étrangère d'Henri IV. On ne peut risquer une guerre. On fait la paix avec l'empereur, on décourage le duc de Savoie. On marie Louis XIII à l'infante d'Espagne et sa sœur, Madame Élisabeth, avec le prince des Asturies.

Cependant l'*édit de Nantes* est confirmé ; l'assassin du roi, cruellement exécuté. La politique intérieure ne change guère. Le départ de Sully a pour effet de précipiter la course aux pensions royales, genre où excellent les grands seigneurs. Par ce moyen, de fabuleuses fortunes se constituent. La régente achète littéralement les services de la noblesse, et s'attache ses propres favoris : l'Italien Concini est gouverneur de trois places fortes, marquis d'Ancre, lieutenant général de Picardie et premier gentilhomme de la chambre du roi. Il a épousé Eleonora Galigaï, la sœur de lait de la régente. Grâce à la faveur de la reine il cumule toutes les charges.

Concini put jouer bientôt un rôle politique, entre les deux factions qui se disputaient le pouvoir. L'une était en place, auprès de la régente : c'est celle des Guise et d'Épernon. L'autre, qui voulait prendre la place, se groupait derrière Conti, Nevers, Mayenne, Bouillon, Longueville et Condé. Ces « princes » décidaient en 1614 de rompre avec la régence, et de se retirer dans leurs provinces. Ils levaient les armes et réclamaient la convocation des États généraux. La France était revenue aux temps d'Henri III. La régente se soumettait aussitôt : c'était la *paix de Sainte-Menehould*.

En 1614, Louis XIII était majeur. Il n'en demanda pas moins à sa mère de continuer à assumer la charge du pouvoir. Les États généraux, où les partisans de Marie dominaient, lui firent confiance. Ils exigèrent l'abolition de la vénalité des charges et le renforcement de l'autorité royale. Les représentants du Tiers État demandaient, pour leur part, l'abolition des pensions qui profitaient tant à la noblesse. Cette revendication fit le front uni des privilégiés, de noblesse d'épée ou de robe, contre toute velléité de réforme. Marie put ainsi négocier : elle promit aux parlementaires et aux privilégiés de maintenir pendant trois ans encore la vénalité des offices. En échange, le Parlement de Paris reconnaissait son pouvoir souverain.

Déconfits, les princes durent transiger. Ils avaient exigé la réunion des États pour les manœuvrer, et voilà qu'ils se retournaient contre eux. La célébration du mariage espagnol de Louis XIII fut suivie de peu par la soumission de Condé. Les princes étaient plus à l'aise sur un champ de bataille que dans une réunion de parlementaires.

Il est vrai que la rentrée à Paris du prince de Condé suscita un grand mouvement de sympathie dans la population, massée pour l'acclamer. Sa popularité empêchait Concini de dormir. Le tout-puissant conseiller italien de la reine obtint d'elle l'arrestation du prince, ainsi que le renvoi des vieux ministres d'Henri IV. Il formait un gouvernement composé d'inconnus dévoués à sa cause, parmi

lesquels un évêque, du Plessis de Richelieu, nommé secrétaire
d'État à la Guerre et aux Affaires étrangères. Richelieu arrivait
ainsi au pouvoir en pleine révolte des princes.

De fait le duc de Nevers prenait la tête d'une coalition qui se
proposait de libérer Condé. La guerre civile risquait de recommencer. Un coup de théâtre comparable à l'assassinat d'Henri IV changea la face des choses : Concini fut tué, à l'instigation de Louis XIII,
en 1617. Le roi était cette fois décidé à exercer personnellement
le pouvoir.

DE LUYNES ET LA CONTRE-RÉFORME.

Le roi avait éloigné Marie de Médicis, mais s'était entiché d'un
conseiller qui, pendant quatre ans, régna à sa place. Albert de
Luynes était, à vrai dire, plus qu'un conseiller. C'était l'ami, le
confident, le favori du roi. Fait duc, pair de France, connétable et
gouverneur de Picardie, il commença par se débarrasser des Italiens
de la Cour. Les ministres nommés par Concini furent renvoyés,
Eleonora Galigaï fut jugée comme sorcière. Craignant pour ses
jours, la reine mère s'enfuit à Blois. Du Plessis de Richelieu trouva
refuge en terre papale, à Avignon. N'était-il pas évêque de Luçon ?

La faveur de Luynes fit aussitôt des jaloux. Tous les grands
seigneurs se flattaient de pouvoir conseiller le roi. D'Épernon se
retira dans son gouvernement de Metz, puis à Angoulême, où il
rejoignit Marie de Médicis. Celle-ci gagna Angers pour rallier tous
les princes. Elle méprisait la paix que lui avait offerte son fils.
Épernon, Mayenne, Longueville, Nemours, Soissons, Retz étaient
derrière elle. L'Ouest soutenait la rébellion. L'armée réunie de
nouveau par les princes fut pourtant battue par le roi en Normandie,
pendant l'été de 1620. Marie de Médicis dut accepter la paix et
reprendre le chemin de la Cour.

A peine débarrassé des princes, de Luynes se trouvait devant
le problème religieux, que la régence n'avait pas réglé. Henri IV
avait pacifié le royaume en rendant aux protestants les clés
de leurs villes, en leur permettant de constituer une sorte
d'État dans l'État. Sous Louis XIII les temps avaient changé en
Europe : la Contre-Réforme l'avait partout emporté, sauf dans les
pays solidement tenus par les Réformés. Louis XIII n'avait pas
les mêmes raisons que son père de ménager les huguenots, et tout

son entourage était acquis aux idées de reconquête des jésuites, de Luynes le premier. En combattant les protestants, le roi touchait un double but : il récupérait contre eux sa prérogative royale et il participait au grand combat de la Contre-Réforme catholique, qui dominait l'Europe.

Une renaissance catholique venue des profondeurs avait partiellement effectué, depuis 1615, son travail de reprise en main de la société civile. L'Église, curieusement, jouait maintenant le pape contre le roi : réunie en 1615 en une *Assemblée du clergé*, elle avait pris la décision, sans consulter le roi, d'appliquer en France les clauses du Concile de Trente, qui restreignaient les libertés gallicanes.

L'effort d'évangélisation s'était intensifié, grâce à l'énergie déployée par quelques-uns : le cardinal de Bérulle par exemple, qui avait fondé une confrérie pour instruire les prêtres des choses de leur ministère. Formés par Bérulle, des prêtres de choc étaient mis à la disposition des évêques. Ils devaient reconquérir toute la société. L'un de ces curés bérulliens, dans la campagne parisienne, s'appelait Vincent de Paul. Il devait convertir bientôt les paysans des Dombes. Le clergé régulier était réformé par un autre cardinal, La Rochefoucauld. Il encourageait certaines abbesses à mettre la foi au-dessus des habitudes, à quitter la retraite pour évangéliser les foules urbaines. Angélique Arnauld, grande bourgeoise parisienne, fut de ces intrépides et intransigeantes abbesses. Une autre bourgeoise de Paris, Mme Acarie, attira dans la capitale les carmélites espagnoles qui recrutèrent massivement. Les capucins recueillirent aussi beaucoup de vocations. Les jésuites multipliaient les collèges, et les ursulines ouvraient à Paris le premier établissement d'enseignement destiné aux jeunes filles. La directrice s'appelait Mme de Sainte-Beuve.

Les efforts de la reconquête étaient couronnés de succès dans les milieux intellectuels. Deux ouvrages étaient alors partout répandus, jusqu'à devenir de véritables livres de doctrine : les *Exercices spirituels* d'Ignace de Loyola, fondateur de l'Ordre des jésuites, et l'*Introduction à la Vie dévote* de François de Sales. Un « parti des dévôts » se constituait à Paris, efficace groupe de pression dont l'action se ferait sentir encore pendant le règne personnel de Louis XIV. Ce parti poussait à l'intransigeance de l'État catholique et à l'expulsion des hérétiques.

GUERRE AUX PROTESTANTS.

Dès 1620, les « dévots » encourageaient le roi à une politique de reconquête. Vainqueur des princes, Louis XIII n'était pas sourd aux conseils du cardinal de Bérulle. Il se rendit en Béarn, le pays de son père, où les protestants ne voulaient pas restituer les biens d'Église. Le culte catholique fut rétabli et la province rattachée au royaume.

C'était rallumer la guerre de Religion. Les protestants aussitôt fourbirent leurs armes, demandant le secours des Anglais. Ils réunirent une armée à La Rochelle pendant que le Languedoc s'insurgeait. Pendant neuf ans, catholiques et protestants allaient de nouveau se déchirer.

Le roi ne prétendait pas, comme les bérulliens, exterminer l'hérésie, mais seulement ramener à la loi commune des sujets en état de rébellion. Les protestants n'en estimaient pas moins qu'il avait rompu le contrat d'Henri de Navarre.

De nouveau des princes, mais des princes huguenots, se partagèrent les provinces révoltées : Soubise, Rohan, le duc de la Force commandaient les rebelles. Le Midi et le Centre-Ouest étaient en état de guerre civile.

La campagne entreprise par le roi et de Luynes en 1621 donnait largement la victoire au parti catholique. Soubise, battu, dut chercher refuge en Bretagne. Le Languedoc et la vallée de la Garonne furent reconquis. Mais certaines villes résistaient encore, comme Montpellier ou Montauban, où de Luynes devait trouver la mort. Le roi dut renoncer à leur siège pour éviter l'invasion de la France par des bandes de reîtres allemands. Il fit la paix en 1621, convaincu que l'état de l'Europe, où se réveillait la puissance des Habsbourg, le lui commandait impérieusement. Les protestants devraient raser leurs places fortes, sauf La Rochelle et Montauban. L'*édit de Nantes* était confirmé.

En Allemagne, la *défenestration de Prague*, en 1618, avait rallumé la guerre. Vainqueur à la Montagne Blanche, l'empereur avait rendu héréditaire la couronne de Bohême — qu'il possédait déjà — et il établissait son hégémonie sur toute l'Europe centrale. Louis XIII affecta de se réjouir de ce triomphe de l'orthodoxie catholique. En fait, il savait que le prestige de la France, depuis la mort d'Henri IV, s'était beaucoup amoindri en Europe. A la politique traditionnelle d'Henri IV qui consistait à soutenir toutes les minorités protestantes

contre le pouvoir des Habsbourg catholiques, Louis XIII, imprudemment, avait cru bon de substituer une politique de croisade,
avantageuse pour l'empereur, et désastreuse pour la France. Il
était temps de faire machine arrière.

Le consulat de Richelieu.

RICHELIEU CONTRE LA CASTE MILITAIRE.

Trois ans après la mort de Luynes, en 1624, la reine mère, qui
avait gardé de l'influence sur son faible fils, avait réussi à ramener
aux affaires une des créatures de Concini : du Plessis de Richelieu.
Le souci constant du cardinal, qu'il avait curieusement hérité de
Concini, devait être d'abattre les grands, pour restaurer l'État.
Richelieu jeune avait une vocation pour les armes. Vocation contra-
riée : n'étant pas de grande noblesse il avait, pour des raisons familiales, accepté de devenir évêque de Luçon. Mais il avait conservé,
avec les connaissances du lettré, le courage et l'esprit d'entreprise
du soldat. Il avait aussi gardé au cœur le mépris de la caste militaire,
à qui il suffisait de naître bien pour aussitôt commander. Entré tôt
dans la politique, par l'entremise discutable, peu recommandable,
de la faction italienne, il avait enfin l'occasion d'approcher le roi
et d'obtenir sa confiance, pour exécuter son grand dessein : établir
en France une monarchie absolue qui se fît respecter en Europe.

Il avait de mauvais souvenirs de la fronde des princes, qui détestaient Concini. Mais avant de les abattre, il devait rétablir la situation économique, de nouveau compromise par les guerres. Il réunit
en 1626 une assemblée de notables pour entreprendre la réforme
de l'État : les impôts, le budget, le rachat des dettes du roi, il
entendait que tout fût réglé en même temps. Il fallait supprimer ou
réduire les pensions des grands, pour pouvoir consacrer les moyens
ainsi épargnés à la mise en place d'une administration moderne,
à la construction d'une grande flotte de guerre et de commerce,
et d'une armée efficace. C'était braver les privilégiés, qui ne voulaient pas entendre parler d'une restriction de leur train de vie.

Ils prirent les devants. En 1626, deux ans après l'entrée en fonctions du cardinal, les plus grands noms de la cour formèrent une faction : la reine Anne d'Autriche en faisait partie, avec la duchesse de Chevreuse, les ducs d'Angoulême et d'Épernon, les princes du sang Condé et Soissons. Le but du complot était simple : assassiner Richelieu. On se débarrasserait de l'ambitieux comme jadis de son maître Concini.

Le complot fut déjoué. La police du cardinal était bien faite. Mais le moyen de faire payer le prix du sang à de si hauts personnages ? On trouva un bouc émissaire : le pauvre comte de Chalais, dont la tête fut tranchée à la hache.

Nouveau complot en 1630 : la reine mère en est cette fois l'instigatrice, avec le garde des Sceaux, de Marillac. On ne veut plus tuer le cardinal, mais seulement le chasser. C'est la fameuse « journée des dupes », où Michel de Marillac crut l'avoir emporté, Richelieu se croyant lui-même perdu. En fin de journée, par un renversement de situation comme on en voit au théâtre, c'est Richelieu qui gagnait, et Marillac était perdu. L'année suivante les chefs du complot, la reine mère et Gaston d'Orléans, s'enfuyaient chez les Espagnols. Richelieu restait maître du terrain.

A l'étranger cependant, Gaston d'Orléans multipliait les intrigues. Le frère du roi voulait constituer un puissant parti pour éloigner Richelieu du pouvoir. Il réussit en 1632 à se concilier un grand seigneur gouverneur du Languedoc, le maréchal de Montmorency. La conjuration touchait l'entourage immédiat du roi, en la personne de Cinq-Mars, son nouveau favori.

Le cardinal, une fois de plus, réprima le complot avec la dernière énergie. Il obtint l'accord du roi pour la mise en accusation et l'exécution du maréchal de Montmorency, de Cinq-Mars et de son ami de Thou. N'avaient-ils pas signé, en secret, un traité avec le roi d'Espagne ?

Les volte-face de cette noblesse d'épée irritaient profondément le cardinal, qui lui reprochait de négliger en tout les intérêts de la France, d'attirer les ennemis sur le territoire pour assouvir une passion coupable du pouvoir ou un appétit de pensions. Richelieu voulut la faire rentrer définitivement dans le rang, en frappant fort et vite. Il fallait inculquer aux nobles la notion d'obéissance et de soumission à l'État, dont ils devaient être les premiers serviteurs. Pour mater les plus agités des jeunes seigneurs parisiens, il fit un exemple. Il avait interdit le duel. Pour le braver, le comte de Montmorency-Boutteville s'était battu en plein Paris, place Royale. Il

fut exécuté en place de grève. L'État imposait sa loi, il ne voulait
plus reconnaître les castes.

L'ÉLIMINATION DU PARTI HUGUENOT.

Le cardinal avait brisé la caste nobiliaire. Il avait aussi dû
combattre, pendant la même période, l'insurrection endémique
des protestants.

Au départ, ses intentions n'étaient nullement conformes aux
exigences du parti dévot, même s'il avait l'habileté de le lui donner
à penser. Il ne voulait pas bouter les huguenots hors de France, ni
les contraindre à se convertir. En 1626 il avait signé avec eux, à La
Rochelle, un compromis acceptable. Mais les intrigues de Rohan,
jointes aux craintes de l'Angleterre de voir Richelieu dominer les
mers, grâce à la construction d'une puissante flotte, aboutirent à la
reprise en force de la rébellion, soutenue par l'étranger. Rien n'était
plus facile aux Anglais que d'aider les insurgés de La Rochelle.

Le cardinal expulsa les Anglais de l'île de Ré, où ils avaient
débarqué, et mit le siège devant La Rochelle. Les Rochelais durent
capituler après une bataille de plus d'un an. La ville fut démantelée.

En Languedoc, où Rohan avait soulevé le peuple, Richelieu fit
patiemment campagne, reprenant une à une les villes insurgées.
En juin 1629, le roi pouvait signer l'*édit de grâce d'Alès*, le danger
protestant était écarté. Le roi ne traitait plus avec les chefs huguenots de puissance à puissance. Il daignait leur accorder la liberté de
culte, tout en restaurant dans toutes leurs provinces le culte catholique. Les protestants n'avaient plus de force armée. Ils devaient
raser toutes leurs fortifications. C'en était fini, enfin, de la politique
des « places de sûreté ». L'édit d'Alès marquait la fin des guerres de
Religion. Les protestants gardaient leur foi, mais reconnaissaient
pleinement l'autorité du roi très chrétien, du roi sacré à Reims.

RICHELIEU ET L'EUROPE.

Les projets du cardinal n'étaient pas moins ambitieux à l'extérieur
qu'à l'intérieur. Il voyait pour la France une mission maritime. Il
est le créateur de la Marine française, qu'il avait divisée en deux

flottes, celle du Levant et celle du Ponant. Il avait facilité la constitution des premières compagnies de commerce colonial, l'installation des colons français au Sénégal, dans la mer des Caraïbes, en
Guyane et à Madagascar. Entre autres projets, il songeait à ouvrir
une route commerciale avec la Chine à travers la Russie.

Dans l'immédiat, il devait affronter, comme jadis Henri IV, la
Maison d'Autriche, que la politique de Luynes avait dangereusement réconfortée. Prenant l'initiative, il poussa le roi à intervenir
en Italie, contre l'empereur et le roi d'Espagne, en faveur de la
candidature d'un Français, le duc de Nevers, sur le duché de
Mantoue. C'était une pure question de prestige, la France n'ayant
pas, à l'évidence, des intérêts vitaux à Mantoue.

Comme les Valois, Louis XIII lève alors une armée et pénètre
en Italie, en 1629. Il n'obtient pas d'avantages décisifs. Il faut reprendre la campagne l'année d'après. Cette fois Richelieu dirige
lui-même les opérations. Il prend Pignerol, une forteresse du Piémont, mais ne parvient pas à faire la paix. En 1630 Louis XIII fait
la conquête de la Savoie, mais la peste ravage son armée. Les
guerres d'Italie vont-elles de nouveau ruiner la France?

Richelieu remporta cependant une victoire diplomatique, en
utilisant les services du pape, contre l'empereur. Il obtint en 1631
que l'empereur reconnaisse les droits sur Mantoue du duc de
Nevers, sans renoncer à intervenir lui-même dans les affaires allemandes. Le succès de prestige était indiscutable.

En Allemagne, Richelieu reprenait la politique française traditionnelle : il soutenait tous les ennemis de l'empereur, fussent-ils
protestants. C'est ainsi qu'il fut successivement l'allié du roi de
Danemark Christian IV, puis des Suédois.

Pendant les guerres d'Allemagne, Richelieu avait fort prudemment installé de bonnes positions stratégiques dans les terres
d'Empire d'Alsace et de Lorraine. La sœur du duc de Lorraine
Charles IV avait épousé le grand ennemi de Richelieu, Gaston
d'Orléans. Quelle belle occasion d'intervenir! En 1634 les armées
françaises avaient occupé le Barrois et la Lorraine. Elles avaient
également investi les villes d'Alsace, soi-disant pour les protéger.
Maître des marches de l'Est, Richelieu pouvait enfin intervenir
outre-Rhin.

Il déclara la guerre, non à l'empereur, mais au roi d'Espagne, avec
l'aide des Suédois ses alliés, des Hollandais, de la Savoie et de
Mantoue. En 1635 les Français envahissaient les Pays-Bas espagnols, y rejoignant Guillaume d'Orange. Mais bientôt cette armée,

faute de ravitaillement, devenait inutilisable. Les Espagnols débarquaient dans le Midi, sur les îles de Lérins, et la Lorraine se soulevait contre les Français. L'empereur envahissait la Bourgogne,
défendue par Condé. Les Espagnols attaquaient aussi au Nord,
prenant Corbie, menaçant Paris. A la frontière du Sud-Ouest, ils
avaient pris Saint-Jean-de-Luz. Malgré les précautions du cardinal, la France était de nouveau envahie.

Faute d'argent, il était réduit à l'impuissance. Les troubles éclataient partout en France, et d'abord dans les villes. Personne ne
voulait plus payer l'impôt pour faire la guerre. La trahison s'installait à la Cour. Anne d'Autriche correspondait avec les Anglais,
le comte de Soissons fomentait un complot avec les Espagnols. Le
duc de Lorraine trahissait.

Le redressement, dû aux difficultés des Espagnols (le Portugal et
la Catalogne faisaient sécession) fut spectaculaire : Arras fut repris
dans le Nord, Turin en Italie. Quand Richelieu mourut en 1642,
la victoire était acquise. S'il n'avait pas encore fait la paix, c'est
qu'il croyait avoir avantage à attendre. Son fidèle collaborateur
Mazarin s'en chargerait, le moment venu. Il s'efforcerait d'être
fidèle au Testament politique de Richelieu, qui avait laissé au roi
des recommandations :

> « Être rigoureux envers les particuliers qui font la gloire
> de mépriser les lois et les ordonnances d'un État, c'est être
> bon pour le public. »

Mazarin, à la mort de son maître, tiendrait difficilement tête à la
coalition des « particuliers », qui de nouveau voulaient investir
l'État.

Mazarin et la Fronde.

LE NOUVEAU CARDINAL.

Il eut d'abord beaucoup de mal à recueillir le pouvoir. Richelieu
était mort en 1642, et Louis XIII en 1643. Avant de mourir, le
roi avait dicté une *Déclaration* instituant un Conseil de gouverne-

ment composé de la reine Anne, de Monsieur, son frère, de Condé
et de tous les serviteurs de Richelieu : Mazarin, le chancelier Séguier,
Bouthillier et Chavigny. Le roi avait même prévu de nommer
Mazarin Premier ministre.

Cette déclaration n'était pas du goût de la reine, et moins encore
des princes du sang. Ils la firent casser au Parlement de Paris. La
reine avait la régence, Monsieur était lieutenant général du royaume.
Le pouvoir était partagé. Il était entre les mains des ennemis de
Richelieu.

La politique de la France allait-elle changer ? Contre toute attente
la reine nomma Mazarin Premier ministre.

> « On voyait sur les degrés du trône, écrivait le cardinal
> de Retz, d'où l'âpre et redoutable Richelieu avait foudroyé
> plutôt que gouverné les humains, un successeur doux, bénin,
> qui ne voulait rien, qui était au désespoir que sa dignité de
> cardinal ne lui permettait pas de s'humilier autant qu'il l'au-
> rait souhaité devant tout le monde. »

Comment l'Italien était-il parvenu à renverser la situation ?
Faut-il invoquer seulement les secrets d'alcôve, la séduction du
cardinal ? Faut-il imaginer la reine effrayée par l'ampleur de la
tâche, inquiète de voir les grands seigneurs revenir au galop pour
dépecer la couronne ?

Mazarin au pouvoir ! Ils rirent d'abord très fort, avec insolence.
Puis, de nouveau, ils complotèrent. On s'attacha les services des
dames d'honneur de la reine, on espionna, on fit projet de se débarrasser au plus tôt de l'Italien. La « cabale des Importants » réunit
la duchesse de Chevreuse, le duc de Beaufort — gentilhomme avantageux qui prétendait se substituer au « mazzarino » dans le lit de
la reine —, les ducs de Vendôme et de Mercœur... L'Église, qui
souhaitait la paix avec la très catholique Autriche, soutenait le
complot, notamment l'aumônier de la reine, Augustin Potier, intrigant jésuite qui voulait être Premier ministre, et nombre d'autorités
du parti des dévots, dont le célèbre « Monsieur Vincent ».

Mais la cour est un milieu étroit d'où les secrets s'échappent vite.
Mis au courant, Mazarin n'hésite pas à s'appuyer sur d'autres
grands seigneurs — Condé et Monsieur, frère du feu roi — pour
déjouer le complot. Les conjurés, démasqués, sont bannis ou emprisonnés. Mazarin, parrain du petit roi et peut-être uni secrètement

avec Anne d'Autriche, est le maître absolu. Il loge, avec la reine, au Palais-Royal. Il installe au Palais une riche bibliothèque, embryon de la Nationale. Il introduit à la Cour, pour distraire la reine, les musiciens italiens qui donnent en représentation les premiers opéras. Il encourage aussi les gens de théâtre, qui jouent devant la Cour, Corneille et Rotrou par exemple. Riche mécène comblé d'argent et d'honneurs, le nouveau cardinal va pouvoir continuer et conclure l'œuvre de son maître Richelieu.

LA PAIX AVEC L'AUTRICHE.

La reprise de la guerre extérieure était inévitable, malgré le redressement effectué par Richelieu. Pour conclure la paix, les Français devaient poursuivre leur avantage.

Ils furent assez heureux pour remporter un certain nombre d'éclatants succès. Peu avant la mort du roi, le Grand Condé, duc d'Enghien, l'avait brillamment emporté à Rocroi sur les Espagnols. Les Impériaux, dès ce moment, cherchaient à traiter.

Des préliminaires de paix s'ouvrirent en 1644. Mais les discussions étaient longues, et les adversaires continuaient à rechercher la décision sur le terrain. Ainsi le duc d'Enghien et Turenne guerroyaient en Alsace, où ils disputaient les villes aux Bavarois. Dans les Flandres Monsieur prenait Courtrai, tandis que l'infatigable duc d'Enghien occupait Dunkerque et Furnes.

En 1648, les Français et les Suédois obtinrent enfin des avantages décisifs. Turenne avait franchi le Rhin, envahi toute la Bavière. Il marchait sur Vienne, capitale des Habsbourg. Condé avait remporté sur les Espagnols la victoire de Lens. Les Suédois étaient entrés dans Prague.

Menacés de toutes parts, les Habsbourg durent céder. En octobre 1648 la paix de Westphalie reconnaissait à la France pour couvrir ses frontières la possession des trois évêchés de Metz, Toul et Verdun. Elle recevait également, dans les Alpes, la forteresse de Pignerol qui commandait la route d'Italie. Ses droits de suzeraineté sur les villes d'Alsace conquises par Turenne étaient reconnus. La paix, sans doute, n'était pas définitive et les Espagnols n'allaient pas désarmer pour autant. Elle assurait cependant à la France des avantages appréciables.

LA RÉVOLTE DES PRIVILÉGIÉS : VERS UNE RÉVOLUTION?

L'opinion française hostile à Mazarin ne voulait pas voir les succès. Elle ne retenait que l'échec de la paix avec l'Espagne. Il est vrai que l'état intérieur du royaume devenait désastreux : la guerre, les courtisans, les bonnes grâces de la reine, les appétits de Mazarin et de ses serviteurs avaient vidé les caisses.

Pour trouver de l'argent, on confiait à des fermiers généraux la levée de la taille. Ils mettaient le royaume en coupe réglée, récupérant beaucoup plus sur l'habitant que ce qu'ils avaient avancé au roi. Leur bénéfice était au minimum de 15 %. Pour obtenir une masse fiscale qui répondît aux besoins du royaume, Mazarin dut élever la taille, qui passa en dix ans de 44 à 55 millions. La levée des tailles provoquait des incidents et quelquefois des émeutes. Une armée de 10 000 paysans tint la campagne en Guyenne. Les provinces périphériques, Provence, Dauphiné et Languedoc, durement réduites par Richelieu, prenaient les armes, guettant la revanche, en se servant de l'exaspération des paysans contre le fisc. Les droits d'entrée levés sur les marchandises aux portes de Paris donnaient également lieu à des troubles. On estime qu'en 1646, la moitié au moins du royaume était en état de rébellion ouverte ou larvée.

Les parlementaires prenaient la défense des sujets accablés par l'impôt. Ils croyaient ainsi pouvoir jouer un rôle politique, en face du « despotisme ministériel ». L'attitude qu'ils avaient adoptée à Paris contre les levées de taxes les avait rendus populaires dans le petit peuple. En raison de la politique fiscale de Mazarin, ils constituaient une puissance d'opinion qui n'était plus négligeable.

Les parlementaires, les grands seigneurs, les paysans, le petit peuple, toutes les classes de la société étaient mécontentes du régime et de son maître. Les conditions d'une nouvelle guerre civile étaient réunies, et peut-être d'une révolution, comme en Angleterre. On appela « Fronde » cette révolte des diverses couches de la société contre le pouvoir royal exercé par le cardinal de Mazarin.

La Fronde commence par une rébellion du Parlement. En mai 1648 les parlementaires sont brusquement menacés dans leurs privilèges. Au moment de renouveler la « paulette » créée par Henri IV, le pouvoir demande aux officiers royaux le versement anticipé de quatre années de gages. Aussitôt les parlementaires se révoltent : c'est l'*arrêt d'union*. Ils décident de faire front tous ensemble contre le cardinal.

Le gouvernement fait arrêter les chefs. Mais il n'arrête pas le mouvement, qui gagne la province. Les parlementaires demandent le contrôle du budget, des recettes et des dépenses du Trésor, la suppression du système des fermiers généraux (qu'on appelait les « partisans ») et le rappel des intendants, considérés en province comme les serviteurs trop zélés du pouvoir.

Après la victoire de Lens, Mazarin se sentit assez fort pour réagir. Il fit appréhender en plein Paris le conseiller Broussel, le 26 août. Dans la nuit, Paris se couvrit de barricades. Il y en avait, selon Retz, 1 260... Elles restèrent en place jusqu'au 28. C'est le peuple armé qui obtint de la régente la libération de Broussel et des autres parlementaires emprisonnés.

Anne d'Autriche, le calme revenu, ne regagne pas la capitale dont elle a peur désormais. Elle s'installe à Rueil, où Condé vient lui proposer ses services. Inquiets, les parlementaires parisiens demandent au prévôt des marchands de s'organiser pour un siège éventuel. Mazarin, de son côté, hésite. Il n'a pas l'intransigeance de l'Autrichienne. Il décide de négocier, promet de soumettre en octobre le budget au contrôle du Parlement. Puis il persuade la régente de rentrer dans la capitale, avec le petit roi.

Le Parlement abuse aussitôt du pouvoir qui lui a été très vaguement reconnu. En novembre il se réunit pour réformer les finances royales. En décembre, il tente de poursuivre les fermiers généraux et interdit toute levée d'impôts. Les parlementaires français savent qu'en Angleterre la révolution fait rage. La monarchie française va-t-elle devenir constitutionnelle ?

Mazarin et la Cour quittent de nouveau Paris, à la hâte, dans la nuit du 5 au 6 janvier 1649. L'armée royale encercle la capitale. Le Parlement a pris la tête de la rébellion, appuyé sur la municipalité et fort du soutien populaire.

Les grands seigneurs accourent, pour aider les rebelles. Tous ceux que Richelieu avait humiliés croient trouver une facile vengeance et participer de nouveau aux affaires du royaume. Un duc d'Elbeuf commande les insurgés. Les princes, Conti en tête, entrent dans la bataille aux côtés des gens de robe qu'ils méprisent. Ils ne veulent pas laisser abolir la monarchie, comme ils l'ont fait en Angleterre. Les ducs de Longueville, de Beaufort et de Bouillon, le marquis de Noirmoutiers, le prince de Marillac sont sur les barricades quand ils ne soulèvent pas leurs provinces. Turenne, qui commande en Allemagne, a promis de soutenir les Frondeurs. La Normandie, la Guyenne et la Provence se soulèvent, agitées par les parlementaires mais surtout par les princes, qui prennent à leur compte la révolte populaire et bourgeoise.

La décision doit être recherchée à Paris. Les parlementaires y rendent un arrêt mettant Mazarin hors-la-loi comme « perturbateur du repos public envers le roi et l'État ». On apprend, à Londres, l'exécution de Charles Iᵉʳ. Le Parlement en profite pour affirmer sa fidélité au roi. Il n'en veut, dit-il, qu'à Mazarin. Il ne veut pas d'une révolution.

Le 27 février, le peuple en armes brusque les événements. Il force les portes de la Grand-Chambre du Parlement. Les meneurs demandent que l'on chasse non seulement Mazarin mais aussi les financiers. Ils veulent piller les hôtels des profiteurs du fisc. Ils sont prêts à déchaîner la guerre civile.

Les parlementaires prennent peur, comme les princes. Le peuple de Paris va trop loin. Au reste, les frontières craquent de nouveau. Les Espagnols ont pénétré en Picardie, à quelques lieues de Paris. Le 11 mars, le Parlement se hâte de signer avec Mazarin la paix de Rueil. Les princes ont abandonné Paris, qui se soumet.

Les troubles continuent cependant en province : Rouen est soulevée contre Mazarin par Longueville, gouverneur de Normandie. Le peuple et le Parlement le soutiennent. A Angers le petit peuple prend les armes contre la municipalité. Le duc de la Trémoille prend la tête du mouvement. En Guyenne et en Provence, les Parlements poursuivent la rébellion. Mazarin doit partout céder pour rétablir l'ordre.

A Paris, il a pratiquement reconnu l'existence d'un parti de la Fronde, puisqu'il a traité avec lui à Rueil. On veut lui imposer un « protecteur ». Il hésite entre le Grand Condé et Gondi, le coadjuteur de Paris. Il choisit finalement l'intrigant Gondi (futur cardinal de Retz) parce que la gloire et la popularité de Condé l'inquiètent. D'accord avec Gondi, il fait emprisonner Condé.

Les amis de Condé soulèvent aussitôt les provinces. Gondi tient Paris de son mieux, pendant que le cardinal fait un tour de France de la pacification, négociant avec les parlementaires et avec les princes. En Normandie, il obtient facilement le retour à l'ordre ainsi qu'en Bourgogne. Il a de grandes difficultés en Guyenne, province traditionnellement rebelle. Les ducs de Bouillon et de la Rochefoucauld tiennent Bordeaux. Pour reprendre la ville et rétablir la paix, le cardinal doit consentir un traité fort avantageux pour les Bordelais.

En novembre 1650, la Cour revient enfin à Paris. Les Espagnols

sont en Champagne. Mazarin leur reprend Rethel et bat l'armée
de Turenne, qui, en la circonstance, combattait contre lui. Les
succès de Mazarin n'empêchent pas sa chute : Gondi le lâche par
ambition déçue, et prend le parti de Condé. Une conjuration dominée par le duc d'Orléans oblige Mazarin à quitter la place. Un arrêt
du Parlement lui a signifié son congé. Il part en exil, après avoir fait
libérer les princes prisonniers.

UN JEUNE ROI SANS ROYAUME.

Le départ de Mazarin met la confusion à son comble : Gondi
n'a pas obtenu des parlementaires le prix de sa trahison. Il se rap-
proche de la reine et se sépare des princes.

Ceux-ci soutiennent Condé, qui s'appuie sur la Guyenne plus
que jamais en état de rébellion. Il lève des soldats et s'apprête à
livrer bataille.

Le roi Louis XIV est devenu majeur. La « prise d'armes » du
Grand Condé est pour lui une trahison. Il n'a pas hésité à demander
l'alliance de l'Espagne. Il faut le châtier comme un rebelle.

Mazarin, entre-temps, a levé une armée en Allemagne et se présente aux frontières. Il a tous les princes contre lui. Condé l'emporte. Il écrase à la fois Mazarin et l'armée du roi, en 1552. Il entre
aussitôt dans Paris, où il est acclamé.

La capitale est déchaînée. Des bandes armées parcourent les
rues, demandant le châtiment des amis de Mazarin. « Point de roi!
Point de princes! vive la liberté! » crie-t-on dans la rue. Condé
s'inquiète. Les bourgeois l'abandonnent, les princes le lâchent.
Turenne, revenu à la tête des armées royales, vient l'assiéger. En
octobre, il doit s'enfuir. Le roi fait son entrée dans la capitale le 21.
C'est la fin de la Fronde des princes.

Le jeune roi était maître du terrain. Paris avait rasé ses barricades.
Condé était en fuite. Mazarin était de nouveau en exil. La Provence
et la Guyenne étaient pacifiées. Restaient les Espagnols.

Ils avaient accordé asile à Condé, qui était devenu une sorte de
condottiere du roi d'Espagne, placé à la tête de ses armées. Celles-ci
se hâtaient vers Paris, à travers les frontières de Flandre, d'Italie et
de Catalogne.

La guerre dura dix ans. Condé et Turenne étaient alternativement heureux ou malheureux sur les champs de bataille du Nord

dévasté. Condé lâchait Arras, mais prenait Valenciennes... La décision vint de la politique active du roi à l'extérieur : Cromwell lui accorda son alliance, de même que les princes protestants d'Allemagne. Mazarin parcourait l'Italie, demandant des secours pour Louis XIV.

A la bataille des Dunes, en 1657, Turenne fut enfin vainqueur. Philippe IV d'Espagne dut abandonner les combats. La *paix des Pyrénées*, conclue dans une île de la Bidassoa, donnait satisfaction à la France. Louis XIV promettait d'épouser l'infante, fille de Philippe IV, Marie-Thérèse. La France gagnait de nombreux territoires : le Roussillon et la Cerdagne au Sud, l'Artois au Nord, les villes de Philippeville et Marienbourg dans la principauté de Liège, Montmédy et Thionville dans le Luxembourg. Charles IV de Lorraine gardait son duché mais devait raser ses forteresses. Le duché de Bar devenait français. La seule concession faite au roi d'Espagne était la grâce de Condé.

Mazarin était rentré en cour. Louis XIV le tenait pour son plus fidèle serviteur. En 1660, le roi célébrait somptueusement ses noces. Les grands seigneurs étaient soumis, les parlementaires silencieux, les Espagnols étaient vaincus et le peuple fêtait le triomphe du jeune roi.

Un roi sans royaume : une fois de plus, la France était ruinée. Les soldats du XVIIe siècle vivaient en campagne « sur l'habitant ». Toutes les provinces françaises avaient été pillées par des armées de passage qui traînaient avec elles la peste et toutes les maladies contagieuses. Les Espagnols, les Allemands, les Italiens, les Suisses à gages et les Français des princes avaient porté la guerre et la ruine dans les villes et les villages.

En Provence, en Guyenne, les bastions de la révolte, les princes avaient répandu la terreur, levant les tailles au prix du sang, saccageant les cultures, rançonnant les « vilains ». Les terroirs du Nord, les plus riches de France, avaient connu toutes les grandes batailles et subi le gros des invasions.

Les paysans avaient souffert, mais les nobles aussi : en dehors des pensionnés du cardinal, ils étaient ruinés, abandonnés, condamnés. Les seuls profiteurs de la guerre étaient les financiers, qui s'étaient enrichis des défaillances de l'État. Ils avaient utilisé l'armée du roi pour lever l'impôt. Ils avaient prêté sur gages au roi comme aux princes pour qu'ils pussent lever des armées, entretenir leurs partisans. La fortune scandaleuse d'un Fouquet ne faisait pas alors jaser : elle était dans les mœurs du temps. Les « jansénistes », qui se détournaient de la société corrompue et faisaient retraite à Port-Royal-des-Champs passaient pour des originaux. Quand les *Provinciales* de Pascal avaient, en 1657, provoqué un sursaut dans la bonne société, Mazarin, inquiet, les avait fait brûler par le bourreau. N'y avait-il pas dans cette doctrine de quoi condamner les deux clés de sa réussite : l'intrigue et l'argent ?

Le rétablissement de la fortune de Mazarin fut total : fortune politique et fortune tout court. Il employa le reste de ses jours à faire l'éducation politique du jeune roi. C'est probablement ce qu'il réussit le mieux. Quand il mourut, le 9 mars 1661, il laissait le royaume à un monarque adulte. Il lui avait transmis, dans son testament, les leçons de Richelieu : gouverner seul et faire régner partout le roi.

CHAPITRE 9

La monarchie absolue

Dans le sillage du cardinal de Mazarin, le jeune Louis XIV avait pu se rendre compte des dures réalités du pouvoir. Il se souvenait, avec une acuité particulière, de la nuit sinistre où il avait dû trouver refuge, avec sa mère, dans le château de Saint-Germain. Le vieux cardinal de Richelieu avait débarrassé son père des protestants. Le cardinal de Mazarin avait donné à la France une victoire décisive sur les Habsbourg d'Espagne et d'Autriche. Ils avaient maintenu, contre la coalition des grands et des privilégiés, la souveraineté du roi.

La découverte du « métier de roi »

L'ÉTAT DU ROYAUME.

En France, l'État restait à construire. Louis XIV héritait de nombreuses provinces dont il n'était roi qu'en raison des accidents successifs de l'Histoire. Il était respecté en Bretagne parce qu'il héritait d'un duché, de par le mariage d'un de ses prédécesseurs. Il était roi en Provence, parce qu'un autre roi, René, avait donné son comté à la France. En Provence comme en Bretagne, on obéissait au seigneur, non au roi. Les provinces dites « d'États », étaient administrées par des assemblées d'élus locaux des trois ordres : noblesse, clergé, Tiers État. C'était le cas du royaume de Navarre, des deux provinces citées plus haut, mais aussi du Languedoc et du Dauphiné, de la Normandie et de la Bourgogne. Les autres pays, dits « d'élection » étaient administrés directement par les gens du roi, qui répartissaient eux-mêmes les impôts directs, sans passer par des assemblées représentatives.

Même dans les pays d'élection, l'autorité du roi n'était pas sans partage. Il y avait les villes et leurs franchises, héritées souvent du Moyen Age, plus récemment des guerres de Religion. Il y avait les grands seigneurs, gouverneurs des provinces, toujours prêts à lever des armées contre le roi, comme on l'avait vu à maintes reprises sous la Fronde. Ces nobles de haut rang considéraient, à l'occasion, le roi comme un seigneur, et n'hésitaient pas à faire appel à des princes étrangers pour faire un nouveau roi qui fût des leurs.

Il y avait enfin les officiers royaux, propriétaires de leurs offices, exerçant leurs charges dans un intérêt souvent corporatif, revendiquant contre l'autorité du roi celle d'un corps privilégié, le Parlement de Paris, par exemple. La Fronde n'avait-elle pas commencé par une révolte des parlementaires ?

Mazarin n'avait pu restaurer l'État et continuer dans ce domaine l'œuvre de Richelieu. Il n'en avait eu ni le temps, ni les moyens. Comment entreprendre des réformes impopulaires, avec les Impériaux aux portes, les nobles dans la rue, les parlementaires sur les barricades ? L'Italien devait faire flèche de tout bois, arrêtant les uns, achetant les autres, sans trop se soucier des principes et des institutions du pouvoir monarchique. Pour subsister, pour sauver l'essentiel, il avait dû vendre au détail les ressources de la Couronne. Les financiers, comme Fouquet, l'avaient aidé à payer ses guerres. Ils avaient aussi fait main basse sur les revenus du Trésor, qui étaient minces, précaires, quand Louis XIV commença à exercer son pouvoir personnel.

Les seules structures qui fussent restées solides dans la société féodale en décomposition étaient celles de l'Église. Pour elle, la première moitié du XVIIe siècle avait été bénéfique, en France comme ailleurs en Europe. La multiplication des ordres mendiants, les prédications et les œuvres des frères de Saint-Vincent-de-Paul avaient permis de réussir une reconquête en profondeur de la société civile. La contestation hautaine de cette société d'injustice par les jansénistes n'avait pas eu de conséquences graves. L'Église avait condamné les jansénistes, politiquement suspects d'amitié pour les princes. Le roi Louis XIV arrivait aux affaires avec la conviction qu'il était de son devoir et de son intérêt de s'appuyer sur l'Église contre les dissidents, de soutenir le clergé — régulier ou séculier — qui n'avait pas fait défaut à la monarchie dans les moments difficiles.

Au moment où Thomas Hobbes, philosophe anglais, fondait la théorie du pouvoir absolu de Jacques Ier Stuart sur l'idée d'un contrat social implicite, Louis XIV cherchait pour son trône une assise théocratique. Il avait besoin de l'Église, de son prestige et de son efficacité, pour se sentir tout à fait roi, roi absolu, roi de droit divin.

« L'ÉTAT, C'EST MOI ! »

Très vite, Louis XIV sut imposer sa personnalité à la Cour. Il choisit les ministres parmi les familiers de Mazarin. Fouquet était encore surintendant des Finances, Michel Le Tellier secrétaire d'État à la Guerre, Hugues de Lionne aux Affaires étrangères. Rien n'était changé, sinon l'esprit du gouvernement. Le roi se faisait tout expliquer par le menu, pesait longuement ses décisions, se gardant d'y revenir, une fois qu'elles étaient connues. Le souci qu'il avait de gouverner en personne lui défendait de choisir un Premier ministre. Il suivit en cela les conseils de Mazarin : nul ne pouvait au Conseil prendre les décisions en son nom.

Bientôt des hommes de confiance, qu'il avait lui-même choisis, arrivèrent aux affaires. Colbert, ancien intendant de la fortune personnelle de Mazarin, fut chargé de vérifier l'état des finances royales, et donc d'éplucher les comptes de Fouquet. En 1661, celui-ci fut arrêté, sur ordre du roi. Un tribunal exceptionnel fut réuni pour le juger. Colbert avait demandé sa tête. Il n'obtint que l'exil. Le roi trouva la peine trop légère. Il fit condamner Fouquet à la prison à vie.

Colbert avait devant lui une besogne colossale. La situation financière du royaume, à la mort de Mazarin, était effroyable. L'État avait dépensé à l'avance deux annuités fiscales. Il fallait vivre, en 1661, sur les revenus escomptés (très cher, par les fermiers géné-raux) de 1663. Le paiement des dettes des rentes et des intérêts de ces dettes représentait des sommes fabuleuses. Jamais la France n'avait eu de tels comptes.

Colbert commença par s'informer. Il ordonna une enquête sur la gestion de l'argent de l'État et sur la levée des recettes. Une chambre de justice fut créée, à seule fin de relever les abus, les escroqueries, les malversations des financiers. On imposa des restitutions pour la valeur de cent millions de livres à plus de quatre mille financiers.

Cet assainissement n'était pas suffisant. On dut réduire le paiement des rentes, « consolidées » par d'autres titres, qui valaient moins cher que les titres anciens de trois fois! Le procédé manquait, certes, d'élégance. Il avait toutefois des précédents et ne suscita guère de protestations gênantes pour l'administration royale. Il est toujours plus facile, si on le veut vraiment, de faire payer les riches. Ils sont tellement moins nombreux.

Encore fallait-il construire pour l'avenir un édifice financier solide, qui dispensât le roi de recourir à d'aussi fâcheux expédients. Colbert donna mission au Conseil royal des Finances de superviser toute la politique du royaume. Le Conseil dressait en premier un état des recettes, avec les prévisions nécessaires ; il dressait d'autre part l'état des dépenses, avec l'indication, pour chacune d'entre elles, des fonds à partir desquels elles pouvaient être ordonnancées. Le roi devait enfin posséder un document de synthèse, dûment tenu à jour, où chaque dépense avait pour corollaire une recette correspondante. Colbert avait ainsi réalisé le premier budget de l'État.

Pour les recettes du Trésor royal, Colbert avait l'intention de réformer le système des impôts. Mais il attacha d'abord un soin particulier aux revenus du domaine royal. En tant que seigneur de son domaine foncier, le roi devait toucher un certain nombre de droits. Ceux-ci rapportaient 80 000 livres à la mort de Mazarin. Colbert les porta à plus de cinq millions et demi de livres. Une réorganisation de la gestion des grandes forêts royales lui permit d'en décupler les revenus.

Restaient les impôts : le système fiscal n'était pas rentable parce qu'il était injuste. Les taxes pesaient surtout sur les pauvres. En outre les intermédiaires, qui levaient l'impôt, prenaient au passage une partie importante des recettes : les « partisans » ou « fermiers généraux » avaient ainsi touché plus de cinquante-quatre millions sur une seule année fiscale, et livré à la Couronne trente et un millions seulement. Colbert en fit la preuve : le royaume était en coupe réglée.

Il était difficile de réformer brutalement un système qui reposait presque entièrement sur le privilège. Les nobles et le clergé étaient en effet dispensés de l'impôt direct, la taille. Nombre de municipalités étaient « abonnées » à la taille, qu'elles payaient une fois pour toutes, à un taux très avantageux. Ainsi les bourgeois riches pouvaient-ils aussi échapper à l'impôt.

Le seul moyen d'accroître les recettes sans se heurter au système « privilégial » était d'augmenter les impôts indirects, paradoxalement plus justes, puisqu'ils frappaient la consommation. Colbert abaissa la taille, comme avait fait Sully (de quarante-deux à trente-cinq millions de livres) et augmenta les aides (vingt-deux millions de livres au lieu de cinq). Il réussit à équilibrer le budget de 1675, et de rendre à l'État la prospérité qu'il avait connue sous la bonne gestion de M. de Sully.

COLBERT ET L'EXPANSION.

Pour Colbert comme pour Louis XIV, la leçon de Richelieu n'avait pas été perdue. Le ministre bourgeois avait montré à la fois de la rigueur et de l'adresse dans les comptes. Mais il n'était pas qu'un budgétaire. Une bonne politique financière rendait possible, mais aussi nécessaire, une bonne politique économique. Il fallait assurer l'expansion française si l'on voulait garantir la prospérité du royaume.

A quoi servirait-il d'accroître les ressources de l'État, si sa monnaie devait se déprécier en raison du déséquilibre des échanges extérieurs ? Il fallait amener les Français à produire plus, pour que l'argent rentre dans le royaume, au lieu d'en sortir. Le « colbertisme » était une doctrine de la production dirigée, orientée vers la satisfaction des besoins intérieurs, et, si possible, vers l'exportation.

Colbert savait bien qu'il ne pouvait attirer les monnaies étrangères en France uniquement grâce aux ventes de produits agricoles. L'agriculture française suffisait à peine à la demande de vingt millions de consommateurs. Ses produits étaient peu commercialisés, et le royaume comptait d'innombrables villages vivant presque en autarcie. Seule l'industrie pouvait permettre des ventes fructueuses à l'extérieur, et tout particulièrement l'industrie de luxe. Le « système » de Colbert, que l'on devait appeler « mercantilisme », consistait à encourager exclusivement les productions qui faisaient entrer l'argent dans le royaume.

Les « manufactures » furent donc les enfants chéries du règne. Leurs productions, sans cesse croissantes, dissuadaient les Français de faire venir à prix d'or les verroteries vénitiennes, les soieries italiennes, les armes d'Espagne et les textiles des Flandres. Colbert attira en France de nombreux artisans étrangers et prêta de l'argent aux entrepreneurs, qu'il dispensait d'impôts. Ceux-ci étaient tenus de respecter des règlements de fabrication très stricts, destinés à assurer à la production une irréprochable qualité.

Pour garantir un marché à ces nouvelles industries, Colbert fit lever de lourdes taxes sur les produits étrangers concurrents, à leur entrée en France. En vain les Anglais et les Hollandais firent-ils entendre officiellement leurs protestations : il s'agissait par tous les moyens d'empêcher l'or de sortir du royaume.

Des savonneries, des forges et chantiers navals, des fabriques d'armes, de canons et de poudre, des ateliers textiles, des manufactures de tapisseries comme celle des Gobelins, des fabriques de vases précieux, d'outils, de voitures... permirent aux Français de trouver en France des produits de qualité à des prix stables.

Au-delà des frontières, Colbert voulait vendre les produits français. Il développa le commerce maritime en créant de grandes compagnies auxquelles le roi concédait un monopole : compagnie des Indes orientales, compagnie des Indes occidentales, compagnie du Nord (pour la mer Baltique), compagnie du Levant. Les grands ports maritimes, Bordeaux, Nantes, La Rochelle, profitèrent pleinement de ces bonnes dispositions du pouvoir. Des liens s'établirent avec les colonies que les nouvelles compagnies fondaient dans le monde entier : le Canada, l'Acadie, Terre-Neuve, le Mississippi et la Louisiane ; les Antilles et la Guyane ; le Sénégal en Afrique, l'île Bourbon et Madagascar, Pondichéry et Chandernagor aux Indes. Certes ces premières colonies, faute de moyens, étaient souvent des échecs. Mais elles stimulaient incontestablement l'activité commerciale, protégée par la puissante marine de guerre que le roi avait fait construire.

LA POLITIQUE DE PRESTIGE.

Colbert n'était pas un fanatique de la politique de grandeur. Mais le roi souhaitait disposer de moyens puissants, qui le fissent respecter en Europe et dans le monde. Colbert dut permettre au roi d'équiper et d'entretenir une grande flotte et une armée moderne.

Bientôt 276 vaisseaux de ligne arboraient le pavillon à fleurs de lys sur toutes les mers du monde. L'inscription maritime fournit les recrues. Dunkerque, Cherbourg, Rochefort et Brest sur la côte Ouest, Toulon sur la Méditerranée accueillirent cette flotte immense. Les corsaires, comme Jean Bart, recevaient du roi des « lettres de marque » pour faire la « course » et saisir les cargaisons d'or et de pierres précieuses du roi d'Espagne ou des compagnies hollandaises.

Pour l'armée de terre, Le Tellier et Louvois devaient mettre au point une puissante armée royale, dont les effectifs étaient en croissance continue : 72 000 hommes en 1667, 400 000 en 1703. La cavalerie comptait 47 000 chevaux. Des officiers sortis d'écoles spécialisées dirigeaient une artillerie nombreuse et bien entraînée.

Dans tous les corps, les soldats portaient désormais un uniforme, et marchaient derrière des drapeaux régimentaires. Aux frontières, Vauban avait imaginé et réalisé un imposant système de fortifications d'une conception très nouvelle : les constructions étaient conçues de telle sorte qu'elles offraient le minimum de prise aux coups de l'artillerie, tout en disposant, pour elles-mêmes, de la meilleure efficacité de tir. La notion de « puissance de feu » faisait désormais partie du manuel du parfait officier. Trente-trois nouvelles places fortes, deux cents vieilles forteresses aménagées constituaient sur les frontières une « ceinture de fer » qui devait rendre la France invulnérable.

Le grand roi de Versailles.

LE ROI AU CENTRE DU ROYAUME.

Doté d'un tel appareil militaire, le roi pouvait lancer en Europe une politique de présence et de prestige. Mais il avait surtout les moyens d'assurer l'ordre en France. Un tout petit nombre d'hommes détenait, auprès du roi, le pouvoir de décision : Colbert, Hugues de Lionne et Le Tellier, puis, après 1672, Louvois, fils de Le Tellier, et Arnaud de Pomponne, successeur de Lionne. Ce « Conseil d'en haut », qui se réunissait tous les deux jours dans les appartements du roi, était par excellence l'instrument de règne de l'absolutisme. Ses décisions étaient sans appel. Les autres conseils (des Finances, des Dépêches, des Parties) étaient plus spécialisés et de tenue moins régulière. Ils assuraient la politique fiscale, les liaisons avec les intendants, la justice royale.

Dans les provinces, les intendants étaient les instruments privilégiés de l'absolutisme. Ils devaient concentrer toutes les prérogatives, au détriment des gouverneurs, grands seigneurs toujours suspects d'indépendance. On brimait par système ces gouverneurs. Ils étaient les ennemis naturels du roi, ses ennemis en puissance. On décida bientôt que leurs charges seraient limitées à trois ans, qu'ils devraient résider à la Cour et abandonner leurs pouvoirs militaires aux lieutenants généraux du roi.

Envoyés d'abord dans toutes les provinces avec une mission d'information, les intendants « de justice, police et finances », nommés et révocables par le roi, finirent par s'y fixer, concentrant dans leurs mains tous les pouvoirs. En 1680, le système des intendances était partout mis en place. Il était le rouage essentiel de la centralisation monarchique, et permettait au pouvoir central de briser aussitôt le moindre mouvement d'émancipation ou d'indépendance dans les provinces périphériques, toujours promptes à la rébellion.

Le roi saisit le prétexte des désordres qui affectaient les provinces pour établir partout durablement son autorité. Ces troubles étaient réels. Les intendants eurent fort à faire, au début du règne, pour rétablir l'ordre dans certaines régions : il fallut purger l'Auvergne de ses brigands. Les *Grands Jours*, juridiction spéciale, y mirent bon ordre en 1665. Le roi faisait coup double : en frappant les seigneurs qui rançonnaient les paysans, il s'attirait des sympathies populaires. Mais en même temps il rendait présente la justice du roi pour tous, et décourageait les « Jacques ». Les officiers royaux, complices des brigands, furent jugés comme eux, et durement condamnés. Les nobles devenus brigands furent châtiés. Il y eut des *Grands Jours* dans d'autres provinces. L'ordre devait rester à la loi.

Dans certaines régions, il fallait faire face à de véritables révoltes de la misère. Les paysans accablés d'impôts et de charges, ruinés par des années de guerre et d'exactions, refusaient de se soumettre à l'autorité du roi. Dans le Boulonnais, en Guyenne, dans le Béarn et le Vivarais et même en Bretagne, des révoltés brûlaient les châteaux et tuaient les agents fiscaux.

Les armées royales firent campagne pour venir à bout des « gueux ». Les troubles cessèrent, devant le déploiement de la force. Dans les villes, où le vagabondage était très répandu, on construisit des hôpitaux et des hospices pour enfermer les malheureux. Comme l'a bien montré Michel Foucault, les hôpitaux étaient conçus comme des prisons pour pauvres, et les fous étaient enfermés pêle-mêle avec les vagabonds, les malades et les chômeurs. A Paris, Colbert créa la charge de lieutenant général de Police, confiée à Nicolas de la Reynie, pour assurer la sécurité sur les voies publiques, arrêter les innombrables brigands, tire-laine, escrocs et rodeurs qui faisaient de certains quartiers de la capitale de redoutables coupe-gorges. Huit cents « hommes du guet » assuraient ainsi le respect des lieux publics, la moralité des tripots et des salles de spectacle, la sécurité des passants. Les bourgeois s'en réjouissaient fort.

Il ne suffisait pas de rétablir l'ordre dans les villes ou dans les provinces traditionnellement acquises à la rébellion. Il fallait aussi intégrer à la vie du royaume les pays nouveaux qui ne faisaient pas encore partie de la France, comme l'Alsace, le Roussillon, l'Artois, la Franche-Comté ou la Flandre francophone. Sans doute le roi de France s'était-il substitué sans mal aux anciens souverains. Sans doute n'avait-il pas touché, selon la coutume traditionnelle de la monarchie, aux institutions existantes. Mais il fallait bien faire sentir la loi française dans ces pays, et les intégrer au royaume.

Les intendants qui en furent chargés n'étaient pas de simples fonctionnaires. Ils avaient une mission politique, dont ils s'acquittèrent généralement fort bien. On se garda de supprimer, en Alsace, les écoles de langue allemande. On n'interdit nullement l'emploi de l'allemand comme langue officielle. On se garda, en Roussillon, d'appliquer l'édit de Nantes, dans une terre longtemps soumise au très catholique roi d'Espagne et pas davantage en Alsace, où les protestants étaient du reste protégés par les traités d'Augsbourg et de Westphalie. Il est vrai que de La Grange en Alsace ou plus tard Chauvelin en Franche-Comté étaient des intendants d'élite, adroits et subtils, des missionnaires civils... que les officiers royaux choisis pour ces provinces étaient des gens du cru, et que nombre de jeunes seigneurs ou de bourgeois devaient servir dans l'armée et dans l'administration du roi, enfin que si le roi « oubliait » de réunir les États des provinces périphériques, qui avaient intrigué contre la monarchie parisienne, il prenait par contre grand soin de réunir le Conseil d'Alsace ou les institutions traditionnelles des provinces acquises. La politique d'intégration n'impliquait pas l'assimilation immédiate aux lois françaises, ni le respect forcé de l'absolutisme royal. Le prestige de Versailles et du « Grand Roi » suffiraient à susciter les ralliements spontanés.

LOUIS LE GRAND ET LA TENTATIVE D'HÉGÉMONIE FRANÇAISE EN EUROPE.

L'ordre européen était depuis longtemps réglé par les Habsbourg. Tous les efforts de la monarchie, depuis François Ier, avaient consisté à écarter la fatale tenaille qui menaçait la France, à dissocier l'Espagne et les pays allemands. A cette politique traditionnelle, Louis XIV ajouta, dans ses guerres contre la Hollande, des préoccupations mercantiles.

L'Espagne fut sa première victime : assuré de l'ordre intérieur, disposant de bonnes finances et d'une armée solide, Louis XIV pouvait parler haut. S'il avait épousé une infante, c'était contre la promesse d'une dot colossale, et la monarchie espagnole n'avait plus les moyens, ruinée par cent ans de guerres, de s'acquitter de sa dette. Louis XIV allait-il, par sa femme, revendiquer le trône d'Espagne ?

En 1665, le roi Philippe IV était mort. Le jeune Charles II était de santé fragile. Louis XIV écrivit aussitôt au Habsbourg d'Autriche, Léopold Ier, pour lui proposer, très simplement, le partage de l'héritage espagnol. La France prendrait la Franche-Comté, la Flandre, la Navarre, le royaume de Naples et... les Philippines. Le plus surprenant est que Léopold ait accepté cette proposition, qui faisait de Louis XIV un petit Charles Quint. Mais son prestige était déjà considérable, et l'Espagne était au plus bas.

Louis XIV entreprit, sans plus attendre, de s'assurer sa part d'héritage. En 1667, il entrait avec Turenne dans le Brabant, prenait Lille après l'avoir assiégée, pendant que Condé occupait la Franche-Comté. Comme prochain objectif, le roi s'était fixé les Pays-Bas espagnols.

Il se heurta à la grande puissance marchande du Nord : la Hollande. Enrichie de ses possessions coloniales, de sa puissante flotte et du commerce de redistribution sur le Rhin des produits d'outre-mer, la Hollande demanda les secours des autres États marchands, la Suède et l'Angleterre, qui étaien aussi des États protestants. Tous craignaient l'engagement de la Fra ce sur mer, avec la redoutable flotte de Colbert.

Le roi de France accepta de traiter : il rendait en 1668 la Franche-Comté, mais gardait les places fortes de Flandre et de Hainaut, dont Vauban entreprenait aussitôt la défense. (Traité d'Aix-la-Chapelle.)

Sur les bords de la mer du Nord étaient désormais rassemblées
la puissance et la richesse. Il n'était plus nécessaire d'aller faire la
guerre en Italie. L'or espagnol et les bateaux des Indes avaient fait
d'Amsterdam la Venise du Nord et de Londres, déjà, un puissant
port maritime. Stockholm écumait la Baltique. Qui se rendait maître
de l'Europe du Nord-Ouest dominait l'ensemble de l'Europe.

Colbert poussait, bien sûr, le roi à la guerre. C'est même la seule
guerre qu'il ait jamais souhaitée. Il en calculait les éventuels profits,
par l'abaissement de la Hollande, puissance maritime. Les catholiques et le « parti dévot » n'étaient pas fâchés de voir le roi faire
enfin la guerre à des protestants. En Angleterre, le pouvoir avait
changé. Les Stuarts avaient été restaurés grâce à l'aide de Louis XIV.
Le roi Charles II d'Angleterre promit son aide et son alliance.
Lionne, le ministre des Affaires étrangères, s'arrangea pour neutraliser la plupart des princes allemands. La préparation diplomatique
était sérieuse.

La préparation de la campagne ne le fut pas moins. Louvois avait,
en particulier, assuré le ravitaillement des troupes le long de leur
parcours, ce qui était une innovation. En 1672, aidés par la flotte
anglaise, les régiments du roi entraient en Hollande. Ils étaient
120 000, commandés par Turenne et Condé.

Accablés, les Hollandais n'offrirent pas de résistance immédiate.
Quand ils se ressaisirent, ils chassèrent le « grand pensionnaire »,
Jean de Witt pour constituer une République dirigée par le *stat-
houder* Guillaume de Nassau. Les bourgeois, qui étaient pour
beaucoup des amis de la France, quittaient le pouvoir, remplacés par un dictateur qui. s'appuyait, contre eux, sur le peuple.
Guillaume était un protestant fanatique qui ferait la guerre jusqu'au
bout.

Le « taciturne », à peine au pouvoir, fait ouvrir les digues pour
arrêter l'invasion française. Sa détermination frappe l'empereur
allemand qui lui tend la main. Une coalition antifrançaise réunit
le roi d'Espagne, le roi du Danemark et plusieurs princes allemands.
En 1674, Charles d'Angleterre abandonne l'alliance française.
Isolé, Louis XIV doit évacuer la Hollande.

Il retrouve son vieil adversaire, l'empereur. Les Impériaux
sont de nouveau armés et leurs troupes menacent les frontières.
Louis XIV prend les devants. Il occupe une fois de plus la Franche-
Comté, envahit les Pays-Bas espagnols. Condé l'emporte brillamment sur l'armée du prince d'Orange. Turenne rosse les Impériaux
dans la plaine d'Alsace, avant de mourir, percé d'un boulet, devant

Salzbach. La flotte de Colbert fait merveille : Duquesne met en
pièces l'amiral hollandais Ruyter en 1676.

La Hollande traite, à Nimègue. Elle ne perd aucun territoire,
obtient même un abaissement des droits de douane français.
Louis XIV se paye sur l'Espagne. Elle cède définitivement la
Franche-Comté, une grande partie de la Flandre et du Hainaut.
Pour Louis XIV comme pour Colbert, la guerre a rapporté. Le
roi se permet, après la paix, d'annexer le comté de Montbéliard,
plusieurs villes de la Sarre, Strasbourg et la moitié du Luxembourg,
sans que les protestataires (l'empereur, le roi d'Espagne, la Suède
et la Hollande) puissent agir. Il est vrai qu'en 1683 les Turcs étaient
aux portes de Vienne. Les Espagnols furent les seuls à lever les
armes : ils furent battus et les Français s'emparèrent du Luxembourg tout entier. En 1684 l'empereur et le roi d'Espagne reconnaissaient toutes les annexions.

LE ROI TRÈS CHRÉTIEN.

A cette date, Louis XIV était au sommet de sa gloire. Roi « de
droit divin », il choisissait les évêques et restaurait à son profit, sans
être contrarié par le pape, les pratiques du vieux gallicanisme.
Bossuet commentait la doctrine du droit divin, pour en faire une
sorte de dogme : le roi, sacré à Reims, était l'héritier des rois
d'Israël. Il ne devait de comptes qu'à Dieu. Son pouvoir n'était
pas arbitraire, il n'était pas celui d'un tyran. Il était l'interprète
des volontés divines.

A ce titre, il se devait d'établir la religion catholique dans sa plus
grande gloire. Il devait poursuivre impitoyablement ses ennemis.
En ce sens, Louis XIV allait être le serviteur dévoué de la Contre-
Réforme. Protecteur des jésuites, il ne pouvait manquer, dans la
mesure où il se posait en maître absolu d'un État théocratique, d'entrer en conflit avec tout ce qui contestait, en France, la religion
catholique.

Les assemblées du clergé le pressaient régulièrement d'intervenir
contre « la religion prétendue réformée ». Les protestants étaient
protégés par l'édit de grâce d'Alès et par l'édit de Nantes. Le roi fit
de ces édits une application très restrictive, pendant que l'Église,
de son côté, accentuait sa campagne de conversions. Le maréchal
de Turenne, par exemple, avait été converti par Bossuet. Il était mort
en catholique. Menacés par le roi, pressés par le clergé, les grands

seigneurs protestants abjuraient en grand nombre. La reconquête de la haute société avait pleinement réussi. Dans les basses classes, le clergé employait d'autres armes : chaque « converti » touchait six livres. Comment résister à cet appel du Seigneur ?

Les rigueurs du roi furent aussi sévères à l'égard des jansénistes. Ils n'étaient protégés par aucun texte. Cette petite coterie d'aristocrates et de grands bourgeois gênait les jésuites, embarrassait l'Église, indignait le roi. Il fit fermer Port-Royal en 1664. Les religieuses se réfugièrent dans la vallée de Chevreuse. En 1668, pour retrouver la paix, les jansénistes acceptèrent de signer, « avec des restrictions mentales », un formulaire condamnant cinq propositions de la doctrine de Jansenius, le pape du jansénisme.

Avec les jansénistes, comme les protestants, le grand roi n'était pas allé jusqu'au bout. Il avait toutefois manifesté avec détermination sa volonté de considérer la religion catholique comme la seule religion du royaume. Il prenait d'ailleurs grand soin, dans le temps où il soutenait de tout son poids la foi catholique, d'assurer sur l'Église de France sa domination : en 1682, sous l'impulsion de Bossuet, fidèle serviteur du roi, une assemblée du Clergé votait la *déclaration des quatre articles* qui mettait l'Église sous la coupe du roi, déjà maître depuis le Concordat de 1516 de la distribution des évêchés.

LES NOBLES DEVENUS SERVITEURS DU ROI.

Premier serviteur de Dieu, le roi de France était aussi le premier suzerain du royaume. A ce titre, la noblesse lui devait obéissance. La petite noblesse rebelle avait été facilement matée par les tribunaux d'exception installés dans les provinces. La grande noblesse avait été retirée des gouvernements militaires, mais elle avait trouvé à Versailles de beaux commandements d'armée (Condé, Turenne) et des charges bénéfiques. La politique de distribution des bénéfices n'avait nullement été remise en question par le souverain, qui se souvenait sans doute des leçons du cardinal Mazarin.

Louis XIV avait attiré les nobles à la Cour, et il en avait fait ses courtisans. L'instauration d'une étiquette très stricte (le lever du roi, le petit et le grand coucher, les repas, etc.) permettait de distribuer aux plus grands seigneurs des fonctions honorifiques toujours recherchées, car elles donnaient accès à la personne du roi. Un regard du maître, un mot pouvaient signifier disgrâce ou promotion. Et le roi savait admirablement user de la parole. Un duc de la Rochefoucauld était heureux d'être le maître de la garde-robe ; un duc de Bouillon était grand chambellan, un prince de Condé acceptait d'être le grand Maître... des maîtres d'hôtel. La domestication des grands seigneurs était totale. La disgrâce, c'était l'éloignement de la Cour. Il fallait y paraître pour faire fortune, pour obtenir les titres, les pensions, les offices. Comment vivre en France sinon dans le soleil du roi ? Comment accepter de vivre en province alors que tous les mérites, tous les talents, tous les pouvoirs étaient à Paris ? Saint-Simon le raconte dans ses *Mémoires* :

> « Le roi regardait à droite et à gauche, à son lever, à son coucher, à ses repas, en passant dans les appartements, dans ses jardins de Versailles, où seulement les courtisans avaient la liberté de le suivre. Il voyait et remarquait tout le monde. Aucun ne lui échappait... C'était un démérite... de ne pas faire de la Cour son séjour ordinaire... et une disgrâce sûre pour qui n'y venait jamais ou comme jamais. Quand il s'agissait de quelque chose pour eux : " Je ne le connais point ", répondait-il fièrement. Sur ceux qui se présentaient rarement : " c'est un homme que je ne vois jamais " ; et ces arrêts-là étaient irrévocables. »

UN ART « OFFICIEL ».

La Cour ne comptait pas que des courtisans. On y voyait aussi des écrivains et des artistes. Pour eux, la faveur du roi était essentielle. La vie de Cour était une des manifestations du triomphe décisif de Paris sur la province. Sous Louis XIV moins que jamais, on ne pouvait réussir en province. Les talents se consacraient à la Cour.

A la demande de son maître, Colbert avait créé une « République des Lettres » qui se réunissait autour du roi. L'*Académie française*, œuvre de Richelieu, tentait tous les écrivains, attirés, comme les courtisans, par les grasses pensions royales. On verrait un Jean Racine accompagner le roi à la guerre, pour faire le récit de ses campagnes. Jamais le mécénat n'avait été à ce point institutionnalisé. Louis XIV faisait profession de protéger les artistes. N'avait-il

pas soutenu Molière, auteur du *Tartuffe*, contre la coterie des
dévots ? La plupart des chefs-d'œuvre de la littérature classique
ont été produits dans les années 1660-1670, grâce à la protection du
souverain. Molière divertit la Cour, que Bossuet moralise. La Fontaine était un ami de Fouquet. Qui lui en fit grief ? Boileau ni La
Bruyère n'épargnaient les grands dans leurs satires. Le roi leur
applique-t-il la censure ? Sans doute ses faveurs sont-elles irrégu-
lières, injustes parfois. Tel auteur un moment se plaint, bougonne,
conteste. Mais avec quel plaisir rentre-t-il en grâce, le moment
venu !

La faveur dispensée aux écrivains est plus large encore pour les
artistes, qui servent la gloire du règne. Louis XIV aime le peintre
Le Brun, qui dirige l'Académie de peinture de Paris et de Rome.
Il est aussi le maître de la manufacture royale des Gobelins. Claude
Perrault construit, à la demande de Colbert, la célèbre colonnade du
Louvre. Mais déjà le roi, qui n'aime pas Paris, songe à se faire
construire un fabuleux palais à Versailles. En 1671, sa décision est
prise. Dix ans plus tard, le rêve deviendra réalité.

Le coucher du « Soleil ».

L'INTRANSIGEANCE RELIGIEUSE.

Deux dangers menacent le Roi-Soleil à son zénith. Sa volonté
de puissance en Europe, qui lui vaudra des ennemis implacables
— et sa politique religieuse, qui ne va pas manquer de provoquer
en France les troubles les plus graves.

Autour du grand roi, les bons serviteurs disparaissent : Lionne
est mort en 1671, Colbert en 1683, Le Tellier en 1685, Louvois
en 1691. Les successeurs sont moins proches du roi, qui gouverne
seul.

Le roi, à quarante-six ans, a bien changé. Il ne court plus de
château en château et de chasse en maîtresse. Fixé à Versailles,
prisonnier de l'étiquette et de la bureaucratie, il se marie secrètement avec une dévote, Mme de Maintenon, qui aura sur sa politique
la plus fâcheuse influence. A partir de 1686, une opération a diminué

ses forces physiques. Il devient la proie du parti dévot. Le père jésuite François de la Chaise, son confesseur, conjugue son influence avec celle de la Maintenon, pour pousser le roi dans la voie de l'intransigeance religieuse.

Louis XIV commence par entrer en conflit avec le pape qui vient de condamner la *déclaration des quatre articles*. Louis XIV va se passer du pape, et réaffirmer le « gallicanisme royal ». Il nomme pendant onze ans les évêques qui approuvent la déclaration, et le pape, pendant onze ans, refuse de leur donner l'investiture spirituelle. Trente-cinq évêques se trouvent ainsi, en 1688, dans une situation quasiment schismatique.

Le roi, pour fléchir Rome, va jusqu'à occuper le comtat Venaissin. Mais il n'obtient ni du pape Innocent XI ni de ses successeurs la reconnaissance des *quatre articles*. Il doit finalement céder, après une longue lutte.

Le clergé de France n'aurait pas suivi si loin le roi dans sa querelle avec le pape s'il n'avait pas fait montre, à l'égard des ennemis de l'Église, de la plus brutale intransigeance. Les protestants étaient un million environ dans le royaume, fixés dans le Midi, dans l'Ouest, à Paris et en Alsace. La religion réformée restait solide, surtout dans la bourgeoisie et dans le petit peuple des villes. Souvent les industriels et les financiers étaient huguenots, ainsi que les compagnons et artisans.

Les mesures de persécution, jusqu'en 1685, s'étaient bornées à gêner l'exercice du culte et à exclure les protestants des offices et des professions libérales. Les tribunaux mixtes institués par l'édit de Nantes avaient été supprimés. A partir de 1681 les « dragonnades » avaient commencé en Poitou. L'intendant, accompagné de moines et protégé par les dragons du roi, parcourait la province pour imposer les conversions par la force. L'intendant Marillac avait ainsi obtenu trente mille conversions, dont il se flattait à la Cour. Le roi, inquiet de son zèle, l'avait rappelé. Mais il était protégé par Louvois et surtout par Mme de Maintenon. A la mort de Colbert, qui défendait de son mieux ses manufacturiers huguenots, les dragonnades s'étaient étendues à d'autres provinces : Languedoc et Béarn notamment.

Les bilans impressionnants des « conversions » ont-ils convaincu Louis XIV que le problème protestant était en voie de solution? Des raisons de politique étrangère sont sans doute à la base de la décision prise par le roi de contraindre tous les protestants de France à la conversion. Ne devait-il pas se poser, en face du pape et de l'empereur, en roi très catholique? L'édit de Fontainebleau, qui, en 1685, révoquait l'édit de Nantes ne laissait guère le choix aux Huguenots : leurs temples étaient détruits, leurs pasteurs exilés, leur culte interdit, leurs enfants obligatoirement baptisés dans la religion catholique. Interdiction leur était faite de sortir du royaume, sous peine de galères.

L'opinion publique suivait le roi dans cette politique de répression, tant l'emprise du clergé était grande sur les esprits, à la Cour comme dans la rue. Mme de Sévigné s'extasiait, La Bruyère applaudissait bruyamment. Les financiers protestants n'avaient-ils pas assez longtemps exploité les finances de l'État?

200 000 protestants parvenaient cependant à prendre la fuite. Ils passaient en Suisse, en Allemagne en Angleterre, en Irlande et en Hollande. Quelques-uns allaient jusqu'à Moscou. Ils étaient bien accueillis en raison de leurs capacités et de leur savoir-faire. Bilan de cette politique? Une perte sèche en main-d'œuvre qualifiée, en compétences financières et industrielles, une indignation générale chez les puissances protestantes d'Europe, dont certaines étaient traditionnellement amies de la France, une véritable stupéfaction dans les milieux éclairés : Vauban, par exemple, osait conseiller au roi d'annuler la révocation.

Mais les rigueurs du roi étaient irréversibles. Il ne devait d'ailleurs pas les limiter aux protestants. La malheureuse faction des jansé-nistes devait être de nouveau persécutée. Réfugiés à Port-Royal-des-Champs, ils avaient fait des prosélytes, sans chercher à étendre leur influence, par le seul prestige des grandes conversions qui illustraient leur cause. Certains évêques n'avaient-ils pas été gagnés au jansénisme, doctrine de la grâce et de la prédestination? Ces succès embarrassaient fort les jésuites, défenseurs de l'orthodoxie romaine. Les papes, par haine de Louis XIV, s'étaient bien gardés de condamner le jansénisme. Toutefois en 1703, quand la querelle du pape et du roi fut éteinte, les jésuites français, et des évêques comme Fénelon, obtinrent du pape Clément XI la condamnation tant attendue. La justice du roi pouvait frapper désormais. Le père Quesnel était arrêté. En 1709 Louis XIV expulsait les religieuses de Port-Royal et faisait raser leur couvent. En 1715, à la mort du roi, les prisons regorgeaient de jansénistes.

L'EUROPE SE REBIFFE.

L'intransigeance religieuse du roi allait rendre implacables ses ennemis protestants en Europe. Hollandais et Suédois s'unirent dès la révocation de l'édit de Nantes à l'Électeur de Brandebourg. Les princes catholiques, par haine de la France, se joignirent à la coalition. Le roi d'Espagne et l'empereur Habsbourg, enfin débarrassé des Turcs, constituaient avec les protestants la *Ligue d'Augsbourg*. Même le pape rejoignait les coalisés. La France était seule contre l'Europe rassemblée.

Louis XIV, prétendant récupérer les droits de la princesse Palatine, sa belle-sœur, fit occuper par ses troupes le Palatinat. 200 000 soldats, commandés par Luxembourg et Catinat, défiaient l'empereur sur le Rhin. L'Angleterre, où Guillaume III d'Orange avait remplacé Jacques II Stuart, était furieusement antifrançaise.

Les Français obtinrent des succès, en Hollande notamment (victoires de Fleurus, de Steinkerque, de Neerwinden) et en Savoie. Dans la plaine du Rhin, les régiments français rasaient le pays, évacuaient les habitants pour installer un solide glacis défensif contre les Impériaux. Sur mer, la flotte française avait été battue par les Anglais et les Hollandais à La Hougue.

La guerre dura neuf ans, de 1689 à 1697. La *paix de Riswick*, alors signée, était une paix de lassitude, sans vainqueurs ni vaincus. Sarrelouis et Strasbourg étaient à la France. En revanche, Louis XIV rendait la Lorraine à son duc, abandonnait le Luxembourg et les places de la frontière italienne, dont Pignerol. Il perdait la maîtrise de la mer.

Cette longue guerre avait affaibli la monarchie. Les beaux efforts de Colbert étaient anéantis. Il fallait de nouveau, pour boucler le budget, avoir recours aux financiers, aux « partisans » dénoncés par La Bruyère. Il fallait imaginer de nouveaux expédients, comme ces « billets de promesse », inventés par Colbert, délivrés contre un intérêt de cinq pour cent à tous ceux qui confiaient leur or au roi. En 1694, les ressources restant insuffisantes, on laissa Vauban établir son système de la *capitation*, impôt frappant directement tous les revenus. La population était divisée en vingt-deux classes, payant l'impôt proportionnellement à leurs ressources. Malheureusement, les privilégiés s'arrangèrent pour ne rien payer et la capitation, reposant seulement sur les classes pauvres, ne fut pas rentable. Le *dixième*, créé en 1701 sur le même modèle par le contrôleur général des Finances Desmarets, n'eut pas davantage de succès. La baisse de la production agricole et industrielle, le ralentissement des échanges avaient en même temps pour conséquence de réduire le montant des impôts indirects. La politique glorieuse du roi conduisait les finances aux pires difficultés.

Les famines, le manque d'argent, la baisse de l'activité provoquaient dans certaines régions des révoltes durement réprimées. En 1703 le Languedoc fut mis à feu et à sang. En 1709 c'était la région de Cahors. La guerre des *Camisards*, protestants irréconciliables, faisait rage dans les Cévennes de 1702 à 1705. Villars dut employer une armée entière pour réduire les rebelles, devenus de véritables « maquisards ». Jusqu'à la fin du grand règne, les protestants tiendraient leurs « assemblées au désert », malgré les dragons de Villars.

En 1700, la guerre de la France contre l'Europe devait reprendre. Par testament de Charles II d'Espagne, le duc d'Anjou était devenu l'héritier du trône. A la mort du souverain, l'empereur prit la tête d'une coalition qui comprenait l'Angleterre de Guillaume III, la Hollande, les princes allemands, le Brandebourg et le Danemark. La France avait cette fois quelques alliés, essentiellement l'Espagne et, pendant un temps, le Portugal et la Savoie.

La guerre, de caractère mercantiliste, eut lieu partout en même temps, sur mer et sur terre. Il s'agissait pour tous les belligérants de s'enrichir au maximum aux dépens de l'adversaire. La coalition était dirigée par de grands capitaines : le prince Eugène de Savoie, le duc de Marlborough (John Churchill), Heinsius, grand pensionnaire de Hollande. Les généraux français, même Villars, n'étaient plus à la hauteur de leurs adversaires. Ils disposaient de 300 000 à 400 000 hommes mal armés, recrutés et instruits à la diable, qui devaient protéger d'immenses frontières.

La France accumulait d'abord les échecs, de 1704 à 1709 : ses armées devaient évacuer l'Italie et la rive droite du Rhin, où elles s'étaient aventurées, après des défaites retentissantes. Les Anglais débarquaient en Espagne, à Gibraltar et dans les Baléares. Les Autrichiens prenaient pied au Portugal et s'avançaient vers Madrid. Dans le nord de la France, le duc de Marlborough prenait Lille en 1708. De nouveau les frontières étaient ouvertes.

Impossible de faire la paix : les exigences de l'ennemi étaient insoutenables. On demandait à Louis XIV de faire la guerre à son petit-fils, le duc d'Anjou. « J'aime mieux faire la guerre à mes ennemis qu'à mes enfants », répondit le roi. Une grande campagne d'explication fut entreprise par le clergé dans le royaume. Tous les curés expliquaient en chaire les raisons de la prolongation de la guerre. Un sursaut patriotique animait le pays. Les jeunes paysans s'enrôlaient en foule dans l'armée. A Malplaquet, le maréchal de Villars alignait 60 000 soldats, devant Malborough et le prince Eugène réunis.

Villars fut vainqueur, mais c'était une victoire à la Pyrrhus, qui s'achevait sur une retraite. Vendôme était plus heureux en Espagne, où il l'emportait à Villaviciosa sur les Impériaux et les Anglais. Philippe V rentrait dans Madrid. En 1711, les Anglais, las d'une guerre indécise et coûteuse, signaient les préliminaires de Londres. A Vienne, le trône était vide : Joseph Ier venait de mourir. Allait-on faire la paix ?

L'archiduc Charles, à peine nommé empereur, reprenait les combats avec l'appui de la Hollande, ennemie inexpiable de Louis XIV. Le prince Eugène envahissait le Nord avec une armée nombreuse. Il était arrêté à Denain par Villars. Cette fois les Impériaux étaient à leur tour las de la guerre.

LA FIN DU PLUS LONG RÈGNE.

La paix fut signée à Utrecht d'abord, en 1713 avec la Hollande, l'Angleterre, la Savoie, le Brandebourg et le Portugal. Une nouvelle campagne fut nécessaire pour obliger l'empereur à signer la paix de Rastadt en 1714. Philippe V, le duc d'Anjou, gardait le trône d'Espagne, mais renonçait à l'héritage de la couronne de France. Louis XIV reconnaissait les droits de George de Hanovre au trône d'Angleterre et chassait de France le prétendant catholique Stuart (Jacques Édouard). Frédéric de Brandebourg était reconnu comme « roi de Prusse ». Il se faisait appeler Frédéric Ier. Le duc de Savoie devenait roi de Sicile.

Cette promotion des princes européens s'accompagnait d'une modification des royaumes : la Savoie était unie à la Sicile, que l'Espagne perdait. L'Autriche dominait le Milanais, Naples et la Sardaigne. Elle devenait une puissance méditerranéenne. Héritière des droits de l'Espagne sur les Pays-Bas, elle entrait en rivalité avec la Hollande.

La France assurait la fortune commerciale et maritime des Anglais : elle rasait Dunkerque, actif nid de corsaires. Elle cédait à l'Angleterre ses comptoirs d'Amérique du Nord : Terre-Neuve, l'Acadie, l'Hudson. Les droits de douane avec l'Angleterre étaient abolis. Les navires anglais devaient être également admis en franchise dans les ports espagnols, notamment à Cadix d'où partaient les convois pour les riches colonies.

Les puissances anciennes s'effondraient (l'Espagne et la Hollande), d'autres, toutes neuves, se dessinaient en Europe : la jeune Prusse, l'Angleterre. L'Autriche s'ouvrait une façade maritime. La carte de l'Europe était bouleversée, et la France n'y trouvait pas son compte, bien que le sursaut final eût préservé presque toutes les conquêtes de Louis XIV.

Avant sa mort, le « Grand Roi » songeait à une alliance des puissances catholiques, France, Espagne, Autriche, contre l'Europe marchande et protestante. La Hollande toute proche n'avait-elle pas accueilli depuis longtemps tous les opposants au trône, huguenots, intellectuels, philosophes ou pamphlétaires, qui multipliaient les polémiques contre Louis XIV? Le parti des marchands, négociants et armateurs des ports de l'Ouest ne poussait-il pas le roi à une revanche économique sur l'Angleterre? Enfin, sur le plan intérieur, le monarque ne devait-il pas donner, par des satisfactions extérieures, des apaisements à l'opinion publique de nouveau travaillée par les idées subversives de grands seigneurs comme le duc de Saint-Simon, de grands évêques comme Fénelon? La mort du roi, le 1er septembre 1715, ouvrait une nouvelle période de régence, l'héritier du trône ayant cinq ans. Le plus long règne se terminait sur une incertitude : la France avait-elle les moyens de reprendre sa place en Europe?

CHAPITRE 10

La France de Louis le Bien-Aimé

Louis XV était bien accueilli à son arrivée sur le trône. Il avait la ferveur populaire. On l'appellerait « le Bien-Aimé ». Et pourtant aucun roi n'a subi, de la part de la postérité, un pareil discrédit. On lui attribue la dégradation constante des institutions monarchiques, les désastres extérieurs, les crises financières. Son meilleur biographe, Pierre Gaxotte, nous assure que Louis XV fut un grand roi, et qu'il ne faut pas se fier aux ragots qui couraient à la Cour.

Il est de fait que Louis XV couvre, par sa présence, une grande partie du siècle. Il assiste impuissant comme jadis feu Louis XIV à une longue régence, celle du duc d'Orléans, de 1715 à 1743. Son règne personnel se poursuit jusqu'en 1774, et s'achève quinze ans avant la Révolution française, à l'aube de la révolution américaine. Le « Bien-Aimé » est roi de France dans une Europe en proie aux cataclysmes et aux espoirs du siècle des Lumières. Il ne fait pas cavalier seul.

L'agonie de l'absolutisme.

LE RÉGENT, MAITRE DU ROYAUME.

D'après le testament du feu roi, le « conseil de régence » devait être présidé par le duc d'Orléans, Philippe, et composé de princes du sang, deux d'entre eux étant des fils illégitimes du roi, reconnus pour leur sagesse et leur tempérance, ce qui n'était pas le cas d'Orléans.

Ce testament ne faisait nullement l'affaire du duc, qui voulait nommer librement les membres de son conseil, et régner en maître dans le royaume. Pour obtenir sa cassation, il fit promesse aux parlementaires de leur restituer le « droit de remontrance ». Ils n'en demandaient pas tant. Leur haine pour Louis XIV aurait suffi à obtenir d'eux ce que l'impatience du Régent avait payé trop cher.

Orléans choisit, pour siéger au Conseil, des aristocrates adversaires du précédent règne, Saint-Simon en tête. Le fielleux chroniqueur et ses collègues se firent un devoir de supprimer les charges de ministres et de secrétaires d'État créées par Louis XIV, et d'en renvoyer les titulaires. Des « conseils » collégiaux remplacèrent les ministres, tous composés de nobles de cour. Dans ce système appelé « polysynodie », les anciens « domestiques » de Versailles se retrouvaient aux affaires, autour de la table du pouvoir.

Les grands seigneurs amis du Régent étaient les alliés naturels des parlementaires, autres victimes de Louis XIV. Contre le « despotisme ministériel » du précédent règne, les nouveaux maîtres préparaient la « révolution aristocratique » destinée à leur livrer les clés de l'État. Ils voulaient se réserver les postes dans toutes les administrations, dans l'armée et dans la marine, et retrouver leur puissance sociale en rétablissant sur le peuple des campagnes leurs anciens droits à des taux révisés. Ils voulaient rendre à la noblesse la réalité des privilèges.

Rien ne s'opposait alors à cette « réforme », sinon l'évolution très rapide de la situation. Les prix montaient partout en Europe, et le gouvernement des aristocrates, qui multipliait les dépenses, était bien incapable de lutter contre cette « inflation ». Le budget de 1716 comptait soixante-dix millions de recettes contre deux cent trente millions de dépenses! Une grande partie de ces dépenses allait au remboursement des intérêts énormes de la dette royale : plus de deux milliards et demi de livres... L'héritage du grand roi était lourd.

Force était aux grands seigneurs, maîtres du Conseil, de trouver des solutions immédiates, des expédients. On décida d'altérer de nouveau les monnaies, de poursuivre les financiers et prévaricateurs, de supprimer des emplois dans l'administration et dans l'armée. Toutes ces mesures étaient insuffisantes. C'est alors qu'un astucieux Écossais, John Law, vint au secours des grands seigneurs dans le besoin, avec des recettes plein ses poches.

LAW, LE MANIPULATEUR, ET LES SURPRISES DE LA SPÉCULATION.

Le projet de Law n'était pas, dans son principe, révolutionnaire : il s'agissait d'adapter en France le système financier anglais ou hollandais : une banque d'émission, comparable à la *Bank of England*, devait émettre du papier-monnaie gagé sur une encaisse métallique déterminée. Ces billets devaient accroître la circulation monétaire, donc stimuler la consommation et la production. La banque d'émission pourrait recevoir contre intérêt le papier commercial de ses clients. Elle serait donc intéressée à leurs bénéfices, et gagnerait de l'argent en en prêtant. Elle serait ainsi en mesure de rembourser rapidement les dettes de l'État. Contre le vieux système colbertiste, qui misait sur les équilibres et la prudence dans le développement de la production, le « système de Law » supposait le développement rapide des affaires et l'expansion continue à la hollandaise.

Law ne reçut pas du Conseil un blanc-seing. Il fut autorisé cependant à créer une banque. Cette « banque générale », organisme privé, avait reçu les trois quarts de son capital en créances d'État. Dès sa constitution, elle s'intéressait à des affaires de colonisation, finançant la « Compagnie d'Occident », dirigée par Law lui-même, qui avait pour but de mettre en valeur la Louisiane et le Mississippi.

De 1716 à 1718, le succès fut si grand que le gouvernement décida d'autoriser Law à faire de sa banque privée une « banque royale ». Il devint en 1720 surintendant des Finances. Il réussit à racheter les privilèges des principales compagnies créées précédemment : Indes orientales, Sénégal, Guinée, Saint-Domingue. Fusionnant ensemble toutes les compagnies de commerce, Law disposait d'un outil de commerce extérieur aux moyens puissants : la « Compagnie des Indes ».

Cette compagnie émit dans le public des actions. Le succès fut incroyable : de cinq cents livres, prix d'émission, les actions étaient bientôt traitées à dix-huit mille livres. Law avait promis aux actionnaires un dividende de quarante pour cent!

Law avait commis, pour trouver des disponibilités, des imprudences considérables dans la gestion de la banque royale. Il fallait bien qu'il subvienne aux besoins du Régent, qui menait grand train, et des seigneurs ses amis. Law avait émis trois milliards de papier-monnaie pour une encaisse métallique de cinq cents millions. La catastrophe était inévitable.

Il en est des catastrophes financières comme des inondations, elles sont soudaines, complètes, imparables. Le « système » s'écroula par tous les bords : en décembre 1720 les actions de la compagnie s'effondrèrent : crise de confiance. Du coup, le papier d'État perdit toute valeur, la Compagnie des Indes tout moyen. Law s'enfuit. Il avait réalisé une éclatante banqueroute.

Le public était frappé de stupeur. Pour quelques avisés qui avaient su s'enrichir très vite et placer aussitôt leurs gains en valeurs sûres, le plus grand nombre des « actionnaires » avait été grugé, abusé, détroussé. L'État, d'un coup, avait épongé l'essentiel de ses dettes. Mais l'opération avait durablement détourné les Français des actions et du papier des banques. Elle avait créé, au seuil du développement de l'Europe capitaliste, une sorte de traumatisme, un choc en profondeur, très préjudiciable à l'avenir économique de la France. Faute d'avoir su imaginer une politique financière et commerciale cohérente, l'État, en se livrant à la brillante et dangereuse improvisation de Law, avait retardé de plusieurs dizaines d'années l'engagement du pays dans le mouvement ouest-européen des affaires.

Car l'Europe était en paix, et la France aurait pu participer plus massivement à la reprise. Le ministre des Affaires étrangères du Régent, l'ex-abbé Dubois devenu cardinal, avait opportunément fait la paix avec les puissances maritimes, la Hollande et l'Angleterre. Il avait même renversé les alliances, en devenant, contre les Espagnols, l'ami des Anglais, des Hollandais, et même des Habsbourg d'Autriche. Il avait déjoué le complot de la duchesse du Maine, qui voulait le retour à l'alliance espagnole et l'élimination du Régent. Il avait arrêté la duchesse et fait reconduire dans son pays l'ambassadeur d'Espagne. En 1719, Dubois poussait le Régent à la guerre contre l'Espagne, aux côtés des Anglais. Le roi d'Espagne signait la paix : Louis XV épouserait l'infante espagnole Marie-Victoire.

Pour les grands ports coloniaux de l'Océan, la paix avec l'Angleterre et la Hollande était en définitive une bonne nouvelle, la fin de l'intrigue espagnole un immense soulagement. Plus d'un noble avait investi son capital dans les entreprises de grand commerce maritime, aux côtés des bourgeois nantais ou bordelais. On attendait du Régent qu'il confirme les intentions de Law, qu'il soutienne les entreprises françaises outre-mer, qu'il lance la France dans la conquête pacifique des mers, aux côtés de ses nouveaux alliés.

UN JEUNE HOMME DE SOIXANTE-DIX ANS : LE CARDINAL FLEURY.

Cette politique devait trouver un défenseur en la personne du cardinal de Fleury, qui vint aux Affaires en 1726, appelé par le roi. Bien que majeur depuis 1723, Louis XV ne voulait pas gouverner personnellement. Il était pour le système anglais du Premier ministre.

A cette date, le Régent était mort. Déjà le cardinal Dubois avait réagi vivement contre les grands seigneurs de la Cour, qu'il avait éliminés du Conseil ; il avait fait nommer des ministres et des secrétaires d'État qui avaient le sens de l'intérêt public. Les parlementaires agités avaient été exilés à Pontoise... Dubois avait préparé le lit de Fleury.

Il était temps. Les intrigues des grands seigneurs eussent ramené les désordres de la guerre. En renonçant au mariage espagnol, Louis XV avait déjoué les calculs de certains aristocrates, qui voyaient dans cette union le moyen de revenir aux désastreux projets d'alliance espagnoles de Louis XIV. Le roi avait épousé une princesse polonaise, Marie Leczinska, en 1725. Les partisans de la reprise de la guerre européenne devaient déchanter. Fleury trouverait par contre la paix avec l'Angleterre confirmée à son arrivée au pouvoir.

En 1726 l'ancien précepteur du Dauphin était septuagénaire. Ce vieux sage allait gouverner la France pendant plus de quinze ans. Fleury n'avait que des idées de bon sens : aider au développement économique, et, pour cela, apaiser les querelles intérieures, restaurer l'État compromis par les favoris du Régent, et maintenir à tout prix la paix en Europe.

Déjà, au début du siècle, la France était aussi riche que l'État était pauvre. Riche de ses enfants : le mouvement de la natalité s'accentuait. Les Français étaient dix-neuf millions en 1697 ; ils seraient vingt-six millions en 1789. Riche aussi d'activités et d'entreprises : les Français regardaient vers l'extérieur, vers l'outre-mer. Sur les marchés européens, les pièces en or du Brésil et du Mexique arrivaient à foison. Les prix montaient, mais aussi la quantité des produits consommés. Dans une France prospère, qui allait connaître un demi-siècle d'éclatante civilisation, l'État était bridé par des difficultés financières sans issue.

Pour rendre au royaume sa santé, on ne pouvait multiplier indéfiniment les astuces et les expédients financiers. On ne pouvait pas davantage entreprendre une réforme en profondeur de la société privilégiale. Au temps de Fleury, on pensait encore qu'un tel projet n'avait pas de nécessité. On pouvait pallier la crise des finances de l'État par un encouragement massif à la production et aux échanges.

Soucieux de tenir son pari, Fleury avait d'abord remis de l'ordre dans la maison, restauré la confiance dans la monnaie : l'écu d'argent et le louis d'or avaient reçu de nouvelles valeurs : une « livre tournois » vaudrait désormais un sixième d'écu et un vingt-quatrième de louis. La stabilité monétaire serait maintenue pendant tout le règne, malgré la hausse continue des prix.

Cette hausse soutenait l'entreprise, au lieu de la desservir. Un plus grand nombre de produits était livré à la consommation, d'origine industrielle ou coloniale. Les Français gagnaient plus, en numéraire, mais ils consommaient plus. La paix sur les mers permettait d'exploiter les premières conquêtes coloniales : les Antilles françaises (qui comprenaient alors Saint-Domingue), la Louisiane, le Canada, les cinq comptoirs des Indes, l'île de France et l'île Bourbon dans l'océan Indien (aujourd'hui l'île Maurice et la Réunion), enfin les comptoirs d'Afrique, du Sénégal à la « côte des Esclaves ». Les colonies les plus riches étaient celles d'Amérique, qui produisaient, dans les Antilles, le sucre et bientôt le café, le riz et le tabac en Louisiane, les fourrures et le goudron au Canada. Les Comptoirs d'Orient assuraient le nouveau départ du port de Marseille, cependant que les ports de l'Atlantique, Nantes, La Rochelle et Bordeaux, se lançaient dans la « traite des nègres ».

Admirable trafic! Les armateurs chargeaient à plein bord les navires négriers de « pacotilles », bijoux en toc, objets de cuisine, poudre et fusils, alcools et tabacs. Les capitaines échangeaient sur les côtes d'Afrique leurs cargaisons contre des « nègres » capturés dans l'intérieur des terres par les « rois » négriers des côtes. Au prix d'un effroyable déchet en hommes, les bateaux acheminaient leur douloureuse cargaison dans les îles et dans le Sud de la Louisiane. On achetait les esclaves pour qu'ils travaillent aux plantations. Avec le produit de la vente, les capitaines achetaient du sucre, du cacao, du tabac et tous les « produits coloniaux » qu'ils revendaient très cher en France. Les maîtres du commerce « triangulaire » faisaient ainsi rapidement fortune.

Même l'État y trouvait son compte, puisqu'il multipliait les impôts et les taxes sur le commerce extérieur, pour équilibrer le budget. Le royaume avait retrouvé, au début des années trente, la stabilité financière. Orry, le contrôleur général des Finances du cardinal, avait soumis les privilégiés au paiement de la « capitation » et du « dixième », les impôts qu'avait créés Vauban. C'était un premier pas dans la voie de la réforme.

Les privilégiés n'avaient guère protesté, se sentant peu soutenus à la Cour. Fort de la confiance du roi, le Cardinal maintenait la paix intérieure, matait les jansénistes, ramenait à la raison les « convulsionnaires » qui se livraient au cimetière de Saint-Médard à d'étranges manifestations de mysticisme collectif. Rien ne semblait troubler la paix intérieure. Encore fallait-il veiller aux frontières.

LA SAGESSE EUROPÉENNE DE FLEURY.

La guerre était, au XVIIIᵉ siècle, un moyen de s'enrichir pour les nouvelles nations de l'Europe. Aussi était-il bien difficile de l'éviter. Le roi de Prusse et le roi de Suède investissaient de fortes sommes dans leurs armées. Ils entendaient qu'elles leur rapportent.

Malgré son profond désir de maintenir la paix, le cardinal fut à deux reprises entraîné dans la guerre, par une sorte de mécanique des forces. La première mauvaise affaire fut la « succession de Pologne ». Stanislas Leczinski, beau-père du roi de France, avait été élu roi de Pologne par la Diète en 1733. Aussitôt les Russes envahissaient la Pologne et Stanislas trouvait refuge dans le port de Dantzig, appelant Louis XV à son secours.

Attaquer les Russes n'était pas chose facile aux Français bien qu'ils eussent, contre les Autrichiens, l'appui du roi d'Espagne et de Sardaigne. Le parti antiautrichien triomphait à la Cour : pour peu de temps. Le corps expéditionnaire français envoyé en Russie échoua dans son entreprise, même si les Autrichiens furent chassés d'Italie. La paix signée par Fleury évitait le pire : la reprise d'une rivalité franco-autrichienne sur le continent. A la paix de Vienne, Stanislas recevait, en échange de la Pologne, le duché de Lorraine et le duché de Bar, appartenant à François de Lorraine, gendre de l'empereur. Ce dernier trouvait des compensations en Italie. A la mort de Stanislas, Lorraine et Bar reviendraient à la France sans bourse délier. Le cardinal avait investi, à sa manière. Il pouvait abandonner à Charles, infant d'Espagne, les royaumes de Naples et de Sicile.

Cette paix heureusement conclue, Fleury se trouvait aux prises avec une nouvelle affaire empoisonnée : la succession de l'empereur Charles VI, qui avait légué tous ses biens à sa fille, Marie-Thérèse. Quand il mourut en 1740, rien ne put retenir la cupidité du roi de Prusse Frédéric II qui avait une belle armée et entendait s'en servir. Il la lança sur la Silésie, dont elle ne fit qu'une bouchée. Les Autrichiens ne purent l'en déloger. N'était-ce pas, pour la France, l'occasion longtemps cherchée d'abattre définitivement les Habsbourg ? Leurs ennemis s'activaient à la cour de Versailles.

Une alliance avec la Prusse, la Bavière et la Saxe semblait promettre la victoire. Les Espagnols, par cupidité, rallieraient la coalition. Fleury ne put résister au mouvement guerrier. La France aussi avait des militaires qui brûlaient de conquérir l'Europe. Le maréchal de Belle-Isle, d'une traite, conduisit l'armée française jusqu'à Prague où l'électeur de Bavière se faisait élire empereur.

Marie-Thérèse sut parler à Frédéric II le langage qu'il comprenait : elle le paya de territoires, et il se retira de la coalition. L'ardente Autrichienne reconstitua une armée avec ses fidèles hongrois et chassa les Français d'Allemagne en 1743.

Ce que craignait le plus Fleury devint inévitable : les Anglais et les Hollandais, nos rivaux outre-mer, jugèrent l'occasion belle de prêter main-forte à l'Autriche. Puisque les Français avaient mordu la poussière, il était temps d'entrer en campagne, et de participer à la curée. La guerre s'étendit à toutes les mers du globe.

La flotte anglaise avait au Canada une supériorité manifeste. Elle s'emparait des comptoirs de la côte. Les Anglais étaient moins heureux aux Indes, où Dupleix, aidé par les Cipayes, s'emparait de Madras. La flotte de La Bourdonnais lui avait prêté main-forte. C'est sur terre, en Europe, que l'armée française devait obtenir la décision. En 1750 Maurice de Saxe battait les Anglo-Hanovriens à Fontenoy (1745) et Raucoux. L'armée française prenait la Belgique, passait en Hollande, l'emportait à Lawfeld, forçant l'ennemi à traiter.

Louis XV suivait les conseils avisés que Fleury lui avait donnés avant de mourir en 1743. Il renvoyait le plus farouche partisan de la guerre contre l'Autriche, le secrétaire d'État aux Affaires étrangères d'Argenson. Il signait en 1748 la paix d'Aix-la-Chapelle, renonçant à ses conquêtes, rendant même Madras aux Anglais. Louis reconnaissait l'élection au trône impérial de François de Lorraine, mari de Marie-Thérèse. Louis XV, désormais seul maître du gouvernement de la France, s'était battu « pour le roi de Prusse ».

La France dans l'Europe des « Lumières ».

LES IMPUISSANCES DE L'ÉTAT.

La France de Louis XV, en 1750, aimait son roi. Il avait fait la paix, suivant le vœu de Fleury. Il avait renvoyé le belliqueux d'Argenson. Si l'on interprétait en Europe la paix d'Aix-le-Chapelle comme un signe de faiblesse, elle était bien accueillie en France.

Le roi était un homme jeune de trente-trois ans qui avait montré du courage à la guerre, et de la modération dans la paix. On le savait ardent à la chasse, empressé auprès des jolies femmes. Depuis Henri IV, jamais souverain n'avait connu une telle popularité. Un grand concours de foule dans les églises suivait l'annonce d'une maladie du roi. On priait pour sa santé. On le disait soucieux du bien de son peuple. Après tant d'années de guerres, de famines, de misère, de persécutions religieuses et fiscales, le peuple français voulait un roi plus soucieux de bonheur que de gloire.

Pourtant Louis XV devait être rendu peu à peu responsable des difficultés chroniques des finances de l'État. Après la mort de Fleury, après la fin de la guerre avec l'Autriche, la France faisait de nouveau ses comptes : ils étaient désastreux. Certes la monnaie restait stable, mais l'État devenait de plus en plus pauvre, dans une France de plus en plus riche. Pour réformer les Finances, il fallait frapper les privilèges par l'impôt, porter atteinte à la société, mettre en question les droits acquis, au moment où la pression du parti aristocratique s'efforçait, précisément, de renforcer ces droits.

Il ne faut pas s'étonner que le jeune roi ait été bientôt la cible de l'opinion publique, celle des salons parisiens et des libellistes à gages. On fit courir des chansons, des pamphlets. On montrait le roi indifférent, s'en remettant des affaires de l'État aux favorites, comme la Pompadour et plus tard la Du Barry. On affirmait qu'il ruinait le Trésor par ses caprices, qu'il se souciait peu du désastre financier, pourvu qu'on lui laissât ses maîtresses. On traînait dans la boue les grands serviteurs du règne : Machault d'Arnouville et

Choiseul. Qui alimentait cette campagne? Les privilégiés... ceux qui craignaient pour leur fortune et leur rang.

De fait Machault d'Arnouville, chargé par le roi de la réforme des finances, avait créé un nouvel impôt, le *vingtième*, levé sur les revenus de tous, quels qu'ils soient, qu'ils fussent ou non nobles. Il fallait résorber le déficit et payer les intérêts de la dette, accrus de nouveau par la guerre. Les privilégiés criaient au scandale. Ils ameutaient les parlementaires, privilégiés eux-mêmes. Le roi avait dû forcer le Parlement, dans une séance spéciale appelée *lit de iustice*, à enregistrer l'édit créant le *vingtième*. Les États des provinces, l'Assemblée du clergé avaient refusé de payer. Le roi n'avait pu contraindre le clergé. Pourtant il avait dissous son Assemblée. Mais l'Église avait obtenu, en 1751, le maintien intégral de ses privilèges fiscaux. Elle représentait une partie très importante de la fortune foncière du royaume.

Comment refuser aux uns ce que l'on accordait aux autres? On risquait une nouvelle fronde, avec les parlementaires en colère, les aristocrates inquiets, le peuple enfin, qui supportait seul, en définitive, la nouvelle augmentation des impôts. L'attentat de Damien contre le roi, en 1757, marquait le sommet de cette crise intérieure qui ne devait pas se prolonger. La France était de nouveau entrée dans la guerre, parce que ses intérêts vitaux étaient en jeu.

Son avenir était, à cette époque, largement conditionné par l'influence qu'elle pourrait avoir en Europe, mais surtout par le rôle économique que ses ennemis lui laisseraient jouer dans le monde. Car le monde, l'Europe, et la France elle-même, avaient beaucoup changé depuis la mort du grand roi.

LA RIVALITÉ DES PUISSANCES DE L'ATLANTIQUE.

Le pouvoir avait changé d'axe : une nation à ambition mondiale ne pouvait se borner, désormais, à rechercher l'hégémonie en Europe, dans un duel à mort avec la Maison d'Autriche. Le vieux Fleury avait parfaitement compris que l'avenir de la France était à l'Ouest, dans une confrontation qu'il espérait pacifique avec les puissances maritimes.

La découverte puis la colonisation du monde par l'Europe avaient commencé. Il était loin le temps où seuls les Espagnols et les Portugais assumaient le monopole de l'exploitation des découvertes. Au XVIIe siècle, la Hollande et l'Angleterre avaient pris la relève, et la France avait suivi.

Dans la course aux comptoirs, la Hollande était distancée par l'Angleterre : en 1750, le duel économique majeur n'était plus entre la Hollande et l'Angleterre mais bien entre l'Angleterre et la France.

Ayant assuré, contre la France, un certain équilibre des forces sur le continent, l'Angleterre ne voulait pas être distancée ni même concurrencée, dans l'exploitation des richesses du monde.

Or l'accroissement du commerce maritime français avait été spectaculaire : il devait quintupler de 1716 à 1787. La seule flotte marchande comptait en 1780 plus de deux mille vaisseaux. Les progrès les plus rapides, à tous égards, avaient été réalisés entre 1730 et 1740. Les négociants français avaient, à l'évidence, profité de l'abondance des monnaies d'or venant du Brésil et du Mexique, ainsi que de la paix des mers chère à Fleury. Les Français étaient présents dans les comptoirs africains de la côte Ouest, ils étaient associés au fructueux et honteux trafic de la « Traite ». Une société de planteurs de sucre très prospère s'était constituée dans les « îles », avec de nombreux esclaves. Les maîtres étaient bretons, normands, basques. Leurs productions s'écoulaient en France par l'intermédiaire des riches armateurs de la côte Ouest.

Ceux-ci avaient également des antennes aux Indes, conquises par Dupleix. Ils importaient les épices et le thé. Les produits de la Louisiane et du Canada, ceux des îles de l'océan Indien, avaient en France un débouché assuré. On faisait même venir, dans les périodes creuses, du blé d'Amérique. La mode du café (introduit à Paris par un commerçant arménien très avisé), du thé et du chocolat faisait la fortune des cafés en vogue, comme le *Procope*, et des salons aristocratiques, où les curiosités exotiques étaient toujours bienvenues et payées fort cher.

Le trafic de l'Atlantique, la découverte des nouveaux comptoirs avaient relancé l'activité en Méditerranée. Le port de Marseille reprenait vie, grâce à l'activité des Marseillais dans le Levant. Marseille exportait les produits fabriqués et réexportait les denrées venues des « Nouvelles Indes » (Antilles). Les ports français, d'une manière générale, pratiquaient en Europe et en Amérique l'exportation des produits industriels, des textiles de luxe, des cotonnades ordinaires, des objets manufacturés, armes, outils, alcools et sucres raffinés en France. Les fortunes, à Nantes ou à Bordeaux, devevaient considérables.

LE BLOCAGE INDUSTRIEL DE LA FRANCE.

L'industrie française, en dépit de ses progrès, n'était pas à la hauteur du grand commerce maritime. Elle ne parvenait pas à faire face à la demande accrue. Elle était limitée par l'insuffisance des capitaux, l'inexistence du crédit, la difficulté de transporter des matériaux pondéreux sur un territoire très continental. L'Angleterre était avantagée à cet égard : elle avait pu généraliser le cabotage le long des côtes, et creuser à peu de frais tout un système de canaux. Elle avait ainsi commencé très tôt une politique industrielle très hardie, reposant sur l'exploitation de la vapeur et la sidérurgie.

En France, on avait aussi creusé des canaux : le canal du Centre ou le canal de Bourgogne, par exemple. Un corps des ingénieurs des Ponts-et-Chaussées se préoccupait de donner au pays un ensemble de routes modernes. Mais sur ces routes, pavées et bientôt goudronnées, il y avait encore des douanes et péages! Le coût des transports, déjà lourd en raison des distances terrestres à parcourir pour les denrées industrielles, se trouvait anormalement alourdi par des survivances du Moyen Age.

Les habitudes capitalistes n'étaient pas entrées dans les mœurs. Dans le vieux pays catholique, gagner de l'argent ou prêter de l'argent était presque considéré comme infamant. Si beaucoup de nobles, à titre individuel, s'étaient lancés dans l'aventure maritime ou même industrielle, la noblesse dans son ensemble méprisait l'entreprise et les nobles français, à l'inverse des « lords » britanniques, ne voulaient pas « déroger » en exerçant un métier. Quant aux bourgeois, ils avaient une trop longue habitude des investissements dans les biens fonciers ou immobiliers et dans ces offices pour risquer leur argent dans des affaires considérées comme aléatoires. L'expansion était en France le fait d'une minorité d'hommes d'entreprise qui faisaient presque figure d'aventuriers.

Et pourtant l'industrie des « manufactures » et l'artisanat faisaient des progrès très rapides. Les toiles peintes d'Alsace, les tissus imprimés, les soieries lyonnaises avaient une cote élevée partout dans le monde. Ils étaient considérés comme des produits de luxe et achetés fort cher. Oberkampf, dans sa manufacture de Jouy, avait réussi à construire des machines à imprimer les tissus. Les cotonniers d'Alsace et de Normandie utilisaient les dernières « mécaniques » importées d'Angleterre. La laine se concentrait notamment en Champagne, autour de Reims, la soie à Lyon.

Dans l'industrie lourde, la compagnie d'Anzin exploitait déjà le charbon du Nord. Elle avait plusieurs milliers de mineurs. Alès et Carmaux avaient des forges fonctionnant au charbon. Le Creusot faisait l'admiration des spécialistes, en raison de ses hauts fourneaux géants. Les « pompes à feu » fonctionnant à la vapeur se répandaient dans les mines. En 1779, la première machine construite en France sur les plans de Watt entrait en action. Mais l'essentiel du fer et de la fonte produits en France était dû encore aux petites forges presque rurales alimentées au charbon de bois, dans les régions riches en minerai comme le Nivernais ou le Sancerrois. La petite métallurgie dominait largement, ainsi que les ateliers ou le travail à domicile dans le textile. Les grandes concentrations de travailleurs étaient rares. La France, en dépit des règlements trop sévères imposés aux corporations après Colbert, avait fait des progrès industriels manifestes. Elle n'était pas entrée, comme l'Angleterre, dans l'ère des « fabriques ».

UN ROYAUME DE PAYSANS.

Ils étaient dix-neuf millions à la mort de Louis XIV : la très grande majorité des Français. Ils seraient sept millions de plus sous Louis XVI. Certes, parmi eux, tous n'étaient pas des « coqs de village ». Il n'importe! Le gonflement progressif des villes apportait une demande nouvelle en produits agricoles, et les paysans en profitaient, exploitant leurs terres comme ils pouvaient. Car la révolution « à l'anglaise » n'était pas encore le lot des campagnes françaises, à loin près : les coutumes rurales, les pratiques collectives s'opposaient au village à l'introduction de l'assolement, à la suppression de la jachère. On n'eût pas toléré que les plus riches entourent leurs champs de clôture. On tenait à ce que le troupeau communal pût paître partout, chez les riches comme chez les pauvres. Seuls les très grands domaines pouvaient se permettre des expériences, généralement dans les terroirs limoneux du bassin parisien. Ailleurs, on restait fidèle aux méthodes du passé, avec la jachère, l'engrais naturel et les assolements primitifs.

Le paysan vendait mieux et plus cher les produits du sol. Quand
il n'était pas trop éloigné d'une ville ou d'un gros bourg rural, il
pouvait, s'il ne disposait pas d'un « lopin » trop exigu, s'enrichir.
Les droits féodaux n'étaient plus que des survivances, dans bien
des cas, quand ils étaient payés en argent, ils n'avaient pas été
réévalués depuis des siècles. Les paysans s'étaient emparés des
terres communales, et accroissaient d'autant leurs ressources.
La mortalité dans les campagnes avait sensiblement baissé, chez
les hommes comme chez les bêtes, grâce aux progrès de la médecine, aux vaccins, à une plus grande hygiène, au moins grand
nombre des famines. La natalité restait très forte et les familles
très nombreuses : quarante pour cent des terres étaient aux mains
de paysans propriétaires, mais les parcelles étaient souvent trop
petites. Elles se morcelaient constamment par le jeu des héritages.

Le reste de la terre était aux mains des privilégiés de la fortune
ou du rang : si le clergé possédait dix pour cent des terres cultivées
du royaume, les revenus en profitaient surtout au haut clergé
possesseur des *bénéfices*. La noblesse qui formait deux pour cent
de la population française, possédait encore un quart des terres
cultivées, mais les riches propriétaires étaient des seigneurs vivant
à la Cour ou à la ville, tandis que la majorité des petits noblions
subsistait mal avec des revenus dévalués. Une bourgeoisie de la
terre s'était constituée, car les bourgeois de Paris, de Bordeaux
ou de Lyon achetaient plus volontiers des terres que des actions
industrielles. Des « coqs de village » spéculant sur les grains en
période de disette, aux riches financiers propriétaires de grands
domaines, toute la gamme de l'argent se reflétait dans la structure
des campagnes qui fournissaient à la nation l'essentiel de ses
revenus.

Il reste que l'enrichissement, à la campagne, était plus lent
que dans les entreprises de commerce ou d'industrie, s'il était
moins risqué. Les véritables profiteurs du siècle étaient donc les
bourgeois d'entreprise, ceux des ports et des manufactures, ceux
qui avaient intérêt à réformer à la fois le régime et les lois sociales.

LE DÉCOR DE LA VIE : LES VILLES A LA FRANÇAISE.

La richesse des bourgeois fit des villes françaises un modèle pour
toute l'Europe : aujourd'hui encore, Nantes, Nancy, Dijon, ont

leur quartier du xviiie siècle. Les villes se sont partout développées, dans un style monumental, aéré, libre, harmonieux et fonctionnel. Dans Paris, qui atteignait 600 000 habitants, le roi avait fait percer de belles avenues, paver et décorer de vastes places comme la place Louis-XV aujourd'hui place de la Concorde. L'École de Guerre donnait au Champ-de-Mars une allure triomphale, à deux pas de l'esplanade des Invalides, en face des villages de Chaillot et de Passy. Versailles s'enrichissait du Petit Trianon. Des villes modestes comme Riom et Nancy construisaient de superbes ensembles monumentaux. Un architecte comme Ledoux était déjà un urbaniste, concevant les villes non comme de simples ensembles d'habitations, mais comme des espaces ouverts à la vie libre et heureuse. Une pléiade d'artistes de premier plan multipliait dans les palais, les églises et les maisons particulières les éléments de décoration. Les sculpteurs Houdon et Coustou, les peintres Chardin, Fragonard, Boucher, plus tard Hubert-Robert et David produisaient des tableaux pour les riches amateurs, mais aussi des gravures destinées à une clientèle beaucoup plus vaste, répandant ainsi le bon goût dans des demeures roturières. L'objet d'art faisait son entrée dans la vie quotidienne des Français. Le mobilier lui-même était changé : il devenait plus aimable, plus confortable, plus accessible aux demeures particulières. Les étoffes, elles aussi vulgarisées, jouaient un rôle croissant dans l'ameublement. Les toiles peintes de Jouy se vendaient dans toute l'Europe, ainsi que les « papiers peints », invention de l'époque. Le costume se créait à Paris, centre des modes et des arts. Les fourchettes en argent ou les vases en cristal s'inspiraient des modèles parisiens, même s'ils étaient fabriqués sur le Rhin. Un « art de vivre » se définissait sur les bords de la Seine, et se trouvait reproduit plus ou moins gauchement d'un bout à l'autre de l'Europe, jusques aux rives brumeuses de la Spree.

UNE RÉVOLUTION CULTURELLE.

La mode n'était certes pas le seul élément de la culture ; mais qu'elle fût exportée, banalisée, vulgarisée, impliquait une sorte de réveil en profondeur du goût et de la curiosité intellectuelle. En province comme à Paris, les sociétés de pensée, souvent appelées *académies*, réunissaient les bons esprits. Les bourgeois, grands et petits, s'y rencontraient et fondaient des *prix* littéraires ou scientifiques pour stimuler la recherche et la création. La circulation des idées était, dans la France du XVIIIe siècle, bien plus rapide que celle des marchandises. Les villes avaient de belles bibliothèques, des *chambres de lecture*, en tout cas des cafés où se lisaient les *gazettes*. Paris avait ses salons littéraires, où paradaient les écrivains connus et moins connus, comme le *Neveu de Rameau*, de Diderot, amuseur génial de la bonne société, pique-assiette philosophe d'un talent particulier pour tourner en dérision tous les travers du monde. Mme de Lambert, Mme de Tencin, Mme du Deffand, Mme Geoffrin ou Mlle de Lespinasse attiraient les beaux esprits et donnaient des dîners pour les écrivains et les artistes.

« Il n'arrivait d'aucun pays, dit Marmontel, ni prince, ni ministre, ni hommes ou femmes de renom qui, en allant voir Mme Geoffrin, n'eussent l'ambition d'être invités à l'un de ses dîners. »

Chez le riche baron d'Holbach, il y avait l'Italien Galiani, un abbé à la conversation pleine de saillies, un chimiste du nom de Roux et le philosophe Diderot. L'Europe princière se disputait la faveur d'être reçu chez le baron, dont les réceptions étaient plus cotées que celles de Versailles...

Plus modestes, les académies de province, les sociétés scientifiques, les loges maçonniques inspirées de la mode anglaise n'étaient pas moins actives dans la diffusion des idées nouvelles. En 1789 la province française ne comptait pas moins de trente académies, essentiellement dans les villes de l'Est et du Midi. Elles couronnaient des écrivains illustres, quelquefois à leurs débuts : Montesquieu à Bordeaux, Rousseau à Dijon, Robespierre à Arras. L'activité intellectuelle était si vive en province, dans la seconde moitié du siècle, que le gouvernement du roi devait prendre des mesures pour dépister les idées subversives.

Car le renouveau intellectuel se faisait aux dépens du modèle ancien de la société : Montesquieu, mort en 1755, et Voltaire, mort en 1778, s'étaient fort illustrés dans la mise en question de l'ordre monarchique. Ils avaient fait des adeptes : les *Lettres anglaises* de Voltaire étaient de 1734. En 1746, rentré en faveur, il occupait la charge enviée d'historiographe du roi, doté d'une bonne pension. Mais d'autres continuaient le combat : Diderot et le mathématicien d'Alembert publiaient à partir de 1751 les volumes de l'*Encyclopédie*, monument élevé aux sciences et techniques nouvelles et à la pensée libre, à la pensée critique. Malesherbes, directeur de la Librairie, censeur royal en quelque sorte, évitait aux deux premiers volumes d'être brûlés car il avait les idées larges. Il tolérait la publication des suivants, malgré les protestations des jésuites. Condamnée enfin, l'œuvre était néanmoins achevée en 1772 : elle comptait dix-sept volumes de textes, sans parler des illustrations très nombreuses...

Cette publication constituait une sorte de Bible de la pensée moderne. Elle encourageait partout l'esprit « philosophique », qui voulait bousculer les routines et les préjugés, libérer les hommes de l'ordre ancien. Voltaire abandonnait son rôle d'écrivain officiel, reprenait lui aussi le combat, multipliait les pamphlets, de Ferney où il avait trouvé retraite, à proximité de la Suisse hospitalière. Voltaire plaidait pour le protestant Calas, pour le chevalier de la Barre qui risquait la mort pour avoir refusé de saluer une procession. Il défendait le héros désabusé des Indes, Lally-Tollendal. De voyage à Paris en 1778, il était l'objet d'une sorte de manifestation spontanée, acclamé par des milliers de personnes. Les philosophes devenaient des personnages populaires et le « roi Voltaire » assumait jusqu'à sa mort une sorte de pontificat laïque.

Le succès de Rousseau était plus tardif, moins spectaculaire : son *Discours sur les Sciences et les Arts*, couronné par l'Académie de Dijon, était de 1750. Son *Discours sur l'Origine de l'Inégalité* était de 1755. Il ne reçut pas de prix, les académiciens ayant jugé l'œuvre trop provocatrice. Rousseau proposait non seulement un changement ou une libéralisation du régime monarchique, mais un bouleversement total de la vie en société et jusqu'à une éducation nouvelle pour les enfants. Si *La Nouvelle Héloïse* était une manière nouvelle d'aimer, l'*Émile* était une nouvelle manière d'enseigner et le *Contrat social* une nouvelle manière de choisir et de contrôler les gouvernants. Rousseau devait apparaître ainsi comme le véritable philosophe de la Révolution, celui qui inspirerait les meilleurs discours des Jacobins de la Montagne.

Le triomphe des philosophes et de leurs idées leur permettait de passer les frontières, sans passeport. Déjà en France l'édition avait été renouvelée par les publications nombreuses des sciences, des techniques et de la philosophie dirigées ou rédigées par les encyclopédistes et leurs amis. Le roman, genre profane, attirait de plus en plus de lecteurs. Hors de France, et jusqu'en Russie, on lisait dans la bonne société ces ouvrages en français, et leur succès était tel que l'on invitait leurs auteurs à la cour des despotes de l'Est : Voltaire faisait les délices du Prussien Frédéric II et Diderot faisait des grâces à la grande Catherine de Russie. Avec eux se répandait en Europe une certaine manière de vivre et de penser « à la française ».

La dégradation de la monarchie française.

LA RÉSISTANCE DES PRIVILÉGIÉS.

L'agitation et la propagande des philosophes et de leurs amis allaient au fond dans deux directions : certains, comme Montesquieu et Voltaire, étaient pour plus de tolérance et l'organisation des libertés publiques. Ils voulaient maintenir la monarchie, en l'adaptant à la nouvelle société, celle des échanges et du profit.

D'autres, avec Rousseau et Diderot, voulaient abattre d'un coup le vieux système, et changer d'abord la manière de vivre. Ils applaudissaient aux insolences de Beaumarchais et n'attendaient pas grand-chose des réformes politiques ou sociales. Ils savaient que la société ne trouverait pas en elle-même la force de se changer. Il fallait que le changement lui fût imposé de l'extérieur.

La première tendance n'était pas incompatible avec les revendications d'une grande partie des privilégiés, particulièrement de la noblesse de robe. Les parlementaires avaient toujours prétendu contrôler l'absolutisme royal et le « despotisme ministériel » qui en était l'expression. Le vaste déploiement des différentes unités de la guerre idéologique n'était-il pas l'occasion, pour les membres du Parlement, d'entrer à leur tour dans la bataille ?

Choiseul pensait apaiser à bon compte cette agitation en donnant aux parlementaires un bouc émissaire de choix : la Compagnie de Jésus. Les parlementaires avaient toujours été de tendance gallicane, voire janséniste, ils détestaient les jésuites. Ils enrageaient de voir leurs enfants intoxiqués par les bons pères, dans ces collèges qui étaient les meilleurs d'Europe. Leur rêve était d'arracher la jeunesse à l'illustre Compagnie, en construisant un enseignement moderne, conforme aux vœux des encyclopédistes, détaché des langues anciennes et de la théologie, orienté vers les sciences, les langues vivantes.

Ils eurent l'occasion d'intervenir à Marseille : un jésuite dirigeait une compagnie de commerce qui venait de faire faillite. Les parlementaires saisirent ce prétexte pour monter contre les jésuites un procès de tendance, ameutant largement l'opinion. Ils déclarèrent que les statuts de la Compagnie étaient « contraires aux lois du royaume ». Les religieux français, disaient-ils, devaient obéir au roi, non au pape. Les jésuites étaient une sorte d'État dans l'État, comme jadis les protestants. En 1761 les parlementaires prirent l'initiative de fermer les célèbres collèges : la guerre était déclarée.

Choiseul se garda de soutenir les jésuites. Tout occupé par les objectifs de la politique extérieure, il saisit ce pôle de fixation pour l'opinion publique mécontente de la reprise de la guerre. Le gallicanisme royal était d'ailleurs tout aussi vivace que le gallicanisme parlementaire. Le roi aussi détestait le pape et les jésuites. Si Louis XIV les avait admis, c'est qu'il devait lutter à la fois contre les protestants et contre les jansénistes. Il avait besoin, pour l'emporter, de leur armée redoutable. Les raisons du Grand Roi n'avaient plus de raison d'être. Tant pis pour le parti dévot indigné : la Pompadour soutint Choiseul. En 1764 le roi prit la grande décision, attendue par les Parlements : la Compagnie était dissoute. Les jésuites devaient quitter le royaume.

Le pouvoir n'en était pas quitte pour autant avec les Parlements : en 1764 éclatait une nouvelle affaire, en Bretagne. Les États de Bretagne avaient protesté contre les impôts trop lourds. Le gouverneur d'Aiguillon, avec flamme, prit le parti de l'administration. Le procureur général du Parlement de Rennes, La Chalotais, prit la défense des intérêts provinciaux. Choiseul, qui ne voulait pas laisser la querelle s'envenimer, fit emprisonner La Chalotais. Il mit le feu aux poudres : tous les parlementaires de France et de Navarre donnèrent leur démission.

Louis XV, dans cette affaire, ne soutint pas son gouverneur, dont il trouvait le zèle excessif. Il céda à la pression des privilégiés, fit rentrer à Versailles le duc d'Aiguillon, rétablit le Parlement de Rennes dans ses prérogatives.

Mais les parlementaires, décidément, voulaient la guerre. Le Parlement de Rennes voulut poursuivre d'Aiguillon pour abus de pouvoir devant le Parlement de Paris. Le roi interdit le procès. Le Parlement insista. Il voulait un combat clair, définitif. Le moment était bien choisi : la Pompadour venait de mourir et Choiseul était en disgrâce.

Le parti des grands serviteurs de l'État reprit alors la situation en main : l'énergique Maupeou fut nommé chancelier et l'abbé Terray contrôleur général des Finances. On revenait à la tradition monarchique, celle qui voulait faire table rase des privilèges et réformer la société, celle de Richelieu. Le duc d'Aiguillon reçut une promotion éclatante, on le nomma ministre des Affaires étrangères. Était-ce la fin des privilèges?

Les privilégiés le craignirent. Ils connaissaient l'obstination et la rigueur de leurs adversaires. En 1770 les parlementaires, propriétaires de leurs charges en raison de la vénalité des offices et de l'hérédité, furent en révolte ouverte. Le roi allait-il tolérer la rébellion de ses officiers de justice? Étaient-ils ses serviteurs, au même titre que les ministres, ou bien, comme ils le donnaient à penser, étaient-ils les représentants des intérêts véritables du royaume contre le « despotisme ministériel »?

L'*édit de règlement et de discipline*, promulgué par le chancelier en 1770, était destiné à ramener les parlementaires à leur devoir de strict dévouement au roi, source de toute justice. Les quatre Chambres du Parlement de Paris ne pourraient plus s'unir en une session commune, il leur était interdit de s'occuper de politique et de communiquer avec les Parlements de province. C'était une mise en demeure.

Les parlementaires refusant de se soumettre, le roi imposa par *lit de justice* l'enregistrement de l'édit. Ils firent la grève. Maupeou les somma de reprendre leurs fonctions. Les grévistes impénitents furent démis de leur office. Le Parlement de Paris fut supprimé, remplacé par un *Grand Conseil* dont les membres, nommés à vie, étaient payés par le roi qui leur interdisait de recevoir de leurs clients les fameux « épices » qui avaient nourri tant de générations de magistrats. Le ressort territorial du Parlement de Paris, très étendu, était morcelé en six grandes circonscriptions. La réforme démantelait le plus solide bastion du système privilégial.

LA RÉFORME TENUE EN ÉCHEC PAR LA REPRISE DES GUERRES.

L'absolutisme royal, en théorie, triomphait. Mais désormais l'opposition intellectuelle, celle des philosophes, se conjuguait étroitement avec celle des parlementaires, devenus les défenseurs d'une certaine théorie du royaume constitutionnel et des libertés régionales.

Pour l'emporter, la monarchie devait aller de l'avant, selon le schéma du cardinal de Fleury, avoir raison de l'opposition intérieure et balayer le système des castes par le progrès économique. Ainsi les nouvelles valeurs sociales auraient-elles naturellement raison des anciennes.

Mais il fallait gagner le duel contre l'Angleterre si l'on voulait vraiment entrer dans la voie du progrès et de l'enrichissement. Les conquêtes réalisées aux Indes et en Amérique n'étaient-elles pas l'amorce d'un puissant empire colonial, large exutoire pour une population excédentaire, la plus nombreuse en Europe? Aux Indes, Dupleix avait conquis de vastes territoires, à partir des cinq comptoirs déjà installés. La moitié du plateau du Dekkan était soumise à l'influence française, commerciale et politique. La Compagnie des Indes ne partageait pas, il est vrai, les vues de Dupleix. Elle craignait qu'une trop grande expansion française ne suscitât l'opposition violente des Anglais. Dupleix fut rappelé en France. Son successeur, Godeheu, abandonnait ses conquêtes.

En Amérique, les colons d'origine française étaient concentrés sur les rives des grands lacs, où ils avaient construit des forts. Les Français avaient réalisé de vastes conquêtes, du Grand Nord au golfe du Mexique. Mais ils ne pouvaient contrôler tous leurs territoires, faute d'une occupation suffisante. Les Anglais étaient gênés, dans leur expansion vers l'Ouest, par l'occupation française. Des conflits éclataient dans l'Ohio. Les Anglais en appelaient à la Couronne. Par surprise, la flotte française fut saisie d'un coup dans les ports d'Amérique.

La guerre était inéluctable. Mais cette guerre « de sept ans » comme tous les conflits du xviiie siècle, allait devenir un affrontement général de toutes les puissances européennes, au lieu de se limiter au duel franco-anglais. L'Autriche, pour récupérer la Silésie occupée par Frédéric, s'alliait aux Français tandis que la Prusse se rangeait dans le camp britannique. La Suède, la Saxe et la Russie rejoignaient l'Autriche ; la France n'avait pas mal manœuvré dans son système d'alliances. Pour la première fois depuis des siècles, elle n'avait pas contre elle la maison d'Autriche.

Frédéric avait la meilleure armée : il envahit la Saxe. Mais il était isolé en Europe. Il dut évacuer la Bohême, et connaître tour à tour des succès et des revers. Les Russes réussirent à s'emparer de

Berlin en 1760. Heureusement pour Frédéric, la grande Catherine
mourut en 1762. Son successeur Pierre III était un admirateur de
la Prusse. Il fit la paix, seul.

Les Français, qui avaient engagé une armée nombreuse sur le
continent, avaient commis la faute de négliger les mers. Les Anglais
y avaient pris facilement avantage, détruisant l'une après l'autre
toutes les escadres de la flotte française. Sans soutien maritime, les
Français d'outre-mer n'avaient pas une chance de résister. L'Angleterre poursuivait posément une guerre mercantiliste. Elle laissait
s'entre-dévorer les loups d'Europe orientale et s'attaquait méthodiquement aux colonies et comptoirs français. William Pitt, le ministre
de la Couronne, était un homme positif qui détestait l'aventure.
Les dix mille Français du Canada dirigés par le marquis de Mont-
calm ne parvenaient pas, malgré leur bravoure, à arrêter le flux de
60 000 Anglais bien équipés. Québec et Montréal tombaient en
1760. A cette date, les marins anglais avaient conquis la Guadeloupe,
puis la Martinique.

Aux Indes, Lally-Tollendal, le gouverneur, n'avait pas l'habileté de Dupleix. Il avait fait des princes hindous ses ennemis.
Les Anglais purent ainsi s'emparer du Bengale, puis du Dekkan, et
chasser les Français de leurs comptoirs. Dans Pondichéry, Lally-
Tollendal capitulait en 1761. Le malheureux, de retour à Paris,
serait condamné à mort en 1766.

Les conquêtes françaises outre-mer se trouvaient ainsi presque
toutes entre les mains des Anglais. Devenu en 1761 secrétaire d'État
à la guerre, Choiseul devait certes redresser la situation : il concluait avec l'Espagne, le royaume de Naples et l'Autriche le « pacte
de famille », alliance de tous les Bourbon d'Europe, pour arrêter
l'expansion britannique. Plutôt que de poursuivre inutilement la
guerre, les Anglais choisirent de traiter : à Paris en 1763 ils obtenaient des avantages considérables : le Canada, la vallée de l'Ohio,
toute la Louisiane sur la rive gauche du Mississippi, les comptoirs
français du Sénégal devenaient anglais, ainsi que la Floride espagnole. Les comptoirs de l'Inde et des Antilles revenaient à la France.
C'étaient, à l'époque, les colonies les plus riches. L'opinion publique
abandonnait d'un cœur léger les autres conquêtes.

Choiseul s'employait aussitôt à reconstituer la flotte, pour chercher la revanche sur mer. En moins de dix ans, il réussissait à aligner

plus de cent vaisseaux bien armés et bien équipés. Il s'employait par ailleurs à doter l'armée d'une excellente artillerie. En 1768, pour arrêter l'expansion anglaise en Méditerranée, il achetait la Corse à Gênes. A sa disgrâce, en 1770, la France avait retrouvé un bon instrument de combat.

Elle devait, une fois de plus, l'employer mal. Le duc d'Aiguillon était un grand seigneur peu familier des dossiers diplomatiques. L'Autriche rejoignait la Prusse et la Russie. Le partage de la Pologne, en 1772, se faisait dans l'effacement total de la France. Les informations venues d'Amérique, annonçant des conflits entre les Anglais et les colons des établissements de la côte du Nord-Est, n'étaient pas exploitées. On renonçait à la revanche. On rengainait l'épée, au moment où il eût été opportun de la tirer. On le regretterait plus tard.

Dans le vaste conflit qui l'opposait à l'Angleterre, la France de 1770 était déjà perdante. Faute d'avoir consacré l'essentiel de ses forces à la lutte maritime, elle avait renoncé, par le traité de Paris, à la vocation de puissance économique mondiale pour se laisser enfermer dans les querelles européennes qui ne lui rapportaient rien. La guerre, bien sûr, avait une fois de plus vidé les caisses. L'arrêt du grand commerce mécontentait la bourgeoisie d'affaires et d'entreprise. Les ressources nouvelles levées par Terray provoquaient, dans une conjoncture de hausse des prix, des faillites par séries. L'abbé « vide-gousset » devenait aussi impopulaire que jadis la Pompadour ou que la nouvelle favorite du roi, la du Barry. L'opposition parlementaire, un moment muselée, reprenait de plus belle à mesure que s'accroissait la colère populaire. Louis XV « le bien-aimé », mort le 10 mai 1774, serait enterré la nuit, comme Molière. Malheureuse à l'extérieur, discréditée de l'intérieur à la fois par les privilégiés et par les réformateurs, la monarchie française avait-elle une chance de survivre ?

CHAPITRE II

L'heure de la Révolution

Les pays de l'Atlantique, dans les années 1780, attendaient un événement sur le continent européen, qui répondît au mouvement de libération des colonies américaines contre l'Angleterre. Si les colons de Boston ou de Philadelphie vivaient libres et heureux en appliquant les principes des philosophes français, pourquoi garder en Europe les vieilles idoles monarchiques et aristocratiques ?

Tous ceux qui avaient vu briller les lampions de la fête américaine brûlaient de les allumer à Paris. Ils n'attendirent pas longtemps : l'événement prévu se produisit le 14 juillet 1789. Ce jour-là le peuple des Parisiens prit et démantela la Bastille, prison forteresse de la vieille monarchie. Événement symbolique : il fut salué et reconnu comme tel, à l'instant même, dans le monde entier. A Königsberg, Emmanuel Kant, le philosophe de l'idée critique, interrompit sa promenade quotidienne, pourtant réglée comme une horloge. Il venait de reconnaître un grand moment de l'histoire du monde. Comment la France de Louis XVI avait-elle basculé si rapidement dans la révolte ?

La belle France du roi-serrurier.

LES SUJETS DU ROI.

Ils étaient vingt-six millions, qui n'avaient plus, faute de colonies, de débouchés outre-mer. Il est vrai que les sujets du roi, au moment où le drapeau à fleurs de lys flottait sur les terres canadiennes ou indiennes, n'émigraient pas volontiers. Les Français n'avaient pas la mentalité pionnière. Satisfaits plus ou moins de leurs petites exploitations, ils restaient, souvent très médiocrement, accrochés à la terre.

Riche en hommes, grâce à une très forte natalité, la France de Louis XVI était surtout riche de ses terres, de ses ressources agricoles. Au point que toute une école d'économistes, appelés les « Physiocrates », soutenait qu'il ne pouvait y avoir de richesse véritable que du sol. L'afflux de l'or, au cours du siècle, faisait monter tous les prix, notamment ceux des produits agricoles. Les prix montaient aussi, en période de disette, en raison de la spéculation sur les grains, qui enrichissait les gros « laboureurs ».

Les grandes famines avaient disparu, mais les sujets du roi connaissaient encore la faim, faute de liberté dans les échanges, en raison du retard technique de l'agriculture. Le voyageur anglais Young, qui parcourait la France en 1787, était stupéfait de voir l'archaïsme des cultures, les retards de l'élevage, l'étendue des « jachères » qui maintenaient, dans toute la France ou presque, le sol en friches une année sur deux ou une année sur trois. En dépit des initiatives de quelques grands seigneurs férus d'agronomie, comme le duc de la Rochefoucauld-Liancourt, l'agriculture française était à la fois prospère dans sa production globale, et sous équipée, mal adaptée au mouvement des techniques et aux lois du marché international.

Il y avait en réalité deux types d'agriculture qui coexistaient souvent sur les mêmes terroirs : une agriculture de subsistance, très archaïque, et une grande culture céréalière qui utilisait les excédents de main-d'œuvre de l'agriculture archaïque. Les paysans les plus pauvres louaient leurs bras aux plus riches pour trouver un complément de ressources, leurs maigres « lopins » de terres ne parvenant pas à nourrir leurs familles. Il y avait un prolétariat rural mécontent et misérable, celui des « journaliers » qui n'avaient ni salaire convenable, ni garantie d'emploi, et d'innombrables petits propriétaires en colère, parce qu'ils ne pouvaient pas vivre de leurs terres, et qu'ils souffraient de la faim les années de mauvaise récolte, comme en témoignent abondamment les archives des paroisses dans les années 1780.

Ces paysans en colère travaillaient dur, en famille, une terre mal fertilisée. Young remarque, dans le Nord, « un blé misérable, jaune, plein de mauvaises herbes ». Près d'Amiens, il voit des femmes « qui labourent avec une paire de chevaux pour des semailles d'orge ».

Il en voit d'autres qui « chargent le fumier ». En Normandie, dit-il, « la culture n'est pas plus avancée que chez les Hurons » et Young a ce raccourci, devant le château de Combourg, sur la société d'ancien régime à la campagne :

> « Qui est donc, dit-il, ce M. de Chateaubriand, le propriétaire, dont les nerfs sont assez solides pour séjourner au milieu de tant de saleté et de tant de misère ? »

Ces paysans en colère, ces « Hurons » sales, dont les femmes charrient le fumier, mettraient bientôt le feu à la tour du château, pour brûler les archives du seigneur. La Révolution française vient de la terre, autant que de la ville. Ce n'est pas sa moindre originalité.

Ce que l'on appelait à Paris le « petit peuple » n'a rien à voir avec le prolétariat industriel du XIXᵉ siècle. Les ouvriers, appelés « compagnons », connaissaient le maître, travaillaient et vivaient avec lui. Il n'y avait pas alors de quartiers riches et de quartiers pauvres. Toutes les classes étaient mêlées dans le lacis des ruelles et l'improvisation des maisons à étages. Le peuple des boutiquiers, des employés de magasins, des blanchisseuses et des chaisières, des « petits métiers », des garçons coiffeurs et des palefreniers, des chômeurs chroniques, de ceux qui vivaient de petits services et de mendicité, ce petit peuple, groupé par quartiers, serait appelé, sous la Révolution, solennellement, le Peuple.

Les bourgeois, et non les nobles, faisaient vivre le peuple des villes. Les petits bourgeois d'abord, que l'on voyait tous les jours dans la rue au marché : les brassiers et les perruquiers, tout le négoce des rues animées de la capitale, de la rue Saint-Honoré ou de la rue Saint-Jacques. Ceux-là envoyaient leurs fils dans les écoles du quartier latin. Ils en sortaient médecins, professeurs, avocats, gens de loi, de « basoche ». Le personnel de la Révolution devait se recruter essentiellement chez ces enfants de la basoche et de la boutique, qui représentaient le peuple dont ils étaient directement issus. La plupart des députés aux assemblées révolutionnaires et même aux États généraux proviendraient de cette petite bourgeoisie des professions libérales, qui savait lire, écrire et parler.

Pour exercer des fonctions importantes, il fallait être riche et acheter les charges. Seuls les fils de la grande bourgeoisie pouvaient se le permettre. Les négociants pratiquant le commerce international avaient accumulé de vastes fortunes. La « bourgeoisie des ports » était ouverte aux idées du siècle, elle s'indignait de la stagnation du royaume, des lenteurs du développement, des tracasseries de l'administration parisienne. Et pourtant elle achetait pour ses fils les offices qui faisaient d'eux des commis de l'État et parfois les anoblissaient.

Plus riche encore, plus influente, était la bourgeoisie d'affaires, qui comprenait les banquiers de Paris ou des grandes villes de province, les hommes d'entreprise de l'industrie et du commerce intérieur, et surtout les « financiers », fermiers généraux hérités des précédents règnes, qui continuaient à vivre grassement des revenus que leur procurait la levée des impôts du roi.

Beaucoup de bourgeois n'avaient plus besoin d'entreprendre pour s'enrichir. Les descendants de ceux qui avaient fait d'astucieux placements au siècle précédent en touchaient les intérêts, car les loyers urbains augmentaient constamment, ainsi que la rente de la terre. Ces « rentiers » n'allaient certes pas risquer leur capital dans des entreprises industrielles. Leur revenu était plus que satisfaisant.

La bourgeoisie d'offices, comme la bourgeoisie d'affaires, enrageait de ne pas disposer d'un prestige social en rapport avec son importance réelle dans les administrations, les grandes affaires, la vie sociale et intellectuelle. Toutes les fois que ces bourgeois avaient l'occasion de s'exprimer, c'était pour critiquer la société des « ordres », celle du « privilège », même si leur désir secret était d'y entrer un jour, ou d'y faire entrer leurs enfants. Tous demandaient une participation plus active de la bourgeoisie aux affaires de l'État, une organisation plus efficace et plus juste de l'administration et de la fiscalité, la disparition des entraves au commerce intérieur, à la fabrication industrielle, le contrôle de l'institution monarchique et la décentralisation des décisions administratives. Il est vrai, que, parmi les grands bourgeois, beaucoup songeaient à accroître leurs privilèges économiques et sociaux au détriment de l'État. Ils rejoignaient en cela les privilégiés de la noblesse et du clergé.

PROFITEURS ET VICTIMES DE LA SOCIÉTÉ PAR ORDRES.

Les privilégiés étaient loin d'être égaux entre eux : il n'y avait pas commune mesure, au sein du clergé, entre les princes du haut clergé, dont les revenus étaient supérieurs à 100 000 livres par an, et les curés pauvres du bas clergé. Mais les 100 000 membres de l'ordre étaient solidaires pour défendre les privilèges fondamentaux : le clergé ne payait pas d'impôts, il consentait au roi un *don gratuit*.

Situation paradoxale : l'ordre le plus riche de France était ainsi le moins taxé. Car l'Église avait des terres, des revenus, des affaires : elle possédait en bien propre dix pour cent des terroirs de France, elle percevait sur les paysans la dîme, soit dix pour cent des ressources de tous les domaines. Elle avait son administration, ses tribunaux, son budget. Elle était un véritable État dans l'État.

La déchristianisation des villes et même des campagnes rendait ces privilèges exorbitants. Le clergé ne pouvait prétendre à la direction spirituelle des Français. Certains princes de l'Église donnaient l'exemple de l'irréligion. Un cardinal de Rohan défrayait la chronique. Des évêques et surtout beaucoup de prêtres s'inscrivaient dans les loges maçonniques, où l'on adorait le « dieu horloger » de Voltaire. « Il serait convenable que l'archevêque de Paris crût en Dieu », lançait un jour Louis XVI excédé. La piété profonde des masses tournait à la superstition, aux pratiques magiques. Les illuminés, inspirés par le Suédois Swedenborg, faisaient fureur dans la haute société ; les mages, guérisseurs et aventuriers de tout poil faisaient fortune. Il y avait à Paris une curieuse résurgence des cultes orientaux. La crise de la foi rendait insupportables les privilèges de l'Église.

La noblesse n'inspirait pas davantage de respect. Le *Figaro* de Beaumarchais raillait, devant des parterres pleins à craquer, « ceux qui s'étaient donné la peine de naître ». Pourtant, parmi ceux-là, les chances étaient loin d'être égales au départ : pour 400 000 « nobles », il n'y avait que 4 000 familles « présentées » à la Cour, et celles-là seulement se partageaient les pensions et bénéfices. Les grands seigneurs touchaient des revenus considérables : le duc d'Orléans avait cinquante millions de livres de revenus, soit trois milliards d'anciens francs! Il touchait une part importante de cette somme colossale sous forme de pensions, et le reste en rentes foncières et immobilières. La noblesse possédait en effet vingt-cinq pour cent des terres cultivées du royaume, sur lesquelles elle avait encore la prétention de percevoir des droits « féodaux ».

Les privilèges des nobles étaient essentiellement fiscaux. Ils ne payaient pas l'impôt direct. Mais ils avaient bien d'autres avantages. A la fin du siècle, ils se réservaient les hautes fonctions dans le clergé, la politique, l'armée, la marine. Ils ne pouvaient exercer des métiers industriels et commerciaux. Mais ils avaient obtenu le droit de « déroger », dans certaines activités comme le commerce en mer ou les grandes entreprises industrielles. La grande noblesse, quand elle défendait le privilège, ne songeait donc pas seulement aux exemptions fiscales. Elle défendait en fait sa place dominante dans la société.

La noblesse de robe n'était pas moins acharnée dans ce combat. Elle vivait du rapport des offices, souvent scandaleux dans les fonctions judiciaires. Même s'ils étaient ouverts, éclairés, favorables aux idées du siècle, les magistrats et parlementaires étaient furieusement attachés à la défense de leurs prérogatives. La lutte pour la liberté, contre le « despotisme ministériel », impliquait la reconnaissance et l'extension de leurs privilèges, en particulier dans le domaine politique.

Les riches magistrats et les nobles de Cour vivaient largement de leurs ressources. Ce n'était pas le cas de la petite noblesse rurale, indignée de sa pauvreté dans l'enrichissement universel. Elle faisait pression pour renforcer ses privilèges, pour réviser ses « droits ». Elle engageait des spécialistes des textes anciens, les « feudistes », qui exhumaient les archives seigneuriales, les vieux parchemins où étaient consignés les contrats entre les seigneurs et leurs paysans. Il était dans les intentions des nobles de faire réévaluer des contrats, de faire revivre les droits tombés en désuétude, de conforter leurs privilèges en les adaptant, en somme, au coût de la vie...

Cette « réaction nobiliaire » suscitait, bien sûr, de vives colères dans les campagnes. Les paysans s'emploieraient, dès le début des troubles, à brûler les archives dans les châteaux. Le mécontentement populaire contre les privilégiés était bien différent de la colère des privilégiés contre le pouvoir. Les riches bourgeois demandaient, comme les nobles et le clergé, une limitation du pouvoir parisien, de l'absolutisme royal devenu bureaucratique. Mais les paysans et le petit peuple des villes luttaient à la fois contre le pouvoir et contre le privilège. Et pourtant, contre le roi, les deux mouvements se conjuguaient : les uns se dressaient contre le pouvoir parce qu'il conservait le privilège, et les autres parce qu'ils le soupçonnaient de vouloir l'abolir.

Le pouvoir royal contre la société.

QUE PEUT LE ROI ?

En réalité, la monarchie ne voyait pas d'autre issue que la réforme aux difficultés de l'Ancien Régime et aux conflits dus à ses contradictions. Mais le roi avait-il les moyens d'imposer la réforme ?

En théorie, ses pouvoirs n'avaient pas de limites. Le roi nommait et révoquait ses ministres, le garde des Sceaux, le contrôleur général des Finances, les quatre secrétaires d'État. Les quatre conseils qui l'assistaient servaient son autorité, en donnant à l'administration des provinces (intendances et généralités) les ordres du pouvoir central.

Dans son principe, la monarchie était à la fois centralisée (toutes les décisions venaient de Paris) et concentrée : tous les pouvoirs étaient entre les mains du roi, y compris ceux de justice.

La théorie de l'absolutisme eût été parfaite, sans les survivances du passé féodal. Si le roi n'était pas tout à fait le roi, c'est en raison de la subsistance des privilèges. Il ne pouvait lever d'impôts en Languedoc comme en Berry. Les pays d'État, comme le Languedoc, étaient chargés de répartir la taille. Le roi devait donc reconnaître à ces États provinciaux une certaine compétence, de même qu'il devait prendre en considération certaines municipalités remuantes de province, à qui ses ancêtres avaient accordé un privilège. La justice du roi ne pouvait rien contre les tribunaux ecclésiastiques, et les justices seigneuriales elles-mêmes subsistaient. Le roi avait créé des intendants, agents d'exécution du pouvoir central, mais il n'avait jamais supprimé les gouverneurs, les baillis et les sénéchaux. L'administration était invraisemblablement compliquée, faite de structures superposées, de pièces et de morceaux, juxtaposant les nouveaux agents de centralisation et les défenseurs de l'ordre ancien... Dans le lacis des circonscriptions, des traditions, des coutumes, le contribuable adroit, le plaideur obstiné trouvaient un maquis favorable aux embuscades, aux coups de main, aux escapades. L'administration était injuste parce qu'elle était compliquée.

Elle était aussi relativement inefficace. Les intentions réformatrices de la monarchie allaient dans le sens d'un renforcement de l'absolutisme aux dépens du privilège. Elles s'efforçaient de réaliser en France le « despotisme absolu » qui existait ailleurs en Europe : en Prusse, en Autriche, en Russie. Mais le vieux pays offrait des résistances inconnues en Europe centrale : la bourgeoisie de province, les ordres privilégiés.

Les parlements de province, par exemple, rejoignaient le Parlement de Paris dans sa résistance organisée aux réformes d'inspiration ministérielle. Le ministérialisme était, à l'évidence, le principal adversaire du privilège. Il voulait une monarchie toute neuve, sans corps intermédiaires, où tous les sujets du roi seraient égaux devant le souverain, identifié à l'État. Les jeunes gens formés à la haute administration étaient de plus en plus choisis par les ministres comme intendants dans les provinces. Ils apportaient dans les capitales régionales la volonté de rationalisation et de centralisation parisienne, et suscitaient de vives oppositions. Pour les notables des régions, l'adversaire à abattre était le ministérialisme réformateur. Vive le privilège!

Pour imposer les réformes, le roi aurait dû s'appuyer, contre les privilégiés, sur un *consensus* populaire. Mais le peuple, pas plus que les notables, n'aimait les ministres de Paris, qui décidaient de l'impôt, des approvisionnements, du prix des salaires et des vivres. Il considérait les parlementaires même privilégiés, comme ses défenseurs naturels. Le contribuable breton préférait le magistrat de Rennes au ministre de Paris, ou à l'intendant envoyé par Paris. Le contribuable parisien se souvenait peut-être de la Fronde et du conseiller Broussel. Il n'aimait pas, en 1788, les princes et les cardinaux de Cour. Il détestait encore plus les ministres.

LES RÉFORMATEURS MINISTÉRIELS : TURGOT ET NECKER.

Les réformes successives de la monarchie rendront le ministérialisme encore plus impopulaire. Quand il devient roi, en 1774, Louis XVI choisit de nouveaux ministres, tous remarquables : le grand Vergennes aux Affaires étrangères, Malesherbes à la Maison du Roi, le comte de Saint-Germain à la Guerre. Maurepas était Premier ministre, Turgot, auteur d'articles parus dans l'*Encyclopédie,* était contrôleur général des Finances. Le gouvernement était composé d'hommes éclairés, ouverts aux idées modernes, sincèrement désireux de réussir dans la voie de la réforme. Tous les économistes à la mode, Dupont de Nemours, Condorcet, entouraient Turgot et l'encourageaient. La bourgeoisie intelligente criait au miracle : enfin un ministère selon la raison ! Dans une *Lettre au roi*, Turgot précisait son programme : « Point de banqueroute, point d'augmentation d'impôts, point d'emprunts », mais des mesures sévères d'économies, et une nouvelle organisation des marchés et de la production.

« J'ai prévu, ajoutait-il, que je serais seul à combattre contre les abus de tout genre, contre les efforts de ceux qui gagnent à ces abus... Je serai craint, haï même de la plus grande partie de la Cour... »

En fait, dans un premier temps, Turgot jouit de la confiance totale du roi. Son expérience réussie d'intendant en Limousin, sa réputation d'intégrité et d'efficacité l'avaient précédé à Paris. Des économies réalisées dans l'administration lui permirent d'améliorer la gestion des finances royales. Il établit en 1774 la liberté de la circulation des grains à l'intérieur du royaume. L'idée était de créer un vaste marché national des céréales, qui empêche les famines, en cassant les spéculations locales. Les autres produits agricoles étaient l'objet de mesures analogues.

Turgot n'eut pas de chance. La réforme aurait peut-être réussi dans une bonne conjoncture. Celle de 1774-1775 était mauvaise. Les récoltes en grains étaient constamment médiocres depuis 1766. Le prix du blé augmentait, les villes n'étaient plus approvisionnées normalement. Des émeutes éclataient un peu partout : c'était la « guerre des farines ». Une armée de 25 000 hommes fut rassemblée pour rétablir l'ordre à Paris, à Versailles, à Dijon, à Pontoise. Il y eut mort d'hommes. Pour avoir négligé les conséquences sociales possibles de ses réformes, Turgot avait déchaîné les passions populaires, dressé l'opinion publique contre les réformateurs.

Du moins put-il faire passer, avant sa chute, un train de réformes destinées à égaliser la charge fiscale des Français : la corvée était abolie, remplacée par un impôt sur les propriétaires. Les jurandes et les maîtrises étaient supprimées. Turgot songeait à créer partout des municipalités élues, chargées d'établir l'assiette des impôts et de les lever. C'était entrer directement en guerre contre les privilégiés. Ils saluèrent sa chute avec des cris de joie.

En 1776, Necker au pouvoir liquidait l'expérience de Turgot.
Il rétablissait la corvée royale et les corporations, que Turgot avait
dissoutes. Banquier de profession, et volontiers démagogue, soucieux avant tout d'éviter les troubles, Necker trouvait par emprunt
les ressources nécessaires pour équilibrer le budget et créer un choc
psychologique.

LA FAYETTE, NOUS VOILA!

Grâce à ce ballon d'oxygène, la monarchie pouvait entreprendre
la grande guerre de revanche dont rêvait Choiseul. Le comte de
Vergennes, qui avait réalisé en Europe un équilibre favorable aux
intérêts français, était tout entier occupé à l'idée d'abattre la puissance maritime et coloniale de l'Angleterre. Quand il vit arriver à
Paris le bonhomme Franklin, représentant des intérêts des insurgés, il décida de traiter avec lui. François Ier avait bien traité
avec les Turcs, pourquoi ne pas s'entendre avec les mutins américains? Vergennes signa avec Franklin un pacte contre les Anglais.
Une escadre et un corps expéditionnaire furent envoyés outre-
Atlantique. Vergennes voulait « porter à l'Angleterre un coup sensible, pour ramener sa puissance dans de justes bornes ». Avant
même le départ de l'expédition royale, des volontaires, conduits par
La Fayette, avaient rejoint clandestinement les insurgés en 1777.
C'est en 1779 que débarquait le corps de Rochambeau, fort de
7 500 soldats. Les Franco-Américains étaient vainqueurs à York-
town en 1781.

Sur mer, les amiraux de Grasse, d'Estaing, La Motte-Picquet et
Guichen se couvraient de gloire, pendant que le bailli de Suffren
décimait les escadres anglaises, passait dans l'océan Indien, organisait systématiquement la course contre les navires marchands
anglais. En Méditerranée, Minorque était occupée, les trois cents
navires français étaient désormais présents sur toutes les mers du
monde.

Les Anglais durent signer la paix, à Versailles, en 1783. Les
États-Unis devenaient indépendants. La France récupérait le
Sénégal et Saint-Pierre-et-Miquelon. Elle avait le droit de fortifier
Dunkerque, nid de corsaires. L'humiliation du traité de Paris était
effacée. Il est vrai que, pour un milliard et demi de dépenses, elle
n'avait retrouvé ni les Indes, ni le Canada. Mais les comptoirs
récupérés sur la côte du Dekkan, l'île Bourbon, le Sénégal riche en

gomme et surtout les Antilles (Sainte-Lucie et Tobago) donnaient au commerce maritime des satisfactions.

Necker était cependant conscient de la fragilité de cette politique. On ne vit pas de gloire et de prestige. Il faudrait assainir le budget, largement obéré par la guerre, en diminuant les pensions payées aux personnages importants, en augmentant le rendement de l'impôt. Mais le moyen d'y parvenir sans heurter de front, comme Turgot, les privilégiés?

Necker, qui connaissait le maniement de l'opinion publique, voulut procéder par étapes : il tenta d'associer à sa politique fiscale les assemblées provinciales nouvelles qu'il mit en place dans deux provinces, à titre d'expérience. Les premières assemblées furent un échec. Leurs exigences étaient inacceptables : elles demandaient la refonte complète du système fiscal. De plus elles voulaient que leurs membres fussent élus. Le roi ne pouvait accepter une évolution aussi rapide.

Les privilégiés s'étaient rassemblés contre Necker comme ils s'étaient mobilisés contre Turgot. Les grands pensionnés de la Cour ne lui pardonnaient pas d'avoir rendu public le chiffre de leurs pensions. Les parlementaires avaient un moment redouté la concurrence de ces assemblées provinciales, qui pourraient mieux qu'eux parler au nom du peuple, si elles étaient élues. Les fermiers généraux redoutaient les tours de passe-passe du célèbre financier protestant, plus adroit qu'eux dans les manipulations financières. Curieusement Necker avait réussi son départ : renvoyé par le roi, il s'était arrangé pour qu'on le sache. Dans le peuple, dans la bourgeoisie, on s'indignait du renvoi d'un aussi bon ministre qui avait pris le parti des « sujets » du roi contre les privilégiés de Versailles. Necker n'avait-il pas aboli le servage sur les terres du domaine? Le roi n'avait-il pas refusé de le laisser entrer au Conseil parce qu'il était protestant?

CALONNE ET BRIENNE.

Le successeur de Necker, Calonne, était le protégé de la reine. Depuis l'affaire du collier, Marie-Antoinette était impopulaire. On rendait ses prodigalités responsables du déficit. Calonne, grand seigneur éclairé, résolut d'inverser les termes du problème budgétaire : puisqu'on ne pouvait réduire les dépenses sans inconvénient politique, il fallait augmenter les recettes indirectes en stimulant la production. Calonne encouragea les travaux de voirie, le creusement des canaux et des ports. Il favorisa les accords commerciaux avec les nations voisines et créa une nouvelle Compagnie des Indes.

Encore fallait-il désarmer l'hostilité des privilégiés, devenus très méfiants. Payant çà et là les dettes de jeu, accroissant quelques pensions, manœuvrant la bourse pour soutenir les titres du roi, Calonne était plein d'optimisme. Mais le public ne le suivait pas : en 1786, Calonne dut convenir que ses « facilités » étaient incapables de restaurer la confiance : il dut alors, comme Turgot, envisager la refonte du système fiscal, et faire payer les riches.

La « subvention territoriale » était un impôt foncier auquel tous les propriétaires devaient être soumis, nobles ou roturiers. Il fallait abolir les privilèges fiscaux. Calonne reprenait en même temps les projets de Turgot sur la libre circulation des grains, par la suppression des douanes intérieures. Des assemblées provinciales, élues au suffrage censitaire, seraient associées au gouvernement des provinces.

Qui accepterait ces réformes ? Calonne envisageait bien l'opposition des parlementaires. Aussi réunit-il une « assemblée des notables » pour faire accepter ses projets. Les notables, privilégiés eux-mêmes, refusèrent toutes les réformes et demandèrent la convocation des États généraux. Inquiet, le roi renvoyait Calonne, en avril 1787.

La reine imposait de nouveau son candidat : l'archevêque de Toulouse, Loménie de Brienne. Il ne put infléchir les notables qui de nouveau repoussèrent tout projet d'impôt frappant les privilégiés. L'assemblée des notables fut dissoute, en mai 1787 Brienne décida de passer par le Parlement.

Il imposa d'abord un train de réformes, sans trop de difficultés : le Parlement acceptait que l'état civil fût accordé aux protestants et aux juifs. La *question* (c'est-à-dire la torture) était abolie dans la justice royale. La corvée était supprimée.

Les parlementaires refusaient obstinément, par contre, la « subvention territoriale » et demandaient à leur tour la convocation des États généraux. Par *lits de justice*, Louis XVI imposait en août l'ensemble des réformes au Parlement.

Les protestations des magistrats furent extrêmement vives : le roi les exila à Troyes. Des émeutes éclatèrent à Paris. On insultait la reine. Des arrestations furent opérées. Craignant des troubles plus graves, totalement démuni d'argent, le roi fit rappeler les parlementaires. Il avait cédé. Le Parlement de Paris était désormais l'arbitre de la situation, le pilier de la résistance des privilégiés aux réformes.

De fait le roi dut recourir à la procédure du *lit de justice* pour faire passer, en novembre, un projet d'emprunt et d'impôts nouveaux. « Sire, c'est illégal! » s'écriait le duc d'Orléans. « C'est légal, parce que je le veux », répondait Louis XVI en pleine séance...

LES PRIVILÉGIÉS DANS L'ILLÉGALITÉ.

Le 3 mai, le Parlement de Paris publiait une déclaration solennelle, celle des « droits de la nation et des lois fondamentales de la monarchie ». Il affirmait que la nation devait accorder « librement » des impôts au roi, par l'intermédiaire des États généraux, qui devaient tenir des assises régulières. Il demandait un *habeas corpus* pour les Français. Nul ne devait être arrêté sans être transféré devant des juges réguliers. Le Parlement prétendait imposer des limites au pouvoir royal.

Celui-ci réagit vivement : deux parlementaires parisiens, d'Eprémesnil et de Montsabert, furent jetés en prison. Brienne retirait au Parlement le droit d'enregistrement des édits royaux. Une *Cour pleinière* s'en chargerait. La vacance du Parlement de Paris était proclamée.

Un puissant mouvement de solidarité se développait aussitôt en province. A l'opposition des privilégiés des parlements régionaux s'ajoutait la révolte des masses populaires contre la Cour et ses ministres. A Pau, à Grenoble, les parlementaires entraient dans l'illégalité.

Le roi voulut chasser les factieux, mais la population prit parti pour eux. Pendant la « journée des Tuiles », à Grenoble, les soldats du roi furent bombardés de projectiles divers, tombés des toits. Les autorités locales durent jeter du lest, par crainte de la révolution. Les parlementaires étaient autorisés à rester en ville. Partout les nobles rejoignaient leur camp, demandant la convocation des États généraux. En juillet 1788 à Vizille, six cents délégués des trois ordres se réunirent pour rédiger un appel à la résistance des provinces du royaume contre l'arbitraire parisien. L'Assemblée du clergé refusa de payer les impôts et réclama à son tour des États généraux. Tous les privilégiés étaient en état de rébellion : c'était la « révolution aristocratique ».

Brienne et le roi durent céder, une fois de plus. Comment faire face aux notables de province déchaînés ? Brienne annonça la convocation des États pour le 1er mai 1789. Le roi disposait ainsi d'un délai de huit mois. Brienne put démissionner et se retirer après banqueroute faite.

On rappela Necker, dont le retour fut triomphal. La monarchie n'avait-elle pas capitulé devant le privilège ? Les bons parlementaires n'avaient-ils pas défendu le droit des gens, la liberté des provinces, devant l'arbitraire parisien ? Le retour de Necker ne signifiait-il pas qu'entre la réforme et le privilège, le roi avait choisi la réforme ? Cet aspect de l'événement ne fut pas senti tout de suite. On se réjouissait, sans réfléchir, du retour d'un proscrit.

Necker réussit à emprunter soixante-quinze millions. C'était la raison immédiate de son rappel : la Cour n'avait plus d'argent. En 1788 il réussit à faire doubler les effectifs du Tiers État dans les futurs États généraux : ainsi les non-privilégiés seraient-ils à égalité de nombre, sinon d'influence, avec les privilégiés ; car Necker avait promis à ces derniers, pour les rassurer, que l'on voterait par *ordres* et non pas par *têtes*.

Il fut rapidement débordé par un mouvement de révolte populaire en profondeur contre l'ordre monarchique. L'hiver de 1788-1789 avait été dur pour les pauvres. La récolte avait été partout mauvaise. Les prix s'étaient élevés très vite. Le chômage industriel suscitait des troubles dans les villes. Les salaires baissaient de vingt à trente pour cent pendant que le prix du pain augmentait de moitié. On prenait d'assaut les boulangeries. Dans les campagnes, les paysans se révoltaient contre la taille, contre les seigneurs, contre la misère. Des troubles graves éclataient en février dans les provinces périphériques : Bretagne et Languedoc par exemple. Dans le combat incessant qu'elle avait mené contre les intendants parisiens, la noblesse bretonne avait en fait réveillé les sentiments de révolte du peuple et de la petite bourgeoisie. Il en était de même en Languedoc. Partout les troubles populaires spontanés remplaçaient l'opposition verbale des notables.

La conjonction des crises faisait apparaître, en termes économiques très crus, l'inégalité brutale entre privilégiés et non-privilégiés. Les nobles et les riches bourgeois profitaient de la hausse des prix, spéculaient quand ils le pouvaient sur les grains, les vins, les fourrages, les bestiaux. Les habitants des villes et les paysans pauvres étaient au contraire des victimes d'autant moins consentantes qu'ils étaient désormais assurés d'être les seuls à supporter le poids des impôts. Le grand débat national de la réforme les avait suffisamment informés à cet égard.

Les non-privilégiés n'ont pas donné le départ à la Révolution. Dans sa volonté d'efficacité et de justice, la monarchie avait songé à demander d'abord aux privilégiés de payer le prix des réformes. Obstinément, ils avaient refusé. Le conflit qui devait les opposer, deux ans durant, à l'autorité ministérielle était le véritable départ de la Révolution. Au printemps de 1789, sans doute, les privilégiés semblaient pouvoir l'emporter. Le retour de Necker, sa prudence en matière de projets fiscaux, la décision de faire voter par ordres les députés des États, tout semblait de bon augure. Et pourtant derrière les magistrats, les nobles, le clergé et les bourgeois, c'est le peuple des campagnes et des villes, en province surtout, qui était entré déjà dans l'illégalité. Dès le printemps de 1789, des châteaux brûlaient dans le Mâconnais, la révolte agraire se répandait comme la poudre dans les villages de Normandie, de Bretagne, d'Alsace et de Franche-Comté. Les paysans n'avaient pas attendu le signal de Paris pour prendre les fourches et les torches.

L'abolition des privilèges et la Révolution légale.

MAI-JUIN : DES ÉTATS GÉNÉRAUX PEU ORDINAIRES.

A l'ouverture de la séance solennelle des États généraux, le 5 mai 1789, dans la salle des « menus plaisirs » à Versailles, on sentait bien l'écho chez les élus des préoccupations profondes du pays. Cette assemblée, pour la première fois dans l'Histoire de France, était relativement représentative. 1 139 représentants étaient réunis à Versailles, en présence du roi.

> « Nous avons besoin du concours de nos fidèles sujets pour nous aider à surmonter toutes les difficultés où nous nous trouvons relativement à l'état de nos finances »,

avait dit le roi au moment de la convocation. La préparation des élections avait apaisé les campagnes. Un grand effort de concertation, d'explications et de formulation avait été partout accompli.

Puisque le roi donnait la parole au pays, il fallait prendre le temps et la peine de lui répondre. Ainsi apprendrait-il peut-être des choses qu'il ignorait sur le malheur de ses sujets.

Tout indique que l'on prit très au sérieux, surtout dans le Tiers État, la rédaction des « cahiers de doléances », transmis au roi par les députés. Il y en eut plus de 60 000 dans toute la France, rédigés par les curés, les notaires, les avocats, les membres des corporations. Les « cahiers » demandaient la limitation du pouvoir royal, qualifié d'arbitraire, la « constitution » du royaume, l'élimination des privilèges seigneuriaux dans les campagnes.

Certains *cahiers*, rédigés maladroitement par les paysans ou les curés de villages, demandaient des réformes concrètes et immédiates. On se plaignait de l'impôt, des collecteurs de taille, des « gros décimateurs » ; on demandait la constitution de caisses de secours pour les périodes de disette. On revendiquait (presque dans tous les cahiers des paysans) le droit de chasse, privilège réservé aux nobles !

Le ton des revendications bourgeoises était donné par une brochure publiée en janvier 1789 par l'abbé Sieyès sous le titre :

« Qu'est-ce que le Tiers État ? » « Tout ! Qu'a-t-il été jusqu'à présent dans l'ordre politique ? disait l'abbé, rien ! Que demande-t-il ? A y devenir quelque chose ! »

Pour que le Tiers fût enfin « quelque chose », il fallait abattre les deux piliers de l'Ancien Régime : l'absolutisme, qui repoussait l'idée de représentation nationale, et le privilège, qui laissait les hommes du Tiers hors de l'État.

« Qu'est-ce que le Tiers ? Tout, mais un tout entravé et opprimé. Que serait-il sans l'ordre privilégié ? Tout, mais un tout libre et florissant. »

Il fallait donc, selon l'abbé Sieyès, débarrasser la nation des corps parasitaires, et permettre au Tiers d'entrer dans l'État.

Aux députés réunis à Versailles, Louis XVI n'avait pas donné beaucoup d'espoir : un discours trop technique de Necker sur les problèmes financiers avait déçu. On attendait un politique et l'on trouvait un comptable. Très vite le conflit devait éclater entre députés du Tiers et privilégiés. Quand on vérifia les pouvoirs des députés, on reposa la question de savoir si l'on voterait par tête ou par ordre.

LA SÉCESSION DU TIERS.

Le 10 juin, le Tiers décida de vérifier seul les pouvoirs de ses membres. Quelques députés de l'ordre du clergé le rejoignaient. Le 17 le Tiers, se disant « les 96/100ᵉ de la nation », décidait de se constituer en « Assemblée nationale ». La Révolution légale était faite.

Le roi tenta de résister. Il ferma la salle des séances du Tiers le 20 juin. Les députés se réunirent au Jeu de Paume et jurèrent de ne pas se séparer avant d'avoir donné au royaume une constitution. Deux pouvoirs désormais s'affrontaient : celui du Tiers, qui disait représenter « la nation », et celui du roi. Le 23, selon la tradition, Mirabeau aurait répondu au marquis de Dreux-Brézé, maître des Cérémonies, qui venait inviter le Tiers à quitter les lieux :

« Allez dire à votre maître que nous sommes ici par la volonté du peuple et que nous n'en sortirons que par la puissance des baïonnettes. »

Louis XVI avait cédé. Le Tiers voyait venir à lui des nobles libéraux, de nouveaux députés du clergé. A la séance royale du 23 juin, le député Bailly avait répondu au roi, qui tentait de reprendre la situation en main :

« La Nation assemblée n'a pas à recevoir d'ordres. »

C'est pourtant sur un ordre du roi que, le 27, l'ensemble des députés des ordres privilégiés rejoignait le Tiers. L'Assemblée se proclamait constituante. Louis XVI reconnaissait le fait révolutionnaire. Pas une goutte de sang n'avait été versée.

LES DÉBUTS DE LA VIOLENCE.

La Cour commit alors des maladresses : le roi avait cédé mais ni la reine ni son entourage n'admettaient cette capitulation. On préparait une revanche militaire, policière. Des régiments étrangers se concentraient autour de Paris.

L'Assemblée, informée par les Parisiens, demanda des explications. Le roi refusa d'en fournir et renvoya Necker le 10 juillet. Le peuple parisien était surexcité, accablé par un printemps de chômage et de vie chère, par un hiver de disette. Le pain risquait encore de manquer dans les boulangeries. La décision du roi mit le feu aux poudres. Des agitateurs spontanés enflammèrent le peuple dans les rues : on voulait défendre à tout prix le privilège, on voulait empêcher le peuple de faire sa révolution pacifique. Camille Desmoulins faisait merveille, au Palais-Royal. Une milice bourgeoise était constituée, sommairement armée. Le 14 juillet, le « peuple » se rendait à la Bastille, pour y trouver des armes.

La Bastille avait une garnison de trente-deux gardes et très peu de prisonniers. Mais elle était le symbole du régime. Le peuple donna l'assaut. Le gouverneur, de Launay, fut décapité, sa tête promenée au bout d'une pique. La violence prenait possession des rues.

Très ému par le massacre de la Bastille, Louis XVI donnait aussitôt des apaisements. Il reprenait Necker, se rendait dans la capitale, reconnaissait Bailly, l'un des chefs du Tiers, comme maire de Paris. La Fayette, héros d'Amérique, noble libéral, était nommé commandant de la « garde nationale ». Le roi acceptait la « cocarde » où le blanc, couleur royale, était entouré du bleu et du rouge, couleurs traditionnelles de la ville de Paris. Le tricolore emplissait aussitôt les fenêtres et les balcons.

Dès que la nouvelle du 14 juillet fut connue en Europe, elle suscita un extraordinaire enthousiasme. Les philosophes allemands, les poètes anglais, les bourgeois de toute l'Europe occidentale saluèrent la date symbolique comme le triomphe des idées modernes. A Paris, les nobles partaient déjà pour l'étranger. C'était la première *émigration*, celle des princes : Artois et ses fils, Angoulème et Berry, Condé, Bourbon, le duc d'Enghien. Tous allaient se retrouver sur les bords du Rhin ou dans les cours européennes.

En province régnait le plus grand désordre. Personne ne payait plus l'impôt. Les villes se donnaient des municipalités sur le modèle parisien. Les intendants étaient partout chassés, parfois bafoués. ces jacqueries paysannes reprenaient, un moment calmées par la convocation des États généraux. Elles gagnaient, de clocher à clocher, l'ensemble du territoire. C'était la *grande peur* des campagnes : 300 000 errants et chômeurs parcouraient les routes, ran-

çonnant les paysans riches. Dans les villages, on redoutait tout
du roi qui pouvait lever des armées pour la répression, de
l'étranger où les Messieurs de la Cour étaient partis chercher du
secours, enfin des bandits de grand chemin, qui se multipliaient. Les
paysans prenaient les armes dans le but, d'abord, d'assurer l'autodéfense des villages. Ils en profitaient pour s'emparer des châteaux, qu'ils pillaient, brûlant soigneusement les archives seigneuriales. Dans les villes, les bourgeois, qui avaient aussi des terres et
des rentes, prenaient peur.

Il fallait mettre un terme à l'anarchie. Les députés du Tiers
étaient des libéraux qui respectaient et défendaient le droit
de propriété. Dans la « nuit du 4 août », deux nobles libéraux,
Noailles et d'Aiguillon, demandèrent solennellement l'abolition
des droits féodaux.

Les décrets qui suivirent eurent grand soin de préciser que seuls
les droits personnels (servage et corvée par exemple) étaient abolis
sans indemnités. Les droits portant sur la terre (cens, rentes, etc.)
devaient être rachetés, sauf si les paysans parvenaient à prouver leur
illégitimité, ce qu'ils étaient bien incapables de faire, dans la grande
majorité des cas. Les bourgeois du Tiers État avaient donc aboli
les privilèges qui les gênaient, tout en maintenant soigneusement
la rente de la terre, dont ils profitaient.

Il est vrai que, parmi les bourgeois, certains devaient être victimes
d'une mesure antiprivilégiale, l'abolition de la vénalité des offices.
La justice tout entière était à refaire, il fallait nommer ou élire
des juges, des officiers de justice, sans qu'ils fussent propriétaires
de leurs charges. Ceux qui avaient investi en achetant des offices
perdaient donc leur mise, bien qu'une indemnisation fût prévue.

Encore fallait-il que le roi acceptât toutes ces réformes, décidées
dans la hâte et l'enthousiasme. En quelques jours, tout l'Ancien
Régime s'écroulait. Louis XVI ne pouvait heurter de front le
Tiers État. Pourtant il devait être de nouveau convaincu qu'il ne
pouvait sortir du piège révolutionnaire que par la force. Il fit venir
à Versailles, en octobre, le régiment des Flandres, considéré à juste
titre comme loyal.

La foule parisienne répliqua aussitôt : les 5 et 6 octobre, elle se
rendit à pied, conduite par les femmes, de Paris à Versailles, en un
gigantesque cortège. Le château fut investi sans que les gardes
osent tirer. Le roi dut accepter de venir résider à Paris. Il était
désormais le prisonnier de la Révolution.

LA QUESTION DU RÉGIME : UN ROI POUR RIRE.

Paris en était incontestablement la tête. Les « clubs » politiques s'y installaient bruyamment : à droite, les « aristocrates », à gauche les « patriotes ». Ceux-ci n'étaient pas tous des révolutionnaires extrémistes. Les « Triumvirs » (Barnave, Duport, Lameth) étaient hostiles à la violence, mais comme les « démocrates » (Robespierre, Pétion, l'abbé Grégoire) ils voulaient aller jusqu'au bout de la Révolution. Nombreux étaient les modérés comme l'abbé Sieyès, La Fayette, Mirabeau, l'ancien évêque Talleyrand ou le pasteur Rabaut-Saint-Étienne. Le *Club des Jacobins,* où les cotisations étaient élevées, était beaucoup plus modéré que le *Club des Cordeliers,* dominé par des agitateurs comme le médecin Marat. Les clubs et les journaux qui se multipliaient, pouvaient donner à la province l'impression du désordre le plus total. Qui se chargerait d'y faire appliquer les décisions de la révolution parisienne ?

Il est vrai que l'on n'avait pas attendu l'heure de Paris pour s'organiser, aussi bien dans les villes que dans les campagnes. Avec la *grande peur,* les paroisses rurales s'étaient constituées en cellules d'autodéfense. Les villes de province s'étaient donné des municipalités libres, suivant un modèle qui n'avait rien de parisien. Le Languedoc et la Guyenne avaient une civilisation municipale quand les Capétiens faisaient la guerre aux barons pillards. Plusieurs siècles d'expérience donnaient à la révolution communaliste une portée historique : la province se détachait enfin du système centralisateur.

Le Dauphiné, qui avait pris la tête du mouvement, pouvait à bon droit se considérer comme l'instigateur de la Révolution légaliste. Aussi les municipalités dauphinoises firent-elles respecter dans l'enthousiasme les décisions de l'Assemblée constituante, dont tant de députés étaient des provinciaux. Les autres provinces agirent de même, et l'on assista au mouvement, spontané à la base, mais bientôt coordonné, du regroupement des municipalités en *fédérations.* Une « fédération nationale » fut proclamée au Champ-de-Mars le 14 juillet 1790. En un an, la France révolutionnaire avait retrouvé son unité, grâce aux initiatives des villes et des provinces. Une fête solennelle, grandiose, de style antique, avait scellé profondément dans les mentalités cette union des Français. Louis XVI avait dû jurer, sur l'« autel de la nation », après une

messe dite par l' « évêque » Talleyrand, fidélité à la Constitution.
Mais le roi pouvait-il accepter un régime où il n'était plus que l'exé-
cuteur des volontés de la nation ? Pouvait-il surtout renoncer à son
rôle de protecteur de la religion catholique, la seule que dût connaître un État monarchique ? Quand il jura du bout des lèvres ce
serment à la Constitution, on sentait bien que pour le roi de France
la question du régime était posée.

La Constitution elle-même était pour lui inacceptable : dès le
26 août 1789, la « déclaration des droits de l'homme et du citoyen »
en constituait le prélude fracassant : la liberté ? C'était le « pouvoir
de faire tout ce qui ne nuit pas à autrui ». L' « égalité » abolissait le
privilège. L'absolutisme était aussi condamné, la nation seule était
souveraine : « nul individu, nulle réunion partielle de citoyens ne
peut s'attribuer la souveraineté », car « la souveraineté réside essentiellement dans l'universalité des citoyens ». Son expression est la
loi, « volonté générale, exprimée par la majorité ou des citoyens,
ou de leurs représentants ». Le peuple faisait la loi, désignait ceux
qui devaient juger selon la loi, et s'en remettait au roi de l'exécution
des lois. On ne laissait à ce « monsieur veto » que le pouvoir de
suspendre pendant deux législatures une mesure votée par l'Assemblée.

Le roi n'était qu'à peine maître de l'Exécutif. A Paris, il nommait
les ministres, en dehors de l'Assemblée. En province, les nouveaux
« départements », divisés en districts et en cantons, étaient dirigés
par des « directoires » de citoyens élus et non par des représentants
du pouvoir exécutif. Paris comptait quarante-huit « sections »
pourvues d'une administration. Le maire de Paris présidait les
assemblées élues de la ville. Le roi ne gouvernait qu'en théorie. Le
pouvoir local pouvait à tout moment se dresser contre ses ministres.
Il ne pouvait pas faire la guerre ou la paix, il n'avait pas les moyens
de lever des impôts. Le terme même d' « impôt » disparaissait,
remplacé par celui de « contribution ». Le roi disposerait de ce que
les citoyens libres voudraient bien lui donner.

LA RELIGION BAFOUÉE.

Plus inacceptable encore que la Constitution, la *constitution
civile du clergé* indignait particulièrement Louis XVI, très pieux
et attaché à la défense de la religion : pour trouver l'argent nécessaire à l'application de ses réformes, la Constituante avait décidé

de nationaliser les biens du clergé, qui constituaient une fortune
de trois milliards (2 novembre 1789). Un emprunt de quatre cents
millions de bons du Trésor appelés « assignats » avait été émis sur ces
biens. Les papiers du Trésor remboursables portaient une promesse de cinq pour cent d'intérêts. En avril 1790 les assignats
avaient cours légal et faisaient office de monnaie. Bientôt les terres
de l'Église étaient mises en vente aux enchères publiques, cependant qu'on multipliait les émissions d'assignats. L'État se dessai-
sissait d'une part des biens qui gageaient la monnaie, en les vendant aux bourgeois et aux paysans riches — mais d'autre part il
continuait, contre toute prudence, les émissions en assignats, suscitant ainsi une formidable inflation.

Les richesses de l'Église une fois confisquées, puis revendues aux
habiles acquéreurs de « biens nationaux », il fallait bien entretenir
les prêtres, si l'on voulait garder à la nation une vocation religieuse.
Pas plus qu'ils ne voulaient se débarrasser du roi, les bourgeois
voltairiens du Tiers ne pouvaient se passer de Dieu. En 1790 la
Constituante avait supprimé tous les ordres monastiques n'exerçant
pas un rôle social. Elle n'avait pas pour autant l'intention de se
passer de prêtres. La mode était à l'irréligion, mais non à la laïcité.
La *Constitution civile* créait, le 12 juillet 1790, 83 évêchés (un par
département) regroupés en dix métropoles, et divisés en paroisses.
Curés, évêques et métropolitains étaient élus par les citoyens,
comme tous les autres fonctionnaires de la nation. Le pape était
seulement tenu au courant des élections. L'investiture spirituelle
était donnée aux évêques par l'archevêque métropolitain.

Le roi ne pouvait accepter cette « constitution », pas plus que le
clergé. Des non-catholiques, des protestants, des juifs, des athées,
auraient participé à l'élection des évêques! Ceux-ci se révoltèrent,
131 sur 135 entrèrent en dissidence. Le pape, irrité par le rattachement à la France du comtat Venaissin (à la demande de ses habitants),
condamna formellement la Constitution civile en mars 1791. La
Constituante avait obligé les prêtres à prêter serment de fidélité au
régime. La moitié d'entre eux et la majorité des évêques refusèrent.
Un schisme était ouvert, qui se prolongerait pendant toute la période
révolutionnaire. Le clergé « jureur » était désormais combattu et
méprisé par le clergé « non jureur ». Seul Talleyrand avait accepté
de sacrer les premiers évêques. Le roi était touché dans ses convictions profondes.

Louis XVI n'était plus seul à combattre : après les mesures religieuses, après l'émigration, la contre-révolution disposait d'une

certaine puissance dans le pays et hors du pays. La période des lampions était terminée. De part et d'autre, on s'apprêtait à l'affrontement.

A l'intérieur des frontières, le clergé allait regrouper les forces de résistance : les pays non jureurs étaient relativement homogènes : l'Ouest, le Nord-Est, le sud du Massif central. La Révolution légale n'avait gagné vraiment la partie qu'à Paris. En province, la peur de l'aventure l'emportait sur les gains, de toute façon acquis, du régime constitutionnel. Car la Constitution n'avait pas de quoi inquiéter les notables : l'Assemblée législative devait être élue par un corps électoral restreint, limité aux riches.

Les notables avaient obtenu des « contributions » claires, égales pour tous (la foncière, la mobilière et la patente). Ils avaient fait libérer l'entreprise individuelle du carcan des corporations d'Ancien Régime. Ils avaient en même temps protégé la libre entreprise grâce à la «loi Le Chapelier», qui interdisait les « coalitions », c'est-à-dire les grèves ouvrières.

Ils étaient, à vrai dire, préoccupés par la cassure religieuse de la France révolutionnaire et l'aventurisme des clubs et des dirigeants parisiens. Ils voulaient arrêter la Révolution. Il était clair désormais que le développement de la contre-révolution promettait à tous la guerre civile.

C'était la chance et l'espoir du parti monarchique. Dans le Midi « blanc », des concentrations militaires se rassemblaient dès 1790 au «camp de Jalès», entre l'Ardèche, le Gard et la Lozère. Dans toutes les villes du Midi, des troubles éclataient, opposant les partisans et les adversaires du nouveau régime. En Bretagne, la question religieuse mettait le feu aux poudres. Les Bretons, même dans les futures régions de chouannerie, avaient eux aussi brûlé les châteaux et aboli les privilèges. Le futur *Club des Jacobins* s'appelait, à l'origine, *Club breton*. Ils avaient soutenu les « jeunes gens », étudiants en droit agités de Nantes ou de Rennes, partisans de la révolution bourgeoise. Mais ils avaient aussitôt répondu à l'appel des prêtres non jureurs : le 13 février 1791, 3 000 paysans en colère assiégeaient Vannes pour réclamer leurs curés...

En juin 1791, le roi pouvait donc légitimement penser que, s'il passait à la dissidence, il aurait une grande partie du pays pour lui. Les émigrés avaient constitué à la frontière du Rhin la fameuse « armée de Condé » qui n'attendait que l'occasion de la reconquête. A la suite de tractations secrètes, le roi décida, le 20 juin, de quitter la France avec sa famille. Il s'enfuit, déguisé en bourgeois, pour rejoindre le marquis de Bouillé, qui commandait l'armée dans l'Est. Il fut reconnu à Sainte-Menehould par un maître de postes. Arrêté à Varennes, il fut reconduit à Paris où l'Assemblée, bien embarrassée, décida sa « suspension ». « Quiconque applaudira le roi sera battu, quiconque l'insultera, sera pendu », lisait-on sur les murs de la capitale.

Les révolutionnaires étaient divisés : démocrates et Cordeliers songeaient à proclamer la République. Le roi n'était-il pas discrédité devant l'opinion ? N'avait-il pas pris le parti de la contre-révolution ? Les modérés craignaient au contraire que la poussée à gauche, le « dérapage » de la révolution bourgeoise, ne s'accélère, et que l'on débouche brutalement sur des terres inconnues. Ils maintenaient, par crainte du pire, la fiction de l'innocence du roi, qui aurait été enlevé par l'étranger. La Fayette posait au protecteur de la monarchie, aidé de Barnave. Tous les deux quittaient le club des Jacobins pour fonder le *Club royaliste des Feuillants*.

Une fois de plus, c'est la violence qui imposa la solution, à Paris. Le 17 juillet le club extrémiste des Cordeliers organisa une journée, ameutant les sectionnaires. Le « peuple » se rendait au Champ-de-Mars pour demander la déchéance du roi. La Fayette fit donner la garde nationale. Il y eut cinquante morts. La révolution bourgeoise avait trouvé en son sein des contre-révolutionnaires. L'Assemblée demandait aussitôt des poursuites contre les agitateurs des Cordeliers, Marat en tête. Était-ce la fin du « dérapage » ?

Louis XVI cependant acceptait la Constitution, le 14 septembre. Il faisait amende honorable. C'est la fiction de l'enlèvement qui fut en définitive retenue par la majorité des constituants, pressés de laisser la place aux élus de la nouvelle assemblée législative, qui se réunit pour la première fois le 1er octobre 1791. A cette date, un sujet bien plus grave que la fuite du roi accaparait l'opinion publique : la menace de guerre.

La Révolution et la guerre.

LE DÉBAT SUR L'ENTRÉE EN GUERRE.

La rentrée d'octobre 1791 se situait dans un climat social effroyable : la crise de la monnaie-papier, la flambée des prix, la spéculation sur les farines provoquait partout des émeutes. L'hiver serait plus dur encore que l'automne. On demandait partout le retour à la taxation des grains. A Étampes, le maire, Simonneau, était assassiné parce que ses administrés lui reprochaient, en refusant de taxer les grains, de faire le jeu des « accapareurs ». La révolte des esclaves aux Antilles rendait rares et chères les denrées coloniales : plus de sucre et plus de tabac. Le peuple prenait d'assaut les boulangeries et les épiceries. On payait le sucre dix fois plus cher. Dans tout le Sud-Est, les pillages succédaient aux pillages.

Les bruits de « complot » commençaient à courir dans les rues des villes où le « sans-culottisme » faisait rage. En août 1791 l'empereur d'Autriche et le roi de Prusse avaient lancé, à Pillnitz, une sorte d'appel à la croisade des rois européens contre la Révolution. Les émigrés faisaient cliqueter les sabres, à Coblence, autour du prince de Condé. Un Français, le duc de Broglie, parlait de détruire Paris. Dans l'Ouest, les curés non jureurs prenaient la tête des paysans insurgés.

La Législative réagit très vite : elle somma les princes émigrés de rentrer en France et les rebelles du clergé à prêter sous huitaine serment à la Constitution. Louis XVI opposa son *veto* à ce dernier décret.

Cette attitude mit le feu aux poudres, et rendit à la gauche toute sa dynamique révolutionnaire : une violente campagne partie des « Girondins », ces révolutionnaires de la *Gironde* animés par Brissot et Rolland, se déchaîna contre « monsieur veto ». Les quartiers de Paris se remplirent d'une foule menaçante de sans-culottes, armés de piques, réunis par « sections », prêts à une nouvelle « journée » de violence contre la monarchie.

Des bruits de complot, on entra sans transition dans l'intoxication guerrière : La Fayette et les Feuillants n'étaient pas sans participer à la campagne, pour ressaisir la Révolution en marche, et jouer de nouveau un rôle. Le roi et la reine laissaient faire la politique du pire, espérant la défaite rapide des soldats sans métier que la Révolution lancerait aux frontières. En cas de victoire, peut-être pensaient-ils, comme le suggérait La Fayette, pouvoir s'appuyer sur l'armée, contre la Révolution. Brissot, Roland et leurs amis « Girondins » lançaient l'idée d'une « croisade de la liberté dans toute l'Europe ». Si La Fayette voulait profiter d'une guerre réussie pour arrêter de nouveau le « dérapage », Brissot au contraire comptait sur la guerre pour instaurer définitivement le nouveau régime, et se débarrasser de la monarchie. Seuls les extrémistes de gauche, Robespierre et Marat, soulignaient les dangers d'une aventure militaire. Ils n'étaient pas écoutés.

En mars 1792, un gouvernement brissotin fut constitué, qui devait préparer l'entrée en guerre. Dumouriez était aux Affaires étrangères et Roland à l'Intérieur. La guerre était déclarée par l'Assemblée le 20 avril, sur proposition du roi Louis XVI, « au roi de Bohême et de Hongrie ».

LA MONARCHIE HORS-JEU.

Comme la reine l'avait prévu, l'armée de la Révolution devait faire tout de suite piètre figure devant les soldats professionnels de l'Autriche et de la Prusse. Les officiers d'Ancien Régime ne faisaient pas de zèle. Les officiers nouvellement promus ignoraient le métier des armes. Lacunes dans le commandement, flottements dans l'encadrement, méconnaissance des lois essentielles de la guerre par les soldats, les premières batailles des frontières étaient perdues. Les Autrichiens, que les Prussiens avaient finalement rejoints (une guerre contre la France désarmée était peut-être une bonne affaire), se présentaient sur le territoire.

L'Assemblée décidait en mai 1792 d'emprisonner les prêtres réfractaires, responsables de désordres dans l'Ouest, de dissoudre la garde royale, jugée peu sûre, et de constituer près de Paris un vaste camp de « fédérés » pour résister à la subversion. Le roi se démasquait — il opposait son *veto* à deux des trois décrets — et renvoyait le ministère brissotin.

La rue répondait aussitôt, par la mobilisation des sans-culottes. Le 20 juin, pour l'anniversaire du serment du Jeu de Paume, une « journée » s'organisait dans la fièvre. La foule, armée de piques, se rendait à l'Assemblée pour remettre une pétition hostile au roi. Elle refluait ensuite jusqu'au palais des Tuileries, obligeait le roi à coiffer le bonnet rouge et à boire un verre de vin à la santé de la nation. Le roi acceptait la mascarade, mais refusait de lever son *veto*.

Cette énergie tardive, sans doute inspirée par des mobiles religieux, suscitait dans le pays des réactions incontrôlées : de province arrivaient sans cesse les pétitions demandant la déchéance du roi. Si les notables des « Directoires » voulaient maintenir la monarchie, les municipalités, plus populaires, étaient hostiles au roi. Les jours de la monarchie étaient comptés.

Le danger extérieur devait précipiter la fin. En juillet on annonçait l'avance rapide des Prussiens, à Paris deux cents bataillons de volontaires « sans-culottes » partaient aux armées, l'Assemblée avait décrété « la patrie en danger ». Le 25 juillet on apprenait que le duc de Brunswick, qui commandait l'armée prussienne, avait lancé un manifeste menaçant Paris « d'exécution militaire ». Ce manifeste provoquait un nouveau rassemblement populaire, celui du 10 août, qui emportait la monarchie.

La « journée » avait été soigneusement préparée par un comité insurrectionnel constitué secrètement depuis le 20 juin autour de Pétion, maire de Paris, et de Danton, membre du *Club des Jacobins*. L'initiative échappait désormais aux Girondins et autres « Brissotins ». Elle était aux clubs de l'extrême-gauche, Jacobins et surtout Cordeliers, à qui la défaite et la menace donnaient la parole. Des Marseillais venus à Paris pour commémorer l'anniversaire de la fête de la Fédération étaient engagés par le comité insurrectionnel, avec les volontaires du camp des fédérés.

Le but de l'opération était de brusquer l'Assemblée, qui hésitait encore à voter la déchéance du roi. Le 10 août au matin une commune insurrectionnelle prenait le pouvoir sous la direction de Danton, du cordonnier Simon, du bijoutier Rossignol et de Hébert « l'enragé ». Le brasseur Santerre commandait la Garde nationale.

L'assaut fut donné aux Tuileries, défendues par un millier de Suisses. Le roi chercha refuge à l'Assemblée. Le château des Tuileries fut pris d'assaut. Il n'y avait plus de pouvoir exécutif. Ne fallait-il pas, dès lors, dissoudre l'Assemblée, et s'en remettre à la « souveraineté » populaire ? On décida qu'une nouvelle Assemblée serait élue au suffrage universel, et qu'elle aurait pour tâche de donner à la nation une constitution nouvelle, qui la mît à l'abri de la contre-révolution. Le roi était « suspendu », interné au palais du Luxembourg. Un conseil exécutif, avec Danton et Roland, exerçait le pouvoir. La monarchie avait vécu.

LA TERREUR POPULAIRE.

La guerre continuait. Brunswick s'avançait sur la Champagne.
La marche des armées ennemies était lente. Mais elle était sûre. Ils
convergeaient sur Paris.

La Commune de Paris se saisit de la personne du roi, qu'elle
enferma, avec la famille royale, dans la prison du Temple. Un tribunal criminel était constitué à la hâte, pour juger tous les « complo-
teurs ». Les bruits de « complot » et de trahison couraient les rues.
De fait, aux armées, on apprenait que La Fayette avait déserté.
Les Prussiens s'étaient emparés de Longwy et Verdun. Pouvait-on
se fier aux généraux ?

La panique gagnait les Parisiens sensibles à la propagande vengeresse du docteur Marat, qui, dans *L'Ami du Peuple*, poussait les
« démocrates » à l'action directe. Les sections les plus agitées se répandirent dans les prisons, massacrant tous les prisonniers. La *Terreur
de septembre* fit ainsi plus de 1 200 victimes à Paris, dont beaucoup
de prêtres. Le couvent des Carmes, rue de Vaugirard, avait servi de
prison pour accueillir 160 prêtres non jureurs, dont l'archevêque
d'Arles et les évêques de Beauvais et de Saintes. Tous furent tués
les 2, 3 et 4 septembre. Les massacreurs firent ainsi le tour des
prisons parisiennes. Il y eut aussi des exécutions dans les villes de
province.

Les Girondins, amis de Roland et de Brissot, réprouvaient ces
violences. Mais les extrémistes du club des Jacobins, que l'on appelait
les « Montagnards », se groupèrent derrière Danton, Marat et Robespierre. Danton couvrit de son autorité les massacreurs appelés à
droite les « septembriseurs ». Les terroristes l'emportaient largement
aux élections parisiennes. Ils avaient réussi à situer la Révolution à
gauche. Il est vrai que les Girondins remportaient des succès en
province ; tout n'était peut-être pas joué, on apprenait bientôt une
nouvelle incroyable : le 20 septembre Dumouriez et Kellermann
avaient arrêté les Prussiens à Valmy.

L'Assemblée qui se réunit pour la première fois le 21 septembre 1792 siégerait jusqu'en octobre 1795. Elle s'appelait « Convention nationale ». Sa composition politique n'avait rien de surprenant :
les Girondins avaient obtenu, en province, 35 % des sièges, les
modérés du centre ou « marais » étaient 25 %. Le reste appartenait
aux Jacobins de gauche, les Montagnards. Ils étaient minoritaires,

mais comptaient parmi eux les plus fortes personnalités du moment : Robespierre, Danton, Marat, le triumvirat terroriste. Autour d'eux, une étrange cohorte de révolutionnaires : le poète Fabre d'Églantine, auteur de la célèbre chanson « Il pleut bergère » ; l'intrépide Saint-Just, jeune héros au charme trouble, l'acteur Collot d'Herbois, les anciens moines Fouché et Chabot, le peintre David, qui mettait la Révolution en scène dans ses tableaux et dans ses esquisses, l'étonnant Philippe Égalité, ex-duc d'Orléans et grand pensionné de l'Ancien Régime, le grand Carnot, réputé pour sa science et sa conscience...

Plus populaire, la clientèle politique de la *Montagne* était loin d'être égalitaire. Les robespierristes étaient très attachés à la propriété privée et au libéralisme. Les artisans et boutiquiers qui suivaient Danton étaient de farouches partisans de la liberté d'entreprise. Mais il y avait la rue, les sectionnaires, les sociétés populaires, avec leurs chefs d'un jour, les animateurs, les agitateurs. Les Varlet, Jacques Roux, Chaumette et surtout Hébert entretenaient la politisation des masses, immédiatement mobilisables, et faisaient régner sur la Convention — et surtout sur la gauche, sur la Montagne — une pression politique constante.

Le terrorisme parisien obtint un premier succès : la liquidation de la Gironde. Pendant quelques mois, la Gironde et la Montagne devaient se faire une guerre acharnée. La Gironde était pour la liberté du commerce, des prix, des hommes. La Montagne se donnait comme programme, avec les extrémistes parisiens, de faire passer « la Révolution avant les principes ». Quel que fût son attachement à la liberté et à la propriété, elle voulait d'abord faire la guerre et sauver la Révolution. Elle était pour toutes les mesures immédiates, même impopulaires, qui pouvaient servir l'objectif essentiel : sauver la Révolution. Elle imposait la taxation des denrées, les réquisitions, et le pouvoir dictatorial. Elle savait qu'elle pouvait compter sur les forces populaires parisiennes, alors que la Gironde voulait « réduire Paris à 1/83 d'influence ».

La Gironde fut rapidement mise hors jeu. Elle voulait constituer en province une force armée susceptible d'équilibrer le terrorisme parisien. Elle ne fut pas suivie dans cette voie par la Convention. Les propos modérateurs des Girondins, qui voulaient à leur tour sauver le roi, mis en accusation par la Montagne, résonnaient étrangement aux oreilles des Conventionnels, qui se rappelaient que jadis Brissot et Roland avaient été de fougueux adversaires de la monarchie.

La découverte de la célèbre « armoire de fer » aux Tuileries, qui contenait la correspondance secrète du roi, et les preuves du double jeu de la Cour, déchaîna l'extrême gauche. Mettre en accusation le roi, c'était, disait Robespierre, « une mesure de salut public ». Par 707 voix sur 718, le roi fut déclaré coupable de « conspiration contre la liberté publique et d'attentat contre la sûreté de l'État ». La Gironde n'avait pas pu défendre la thèse de la non-culpabilité. Elle s'était par contre déclarée hostile à la peine de mort, qui fut acquise pourtant par 387 voix contre 334. Philippe Égalité avait voté pour. Le lundi 21 janvier 1793, Louis XVI était décapité sur l'actuelle place de la Concorde.

« Pour rendre hommage à la vérité, déclarait le bourreau Samson, chargé de l'exécution, il a soutenu tout cela avec un sang-froid et une fermeté qui nous ont tous étonnés. »

LA MONTAGNE ET LA VICTOIRE DE LA RÉVOLUTION.

La mort du roi n'apportait aucune solution au problème politique français, mais elle déchaînait par contre l'Europe monarchique contre la France. Désormais la « République » était « régicide ». Elle devait être punie. L'étranger savait qu'il pouvait compter, dans sa croisade, sur une partie des provinces françaises en révolte ; celles de l'Ouest notamment.

« Guerre aux châteaux, paix aux chaumières », tel était le programme des généraux de la Révolution quand ils pénétraient en terre étrangère ; ils se présentaient en libérateurs. Après l'offensive qui suivit Valmy, et qui valut aux Français quelques victoires (Jemmapes), l'Angleterre ainsi que l'Espagne et les Provinces Unies rejoignirent la coalition contre-révolutionnaire. Dumouriez fut battu par les Autrichiens à Nerwinden en mars 1793. Custine dut évacuer la rive gauche du Rhin. Après ces revers, il y eut de nouveau des trahisons : Dumouriez et le fils du duc d'Orléans, le duc de Chartres, futur Louis-Philippe, abandonnèrent l'armée pour passer à l'ennemi.

La Convention décida de lever immédiatement 300 000 hommes. Les provinces de l'Ouest refusèrent cette levée. La chouannerie, révolte vendéenne, bretonne et angevine, commença à s'organiser à partir de mars, encouragée toujours par le clergé réfractaire. Elle avait à l'origine des chefs venus du peuple comme Cathelineau et Stofflet, puis elle fut ralliée et encadrée par les nobles : d'Elbée, Charette, La Rochejaquelein. En juin, les « Chouans » mirent le siège devant Nantes.

A Paris, le désordre était à son comble : les bruits de « complot anglo-royaliste » excitaient la population, soumise à de dures privations. La disette et la baisse des assignats provoquaient des troubles en séries, qui avaient des suites en province, et notamment à Lyon. Les « enragés », conduits par Roux et Varlet, demandaient de nouvelles mesures terroristes. Dès la fin du mois de mars, la Gironde, rendue responsable des trahisons et des échecs militaires, était mise en accusation à la Convention. Un tribunal révolutionnaire était constitué, qui avait pour tâche de juger les « suspects ». Des Conventionnels « représentants en mission » étaient envoyés dans les départements pour y faire régner la terreur. Un emprunt forcé d'un milliard sur les riches était voté. Le cours de l'assignat était fixé par décret. Un *Comité de salut public* exerçait dictatorialement le pouvoir exécutif.

La Gironde tenta de protester, au nom de la défense de la liberté : mal lui en prit. Robespierre accusa aussitôt Brissot de complicité avec Dumouriez. Marat, poursuivi par les Girondins, fut acquitté et porté en triomphe par le peuple de Paris.

Le 31 mai, une nouvelle « journée » s'organisait contre les Girondins. Le tocsin sonnait à toutes les Églises, rassemblant les sectionnaires. Hanriot, un ami de Robespierre, commandait la Garde nationale. Le 2 juin la foule en armes entourait l'Assemblée, exigeant la proscription des Girondins. La Convention ne pouvait résister à la pression d'une foule de 100 000 personnes. Elle céda. Une fois de plus la rue commandait les destinées de la Révolution.

Pendant un an, la dictature des Montagnards conduisit le pays en guerre. La situation, en juin 1793, était désespérée. Le Sud-Ouest rejoignait l'Ouest dans la rébellion. Les Espagnols, amis des Anglais, préparaient leurs armées au-delà des cols pyrénéens. Les Girondins avaient réussi à lever une armée en Normandie pour marcher sur Paris. Ils avaient fait alliance avec les chouans. Une jeune fille de vingt-cinq ans, Charlotte Corday, assassinait Marat dans son bain. La Corse s'insurgeait autour de Paoli. Les Prussiens se concentraient à Mayence, les Autrichiens étaient à Valenciennes. Les Anglais avaient débarqué à Dunkerque et à Toulon. Bientôt les Espagnols s'emparaient du Roussillon.

Que faisaient les Conventionnels ? Une Constitution... Pour la première fois, elle était vraiment démocratique. Rédigée en six jours par Hérault de Séchelles, elle proclamait le droit à l'insurrection et la République « une et indivisible ». Les députés étaient élus au suffrage universel direct et le fédéralisme était condamné. L'Assemblée, élue pour un an, choisissait le « Conseil exécutif » chargé du gouvernement. Les lois étaient ratifiées par référendum. La Constitution était votée tambour battant le 24 juin : elle ne serait jamais appliquée.

Il fallait bien faire la guerre, ou faire face à la guerre. Robespierre organisa la « dictature de la vertu ». Les biens nationaux furent vendus par petits lots, pour avantager les pauvres. Les terres confisquées aux émigrés devaient être distribuées aux petits paysans. On organisa l'assistance aux pauvres dans les villes. Un emprunt forcé sur les riches assurait au gouvernement ses ressources.

La Convention désignait les membres des comités chargés d'assurer l'ordre et de mener les troupes à la victoire. Le Comité de salut public était le véritable gouvernement. Il nommait les généraux, les fonctionnaires, les ambassadeurs. Créé le 6 avril, il était dominé jusqu'en juillet par Danton, puis par Couthon, Saint-Just, Carnot, Robespierre, Billaud-Varenne et Collot d'Herbois. Ils étaient douze, décidés à sauver la Révolution coûte que coûte, exerçant une responsabilité collégiale. Ils siégeaient aux Tuileries, couchaient sur des lits de camp. Des canons étaient braqués à l'entrée des appartements de la reine.

Le *Comité de sûreté générale* était chargé de la police politique, de la détection des traîtres et des tièdes. Il était entre les mains des amis de Robespierre. Le *Tribunal révolutionnaire*, créé par Danton, se composait d'un jury de cinq juges, de l'accusateur Fouquier-Tinville et de ses adjoints. Ses jugements étaient sans appel. En province, les représentants en mission, aux armées les commissaires de la République faisaient respecter par la terreur les décisions des comités.

Ce régime d'exception, ultra-centralisé, était une véritable dictature « jusqu'à la paix ». La pression des enragés de Hébert, le journaliste démagogue du *Père Duchesne*, était telle que le Comité de salut public décida de créer une *armée révolutionnaire* pour rétablir l'ordre et arrêter en peu de temps tous les suspects. « Il faut que nous allions chercher nos ennemis dans leur tanière », disait Billaud-Varenne. La *Loi des suspects*, de septembre 1793, autorisait le Comité à arrêter pêle-pêle tous les ennemis du gouvernement, des fédéralistes aux chouans et aux prêtres. Des comités de surveillance dressaient dans chaque arrondissement des listes de suspects. La terreur était « à l'ordre du jour ».

Jamais la France, depuis la Saint-Barthélemy, n'avait connu une telle boucherie politique. Le sang coulait chaque jour place de la Concorde où l'on exécutait les détenus. On ne punissait plus seulement les « ci-devant », mais les trafiquants de tout poil. Depuis mai 1793 le commerce des grains et farines était réglementé. Un *maximum des grains* était affiché sur tous les marchés, et les contrevenants, « accapareurs » et spéculateurs, étaient punis de mort. La loi du maximum de septembre 1793 fixait les prix des denrées à leur taux de 1790 avec un tiers en sus. Les fraudeurs étaient inscrits sur la liste des suspects, et le cas échéant guillotinés.

La terreur économique s'accompagnait d'une terreur religieuse. Une mythologie républicaine avait été imaginée par Lakanal, Romme et Fabre d'Églantine. On avait inventé un « calendrier républicain », un programme de fêtes nationales, de nouveaux cultes et de nouveaux dieux, la « déesse-raison » par exemple. Un puissant mouvement anticlérical encourageait les destructions et les pillages dans les églises, l'arrestation et l'exécution des évêques, la chasse aux prêtres non jureurs. Les statues des cathédrales étaient mutilées, comme pendant les guerres de Religion. Les sépultures royales étaient profanées. On brisait à Reims l'ampoule sainte du Sacre des Rois. Notre-Dame de Paris devenait le temple de la Raison. On y donnait des fêtes républicaines dans le goût antique, dessinées par le peintre David.

A partir d'octobre 1793, on se mit à guillotiner pêle-mêle tous les ennemis de la Montagne. Les lugubres charrettes entraînaient à l'échafaud les Girondins et leurs amis, puis, le 16 octobre, la reine Marie-Antoinette. Le duc d'Orléans n'était pas épargné, bien qu'il eût voté la mort du roi. Mme Roland, Bailly, l'ancien maire de Paris, étaient exécutés à leur tour.

La terreur n'était plus seulement parisienne. Les Conventionnels tuaient aussi en province. Fouché terrorisait Lyon, et Tallien Bordeaux. Pour exécuter les Nantais, Carrier avait imaginé des bateaux au fond amovible : ils étaient noyés dans la Loire. Partout, les têtes tombaient.

Les généraux vaincus des frontières du Nord et de l'Est avaient été guillotinés. Des jeunes avaient pris les commandements : Jourdan à l'armée du Nord, Pichegru sur le Rhin, Hoche sur la Moselle. Ils avaient trente ans, parfois moins.

La terreur payait : Dugommier reprenait Toulon aux Anglais en décembre. Les chouans venaient d'être écrasés par Kléber à Cholet ; une armée entière de « blancs » devait être anéantie par les « bleus » de Kléber et Marceau au Mans puis à Savenay. Les « colonnes infernales » des « bleus » répandaient la terreur dans l'Ouest. Au nord, Jourdan l'emportait sur les Autrichiens à Wattignies. Hoche devenait commandant en chef des armées de la République. Il dégageait la frontière grâce à la victoire de Wissembourg.

La dictature du commandement portait ses fruits. Carnot, l' « organisateur de la victoire », prenait les mesures nécessaires au Comité de salut public pour mobiliser de nouveaux volontaires. Les armées de la République comptaient bientôt 700 000 combattants, tous animés de la rage de vaincre. Les « demi-brigades » lançaient à l'assaut, en colonnes profondes, les recrues mal entraînées qui avaient toujours, contre la puissance de feu des soldats de métier, la supériorité du nombre et de l'élan. Le printemps de 1794 fut celui de la victoire : Pichegru était vainqueur à Courtrai et à Tourcoing. La Belgique devenait française. Jourdan l'emportait à Fleurus. Il entrait à Bruxelles en même temps que Pichegru. Les Espagnols étaient chassés du Roussillon. Les frontières étaient dégagées. Si la République était sauvée, à quoi bon la terreur ?

LE PEUPLE EST LAS DU SANG.

A Paris, la rue était livrée aux hébertistes, qui exigeaient la poursuite des actions terroristes. Leurs agitateurs dressaient le peuple à la porte des boulangeries où souvent le pain manquait. En mars, le Comité de salut public avait fait arrêter, dans la nuit, Hébert et Chaumette qui furent aussitôt guillotinés. Le club des Cordeliers, qui soutenait leur action, était dissous.

Le Comité frappait aussi à droite : il accusait Danton et ses amis, dont Camille Desmoulins, de corruption et d'intelligence avec l'ennemi. N'avaient-ils pas demandé la fin de la Terreur ? Ils étaient liquidés à leur tour en avril. Robespierre poursuivait les réquisitions, amplifiait et soutenait l'effort de guerre. Le 10 juin 1794, quand la victoire aux frontières était presque acquise, Robespierre produisit une nouvelle liste d' « ennemis du peuple ». La « grande terreur de Messidor » ferait tomber encore des têtes : le savant Lavoisier, le poète André Chénier étaient parmi les victimes.

Les victoires de juillet rendaient inutile toute nouvelle action terroriste. Et pourtant Robespierre voulait plus que jamais maintenir la « dictature de la vertu ». Il organisait en grande pompe la fête en l'honneur de l'Être suprême... Au Comité, Carnot et Billaud-Varenne l'accusaient de tyrannie, de démesure. Les anciens dantonistes, les terroristes repentis comme Tallien, Fouché et Barras complotaient contre lui. Ils sentaient que la France aspirait à la paix et à la liberté, qu'elle était lasse du sang.

Le 8 thermidor (26 juillet), Robespierre sentit le danger et voulut prendre les devants. Il mit ses ennemis en accusation devant la Convention. Mais, pour la première fois depuis un an, il ne fut pas suivi. Le « marais », sentant venir le vent de l'indulgence, abandonna les terroristes. Le 9 thermidor, Saint-Just, l'ami fidèle, tenta en vain de se faire entendre par l'Assemblée. Robespierre fut mis en accusation. Il fut arrêté.

Ses partisans, à la Commune de Paris, réussirent à empêcher par la force son incarcération. Il fut mis hors la loi à la Convention, mais trouva refuge à l'Hôtel de Ville. Barras mobilisait l'armée, assiégeait l'Hôtel de Ville, devant le peuple passif. Les robespierristes étaient enfin mis en prison. Robespierre avait la mâchoire fracassée par un coup de pistolet. Il fut traîné à l'échafaud avec tous ses amis. Les Parisiens applaudirent à l'exécution en criant « foutu maximum ». C'en était fini de la terreur, mais aussi de la Révolution. Désormais la rue ne pèserait plus par ses « journées » sur le cours des événements. La parole serait aux généraux, aux « coups d'État ». L'exécution de Robespierre et les victoires de Carnot annonçaient le retour à l'ordre.

CHAPITRE 12

L'Europe française : 1795-1815

L'Angleterre avait rejoint la croisade contre-révolutionnaire, moins par conviction que par calcul : elle bloquait les côtes de France, empêchait les produits français de sortir, mais non les produits anglais de pénétrer en France. Elle pratiquait le blocus mercantile. Comme la Prusse, elle voulait que la croisade fût payante. Elle fortifiait sa maîtrise des mers, et profitait des événements pour faire main basse sur le plus possible de colonies ou comptoirs français.

La mer serait de plus en plus anglaise, mais la terre d'Europe de plus en plus française : pendant vingt ans, sous la Révolution et l'Empire, les Français allaient réaliser le rêve d'hégémonie de la vieille monarchie, abattant la Prusse, balayant la maison d'Autriche, attaquant même la lointaine Russie. La guerre avait sauvé provisoirement la Révolution. Mais le « général vainqueur », le « sabre », prévu par Robespierre allait rétablir l'ordre en France, et tenter de l'imposer à l'Europe : cet « ordre » était celui des bourgeois libéraux qui avaient fait 1789.

De Robespierre dictateur à Bonaparte consul.

THERMIDOR : LA GUERRE QUI RAPPORTE.

Les victoires avaient eu raison de la dictature robespierriste. Les Français dominaient toute l'Europe du Nord-Ouest. Jourdan était entré en Belgique, ses armées occupaient la rive gauche du Rhin. Pichegru avait poussé jusqu'à la Hollande, et capturé les vaisseaux pris par les glaces. Carnot et Robespierre avaient souhaité une guerre sans annexions, une guerre de libération des peuples. Les successeurs des robespierristes ne l'entendaient pas de cette oreille : ils voulaient une guerre qui rapporte, à la prussienne. Les « Thermidoriens » qui succédaient aux Montagnards engagèrent la France profondément sur le continent, avec leur théorie des *Républiques-sœurs.*

Tant que l'Angleterre restait l'âme des coalitions, il n'y avait pas de chance d'une paix durable. On avait beau traiter avec la Prusse, avec l'Espagne et avec la Hollande, du jour au lendemain une coalition pouvait renaître, qui trouverait ses ressources dans l'or du roi d'Angleterre. La France était condamnée à vivre de la guerre, abandonnant tout idéalisme.

Les régimes qui se succédèrent de Robespierre à Bonaparte étaient tous condamnés à la guerre et condamnés par la guerre. La convention des « thermidoriens » devait finir rapidement ses jours, non sans une grande confusion. Montagnards et Girondins avaient été éliminés. Restaient les « crapauds du marais », qui s'étaient emparés du pouvoir avec quelques terroristes rescapés comme Barras et Tallien. Ils étaient tous des survivants. Les Cambacérès, les Sieyès, les Boissy d'Anglas liquidaient la terreur et les terroristes. Ils remaniaient à leur convenance le gouvernement révolutionnaire, limitant les pouvoirs du Comité de salut public à la guerre et à la diplomatie. Fouquier-Tinville était guillotiné avec Carrier. Collot d'Herbois et Billaud-Varenne étaient déportés, Carnot serait écarté des Affaires. On fermait le club des Jacobins. Seuls les médiocres et les affairistes survivaient à Paris. Les meilleurs étaient morts, ou partis à la guerre.

Mais Paris était maté. Le vieux rêve des Girondins prenait corps : la rue n'avait plus la parole. Les quarante-huit sections étaient regroupées en douze arrondissements. La « jeunesse dorée » attaquait au gourdin les cafés républicains, la « terreur blanche » gagnait la province. L'abolition du maximum, en décembre 1794, provoquait partout des cris de joie.

La hausse des prix, due aux mauvaises récoltes et au blocus anglais, l'effondrement rapide de l'assignat, devaient faire déchanter les Français. Les « muscadins » multipliaient les bals, mais le peuple n'avait pas envie de danser. Les Parisiens, avec une livre et demie de pain par jour, regrettaient bientôt la taxation. Les distributions de vivres, très limitées pendant l'hiver, devaient provoquer une révolte populaire au printemps. Le 1er avril 1795, une « journée » s'organisait spontanément dans les vieux quartiers révolutionnaires. « Du pain, du pain ! » criaient les anciens sectionnaires devant l'Assemblée. De nouveau, le 20 mai, la Convention était submergée par une révolte de la faim. On décapitait à ses portes le conventionnel Féraud.

Il fallait que la guerre rapporte, à tout prix. Mais comment nourrir la guerre, si l'on ne tenait pas le pays en main ? La Convention thermidorienne avait aboli la terreur. Elle ne pouvait plus compter sur la rue pour rétablir l'ordre car la rue était hostile. Il fallait bien qu'elle en appelle à l'armée.

L'ARMÉE DANS LA RUE.

Les Conventionnels n'hésitèrent pas à appeler au secours les militaires : le général Moreau matait la révolte de mai, faisait tirer sur le peuple au faubourg Saint-Antoine. La révolution de la rue était terminée, avec le temps des sans-culottes et des « journées ». Il ne restait au peuple que l'insurrection. Il ne pouvait plus faire pression sur le gouvernement en montrant sa force, parce que les thermidoriens disposaient désormais d'une réserve toujours prête.

Il est vrai qu'en frappant toujours à gauche, ils risquaient le glissement du régime vers la droite, qui relevait la tête partout dans les provinces. Mais l'armée était prête à frapper, quels que soient les ennemis. Il était temps : des bandes royalistes (compagnons de Jéhu, compagnons du Soleil) répandaient la terreur dans la vallée du Rhône. Le comte de Provence se proclamait roi en juin 1795, condamnant la Révolution régicide et spoliatrice, et la nouvelle société révolutionnaire, dans son manifeste de Vérone. Les Anglais avaient débarqué les émigrés à Quiberon pour soutenir l'insurrection des Bretons et des Vendéens. Hoche avait eu difficilement raison des insurgés.

Pour se garder des royalistes, les Conventionnels, qui venaient de voter la *Constitution de l'an III*, avaient décrété le 30 août que les deux tiers des membres de la prochaine Assemblée devaient avoir fait partie de la Convention pour être validés. C'était interdire aux royalistes toute conquête légale du pouvoir.

Les royalistes, à leur tour, prétendirent dominer par l'insurrection. Ils organisèrent le 5 octobre (13 vendémiaire) une « journée » dans Paris, avec l'appui de la section Le Peletier. Le responsable de l'ordre, Barras, fit appel à un général d'artillerie en disgrâce, qui avait jadis aidé Dugommier à libérer Toulon. Ce Bonaparte mobilisa la cavalerie de Murat, sut trouver à la hâte quelques canons, et mitrailla à bout portant sur les marches de l'église Saint-Roch les « collets noirs » royalistes. Ainsi Bonaparte entrait-il dans l'Histoire, en sauvant la République.

Le régime suivant, appelé Directoire, ne pourrait se passer de l'appui des généraux. Entre le peuple de Paris toujours au bord de l'insurrection et les provinces « blanches », l'armée seule protégeait le régime. La prédiction de Robespierre se révélait exacte : le pouvoir révolutionnaire était à la merci d'un coup d'État.

Et pourtant cette armée était celle-là même de la Révolution ; ses généraux n'avaient pas trente ans, ses meilleurs officiers étaient arrivés par le feu, non par les écoles, ses soldats n'avaient ni solde, ni métier. Ils étaient venus en sabots, en lambeaux, par idéal. Ils étaient les volontaires de l'an II. Aucun historien ne rend jamais compte de cet étrange retournement, sinon en évoquant les ambitions personnelles des généraux.

En 1795 les armées de la République se battaient depuis plus de trois ans déjà. Elles avaient à plusieurs reprises sauvé le pays, à l'extérieur comme à l'intérieur. Pour les jeunes volontaires des demi-brigades, l'armée était un milieu chaleureux, exaltant, ils partageaient la griserie de gloire des généraux de trente ans, qui avaient conquis tous leurs grades à la charge. Un Murat était un fils de laboureur du Sud-Ouest. Un Augereau était le fils d'un domestique et d'une marchande des quatre saisons. Engagé à dix-sept ans, Bernadotte était sergent dans l'armée royale, où Bonaparte avait une chance de finir capitaine. Quant à Moreau, il aurait été avocat sous l'Ancien Régime.

Les soldats pouvaient tous espérer devenir officiers. Dans la « société bloquée » de l'Ancien Régime, de telles promotions eussent été chimériques. Ils se sentaient solidaires de leurs chefs dans la gloire et dans la réussite, et haïssaient les députés de Paris qui ne fournissaient pas aux armées les moyens de dominer l'Europe et de battre l'Angleterre. Les indécisions du pouvoir politique, les convulsions des parlementaires, les changements de régime, de gouvernement, l'incapacité des thermidoriens, puis des « directeurs » à maintenir l'ordre leur semblaient scandaleux. Ils

étaient prêts, soldats et officiers, à intervenir chaque fois que cela
serait nécessaire pour défendre un régime dont ils se sentaient
désormais pleinement solidaires : ni l'anarchisme parisien, ni la
réaction de province ne devaient compromettre l'avenir de la
République, pour laquelle déjà tant de leurs camarades étaient
morts. L'armée constituait désormais une force politique de
première importance.

Les thermidoriens avaient senti, au moment de rédiger la nouvelle constitution, tout le danger d'une dictature militaire. Aussi
avaient-ils pris toutes les précautions possibles : il y avait deux
chambres, au lieu d'une : le Conseil des Cinq-Cents et le Conseil
des Anciens, élus au suffrage censitaire à deux degrés. Les députés
étaient renouvelables par tiers tous les ans. Le pouvoir législatif
se trouvait ainsi protégé contre les « vagues » d'opinion. Il restait
entre les mains des notables, comme le souhaitaient les bourgeois
de 1789.

Le pouvoir exécutif était collégial, confié à cinq « directeurs »
élus pour cinq ans, renouvelables à raison de un par an. Les départements avaient des conseils élus, mais le pouvoir y était dévolu
à des commissaires nommés par le gouvernement. On se défiait
autant des provinces royalistes que du Paris jacobin.

Les inspirateurs de la Constitution, Barras et surtout Sieyès,
voulaient arrêter la Révolution sur une ligne libérale, et donner
les pouvoirs, dûment séparés, aux représentants de la bourgeoisie riche. Ils n'avaient pas prévu l'éventualité d'un conflit
entre les directeurs et les Chambres. Dans leur souci d'assurer
l'équilibre, ils avaient négligé la stabilité.

Les responsables des nouveaux pouvoirs savaient que, pour
arrêter la Révolution, il fallait gagner la guerre et donner satisfaction
au peuple, las des disettes et des lois d'exception. Mais ils étaient
sans prise sur une réalité dangereusement mouvante. En vain le
Directoire avait-il arrêté la fabrication des assignats. Un emprunt
de six cents millions de francs-or n'était pas couvert, les épargnants
n'avaient plus confiance. On lançait sur le marché des *mandats
territoriaux*, gagés sur les biens nationaux, qui se dépréciaient aussi
vite que les assignats. Le seul remède était la banqueroute aux
deux tiers, qui fut proclamée en 1796.

L'instabilité financière portait à son comble le mécontentement
populaire. De nouveau les villes connaissaient la famine. Les
doctrines extrémistes, comme celle de Gracchus Babeuf, demandaient l'égalité sociale, le vote d'une loi agraire « communiste »,

partageant les grands domaines entre les pauvres. Les Jacobins accueillaient les babouvistes, et fomentaient ensemble une révolte. Cette « conspiration des Égaux » fut désamorcée par le pouvoir. Les babouvistes et leurs complices jacobins furent arrêtés et guillotinés en mai 1797.

La droite s'agitait autant que l'extrême gauche, et tentait d'exploiter à son profit le mécontentement. Les royalistes organisaient la subversion, gagnaient certains chefs de l'armée comme le général Pichegru. Ils créaient des réseaux d'agents secrets sur tout le territoire, comme l'*Agence royaliste* de l'abbé Brottier. Ils s'efforçaient de présenter des candidats de leur parti aux assemblées. La prise du pouvoir par les voies légales semblait possible, à cause de l'action psychologique entreprise en profondeur dans le pays par les agents royalistes.

Pour éviter ce danger plus réel que l'insurrection vendéenne désarmée par Hoche, Barras prit les devants ; organisant un coup d'État le 18 fructidor (4 septembre 1797), il demanda l'aide du général Bonaparte, qui délégua Augereau. Pichegru et les royalistes furent arrêtés par l'armée avec une trentaine de députés. Ils furent déportés en Guyane. Une fois de plus, Bonaparte et l'armée avaient sauvé la République.

LE DIRECTOIRE ET LA GUERRE.

Le 18 octobre, la paix de Campoformio mettait provisoirement fin à la guerre. Jourdan et Moreau avaient été arrêtés par l'archiduc Charles dans leur marche sur Vienne. L'armée d'Italie, commandée par Bonaparte, avait été plus heureuse, alors qu'elle n'était destinée, à l'origine, qu'à fixer dans la plaine du Pô une partie de l'armée autrichienne.

Avec 37 000 hommes, Bonaparte avait conquis le Piémont et la Lombardie, à la suite d'une série de victoires brillantes comme Arcole et Rivoli. Pour conclure rapidement la paix, il avait obtenu de Vienne la cession de la Belgique et des îles Ioniennes, contre l'abandon à l'Autriche de la Vénétie.

Restait l'Angleterre : Bonaparte pouvait encore choisir : la paix sur le continent valait bien l'abandon des mers. Le Directoire, conforté par la paix extérieure, pourrait installer dans le pays un régime d'ordre et de progrès économique. Déjà Ramel Nogaret avait réformé le système des « contributions », donnant à l'impôt plus d'efficacité. François de Neufchateau développait l'économie, pendant que le gouvernement livrait aux industriels français le marché des « Républiques-sœurs », interdites aux marchandises anglaises. Contre la concurrence industrielle britannique, la France pouvait espérer se réserver les marchés de l'Europe de l'Ouest.

Il n'était donc pas question de traiter avec l'Angleterre. Elle n'accepterait jamais une paix sur le continent qui lui fermerait les marchés européens. La guerre économique devait continuer, et le Directoire se donnait les moyens de la poursuivre. Par la loi Jourdan, il enrôlait dans l'armée tous les Français de vingt à vingt-cinq ans. Pour la première fois, la conscription était institutionnalisée. Le Directoire devenait de plus en plus une République militaire, qui ne comptait que sur la guerre pour réussir. Par la force, toutes les oppositions étaient matées : le 22 floréal (11 mai 1798) on invalidait les députés jacobins qui venaient d'entrer au Conseil. Une loi très dure contre les émigrés était votée. Le Directoire tenait la situation politique bien en main, grâce à l'appui constant de l'armée.

Pour faire la guerre, il fallait de nouveau affronter l'Angleterre. Où la frapper ? Hoche, qui voulait soulever les Irlandais, n'avait pas réussi à franchir la Manche. On eut alors l'idée d'envoyer Bonaparte en Égypte, pour couper la route des Indes. Peut-être certains pensaient-ils de la sorte barrer la route à un général trop ambitieux, désormais très connu du peuple. Bonaparte accepta. Il s'embarqua avec 300 navires et 40 000 hommes, entraînant avec lui des égyptologues et des savants, comme Monge et Berthollet.

Vainqueur aux Pyramides, il ne put empêcher les Anglais de détruire sa flotte à Aboukir. Il ne put enlever Saint-Jean-d'Acre et abandonna son armée pour rentrer en France, le 22 août 1799. Il voulait être présent pour l'agonie du Directoire.

Bonaparte, consul de la République française.

LE COUP DU 18 BRUMAIRE.

Pendant l'été de 1799, la situation intérieure française se détériore rapidement. La guerre civile reprend avec rage dans l'Ouest et dans le Midi. L'insécurité gagne tout le pays, de nouveau parcouru par des bandes de « brigands ». Le désordre religieux est porté à son comble quand le Directoire décide d'occuper Rome, d'emprisonner le pape et de constituer sur ses États une « République romaine ». Les prêtres réfractaires continuent leur action de résistance et le pays prête une oreille de plus en plus attentive aux députés qui dénoncent la politique étrangère du Directoire, la poursuite d'une guerre ruineuse et oppressive. Pour maintenir dans la dépendance du Directoire les États vassaux des « Républiques-sœurs », il faut entretenir une véritable armée d'occupation en Allemagne, en Italie, en Belgique, en Suisse.

A la merci de la guerre, dont le butin compensait le déficit permanent du Trésor, le Directoire risquait d'oublier la Révolution, de la livrer aux généraux vainqueurs, ou de favoriser le retour des Bourbons. Les bourgeois libéraux, soucieux d'établir solidement un régime conforme à leurs vœux, étaient d'avis de réviser la Constitution dans un sens autoritaire. C'était l'opinion de Sieyès, de Mme de Staël, de tous les « réformateurs » parisiens. Pour aboutir, Sieyès avait besoin d'un « sabre ». Celui de Bonaparte était opportunément disponible.

Sieyès mit au point la conspiration, bien décidé à se libérer du « sabre » dès la chose faite. Aidé par le milieu parlementaire et par certains milieux d'affaires (le banquier Ouvrard par exemple), Sieyès avait construit le scénario : les Anciens, dans la nuit du 17 au 18 brumaire, s'enfuirent à Saint-Cloud, se disant menacés dans Paris par les Jacobins. Ils avaient confié à Bonaparte le commandement de l'armée de Paris.

Le 19 brumaire, Bonaparte, mal accueilli par les Cinq-Cents fut sauvé par le président de l'Assemblée, son frère Lucien. La troupe fut requise pour dégager les « bons » députés, soi-disant menacés par les « représentants à stylets » payés par l'Angleterre. Les soldats de Murat et Leclerc dégagèrent le Conseil. Les députés conspirateurs en profitèrent pour ratifier aussitôt le coup d'État : le Directoire n'existait plus. Une « commission consulaire exécutive » prenait la place des directeurs, avec Sieyès, Roger Ducos et Bonaparte. Les vainqueurs promettaient de respecter les principes de 1789 et de rétablir la paix, à l'intérieur comme à l'extérieur. Jusqu'ici, Bonaparte avait fait le jeu de Sieyès, il avait rempli son contrat.

Le général vainqueur d'Arcole et des Pyramides était alors follement populaire en France. Il était adoré de ses soldats qui répandaient la légende de son invincibilité. Sa puissance de travail, son effroyable caractère, sa mémoire étonnante qui lui permettait de reconnaître, sur le front des troupes, tel ou tel soldat, son courage physique, sa sensibilité méditerranéenne, sa chance enfin, cette chance qui lui avait permis d'échapper aux escadres anglaises en revenant d'Égypte, tout le désignait comme un sauveur inespéré, dans l'immense mépris où le peuple tenait les élégants serviteurs du Directoire.

Ce général d'armée devint bientôt l'homme de l'armée : oubliés Moreau et Jourdan, on ne parlait que de Bonaparte. Il était la coqueluche de Paris. Oublié Saint-Jean-d'Acre et les compagnons malheureux du désert. L'imagerie populaire ne retiendrait, de l'affligeant épisode d'Égypte, que la visite aux pestiférés de Jaffa et le discours devant les Pyramides.

Il devint très vite évident que le général corse entendait s'emparer du pouvoir et non pas le partager. Cet ancien officier d'artillerie aimait l'ordre et la discipline. Il avait jadis beaucoup méprisé Louis XVI de s'être laissé manœuvrer par la populace. Il avait aimé Robespierre pour son courage et son intransigeance. Il avait accepté, par pur cynisme, les propositions d'un Barras qu'il considérait comme un corrompu. Dans la France de 1799, inquiète surtout des destinées de l'œuvre révolutionnaire, il apparaissait comme un réconciliateur à poigne, capable d'en imposer aux anarchistes comme aux réactionnaires :

« Ni bonnet rouge, ni talonrouge, dit-il, je suis national. »

Cela voulait dire qu'il était prêt à fusiller aussi bien les Jacobins que les royalistes. N'avait-il pas largement fait ses preuves dans ce domaine ?

On attendait de lui l'ordre d'une loi sévère, strictement appliquée. La France rurale, devenue une France militaire, voulait le respect des « conquêtes » de la Révolution, particulièrement des « biens nationaux ». S'il respectait les principes essentiels de 1789, le général pouvait tout se permettre. Il ne s'en fit pas faute.

BONAPARTE DICTE LA LOI.

En dictant très rapidement à Daunou les 95 articles de la nouvelle Constitution, Bonaparte entendait montrer qu'il ne s'attarderait pas aux discussions juridiques. D'entrée de jeu, il écartait Sieyès du pouvoir. Trois consuls nommés par le Sénat restaient en charge pendant dix ans. Les trois premiers seraient désignés par la Constitution, c'est-à-dire par lui-même. Le Premier consul, Bonaparte, avait le droit de guerre et de paix. Il nommait aux emplois civils et militaires, il avait l'initiative des lois.

Le pouvoir législatif était divisé en quatre assemblées : le Conseil d'État, dont les membres étaient nommés par le consul, étudiait les projets de lois, qui étaient discutés par le Tribunat, votés sans discussions par le Corps législatif. Le Sénat désignait les consuls et gardait la constitution. Les parlementaires eux-mêmes étaient choisis par le Premier consul sur des listes de notables élus. La Constitution ne disait pas grand-chose des libertés publiques. Par contre, elle garantissait les biens nationaux, qui restaient la propriété légitime de leurs acquéreurs. Ce régime autoritaire fut plébiscité par le pays, il obtint trois millions de « oui » pour un millier de « non ».

Un régime ultracentralisateur était aussitôt mis en place : le 17 février Chaptal, au nom du Premier consul, organisait l'administration départementale. Napoléon nommait à la tête des départements des « préfets », assistés de « conseils généraux ». Il nommait aussi les sous-préfets, assistés de conseils d'arrondissements. Il nommait même les maires, sauf ceux des communes de moins de 5 000 habitants, qui étaient nommés par les préfets. Le préfet de police et le préfet de la Seine gouvernaient Paris.

Une réforme judiciaire mettait en place une pyramide de magistrats soi-disant inamovibles, en fait soumis au pouvoir : les juges de paix dans les cantons, les tribunaux civils et correctionnels dans les arrondissements, les tribunaux criminels dans les départements dépendaient tous du gouvernement consulaire, ainsi que les vingt-neuf tribunaux d'appel. Un tribunal de cassation siégeait à Paris.

Le cadre administratif ainsi défini servait aussi à la levée des impôts. Chaque commune avait un percepteur, les arrondissements et les départements des receveurs. Un directeur des contributions directes établissait les rôles de l'impôt au niveau du département, avec une efficacité certaine.

L'Église avait été laissée de côté. Avant de réformer, il fallait, dans le domaine religieux, pacifier, apaiser les esprits. Dès le début de 1800, l'insurrection de l'Ouest fut de nouveau maîtrisée. Le Premier consul fit rendre aux émigrés les biens qui n'avaient pas été vendus. Beaucoup choisirent de rentrer en France.

Une difficile négociation fut engagée avec le pape, si mal traité par le Directoire, pour mettre fin au schisme de l'Église de France : l'abbé Bernier réussit, du côté français, à s'entendre avec le cardinal Consalvi. Le *Concordat du 15 juillet 1801* scellait cet accord : la religion catholique était reconnue en France comme celle de la « grande majorité des Français ». Son exercice était garanti, ses serviteurs rémunérés par l'État. La France était divisée en soixante diocèses, dix archevêchés. Le pape, par la bouche de monseigneur Consalvi, admettait la vente des biens du clergé. Le gouvernement français désignait les évêques, qui devaient recevoir du pape leur investiture spirituelle. Prêtant serment de fidélité au régime, ceux-ci nommaient tous les curés.

Les *articles organiques* du 8 avril 1802 complétaient les clauses du Concordat dans un sens strictement gallican. Le gouvernement devait autoriser les conciles religieux et la publication des bulles du pape. L'organisation de l'Église, la publication des catéchismes étaient du ressort du gouvernement. La paix religieuse était rétablie. La société civile était admise par l'Église qui y recevait une large place.

Un savant dosage permit, dans les nominations d'évêques, de faire la part des meilleurs éléments de l'ancien et du nouveau régime. Ils acceptèrent en majorité l'arbitrage, recommandé par le pape, mais sans enthousiasme : ils étaient abandonnés par l'État, qui avait reconnu au pape le droit de destituer des évêques. Le pape avait demandé aux évêques émigrés de démissionner. Bonaparte avait exigé le même sacrifice des évêques constitutionnalistes. Sur soixante nouveaux évêques, vingt-huit seulement étaient des anciens : parmi ceux-là il y avait seize non-jureurs et douze jureurs. L'ancien évêque constitutionnel Le Coz était nommé à Besançon. L'ancien garde des Sceaux de Louis XVI, Champion de Cicé, était archevêque d'Aix. Dans la distribution, la part des jureurs était belle. Un tout petit nombre d'entre eux demeura irréductible, sans grand succès auprès des fidèles. Par contre trente-cinq évêques réfractaires, suivis par prêtres et fidèles, constituèrent une « Petite Église » de la résistance.

L'organisation des cultes n'avait pas oublié les protestants, les juifs, ni même les francs-maçons. Tous reçurent un statut, et des droits égaux à l'état civil.

LA PAIX AVEC L'ANGLETERRE.

Les annexions du Directoire avaient créé en Europe les conditions de réunion d'une nouvelle coalition autour de l'Angleterre. Celle-ci n'admettait pas, en particulier, que la France dominât la Belgique. La Russie et l'Autriche avaient refusé, poussées par Londres, la paix de Bonaparte.

Il dut repartir en campagne. Le 14 juin 1800, ayant passé les Alpes, il rencontrait les Autrichiens à Marengo. La victoire était moins nette que celle de Moreau à Hohenlinden, mais elle était décisive : l'Autriche capitulait en février 1801 : quatre départements français étaient créés sur la rive gauche du Rhin. On ne parlait plus de « républiques sœurs », on annexait les territoires. L'Autriche gardait la Vénétie, qui lui donnait un accès, par l'Adriatique, sur la Méditerranée.

La paix d'Amiens, signée le 26 mars 1802 avec l'Angleterre, désarmait toute la coalition. L'Angleterre était lasse de la guerre. Elle avait connu une série de mauvaises récoltes et le Premier ministre, Pitt, avait dû se retirer devant l'opinion mécontente. La France aussi avait hâte de revenir à la paix : on transigea. L'Angleterre rendait aux Français leurs colonies confisquées depuis le début de la Révolution. Elle s'engageait à évacuer l'île de Malte. En revanche la France abandonnerait Naples. Des deux côtés de la Manche, c'était la joie retrouvée...

LE POUVOIR PERSONNEL.

En pleine gloire, le 24 décembre 1800, Bonaparte avait été victime d'un attentat. La « machine infernale » de la rue Saint-Nicaise aurait pu empêcher le vainqueur de Marengo de rétablir la paix. Il fallait, dit aussitôt Bonaparte, renforcer le régime autoritaire, sans toutefois lui substituer la monarchie :

« Vous ne devez pas souhaiter votre retour en France,
avait-il écrit à Louis XVIII, il vous faudrait marcher sur
cinq cent mille cadavres. »

Au début de 1802, le Premier consul décida de se débarrasser
des libéraux irréductibles, qui le raillaient dans les salons parisiens,
le brocardaient à l'Institut de France, et gênaient le travail législatif.
Il épura le Tribunat, qui était l'assemblée la plus remuante, en
accusant les tribuns de jacobinisme.

Tout ce qui gênait le Premier consul était réputé « jacobin ».
Les généraux par exemple : Leclerc et Richepanse furent envoyés
à l'étranger. Les généraux rivaux, Moreau et Pichegru, furent activement surveillés par la police. En mai 1802 le Sénat, peuplé de
créatures du Premier consul, demanda la réélection de celui-ci
pour dix ans. Le Conseil d'État estima qu'il fallait le nommer
consul à vie. Un plébiscite approuva la formule à une très forte majorité. Une Constitution, dictée en août, donnait au Premier consul
le soin de choisir ses collègues, son successeur et tous les fonctionnaires. C'était un pouvoir constitutionnellement absolu.

Un complot royaliste, découvert en août 1803, permit un nouveau pas en avant du pouvoir personnel. Cadoudal le Chouan
projetait d'assassiner Bonaparte, avec la complicité de Moreau
et de Pichegru. Tous les trois furent arrêtés. Le duc d'Enghien
avait émigré dans le duché de Bade. Il fut enlevé dans la nuit,
enfermé à Vincennes, jugé en secret et fusillé à l'aube dans les
fossés du château.

Il était clair désormais qu'il ne fallait pas compter sur Bonaparte
pour rétablir la monarchie. Il avait versé le sang royal. Un membre
du Tribunat proposa que Napoléon Bonaparte fût proclamé
empereur des Français. Lazare Carnot protesta en vain, au nom
de la République bafouée. Le sang du duc d'Enghien avait permis
à Bonaparte de revêtir pompeusement la pourpre des Césars.

Un « Empire » français.

Par *senatus consulte* du 18 mai 1804, « le gouvernement de la République est confié à l'empereur Napoléon ». Une fois encore, on fait approuver par plébiscite la décision du Sénat.

C'en était fini de la République, mais non de la Révolution : les institutions restaient en place, et les lois nouvelles confortaient la nouvelle société dans ses aspirations et dans ses conquêtes. Certaines des institutions créées à cette époque étaient véritablement fondatives de la France moderne. Elles subsistent encore aujourd'hui.

Promulgué en 1804, le *Code civil* était la pièce maîtresse de l'organisation légale de la société impériale. Il héritait en ligne directe du travail des juristes de la période révolutionnaire. Le Code protégeait la famille. Les enfants illégitimes étaient fort mal traités, les femmes étaient désarmées devant les « chefs de famille » qui recevaient une autorité absolue. Les filles ne pouvaient se marier avant vingt et un ans sans leur consentement, les garçons avant vingt-cinq ans. Le père disposait de ses biens à sa guise et testait comme il l'entendait. Mais il avait cependant le devoir de faire le partage égal entre ses enfants. Le droit de divorce, conquête de la Révolution, était confirmé mais étroitement réglementé. Le Code renforçait le pouvoir social de la bourgeoisie, en proclamant « inviolable et sacré » le droit de propriété. L'acquisition, faite pendant les années révolutionnaires, des « biens nationaux » était garantie. Avec la propriété, on protégeait l'entreprise : les ouvriers n'avaient ni le droit de grève, ni le droit de coalition. Ils devaient présenter à leur employeur un « livret » où le détail de leurs dettes était inscrit. Le Code confirmait l'abolition de la féodalité, bien que Napoléon eût créé une nouvelle noblesse.

Cette noblesse « impériale » était de fonctions, non de fiefs. Les « nantis » du régime, nommés par l'Empereur, n'avaient pas de pouvoir féodal sur les hommes, pas de privilèges. Les barons, les ducs, les princes d'Empire recevaient seulement des titres et des propriétés. Les paysans qui travaillaient sur leurs terres leur devaient seulement un fermage ou un métayage, c'est-à-dire un loyer de la terre, une rente.

Les institutions de l'Empire confirmaient en apparence celles du précédent régime. Mais elles étaient utilisées par l'Empereur dans un sens autoritaire et centralisateur. Il était le seul maître du pouvoir exécutif. Il régnait avec l'aide d'un Conseil dont il nommait et révoquait les ministres : Talleyrand était son ministre des Affaires étrangères, Chaptal le ministre de l'Intérieur, Fouché le ministre de la Police. Les ministres étaient maîtres de leurs départements, et leurs décisions étaient exécutées fidèlement par les préfets, qui commandaient eux-mêmes aux sous-préfets et aux maires. Toute velléité d'indépendance des provinces était donc condamnée. Cette tendance ultracentralisatrice confirmait la politique des Jacobins, qui l'avaient eux-mêmes imposée aux Girondins décentralisateurs.

Les Assemblées issues du Consulat étaient confirmées, mais leurs pouvoirs étaient nuls. Le Conseil d'État était de moins en moins écouté par l'Empereur. Il lui avait cependant été confié une mission très libérale ; il devait être le recours des administrés contre les excès de pouvoir de l'administration. Une Cour des Comptes était instaurée, pour contrôler le budget de tous les agents de l'État. Le corps législatif et le Sénat subsistaient, avec un rôle décoratif ou honorifique. Le Tribunat, où s'était manifestée une certaine opposition, devait être supprimé en 1807. Le contrôle législatif avait donc à cette date pratiquement disparu, même s'il était inscrit dans la Constitution.

UN MONOPOLE UNIVERSITAIRE.

Pour dominer la société en profondeur, Napoléon avait donné le monopole de l'enseignement à une Université d'État. En 1806, puis en 1808 et en 1811, lois et décrets avaient précisé les pouvoirs de cette Université et ses modalités de fonctionnement. Elle était destinée à former un modèle commun de jeunes gens de la bourgeoisie. Le Grand Maître, Louis de Fontanes, présidait un Conseil qui donnait aux professeurs l'autorisation d'enseigner. Les représentants du Conseil avaient délégation pour inspecter tous les établissements scolaires.

A la fin de l'Empire, la France aurait plus de cent lycées. Les lycéens obéissaient à une discipline militaire. Ils entraient en classe au son du tambour. Très surveillés par la police, ils étaient exclus à la moindre faute grave. L'enseignement, uniformisé, faisait une plus grande part aux disciplines modernes. L'Église, qui avait une longue expérience des établissements secondaires, était représentée au sein du Conseil par l'abbé Émery et le vicomte de Bonald, catholique fort intransigeant.

L'enseignement supérieur était encore plus marqué par la préoccupation d'assurer la formation d'ingénieurs, de professeurs, de scientifiques et de techniciens. Des écoles spécialisées souvent fondées sous la Révolution, assuraient cette formation : l'École normale supérieure et l'École polytechnique, l'École centrale, l'École des Mines, les Écoles de médecine et de droit.

Seul l'enseignement primaire avait été abandonné à l'Église. Napoléon voulait des élites modernes, il n'avait cure d'alphabétiser les masses. Les frères des écoles chrétiennes continueraient leur mission d'éducation de base, apprenant aux enfants à lire le caté-chisme. C'est pourtant sous l'Empire que furent ouvertes les premières écoles normales d'instituteurs. Elles étaient en nombre insuffisant pour assurer la formation des jeunes Français. L'Église devait s'en charger.

Pour faire partie des futurs cadres de la société bourgeoise, il fallait posséder un diplôme sanctionnant la fin des études secondaires, le baccalauréat. L'Empire formait chaque année environ deux mille bacheliers. Ceux-ci devenaient avocats, professeurs, ingénieurs, médecins, juges, officiers dans l'armée, fonctionnaires. Ils allaient constituer la bourgeoisie nouvelle du XIXe siècle, une « bourgeoisie du mérite » comme aimait à dire l'Empereur. Pour ces futurs notables, les satisfactions ne manquaient pas : des places dans l'administration et dans l'armée, des sièges dans les conseils municipaux, départementaux, dans les assemblées nationales ; des décorations, enfin : les cadres devaient tous pouvoir accéder à cette « Légion d'honneur » que l'Empereur avait créée, pas seulement pour récompenser le mérite militaire.

Les formateurs étaient, sous l'Empire, des professeurs souvent éminents. Jamais les mathématiques et les sciences n'avaient brillé d'un si vif éclat : Lazare Carnot, Monge, créateur de l'École polytechnique, Laplace inventaient l'enseignement moderne des mathématiques, en particulier la géométrie descriptive. L'ingénieur Lebon, Ampère étaient d'illustres physiciens. Le premier avait réalisé le gaz d'éclairage, le second défrichait une science nouvelle : l'électromagnétisme. Gay-Lussac et Berthollet, Fourcroy et Vau-quelin révolutionnaient la chimie cependant que, dans les sciences naturelles, Lacépède poursuivait les travaux de Buffon, Lamarck et Cuvier s'intéressaient aux espèces et à leur évolution. Même la médecine avait ses hommes illustres : Corvisart, le médecin de l'Empereur, ou le célèbre chirurgien Larrey.

L'ÉGLISE MISE AU PAS.

« Mystère de l'ordre social » pour Napoléon, la religion était destinée à contribuer au maintien de la paix publique, en apaisant les âmes, à défaut des esprits. Pour les esprits, la police de Fouché s'en chargeait. La fonction des ecclésiastiques était éminemment sociale : elle consistait à donner aux pauvres les espérances dont ils avaient besoin pour se résigner à leur condition.

« Les prêtres valent mieux que les Kant et tous les rêveurs d'Allemagne », avait coutume de dire l'Empereur. Il ne fallait pas enseigner la philosophie à la jeunesse, mais les mystères rassurants de la religion. Sur ce point, l'Empereur était fort de l'avis du pape. Ils divergeaient cependant d'opinion sur la direction de l'Église.

Très ultramontain, le clergé français avait désormais tendance à se rapprocher d'autant plus de Rome qu'il tenait à garder ses distances par rapport au régime. Cette tendance était nouvelle dans l'Église de France, qui s'était montrée dans le passé fort gallicane. Le clergé cherchait dans le pouvoir du pape un utile contrepoids aux exigences du pouvoir civil.

Les années de trouble et de schisme avaient accru le désarroi moral des prêtres. Le seul espoir désormais était de reconstituer une Église universelle, indépendante des pouvoirs nationaux. Mais le Concordat et les Articles organiques organisaient au contraire l'Église de France comme une administration parmi les autres : les « préfets violets », bien payés par le pouvoir, devaient veiller à ce que l'on enseigne aux enfants le *catéchisme impérial*, où étaient définis les devoirs des Français envers l'Empereur :

> « Que doit-on penser de ceux qui manqueraient à leur devoir envers notre Empereur? Réponse : selon l'apôtre saint Paul, ils résisteraient à l'ordre établi de Dieu même, et se rendraient dignes de la damnation éternelle. »

L'Église étant tenue en étroite tutelle, le conflit avec le pape était inévitable. Les ecclésiastiques, devenus fonctionnaires, étaient soumis à la surveillance du pouvoir. Ils devaient prêter serment. Les ordres réguliers étaient interdits, sauf certains ordres de femmes dont la fonction sociale était manifeste dans les hôpitaux ou les institutions de charité.

Encore fallait-il que le régime pût imposer aux catholiques la stricte obéissance au pouvoir. Les jeunes prêtres formés dans un esprit ultramontain dans les séminaires de l'abbé Émery ne tarderaient pas à faire preuve de mauvais esprit, négligeant d'enseigner le catéchisme impérial. Les jésuites, constituant un ordre missionnaire camouflé, récupéraient leurs collèges et leur enseignement, presque clandestinement. Le conflit de Napoléon et du pape, très vif après l'annexion des États du pape par l'Empire en 1809, allait avoir des conséquences graves sur le clergé : sur vingt-sept cardinaux, quatorze seulement assisteraient au mariage de Napoléon et de Marie-Louise. Exilés, les « cardinaux noirs » allaient préparer impatiemment la revanche de l'Église sur l'État.

LES INTELLECTUELS ET L'EMPIRE.

Si Napoléon n'avait pas réussi à dominer complètement ni durablement l'Église, il n'avait pas davantage obtenu l'adhésion unanime des élites intellectuelles, qu'il avait tenté de « caporaliser ».

L'académisme à la mode dans les beaux-arts n'était certes pas de nature à menacer les valeurs établies. David, le peintre de Robespierre, était devenu le metteur en scène du Sacre, dont il avait un peu modifié, sur son tableau, l'ordonnance, pour se plier aux susceptibilités des parents de l'Empereur. N'avait-il pas mis en bonne place Madame Mère dans une loge, alors qu'elle n'assistait pas au Sacre ? Le goût du gréco-romain et des valeurs héroïques poussait David et ses élèves dans les bras de l'Empereur.

Les architectes imitaient ce nouveau conformisme. Percier et Fontaine multipliaient les arcs de triomphe (l'arc du Carrousel), les églises en forme de temples (la Madeleine ; temple de la Gloire), les colonnes commémoratives (la colonne Vendôme). Chalgrin dessinait l'arc de triomphe de l'Étoile, qui devait être inauguré quarante ans plus tard, pour le retour des cendres. Le mobilier lui-même et les arts décoratifs semblaient destinés à encenser le règne, à le marquer d'un style inspiré presque exclusivement de l'art romain. Les abeilles, les aigles et les couronnes d'or envahissaient les intérieurs bourgeois.

C'est en littérature que Napoléon devait susciter des opposants résolus. Lui-même détestait les « idéologues » de l'Institut, continuateurs pâles des « philosophes » du siècle précédent. Destutt de Tracy, Cabanis, Volney critiquaient et brocardaient l'Empire et l'Empereur, avec des romanciers comme Benjamin Constant et la redoutable Mme de Staël. Le génie littéraire de l'époque, Chateaubriand, devait attendre Waterloo pour pouvoir entrer à l'Académie française, où il avait été élu dès 1811. Napoléon n'aimait pas les écrivains.

Ils le lui rendaient bien. Jean Tulard, dans *Le Mythe de Napoléon*, a mis en évidence les principaux thèmes de cette opposition. Pour tous les écrivains, Napoléon était « l'ogre »; l' « usurpateur », le « despote oriental » chez les gens de gauche, le régicide et l'assassin cynique chez les gens de droite.

> « Le Napoléon de Chateaubriand, dit Tulard, est tout à la fois Scapin et Moloch. »

Si Napoléon ne ménageait pas les écrivains et les philosophes, il détestait encore plus les journalistes. Dès 1805 les organes de presse avaient été soumis au contrôle étroit de la police. Les mesures prises alors reprenaient, en les aggravant, les dispositions du Consulat. Une liste de journaux tolérés était publiée. Ces journaux étaient menacés de suppression, s'ils imprimaient « des articles contraires au respect dû au pacte social, à la souveraineté du peuple et à la gloire des armées ». En 1810 un directeur général du ministère de l'Intérieur exerçait très officiellement la censure de la presse, aux frais des directeurs de journaux. Les imprimeurs étaient assermentés. Quatre quotidiens existaient à cette date sur le marché français : la *Gazette de France*, *Le Moniteur*, *Le Journal de l'Empire* et *Le Journal de Paris*. Un seul journal était toléré dans chaque département, sous la tutelle du préfet. La liberté de la presse n'existait pas. L'Académie des sciences morales et politiques qui protestait contre ce régime d'oppression avait été tout simplement supprimée.

L'OPINION DES NOTABLES.

La société française admettait ces entorses au libéralisme, parce qu'elle vivait dans un état permanent de guerre. L'armée,

se composait des recrues de la conscription. Chaque Français
de vingt à vingt-cinq ans devait le service militaire. 40 % environ
des conscrits étaient réformés ou dispensés du service pour charges
de famille. L'Empereur, au début du règne, n'utilisait pas la totalité
des recrues. Seuls partaient, par tirage au sort, les « mauvais numéros ». (30 % des hommes reconnus aptes en 1804, 100 % dix ans
plus tard!) On pouvait se faire dispenser du service en payant de
1 900 à 3 600 francs, ce qui avantageait environ 10 % des conscrits, les plus fortunés. Malgré les exigences raisonnables du
début du règne, on compte que les levées croissantes devaient
conduire aux armées plus de trois millions d'hommes de 1800
à 1814. La très forte participation rurale aux guerres de Napoléon
devait expliquer, longtemps après Waterloo, la permanence de la
« légende impériale » dans les campagnes, qui comptaient tant de
vieux soldats. La rapide promotion offerte par l'armée non
seulement aux cadres bourgeois, mais aux sous-officiers sortis
du rang expliquait largement la popularité du régime parmi les
combattants, qui avaient tout à en attendre. La possibilité offerte
aux jeunes bourgeois d'échapper à la conscription expliquait aussi
pourquoi la prolongation de la guerre ne gênait pas outre mesure
les familles de notables.

La nation non combattante devait être longtemps satisfaite
des bienfaits pour l'économie d'un régime d'ordre. L'industrie
et l'agriculture devaient trouver avantage dans l'ouverture d'un
marché européen protégé. La fortune industrielle de la France
allait doubler pendant l'Empire. La production des fabriques et
manufactures s'était accrue de 70 %. La guerre nourrissait l'industrie. Les textiles, coton et laine surtout, utilisaient désormais en
grand le métier Jacquard, les cylindres à imprimer les étoffes
inventés par Oberkampf, les colorants chimiques de Kœchlin.
La sidérurgie prospérait grâce aux fours à coke des Wendel en
Lorraine, aux 800 000 tonnes de charbon extraites tous les ans
à la fin du règne, aux forges actives de Bourgogne et du Sancerrois.
Les industries mécaniques faisaient la fortune des Japy, des
Peugeot, des Cockerill. Berthollet inventait l'eau de Javel et installait en plein Paris l'industrie chimique. L'Empire avait les
moyens d'organiser les premières expositions industrielles. Et
cependant Napoléon ne croyait ni aux chemins de fer, ni aux
machines à vapeur.

L'agriculture française profitait aussi de l'ouverture européenne,
et de l'arrêt des importations d'outre-mer. Les domaines du

Midi cultivaient le pastel et la garance, pour teindre les uniformes. Les savants imaginaient des produits de remplacement pour compenser l'absence des denrées coloniales. Le sucre de betterave remplaçait le sucre de canne, et faisait la fortune des grands propriétaires du Nord et du Bassin parisien. La chicorée remplaçait le café.

L'amélioration des routes et des transports, le creusement de nouveaux canaux facilitaient le grand commerce des blés et des animaux d'élevage. Les gros fermiers, qui pouvaient stocker, bénéficiaient de la hausse continue des prix. Les seules victimes économiques du régime étaient les petits salariés agricoles et ouvriers des villes, qui subissaient les hausses sans pouvoir gagner plus. Les riches de la campagne, de la ville et des industries étaient les grands bénéficiaires de l'expansion due à la guerre. Ils soutiendraient jusqu'au bout l'Empire.

L'aventure européenne et le duel contre l'Angleterre.

LA REPRISE DE LA GUERRE ANGLAISE.

La guerre ne devait vraiment nourrir l'Empire que pendant les premières années du règne. Napoléon n'avait pas alors renoncé à frapper l'Angleterre, l'ennemie principale, l'âme des coalitions. Il n'avait pas admis son échec en Égypte. Puisqu'il n'avait pas les moyens de la toucher dans ses possessions de l'outre-mer, il avait conçu le projet de la frapper au cœur.

La paix d'Amiens n'était qu'une trêve. Bonaparte avait récupéré la Louisiane sur les Espagnols. Les Anglais, qui s'étaient engagés à évacuer Malte, y restaient. En mars 1803, Bonaparte en avait exigé l'évacuation immédiate. Il avait en même temps monté une expédition à Saint-Domingue contre Toussaint Louverture. Les relations entre les deux pays s'envenimaient.

A Londres, la paix n'était plus populaire : les hauts tarifs douaniers pratiqués par la France gênaient l'entrée sur le continent des produits manufacturés anglais. Les ambitions commerciales de la France en Europe étaient une menace pour l'avenir. Une bonne guerre valait mieux qu'une mauvaise paix. A l'ultimatum de Napoléon sur Malte, les Anglais répondirent par la rupture. Le 17 mai, les navires français étaient saisis dans les ports dépendant du royaume. Avant même de déclarer la guerre, la « perfide Albion » s'emparait des cargaisons de plus de 1 000 vaisseaux.

Réplique de Napoléon : l'occupation immédiate du Hanovre, possession personnelle des rois d'Angleterre ; la concentration de troupes à Boulogne-sur-mer, dans le but de préparer l'invasion des îles.

Malheureusement, la marine de guerre ne suivait pas : l'amiral Villeneuve ne réussissait pas à créer une diversion aux Antilles, ni à débloquer l'escadre de Brest. Il affrontait Nelson en octobre 1805 au large du cap de Trafalgar. Nelson était tué mais la bataille était gagnée pour l'Angleterre : la Manche resterait britannique.

Il fallait, une fois de plus, rechercher la décision sur le continent. Les Anglais réussissaient à renouer une « coalition » avec le tsar Alexandre Ier et François II, l'empereur d'Autriche. Napoléon n'avait pour alliés que les Espagnols et les Bavarois. Il avait transporté son armée de Boulogne sur le Rhin à marche forcée, dès qu'il avait appris les difficultés de Villeneuve. Le général autrichien Mack occupait la Bavière. Avant qu'il pût opérer sa jonction avec les Russes, Napoléon le joignait, lui infligeait une sévère correction à Elchingen, l'enfermait dans Ulm où il devait capituler.

Après cette victoire, les Français faisaient leur entrée dans Vienne, le 14 novembre. Ils partaient aussitôt à la poursuite de l'armée autrichienne qui avait rejoint les Russes à Olmütz. Près du village d'Austerlitz s'engageait la plus belle bataille de l'Empire. Le 2 décembre 1805, le centre de l'armée austro-russe commandée par Koutousov était enfoncé. Les Russes étaient mis en fuite, et les canons tiraient des boulets chauffés à blanc sur les glaces des marais où s'enfouissaient les fuyards. 45 drapeaux et 20 000 prisonniers étaient saisis. C'était le « soleil d'Austerlitz ».

L'EUROPE DES « NATIONS ».

La carte de l'Allemagne princière était profondément modifiée par la paix de Presbourg signée le 26 décembre 1805. L'Autriche perdait, avec la Vénétie, son débouché sur la Méditerranée. La Vénétie rejoignait un *royaume d'Italie*, ébauche d'unité pour la péninsule. La Bavière, pays ami de la France, recevait le Tyrol, le Vorarlberg et le Trentin. Un autre pays ami, le Wurtemberg, recevait la Souabe. La Bavière et le Wurtemberg étaient jadis des « électorats ». Ils devenaient des royaumes à part entière. Napoléon devenait le protecteur d'une *Confédération du Rhin* indépendante du Saint-Empire qui disparaissait. Elle était constituée de seize principautés du Sud et de l'Ouest, comprenant les royaumes de Bavière et de Wurtemberg. Une armée fédérale de 60 000 hommes était mise à la disposition de la France. La capitale de la Confédération était fixée à Francfort-sur-le-Main. François II, sous le nom de François Ier, restait seulement empereur d'Autriche.

Napoléon croyait avoir ainsi créé une nation. En Italie, et dans toute l'Europe occidentale, il avait constitué des royaumes. Il avait chassé les Bourbons du trône de Naples pour y installer son frère Joseph. Il avait pris pour lui-même la couronne des rois lombards, en Italie du Nord. Il était devenu *médiateur* de la Confédération helvétique. Il avait créé, au profit de Louis Bonaparte, le royaume de Hollande (ex-République batave). Les « Républiques-sœurs » du Directoire se transformaient ainsi en royaumes pour napoléonides, quand elles ne rejoignaient pas tout simplement le territoire de l'Empire français.

Restait, en Allemagne, la Prusse. Napoléon ne voulait pas lui faire la guerre. Il avait proposé au roi Frédéric-Guillaume III de devenir président d'une Confédération de l'Allemagne du Nord. Sous l'influence de Hardenberg et de la reine Louise, sa femme, le roi de Prusse avait refusé la proposition française, et accepté les subsides offerts par Londres : la *quatrième coalition* avait ainsi pris corps, dans un grand tumulte guerrier, à Berlin. Les officiers prussiens venaient aiguiser leurs sabres sur les marches de l'ambassade de France.

Les Russes se joignaient aussitôt à la Prusse et, le 8 octobre 1806, le roi de Prusse se jugeait assez fort pour sommer Napoléon d'évacuer la rive droite du Rhin.

Les Français étaient à pied d'œuvre : 160 000 hommes attendaient l'ordre de marche. Le 14 octobre, ils surprenaient les Prussiens à Iéna et Auerstaedt. C'était un désastre pour l'armée prussienne : plus de 30 000 prisonniers. Le mythe de l'invincible armée frédéricienne s'écroulait. Le matériel Gribeauval avait fait merveille : les cavaliers français n'avaient qu'à paraître pour que les places fortes tombent. Le 27 octobre, après deux semaines de campagne, Napoléon faisait son entrée triomphale dans Berlin. Il n'y avait plus de Prusse.

Les Russes n'avaient plus aucune hâte à combattre. Napoléon devait les surprendre : en novembre, il entrait en Pologne, aidé par les nationalistes polonais qui fêtaient les Français comme des libérateurs. 120 000 Russes étaient arrêtés sur la Vistule. Mais l'hiver empêchait la progression de l'armée française, qui se contentait de prendre Dantzig. L'hiver stimulait au contraire les Russes, qui attaquaient en février 1807 à Eylau. La bataille fut sanglante : Murat dut lancer ses escadrons dans une tempête de neige. Napoléon restait le maître du champ de bataille, avec 43 000 morts. Les Russes avaient réussi à s'échapper.

Ils devaient être vaincus, au printemps de 1807, à Friedland. En juin Murat et ses cavaliers entraient à Tilsit. Napoléon avait réussi, entre-temps, à négocier la neutralité de l'Autriche et l'alliance des Turcs. Le 25 juin, sur le radeau de Tilsit, il se mettait d'accord avec le tsar sur le dos de la Prusse : elle perdait définitivement tous les territoires à l'ouest de l'Elbe, toutes ses conquêtes de Pologne, acceptait la carte française de l'Europe et envisageait une alliance franco-russe contre l'Angleterre. Napoléon promettait son aide au tsar contre les Turcs. Les débris des territoires enlevés à la Prusse formeraient à l'Ouest le royaume de Westphalie donné à Jérôme Bonaparte. L'électorat de Saxe deviendrait, lui aussi, un royaume. Un *Grand-duché de Varsovie* donnerait enfin l'indépendance aux Polonais libérés du joug prussien. Les deux empereurs s'étaient partagés l'Europe.

LE BLOCUS GUERRIER.

Outre la Prusse, la grande victime de ce partage était l'Angleterre. Pour son industrie naissante et pour son commerce, elle avait besoin des débouchés européens. Tilsit était pour elle un désastre. L'irréductible opposition de l'Angleterre allait obliger Napoléon à étendre la guerre à l'ensemble du continent.

Quand Londres avait déclaré, le 16 mai 1806, les ports français en état de blocus, Napoléon avait déjà riposté par le décret de Berlin, du 21 novembre, qui mettait en état de blocus tous les ports britanniques. Le commerce avec l'Angleterre était interdit aux alliés continentaux de la France. La vente des marchandises en provenance de l'Angleterre était strictement défendue. Les ports européens devaient refuser d'accueillir les navires anglais.

La politique du « blocus continental » devait entraîner des ripostes immédiates de l'amirauté britannique, qui exerçait la maîtrise absolue de mers. Les Anglais avaient décidé de soumettre à leur « droit de visite » tous les navires alliés ou neutres. Ceux-ci devaient faire relâche dans un port anglais pour y acheter une licence commerciale.

Après Tilsit, Napoléon se sentait capable d'opposer à la maîtrise anglaise des mers la fermeture aussi complète que possible du continent. Le *décret de Milan* du 17 décembre 1807 était une riposte absolue : tout navire qui obéirait aux ordres de l'Amirauté, fût-il neutre ou allié, serait décrété « de bonne prise ». Ainsi le pavillon ne couvrait plus la marchandise. De mercantile, le blocus était devenu guerrier. Les neutres se trouvaient engagés malgré eux dans la lutte à mort de l'Angleterre et du continent.

Le blocus devait certes stimuler les productions industrielles et agricoles françaises, assurées d'un vaste débouché en Europe, mais il devait créer beaucoup de mécontentement ailleurs. La disparition des denrées coloniales asphyxiait le commerce des ports spécialisés de Hollande et d'Allemagne, Hambourg notamment. Les Russes ne pouvaient plus vendre aux Anglais les céréales et les bois. Les ports français eux-mêmes, voyant se fermer l'Atlantique, protestaient contre le blocus guerrier.

En Angleterre, il est vrai, les difficultés s'accumulaient. Les stocks invendus entraînaient le chômage, la destruction des « mécaniques » par les ouvriers en colère, l'inflation du papier-monnaie. Il n'y avait d'autre issue que dans la contrebande. Les Anglais installaient des entrepôts dans l'île d'Héligoland, non loin de Hambourg, dans la baie de Naples, sur la côte adriatique, à Rome, au Portugal. Napoléon lui-même était gêné par l'arrêt du commerce. Il vendait des licences pour autoriser certaines importations, nécessaires pour faire la guerre. Mais il ne pouvait renoncer à son projet de fermeture totale des ports européens. Il fut ainsi entraîné dans une politique d'intervention. En Italie il dut annexer Parme, Plaisance et les États du pape. En octobre 1807, il avait dû envoyer une expédition au Portugal. Il devait aussi faire occuper par ses troupes la Poméranie suédoise. Il fallait empêcher les Anglais d'y faire commerce.

En février 1808, Napoléon décidait d'envahir l'Espagne. La couronne royale était fragile : le roi Charles IV était dominé par son Premier ministre, Godoy. Ferdinand, prince des Asturies, demandait l'aide de l'Empereur pour s'emparer de la couronne. De fait, à l'arrivée des Français à Madrid, les Espagnols avaient contraint Charles IV à abdiquer au profit de Ferdinand.

Prié d'intervenir comme « arbitre », Napoléon avait aussitôt interné Ferdinand à Valençay, dans le château de Talleyrand, et confirmé l'abdication du roi Charles, qui laissait sa couronne à sa disposition. Charles IV était interné avec Godoy à Compiègne. En mai 1808, Joseph Bonaparte devenait roi d'Espagne, abandonnant à Murat la couronne de Naples. Napoléon mutait les rois comme des préfets.

Un mouvement imprévisible remua toute l'Europe, et finit par gagner l'Europe : Napoléon voulait créer des nations, il déchaîna contre les occupants français le sentiment national. Les Espagnols ressentirent comme une honte l'effacement de la famille régnante. En dehors de toute considération politique ou économique, contre toute prudence, ils se lancèrent dans la résistance. Ils n'étaient même pas sûrs, au départ, de l'appui anglais. Leur opposition était à la fois violente et spontanée.

La politique des « napoléonides » provoqua dans bien d'autres pays européens une flambée de nationalisme. En Italie, en Allemagne, en Hollande, Napoléon, qui avait en fait créé des royaumes, voyait se dresser contre lui des nations.

Le « dos de mayo » (2 mai 1808), le peuple madrilène s'était dressé contre les Français. Murat avait dû faire massacrer les émeutiers par ses cavaliers. Les Français n'étaient plus en Europe des libérateurs, mais des occupants.

A l'insurrection populaire spontanée devait correspondre le soutien intéressé des hautes classes. Les nobles redoutaient qu'avec les Français, la Révolution ne pénétrât en Espagne. L'Église voulait combattre à mort les ennemis du pape. Plus de 200 000 prêtres et moines s'employèrent à fanatiser le peuple espagnol, développant contre les Français une intense propagande.

L'armée noire de la révolte réussissait à étendre partout l'insurrection : des « juntes » (assemblées) se constituaient dans les provinces, pour déclarer, au nom de l'Espagne libre, la guerre aux Français.

« Pour conquérir une couronne, disait de l'Espagne le maréchal Lannes, il faut d'abord y tuer une nation. »

Les Français n'avaient pas devant eux une armée, mais, pour la première fois en Europe, une nation armée, bien entraînée à la guérilla.

Le désastre de Bailen, où une division française avait capitulé

en rase campagne, obligea Napoléon à intervenir. Le général
Dupont avait été surpris par les maquisards d'Andalousie. Il
s'était laissé prendre sans combattre. Joseph avait aussitôt quitté
Madrid pour chercher refuge dans les Pyrénées. Les Anglais
avaient débarqué au Portugal, où le général Junot capitulait
dans Cintra.

Avant d'intervenir, Napoléon rencontra de nouveau le tsar, à
Erfurt. Celui-ci refusait de s'engager à fond dans la défense de
l'ordre napoléonien en Europe. Il promit toutefois de contenir
les Autrichiens, qui se préparaient de nouveau à la guerre. Napoléon avait les mains libres, pour peu de temps.

Il gagna Madrid à marches forcées, ouvrant le passage de Somo
Sierra grâce aux Polonais de sa garde. Le 4 décembre il entrait
dans la capitale espagnole. Les Anglais, attaqués par Ney, se
rendaient à La Corogne. Lannes mettait un mois pour prendre Sarra-
gosse, où la résistance de la population était acharnée. Il y avait
là 40 000 morts. De part et d'autre, les atrocités se multipliaient.

Enfin vainqueur, Napoléon se hâtait d'abattre le régime féodal,
confisquait les biens du clergé régulier, abolissait l'Inquisition.
Mais il ne pouvait rester longtemps en Espagne : l'Autriche était
au bord de la guerre. A Paris même, Fouché et Talleyrand complotaient. Napoléon fit entrer Joseph dans Madrid, et lui ordonna
de faire face. Il se hâta ensuite vers Paris, destituant ses ministres
infidèles.

LE GRAND EMPIRE FRANÇAIS.

Contre Napoléon, l'Angleterre ne put guère entraîner, dans la
cinquième coalition, que l'Autriche. Le tsar restait en apparence
fidèle à ses engagements. La Prusse, où la réorganisation de Stein
et Schanhorst était en cours, n'était pas prête à intervenir.

En avril 1809 l'Autriche, bien pourvue en subsides par l'Angleterre, déclarait la guerre à l'Empire français et envahissait aussitôt
la Bavière. Le Tyrol se soulevait, avec Andreas Hofer et ses compagnons, contre les occupants français. La fièvre espagnole gagnait
toute l'Allemagne. Les Westphaliens complotaient, avec le colonel
Dornberg, contre le « roi » Jérôme.

Le 22 avril, Napoléon et Davout l'emportaient sur l'armée de l'archiduc Charles à Eckmühl. Le lendemain, ils s'emparaient de Ratisbonne. Le 13 mai, Napoléon faisait de nouveau son entrée dans Vienne. Au-delà du Danube, l'archiduc Charles disposait encore d'une puissante armée. Pour le rejoindre, et l'anéantir, Napoléon fit construire un pont de bateaux appuyé sur l'île de Lobau. Ce pont fut enlevé à plusieurs reprises par le Danube en crue. A Wagram, la bataille fut longtemps indécise. Lannes y fut tué. Les Français, enfermés dans l'île, étaient soumis à un feu meurtrier. Mais ils avaient la supériorité de l'artillerie. Napoléon avait fait rassembler une grande batterie, qui ouvrit la route aux colonnes de fantassins. 30 000 autrichiens furent tués. L'archiduc demanda l'armistice.

La paix de Vienne, signée le 14 octobre 1809, dépeçait l'Empire autrichien. Les Polonais faisaient main basse sur la Galicie du Nord. La Galicie orientale payait le tsar pour son attitude de coopération. La Bavière prenait Salzbourg et la vallée de l'Inn. La France créait à son profit les provinces illyriennes, avec la Croatie, la Carinthie et la Carniole.

Maître de l'Europe, Napoléon constituait le *grand Empire français* : en Hollande il recevait l'abdication de Louis, qu'il jugeait incapable. N'avait-il pas toléré, contre espèces sonnantes, la contrebande anglaise et comploté contre son frère avec Fouché ? La Hollande annexée était divisée en neuf départements. Les préfets d'Empire étaient nommés à Brême, Hambourg, Lübeck, dans l'Oldenbourg, et les côtes de Westphalie. En multipliant les départements français, Napoléon voulait faire dépendre la surveillance des côtes et des ports de l'administration directe de ses préfets. Il voulait, plus que jamais, faire appliquer strictement le blocus.

Dans le même esprit, il annexait le Valais et donnait le Tessin à l'Italie, pour empêcher la contrebande par la Suisse. Les États pontificaux devenaient à leur tour des départements en mai 1809. De par l'Europe, il y avait ainsi cent trente départements comptant quarante-trois millions de « Français ». Le divorce de l'Empereur, son mariage avec Marie-Louise, fille de François d'Autriche, la naissance du roi de Rome, tout semblait désigner Napoléon comme le successeur de Charlemagne. Mais cette puissance n'était qu'une apparence tant que Napoléon n'était pas venu à bout de l'Angleterre.

Le démantèlement de l'Empire, 1812-1814.

L'IMMENSE PLAINE RUSSE.

En deux ans, le « grand Empire » devait cesser d'exister. Il serait finalement combattu, puis abattu par la conjonction de l'Angleterre, maîtresse des mers, et des mouvements des nationalités en Europe. Le blocus continental était de plus en plus difficile à faire observer. Il aurait fallu pouvoir garder en permanence des milliers de kilomètres de côtes. Les Anglais profitaient astucieusement de toutes les brèches, pour y vendre leurs marchandises. Les peuples marchands de la Baltique étaient fort opposés aux mesures françaises, aggravées encore par les décrets de Trianon et de Fontainebleau, qui organisaient une véritable inquisition contre les contrebandiers. Ceux-ci risquaient d'être marqués au fer rouge, comme sous l'Ancien Régime...

Les nationalités constituées par Napoléon trouvaient de plus en plus pesant le joug de l'administration française. En octobre 1809, un étudiant allemand avait tenté d'assassiner l'Empereur. Le *Discours à la nation allemande* de Fichte était lu partout dans les cercles éclairés, mais surtout dans la Prusse des réformateurs, qui prenait ainsi, déjà, la tête du mouvement national allemand. L'Espagne restait en état de rébellion. Les Anglais avaient débarqué au Portugal de bonnes troupes, commandées par le général Wellesley, le futur Wellington. Masséna n'avait pu dominer Wellesley, qui avait gagné la bataille de Torres Vedras.

Les Russes eux-mêmes souffraient du blocus, et s'en indignaient. On condamnait en Russie le « réalisme » du tsar, allié saugrenu de Napoléon. La prétendue alliance française n'avait pas rapporté assez. On ne pouvait renoncer au fructueux commerce des blés et des bois pour un morceau de Pologne.

En Suède, Bernadotte, ancien révolutionnaire et général de Napoléon, venait d'être couronné roi. Il y avait risque que les Français n'aient des ambitions sur le grand commerce de la Baltique. Les Russes, à tous égards, étaient inquiets.

Le tsar n'avait pas d'intérêt au blocus. Il ne pouvait plus importer les produits coloniaux. Ses grands seigneurs étaient gênés dans leurs exportations vers l'Angleterre. En 1810 soudain, sans avertir Napoléon, le tsar prit la décision d'ouvrir le port de Riga aux navires des neutres. La mesure eut des effets immédiats. Les produits français furent frappés de lourdes taxes, des tonnes de marchandises anglaises envahirent la Russie.

Napoléon comprit que le vent avait tourné vers l'Est : à l'évidence, le tsar se préparait à une nouvelle guerre. Il devait lui-même faire face. Il obtint de la Prusse le droit de passage pour son armée. La Prusse promit son alliance, comme l'Autriche : après tout, la Grande Armée, l' « armée des nations », comptait 300 000 Français et 350 000 étrangers : ce n'était pas une force à négliger. Plus de vingt nationalités étaient représentées dans les bataillons qui s'enfonçaient vers l'Est : des Allemands en grand nombre, des Polonais, des Italiens, des Hollandais, des Suisses...

Le 24 juin 1812, les frontières de la Russie furent franchies : il était trop tard. L'hiver russe n'était pas loin. Napoléon ne disposait que de quelques semaines de temps clément. Avec de telles forces, il comptait sur une victoire rapide et définitive. La Grande Armée s'étirait vers Moscou, s'éloignant toujours davantage de ses approvisionnements. Les généraux russes reculaient, refusant le combat. Vilna tombait le 28 juin, Smolensk le 19 août.

A la Moscova, les Russes qui résistaient étaient battus mais parvenaient à faire retraite. 50 000 des leurs étaient tués, le 7 septembre : huit jours plus tard, Napoléon entrait dans Moscou. Le lendemain de son arrivée, un incendie allumé sur ordre du gouverneur détruisait la ville.

Napoléon s'attardait dans Moscou détruite. Quand il donnait enfin l'ordre de retraite, le 19 octobre, le tsar savait qu'il tenait sa victoire. Un grand élan d'enthousiasme rassemblait les Russes autour d'Alexandre Ier, mystiquement reconnu comme le sauveur de la sainte Russie. La Grande Armée faisait retraite sous la neige par — 35°. Sur son parcours, plus un village habité, plus de vivres, plus de munitions. L'armée russe harcelait l'arrière-garde et l'hiver décimait les bataillons; 20 000 hommes à peine se présentaient en ordre pour franchir la Bérézina. Ils passaient, grâce aux efforts des pontonniers du général Éblé.

L'EUROPE PERDUE.

Le 5 décembre, au plus dur de la retraite, Napoléon apprenait que Paris conspirait contre lui : le général Malet avait tenté de s'emparer du pouvoir. Il abandonnait la Russie comme jadis il avait quitté l'Égypte, en laissant son armée derrière lui. Murat était chargé de conduire en Allemagne les débris des bataillons. Pendant que Napoléon fonçait sur Paris à vive allure, la nouvelle du désastre de Russie avait envahi l'Europe. Partout les chancelleries s'activaient, soutenues dans leur zèle par l'or anglais. En Espagne, Wellesley avait occupé Madrid. L'Empire français chancelait.

Il était grand temps de participer à la curée. Frédéric-Guillaume de Prusse s'alliait au tsar et déclarait la guerre aux Français, cherchant la revanche attendue depuis Iéna, engageant dans la bataille un pays restauré, une armée décidée à vaincre. Dans toute l'Allemagne un puissant mouvement national dressait le peuple contre les Français.

Napoléon levait en grande hâte 250 000 conscrits. 300 000 jeunes de vingt ans étaient massés sur le Rhin. Ils ne connaissaient pas le métier des armes. L'armée manquait de chevaux et de canons. Dans cette improvisation s'engageait la campagne de 1813 : de l'autre côté du Rhin, Napoléon allait trouver toute l'Europe rassemblée.

Heureux à Lutzen et Bautzen contre les Prussiens, Napoléon enrôlait les Saxons. Il apprenait alors que l'Autriche et la Suède de Bernadotte lui déclaraient la guerre. Il avait entre-temps récupéré les débris de la Grande Armée. Il disposait de près de 400 000 hommes qu'il engagea à Leipzig dans la « bataille des nations », contre 470 000 Autrichiens, Prussiens et Suédois. Moreau et Bernadotte commandaient à l'ennemi contre Napoléon. Moreau fut tué à Dresde, le 27 août, par des balles françaises. La partie était bientôt perdue pour Napoléon, trahi par les Saxons. Il devait abandonner l'Allemagne, ouvrir la route du Rhin par la bataille de Hanau.

A Mayence, son armée était décimée par le typhus. Le temps des malheurs était venu. La Hollande s'était libérée en novembre, chassant les occupants. Elle avait rappelé le prince d'Orange. La Confédération helvétique s'était déclarée neutre. Murat avait dû regagner l'Italie envahie par les Autrichiens. Pour rester roi de Naples, il ouvrait son port aux Anglais, proposait son alliance à Vienne, trahissant Napoléon. En Espagne, Wellesley était vainqueur à Victoria. La retraite française se précipitait. Les Anglais avaient franchi la Bidassoa. Ferdinand VII était monté sur son trône. La France était réduite à l'hexagone, aux frontières de la Révolution.

LA CROISADE DE L'EUROPE DES TRONES.

La vieille Europe avait enfin sa revanche : elle pouvait en même temps venger Louis XVI et liquider Napoléon. Celui-ci déployait des trésors d'énergie et de génie militaire, avec les 80 000 conscrits de la « campagne de France ». Tous les souverains d'Europe avaient fait le serment, à Francfort, de ne pas renoncer tant que Napoléon serait sur le trône. C'est à lui qu'ils faisaient la guerre, non à la France.

En décembre 1813 Bernadotte fonçait sur la Belgique, Blücher le Prussien et l'Autrichien Schwarzenberg gagnaient la vallée de la Seine. Napoléon battait Blücher à Champaubert, Montmirail, Château-Thierry, Vauchamps. Il arrêtait l'Autrichien à Montereau. Le 1er mars 1814 les Russes, les Anglais, les Autrichiens et les Prussiens faisaient serment de ne pas conclure de paix séparée : c'était le *pacte de Chaumont*. Le 29 mars, les Alliés étaient aux portes de Paris. Marmont défendait la capitale avec 40 000 hommes. Le 30, Blücher prenait Montmartre, bombardait la ville. On décida de capituler. Les Alliés firent leur entrée dans Paris le 31.

A cette date Lyon était occupée, Wellesley était à Toulouse, Bordeaux se soulevait contre l'Empire. Napoléon apprenait à Juvisy la capitulation de Marmont.

Dès lors la trahison devint la loi générale : les maréchaux refusèrent partout le combat, persuadant l'Empereur de renoncer... Celui-ci dut capituler sans condition, le 6 avril.

Par le traité de Fontainebleau (11 avril) il gardait le titre d'Empereur, mais ne régnait plus qu'à l'île d'Elbe. Depuis le 6 avril le Sénat de l'Empire avait proclamé Louis XVIII roi des Français. La continuité était assurée : par le traité de Paris (30 mai) la France gardait ses frontières de 1792 avec une partie de la Savoie, le comtat Venaissin, Mulhouse et Montbéliard, Landau et Sarrelouis en Sarre, Philippeville et Mariembourg à la frontière belge. La France ne devait aucune indemnité de guerre et n'avait pas à subir d'occupation. Ainsi les Alliés avaient-ils tenu leur promesse : ils avaient fait la guerre à Napoléon « l'usurpateur », pas à la France.

LE SURSAUT TRICOLORE DES CENT-JOURS.

Il manquait à l'aventure napoléonienne, pour devenir légendaire, une glorieuse postface. Les « Cent-Jours » allaient la lui fournir. Les Bourbons étaient rentrés en France « dans les fourgons de l'étranger ». Les Alliés disaient qu'ils n'avaient fait la guerre qu'à l'Empereur. Il apparut soudain, avec la Restauration, que leur véritable ennemi n'était pas l'Empereur, mais la Révolution. La prodigieuse réaction qui suivit, dans les heures de son retour, l'arrivée aux affaires de Louis XVIII fit basculer la France entière, en un clin d'œil, du côté des trois couleurs. On oublia aussitôt les malheurs de l'Empire pour ne plus se souvenir que de sa gloire. On confondit, dans un même enthousiasme, la cocarde et la légion d'honneur, les couleurs de la Révolution et les drapeaux de la victoire. Toute la France révolutionnaire, qui était en même temps patriote, applaudit massivement, immédiatement, le retour de l'île d'Elbe.

Napoléon avait quitté son île le 26 février 1815 avec sept cents soldats. Moins d'un mois plus tard il était au palais des Tuileries. Le retour avait été triomphal. Seule la Vendée avait résisté, avec Bordeaux et Toulouse. Le congrès de Vienne, qui refaisait en dansant la carte de l'Europe, mit aussitôt « Buonaparte » en état d'excommunication. Le pacte de Chaumont fut reconstitué. On voulait cette fois l'abattre définitivement.

Le 12 mai, l'Europe entière déclarait la guerre à Napoléon. Le peuple français avait compris que la Révolution était en jeu dans la bataille, et qu'il n'y avait plus que l'Empereur pour la défendre. A Napoléon qui avait libéralisé l'Empire et nommé ministre le vieux Carnot, la France donna encore 300 000 soldats, dont l'enthousiasme était considérable. Wellington avait 100 000 combattants prêts, Blücher 125 000. Mais 600 000 soldats alliés attendaient d'entrer en campagne.

Napoléon devait faire vite : il fit marcher l'armée sur la Belgique, culbuta Blücher à Ligny, village situé près de Jemmapes, haut lieu révolutionnaire. Faisant poursuivre le Prussien par un général de cavalerie promu maréchal, Grouchy, il massa toutes ses troupes contre Wellington, retranché sur le plateau du mont Saint-Jean. La bataille du mont Saint-Jean, baptisée Waterloo par les Anglais, fut aveugle et héroïque. Napoléon fut constamment malheureux. Il ne put s'emparer des solides positions anglaises, et dut lutter sur son flanc droit contre Blücher qui avait échappé à la poursuite de Grouchy. Les prodiges d'héroïsme déployés par l'armée française ne pouvaient rien contre la détermination des Anglais et la foi nationale des soldats prussiens fanatisés par le vieux Blücher. De nouveau vaincu, Napoléon se retrouvait à Paris le 21 juin, prêt à lever une nouvelle armée. Fouché le persuada d'abdiquer en faveur de son fils, le 22 juin. Le deuxième traité de Paris donnait à la France ses frontières de 1790. La Sarre devenait prussienne, Landau bavaroise, les places fortes du Nord hollandaises. La France devait subir une occupation de cinq ans et payer 700 millions d'indemnité. Napoléon bientôt partait pour Sainte-Hélène. Les Bourbons rentraient, avec les cosaques. L'épopée se terminait par une humiliation.

TROISIÈME PARTIE

Le XIXe siècle

CHAPITRE 13

Trente ans de repli : 1815-1848

Le duel contre l'Angleterre était doublement perdu : non seulement
la France ne parvenait pas à maintenir son hégémonie sur la vieille
Europe, mais elle ne rattrapait pas l'avance industrielle de l'Angleterre :
trente ans de repli, mais cinquante ans de retard allaient mettre la
France à la remorque de sa rivale dans la conquête du monde, pendant
que la montée des nationalismes européens, qu'elle devait largement
contribuer à libérer, se ferait, sur le continent, contre elle.

Faute d'avoir pris à temps, vers 1750, le virage qui aurait pu lui
permettre de devenir une puissance maritime et commerciale à part
entière, la France, réduite à son hexagone, allait s'abîmer dans les
querelles intérieures, entre les partisans de l'Ancien Régime, et tous
ceux qui voulaient reprendre en compte l'idéal de la Révolution.

Le retour à l'hexagone.

LES VESTIGES DU PASSÉ.

Brusquement, en 1815, la France devait dresser son bilan :
après vingt-cinq ans de tourmente, que restait-il du passé récent, et
du passé ancien ? Comment les deux France, celle de l'Ancien
Régime, et celle de la Révolution, pourraient-elles vivre ensemble,
sur un espace restreint, et sous la surveillance sourcilleuse des
puissances ?

La France de 1815 était quasiment hexagonale. Elle ne possédait plus que des débris de son ancien Empire, qui avait fondu au XVIIIe siècle, et pratiquement disparu dans la succession des guerres de la Révolution et de l'Empire.

Du moins la fin de l'état de guerre permettait-elle de faire un bilan : le drapeau des Bourbons flottait sur les Comptoirs des Indes, sur les îlots de Saint-Pierre et Miquelon, où l'on pêchait la morue. Il y avait des colons français au Sénégal, en Guyane, en Martinique et en Guadeloupe et dans l'île « Bourbon » (la Réunion). Le commerce avec les îles pourrait reprendre. Il enrichissait toujours les armateurs, même si le congrès de Vienne avait interdit la traite des esclaves. Il ne serait jamais aussi florissant qu'au XVIIIe siècle.

Après Trafalgar, la marine de guerre n'avait pas été reconstituée. Elle n'existait pratiquement plus. La flotte de commerce était le dixième de la flotte anglaise. Les ports étaient ruinés par dix ans de blocus, vingt ans de guerre économique presque continuelle. La population de Marseille, ou de Bordeaux, avait diminué d'un tiers. Il ne fallait pas s'étonner que ces villes fussent royalistes : elles souhaitaient depuis longtemps la fin de la guerre anglaise.

La situation était à ce point désespérée que certains ultras recommandaient l'abandon pur et simple de la marine de guerre et des colonies, le retour à la terre, l'autarcie hexagonale. Seul ou presque, le baron Portal, ministre de la Marine et ancien armateur bordelais, luttait contre le courant défaitiste et maintenait à grand-peine des possibilités pour l'avenir.

La France se retrouvait, après les guerres, plus rurale que jamais : 75 % des Français vivaient à la campagne, et les anciens soldats avaient regagné leurs villages. Les familles consacraient en France 70 % de leurs ressources à l'alimentation et la moitié de ces dépenses à l'achat du pain, qui était la base de la nourriture. Le pays pouvait vivre presque entièrement des produits de son sol. La fortune rurale était entre les mains d'un petit nombre de gros propriétaires, et d'un grand nombre de tout petits propriétaires.

Le nouveau régime ne mettait pas en question la vente des biens nationaux, qui avait permis à la fortune rurale de changer d'assiette. Le clergé faisait les frais de cette reculade des Bourbons. Les nobles, qui s'étaient arrangés pour racheter leurs propres terres par l'intermédiaire d'hommes de paille, récupéraient une partie de leurs biens. Dans l'Ouest, par exemple, la propriété noble était intacte. Les terres étaient cultivées par des fermiers et des métayers. La noblesse française, à l'encontre de l'anglaise, pratiquait peu le « faire-valoir direct ».

La propriété bourgeoise s'était beaucoup développée dans les régions les plus riches du Nord et du Bassin parisien, autour des grandes villes notamment. Les serviteurs de l'Empire, qui souvent restaient en place sous la Restauration, avaient acquis d'immenses domaines : un Talleyrand était d'abord un grand propriétaire. Fouché, exilé comme régicide, avait acquis des biens d'Église, dans la Brie, qui portaient de riches récoltes. Il devait revendre son château de Ferrières au baron James de Rothschild.

Les banquiers parisiens avaient acheté de vastes propriétés. Laffitte possédait des milliers d'hectares dans la région parisienne. Les grands bourgeois faisaient cultiver intelligemment la terre, et s'efforçaient de réaliser une révolution agricole à l'anglaise. Ils plantaient des clôtures autour des champs, mécanisaient les cultures, faisaient disparaître les jachères. Ailleurs, les petits paysans essayaient d'arrondir leurs lopins, cependant que les riches fermiers, disposant de propriétés de moyenne importance, répandaient eux aussi les pratiques de l'agriculture spéculative, sur les terres nouvellement acquises. Les paysans, grands ou petits, ne défrichaient pas de nouvelles terres. Ils se contentaient d'exiger du gouvernement le maintien des prix par une politique douanière protectionniste. Ils firent voter par la Chambre, en 1819, la *loi de l'échelle mobile* qui élevait automatiquement les droits de douane quand les prix avaient tendance à baisser sur les marchés intérieurs. L'agriculture française s'engageait dans la voie de l'autarcie et de la protection.

LES BARONS DE L'USINE ET DE LA FINANCE.

Le climat général de l'économie était en France au malthusianisme : on redoutait les aventures financières, qui auraient livré la « société » à tous les périls. Le petit monde de la Restauration, bien décrit dans les romans de Balzac et de Stendhal, était une société de castes, extrêmement fermée. Les banquiers étaient de petits usuriers de province, ou des grands bourgeois parisiens, qui spéculaient sur la « rente » ou sur les placements de l'État. La noblesse du « faubourg Saint-Germain » n'aurait pour rien au monde accueilli dans ses salons les nobles d'Empire du « faubourg Saint-Honoré » et moins encore les banquiers nouveaux riches de la

« chaussée d'Antin ». Les *Nucingen* de Balzac s'appelaient en réalité Laffitte, Ternaux, James de Rothschild (établi en France depuis 1811). La « chaussée d'Antin » ignorait la petite et moyenne bourgeoisie des commerçants, installée dans le « Marais » ou dans le « faubourg Saint-Denis ».

Petits et grands bourgeois montraient la même prudence dans leurs affaires, la même peur de l'aventure spéculative. En l'absence d'un véritable marché financier, l'activité se bornait aux affaires déjà anciennes, la Bourse de Paris était étonnamment calme. Les banquiers se gardaient de risquer leurs capitaux dans les affaires industrielles, faute d'un débouché suffisant. Personne n'encourageait la production, ni les hommes d'affaires, qui craignaient la mévente, ni les pouvoirs publics, qui ne voulaient pas multiplier le nombre des ouvriers de fabriques. L'objectif était de produire peu, pour satisfaire, grâce à la protection douanière, des besoins nationaux limités. Dans ces conditions, le développement industriel était très faible. La mécanisation faisait des progrès raisonnables dans le textile, secteur le plus concentré. La filature de coton disposait de machines en grand nombre, le tissage beaucoup moins. La main-d'œuvre à domicile était encore fort employée. Un tiers du coton normand était filé à la main! Le textile ne connaîtrait les machines à vapeur qu'en 1825, chez les cotonniers d'Alsace principalement. En 1830 on comptait encore dix fois plus de métiers à bras que de métiers mécaniques dans le tissage du coton. Le retard sur l'industrie britannique était alors considérable. Le seul secteur qui fût vraiment en expansion était celui de la soierie lyonnaise : en dix ans, le nombre des métiers à tisser la soie avait été décuplé.

La sidérurgie ne faisait guère de progrès : elle restait très dispersée. On traitait encore le fer au charbon de bois, dans des entreprises familiales. Les forges, dans les régions forestières, fonctionnaient naturellement au bois. La fonte au coke, qui exigeait des concentrations de main-d'œuvre et de capitaux, ainsi qu'une organisation du transport des matériaux pondéreux, était l'exception. Quelques centres métallurgiques se développaient néanmoins, près des mines de charbon : Le Creusot, Decazeville, Thionville. L'industrie chimique, l'industrie alimentaire étaient en progrès, mais dépendaient terriblement de la conjoncture. Sans la protection douanière, elles n'auraient pas pu subsister.

L'amélioration des routes, la construction des canaux servaient, dans une optique résolument hexagonale, l'essor du commerce intérieur. Le canal de Bourgogne, le canal du Nivernais, le canal du Rhône au Rhin, celui de la Marne au Rhin, le canal de Berri entraient en activité à cette époque. Ils serviraient, vingt ans plus tard, la révolution industrielle. Avant 1830, ils contribuaient seulement à l'amélioration des échanges intérieurs. En 1830, la France n'avait construit que trente kilomètres de voies ferrées : à l'exemple de Napoléon, les Français ne croyaient pas aux chemins de fer.

LA « SOCIÉTÉ » ET LES « CLASSES SOUFFRANTES ».

Le malthusianisme délibéré des dirigeants économiques et politiques n'avait pour avantage que la stabilité des prix. Mais il avait pour conséquence de soumettre étroitement l'économie aux caprices de la conjoncture agricole. Que surviennent les mauvaises récoltes, l'industrie fermait ses portes, le commerce était ruiné, les chômeurs devenaient vite des indigents. Rien n'était fait pour permettre la promotion sociale, et moins encore pour l'assistance.

Les paysans, très souvent illettrés, constituaient une masse immobile, sans velléité de révolte. Ils se souvenaient de la terreur et des « grandes peurs » au temps de la République. S'ils n'aimaient généralement pas les Bourbons, s'ils vouaient un culte grandissant à la mémoire de Napoléon, ils n'avaient pas confiance dans les républicains. Les ouvriers, que l'on appelait dans les salons les « classes dangereuses », étaient le plus souvent dispersés en petits ateliers mais constituaient dans certaines régions des concentrations importantes : ils étaient plus de 400 000 dans le département du Nord. A Lyon, à Mulhouse, à Paris, ils étaient déjà fort nombreux et formaient entre eux des associations clandestines, interdites par la loi Le Chapelier toujours en vigueur.

La baisse des salaires, l'insécurité de l'emploi, les conditions effroyables de travail et de logement maintenaient la classe ouvrière dans un état dangereux d'apathie et d'immobilité. Peu d'ouvriers étaient reconnus aptes pour le service militaire. Leurs conditions de vie et de travail ruinaient vite leur santé. Ils commençaient, tout jeunes, à travailler en fabrique, avec leurs mères. Sur la misère de ces « classes souffrantes », bien peu de responsables se penchaient sérieusement. Elle leur semblait dans l'ordre des choses. Mais déjà quelques-uns réfléchissaient sur les raisons profondes de cette misère, et sur les moyens de lui porter remède.

Quelques intellectuels, pour la plupart autodidactes, posaient en termes économiques ou sociaux le problème de la misère et de l'exploitation. Pour Sismondi, la machine était responsable de tout. Favoriser la concentration industrielle était une erreur et une faute. Tel n'était pas l'avis du comte Henri de Saint-Simon : il ne fallait pas maudire l'industrie, elle était capable de transformer le monde et d'améliorer rapidement les conditions de vie sur la planète, pourvu qu'on la laissât faire.

Mais les puissances de la société contenaient l'expansion des machines, au lieu de l'encourager. Il fallait faire sauter ces obstacles au développement, donner le pouvoir de décision aux « capacités », les ingénieurs et les banquiers, et non aux notabilités inefficaces, les généraux, les préfets, les évêques... La « parabole » de Saint-Simon, qui fit grand bruit, supposait l'anéantissement en une nuit des dirigeants parasites, aussitôt remplacés par de nouveaux dirigeants, ceux que l'on devait appeler, plus tard, les « barons de l'usine et du rail ».

« La prospérité de la France, concluait bruyamment Saint-Simon, ne peut avoir lieu que par l'effet et en résultat des progrès des sciences, des beaux-arts et des arts et métiers... la société actuelle est véritablement le monde renversé. »

Mettre au pouvoir les « capacités », cela supposait la destruction de l'ordre ancien, naturellement malthusien, et le départ vers l'aventure industrielle. Un autre écrivain, Charles Fourier, dénonçait les méfaits de l'organisation commerciale. Pour cet ancien employé de commerce, le remède aux maux de la société n'était pas dans l'organisation de la production, comme le soutenaient les saint-simoniens, mais dans la réforme de la consommation. Il rêvait de créer des « phalanstères » où les hommes vivraient en communautés harmonieuses, recevant des biens selon leurs besoins.

Cette pensée sociale n'avait encore que très peu d'échos dans la classe ouvrière, mais elle se répandait dans le monde des écrivains et des journalistes, toujours à l'affût des idées nouvelles. La seule contestation du régime d'ordre de la Restauration venait de la littérature ou des milieux scientifiques de l'École normale ou de l'École polytechnique. La France avait alors des savants de premier plan, républicains de cœur. Le géomètre de Nancy, dans *Lucien Leuwen*, est républicain, tout comme le jeune Lucien, polytechnicien et lieutenant aux lanciers, fils d'un riche banquier parisien. Ils étaient aussi républicains les Cauchy, les Évariste Galois, découvreurs de l'algèbre, les Fresnel, fondateur de l'optique, et les Carnot, initiateur de la thermo-dynamique. Chevreul le chimiste, Augustin Thierry et Guizot, les historiens, étaient à tout le moins des « libéraux », comme tous les philosophes de la Sorbonne.

Dans la littérature, les sentiments étaient plus partagés. Les premiers romantiques, comme Chateaubriand, Vigny, Hugo jeune et Balzac étaient des monarchistes et même des légitimistes. Mais bientôt Musset, Stendhal, Lamartine, George Sand et le Hugo de l'époque d'*Hernani* provoqueraient dans la « République des Lettres » une sorte de mouvement tourbillonnaire annonciateur de l'explosion de la vieille machine royaliste. Le monde des lettres ne pouvait rester longtemps indifférent à la survivance anachronique d'une société de tradition et d'oppression, au moment où la révolution industrielle, avec toutes ses conséquences sociales et humaines, ne pouvait manquer d'exploser, comme la marmite de Papin, sous les lorgnons des aristocrates en perruque du vieux continent.

Louis XVIII et le régime du drapeau blanc.

LA RÉACTION POLITIQUE.

La Restauration se voulait un régime de réaction, au sens où, comme disait Charles Maurras, dans réaction, il y a d'abord « action ». Pour les « ultras », penseurs intransigeants comme de Maistre ou de Bonald, émigrés rentrés en France dans la suite des Bourbons, avides de retrouver leurs privilèges et leurs biens, religieux de la « Congrégation » considérant la France issue de la Révolution comme une terre de mission, il s'agissait de « restaurer », avec les concessions de forme inscrites dans la « Charte », la France de l'Ancien Régime, une « théocratie » faisant du « trône et de l'autel » les pièces fondamentales de la construction sociale, en un mot de nier et d'anéantir la société civile issue de la Révolution et du Code Napoléon.

Les Français de 1815 n'étaient donc nullement désireux de vivre en paix dans l'hexagone, et de s'entendre en famille. Ceux du drapeau blanc, les *ultras*, voulaient dominer et réduire ceux de la cocarde tricolore : les deux France s'affrontaient.

Quelle que fût sa modération, le roi Louis XVIII, qui était intelligent et fin, ne pouvait manquer de donner des satisfactions à l'idéologie dominante des ultras. La France exsangue de 1815 était prête à toutes les concessions. La restauration manquée de 1814 serait suivie d'une restauration réussie. Le sexagénaire malaisément assis sur son trône laissait s'accomplir la « terreur blanche » dans le Midi et dans l'Ouest. On tuait des républicains à Marseille, des protestants à Nîmes. Le général Brune était fusillé à Avignon, La Bédoyère et Ney à Paris, Constantin Faucher à Bordeaux. Fouché et Talleyrand avaient été éliminés du pouvoir et la Chambre élue sur les principes affirmés dans la *Charte constitutionnelle* comptait 350 ultras sur 402 députés. Les ultras ou « pointus » de la « Chambre introuvable » demanderaient, aussitôt élus, avec La Bourdonnais, « des fers, des bourreaux, des supplices » pour tous les ennemis de l'Ancien Régime.

Louis XVIII était trop fin politique pour laisser trop longtemps libre cours à la vengeance. Il ne voulait pas dissocier les deux France : la Charte avait affirmé, en 1814, son intention de maintenir, dans ses grandes masses, la société issue de 1789. La Charte promettait de respecter les libertés publiques et ne remettait pas en cause l'acquisition des biens nationaux. Le roi disposait du pouvoir exécutif et de l'initiative des lois ; à côté de la *Chambre des pairs*, composée de membres nommés par le roi et siégeant à vie ou à titre héréditaire, la *Chambre des députés*, élue pour cinq ans, devait voter les lois et les impôts ; les élections, censitaires, portaient aux urnes les seuls citoyens pourvus d'une feuille d'impôts directs d'au moins trois cents francs. Il fallait payer mille francs d'impôts pour être éligible. Voilà qui écartait des fauteuils de députés les représentants des « classes dangereuses »!

La sagesse politique de Louis XVIII, qui avait « octroyé » la Charte, « à la dix-neuvième année de son règne », avait été de donner à la bourgeoisie la possibilité, grâce à la Chambre des députés, de participer au pouvoir. Mais l'imprécision volontaire du mode de scrutin, des circonscriptions électorales, permettait en réalité à un ministre de l'Intérieur habile de fabriquer, s'il en était besoin, une chambre à sa convenance. Autre imprécision de la Charte, le régime de la presse : le principe de la liberté d'expression était affirmé, mais le règlement d'exercice de ce principe n'existait pas. Le roi saurait admirablement jouer des imprécisions de son texte. L'essentiel n'était-il pas pour lui de réconcilier les Français ?

« Le vœu le plus cher à notre cœur, disait le roi, c'est que tous les Français vivent en frères et que jamais aucun souvenir amer ne trouble la sécurité qui doit suivre l'acte solennel que nous leur accordons aujourd'hui. »

LOUIS XVIII RÉSISTE AUX ULTRAS.

En dépit des intentions d'apaisement manifestées par le roi, les ultras demandaient immédiatement toute la place, et toutes les places. On créait, pour eux, six cents postes de généraux, et les officiers de l'armée impériale étaient congédiés, placés en « demi-solde ». L'Église rétablissait abusivement son autorité, refusant, dans certains cas, de donner l'absolution aux acquéreurs de biens nationaux, rétablissant les processions publiques, les ordres réguliers.

Les ultras n'avaient de cesse qu'ils n'aient tout détruit de l'œuvre de la Révolution et de l'Empire. Ils demandaient au duc de Richelieu, Premier ministre du roi, la suppression du Concordat de Bonaparte, l'abandon du monopole de l'Université. Prudent, Richelieu n'accordait à l'Église qu'une seule satisfaction : la suppression du divorce.

Pour s'assurer du pouvoir, et faire tourner à leur profit ces institutions libérales dont ils déploraient la création, les ultras voulaient abaisser le cens électoral pour donner l'accès des urnes aux paysans plus faciles à manœuvrer que les bourgeois. Richelieu tint bon : la Chambre fut dissoute en septembre 1816. Les élections nouvelles envoyaient à Paris une majorité gouvernementale, les « pointus » étaient battus. Ils voulaient aller trop vite. Le pays ne les avait pas suivis.

La loi électorale aussitôt votée par la nouvelle Chambre stipulait que les élections se feraient au chef-lieu du département et non, comme le voulaient les ultras, au chef-lieu d'arrondissement. C'était avantager la bourgeoisie urbaine, aux dépens des masses rurales. Les bourgeois eurent d'ailleurs d'autres sujets de satis-

faction : la loi Gouvion-Saint-Cyr votée en 1818 permettait à leurs
enfants, après le tirage au sort, de se faire remplacer au service militaire. Pour les officiers, l'ancienneté devenait le principe de l'avancement. La noblesse ne retrouvait pas ses privilèges de commandement. L'armée restait « nationale ».

Les bourgeois gallicans l'emportaient enfin sur les ultras en
matière de religion : l'échec du nouveau Concordat incitait le roi à
reconduire celui de Bonaparte assorti des *articles organiques*. Le
pape ne disposerait sur l'Église de France que d'une influence très
mesurée. Le parti de la « Congrégation » avait échoué.

Le ministère Richelieu faisait encore voter une loi libérale sur la
presse, et délivrait le territoire occupé en payant par anticipation
les deux dernières années d'indemnité de guerre. Quand Richelieu
quittait le pouvoir, à la fin de 1818, la France était de nouveau
admise, sur pied d'égalité, dans le concert des puissances. La honte
de 1815 semblait oubliée. Les Alliés faisaient confiance au gouvernement « raisonnable » de Louis XVIII.

Mais si le roi était raisonnable, les Français ne l'étaient pas. Ils
interprétaient les concessions libérales comme un signe de faiblesse
et l'opposition bourgeoise devait se déchaîner. Pourtant le gouvernement du général Dessolles, avec Decazes, Gouvion-Saint-Cyr,
Portal et le baron Louis, était sage et équilibré. Plus tard Decazes,
cet ancien juge d'Empire qui jouissait de la confiance totale du roi,
devait faire un gouvernement à sa manière, très tolérant.

La bourgeoisie était impatiente de faire, comme en Angleterre,
la conquête du pouvoir, et de chasser de la Cour les « pointus »
en mal de revanche. Parmi les « libéraux », les républicains étaient
une minorité. La bourgeoisie s'accommodait fort bien de la monarchie constitutionnelle. Avec Benjamin Constant, elle avait les intellectuels de son côté. La Fayette, rescapé de la Révolution, lui servait
de symbole. Les jeunes bourgeois écoutaient les chansons irrévéren-
cieuses de Béranger, ils lisaient les pamphlets voltairiens de Paul-
Louis Courier, ils allaient à la Chambre pour applaudir l'éloquent
député Manuel. Ils lisaient *Le Constitutionnel*, journal d'opposition.
Ils accueillaient, non sans réserves, les républicains et les bonapartistes qui rejoignaient leurs rangs par haine des Bourbons et des
prêtres.

Les libéraux étaient à la mode. Ils avaient pour eux la faveur de la
jeunesse, l'engouement des talents, le souvenir aussi peut-être des
temps de gloire et de liberté. Ils eurent vingt-cinq élus en 1817.
Ce n'était pas un raz de marée. C'était, pour les « pointus », un résul-

tat inquiétant. En 1818, avec le banquier Laffitte et l'industriel Casimir Périer à leur tête, les libéraux étaient quarante-cinq! La Fayette, Benjamin Constant et Manuel étaient au nombre des élus. En 1819, ils étaient quatre-vingt-dix, avec l'abbé Grégoire, ancien conventionnel, élu dans l'Isère... Et les sociétés secrètes, en majorité républicaines comme la Charbonnerie ou l'Union, commençaient à faire parler d'elles. Le 13 février 1820 un illuminé, Louvel, poignardait le duc de Berry. C'était l'occasion tant attendue par les ultras. Decazes démissionnait aussitôt : « Le pied lui a glissé dans le sang », disait Chateaubriand.

LES ULTRAS AU POUVOIR.

Inquiet, Louis XVIII rappelait le duc de Richelieu. Mais celui-ci ne pouvait contenir la formidable poussée des ultras. Il fallut bien faire voter les mesures d'exception qu'ils proposaient.

Par la loi de mars 1820, n'importe quel prévenu pourrait être détenu pendant trois mois sans être déféré devant un tribunal, sous l'inculpation d'atteinte à la sûreté de l'État. La censure de la presse était renforcée. Une loi électorale avantageait scandaleusement les habitants des campagnes. Les électeurs les plus riches votaient deux fois pour la désignation des députés.

Dans ces conditions, la Chambre élue en novembre 1820 ne pouvait être que réactionnaire. Elle l'était plus encore aux élections d'octobre 1821 : Richelieu, qui avait du bon sens, préférait démissionner devant le raz de marée ultra. Le comte de Villèle, célèbre « pointu » toulousain, était nommé Premier ministre, conformément aux vœux de la Chambre. Il avait pris Chateaubriand comme ministre des Affaires étrangères.

Le premier soin de Villèle fut de s'assurer d'une majorité électorale indiscutable. La Chambre « retrouvée » de 1824 dépassait ses espérances. Le ministre de l'Intérieur Corbière avait bien fait les choses. Il n'y avait plus que quinze libéraux, parmi lesquels d'illustres survivants : Périer, Constant, Royer-Collard. Après ce triomphe, Villèle fit voter une loi fixant à sept ans la durée de la législature.

Il put ainsi se livrer à la répression : la police recherchaient activement les membres des sociétés secrètes. Les « complots » furent partout découragés : le colonel Caron à Colmar, les quatre sergents

de La Rochelle, exécutés spectaculairement, ces « exemples »
devaient frapper l'opinion.

Mais il fallait aussi attaquer le mal à sa racine, extirper l'incroyance
de la société civile : le grand maître de l'université, monseigneur de
Frayssinous, mettait la main sur les universités et grandes écoles,
organisant lui-même la répression. L'École normale supérieure
était fermée, le cours d'histoire de Guizot était suspendu, 11 professeurs de médecine étaient rayés des cadres. Les Facultés de Droit
étaient soigneusement surveillées, certains professeurs renvoyés.
On nommait à la tête des lycées et collèges des proviseurs ecclésiastiques. On multipliait les créations d'écoles religieuses. Les instituteurs eux-mêmes devaient présenter des certificats de bonne
conduite signés par les curés. Après la terreur blanche, c'était la
« terreur noire ».

L'état religieux devenait plus attrayant, pour les ambitieux, que
l'état militaire : dans *Le Rouge et le Noir*, de Stendhal, le jeune
Julien Sorel choisissait finalement, pour faire carrière, le séminaire
du rude abbé Pirard. Il est vrai que le métier des armes n'avait plus
grand prestige, en dépit de l'expédition espagnole lancée par
Louis XVIII dans le but de redorer le drapeau blanc. Le roi Ferdinand VII avait demandé, contre les libéraux d'Espagne, l'aide
de la « Sainte Alliance ». Louis XVIII, à la demande des Alliés, avait
envoyé le duc d'Angoulême, qui l'avait emporté facilement à la
bataille du Trocadéro. Chateaubriand se flattait comiquement de
« réussir là où Bonaparte avait échoué ». Il était bien le seul qui
évoquât cette « victoire » sans rire. Le 16 septembre 1824, quand
Louis XVIII mourut, l'opinion publique avait le sentiment que la
France était oubliée en Europe, et la monarchie en France.

Le roi-évêque et les « trois Glorieuses ».

LA « RECONQUÊTE ».

Le nouveau roi, Charles X, comte d'Artois, était un autre frère
de Louis XVI. Père des ducs d'Angoulême et de Berry, il avait
passé une partie de sa vie à l'étranger comme émigré, et il était

devenu pendant le règne de Louis XVIII le chef du parti ultra ou
« pointu ». Il avait, au pavillon de Marsan où il résidait, une cour
assidue de royalistes intransigeants. La monarchie constitutionnelle lui faisait horreur. Quand il prit le pouvoir, il fut aussitôt
entouré par sa camarilla réactionnaire :

> « Plutôt scier du bois, disait-il, que de régner à la façon
> d'un roi d'Angleterre. »

Pour impressionner les foules et marquer spectaculairement le
retour à l'Ancien Régime, il avait tenu à se faire sacrer en grande
pompe à Reims. Le costume du sacre était violet. Le bruit courut,
ches les Parisiens qui avaient perdu l'habitude de ces cérémonies,
que le roi s'était fait sacrer « habillé en évêque ». Béranger fit aussitôt une chanson : « Le sacre de Charles le Simple. »

> « Chamarré de vieux oripeaux — Ce roi, grand avaleur
> d'impôts — marche, entouré de fidèles... »

Les premières mesures du règne devaient aussitôt indigner
l'opinion libérale. En avril 1825 la loi dite du sacrilège prévoyait la
peine de mort pour la profanation des hosties consacrées et, pour
le vol des objets religieux, les travaux forcés à perpétuité. Le roi
pouvait, selon son bon plaisir, ordonner la création de communautés
ecclésiastiques. Enfin la loi dite « du milliard des émigrés » indemni-
sait grassement certaines victimes des expropriations révolutionnaires. Un émigré devait toucher vingt fois le revenu qu'il avait
perçu sur ses biens avant 1789.

Les ultras, grâce à l'appui total du roi, essayaient de reconquérir
la société civile. En 1826, ils tentaient de rétablir le « droit d'aî-
nesse » pour les familles les plus riches. La loi « de justice et
d'amour », d'avril 1827, frappait l'ensemble de la presse de taxes
énormes, rendant pratiquement les journaux inexploitables. Ces
deux lois furent repoussées par la Chambre des pairs indignée.
Même la « garde nationale », composée de bourgeois attachés à la
monarchie, manifestait sa mauvaise humeur. Le roi dut la dissoudre.

Les excès de la réaction servaient les intérêts des libéraux, qui
eurent bientôt les sympathies de l'opinion publique. La mort du
député Manuel, en 1827, donnait lieu à une manifestation imposante, dangereuse pour le pouvoir. Même Chateaubriand avait
rejoint l'opposition. Villèle perdait les élections de novembre 1827.
Par 250 sièges contre 200, les libéraux l'emportaient.

Il fallut bien changer de gouvernement, et renvoyer Villèle :
en dépit de sa répugnance, le roi appela le libéral Martignac aux
affaires. Charles X était surtout humilié par ce qu'il devait, en
somme comme son collègue britannique, changer d'équipe gouvernementale quand les élections modifiaient la tendance à la Chambre.
Un régime parlementaire s'installait sournoisement par ce biais.
Martignac redonnait à la presse une certaine liberté, et prenait des
mesures destinées à satisfaire les bourgeois anticléricaux : il interdisait aux jésuites d'ouvrir de nouveaux établissements d'enseignement. Il limitait l'effectif des élèves dans les petits séminaires. Ces
brimades provoquaient de vives réactions à droite, sans vraiment
rallier les libéraux : ils voulaient bien autre chose que des coups
d'épingle contre la Congrégation! Mais Martignac avait seulement
pour but de détendre l'atmosphère, de créer un nouveau climat.

Il ne put rester longtemps au pouvoir. En secret, Charles X méditait sa perte. En août 1829, sans raison apparente, il saisit un prétexte pour se débarrasser de Martignac, et pour faire appel à un
réactionnaire bien vu de la camarilla du pavillon de Marsan, Polignac. Ancien émigré qui avait vieilli dans les prisons de l'Empire,
Polignac recrutait, pour le ministère de l'Intérieur, le célèbre La
Bourdonnais, qui demandait des « supplices pour les ennemis de la
religion ». Son ministre de la Guerre était le général de Bourmont
qui avait trahi devant l'ennemi à Waterloo... Pour l'opinion « patriote », le ministère était une provocation. Jamais les « fleurs de
lys » du « drapeau blanc » n'avaient paru aussi insupportables. Le
Journal des Débats, très représentatif de l'opinion libérale bourgeoise, accueillait Polignac avec des insultes, dans un article paru
le 14 août 1829.

> « Coblence, Waterloo, 1815, voilà les trois principes, voilà
> les trois personnages du ministère. Tournez-le de quelque côté
> que vous voudrez, de tous les côtés il effraie, de tous les côtés
> il irrite... pressez, tordez ce ministère, il ne dégoutte qu'humi-
> liations, malheurs et dangers. »

L'OPPOSITION LIBÉRALE ET LES ORDONNANCES.

Toute la presse libérale entrait bientôt en campagne : *Le National*
fulminait, *Le Globe* et *La Tribune* raillaient, *Le Constitutionnel* s'indi-

gnait. Les bourgeois multipliaient des « ligues pour le refus de l'impôt ». L'agitation se développait dans tout le pays, où des pamphlets très hostiles au régime circulaient presque librement. La Chambre envoyait au roi une « adresse » signée de 221 députés, où elle affirmait devoir prendre en main les intérêts du pays, indigné par les menées du gouvernement Polignac.

> « La Chambre, avaient écrit Royer-Collard et ses amis, fait du concours permanent des vues politiques du gouvernement avec les vœux de votre peuple la condition indispensable de la marche régulière des affaires publiques. »

C'était, en clair, demander l'instauration — ou l'acceptation — d'un régime parlementaire en lieu et place de l'Ancien Régime que Charles X et sa camarilla prétendaient restaurer. Pour Royer-Collard, un gouvernement qui ne serait pas conforme aux vœux de la majorité de la Chambre n'avait qu'à s'en aller. L'adresse des 221 était une revendication officielle en faveur de l'instauration d'un régime parlementaire en France.

Le roi repoussait sèchement cette revendication : « Mes résolutions sont immuables », répondait-il à Royer-Collard. Il suspendait la Chambre indocile, et prévoyait des nouvelles élections pour la fin du mois de juin. Polignac venait de lancer une opération heureuse en Algérie. Il attendait beaucoup du prestige retrouvé.

Les « Ordonnances » signées par Charles X le 25 juillet 1830 devaient corriger l'effet fâcheux des élections de juin, qui avaient été largement favorables à l'opposition. Contre le parlementarisme bourgeois, le roi s'était décidé finalement pour le coup de force. Sa première Ordonnance muselait la presse, la seconde dissolvait la Chambre. La loi électorale était modifiée par la troisième : seuls désormais les propriétaires fonciers avaient le droit de vote. La « patente » des commerçants ne comptait plus dans le calcul du « cens ». La quatrième Ordonnance fixait à septembre la date des prochaines élections. Les Ordonnances avaient été rendues publiques le 26 juillet. Un témoin a laissé la relation du Conseil des ministres du 25 juillet à Saint-Cloud, où les responsables s'étaient décidés en toute connaissance de cause : ils savaient que Paris risquait de se soulever :

> « Avant de signer, a dit Guernon-Ranville, un des ministres, le roi a paru absorbé par une profonde réflexion ; il s'est tenu

pendant plusieurs minutes la tête appuyée sur sa main, et la plume à deux pouces du papier ; puis il a dit : " Plus j'y pense et plus je demeure convaincu qu'il est impossible de faire autrement. " »

LES « GLORIEUSES ».

Les journalistes du *National*, Thiers et Armand Carrel, avaient aussitôt pris la tête de l'opposition. « Le gouvernement a violé la légalité, disait la pétition du *National*, nous sommes dispensés d'obéir. » C'était annoncer l'insurrection. Les ouvriers imprimeurs, les étudiants, les journalistes se répandaient dans les rues en criant « vive la Charte! ». Dans la nuit du 27 au 28, sous la direction de Godefroy Cavaignac et des jeunes élèves de l'École polytechnique, des barricades surgissaient dans les rues. Le 28, tout l'est de Paris était gagné à la Révolution. On hissait le drapeau tricolore sur les tours de Notre-Dame.

Marmont, duc de Raguse, commandait les 8 000 hommes de l'armée royale. 2 500 de ces soldats devaient être tués sans résultats le 28. Le 29, les révolutionnaires prenaient l'avantage, occupant le Louvre et les Tuileries. Des bandes d'enfants ivres de joie parcouraient les rues. Le duc de Broglie, qui marchait dans le faubourg Saint-Honoré, a vu ces gavroches à l'œuvre. Ils étaient déchaînés :

> « A la hauteur de l'ambassade d'Angleterre, raconte-t-il dans ses *Souvenirs*, un jeune garçon de quatorze à quinze ans, armé d'un fusil de munition qu'il pouvait à peine soulever, vint se placer au beau milieu de la rue, en face de la compagnie (de la garde royale), à dix pas environ du capitaine, le coucha en joue, le tira en plein corps et le manqua, involontairement selon toute apparence, puis, n'ayant ni giberne ni cartouche, posa son fusil sur le pavé et regarda fièrement la compagnie, qui fit sur lui un feu de peloton, et le manqua volontairement selon toute apparence, puis il se retira au petit pas, en riant, et le capitaine, en riant, fit signe aux soldats de reprendre leur marche. »

Dans le quartier de la Bastille, de l'Arsenal, on tuait sur les barricades. Quand le peuple de Paris fut enfin maître de la rue, il y eut un moment d'hésitation : il n'y avait pas de meneurs dans le mouvement populaire, tout s'était fait spontanément. Il est vrai que, chez le banquier Laffitte, les libéraux s'étaient réunis. Ils devaient reprendre en main l'insurrection trop tôt victorieuse. Allait-on laisser le peuple proclamer la République?

Une « commission municipale » de cinq membres fut rapidement constituée. Le duc d'Orléans était à Neuilly, attendant son heure. Le 30, un nouveau manifeste du *National* plaidait sa cause :

> « Le duc d'Orléans était à Jemmapes, le duc d'Orléans a porté au feu les couleurs tricolores. Le duc d'Orléans peut seul les porter encore » (et le « manifeste » concluait :) « C'est du peuple français qu'il tiendra la couronne. »

Tout était en place pour la comédie bourgeoise : le 30, les députés libéraux réunis à la Chambre nommaient le duc d'Orléans lieutenant général du Royaume. Le soir même, il faisait son entrée dans Paris. Les députés l'entraînaient aussitôt à l'Hôtel de Ville où les ouvriers tentaient maladroitement d'instaurer un régime républicain. Le duc se montrait au balcon avec La Fayette brandissant le drapeau tricolore. La République était, selon le mot de l'époque, « escamotée ».

Charles X, réfugié à Saint-Cloud après la prise des Tuileries, devait abdiquer le 2 août en faveur du duc de Bordeaux, Henri V. Il désignait comme régent le duc d'Orléans. Mais le fils de Philippe Égalité ne voulait en rien tenir sa couronne de l'ancien roi. 20 000 soldats étaient envoyés par Paris pour le contraindre à s'exiler : il gagnait aussitôt l'Angleterre. Le 7 août, les Chambres réunies offraient la couronne à Louis-Philippe. Le 9, il prêtait serment à la « Charte constitutionnelle ». Il était couronné au Parlement.

La monarchie tricolore : 1830-1848.

LA BOURGEOISIE AU POUVOIR.

Avec Louis-Philippe, le « roi des barricades », une certaine bourgeoisie venait de s'emparer du pouvoir. Sur trente millions de Français, un million environ payaient la patente en 1830, 100 000 seulement votaient. Les petite et moyenne bourgeoisies étaient écartées des urnes. Cette situation ne pouvait se prolonger. L'enrichissement lent, mais continu, de la classe bourgeoise devait faire éclater le moule trop étroit du « pays légal ». Mais le nouveau régime ne devait élargir que très insuffisamment le petit cercle des électeurs et des élus : la loi électorale d'avril 1831 était un modèle de prudence et de méfiance : elle stipulait qu'il faudrait payer deux cents francs d'impôts (patente comprise) pour être électeur, et cinq cents francs pour être éligible. Le corps électoral était à peine doublé : 168 000 au lieu de 100 000. La loi faisait entrer dans l'État la bourgeoisie moyenne des villes. Elle excluait la petite bourgeoisie.

Pour protéger ses conquêtes politiques, la haute bourgeoisie, qui allait dominer le règne, avait utilisé la garde nationale dans un but de stricte défense sociale. Pour en faire partie, il fallait payer ses armes et son équipement. Les gardes élisaient leurs officiers. Ils devaient se montrer très fidèles au roi. Tout petit bourgeois rêvait d'être garde national, tel l'épicier de Nancy, dans *Lucien Leuwen*.

« La Garde nationale, disait la loi, est instituée pour défendre la royauté constitutionnelle, la Charte et les droits qu'elle a consacrés. »

Ainsi, le dimanche, on voyait les petits bourgeois parader dans la milice de défense d'un régime qui ne leur donnait pas le droit de voter.

La haute bourgeoisie, au départ, avait pris soin de bien faire préciser les pouvoirs respectifs du roi et des Chambres : le roi « des Français » n'imposait plus le catholicisme comme religion d'État. Les bourgeois voltairiens du *National* avaient été très fermes sur ce point et le fils de Philippe Égalité n'allait pas les contredire. La société civile était réaffirmée dans ses principes fondamentaux : on pouvait être Français et juif, Français et protestant, Français et incroyant. Chaque Français pouvait, selon le mot de Voltaire, « aller au ciel par le chemin qui lui plaît ». Le nouveau régime prétendait instaurer une véritable société civile. L'égalité religieuse était garantie. L'anticléricalisme violent de la révolution de 1830 ne pouvait être apaisé que par la promesse d'une reconquête en profondeur du système scolaire par l'État. Guizot s'en chargerait. Le règne de la « Congrégation » était terminé. Il n'y aurait pas brouille, mais de nouveau *statu quo* entre l'État et l'Église. Comme sous Bonaparte.

La bourgeoisie connaissait l'usage des Constitutions. Elle en avait même, d'une certaine façon, l'obsession. Jamais les Anglais n'avaient écrit la leur. Les bourgeois français, au contraire, avaient réglé par le menu, et sur le papier, les rapports de l'exécutif et du législatif : les Chambres avaient l'initiative des lois. La Chambre des pairs était épurée. La fonction de « pair » n'était plus héréditaire. Les pairs étaient nommés à vie par le roi. Assurée ainsi de la docilité de la « Chambre haute », maîtresse, par le *cens*, de la Chambre des députés, la bourgeoisie avait enfin un régime à sa convenance, celui-là même qu'elle avait désiré en 1789. Elle pouvait se permettre de supprimer la censure de la presse : les journalistes étaient à ses gages.

LE ROI AU PARAPLUIE.

Par son comportement, le roi semblait être le symbole du nouveau régime. Un roi bourgeois, portant chapeau et parapluie, succédait au roi-évêque. Marié à la triste Marie-Amélie, fille du roi de Naples, dont il avait eu huit enfants — tous éduqués sur les bancs du lycée Henri-IV —, Louis-Philippe s'était appliqué, sous le précédent règne, à ne pas se faire remarquer. Il avait astucieusement géré sa fortune. Grand lecteur du *Times*, il se tenait au courant de toutes les informations économiques venues d'Angleterre.

Il admirait fort, comme Guizot, le régime parlementaire anglais. Il acceptait sans se faire violence une monarchie véritablement constitutionnelle. Il prendrait soin de nommer, à la tête des gouvernements, des hommes de fortune ou d'expérience capables de bien gérer le portefeuille de la France et de ramener à la raison les révoltés, les angoissés, les rêveurs et les trublions : le banquier Laffitte, par exemple, ou l'industriel Casimir Périer.

Toute l'idéologie du régime était inspirée de l'Angleterre, et notamment sa bonne conscience sociale. Guizot et Thiers étaient, à leur manière, pour l'ordre et pour le progrès. Il n'y avait pour eux qu'une solution au problème social : l'enrichissement prudent et progressif qui ferait de tous les Français des citoyens à part entière. Cette « théorie des classes moyennes », directement importée d'Angleterre, faisait de l'argent, sans aucune hypocrisie, avec une sorte de vénération puritaine, le moteur de la société et du progrès humain.

Pour Thiers et Guizot, la monarchie de Juillet, c'était un peu la Révolution de 1789 sur le trône. Aussi souhaitaient-ils faire du drapeau tricolore autre chose qu'un vain symbole. Les bourgeois français étaient solidement attachés aux trois couleurs, et la nouvelle monarchie se voulait nationale. Les responsables de l'ordre politique s'efforceraient de lutter contre l'esprit « restauration » qui avait régné dans l'armée depuis plus de quinze ans. Ils avaient aussi l'ambition de rendre à la France un rôle international, en brisant le cadre conformiste et légitimiste de la « Sainte Alliance ». Mais dans ce domaine, la prudence du roi au parapluie devrait souvent modérer les impulsions brouillonnes et généreuses d'un Thiers, trop plein de ses souvenirs napoléoniens.

LES OPPOSANTS DE SA MAJESTÉ.

La bourgeoisie orléaniste savait bien qu'elle devait compter sur une double opposition d'irréconciliables : celle de la société légitimiste d'abord, écartée du pouvoir par la violence, et qui rêvait constamment d'une revanche. Berryer et Chateaubriand animeraient dans *Le Quotidien*, dans la *Gazette de France* et dans les salons des duchesses du faubourg Saint-Germain une campagne tenace, et inefficace, contre le « roi des barricades ». Et cependant dans les campagnes et dans les villes de province, le poids de la noblesse et du clergé légitimistes restait considérable. Les orléanistes s'en rendraient compte aux élections. Le candidat du château l'emporterait bien souvent contre celui de la « boutique ». La vieille société tenait bon.

Les autres adversaires du régime, plus actifs et plus inquiétants, étaient les républicains. Certes l'idée de République n'était guère reçue dans la petite bourgeoisie. Elle faisait peur, car elle était devenue synonyme de désordre et de guerre sociale. Elle avait toutefois des adeptes chez les intellectuels, dans les professions libérales, chez les journalistes, les cadres techniques et certains militaires. Les responsables du parti républicain étaient des journalistes comme Armand Carrel et Armand Marrast, des avocats comme Garnier-Pagès, des savants comme Raspail, ou des notables bourgeois comme Cavaignac. *Le National*, qui avait été à l'origine du nouveau régime, ne tardait pas à tourner bride et à faire campagne pour l'idée républicaine. Des sociétés secrètes se formaient, préparant les révolutions de demain. Les *Amis du Peuple* ou les *Droits de l'Homme* s'efforçaient d'attirer les ouvriers. Ces sociétés faisaient campagne pour le suffrage universel et l'alphabétisation du peuple. Comment faire voter les ouvriers, s'ils ne savaient pas lire?

LE LIBÉRALISME AUX AFFAIRES.

Entre ces deux oppositions, le régime hésitait entre deux politiques : l'une, libérale, se proposant d'appliquer la Charte dans un sens évolutif, d'élargir le plus vite possible les cadres du « pays légal », d'associer le maximum de Français aux affaires publiques. Cette tendance, représentée par le banquier Laffitte ne domina pas longtemps : la crise de 1830 était d'abord économique. Les entreprises avaient dû congédier leur personnel. Les ouvriers sans travail se révoltaient dans les villes. En décembre 1830, il y avait eu trois jours d'émeute dans Paris. Des troubles anticléricaux s'étaient traduits par le sac de certaines églises, Saint-Germain-l'Auxerrois, par exemple, fréquentée par la haute société légitimiste qui y célébrait pieusement l'anniversaire de la mort de Louis XVI. Laffitte, le 13 mars 1831, avait démissionné dans un climat de guerre sociale et d'agitation endémique.

La seconde tendance, celle de Casimir Périer, prit alors le pouvoir. Elle était pour l'intransigeance libérale. La Charte avait fixé une fois pour toutes le statut de la société. Le devoir du régime était de maintenir fermement l'ordre, qui seul pouvait garantir l'exercice de la liberté. Les ouvriers en grève ou en révolte portaient atteinte à la liberté du travail. Ils n'obtiendraient d'amélioration à leur sort que dans la discipline sociale :

« Il faut que les ouvriers sachent bien, déclarait Périer à la tribune, qu'il n'y a de remède à leurs maux que dans la patience et la résignation. »

A Lyon les ouvriers de la soie, les « canuts », demandaient l'aide du préfet contre les patrons, qui ne voulaient pas leur accorder une augmentation de salaire : « Vive le préfet, criaient-ils, vive notre père. » Mais l'État n'avait pas, selon Périer, pour fonction de prendre parti pour une classe contre une autre. Il devait assurer la liberté des contrats. 36 000 hommes furent envoyés dans la ville insurgée.

Le tarif accordé par le préfet fut abrogé, le préfet révoqué. L'ordre libéral régnait.

Il y avait eu à Lyon plus de six cents tués ou blessés. L'insurrection des canuts devait rester dans la mémoire ouvrière comme l'exemple frappant des premières luttes. Une autre insurrection, politique et républicaine celle-là, devait éclater à Lyon après la mort de Casimir Périer, en avril 1834. Soult, qui dirigeait le gouvernement, la fit réprimer avec la dernière sévérité.

Mais l'agitation avait gagné Paris, propagée par les sociétés secrètes. Thiers, ministre de l'Intérieur, avait envoyé pour la réduire 40 000 hommes conduits par Bugeaud. Les insurgés furent encerclés dans le quartier Saint-Martin et anéantis. Une colonne qui passait rue Transnonain, et qui avait essuyé quelques coups de feu, devait massacrer tous les habitants d'une maison. Daumier n'était pas loin. Il a laissé du carnage une image poignante.

L'insurrection de 1834 n'était pas la première du genre : deux ans auparavant, les obsèques du général Lamarque avaient été l'occasion d'un soulèvement des républicains de la capitale. Ils avaient été écrasés dans le cloître Saint-Merri. Thiers profitait du terrorisme pour intensifier la répression : la « machine infernale » de Fieschi, installée le 28 juillet 1835 au boulevard du Temple pour tuer le roi, avait fait vingt-huit victimes dans l'escorte.

De ces répressions, de la police omniprésente, du cynisme des ministres chargés de la surveillance continuelle du pays, la presse ne devait pas parler. Thiers avait à l'œil les journalistes. Certes la censure n'était pas rétablie, mais les journaux étaient muselés par des moyens sournois. Les peines qui les frappaient étaient considérables s'il était prouvé que leurs articles poussaient « à la haine contre le roi ». Les directeurs devaient pratiquer l'autocensure, plutôt que de voir disparaître leur journal. Les journaux à caricatures comme le *Charivari* étaient soumis à la censure et à l'autorisation préalable.

La presse républicaine ne devait guère survivre à ces mesures. Elle ne pouvait se passer de critiquer le pouvoir. Les légitimistes se maintenaient mieux, bien qu'ils eussent, eux aussi, beaucoup comploté contre le trône. Ils avaient essayé — rien de moins — d'enlever toute la famille royale au cours d'un bal dans le palais des Tuileries, en 1832... un peu plus tard la duchesse de Berri débarquait à Marseille pour déclencher une insurrection dans le Midi. De Marseille, où elle échouait, elle gagnait Nantes et la Vendée. Elle devait être capturée, et son aventure se termina dans le ridicule.

Elle est symptomatique d'un temps où le pouvoir se sentait à la merci de n'importe quel coup de main réussi, qu'il fût républicain, bonapartiste ou même légitimiste. C'était le temps des complots et des évasions : l'Arc de Triomphe fut inauguré un matin à 5 heures par Thiers, à la sauvette. Le roi ne s'était pas rendu à la cérémonie. Trop de mines d'anciens soldats ou de jeunes « bousingots » (ainsi appelait-on les républicains) rôdaient autour de l'Étoile.

Il est vrai que le régime tenait en main le pays légal. Il « organisait » périodiquement les élections. Les préfets fidèles n'hésitaient pas à utiliser tous les moyens en leur pouvoir pour faire « bien » voter les « bons » sujets du roi-citoyen. Que la police et les préfets protègent le roi, il n'avait que faire des agités de l'extrême gauche et de l'extrême droite. L'enrichissement et le bien-être général dissiperaient à la longue ces oppositions superficielles.

POUR UNE POLITIQUE DE PRESTIGE.

Et pourtant le roi et ses ministres savaient bien qu'il leur fallait en plus, pour asseoir le régime, un certain prestige. Il ne suffisait pas d'afficher les trois couleurs sur les bâtiments officiels : toute une partie de l'opinion voulait en finir avec l'humiliation, avec l'agenouillement des Bourbons devant l'étranger.

Louis-Philippe avait eu l'habileté d'attirer à lui les vieilles gloires de l'Empire, en leur donnant des honneurs et des places : sur les quatorze Premiers ministres de son règne, trois étaient des anciens officiers supérieurs de Napoléon : Soult, Gérard, Mortier... Le roi choisissait ses préfets parmi d'anciens serviteurs de l'Empire. Il faisait remettre en place la statue de Napoléon sur la colonne Vendôme. Il envoyait en décembre 1840 le prince de Joinville à Sainte-Hélène pour chercher les cendres de Napoléon. Le retour des cendres avait donné lieu à une belle cérémonie, de l'Étoile aux Invalides. Cela n'empêchait pas le pouvoir de briser aussi les « complots » bonapartistes, le soulèvement de Louis-Napoléon à Strasbourg par exemple, en 1836, ou son « débarquement » à Boulogne, en 1840. Le régime qui affichait son respect pour l'épopée napoléonienne tenait enfermé au fort de Ham le neveu de l'Empereur.

Le régime de Juillet était pareillement ambigu en matière de politique étrangère. Il proclamait partout son respect de la paix,

mais ne manquait pas une occasion de rendre la présence de la
France efficace dans le monde : c'est pendant le règne de Louis-Philippe que furent véritablement entrepris la conquête et le peuplement de l'Algérie. Bugeaud l'emporta sur Abd-el-Kader et
100 000 colons français entreprirent la mise en valeur. René Caillé,
plus au Sud, explorait le désert. Les explorateurs français s'illustraient sous toutes les latitudes : Dumont d'Urville lançait des
expéditions dans la région polaire, le père Huc découvrait le Tibet.

Une présence commerciale s'affirmait dans plusieurs parties du
monde : le gouverneur du Sénégal, Bouet-Willaumez, multipliait
les comptoirs. En Extrême-Orient la mission Lagrené obtenait
en 1844 des avantages commerciaux. En Orient, la France soutenait
le pacha Méhémet Ali et les Lyonnais tissaient des relations commerciales au Liban et en Syrie. Les Anglais voyaient d'un œil
méfiant l'implantation française dans cette partie du monde. Il
est vrai que le roi cédait, quand l'Angleterre remuait le sourcil.
Ceux qui, comme Adolphe Thiers, voulaient le pousser à l'affrontement étaient toujours déçus : Louis-Philippe voulait la paix, et le
développement économique. Comme les bourgeois de Liverpool
et de Manchester, il pensait que la guerre n'était jamais une bonne
affaire.

Guizot et le progrès dans l'ordre.

LE LENT DÉPART DU CHEMIN DE FER.

Il n'était pas simple de convertir l'opinion française à la révolution industrielle : les grands bourgeois avaient peur de perdre leur
argent, les petits redoutaient la concurrence, et le public en général
estimait que les innovations étaient inutiles et dangereuses. La mode
n'était pas au changement, ni à l'expansion. Même les poètes écrivaient des vers contre les locomotives. La France repoussait les
mécaniques.

Guizot encourageait le progrès comme il pouvait, sachant bien
qu'une évolution trop rapide risquait de nuire à l' « harmonie
sociale », partageant au fond sur l'évolution de la société les vues
malthusiennes d'un Thiers. Il n'était pas souhaitable que trop de

gens s'enrichissent trop vite, « sans raison », comme disait Thiers. Aussi bien la « révolution industrielle », celle de la vapeur et des chemins de fer, devrait attendre un autre règne pour éclater. Ces Messieurs de Juillet se gardaient de précipiter le mouvement. Sans doute aidaient-ils à la construction des lignes de chemin de fer, mais ils continuaient à investir, fort sagement, l'argent de l'État dans les canaux ou les voies navigables. Les canaux de l'Aisne et de la Marne seront creusés pendant la monarchie de Juillet. Pour les chemins de fer, le grand départ allait être donné par la loi Guizot de 1842 : l'État prenait en charge la construction de l'infrastructure des lignes, et donnait des concessions à des compagnies par actions qui se chargeaient du matériel roulant et de l'exploitation.

Dangereuse initiative, disaient les gens de finance : la loi fut suivie par une flambée de spéculations. Beaucoup de compagnies, réelles ou fictives, avaient lancé des actions, contribuant à provoquer, en 1847, une grave crise financière. Cette « manie du chemin de fer » donnait à penser que les malthusiens avaient raison : elle apportait le désordre sur le marché financier, sans donner vraiment de satisfactions à l'économie.

Beaucoup de responsables de la monarchie de Juillet affichaient une grande défiance à l'égard des chemins de fer. Les premières catastrophes (le Paris-Versailles en 1842) alimentèrent les polémiques contre le rail, dont Thiers était un adversaire déclaré. Le coût de la construction des lignes (375 000 francs au kilomètre) était trop élevé. On affirmait que le chemin de fer ne serait jamais rentable.

Dans ces conditions, la construction était fort lente. Les capitaux n'avaient guère été attirés que par les parcours les plus faciles, les plus immédiatement rentables : le Paris-Nord, par exemple, réalisé par James de Rothschild, le Paris-Rouen ou le Paris-Orléans.

Il était, il est vrai, difficile de mobiliser de grandes masses de capitaux sur un marché financier inexistant. Les grandes sociétés industrielles restaient, comme les banques, des affaires de familles. La Bourse de Paris avait certes progressé depuis 1830, mais le volume des échanges était dérisoire à côté de la Bourse de Londres ou d'Amsterdam. Les banques continuaient de prêter de l'argent à l'État et de spéculer prudemment sur un nombre limité de valeurs. La stabilité du franc et la solidité de la rente restaient un dogme. On craignait que la multiplication des valeurs industrielles ne remît en question cette stabilité financière, et, par voie de conséquence, l'équilibre social. Thiers se déclarait contre la multiplication du crédit, qui permettrait à de nouvelles entreprises de proliférer, d'engager une concurrence sauvage avec les vieilles maisons « installées depuis plus de cinquante ans ». La concurrence industrielle était, en somme, maudite.

Il ne faut pas s'étonner, dès lors, de la timidité de l'expansion industrielle : sans doute la production du fer avait-elle triplé, grâce à la construction de fours à coke. Les débuts des chemins de fer avaient provoqué le développement de l'industrie métallurgique et mécanique. Mais en 1847 la France ne comptait encore que cinq mille machines à vapeur. Les progrès de la production n'étaient vraiment nets que dans le textile, où la mécanisation s'accélérait. Et pourtant, même dans ce secteur, le travail à domicile et les métiers manuels gardaient toute leur importance. Grâce au blocus continental, la France avait développé sur son sol la culture de la betterave sucrière : l'industrie alimentaire avait fait de gros progrès mais il faut remarquer que le sucre de betterave ne représentait en 1847 que 13 % de la consommation totale de sucre en France. Le progrès des entreprises industrielles était lent et continu, il n'était pas, comme en Angleterre, spectaculaire.

LA COLÈRE OUVRIÈRE.

En dépit de la timidité de l'industrialisation, les ouvriers devenaient beaucoup plus nombreux en France : six millions en 1847, dont 1 300 000 travaillaient dans les « fabriques ». Les concentrations étaient suffisamment inquiétantes pour que certains se préoccupent du sort des ouvriers.

Les premiers « enquêteurs » agissaient pour leur compte, par curiosité ou par générosité sociale : en 1834 Villeneuve-Bargemont avait publié une étude sur le paupérisme, à Nantes le docteur Guépin avait montré la déchéance physique des ouvriers, logés dans d'immondes taudis. Le docteur Villermé entreprit une vaste enquête sur les travailleurs du textile, secteur le plus mécanisé, le plus concentré. Il obtint des résultats plus frappants encore que ses prédécesseurs : la « paupérisation » menaçait la classe ouvrière d'extinction physique. L'homme gagnait deux francs par jour pour treize heures au moins de travail ; la femme 20 sous, l'enfant dix sous. Un pain d'un kilo coûtait trente centimes, un costume d'homme quatre-vingts francs. 60 % des jeunes ouvriers étaient réformés pour déficience physique au conseil de révision. L'espérance de vie d'un ouvrier d'usine ne dépassait pas trente ans.

Les salaires misérables de l'industrie n'étaient pas protégés, ils pouvaient baisser en cas de crise. L'ouvrier n'avait aucune garantie, ni légale ni matérielle. Du jour au lendemain, il pouvait être un indigent. Depuis la révolte des canuts, matée par une division d'infanterie, il savait qu'il ne pouvait plus compter sur l'État pour le défendre.

Dans ces conditions, il était inévitable que la colère ouvrière devînt menaçante. Des intellectuels continuaient à s'intéresser aux causes de la misère ouvrière. Mais le ton avait changé. Les publications des premiers « socialistes » n'étaient plus des considérations abstraites sur les lois économiques : « la propriété, c'est le vol », lançait Proudhon, ancien prote d'imprimerie. Buchez, dans sa revue *L'Européen*, voulait éliminer tous les patrons. Buonarotti répandait les idées révolutionnaires et égalitaires des Babouvistes de 1793. Un journaliste, Pierre Leroux, prêchait le « socialisme » chez les républicains bourgeois. Il lançait la *Revue sociale* où écrirait George Sand. Louis Blanc demandait la création d'ateliers sociaux, pour garantir le travail aux ouvriers. Dans *Le Populaire* de Cabet, on vantait les joies de la vie collective. Le catholicisme lui-même devenait « social », avec Buchez et Ozanam. Lamennais, Lacordaire, Montalembert relançaient l'action catholique, dans un sens, il est vrai, plus « libéral » que « social ». Ils demandaient la séparation de l'Église et de l'État, la liberté de la presse, la liberté de l'enseignement. Dans *Paroles d'un croyant*, Lamennais prenait avec chaleur le parti des ouvriers contre les « oppresseurs » :

> « Vous êtes, leur disait-il, dans la terre d'Égypte, courbés sous le sceptre de Pharaon et sous le fouet de ses exacteurs. Criez vers le Seigneur votre Dieu, et puis, levez-vous et sortez ensemble ! »

La préoccupation des militants catholiques était de détacher l'Église d'un régime qui n'était pas le sien, de rendre leur liberté aux « croyants ». Ainsi les chrétiens pourraient-ils être présents, eux aussi, sur les futures barricades. L'action du catholicisme social avait une efficacité certaine, puisqu'en 1847 la société « de Saint-Vincent-de-Paul », de Frédéric Ozanam, groupait 10 000 adhérents.

L'action des idées socialistes était d'autant plus efficace que des mouvements de résistance s'étaient constitués dans les milieux ouvriers : au début les ouvriers, qui avaient des contacts avec les sociétés républicaines, ne liaient pas leurs revendications à un programme politique. Mais la répression engagée à partir de 1834 contre les républicains touchait aveuglément les sociétés d'entraide ouvrière, elles aussi secrètes puisqu'elles n'étaient pas tolérées par la loi : de la sorte, ouvriers et républicains devenaient solidaires, la police les jetait dans les bras les uns des autres.

Les sociétés ouvrières se politisèrent rapidement, elles devinrent « société des familles » ou « société des saisons ». En même temps les républicains se sensibilisaient à l'action sociale. L'amalgame se faisait à la base. Blanqui et Barbès, chefs du mouvement républicain révolutionnaire, comptaient les sociétés ouvrières parmi leurs plus puissants soutiens. Comment en aurait-il pu être autrement, alors que rien n'était fait, dans les milieux dirigeants, pour améliorer la condition ouvrière? Sous l'action des grèves violentes de 1840, la Chambre avait dû étudier un projet... de réglementation du travail des enfants. Elle n'avait pas été capable de mettre fin à cette forme d'exploitation particulièrement odieuse : on se bornait à limiter à huit heures la journée de travail des enfants de huit à douze ans! Encore cette mesure restait-elle lettre morte, faute d'une inspection du travail efficace...

LES RÉPUBLICAINS ET LA RÉFORME.

L'homme qui tenait depuis 1840 les rênes du pouvoir était un Nîmois calviniste, ancien professeur à la Sorbonne, dont le père avait été guillotiné sous la Révolution. Guizot était convaincu que le progrès devait se faire dans l'ordre, et que l'État devait aider l'évolution de la société, sans la contrarier. Il ne devait pas, par exemple, prendre à tout prix le parti des ouvriers contre les patrons. Il devait seulement aider les ouvriers à s'élever dans la société, en leur donnant des armes.

Dans cet esprit, il avait entrepris une œuvre scolaire qui devait couper l'herbe sous le pied des républicains. Ceux-ci demandaient depuis longtemps l'alphabétisation du peuple français. Guizot allait l'entreprendre. Sa loi de 1833 avait posé les principes du développement de l'enseignement primaire : les communes devraient construire et entretenir une école. Dans chaque chef-lieu de canton, l'État ouvrirait une école primaire supérieure. Il y aurait une école normale d'instituteurs par département. Guizot avait ainsi porté la fréquentation scolaire dans le primaire de 2 000 000 d'élèves en 1830 à 3 500 000 en 1848. Ces résultats étaient encourageants. Toutefois, faute de locaux et de crédits, l'enseignement n'avait pu être rendu obligatoire et gratuit. Il n'y avait pas assez d'instituteurs laïques pour que l'enseignement fût vraiment homogène et universel. Des régions entières connaissaient encore l'analphabétisme.

On reprochait de toutes parts à Guizot de maintenir en place un système politique protégeant la société figée des grands bourgeois malthusiens. Le mouvement de la pensée scientifique ou littéraire était contre le « système ». On jugeait le pouvoir oppressif, démodé, accablant de conformisme et de cynisme. Ampère, Arago, Auguste Comte étaient les chefs de file de la pensée « positiviste », les phares du parti républicain. Rude le sculpteur avait représenté la République, sur l'Arc de Triomphe, comme une femme forte et décidée, qui brise ses chaînes. Gautier et Banville haïssaient le « bourgeois », Musset, dans les *Confessions d'un Enfant du Siècle*, faisait le portrait d'une jeunesse déçue, et prêtait à Lorenzaccio le dessein de l'assassinat politique, sans autre raison que métaphysique : il faut bien que l'homme retrouve un sens dans l'insensé, une forme dans la grisaille. « Si les républicains étaient des hommes »... rêvait Lorenzo.

Delacroix, Hugo et Dumas ne doutent pas des réserves en énergie de la France louis-philipparde. Ils attendent la révolte, ils l'espèrent. Delacroix peint, glorieuse, la *Liberté sur les barricades*. Hugo porte la Révolution sur les avant-scènes du théâtre. Michelet publie en 1846 *Le Peuple* où il décrit le chemin qui reste à parcourir aux « classes dangereuses » pour accéder à la dignité humaine. Le mouvement de la création, dans les années 40, met la révolte à la mode. Tout ce qui se joue ou se publie fait scandale : Berlioz fait jouer ses opéras devant des scènes vides. Courbet et Daumier peignent ou dessinent des œuvres engagées, qui opposent à la société du profit le noir tableau, réaliste et dru, de la misère humaine.

Le mouvement de protestation contre la société figée ne se limite pas aux artistes et aux écrivains. Dans les milieux d'affaires même, il y a des révoltés. Les jeunes cadres des banques et des grandes industries lisent Saint-Simon et Fourier. Ils enragent de voir la révolution industrielle démarrer sur une voie étroite, s'enliser dans l'affairisme et la timidité de conception. Jamais plus qu'en 1847 la parabole de Saint-Simon n'a eu d'écho : les « capacités » demandent le pouvoir.

Guizot est assis dessus. Imperturbable il s'oppose à tout ce qui provoque. Il est sourd aux cris, au tumulte des boussingots comme aux scandales des romantiques. Il refuse la « Réforme » électorale, qui élargirait le cens. Il rejette ainsi les libéraux, qui demandaient « le cens à cent francs », du côté des républicains, partisans du suffrage universel.

Pendant toute l'année 1847, le mouvement de protestation prit de l'ampleur. Les banquets, les discours, les manifestations exigeaient la « Réforme ». Ledru-Rollin avait fondé un journal qui défendait le programme du pays libéral. Guizot s'imaginait, à tort, qu'il suffisait de tenir le « pays légal » pour continuer à gouverner dans l'ordre, et qu'il ne fallait pas tenir compte, en politique, de la « mode » des salons parisiens. Pris dans ses habitudes de corruption électorale, décrites dans *Lucien Leuwen*, le régime refusait obstinément la « Réforme ». Il allait se trouver brusquement confronté à une révolution.

L'explosion politique de 1848

La disette joue, dans l'Histoire de France, un rôle prépondérant. Il faut beaucoup de misère, beaucoup de privations, pour que les hommes, les femmes et même les enfants arrachent les pavés des villes, bravant les balles. C'est le cas en 1789, comme en 1848. L'Europe meurt de faim. La récolte de 1847 a été très mauvaise. Beaucoup d'hommes vont mourir pendant l'hiver redoutable de 1847-1848 : un million d'Irlandais au moins. A Berlin, les ouvriers tombent comme des mouches. Ils résistent mal au froid humide et rigoureux, avec le ventre creux.

En France, depuis 1846 on manque de céréales et surtout de pommes de terre. Une étrange maladie a pourri les tubercules dans le sol. La population française est encore en grande partie rurale : si les campagnes sont affamées, l'industrie est au chômage. Les ouvriers deviennent des chômeurs, puis des assistés. Même les financiers sont atteints. Les riches sont moins riches, et craignent pour leur or. Les spéculateurs sont en faillite. La Banque de France a brusquement relevé son taux d'escompte. 20 % des mineurs, 40 % des ouvriers du textile ne travaillent plus. Les chantiers des chemins de fer sont arrêtés, faute de crédits.

La crise secoue fortement l'Europe entière. C'est en France qu'elle aura les conséquences les plus spectaculaires, en posant à la fois le problème politique du changement de régime, et, pour la première fois peut-être en Europe, le problème social de la lutte des classes.

L'explosion de février.

Comme en 1789, les troubles éclatent d'abord dans les campagnes. Elles n'avaient jamais été aussi peuplées ; elles n'en étaient que plus sensibles à la disette. Dans les villes industrielles, les ouvriers, réduits au chômage, brisaient les « mécaniques ».

> « Regardez ce qui se passe au sein de ces classes ouvrières, disait au Parlement Alexis de Tocqueville... ne voyez-vous pas que leurs passions, de politiques, sont devenues sociales ? Ne voyez-vous pas qu'il se répand peu à peu dans leur sein des opinions, des idées, qui ne tendent point seulement à renverser telles lois, tel ministère, tel gouvernement même, mais la société. »

Commencée en effet aux cris de « vive la Réforme! » la Révolution de février 1848 allait rapidement devenir, sous l'action des républicains et des socialistes, une révolution contre la société de l'argent.

Un banquet pour la Réforme avait été prévu à Paris pour le 22 février. Il devait marquer la fin de la campagne nationale entreprise par les libéraux et par les républicains. Tous les députés de l'opposition avaient promis d'y participer. Les journaux hostiles au pouvoir annonçaient depuis longtemps l'événement.

Le 22, aux premières heures de la matinée, la troupe gardait la rue, où des groupes d'ouvriers manifestaient. Ils se mirent à dresser des barricades. Celle de la porte Saint-Denis avait 3 000 défenseurs. Les mots d'ordre des chefs de l'opposition étaient d'éviter toute provocation. Les forces de l'ordre, mises en place dans Paris le 23, avaient 30 000 soldats. Peu à peu le peuple descendait dans la rue, cherchant à la hâte des armes de fortune.

Aux Tuileries, le roi demandait la démission de Guizot, et rappelait le comte Molé. L'émeute, spontanément, se calmait, car Guizot n'était pas populaire. Le roi promettait la « Réforme ». Pour les bourgeois libéraux, il était dangereux d'aller au-delà.

Un accident mit le feu aux poudres. Brusquement un coup de fusil fut tiré sur un soldat qui gardait le ministère des Affaires

étrangères, où Guizot avait trouvé refuge. La troupe riposta. En
quelques secondes, il y eut trente-six hommes tués. Les corps
furent promenés en charrettes dans tout Paris. Le 24, la capitale
avait toutes ses rues barrées de barricades. Les ouvriers réclamaient la République.

Louis-Philippe tenta de nouveau d'apaiser l'émeute en demandant au comte Molé sa démission. Il appela Thiers et Odilon Barrot.
Thiers était d'avis d'évacuer la capitale. Barrot ne pouvait empêcher
le peuple d'assiéger les Tuileries. Il était trop tard pour quitter les
lieux. Barrot commit la faute de retirer son commandement à
l'énergique Bugeaud, adoré de ses soldats. Dès lors rien ne pouvait
plus être opposé à l'insurrection. Deux régiments passaient aux
insurgés. Le roi abdiquait en faveur de son petit-fils, le comte de
Paris, et partait aussitôt pour l'Angleterre. La duchesse d'Orléans
tentait en vain de faire proclamer la régence au Palais-Bourbon.
Elle y trouvait les insurgés, qui acclamaient la République. Un
gouvernement provisoire était constitué, avec Lamartine, Arago,
Ledru-Rollin, Garnier-Pagès, le vieux Dupont de l'Eure, Marie
et Crémieux, le journaliste Armand Marrast, le socialiste Louis
Blanc, l'ouvrier Albert. La République était proclamée.

« LA PLUS SUBLIME DES POÉSIES. »

Dans l'Histoire de France, 1848 est une sorte d'avènement.
Le suffrage universel, le droit au travail, l'école gratuite pour
tous sont de brusques conquêtes du peuple en armes, vite remises
en question quand la bourgeoisie récupère le pouvoir, mais aussi
décisives que les conquêtes de 1789. Si l'on truque le suffrage
universel, on ne peut plus manquer de lui reconnaître une certaine dette. Si l'on abolit, après juin 1848, le droit au travail, on ne
tarde pas à accorder aux ouvriers le droit de grève et la protection
légale. La révolution obtient en février 1848 beaucoup plus qu'elle
n'aurait osé espérer. Une voie nouvelle était ouverte, celle de la
dignité du travail dans les usines et dans les mines, celle de la
dignité des citoyens enfin à égalité devant les urnes. Grâce à la
peur sociale, une nouvelle classe se faisait admettre et reconnaître
comme telle. La « classe ouvrière » remplaçait dans la termino-
logie politique les « classes douloureuses » ou les « classes dangereuses ».

A sa proclamation, la République n'avait fait peur à personne. L'Église applaudissait et les prêtres bénissaient les arbres de la liberté que l'on plantait en signe d'heureux avènement. La joyeuse kermesse qui suivit la victoire s'était déroulée, à Paris, dans une incroyable ambiance de clubs improvisés où chacun pouvait dire n'importe quoi. Flaubert, dans _L'Éducation sentimentale_, a longuement décrit Paris transformé pour quelques jours en un gigantesque Hyde Park où tous avaient la parole, même les fous. Le « prolétaire de Nazareth » était fêté par le peuple avec un bel enthousiasme, les curés bénissant. La société civile et la société religieuse se réconciliaient dans l'anarchie.

« Nous allons faire ensemble la plus sublime des poésies », disait Lamartine, membre du gouvernement provisoire, au peuple rassemblé devant l'Hôtel de Ville. Le nouveau gouvernement se désignait lui-même, les hommes choisissant leurs fonctions selon leurs compétences. Marrast s'occupait de la presse, Louis Blanc des ouvriers, Garnier-Pagès avait les finances et Marie les travaux publics. Les membres du gouvernement représentaient toutes les tendances, des républicains libéraux aux socialistes. Le ministre de l'Intérieur était le riche avocat Ledru-Rollin, ami de George Sand et des socialistes, ami aussi des libéraux et ennemi de tout excès. Lamartine, cet autre modéré, ouvert à toutes les générosités mais aussi à toutes les manœuvres politiques, prenait le portefeuille des Affaires étrangères, il était en fait l'âme du gouvernement.

Un gouvernement qui allait, en quelques jours, accomplir une œuvre brouillonne, mais considérable. Le poète faisait tout de suite abolir, en matière politique, la peine de mort. La contrainte par corps, héritage de la Restauration, était également supprimée, ainsi que l'esclavage dans les colonies (sur proposition de Victor Schoelcher). La liberté de la presse était rétablie, sans restriction. La liberté de réunion était proclamée. Tous les citoyens français faisaient partie, s'ils le désiraient, de la garde nationale. Tout Français majeur résidant depuis plus de six mois dans une localité était électeur. Les élus recevaient une indemnité parlementaire convenable. La France comptait d'un coup neuf millions d'électeurs, au lieu de 240 000.

LE DOULOUREUX PROBLÈME SOCIAL.

Là devait s'arrêter, provisoirement, la poésie. Le peuple en armes demandait le droit au travail et des vivres. La crise financière, économique, industrielle et agricole atteignait une telle acuité que l'argent disponible se cachait. Les banques fermaient leurs guichets. Les réserves de la Banque de France étaient réduites à néant. Les cours de la Bourse s'étaient écroulés. La rente elle-même, la sacrosainte rente, avait perdu les 2/3 de sa valeur. Le 3 % passait de 73 à 32 francs.

Les bourgeois découvraient dans l'organisation de la panique financière une arme efficace. En retirant l'argent disponible de la circulation, ils mettaient le gouvernement provisoire dans le plus grand embarras. Le retour à l'ordre, grâce à cette orchestration du désordre, serait souhaité, bientôt exigé, par les couches profondes de la nation.

Déjà le ministre Garnier-Pagès devait imposer le cours forcé des billets, rappelant ainsi à l'opinion les plus mauvais souvenirs de la grande Révolution. Il augmentait en même temps les impôts de 45 %. Le monde rural devenait brusquement hostile à cette république fiscale. En province, où les commissaires de la République exerçaient le pouvoir, les incidents locaux se multipliaient. Émile Ollivier à Marseille, Charles Delescluzes à Lille, faisaient flèche de tout bois pour désarmer les mécontentements qui se généralisaient à droite comme à gauche, dans un climat d'inquiétude et de pénurie.

Plus de la moitié des ouvriers parisiens étaient au chômage. La proportion était la même en province. Les chômeurs armés étaient dangereux. L'un d'entre eux, qui s'appelait Marche, présentait le 25 février au gouvernement une pétition exigeant le *droit au travail*. Ce droit était aussitôt reconnu. Le 26, le gouvernement décidait d'ouvrir des « ateliers nationaux » pour donner du travail aux chômeurs. Des chantiers de terrassement seraient ouverts, pour construire le chemin de fer de Clamart, la gare de l'Ouest et la ligne Orsay-Sceaux.

Les ouvriers ne s'estimaient pas satisfaits. Le 28, ils envahissaient l'Hôtel de Ville, demandant la création d'un ministère du Travail, et la limitation à dix heures de la journée de travail. Une « commission du gouvernement pour les travailleurs », dirigée par Louis Blanc, fut aussitôt mise en place. Elle siégeait au Palais du Luxembourg.

Prises dans la fièvre, ces mesures n'aboutiraient pas à des résultats concrets. La *Commission du Luxembourg* allait devenir, selon le mot cruel de l'époque, une « conférence sur la faim devant les affamés ». Les ateliers nationaux, organisés militairement par le

gouvernement, devaient fournir pendant quelques jours des subsides aux chômeurs, sans qu'aucune réalisation sérieuse n'en sorte.

En réalité le gouvernement était partagé entre une tendance libérale bourgeoise, celle de Lamartine et d'Arago, et la tendance socialiste représentée par Louis Blanc et Albert. Les socialistes voulaient,
par tous les moyens, réaliser sans tarder la démocratie sociale ;
les bourgeois libéraux voulaient s'arrêter aux mesures d'ordre
humanitaire, et réaliser seulement une démocratie politique. Ils ne
voulaient pas modifier gravement l'ordre social.

LA JOURNÉE DU 17 MARS 1848.

Le gouvernement n'avait ni argent ni police. Ledru-Rollin,
conscient de la nécessité pour la République de disposer le plus vite
possible d'une force armée organisée, fit constituer 24 bataillons
de 1 000 jeunes gens, qui touchaient une solde quotidienne. Les
ouvriers, craignant la mise en place d'un appareil répressif, descendirent dans la rue le 17 mars. Le but de leur manifestation était de
reculer le plus possible la date des élections. Les chefs socialistes
savaient en effet que le peuple parisien se trouvait prisonnier de sa
conquête essentielle : le suffrage universel. Les Français ne voteraient certainement pas, dans leur majorité, pour une démocratie
sociale. Il y avait risque, dans les campagnes, que de nombreux
candidats antirépublicains fussent élus. Il fallait empêcher la bourgeoisie et les grands notables d'utiliser le suffrage universel,
conquête du peuple parisien, contre lui. Il fallait avoir le temps de
faire l'éducation politique des masses, de développer la propagande.

Le gouvernement provisoire était lui-même divisé sur la question
des élections : comme l'a écrit Lamartine, « les chefs de secte socialistes et les tribuns de la classe industrielle tremblaient de voir leurs
tribunes renversées et leur empire détruit par l'avènement des
provinces à Paris ». Louis Blanc et Albert voulaient retarder les
élections, mais la majorité du gouvernement provisoire voulait
en finir : ils décidèrent qu'on voterait au plus tôt. L'échec de la
« journée » du 17 mars, organisée par Blanqui et ses amis, ouvrit
la voie des urnes. La garde nationale avait crié : « A bas les communistes! » Force était restée à l'ordre républicain modéré. On voterait
le 23 avril, jour de Pâques.

LE PREMIER SCRUTIN AU SUFFRAGE UNIVERSEL.

Le peuple aux urnes! Depuis trente ans, les républicains attendaient l'événement. Les neuf millions d'électeurs furent convoqués dans les chefs-lieux de canton. A la campagne, il fallait parfois deux heures de marche pour se rendre aux urnes. Les hommes y allaient ensemble, comme à la guerre. On votait dans le cadre des départements, par scrutin de liste. 16 % seulement des Français s'abstinrent. La consultation était tout de suite un succès populaire. Les élections furent calmes, sauf dans quelques villes comme Limoges. On avait transporté les infirmes et les malades sur des charrettes. Partout les notables et les prêtres avaient souligné l'importance du scrutin, et fait voter pour les candidats modérés. Les socialistes, par contre, n'avaient pu développer leur propagande que dans quelques villes industrielles. Naturellement, les candidats des notables, les « républicains modérés », l'emportaient massivement.

Le journal d'Armand Marrast, le *National*, avait orchestré la campagne des modérés. Ils obtenaient 550 sièges sur 880. Les conservateurs subissaient une défaite : ils étaient seulement 200, avec 130 légitimistes. Quelques orléanistes s'étaient fait élire, ainsi qu'une cinquantaine de catholiques libéraux groupés derrière Montalembert : tous ceux-ci constituaient la droite. Vaincus, les socialistes avaient tout de même une centaine d'élus ; Barbès, Blanqui et Cabet, qui étaient candidats, avaient été battus. Il est vrai qu'à droite, Adolphe Thiers était une des victimes du suffrage universel. Lamartine et les membres du gouvernement provisoire s'étaient fait élire dans la Seine. Lamartine avait obtenu un triomphe.

LA RÉVOLTE OUVRIÈRE.

Les socialistes savaient qu'ils avaient été manœuvrés : aussi tentèrent-ils d'organiser, le 15 mai, une nouvelle « journée » dans la tradition de 1793. La Constituante, réunie le 4 mai pour la première fois, avait proclamé solennellement la République. Larmartine avait fait décider la création d'une « commission exécutive » qui devait être présidée par Arago. Lamartine, Garnier-Pagès, Marie et Ledru-Rollin en faisaient partie, mais Louis Blanc et le mécanicien Albert étaient éliminés. La bourgeoisie avait récupéré le pouvoir par des voies légales. Les socialistes ne disposaient plus que du recours de la rue.

Un manifeste de Blanqui avait circulé, peu avant le 15 mai, dans les quartiers populaires, convoquant les émeutiers. A la Bastille, les manifestants criaient : « Vive la Pologne! » car la Révolution de 1848 avait gagné toute l'Europe, et la Pologne était un symbole. Le cortège, au matin du 15, se dirigea vers la place de la Concorde, Blanqui en tête. Il gagnait la Chambre des députés qu'il occupait trois heures durant. Les « jeunes gens » en armes de Ledru-Rollin ne bougèrent pas, attendant les ordres.

Les chefs de la manifestation proclamèrent l'Assemblée nationale dissoute « au nom du peuple ». Ils nommèrent un gouvernement provisoire qui comprenait tous les chefs socialistes : Louis Blanc, Albert, Blanqui, Raspail et Barbès... Au gouvernement bourgeois s'opposait désormais un contre-gouvernement populaire. L'épreuve de force était inévitable.

L'initiative vint de Lamartine et de Ledru-Rollin. A cheval, le poète ralliait la garde nationale, la lançait sur les émeutiers. Les ouvriers des ateliers nationaux, dans leur majorité, rejoignaient Lamartine. Barbès et Albert étaient incarcérés. La manifestation se dispersait dans l'amertume. La rupture était consommée entre les socialistes et les libéraux bourgeois. La garde avait tiré sur le peuple.

LA CONTRE-RÉVOLUTION DE JUIN.

Cavaignac, nommé le 17 mai ministre de la Guerre, assurait la reprise en main des forces de l'ordre. Il faisait arrêter Blanqui et les autres responsables du « complot » du 15 mai. La province, dans sa grande majorité, approuvait la répression. Les meneurs n'avaient-ils pas voulu contester les résultats du suffrage universel?

Les chômeurs parisiens n'avaient pas tous suivi les mots d'ordre de Blanqui, mais ils restaient réceptifs à la propagande socialiste, même après l'échec de l'émeute. Les valeurs bourgeoises, la rente, les loyers s'effondraient, provoquant un vif mécontentement chez les possédants. L'affrontement des classes sociales risquait de se renouveler, dans un climat particulièrement dangereux, les ouvriers parisiens étant à bout de nerfs. L'armée, tenue bien en main par Cavaignac, était prête à intervenir. La province soutiendrait une fois de plus la répression, par haine du désordre.

La faillite des ateliers nationaux allait se précipiter en juin. L'État n'avait plus de quoi payer les 120 000 chômeurs qui étaient des assistés à un franc par jour. Désœuvrés, les hommes étaient sensibles au découragement. Ils risquaient d'être embrigadés indifféremment d'un côté ou de l'autre, ils étaient disponibles pour la guerre civile.

Le Comité du travail, dirigé maintenant par un catholique très conservateur, Falloux, redoutait cette masse d'ouvriers inoccupés. Il décida de fermer les ateliers. On offrit aux ouvriers congédiés un enrôlement dans l'armée. Ceux qui refusaient pouvaient trouver du travail en province, sur de grands chantiers d'intérêt national, les chemins de fer par exemple.

La nouvelle de la fermeture des ateliers fut très mal accueillie par les travailleurs. Pendant un mois entier, la propagande révolutionnaire leur démontra qu'ils étaient les victimes du « pouvoir occulte de la finance ». Quand le projet de dissolution des ateliers vint en discussion devant l'assemblée, le 21 juin, les dirigeants socialistes préparèrent une nouvelle insurrection.

De fait, le 22 juin, une manifestation groupait un millier de participants devant le Palais du Luxembourg. D'autres réunions se constituèrent spontanément dans les quartiers populaires. Cavaignac donna ordre de les disperser.

· La première barricade fut dressée le 23 juin au matin dans la rue Saint-Denis. De proche en proche, tout l'Est de la capitale était bientôt en état d'insurrection. Les chômeurs constituaient le gros des troupes de la nouvelle Révolution. Ils étaient 20 000 en tout, sans véritables chefs, derrière un journaliste obscur et un cordonnier sexagénaire. Cavaignac disposait des gardes, des gendarmes et des régiments de la ligne : la partie, dès le départ, n'était pas égale. Les gendarmes étaient des ruraux qui voulaient « en découdre » avec la Révolution parisienne. Les gardes venaient des quartiers bourgeois et brûlaient de rétablir l'ordre. La garde nationale des quartiers Est avait pris parti pour les insurgés.

Cavaignac ne veut pas renouveler l'erreur de Bugeaud. Il garde ses troupes rassemblées, abandonne les monuments menacés par les émeutiers. Il commande comme à la bataille, divisant son armée en trois corps : Lamoricière, sur les grands boulevards, Bedeau à l'Hôtel de Ville, Damesne sur la rive gauche... L'offensive est déclenchée le 24, quand Cavaignac est assuré de ses troupes. Il attaque d'abord le faubourg Poissonnière, dégage l'Hôtel de Ville et le Panthéon. La lutte est chaude, il y a plus de 400 barricades. Plusieurs généraux sont tués, le général Bréa est fusillé.

Cavaignac fait venir des renforts, des gardes nationaux de province. Il assiège le faubourg Saint-Antoine. L'archevêque de Paris,

qui tente une intervention, trouve la mort dans des conditions
confuses. Les modérés prétendent que monseigneur Affre a été
fusillé par les insurgés. La nouvelle, en tout cas, désarme les
combattants du faubourg, qui craignent d'être allés trop loin. Ils
voulaient faire une « journée », ils ne voulaient pas d'une guerre
civile, d'autant que Cavaignac promettait maintenant la clémence
à tous ceux qui mettraient bas les armes.

Dans la journée du 26, le faubourg Saint-Antoine fut repris par
les forces de l'ordre. C'était le gros de l'insurrection. Un foyer secondaire, à la Villette, était réduit plus facilement. Il y eut environ
1 000 morts de part et d'autre. Plus de 15 000 Parisiens furent
arrêtés, 4 000 d'entre eux furent déportés en Algérie. Paris restait
gardé militairement. En province, seule Marseille avait bougé,
et les insurgés avaient été facilement matés.

L'ORDRE RÉPUBLICAIN.

Comme par miracle, la tendance financière se renversait dès la
fin de l'insurrection. Le crédit renaissait de ses cendres ; la Bourse,
rouverte, connaissait une grande animation. La Banque de France
retrouvait ses disponibilités, la rente son étiage antérieur aux événements. Tocqueville l'a dit :

> « L'insurrection ne fut pas une lutte politique, mais un
> combat de classe, une sorte de guerre civile. »

Les socialistes français n'avaient pas pris, au total, une part
directe dans une insurrection largement spontanée, ou, comme
dirait Henri Guillemin, largement provoquée. C'est Lamartine
lui-même qui accusait Cavaignac d'avoir laissé se développer
l'émeute, pour parfaire sa répression. Thiers voulait laisser Paris aux
insurgés, pour le reprendre ensuite. Les insurgés n'avaient ni chefs,
ni organisation efficace, ni mots d'ordre. Ils se fiaient à l'improvisation, à la légende des journées réussies du temps passé. Marx
avait lancé à Londres le fameux manifeste communiste. Inconnu
en France, il était totalement étranger à cette révolte de la faim,
qui poussait les « classes douloureuses » contre l'ordre social.
Marx devait ensuite tirer la leçon de l'événement :

> « C'était, dirait-il, une lutte pour le maintien ou l'anéan-
> tissement de l'ordre bourgeois... Les représentants officiels

de la démocratie française étaient tellement prisonniers de l'idéologie républicaine qu'il leur fallut plusieurs semaines pour commencer à soupçonner le sens du combat de juin. Ils furent comme hébétés par la fumée de la poudre dans laquelle s'évanouissait leur République imaginaire. »

De fait les fusils du général Cavaignac n'avaient pas détruit seulement les rêves des socialistes utopiques, mais ceux des Lamartine et des Ledru-Rollin : l'énergique Cavaignac, bon et loyal républicain qui devait remettre son épée au pouvoir civil dès l'insurrection terminée, croyait lui-même avoir défendu un régime, alors qu'il sauvait un ordre. La répression de juin condamnait la République de février, qui avait fait, pour les bourgeois, la preuve de son incapacité.

Même les ouvriers ne reconnaissaient plus une République qui les avait réduits au silence : vainqueurs en février, matraqués en mars, massacrés en juin, ils laisseraient désormais s'accomplir sans résistance une évolution inéluctable de la démocratie vers le pouvoir personnel. Quant aux paysans, ils avaient été particulièrement sensibles à la propagande du « parti de l'ordre » qui représentait les ouvriers parisiens comme des « partageux », avides de s'approprier les terres et les biens, et d'établir un État communiste. Ils soutiendraient de leurs votes et de leurs bras tout régime d'ordre qui se présenterait comme le protecteur de la propriété.

Les vainqueurs de juin étaient les notables républicains, ces « modérés » qui n'avaient su ni prévoir, ni réprimer. Ils tiraient les marrons du feu. La bourgeoisie orléaniste, très proche de ces notables, attendait, tapie dans l'ombre, l'occasion de sa revanche. Cavaignac lui avait ouvert la voie. Elle comptait bien en profiter.

La République des notables.

LA RÉPUBLIQUE EN TRANSIT.

La répression légale devait suivre à peu d'intervalle la victoire du parti de l'ordre. Un certain nombre de mesures législatives, votées dans la hâte, avaient pour but d'empêcher toute nouvelle explosion populaire : la liberté de la presse était supprimée d'un trait de plume, l'état de siège était maintenu le temps nécessaire pour effectuer en toute tranquillité l'épuration qui s'imposait. Les réunions privées étaient interdites, les sociétés secrètes dissoutes. La durée de la journée de travail était portée à douze heures. On voulait faire payer à la classe ouvrière le prix de juin.

Tocqueville, Odilon Barrot et le juriste Cormenin rédigeaient une constitution sur le tambour. Il ne fallait pas prolonger longtemps l'illégalité de février, il fallait faire sortir la République de l'instable et de l'informel. Le comité constitutionnel, travaillant dans la fièvre, fit voter le 12 novembre un texte définitif, qui fondait la seconde République. Le Président, élu au suffrage universel direct pour quatre ans, était chargé de nommer les fonctionnaires et les ministres, il commandait l'armée et la diplomatie, il signait les traités et déclarait la guerre. Il n'était pas rééligible.

Cette constitution présidentialiste n'était pas du goût de tous les notables. Les républicains faisaient des réserves. Jules Grévy, par exemple, redoutait l'élection au suffrage universel : un prince héritier de la monarchie ou de l'Empire ne pouvait-il pas s'emparer du pouvoir par les voies légales, avant d'étrangler la République ? « Il faut laisser quelque chose à la Providence », répondait, lyrique, Lamartine.

Rien n'était prévu en cas de conflit entre le Président et le pouvoir législatif. Celui-ci appartenait à une assemblée unique, élue pour trois ans au suffrage universel. L'Assemblée votait les lois et ne pouvait être dissoute. Elle ne pouvait abattre le gouvernement, responsable seulement devant le Président. Un conflit éventuel ne pouvait être tranché que par un coup de force.

L'idéologie de la constitution restait conforme à l'inspiration libérale et démocrate des notables républicains. Un préambule proclamait la souveraineté du peuple, marquant ainsi que l'instauration du suffrage universel était une conquête décisive et définitive de la République de février. La séparation des pouvoirs, vieux principe de 1789, était solennellement réaffirmée, interprétée avec une rigueur qui menaçait, d'entrée de jeu, la survie du nouveau régime. Ce principe permettait en fait d'instaurer un pouvoir présidentiel fort, qui n'avait jamais existé pendant la Révolution de 1789.

Les ouvriers étaient gardés par la constitution elle-même : celle-ci ne reprenait pas en compte le « droit au travail ». Elle parlait seulement d'un « droit à l'assistance ». Par contre elle réaffirmait avec force la « liberté » du travail, ce qui permettait de condamner les coalitions ouvrières. La rédaction de la constitution gardait des traces des combats de juin. Pour l'appliquer, il fallait aussitôt élire un Président.

La République ne manquait pas de candidats : il y avait Cavaignac, le « boucher de juin », chef du pouvoir exécutif provisoire. Il avait la faiblesse de croire que la bourgeoisie lui saurait gré de sa fermeté. Elle était en fait effrayée par l'âpreté de la répression et n'aimait guère les généraux républicains. Les modérés du journal *Le National* soutenaient seuls la candidature de Cavaignac, qui promettait de « réduire les impôts de moitié » et de « supprimer l'impôt sur les boissons ».

Les démocrates soutenaient Ledru-Rollin. Les orléanistes avaient constitué un comité électoral, baptisé *Comité de la rue de Poitiers*, animé par Thiers, ancien ministre de Louis-Philippe. Fort habilement, au lieu d'aller chercher un candidat parmi les gloires usées du régime de juillet, les orléanistes avaient désigné le prince Louis-Napoléon Bonaparte, dont Thiers disait avec mépris : « C'est un nigaud que l'on mènera. »

L'HÉRITIER.

Évadé du fort de Ham, Louis-Napoléon vivait à Londres. Après la Révolution de février, il avait pris le bateau et s'était installé fort discrètement à Paris, attendant son heure. Le gouvernement provisoire n'avait pas toléré sa présence dans la capitale. Il avait dû disparaître. Mais, après juin, tout avait changé pour lui : deux de ses cousins avaient été élus à l'Assemblée. Lui-même, quelques semaines avant l'insurrection, avait recueilli des voix dans les provinces et à Paris.

La bourgeoisie, désorientée, avait accepté la suggestion de Thiers. Elle avait financé la campagne du prince, qui avait dépensé beaucoup d'argent pour sa propagande. L'ingénieux Persigny, son homme de confiance, s'employait à réveiller les souvenirs de la légende napoléonienne. On frappait à l'image de Louis-Napoléon des médailles distribuées gratuitement dans le commerce ; on tirait son portrait sur des boîtes d'allumettes et des gravures. On lançait des journaux bonapartistes, des brochures et des chansons.

Des élections complémentaires avaient permis au prince d'être

candidat à Paris en septembre, ainsi que dans quatre départements.
La Constitution n'interdisait pas, en effet, les candidatures multiples. Le prince faisait campagne pour la démocratie, il ne prétendait nullement s'emparer du pouvoir. Les républicains le soutenaient parfois contre les orléanistes, leurs vieux ennemis, quand les
orléanistes ne faisaient pas voter pour lui contre les républicains.
Le personnage du prince, grâce à ses premiers succès électoraux,
devenait crédible. On s'y intéressait de plus en plus dans les milieux
influents. Émile de Girardin, dans *La Presse*, prenait son parti. *La
Liberté* devenait le journal officiel du candidat. Les monarchistes
de la *Gazette de France* le soutenaient contre les républicains.
Il avait prononcé à l'Assemblée un discours fort adroit :

« Je ne suis pas, disait-il, un ambitieux qui rêve tantôt
l'Empire et la guerre, tantôt l'application de théories subversives. Élevé dans des pays libres à l'école du malheur, je
resterai toujours fidèle aux devoirs que m'imposeront vos
suffrages. »

Son programme électoral rassurait les bourgeois, il se déclarait
pour la défense de l'ordre et de la propriété, pour la liberté de la
presse et la paix à l'extérieur. Le Comité de la rue de Poitiers mettait à son service sa puissante organisation électorale. On ferait
voter pour lui les notables de province, les gentilshommes campagnards et leurs troupes. Toute la France réactionnaire, indignée
par les événements de 1848, trouvait en Louis-Napoléon un sauveur
rassurant. Les ouvriers, las des républicains de juin, voteraient
pour lui par dépit et non, comme on le dit souvent, parce qu'ils
avaient lu *L'Extinction du paupérisme*. Les paysans voteraient pour
l'héritier du grand Napoléon, pour le nom sacralisé par la légende
de Bonaparte.
Le 10 décembre 1848, peu de mois après juin, le Prince recueil-
lait 5 400 000 suffrages sur 7 500 000. Cavaignac et le parti républicain n'avaient pas plus d'un million et demi de voix ; Ledru-
Rollin en avait 370 000, Raspail 36 000. Les départements « rouges »
avaient voté Louis-Napoléon, la Creuse et la Haute-Vienne par
exemple. L'Ouest légitimiste avait seul choisi Cavaignac, par haine
des hommes de la rue de Poitiers. Karl Marx interprétait l'événement à sa manière : Pour lui l'élection du 10 décembre était une
sorte de grande jacquerie, une revanche des paysans sur les « messieurs » de l'orléanisme, qui pourtant faisaient voter pour le prince.

« Napoléon, écrit-il, ce n'était pas un homme pour les paysans, mais un programme. » C'est avec des drapeaux et au son de la musique qu'ils allèrent aux urnes, aux cris de « plus d'impôts, à bas les riches, à bas la République, vive l'Empereur! » Derrière l'Empereur se cachait la jacquerie... Le 10 décembre, ce fut le coup d'État des paysans... Il y avait aussi la revanche des ouvriers car « l'élection de Napoléon, c'était pour le prolétariat la destitution de Cavaignac, l'annulation de la victoire de juin ». En réalité, c'est l'ensemble du personnel dirigeant de la Seconde République que les électeurs avaient destitué :

> « Aussi différent que pouvait être le sens du nom de Napoléon dans la bouche des différentes classes, chacune d'elles écrivait avec ce nom sur son bulletin : " à bas le parti du *National*, à bas Cavaignac, à bas la Constituante, à bas la République bourgeoise! ". » (Karl Marx.)

LE PARTI DE L'ORDRE ET LE POUVOIR.

Le 20 décembre, un Bonaparte devenait officiellement Président de la Seconde République.

> « Le nom de Napoléon est à lui seul tout un programme, devait déclarer à l'Assemblée le Prince-Président. Il veut dire, à l'intérieur, ordre, autorité, religion et bien-être du peuple ; à l'extérieur, dignité nationale. »

La composition du gouvernement donnait des satisfactions au comité de la rue de Poitiers : Odilon Barrot en était le chef, Thiers et Molé étaient parmi les ministres. Pour ne négliger aucun parti, le prince avait nommé ministre le légitimiste Falloux, ainsi que le républicain Bixio. Un général populaire, Changarnier, commandait la division de Paris. Le cabinet une fois constitué, Louis-Napoléon se hâtait de préparer les élections législatives, qui devaient avoir lieu le 13 mai 1849.

Ces élections confirmeraient l'écrasement des républicains modérés : sur 6 700 000 votants (32 % d'abstentions) ils avaient seulement 500 000 voix et 80 élus. Lamartine, Garnier-Pagès étaient battus, ainsi que Marie. Les gagnants étaient les candidats du parti de l'ordre, qui regroupait toutes les droites : il avait 490 députés et 3 300 000 voix! L'Ouest, le Centre, le Nord et une partie du Sud-Ouest avaient voté pour l'ordre. Les démocrates sociaux avaient fait une campagne active : Agricol Perdiguier, Eugène Sue avaient rédigé leurs brochures et leurs journaux électoraux. Ils avaient réussi à recueillir 2 300 000 suffrages. 180 députés d'extrême gauche entraient ainsi à l'Assemblée, bien décidés à ne pas laisser étrangler la République. Pour les socialistes ou « républicains avancés », c'était un notable succès.

Cette opposition gênait le « parti de l'ordre », qui saisit la première occasion pour la décapiter. Une République venait d'être proclamée à Rome, à l'instigation de Mazzini. Elle avait exilé le pape. Le gouvernement français, qui n'avait rien à refuser au pape, décidait d'envoyer à Rome le général Oudinot, avec 7 000 soldats. Au début de juillet, les Français rétablissaient le pape dans la « Ville éternelle ».

Les républicains reçurent la nouvelle comme un soufflet. Ledru-Rollin demanda la parole à l'Assemblée, soutenu par les socialistes et ceux que l'on appelait les « Montagnards », pour déclarer l'expédition d'Oudinot « contraire à la Constitution ». Elle allait à l'encontre de la liberté d'un peuple... Les Montagnards étaient souvent les élus, sur les bancs de l'Assemblée, des quartiers est de Paris, ceux qui avaient résisté à Cavaignac. Songèrent-ils un moment à reprendre le pouvoir « dans la rue » ? Le 13 juin 1849, ils provoquèrent en tout cas un rassemblement populaire à la Bastille. Ils rendirent publique une déclaration qui mettait « hors la loi » le gouvernement et le Président de la République. Ils demandaient l'aide de la garde nationale et celle de l'armée pour défendre la Constitution.

LA DERNIÈRE JOURNÉE.

La manifestation, partie de la Bastille, fut dispersée par les soldats de Changarnier, qui étaient des ruraux, alors qu'elle se dirigeait sur les Champs-Élysées. La tentative de Ledru-Rollin pour installer aux Arts-et-Métiers un gouvernement insurrectionnel fut un fiasco. Les ouvriers redoutaient de s'engager dans une nouvelle insurrection, avec pour chef un des responsables du gâchis de juin 1848. Faute de troupes, les Montagnards des Arts-et-Métiers abandonnaient le combat. Dix députés étaient arrêtés aussitôt.

Ledru-Rollin réussissait à s'enfuir en Angleterre. Trente-six Montagnards étaient exclus de l'Assemblée. La gauche était décapitée.

Dès lors Paris avait cessé de compter dans l'échiquier politique français, et il en serait ainsi jusqu'à la Commune de 1871. Les députés de gauche en fuite ou en prison, l'électorat flottant, les troupes impuissantes à dresser de nouveau des barricades n'avaient plus d'armes contre la répression qui s'abattait sur la capitale. Les survivants de la Montagne avaient désormais pour chefs des députés obscurs, comme le maçon Martin Nadaud ou l'avocat Michel, de Bourges. Pourtant la manifestation parisienne avait eu cette fois des échos en province, dans les villes ouvrières : il y avait eu une bataille de rues à Lyon, avec mort d'hommes. Des troubles avaient éclaté dans de nombreuses villes et même dans des villages, dans l'Allier notamment.

LES LOIS RÉACTIONNAIRES.

Un arsenal de lois répressives aidait désormais le Président et le gouvernement. Il n'était pas question de toucher au principe du suffrage universel, mais il fallait bien éviter l'élection des députés de gauche, si encombrants : En avril 1850 l'auteur des *Mystères de Paris*, Eugène Sue, feuilletonniste à succès, s'était fait élire à Paris contre un candidat du parti de l'ordre. Le temps aidant, la gauche risquait de prendre un jour le pouvoir par des voies légales. La loi du 31 mai excluait du scrutin les électeurs qui ne résidaient pas dans les communes depuis au moins trois ans. Les ouvriers, qui changeaient souvent de travail et de résidence, perdaient ainsi le droit de vote. Trois millions d'électeurs étaient écartés des urnes. A Paris, 1/3 du corps électoral était réduit au silence. La proportion était de 50% dans les villes du Nord, de 40 % à Rouen. Les circonscriptions rurales gardaient par contre le plein de leurs effectifs.

Ayant ainsi purgé le corps électoral, la réaction pouvait s'attaquer à la presse, accusée des plus noirs desseins. La presse socialiste n'était-elle pas responsable des succès de la gauche aux élections ? Il fallait la réduire au silence. Rouher s'en chargea. La loi qu'il fit voter rétablissait le timbre, augmentait le cautionnement et les frais de publication. Il fallait être riche pour s'offrir le luxe de publier un journal, et riche aussi pour l'acheter. On condamnait

les journaux pauvres, ceux qui survivaient grâce à des collabora-
tions bénévoles. L'autorisation du préfet était nécessaire pour afficher les journaux dans les rues. Les articles publiés dans la presse
devaient tous porter signature, pour qu'on puisse en poursuivre
les responsables devant les tribunaux. Parallèlement, une législation répressive frappait les clubs, qui devaient fermer, et les théâtres,
qui devaient solliciter, pour donner un spectacle, l'autorisation du
ministre de l'Intérieur.

Une loi sur l'enseignement, préparée par le légitimiste Falloux,
complétait l'arsenal réactionnaire : il s'agissait de préserver la
jeunesse de toute influence des idées de gauche. A l'Assemblée,
Montalembert expliquait pourquoi la loi Falloux allait « faire
rentrer la religion dans l'éducation »… non pas pour tuer la raison,
mais pour la régler, pour la discipliner, pour l'éclairer et pour
l'épurer.

« Il fallait, disait Montalembert, aider " le curé dans la
défense de l'ordre ", contre l'instituteur qui rêvait de le troubler, en répandant les doctrines socialistes. »

Les instituteurs étaient vraiment les cibles du parti de l'ordre.
Thiers voulait qu'on les licencie, il se disait prêt à abandonner
l'enseignement primaire à l'Église, plutôt que de livrer la jeunesse
aux « antisociaux ». Les catholiques libéraux, avec Montalembert
et monseigneur Dupanloup, militaient pour la « liberté de l'enseignement », c'est-à-dire pour l'abandon par l'État de son monopole
universitaire. Ils ne voulaient pas utiliser le monopole au seul profit
de l'Église. La loi Falloux, du 15 mars 1850, donnait aux préfets
le droit de nommer les instituteurs. Ceux-ci pouvaient être des religieux. L'enseignement devait être contrôlé par les autorités civiles
et religieuses du département. Quiconque justifiait de certaines
capacités pouvait ouvrir une école primaire. Tout bachelier pouvait
ouvrir une école secondaire. Le Conseil supérieur de l'Instruction
publique, ainsi que les conseils d'Académie étaient ouverts aux
représentants du clergé.

La loi devait rendre au clergé la disposition de l'enseignement.
Les frères des écoles chrétiennes reprenaient toutes leurs prérogatives dans le premier degré, où la loi Guizot les avait un moment
menacés. L'Église ouvrait en peu de temps plus de 250 écoles secondaires. Plus de 600 instituteurs laïques étaient révoqués. Les écoles
primaires religieuses qui recevaient 15 % des petits Français en

1850, en recevraient 15 ans plus tard 21 %. Pour les filles, la proportion serait de 55 contre 44. Dans le secondaire, les garçons, pour près de la moitié, recevaient une éducation religieuse. Massivement, la bourgeoisie retrouvait, pour ses enfants, le chemin des collèges de jésuites, même si elle restait incroyante. Par peur de classe, elle oubliait le vieil anticléricalisme. Seul l'enseignement supérieur échappait encore à la contagion cléricale.

Le conflit du Président et des députés.

LES TROIS DROITES.

Assurée de sa domination en profondeur sur la société, la classe dominante n'était guère satisfaite des incertitudes du climat politique. Les droites, la gauche une fois abattue, étaient plus que jamais divisées : la droite légitimiste, par passion antiorléaniste, avait fait voter républicain. Elle haïssait pêle-mêle les socialistes et les chemins de fer, les banquiers du règne de Louis-Philippe et les notaires anticléricaux. Elle ne défendait pas « la » société mais « sa » société, l'ordre de Dieu, mais non l'ordre social. Si elle avait finalement, et à contrecœur, rallié le parti de l'ordre, c'était dans l'espoir d'une restauration conforme à ses vœux. Elle détestait autant Thiers que le Prince-Président. Rien n'était plus éloigné d'elle que le cynisme et le « positivisme ». Elle voulait une politique de l'idéal.

Les orléanistes se trouvaient réduits à l'optique d'Adolphe Thiers, réaliste et malthusienne. Le petit homme à la bouillante ambition n'avait pas renoncé à rétablir la monarchie. Mais il sentait qu'il fallait gagner du temps, et laisser parader un moment le Bonaparte. Les orléanistes étaient trop rendus responsables des désordres pour qu'ils ne paient pas leur dette par le silence. Il fallait qu'ils se rallient aux solutions d'ordre, même si elles étaient provisoires. La seule droite qui soutînt sans arrière-pensée le Prince-Président était donc la droite autoritaire, celle qui rêvait de plébiscites, de dictature et de reprise en main de l'Assemblée. Les notables du parti de l'ordre,

très attachés à leurs libertés et au contrôle parlementaire, allaient
entrer nécessairement en conflit avec le prince et ses amis, qui
commençaient à songer à un coup d'État.

Les monarchistes ne pouvaient pas se mettre d'accord sur un
candidat unique au trône. Les légitimistes tenaient ferme pour
Henri V, comte de Chambord, héritier de Charles X. Les orléanistes, n'obtenant des partisans de Chambord aucune garantie,
songeaient à présenter le prince de Joinville comme candidat aux
prochaines élections présidentielles. Louis-Napoléon ne restait
pas inactif : conscient de l'impopularité dans le pays de toute tentative de restauration, il remaniait son cabinet, et développait sa
propre propagande. Il excluait du gouvernement les ministres
orléanistes comiquement baptisés « Burgraves », et faisait entrer
des amis sûrs, Rouher, Bineau, Achille Fould. Il faisait le tour de la
France, se montrant dans toutes les villes, et surtout dans les régions
industrielles, qu'il entendait rallier à sa personne. Il remettait des
décorations dans les communes rurales, saisissait toutes les occasions de faire des déclarations en public, où il réaffirmait sa confiance dans le peuple et sa foi dans un ordre social qui ne soit pas
celui de la droite réactionnaire, qui favorise le progrès. Les tournées
en province lui permettaient de visiter méthodiquement l'ensemble
du pays. Il donnait çà et là ses vues personnelles sur l'avenir politique. Il se prononçait pour un Exécutif fort, seul capable de mettre
fin aux divisions, pour une limitation des pouvoirs du Parlement,
qu'il ne manquait aucune occasion de discréditer. Il fallait, disait-
il, une révision constitutionnelle. Le peuple serait consulté surtout
par plébiscite.

> « La France, disait-il à Dijon, ne veut ni le retour à l'Ancien
> Régime, quelle que soit la forme qui le déguise, ni l'essai
> d'utopies funestes et impraticables. C'est parce que je suis
> l'adversaire de l'un et de l'autre qu'elle a placé sa confiance
> en moi. »

LE COUP DU 2 DÉCEMBRE.

Louis-Napoléon ne négligeait pas de donner à l'armée des signes
d'attachement : en octobre 1850, à la Revue de Satory, la troupe
avait crié : « Vive l'Empereur ! ». Changarnier, qui commandait,

était ulcéré. Il devait tenter de réagir contre les symptômes évidents de *pronunciamiento*. Le Prince-Président le destituait aussitôt, applaudi par les officiers. Les monarchistes comprirent alors que l'armée était mûre pour un coup d'État. « L'Empire est fait », dit Thiers.

Quelques mesures démagogiques précipitèrent les événements. En novembre 1851, le Prince-Président proposait aux députés de rétablir le suffrage universel, amputé par la loi électorale. Les députés refusèrent, pour ne pas rendre le droit de vote aux ouvriers. L'Assemblée se trouvait ainsi discréditée, elle avait refusé de modifier la Constitution, pour rendre le Prince-Président rééligible. Elle tentait en vain d'obtenir le droit de requérir directement la force armée, pour lutter contre la menace de coup d'État. La majorité des députés avait voté contre ce projet, qui pouvait sauver le régime parlementaire. On était en pleine folie.

Un comité de fidèles préparait le coup d'État dans l'entourage du prince : Morny, son demi-frère, Persigny, le général de Saint-Arnaud, qui avait commandé en Afrique, et le préfet de police Maupas. La date fut fixée au 2 décembre, anniversaire d'Austerlitz. L'idée était d'arrêter d'un coup tous les députés de l'opposition, de neutraliser la garde nationale et les imprimeries, de lancer deux proclamations à l'armée et au peuple.

Le 1er décembre, on donna un grand bal à l'Élysée. Dans la nuit 30 000 soldats furent mis en place dans Paris, en particulier autour de la Chambre des députés. Thiers, Lamoricière, Cavaignac et Changarnier furent arrêtés. La proclamation du prince était affichée partout. Elle affirmait que le suffrage universel était « rétabli », et que l'état de siège était décrété. Le coup d'État se présentait comme une opération dirigée contre les parlementaires du parti de l'ordre. On proposait au peuple de demander au Prince-Président de préparer une nouvelle constitution.

LA RÉSISTANCE DANS LE PAYS.

La résistance ne put s'organiser : 250 parlementaires eurent à peine le temps de se réunir à la mairie du Xe arrondissement pour proclamer la « déchéance » du Président de la République. Ils furent aussitôt arrêtés. Le 3 décembre, les députés républicains tentèrent de soulever les arrondissements de l'Est. Quelques barricades furent dressées, où devait trouver la mort le député Baudin. Mais Saint-Arnaud écrasa toute résistance. Dans la nuit du 4, Paris était soumis.

La province résista sporadiquement dans les régions industrielles et aussi dans les régions agricoles « rouges » comme les Basses-Alpes, la Creuse, l'Allier : trente-deux départements furent mis en état de siège. Cette opposition justifiait la répression. Les ouvriers avaient voté pour le prince : il fit arrêter les chefs républicains. Des commissions constituées dans chaque département se chargèrent de dresser les listes de suspects. 26 000 opposants furent arrêtés, 10 000 déportés, la plupart en Algérie. Il n'y avait plus de républicains en France. Victor Hugo, qui avait en vain protesté contre le coup d'État, partait pour l'exil où il devait rester dix-neuf ans.

Par plébiscite, Louis-Napoléon recevait le 20 décembre les pleins pouvoirs pour modifier la constitution. Près de 7 500 000 oui contre 640 000 non approuvaient le coup d'État. La IIᵉ République avait vécu.

LE NOUVEAU RÉGIME.

Dans toutes les couches de l'opinion publique, le résultat du plébiscite était accueilli avec soulagement. La Révolution de février 1848 n'était pas une simple révolte politique comme celle de 1830. Elle avait mis gravement en question l'ordre social, comme la Révolution de 1789 ne l'avait jamais osé, même en 1793. La propriété, la liberté, le libéralisme étaient les victimes désignées de l'insurrection populaire. A ce titre, la Révolution de 1848 pouvait passer pour la première révolte ouvrière, pour la répétition de la Commune de Paris. Car cette Révolution restait largement parisienne. Elle n'avait été suivie que faiblement en province, où la défense de l'ordre avait été plus facile. Il avait été relativement simple de braquer la province, éprise de paix sociale, contre l'agitation parisienne. Ce travail avait été accompli par la bourgeoisie des notables de la rue de Poitiers.

C'est aussi sur la province que s'était appuyé le Prince-Président, quand il avait songé à se débarrasser des « Burgraves ». Il savait bien que les orléanistes étaient pour lui des ennemis sans troupes parce que leurs troupes préféraient le pouvoir réel d'un chef populaire au pouvoir de carton de parlementaires discrédités.

Tout le jeu du prince avait été d'achever ce discrédit, de le répandre à la fois dans les milieux ouvriers de gauche et dans les campagnes du vieux pays. Il était ainsi l'élu des faubourgs et des villages. La France, lasse des parlementaires bavards, des vieilles familles et des récentes querelles, était mûre pour l'Empire.

Mais l'Empire avait modernisé ses couleurs. Il n'avait plus grand-chose à voir avec le monument de style gréco-romain édifié par le fondateur de la dynastie. Certes le prince se flattait de recevoir l'héritage du grand Napoléon, cela servait son prestige dans les campagnes et dans l'armée. Mais il fallait aussi conquérir les classes nouvelles, les gens d'affaires, de négoce, écartés des urnes par les grands bourgeois depuis trente ans. Il fallait rallier les cadres et même les troupes des entreprises industrielles. Cette clientèle était disponible. Elle n'avait pas de liens très solides avec les vieux notables du parti républicain. Elle ne souhaitait pas la restauration et détestait le désordre. Pour tous ces Français « réalistes », l'Empire n'était pas la résurgence du passé, mais la promesse d'une révolution en profondeur, celle qu'annonçait avant 1830 un prophète baroque, le comte de Saint-Simon : la révolution industrielle.

Enfin l'Empire pouvait se flatter de voler aux républicains leur clientèle populaire dans les milieux urbains. Le socialisme avait valu le bagne aux leaders ouvriers. La République avait apporté la ruine, le chômage, l'assistance précaire. L'Empire promettait la prospérité, l'activité et bientôt le droit de grève. L'Empire se voudrait social.

Il se disait aussi démocratique. Louis-Napoléon insistait sur les origines populaires du nouveau régime. Les notables républicains avaient truqué la consultation électorale. Les orléanistes prétendaient utiliser l'institution démocratique à leur profit. L'Empire se flattait de réaliser, par le plébiscite, le véritable avènement du suffrage universel, sans truquage.

Entre les intentions affichées et les réalités électorales il y avait, certes, un abîme. Les préfets de l'Empire sauraient mieux que ceux de la monarchie de Juillet manipuler un électorat singulièrement élargi. L'Empire inventerait des méthodes pour dominer le suffrage universel. Louis-Napoléon ferait preuve, à l'égard de la démocratie, du même cynisme que jadis son oncle avait manifesté à l'égard de l'Église. La France retrouvait Machiavel au pouvoir.

L'ambiguïté du « coup du 2 décembre » était évidente, il ne donnait satisfaction à aucun parti mais donnait à chacun l'impression que son adversaire avait encore plus de raisons que lui d'être mécon-

tent. Les républicains avaient été frappés, certes, mais le coup
d'État avait d'abord discrédité les monarchistes. Ceux-ci avaient
leurs chefs en prison et leurs cadres en exil, mais leurs troupes
avaient la satisfaction de voir les républicains condamnés à la
déportation en Algérie.

La neutralisation des oppositions était dans la corbeille du nouveau règne. Il y avait aussi la promesse d'un bond en avant de
l'industrie, et d'un retour en force de la France sur la scène internationale. Après plus de trente-cinq ans de repli, ce n'était pas une
mince consolation.

CHAPITRE 15

La révolution du Second Empire

A la révolution des hommes, celle de 1848, succède pendant vingt ans une profonde révolution des choses. L'homme qui s'installe au pouvoir, en 1852, sous un dais comiquement décoré à la mode de l'ancien Empire, surmonté d'un aigle gras aux plumes luisantes, n'a pas grand-chose de commun avec son oncle, en dehors du décor de son règne : de l'Empire, il hérite, en quelque sorte, du mobilier. Il n'a pas l'intention d'enfourcher le cheval d'Alexandre, ni de prendre le chemin de Moscou. Comme Louis-Philippe, le pays qu'il admire le plus au monde est l'Angleterre.

Car Louis-Napoléon Bonaparte est un homme sans préjugés, mais non sans éducation. A la brutalité militaire de l'oncle succède, aux Tuileries, l'élégant dandysme d'un héritier riche, qui n'a plus besoin de tirer l'épée pour se faire sa place. Il porte la barbiche, la moustache fine, il aime les chevaux anglais et prend le temps de faire la cour aux dames, ce qui, dit-on, n'était pas l'habitude du « grand » Napoléon.

Louis-Napoléon, en politique, a deux expériences : celle des livres et celle des conspirations. L'ancien carbonaro a utilisé les recettes de la vie clandestine et les amitiés des sociétés secrètes pour arriver au pouvoir. Chez les hommes, il estime au moins autant la fidélité que la compétence. Il n'a que faire des notables et des « hommes d'État », il préfère les hommes de main, ses compagnons.

L'Empereur a de la lecture, insolite, prophétique, philosophique. Emprisonné longtemps par Louis-Philippe au fort de Ham, « l'université de Ham » comme il dit, il a lu Saint-Simon, la littérature « sociale », les ouvrages positivistes. « La tête de Napoléon est une garenne où les idées se renouvellent comme les lapins », disait Palmerston. Ses maîtres ne sont pas Montesquieu et Rousseau, mais Auguste Comte et Saint-Simon. Il croit à la science et à l'organisation, parce qu'il

croit à l'avenir. En cela, il est vraiment l'homme de sa génération.
A peine au pouvoir, sans se préoccuper trop du décor politique, il
s'attache à réaliser ce dont rêvait Guizot : l'expansion de l'économie
et de la société. Mais au départ, il a jeté aux orties les craintes et les
préjugés de la vieille bourgeoisie française.

Le progrès dans l'ordre : 1852-1860.

LE DÉCOR POLITIQUE.

De la démocratie, il ne garde que la forme, le suffrage universel.
Après le coup du 2 décembre, la Constitution du 14 janvier 1852
enlevait tout espoir à une éventuelle restauration orléaniste. Un
Président de la République était élu pour dix ans au suffrage universel. De lui seul dépendaient le pouvoir exécutif et l'initiative
des lois.

Les trois assemblées mises en place étaient des monuments de
l'ancien Empire : le *Corps législatif* votait les lois, examinées par le
Sénat, qui devait les déclarer conformes ou non à la constitution.
Cent cinquante sénateurs étaient nommés à vie par le Président de
la République. Certains d'entre eux étaient des membres de droit.
Les solides traitements attribués aux sénateurs garantissaient le
régime contre toute velléité de critique ou d'opposition. Ils étaient
les pensionnés du règne.

Les députés du *Corps législatif* étaient élus pour six ans au suffrage universel. Ils votaient l'impôt et discutaient les projets de
lois du Président, qui nommait lui-même le président du Corps
législatif. Il fixait aussi la durée et la date d'ouverture des sessions.
Certaines mesures législatives, les *senatus consultes,* n'étaient pas
soumises à l'Assemblée. Elles étaient approuvées directement par
le Sénat. Les projets de loi soumis au Corps législatif n'étaient
susceptibles d'aucun amendement. Les débats n'étaient ni publics
ni publiés. Le gouvernement n'était responsable que devant le
Président de la République.

Une troisième assemblée, le *Conseil d'État*, avait un rôle purement technique : quarante ou cinquante conseillers préparaient les projets de lois soumis à l'approbation du Président, et les défendaient devant les deux autres assemblées.

Cette constitution était, en fait, impériale. Il suffisait de transformer le Président en *empereur* pour installer le nouveau régime. Quelques manifestations, des vœux plus ou moins spontanés émis par les conseils généraux suffirent à justifier l'organisation d'un *plébiscite* : un discours prononcé à Bordeaux devait rassurer l'Europe. « L'Empire, disait-il, c'est la paix. »

L'EMPIRE, C'EST L'ORDRE.

Le 21 novembre 1852, par 7 800 000 *oui* contre 250 000 *non* et 2 millions d'abstentions, l'Empire était accepté par le peuple français. Il était solennellement proclamé le 2 décembre, pour l'anniversaire du coup d'État. Napoléon III devenait, comme son oncle, *empereur des Français*.

Le but politique qu'il affichait à l'intérieur était la réconciliation dans l'ordre :

« J'ai, comme l'Empereur, disait-il à Bordeaux, bien des conquêtes à faire. Je veux, comme lui, conquérir à la conciliation les partis dissidents et ramener dans le courant du grand fleuve populaire les dérivations hostiles qui vont se perdre sans profit pour personne. »

L'Empire s'installait ainsi dans une sorte de légitimité populaire, celle du plébiscite et du suffrage universel. Les opposants étaient présentés comme des marginaux, qui cherchaient, au profit d'intérêts particuliers, à mettre en question l'harmonie et le consensus national.

Le suffrage universel, dûment utilisé, était donc l'alibi de l'ordre nouveau. Le régime n'avait plus la mauvaise conscience du *cens*. Il n'avait pas à protéger les notables, qui étaient ses ennemis. Il se servait, pour les frapper, d'une référence constante à l'appel au peuple. Pourquoi maintenir en liberté les journaux des notables qui disaient tant de mal de l'empereur? La presse était muselée par un régime de surveillance et de répression extrêmement strict (décret du 17 février 1852). Le Corps législatif n'avait aucun droit de contrôle du budget, qu'il devait voter en bloc, ministère par ministère. Le ministre de l'Intérieur, Persigny, organisait un système des « candidatures officielles ». Il fallait bien protéger le peuple contre la propagande insidieuse des notables. Il fallait qu'il reconnût tout de suite les « bons » candidats.

« Comment huit millions d'électeurs, disait Persigny, pourraient-ils s'entendre pour distinguer entre tant de candidats recommandables à divers titres ? Il importe que le gouvernement éclaire à ce sujet les électeurs. »

Les préfets recevaient donc des instructions pour favoriser exclusivement la campagne des candidats du pouvoir. Ils avaient les affiches blanches, les mieux placées, leurs frais électoraux étaient pris en charge. La presse officielle, seule maîtresse du terrain, les soutenait.

Grâce à ces méthodes, les élections ne pouvaient apporter la moindre surprise. Le ministre de l'Intérieur en avait averti les préfets dans une circulaire célèbre : le gouvernement n'avait que faire de députés contestataires.

« Le gouvernement, disait-il, ne se préoccupe pas des antécédents politiques des candidats qui acceptent avec franchise et sincérité le nouvel ordre des choses. Mais il vous demande en même temps de ne pas hésiter à prémunir les populations contre ceux dont les tendances connues ne seraient pas dans l'esprit des institutions nouvelles. »

Les élections, dans de telles conditions, ne pouvaient être que favorables à la majorité : les opposants étaient découragés. A droite, les légitimistes recommandaient l'abstention. Les comtes et les marquis de l'Ouest se retiraient dans leurs châteaux, abandonnant leurs fonctions publiques de maires ou de conseillers généraux. C'était, comme le dit René Rémond, une « troisième émigration ». Les militants républicains qui avaient échappé aux répressions successives avaient été déportés en Algérie. Il n'y eut, aux élections de 1852, que trois opposants élus, qui refusèrent de prêter serment. En 1857 ils étaient cinq, avec Jules Favre, Ernest Picard et Émile Ollivier. 65 % seulement des Français avaient voté, mais ceux-là avaient suivi les conseils des préfets.

Cette conception du suffrage universel aboutissait donc à la neutralisation de fait du Parlement : non seulement il gardait peu de pouvoirs, non seulement on lui retirait l'essentiel de son pouvoir législatif, mais ses membres étaient recrutés à la suite d'une formidable pression électorale. L'ordre politique ne supportait pas la moindre menace. Louis-Napoléon s'y connaissait en complots et en sociétés secrètes : il fit interdire les associations, sauf celles qui recevaient une autorisation du gouvernement. L'attentat d'Orsini, en janvier 1858, permit aux partisans de la fermeté d'accentuer encore la puissance de l'appareil répressif : une loi de *sûreté générale* donnait au gouvernement le pouvoir d'arrêter les opposants et de les déporter sans jugement.

L'ordre était ainsi assuré avec la plus grande vigueur, comme Guizot n'aurait pas osé le souhaiter. Il est vrai que Guizot n'était pas démocrate! Les vieux principes libéraux étaient mis à la fourrière, allégrement. Ils avaient trop servi le système des castes pour que les masses populaires les regrettent. Que l'Empire se voulût pleinement autoritaire réjouissait le cœur des foules : qu'ils fussent ouvriers ou paysans, les Français ne pleuraient pas sur les brimades que devaient subir les amis de M. Thiers, et s'ils avaient, comme disait Saint-Simon, « le cœur sensible », ils avaient oublié complètement, en 1860, les proscrits républicains de 1851.

L'EMPIRE, C'EST LA GUERRE.

Le prestige militaire des premières années du règne suffit à faire oublier la répression, en rendant à la France et à son armée un certain panache. L'empereur ne ménagea rien dans ce domaine : l'armée retrouva ses fanfares, ses bonnets à poil, et les nouveaux uniformes des « cent gardes » n'avaient rien à envier aux tenues de la « vieille garde » : même les officiers avaient des noms qui rappelaient les victoires.

Les victoires furent pourtant difficiles à obtenir : en Crimée, Napoléon III s'était assuré de l'alliance anglaise. Un corps expéditionnaire mixte s'y était engagé, sous prétexte — du côté français — de protéger les Lieux saints menacés par le tsar. La guerre dura deux ans et c'est la prise de Sébastopol par Mac-Mahon en 1856 qui permit de signer la paix de Paris : la mer Noire était neutralisée, l'Empire turc était garanti par les puissances européennes. Le nouveau règne sortait grandi de l'épreuve.

Plus dure encore fut la guerre d'Italie, plus spectaculaire aussi.

Les Français, une fois de plus, n'avaient pas de raison évidente de s'y rendre, mais l'empereur avait toujours nourri pour l'Italie l'amour des Bonaparte. En plus, il était convaincu que l'avenir de l'Europe passait par la formation des nouvelles nations. Il avait lu le *Mémorial de Sainte-Hélène.*

Une fois de plus, les Français déconseillaient au prince l'aventure transalpine. Un habile Piémontais, Cavour, sut le convaincre et trouva les moyens de l'émouvoir. L'unité italienne valait bien une intervention. Une alliance fut conclue entre la France et le royaume de Piémont-Sardaigne, à la suite de l'entrevue de Plombières entre Cavour et Napoléon. La guerre était déclarée à l'Autriche, puissance occupante en Italie.

La guerre fut brève (avril à juin 1859) mais extrêmement meurtrière. Mac-Mahon l'emporta à Magenta, plus difficilement à Solferino : 17 000 Français y laissèrent la vie. Le traité de Zurich, qui arrêtait les combats, donnait le Milanais au Piémont, mais l'Autriche gardait, avec la Vénétie, un pied en Italie. Il est vrai qu'un royaume de l'Italie du Nord se constituait bientôt autour du Piémont, avec la Toscane et l'Émilie. La France organisait, avec l'accord de Cavour, un plébiscite dans le comté de Nice et la Savoie. L'Italie n'avait pas encore réalisé son unité, mais la France avait perfectionné l'hexagone. Le prestige de l'Empire n'avait jamais été plus grand.

On se réjouissait, dans la presse officielle, de ce que la France avait enfin effacé la « honte » de 1815. De fait la diplomatie française avait été au centre de la paix européenne, au congrès de Paris, comme au traité de Zurich. On avait oublié depuis quarante ans que la France restait en Europe la principale puissance continentale, tant que les nouvelles nations n'étaient pas constituées. Le paradoxe est que l'Empire, avec sa politique des nationalités, allait faire la preuve du contraire.

La révolution des choses.

LES SAINT-SIMONIENS FONT SAUTER LA BANQUE.

C'est dans le domaine des affaires et de l'économie que se réalisait une révolution dont l'empereur était, il faut bien le dire, le complice. La guerre de Crimée, la brève intervention en Italie étaient coûteuses en hommes et rapportaient du prestige, mais elles n'engageaient pas le pays dans ses profondeurs. Les chemins de fer, au contraire, qui devaient se construire en dix ans, mobilisaient aussitôt l'ensemble des forces de la nation, et remuaient de fond en comble la vie quotidienne des Français.

Pour accomplir cette révolution, il fallait que les banques puissent réaliser, selon le mot des Péreire, le « suffrage universel des capitaux ». L'épargne, depuis 1848, était gelée. La baisse passagère de la rente avait terrorisé les petits porteurs. Mais l'Empire allait bénéficier de l'afflux régulier et massif de l'or australien et californien. La quantité de métaux en circulation serait en augmentation constante, provoquant une hausse continue des prix, stimulant toutes les entreprises pour longtemps. Pour débusquer l'or thésaurisé, il suffisait d'avoir les moyens de mettre en place un nouveau système bancaire, organisé pour l'investissement, et non, comme la vieille banque orléaniste, pour le profit familial à risque limité. Les Péreire, anciens employés du baron de Rothschild, avaient lu Saint-Simon. Avec Olindes Rodriguez, Enfantin et les autres disciples du « Père », ils étaient convaincus que la révolution industrielle, pour se développer, devait faire sauter la vieille banque.

Leur *Crédit mobilier*, créé en novembre 1852 grâce à l'aide de Napoléon III, devait apporter les capitaux énormes de la petite épargne aux grandes affaires du siècle : chemins de fer, navigation à vapeur, entreprises industrielles nouvelles. Pour les saint-simoniens, l'argent qui dort est coupable, le thésauriseur est un voleur. Le seul argent légitime est celui qui circule, qui crée de l'activité, du travail, de la vie. L'argent doit rapporter, non du profit seulement, mais de l'activité et du profit. Il faut renverser la malédiction du Moyen Age sur le prêt à intérêt. Le profit n'est pas maudit, s'il aide les hommes à mieux vivre.

Une loi du gouvernement permettant aux sociétés à responsabilité limitée de se constituer sans son autorisation fit qu'Henri Germain, homme d'affaires de Lyon, put créer en 1863 le *Crédit lyonnais*, qui devait largement dépasser le cadre régional pour devenir une grande banque d'affaires nationale. Depuis décembre 1852 le *Crédit foncier* consentait des prêts à long terme sur première hypothèque, qui devaient servir à financer, moins les travaux agricoles que les grands chantiers urbains. D'autres banques se constituaient dans le désordre, avides de jouer un rôle dans l'expansion formidable des affaires : la *Compagnie immobilière,* la *Société générale de crédit industriel...*

La haute banque orléaniste gardait, il est vrai, sa puissance et son crédit. La *banque Rothschild* par exemple, qui faisait aux Péreire une guerre acharnée dans le domaine des chemins de fer, la banque Fould, la banque Mallet... Le privilège de la *Banque de France,* qui restait la banque de l'État, était renouvelé en 1857. Elle avait pour mission de régulariser le marché monétaire. Le papier de l'État, depuis la guerre de Crimée, était directement placé dans le public, sans l'intermédiaire des guichets de la Haute Banque. C'était de loin la forme de placement la plus répandue chez les Français. En 1860 on calcule que 20 milliards d'investissements se sont portés en majorité sur le papier d'État, la rente à 5 % (9 milliards) et le chemin de fer (6,5 milliards), enfin, en dernière position, sur les valeurs industrielles. C'est une des caractéristiques du tempérament national : contrairement aux Anglo-Saxons, les épargnants français ont davantage confiance aux rentes de l'État qu'aux actions industrielles. Les Péreire et autres saint-simoniens n'ont pas pu modifier cet état d'esprit.

LE FAR-WEST FRANÇAIS.

Les chemins de fer devaient traduire, d'une manière spectaculaire, les affrontements d'une brutalité inouïe entre les groupes bancaires, à l'occasion de la construction du réseau. L'Empereur avait promis l'expansion dans son discours de Bordeaux :

> « Nous avons, disait-il, d'immenses territoires incultes à défricher, des routes à ouvrir, des ports à creuser, des rivières à rendre navigables, notre réseau de chemin de fer à terminer. »

En réalité, ce réseau allait être l'objet d'une attention vigilante de l'État, et d'une rivalité sans merci entre l'ancienne et la nouvelle banque.

L'empereur, en bon saint-simonien, voulait aussi « rectifier la géographie » en creusant des tunnels sous les montagnes, en lançant des ponts en fonte sur les fleuves. Il savait que le réseau français était très insuffisant, avec 4 000 kilomètres de rail en 1848. Il devait être doublé en cinq ans, quintuplé en dix-huit ans. Les

locomotives très timides et peu sûres des débuts feraient place
rapidement à des engins fonçant à 100 km/heure. Les usines
Cail, à Paris, sortiraient pendant une certaine période une locomotive
par jour! La France avait moins de 1 000 locomotives au début
de l'Empire. Elle en aurait cinq fois plus à la fin. Pour aller de
Paris à la Méditerranée, il fallait, avec le chemin de fer, seize heures
de train, au lieu d'une semaine de diligence.

Ces résultats avaient été obtenus dans un climat de rivalité
acharnée entre les Rothschild, qui exploitaient depuis la monarchie de Juillet le parcours le plus rentable : Calais-Lille-Paris,
et les Péreire qui avaient dû se contenter de lignes d'intérêt mineur.
Dans la bataille pour le contrôle du P.L.M. (Paris-Lyon-Marseille),
les Rothschild avaient gagné, grâce à Paulin Talabot. Les Péreire
avaient réussi à « enlever » le Paris-Toulouse, qu'ils avaient inauguré dans un style très américain : chacun des frères avait fait
la moitié du parcours, juché sur une locomotive. La presse était
convoquée au point de jonction, où ils se donnaient l'accolade
sous les flons-flons... Le lancement du « grand central » qui devait
« doubler » le P.L.M. à travers le Massif central avait donné lieu
à une vaste opération publicitaire. Les Péreire avaient souscrit
des actions dans tout Paris. Mais les difficultés techniques étaient
telles que l'entreprise devait se révéler une bien mauvaise affaire.

Pour mobiliser l'épargne, et recueillir les capitaux nécessaires,
les compagnies avaient émis un grand nombre d'obligations pour
petits porteurs. En 1859 le gouvernement avait favorisé le regroupement des sociétés ferroviaires en six grandes compagnies : le
Nord, entre les mains de James de Rothschild, la Compagnie
d'Orléans, celle du P.L.M., les compagnies de l'Ouest, de l'Est et
du Midi. Le tracé en étoile autour de Paris devait être achevé à la
fin du règne. L'empereur inaugurerait lui-même le Paris-Stras-
bourg. Le Paris-Bayonne et le Paris-Marseille étaient en exploitation à la fin de l'Empire. Les Anglais pouvaient aller de Calais
à Marseille par le train.

Les gares, appelées « embarcadères », allaient jouer désormais
un rôle capital dans l'expansion urbaine. Construites généralement
en lisière des villes, elles devenaient rapidement le centre de villes
nouvelles. Les chemins de fer multipliaient les emplois : au siège
des compagnies, dans les gares, sur le matériel roulant il fallait
engager de nouveaux salariés, les former, les retenir. L'impulsion
donnée à l'industrie métallurgique par la construction des voies et
du matériel était déterminante. Mais les travaux publics avaient

fait aussi un sérieux bond en avant. Certains travaux d'art avaient
entraîné des innovations techniques décisives : le tunnel du Mont-
Cenis, par exemple, dû à l'ingénieur savoyard Sommeiller, qui
avait permis l'invention du marteau piqueur à air comprimé. La
technique de réalisation des gros ouvrages en fonte avait fait
des progrès remarquables grâce à la construction des gares et des
viaducs. Enfin les rails du chemin de fer exigeaient la production
de plus en plus massive d'acier, et non pas de fonte, entraînant
la sidérurgie dans des voies nouvelles.

LA NOUVELLE CARTE INDUSTRIELLE.

La progression des machines à vapeur était dans tous les domaines
considérable : dans l'industrie, le nombre des engins à vapeur
devait passer, en vingt ans, de 5 000 à 28 000. Le nombre des
navires fonctionnant à la vapeur allait seulement doubler, en raison
de la concurrence toujours active des grands voiliers des lignes
de l'Atlantique Nord, les « clippers », mais aussi en raison de l'absence de canaux interocéaniques. L'inauguration du canal de Suez,
œuvre du saint-simonien Ferdinand de Lesseps, n'eut lieu qu'en
1869 seulement. Deux grandes compagnies de navigation s'étaient
cependant créées en France, la *Compagnie générale transatlantique*,
fondée par les Péreire, qui concurrençait la Cunard Line vers
l'Ouest américain, et les compagnies de Hambourg vers les pays
de la Baltique — les *Messageries maritimes* qui travaillaient pour
l'Orient et l'Extrême-Orient à partir de Marseille, puis de Bordeaux.

Les ports avaient été l'objet d'investissements massifs : ils étaient
à la fois l'aboutissement des nouvelles lignes de chemin de fer et le
point de départ des grosses unités de la nouvelle flotte à vapeur,
dont les tonnages s'accroissaient rapidement, en même temps que
le tirant d'eau : le tonnage moyen était de 148 tonneaux en 1820,
il était en 1870 de 317. Les paquebots de l'Atlantique Nord dépas-
saient 3 000 tonnes. Tous les grands ports furent modernisés ;
pourvus de bassins plus profonds, de môles plus étirés, de matériels
de levage efficaces, souvent mus par la vapeur. Marseille, Bordeaux, mais surtout Le Havre, Dunkerque et Saint-Nazaire furent
préparés à leur mission internationale. En fin de règne, c'était
chose faite.

Le développement de la vapeur avait bouleversé toutes les vieilles industries. Le textile était en 1848 l'essentiel de l'activité. La mécanisation devait y faire des progrès constants dans les centres cotonniers d'Alsace et de Normandie, dans la soierie lyonnaise et même dans la laine, malgré la subsistance des habitudes artisanales, et le maintien assez large du travail à domicile dans les régions rurales.

Quelle que fût la puissance des groupes textiles français en 1870, ils n'étaient pas le secteur le plus dynamique de l'activité industrielle. Sainte-Claire Deville avait inventé en 1854 le traitement de la bauxite, l'industrie de l'aluminium. On savait fabriquer le sodium en grandes quantités. On explorait de plus en plus vite le domaine encore mystérieux de l'électricité. Déjà le télégraphe électrique avait pu être ouvert au public. L'invention du procédé Bessemer, en 1856, permit de quadrupler très rapidement la production d'acier, de tripler la production de fonte.

Les progrès de l'industrie se faisaient sentir, même dans l'agriculture : grâce au chemin de fer, les paysans en surnombre sur les terres gagnaient facilement les villes.

A la campagne, la tendance était au regroupement des terres, dont la valeur augmentait. Les ouvriers agricoles étaient moins nombreux, leur salaire s'accroissait de près de moitié. Les grands propriétaires, devant la hausse continue des prix agricoles, pouvaient se permettre d'investir. Ils achetaient du matériel moderne, des charrues de Fowler, toutes en fer, des batteuses à vapeur, des moissonneuses Mac Cormick et des engrais naturels comme le nitrate du Pérou, ou artificiels comme le phosphate de chaux.

Napoléon III se préoccupait d'accroître les surfaces utiles, en faisant drainer la Sologne, en asséchant les Dombes et la Brenne. Jamais les travaux agricoles d'importance nationale n'avaient atteint une telle ampleur. Dans les Landes, on fixait les dunes pour planter la magnifique forêt de pins. La France prenait peu à peu son visage actuel. Une singulière révolution affectait aussi les paysages.

Le Languedoc se couvrait de vignes, en raison de la tendance à la monoculture, développée par le chemin de fer. La betterave sucrière gagnait toutes les plaines du Nord et l'industrie du sucre n'avait jamais été aussi prospère. Les villes s'entouraient d'une ceinture de cultures maraîchères. Des régions entières se spécialisaient dans l'élevage, la Normandie, le Charolais, le Morvan. La culture des céréales devenait industrielle dans les plaines du Nord et du Bassin parisien. Le seigle était abandonné au profit du blé ou du froment.

La vie s'améliorait dans les campagnes, où les villages n'étaient plus des centres de production isolés. Grâce aux gares proches, au développement des routes et des chemins vicinaux, le grand commerce pouvait y faire parvenir ses produits. On commençait à couvrir les maisons rurales de tuiles, partout où il y avait encore du chaume. On achetait des meubles, on équilibrait l'alimentation en consommant moins de céréales, plus de viande, en buvant du vin. Le paysan commençait à devenir un consommateur. On pouvait lui vendre les textiles et les objets manufacturés des villes.

AU BONHEUR DES DAMES.

L'accroissement du commerce était général, mais une innovation devait marquer profondément les mentalités : celle des « grands magasins ». Zola décrivait, dans *Au bonheur des dames*, cette croissance irrésistible des grands ensembles qui décimaient les « boutiques ». Le Printemps, le Louvre, la Samaritaine, le Bon-Marché, la Belle-Jardinière sont des créations du Second Empire. Un parc de voitures impressionnant, une véritable armée de cochers, de palefreniers, de vendeurs, de manutentionnaires s'agitait tous les jours dans chacune de ces ruches. Dans les nouveaux « rayons », tenus par des employés, les clients pouvaient trouver au meilleur prix la quasi-totalité des produits fabriqués en France.

Napoléon III se préoccupait lui-même de faire connaître les produits français au public étranger en organisant de grandes « expositions universelles » à Paris. Celle de 1855, qui reçut plus de cinq millions de visiteurs, avait révélé au public les lingots d'aluminium de Sainte-Claire Deville. Celle de 1867 au Champ-de-Mars, qui accueillit plus de onze millions de personnes, présentait les dernières innovations techniques, comme par exemple les machines à air comprimé.

L'empereur, en matière commerciale, était un libéral. Il pensait que l'abolition des frontières douanières ne pouvait que servir, en l'accélérant, le progrès industriel, et parfaire le mouvement de concentration des entreprises. Dans cet esprit, le traité de libre échange signé en 1860 avec la Grande-Bretagne avait été très soutenu par l'opinion saint-simonienne, qui voulait que la concurrence éclate, et que le meilleur gagne. Michel Chevalier du côté français, Richard Cobden pour l'Angleterre avaient négocié l'accord : les marchandises anglaises ne seraient plus prohibées en France. Elles seraient seulement taxées, selon un tarif décroissant dans le temps. Les produits français, et notamment les vins, seraient admis en franchise dans les ports anglais. D'autres traités, analogues dans leur esprit, devaient être conclus avec la Belgique, l'Allemagne, l'Italie et les autres nations européennes. Le pacte colonial était aboli. La France abordait l'âge industriel les mains nues.

L'AGE D'OR DE L'IMMOBILIER.

Le mouvement de la société française était plus lent que celui de l'économie : la stabilité des masses rurales était remarquable. Malgré les chemins de fer, 69 % des Français restaient des ruraux à la fin de l'Empire. L'industrie ne touchait, numériquement, qu'une minorité de la nation et non, comme en Angleterre, une majorité. L'enrichissement n'avait pas encore comme conséquence le gonflement des classes moyennes.

Certes la spéculation tentait tous les bourgeois, petits et grands, mais elle profitait surtout aux grands. Et cependant le Second Empire fut l'âge d'or des hommes nouveaux, des agitateurs, de nouveaux riches de la bourse, du rail et de l'immobilier.

La spéculation immobilière favorisait les fortunes rapides. On construisait beaucoup dans les villes, à Lyon, à Marseille, à Lille. Ces villes gardent encore leur physionomie de l'époque. La rue Paradis à Marseille, comme l'avenue Foch à Paris, date du Second Empire.

Mais c'est surtout le Paris du baron Haussmann qui allait devenir un gigantesque chantier, grâce au Crédit foncier qui finançait les travaux. Deux axes étaient créés : l'un, Nord-Sud, de la gare de l'Est à l'Observatoire, par les boulevards de Sébastopol et Saint-Michel — l'autre Est-Ouest, de la Nation à l'Étoile, par le faubourg Saint-Antoine, la rue de Rivoli, l'avenue des Champs-Élysées, était doublé sur la rive gauche par le boulevard Saint-Germain. Les Grands Boulevards ceinturaient Paris, avec de larges carrefours, comme celui de l'Opéra, qui, en cas de besoin, pouvaient

permettre aux troupes de manœuvrer facilement dans la capitale.
Des bois étaient créés en périphérie, bois de Boulogne et bois de
Vincennes. On bâtissait le théâtre de l'Opéra, on dégageait les
monuments anciens comme Notre-Dame, on les restaurait à
l'instigation de Viollet-le-Duc.

Dans la ville de Paris, les « grandes familles » prenaient l'habitude de se fixer dans les « beaux quartiers » de l'Ouest. Les villages
d'Auteuil, de Passy, les abords du Trocadéro se construisaient
à toute allure. Les ouvriers se réfugiaient sur les hauteurs de
Belleville et de Ménilmontant, dans tous les quartiers de l'Est,
dans la plaine des Batignoles au Nord, dans la plaine de Grenelle
au Sud-Ouest. Aux vieux quartiers et aux anciens faubourgs,
toujours habités par les artisans parisiens, s'opposaient désormais
les quartiers neufs des mécanos des barrières.

CLASSES DOULOUREUSES ET CASTES TRIOMPHANTES.

La condition des ouvriers s'était partiellement améliorée sous
l'Empire : les ouvriers spécialisés parisiens avaient vu leur salaire
s'accroître de près d'un quart. Il est vrai que la hausse générale
des prix annulait l'augmentation purement nominale des salaires. La
hausse des loyers dans le centre de Paris avait rejeté les ouvriers
dans les quartiers éloignés des lieux de travail. La ségrégation
sociale commençait.

L'ouvrier du Second Empire qui travaillait à plein temps et
gagnait des heures supplémentaires était un homme mieux nourri,
mieux habillé, plus heureux, que son « ancêtre » de la monarchie
de Juillet. Le mode de vie avait changé. Les Parisiens avaient plus
de distractions et des moyens de transport plus pratiques. Mais la
part du profit était infiniment plus grande.

La société bourgeoise avait presque complètement absorbé
l'ancienne société aristocratique. Les filles des banquiers commençaient à épouser les ducs. Le profit nivelait les hautes classes,
comme il avait exilé les pauvres. La « fête » parisienne, que Zola
décrit dans ses romans et qu'il appelle la « haute noce », déroulait
ses fastes de l'Opéra au palais des Tuileries, des hôtels particuliers
de la « nouvelle Athènes » (l'ancien quartier de Pigalle, alors habité
par les banquiers et les artistes) aux riches calèches de l'avenue
du Bois, aux petits palais des grandes « cocottes ». La Païva n'avait-

elle pas pignon sur rue aux Champs-Élysées ? Théophile Gautier, et tout ce que Paris comptait de gens illustres, ne se précipitait-il pas dans son salon, où son image, nue, était peinte au plafond par Baudry ? L'élite allait jadis chez les duchesses. Sous l'Empire, elle se précipitait chez les cocottes.

Zola pourfendait, sous la République, la haute société de l'Empire, qui condamnait très vertement Baudelaire, pour *Les Fleurs du Mal*, et Flaubert, pour *Madame Bovary*, à des dommages et intérêts. N'avaient-ils pas, par leurs fictions immorales, causé du tort à la société ? La noce parisienne échevelée n'empêchait pas les procureurs de condamner les artistes, ni la foule des badauds parisiens de conspuer les toiles de Manet. N'avait-il pas eu l'audace, avec l'*Olympia*, de présenter, au lieu d'une déesse nue, une sorte de domestique indécente ? Dans son *Déjeuner sur l'herbe*, n'avait-il pas déshabillé entièrement l'une des invitées, les autres restant vêtus ? Que signifiait cette mascarade, sinon une incitation à la débauche ? L' « art vivant » de Courbet ne trouvait pas davantage grâce devant les critiques. On le trouvait trop « peuple », trop « vulgaire ». *L'Enterrement à Ornans* paraissait triste, le portrait de « son ami » Proudhon, inquiétant. L'époque aimait à voir construire, près des gares, de grandes églises en fonte pour les ouvriers. Elle n'aimait pas que l'art inquiète. Il devait rassurer, comme les toiles un peu tristes de Millet ou les tableaux de la vie mondaine de Constantin Guys.

L'Empire, qui voulait la paix, voulait aussi la paix sociale. Il comptait beaucoup sur l'Église pour apaiser les ouvriers :

> « Je veux conquérir à la religion, disait Napoléon III dans le discours de Bordeaux, à la morale, à l'aisance, cette partie encore si nombreuse de la population qui, au milieu d'un pays de foi et de croyance, connaît à peine les préceptes du Christ. »

Napoléon devait être déçu : dans les années 60, l'Église lui fit défaut : sa politique italienne, qui isolait le pape devant les nationalistes unitaires, mécontentait les catholiques. Peu à peu le Piémont avait annexé toute l'Italie, y compris les États du pape. L'empereur avait beau écrire sous pseudonyme des libelles de justification, personne ne voulait l'entendre : « plus le territoire sera petit, disait-il, plus le souvenir sera grand », mais le pape n'appréciait pas le soin qu'il prenait de ses affaires. Les ultra-

montains de France soutenaient le pape contre l'empereur. Louis
Veuillot critiquait âprement, dans *L'Univers,* la politique romaine
du régime.

Le patronat catholique, qui pratiquait à l'égard de ses ouvriers
une politique sociale de paternalisme, avait très mal accueilli le
traité libre-échangiste, qui obligeait la France à chercher une com-
pétitivité plus grande devant l'Angleterre concurrente. Ni
l'Église ni le patronat ne soutenaient plus le règne. Ils étaient
à la recherche d'une autre solution politique, qui garantît à la fois
l'ordre et leurs intérêts. Napoléon III devait se chercher de nouveaux alliés parmi les classes nouvelles, spontanément anticléri-
cales : les ouvriers, les cadres, les commerçants, les employés.
Pour se gagner cette clientèle, il devait libéraliser le régime.

Vers l'Empire parlementaire : 1860-1870.

LE DIALOGUE DU POUVOIR ET DE L'OPPOSITION.

L'Empire ne pouvait longtemps subsister sur des bases autori-
taires. Il fallait qu'il recherche une assise politique solide, soit en
s'ouvrant aux « nouvelles couches » de la société industrielle,
soit en se libéralisant pour admettre l'opposition « libérale », c'est-
à-dire bourgeoise, celle des notables longtemps jetés en prison
ou condamnés au silence.

L'Empire « libéral » fut inauguré par une petite phrase prononcée
par l'empereur lui-même, en novembre 1860 : il admettait que le
Sénat et le Corps législatif pussent voter tous les ans une *adresse*
sur l'ensemble de la politique du gouvernement. Cette adresse à
l'empereur risquait de devenir un événement, puisqu'elle permettrait au Parlement de s'exprimer. En outre, le Corps législatif
recevait le droit d'amendement.

C'était rendre du prestige au Parlement et faire un premier pas
vers un Empire parlementaire. Le *Journal officiel* devait publier
in extenso le compte rendu des séances parlementaires. En 1861
on décidait de faire voter le budget de chaque ministère par secteur,
au lieu de le présenter en bloc. Ainsi les députés auraient-ils plus
de facilités de contrôle et d'intervention dans les projets du gouver-

nement. Ils avaient le pouvoir de surveiller efficacement les dépenses de l'État.

Un parti d'opposition se constituait aussitôt. Il s'appelait l'*Union libérale*. D'anciens notables orléanistes et de jeunes républicains, souvent de profession libérale, faisaient des actes du pouvoir une critique vigilante. Aux élections de 1863 l'Union libérale eut 32 députés élus, avec 2 millions de voix, contre 5 millions pour les « candidats officiels ». Ce n'était pas un mince résultat. En quelques mois, l'opposition des notables avait prouvé qu'elle existait dans le pays. Parmi les 32 élus, la moitié étaient des républicains modérés, les autres, comme Thiers ou Berryer, étaient des royalistes.

Aussitôt élu, Thiers réclamait avec éloquence les « libertés nécessaires » : liberté « individuelle », liberté de la presse, liberté « électorale » : il ne faut pas, disait-il, que le gouvernement «puisse dicter les choix et imposer sa volonté dans les élections ». Il demandait le droit d'interpeller les ministres au Parlement et souhaitait qu'un véritable régime parlementaire fût instauré, avec responsabilité du gouvernement devant le Corps législatif.

Le discours de Thiers eut un énorme retentissement. Mais les temps n'étaient pas mûrs pour l'établissement d'un Empire libéral. Le pouvoir continuait à rechercher une clientèle élargie sur sa gauche. Dans ce but, un *Tiers-Parti*, dirigé par Émile Ollivier, s'efforçait de canaliser les suffrages des mécontents qui voulaient changer la politique, mais non le régime. Ce Tiers-Parti, également libéral, aurait 63 députés au Parlement, qui demanderaient des réformes. Ils étaient en concurrence avec les élus de l' Union libérale, qui, en 1865, avaient adopté à Nancy un programme commun de décentralisation et de liberté. Ce programme était approuvé par des notables républicains comme Carnot ou Jules Simon et par des monarchistes comme Falloux, Berryer et Montalembert. Les oppositions de droite se rejoignaient contre le régime.

LE POUVOIR JOUE LA CARTE SYNDICALE.

Napoléon III n'était pas soucieux de donner trop vite satisfaction aux notables libéraux. Par contre il cherchait par tous les moyens à rallier les ouvriers. Déjà, en 1862, il avait facilité le voyage à Londres d'une délégation de 183 représentants des métiers parisiens à l'exposition industrielle. Certains d'entre eux, comme

Tolain, avaient une grande expérience des luttes ouvrières. Ils connaissaient les œuvres de Proudhon et des autres écrivains socialistes. Leur voyage à Londres leur permit d'étudier sur place le fonctionnement du syndicalisme libéral à l'anglaise, le trade-unionisme, qu'ils souhaitaient acclimater en France.

Napoléon III connaissait aussi l'Angleterre et ses mœurs politiques. Il avait remarqué, en 1863, que les ouvriers avaient fait voter, en France, pour l'opposition à l'Empire. Il savait qu'il devait détacher très vite la classe ouvrière des notables libéraux, sous peine de voir se gonfler l'électorat de l'opposition aux prochaines élections. Une bataille de vitesse s'engageait.

En février 1864, les anciens délégués à Londres publièrent le *Manifeste des soixante*, qui demandait les libertés syndicales. Elles furent partiellement accordées par la loi du 24 mai 1864 : les ouvriers avaient le droit de grève. Ils n'avaient pas encore le droit d'association.

Cette mesure partielle suffirait-elle à provoquer le ralliement électoral de la classe ouvrière ? En 1864 fut fondée la *Première Internationale*. En liaison avec le *Comité permanent* installé à Londres, et influencées en partie par Karl Marx, des sections nationales furent créées partout. Tolain organisa la section française. Elle eut vite plus de 3 000 adhérents, avec des bourgeois comme Jules Simon : les républicains noyautaient. Mais ils se heurtaient à des leaders très durs comme Vallès et Longuet, qui détestaient le réformisme bourgeois. La section française, sous l'influence de cette aile « dure », prit rapidement position sur le terrain politique, décourageant à la fois les républicains réformistes et la politique officielle d'ouverture : les syndicalistes condamnaient les lois militaires et les armées permanentes. Ils critiquaient l'intervention française en Italie. Le ralliement de la classe ouvrière n'était pas pour demain. En 1868 la Section française de l'Internationale était dissoute.

LES POINTS « NOIRS » A L'EXTÉRIEUR.

La politique extérieure aventureuse allait empêcher le ralliement des notables libéraux. Thiers serait dans ce domaine le plus sévère des censeurs pour l'Empire.

En Italie, Napoléon III ne pouvait laisser les Piémontais envahir les États du pape sans protester. Il envoya un corps expéditionnaire qui battit les volontaires garibaldiens à Montana en 1867. Il se fâchait ainsi avec les nationalistes italiens sans se réconcilier pour autant avec les catholiques, qui le rendaient responsable du gâchis italien. Thiers et les notables ne manquaient pas de souligner les flagrantes contradictions de la politique italienne.

Ils s'emportaient aussi, avec de beaux effets de tribune, contre les aléas de la politique d'intervention armée au Mexique, imprudemment décidée par l'empereur. On avait dépensé plus de 300 millions et perdu 6 000 hommes pour mettre sur le trône du Mexique un autrichien, Maximilien. L'expédition, qui avait pour but déclaré de recouvrer au Mexique une lourde créance française, sentait l'affairisme. Bazaine, qui commandait l'armée, avait failli déclencher, à la mode du pays, un *pronunciamiento*. En définitive, Maximilien était mort fusillé par les troupes du chef mexicain nationaliste Juarez. Les Français avaient dû rembarquer dans la confusion.

Le prestige international de l'empereur ne cessait de s'amoindrir. Il avait laissé, en 1866, la Prusse battre l'Autriche à Sadowa sans intervenir. La présence d'une grande Prusse sur le Rhin devenait une menace pour la France. L'unité allemande risquait de se faire contre nous. Napoléon III avait soutenu en Europe, conformément au *Mémorial de Sainte-Hélène*, le principe des nationalités. Et voici que les jeunes nations, à peine nées, devenaient ennemies.

Ces déconvenues, qui attiraient au pouvoir des critiques de plus en plus vives, donnaient à l'empereur le sentiment que, pour désarmer l'opposition intérieure, il fallait aller plus avant dans le sens des réformes. L'Empire avait donc tendance à se libéraliser sous le poids des défaites, des mécomptes, des déconvenues.

Pourtant la politique étrangère ne manquait pas de motifs de satisfaction, mais ils étaient mal exploités par le pouvoir, tandis que les échecs étaient admirablement mis en relief par les ténors de l'opposition. L'Empire, sous l'impulsion de l'habile Rouher, avait reconstitué un domaine colonial qui n'était pas négligeable. Gouverneur du Sénégal de 1854 à 1865, Faidherbe avait conquis tout le pays, jetant là les bases solides d'une future expansion. Une expédition en Chine avait permis au général Cousin-Montauban d'imposer aux Chinois le traité de Tien Tsin qui ouvrait au commerce français sept grands ports. La marine avait fait, en 1867, la conquête de la Cochinchine et obtenu du roi du Cambodge la signature d'un traité de protectorat.

La politique menée en Égypte avait permis à Ferdinand de Lesseps de mener à bien la percée du canal, qui devait être inauguré en 1869. Les Français possédaient plus de la moitié des actions de la compagnie. Une possibilité d'influence française en Méditerranée se précisait, avec comme points d'appui l'Égypte, l'Algérie durement maintenue dans l'obéissance, et des Lieux saints. Par Suez, la France s'ouvrait la route de l'Extrême-Orient où elle avait acquis, conjointement avec l'Angleterre, de bonnes positions commerciales. Ce que l'empereur avait raté au Mexique, il l'avait réussi en Méditerranée : Marseille devait être la grande bénéficiaire de cette politique.

UN NOUVEAU TRAIN DE RÉFORMES.

En 1868, ces bienfaits semblaient minces, en regard des échecs manifestes essuyés ailleurs. Quand l'empereur consentit à donner au Parlement le droit d'interpellation, en janvier 1867, cette mesure fut ressentie et commentée comme une preuve de faiblesse. La loi sur la presse de 1868, qui supprimait la demande d'autorisation préalable et réduisait le droit de timbre, ne fut pas mieux accueillie. L'opposition y vit seulement l'occasion de développer sa propagande politique. Enfin la loi sur les réunions publiques, promulguée la même année, permettait en fait aux partis de se reconstituer, aux notables de récupérer toute leur influence sur leurs troupes. De nouveau l'argent dominerait la presse, et les châteaux la politique. L'Empire était-il tombé si bas ?

En réalité l'espoir et le calcul du régime résidaient dans l'attitude des « nouvelles couches sociales » qui profitaient du bien-être et de l'enrichissement. Celles-là, normalement, devaient soutenir l'Empire. Elles étaient acquises à une politique de progrès, de paix sociale. En réalité, elles pouvaient être aussi bien favorables à un Empire libéral qu'à une République d'ordre. Elles étaient une clientèle disponible. Les républicains le savaient.

L'opposition républicaine était essentiellement une affaire de presse : l'ensemble des journaux républicains totalisait en 1869 le chiffre, énorme pour l'époque, de 100 000 exemplaires. Les frères Hugo publiaient *Le Rappel*, l'avocat Jules Ferry dirigeait *L'Éclaireur*, Delescluzes *Le Réveil; La Lanterne*, du polémiste Rochefort, était fort lue, car fort insolente. *Le Réveil* avait osé lancer une souscription pour élever un monument à la mémoire du député Baudin, mort « pour vingt-cinq francs » sur les barricades du 2 décembre. Le défenseur du *Réveil*, poursuivi en correctionnelle, s'appelait Gambetta. Tous les tempéraments littéraires et politiques de la nouvelle génération se retrouvaient dans les feuilles républicaines de la fin de l'Empire. Tous ces jeunes adoptaient la boutade de Rochefort :

> « Comme bonapartiste, je préfère Napoléon II, c'est mon droit ! »

Les républicains avaient formulé, avant les élections de 1869, le célèbre *Programme de Belleville* : celui-ci dosait très habilement les revendications purement libérales : liberté individuelle, liberté totale de la presse, application honnête du suffrage universel, droit d'association et de réunion, instruction gratuite, séparation de l'Église et de l'État — avec des revendications inspirées par les jeunes chefs du mouvement ouvrier : par exemple la suppression des armées permanentes et l'élaboration d'une fiscalité sociale. L'interdiction par le pouvoir de la Section française de l'Internationale avait rejeté les ouvriers vers les républicains. Inversement, la multiplication des grèves sanglantes décrites dans *Germinal*, devait faire des jeunes avocats républicains les défenseurs naturels des grévistes. Les républicains prendraient ainsi en charge la revendication pour le droit syndical. L'ouverture de l'Empire aux notables était un échec, comme la tentative de ralliement des ouvriers.

LE DERNIER SUCCÈS DU RÉGIME.

Les élections de 1869 furent défavorables à l'Empire : les partisans du régime étaient 500 000 de moins (4,5 millions au lieu de 5). Les opposants réunissaient 3 300 000 suffrages. Il y avait une trentaine de républicains et 40 libéraux d'opposition. Les « inconditionnels » de l'Empire, que l'on appelait encore les « Mamelucks », étaient une centaine seulement, les libéraux dynastiques du Tiers-Parti constituaient une autre centaine. Les républicains étaient essentiellement les élus des grandes villes, Paris, Marseille, Lille. Les campagnes avaient, une fois de plus, voté pour l'ordre.

A la suite de ce scrutin, les fondateurs de l'Empire estimaient qu'ils devaient passer la main ; « quant aux hommes du 2 décembre, comme moi, disait Persigny, leur rôle est fini ». Le 2 janvier 1870, l'empereur appelait au pouvoir le chef du Tiers-Parti, Émile Ollivier.

Avec Ollivier, le régime avait trouvé en son sein un réformateur possible. Le « rouhernement », ou gouvernement de Rouher, prenait fin. Un nouveau train de réformes poussait plus loin la libéralisation : le Corps législatif recevait le droit d'élire son bureau et son président. Il avait l'initiative des lois, votait le budget par chapitres, élargissait encore son droit d'amendement. Le gouvernement pourrait être composé de ministres choisis parmi les députés. Ollivier voulait qu'il fût directement responsable devant la Chambre. Napoléon III refusa cette ultime étape de la réalisation d'un véritable régime parlementaire, mais il laissa Émile Ollivier constituer librement son cabinet, se réservant seulement la désignation des ministres de la Guerre et de la Marine.

Une nouvelle étape dans la voie de la libéralisation du régime fut franchie en avril 1870 : par *senatus consulte* l'empereur faisait du Sénat une véritable assemblée parlementaire, perdant son pouvoir constituant.

« La Constitution, était-il précisé, ne peut être modifiée que par le peuple, sur la proposition de l'empereur. »

Le Sénat n'avait plus qu'un simple pouvoir de contrôle législatif. Il cessait d'être le gardien des destinées du régime.

L'empereur s'était engagé à consulter le pays, par voie de plébiscite, sur l'ensemble des mesures de libéralisation. Le choix de cette voie populaire impliquait en fait que Napoléon III voulait retrouver sa légitimité devant les urnes.

Les républicains ne s'y trompèrent pas. Ils se lancèrent à corps perdu dans une vigoureuse campagne contre le régime. Les notables libéraux, au début de 1870, ne les suivaient plus guère : ils avaient trop peur de la poussée révolutionnaire. L'Empire sortait vainqueur de la consultation avec 7 300 000 voix contre 1 570 000 à l'opposition et plus de 2 000 000 d'abstentions. Une fois de plus l'opposition n'avait rallié que les suffrages des grandes villes. Les campagnes fidèles avaient plébiscité l'Empire. Il se trouvait, selon le mot de Gambetta, « fondé une seconde fois ». La défaite allait l'emporter.

UN RÉGIME ENTRAINÉ A LA GUERRE.

La France était mal préparée à une véritable guerre européenne. La Prusse était devenue une grande puissance militaire, grâce aux canons Krupp et aux chemins de fer. Elle l'avait emporté facilement sur l'Autriche à Sadowa. L'armée active de 800 000 hommes bien entraînés dont disposait le roi de Prusse était très supérieure à n'importe laquelle des armées européennes.

La France ne pouvait aligner que 300 000 hommes. La loi Niel, votée en 1868 par le Corps législatif avec de sensibles atténuations, s'efforçait d'établir un service militaire de neuf ans par tirage au sort, avec une réserve de quatre ans. On levait chaque année 80 000 hommes, ce qui donnerait à la France, en année de paix, une armée théorique de 500 000 hommes, avec une réserve de 300 000. Les « bons numéros » pourraient être levés en cas de besoin dans la garde mobile. Celle-ci ne devait jamais être sérieusement organisée.

Les seuls éléments favorables de l'armée française étaient l'armement : le nouveau fusil se chargeant par la culasse, le chassepot, et la première mitrailleuse. Mais l'artillerie était inférieure à celle des Allemands et la logistique était très insuffisante.

Surtout, la Prusse avait un moral extraordinaire, et les autres pays allemands qui la rejoindraient dans le combat avaient conscience de mener une lutte « nationale » pour la constitution d'une nation rassemblée.

Bismarck avait fort bien utilisé dans l'opinion allemande les demandes de médiation formulées par Napoléon III lors du conflit avec l'Autriche. L'empereur des Français voulait faire payer sa neutralité par la session de terres allemandes ; il voulait, sur la rive gauche du Rhin, le Palatinat, territoire bavarois. Il convoitait le Luxembourg, et promettait en échange à Bismarck de tolérer l'annexion des États du Sud de l'Allemagne. Mis au courant du marchandage, ces États s'empressèrent de s'entendre avec la Prusse. Bismarck avait fort bien su réveiller un climat patriotique très hostile aux Français.

Dès lors, l'occasion du conflit était de peu d'importance : la Prusse s'y était préparée, aussi bien sur le plan militaire que sur le terrain politique. Le prince Léopold de Hohenzollern était candidat au trône d'Espagne, qui était vacant. Le 3 juillet 1870, en dépit de l'hostilité de la France, Bismarck avait fait reconnaître officiellement cette candidature par l'Europe. La presse française trouvait alors à son tour des accents guerriers. Mais le gouvernement Ollivier mesurait parfaitement les dangers d'une aventure guerrière. L'ambassadeur de France avait été envoyé à Ems, où le roi de Prusse prenait les eaux, avec pour mission de rechercher l'apaisement, en demandant au roi de bien vouloir désavouer cette candidature. Le 11 juillet, le roi de Prusse faisait savoir que la candidature Hohenzollern était retirée.

Un véritable parti de la guerre se démasquait alors aux Tuileries, dans l'entourage de l'impératrice. Elle avait jadis reproché à l'empereur de n'avoir pas aidé l'Autriche catholique contre la Prusse. Le ministre des Affaires étrangères, Gramont, sous l'influence de l'impératrice, télégraphiait à l'ambassadeur de France Benedetti pour qu'il demande au roi de Prusse des assurances pour l'avenir. Le roi acceptait de nouveau d'apaiser les esprits, approuvant « sans réserve » la renonciation du prince de Hohenzollern au trône d'Espagne. Il télégraphiait aussitôt à Bismarck pour le mettre au courant.

Délibérément, Bismarck voulait la guerre, pour achever l'unité allemande aux dépens de la France. Il truqua le texte du télégramme impérial, le présentant comme le récit d'un brutal refus d'audience. L'ambassadeur de France aurait fait à la Prusse des propositions infamantes. Elle aurait refusé avec hauteur. C'était allumer l'incendie nationaliste, en même temps à Paris et à Berlin.

LA DÉBÂCLE DES FRANÇAIS.

Aussitôt la France prenait ses dispositions. Le général Lebœuf, ministre de la Guerre, tentait de lever 350 000 hommes. Les diplomates s'efforçaient d'obtenir l'alliance de l'Italie et de l'Autriche, la neutralité des États allemands du Sud. En dépit de l'opposition de Thiers et de Jules Favre, le Corps législatif approuvait la déclaration de guerre, le 17 juillet.

Le 2 août, à la frontière, le général Lebœuf n'avait pu aligner que 265 000 soldats. Grâce à une utilisation judicieuse du chemin de fer, les Prussiens et leurs alliés étaient déjà 500 000 sur le Rhin, avec une puissante artillerie.

Les forces françaises étaient réparties en plusieurs groupes : l'armée d'Alsace, commandée par Mac-Mahon, avait 67 000 combattants. Bazaine avait l'armée de Lorraine, avec 130 000 hommes. Le reste devait se concentrer plus près de Paris. L'empereur voulait commander en personne.

Dès le 4 août, les Prussiens bousculaient Mac-Mahon, dont les officiers n'avaient pas même de cartes d'état-major de la région des combats. Battu à Wissembourg, puis, le 6, à Frœschwiller, Mac-Mahon avait en vain accepté le sacrifice des « turcos » et des cuirassiers. La charge héroïque de Reichshoffen était particulièrement inutile et inefficace, les lourds cavaliers s'empêtrant dans les vergers de la plaine d'Alsace, sous le feu redoutable des fusiliers bavarois. Mais elle hanterait longtemps l'imagination populaire.

L'armée faisait retraite, abandonnant l'Alsace à l'ennemi, qui pouvait franchir le Rhin comme bon lui semblait. Seuls Strasbourg et Belfort résistaient encore. L'armée Bazaine était déjà au contact des Prussiens, qui avançaient rapidement. Après la déroute d'Alsace, Mac-Mahon songeait à replier toutes ses forces sur Metz. Il reçut l'ordre de l'empereur de se diriger sur Châlons, pour y rejoindre le reste des forces françaises. De fait, au camp de Châlons, les troupes en retraite formaient, avec les effectifs qui s'y concentraient depuis quelques jours, une force de 145 000 hommes qui disposait d'au moins 400 canons. Que faire de cette armée ?

Mac-Mahon, se sachant poursuivi par les Prussiens, songeait à la replier sur Paris, pour défendre la capitale, abandonnant à son sort Bazaine. Celui-ci avait livré bataille à Borny, Rezonville, Gravelotte et Saint-Privat. Mais au lieu de profiter de son avantage, il s'était laissé enfermer dans Metz. Fallait-il l'y rejoindre ?

L'impératrice avait aussi des idées sur la guerre : avec le général Cousin-Montauban, qui avait remplacé Émile Ollivier à la tête du gouvernement, elle sut convaincre l'empereur, très affaibli et malade, qu'il devait avec Mac-Mahon porter secours à Bazaine. Le retour de Napoléon III vaincu à Paris aurait été un désastre politique.

Les Prussiens attaquèrent à Sedan l'armée de secours. 240 000 hommes et 500 canons prirent sous leur feu l'interminable et confuse colonne française, qui comptait 110 000 soldats. Mac-Mahon fut blessé au début du combat, ce qui porta le désordre à son comble. Jamais l'empereur ne sut dominer la situation. Les canons prussiens bombardaient sans arrêt la cuvette de Sedan. Les magnifiques charges de cavalerie des chasseurs de Margueritte et de Galliffet ne purent dégager l'armée, enserrée dans l'étau prussien. Napoléon III décida de rendre son épée, et de capituler sans condition devant Moltke. L'armée française avait 25 000 tués et blessés. Les Allemands devaient commémorer longtemps le « Sedantag », victoire inouïe par sa rapidité, et aussi par sa brutalité.

En quelques heures, l'héroïsme déployé de part et d'autre était
destiné à devenir légendaire : l'épisode des dernières cartouches, du
côté français, est l'exemple du souvenir de Sedan, combat perdu,
combat désespéré, dans les mentalités populaires d'après 1870.
Le 2 septembre 1870, Napoléon III était donc le prisonnier du
roi de Prusse. Et pourtant la guerre continuait : Strasbourg résistait
toujours, comme Sélestat, Phalsbourg, Rocroi. Bazaine tenait
toujours dans Metz, avec ses 170 000 hommes et ses 1 600 canons.
Tout était-il vraiment perdu?

L'ÉCROULEMENT DE L'EMPIRE.

A Paris, le 4 septembre, la foule envahit le Corps législatif. Elle
demandait la déchéance de l'empereur prisonnier, rendu responsable du désastre. Gambetta et Jules Favre entraînèrent la foule à
l'Hôtel-de-Ville. Ils formèrent aussitôt un *gouvernement de Défense
nationale* composé de onze membres du Corps législatif : Jules
Simon, Rochefort, Crémieux et Garnier-Pagès, des survivants de
1848, en faisaient partie. On offrait à Trochu, général populaire
dans Paris, la présidence du gouvernement. L'impératrice avait
déjà pris la fuite vers l'Angleterre. Le *Sedantag*, célébré dans la joie
par l'armée allemande victorieuse, était aussi le premier jour de la
nouvelle République, en tout cas le dernier jour de l'Empire.

Avait-il été réellement abattu par la guerre? Le régime avait-il
une chance de se prolonger longtemps s'il avait pu maintenir la
paix? On peut remarquer qu'il avait sensiblement échoué dans la
conquête des « nouvelles couches sociales ». Il avait perdu pied dans
les villes, qui avaient suivi les mots d'ordre républicains. Ses partisans, en fin de parcours, avaient été finalement les notables et les
habitants des campagnes, qui préféraient voter pour l'ordre impérial,
même en avril 1870, que pour l'aventure républicaine ou l'inefficaci-
té orléaniste.

La force de l'Empire venait de la faiblesse des oppositions :
l'opposition d'hier, celle des vieux républicains, des amis de Thiers
ou des royalistes, avait en commun la nostalgie d'un passé politique
que, dans leur grande majorité, les Français ne voulaient plus voir
renaître, car il était l'image de leurs divisions. Quant à l'opposition
de demain, celle qui risquait un jour de prendre le pouvoir, elle
n'existait encore, en 1870, qu'à l'état de promesse. Elle n'était
présente, dans le gouvernement provisoire de septembre, que dans

la confusion. Les jeunes loups comme Gambetta y côtoyaient les fossiles de 1848.

Il y avait du reste beaucoup d'ambiguïté dans la position des jeunes opposants à l'Empire : s'ils tendaient la main aux socialistes, jusqu'où iraient-ils dans l'élaboration d'une démocratie sociale ? Les Gambetta et autres rédacteurs du *Programme de Belleville* n'étaient certes pas des socialistes, mais des démocrates libéraux. Ils s'étaient hâtés de constituer le gouvernement provisoire, parce que, précisément, ils avaient peur d'avoir à y faire entrer, s'ils tardaient, les socialistes.

Il y avait risque de conflit évident entre ces jeunes futurs notables et les chefs révolutionnaires surgis de l'ombre qui, demain, dirigeraient l'insurrection de la Commune de Paris. La République, avant de s'installer, devrait lever l'hypothèque socialiste. Elle n'avait donc pas les moyens politiques de se substituer à l'Empire, puisque, pour l'opinion publique, en 1869, elle était synonyme de démocratie sociale.

Les vieux notables n'avaient pas plus que les jeunes les moyens d'abattre le régime. Thiers pourrait-il faire un roi ? Les monarchistes étaient plus divisés que jamais, entre légitimistes et orléanistes. Ils n'étaient d'accord ni sur les formes politiques ni sur la conception de la société. Toutes les oppositions n'étaient d'accord que dans la lutte commune contre l'Empire. L'empereur prisonnier, elles sortaient des décombres, dans le désordre, dans l'impatience du pouvoir.

La République du 4 septembre était bien fragile : enfant prématurée, elle était en outre menacée, et ce n'était certes pas le moindre risque, par le canon des Prussiens. Fallait-il laisser au régime républicain le soin de signer une paix de capitulation ? Les républicains, ainsi que leurs adversaires, en débattaient. Mais pour éloigner cette calamiteuse éventualité, ils avaient eu la faiblesse de penser qu'une nouvelle levée en masse, dans le style de 1793, pourrait réconcilier tous les Français dans une nouvelle guerre de libération. Dans les pires conditions, la République, à peine née, partait en guerre.

CHAPITRE 16

La République de la honte

L'Empire avait été soutenu presque jusqu'au bout par la province, et c'est encore des jeunes ruraux qui s'étaient battus pour lui sur les champs de bataille d'Alsace, de Lorraine et de l'Ardenne. Pourtant l'État, sous Napoléon III, était profondément conforme au modèle centralisateur hérité de Napoléon Ier. Les préfets faisaient plus que jamais la loi, et la province, pour s'exprimer, devait passer souvent par le canal des notables d'opposition.

C'est dans le but de donner la parole aux intérêts légitimes, qui pouvaient être à la longue menacés par un gouvernement trop bureaucratique et parisien, du type Rouher, que l'empereur avait accepté la libéralisation, et favorisé la naissance d'une opposition régimiste, celle d'Émile Ollivier. Les événements de 1870-1871 allaient porter un coup redoutable au centralisme parisien. L'État bonapartiste ne survivrait pas à la défaite, et le jacobinisme républicain ne survivrait pas à la Commune. La « République de la honte » allait être prise en main, dans ses destinées ambiguës, par les notables de province. Elle serait, selon le mot de Halévy, la « République des ducs ».

Guerre prussienne et guerre civile.

LES ARMÉES DE GAMBETTA.

« Nous ne céderons ni un pouce de notre territoire, disait Jules Favre, ni une pierre de nos forteresses. »

Le même Jules Favre devait négocier clandestinement au château de Ferrières, avec Bismarck, les conditions de la capitulation, le 28 janvier 1871. Les républicains auraient du mal à faire oublier qu'ils avaient fait prolonger la guerre pour rien.

Car la province, dans son ensemble, ne comprenait pas les raisons de cette prolongation. Quand le vin est tiré, il faut le boire, disaient les notables. Le vin de la défaite était amer. Plus on tardait, plus il était imbuvable.

Mais Paris était ivre de revanche. Dirigé par les républicains, il retrouvait la mythologie du chant du départ. Hélas! dès le 19 septembre 1870, Paris était investi par les Prussiens. Il devait connaître les souffrances d'un long siège. Gambetta et deux autres membres du gouvernement provisoire avaient dû quitter la ville en ballon, pour chercher du secours en province. Ils avaient réussi à constituer quelques armées, sur la Loire avec Chanzy, et d'Aurelle de Paladines ; dans le Nord avec Faidherbe, dans l'Est avec Bourbaki. Au total près de 500 000 hommes. Mais, le 27 octobre, Bazaine capitulait dans Metz avec tous ses soldats.

Les armées républicaines ne soutiendraient pas longtemps le choc des Prussiens : la première armée « de la Loire » était vaincue le 8 décembre. Celle de Chanzy était battue en janvier au Mans. Faidherbe ne parvenait pas à dégager Paris et Bourbaki, renonçant à libérer Belfort assiégée, laissait ses soldats passer en Suisse où ils étaient faits prisonniers. A Paris, toute tentative de sortie échouait. Il fallait demander l'armistice. La guerre républicaine avait été une série d'échecs. L'ardeur patriotique ne pouvait compenser l'insuffisance de l'instruction.

LE PARTI DE L'ORDRE ET LA CAPITULATION.

Bismarck voulait négocier avec un gouvernement responsable. Il fallait donc organiser rapidement des élections. Elles eurent lieu le 8 février. Les mesures prévues par Gambetta pour exclure des candidatures tous ceux qui avaient exercé des fonctions officielles sous l'Empire ne furent pas acceptées par les républicains modérés, comme Jules Simon, qui voulaient une consultation loyale. Les républicains eurent tout juste le temps de changer les préfets, et de lancer, à la hâte, leur propagande.

Le 2 février on lança l'appel, le 8 le scrutin était ouvert : en un jour, tous les députés étaient désignés. On ne pouvait pas aller plus vite.

« Pauvre peuple ainsi convoqué, note Halévy, artisans, paysans, bûcherons rappelés du fond des bois, pêcheurs de la haute mer, tous sommés de répondre sur des questions immenses, pour eux mal saisissables, la paix, la guerre, la liquidation du passé, l'institution de l'avenir, la monarchie, la République, l'Empire... Depuis vingt ans... ils exerçaient le droit de vote et leur constante habitude avait été de suivre les indications des préfets, des maires ou des curés. Or, en ces circonstances rapides, les préfets étaient sans autorité, l'administration défaillait. »

Pour qui voter? Les bonapartistes étaient rendus responsables du désastre. Personne n'en voulait plus. Les républicains venaient de perdre leur guerre, et qui donc aurait pu souhaiter, dans la France ruinée de 1870, le retour des rois?

Le « pauvre peuple » de Halévy vota ce jour-là pour ses maîtres ; non pas les brillants orateurs parisiens, qu'il ne connaissait pas, mais les maîtres des châteaux, des usines, des mines et des bois, les « patrons », capables de protéger les pauvres, de leur fournir travail et assistance. Dans la France ruinée et envahie, les humbles retrouvaient les réflexes des « humiliores » du Bas-Empire. Ils se cherchaient des défenseurs raisonnables.

On vit donc revenir à la Chambre les grands noms des terroirs de France : les La Rochefoucauld, les Noaille, les Broglie, les d'Harcourt, les grands entrepreneurs comme Casimir Périer ou Ernoul, les princes des autres régimes, d'Aumale, de Joinville. Les droites traditionnelles se retrouvaient entre elles, réunies autour de la table du pouvoir par l'angoisse des Français.

La majorité était évidemment royaliste. Seuls les Parisiens et les habitants des grandes villes avaient voté pour les républicains. Ils n'étaient que 200, contre 200 orléanistes et 200 légitimistes, et une trentaine de bonapartistes. Le succès des royalistes tenait largement à la promesse de paix qu'avaient faite tous les candidats. On avait refusé des voix aux républicains parce qu'ils voulaient continuer la guerre. Les royalistes avaient eu beau jeu de faire la démonstration de l'inutile résistance des républicains, ainsi que des dangers de la fièvre jacobine parisienne. De nouveau s'était affirmée la volonté d'ordre, mais avec plus de force que jamais.

Le nouveau parti de l'ordre, devenu le parti de la paix, était unanime sur les grands choix politiques et moraux, mais il n'était pas d'accord sur la forme du régime à instaurer. Les légitimistes étaient des fanatiques de la réaction. Désireux de gommer à tout prix le passé, ils tenaient au drapeau blanc, symbole de l'ancienne société théocratique qu'ils voulaient encore restaurer. Ils étaient partisans d'un retour au pouvoir du comte de Chambord. Ces « chevau-légers » n'aimaient pas le système capitaliste, qu'ils rendaient responsable de la « société sans Dieu » et des troubles révolutionnaires. Ils accusaient les orléanistes, partisans du comte de Paris, d'avoir partie liée avec les grandes affaires et de faire passer leurs intérêts avant ceux de la morale et de la religion.

Les républicains n'étaient unis qu'en apparence. Ceux d'extrême gauche, les *radicaux*, restaient fidèles au *Programme de Belleville* : Gambetta, Clemenceau voulaient rompre définitivement avec l'Église, instaurer une véritable société civile. Ils partaient à la conquête des « nouvelles couches sociales » et voulaient réaliser des réformes hardies qui rallient la classe ouvrière et la détournent des rêveries dangereuses du socialisme.

Les républicains *modérés* étaient les plus nombreux. Ils suivaient les « Jules », Ferry, Grévy, Favre, qui étaient beaucoup plus proches des orléanistes que des radicaux. Ils voulaient comme eux la paix, et l'ordre social. Ils reprochaient aux radicaux leur goût immodéré de l'aventure, leur autoritarisme jacobin. Ils étaient des notables de province, épris de justice, de liberté, de société constituée. Ils étaient les héritiers des grands juristes de 1789, tandis que les bouillants radicaux se réclamaient plus volontiers des tribuns démagogues et patriotes de 93.

Élu de vingt-six départements, Adolphe Thiers était l'homme fort de cette Assemblée : ancien orléaniste, son opposition continuelle à l'Empire l'avait rendu sympathique aux républicains modérés. Aussi se gardait-il de se prononcer sur l'avenir du régime. Peu lui importait, au fond, que ce fût une monarchie constitutionnelle ou une République de notables. Il souhaitait simplement que le nouveau régime fût résolument conservateur.

La nouvelle Assemblée était évidemment détestable, du point de vue des républicains avancés. Les jeunes journalistes se moquaient des « ruraux » qui siégeaient à Versailles « au milieu d'un décor de théâtre », disait Zola, qui écrivait dans *La Cloche* :

    « La droite est formidable ; ces messieurs sont venus en toute hâte pour la curée du pouvoir. Mais Garibaldi en casaque rouge, avec son large feutre, l'air rude et calme d'un soldat, excite une curiosité autrement vive que les crânes nus de la majorité que les campagnes viennent d'envoyer à l'Assemblée. »

Les « ruraux » se hâtent de voter la ratification des préliminaires de paix : ils désignent Thiers comme « chef du pouvoir exécutif de la République française ». Ils lui demandent de ne rien faire qui engage l'avenir constitutionnel du pays, tant que la paix et l'ordre ne sont pas rétablis. C'est le « pacte de Bordeaux », qui laisse la République en suspens. Les 250 grands propriétaires fonciers qui dominent toute l'Assemblée veulent avoir le temps de se mettre d'accord pour organiser un régime selon leurs vœux. Ils ne veulent pas que la nouvelle monarchie qu'ils attendent ait pour premier devoir de mettre une signature déshonorante en bas du manuscrit de la paix de Francfort.

PARIS SE RÉVOLTE.

A Paris cependant, les résultats des élections avaient été ressentis comme une humiliation. L'enthousiasme du vote des ruraux pour la paix immédiate faisait bon marché des souffrances des Parisiens, de leur résistance désespérée. Les 260 bataillons en armes de la garde nationale constituaient une force politique dont il faudrait tenir compte. La garde avait mis en place des « comités de vigilance » dans les quartiers de Paris. Un « comité central » faisait office de gouvernement. Il exerçait une autorité de fait sur les membres du gouvernement provisoire du 4 septembre restés dans la capitale. Un « Comité de salut public » s'était constitué à l'Hôtel-de-Ville. Paris était prêt pour la révolte.

L'installation à Versailles de l'Assemblée de Bordeaux avait mis le feu aux poudres : délibérément, la province ignorait Paris. Elle faisait confiance à Thiers, détesté des Parisiens, ancien chef du comité de la rue de Poitiers, ancien complice des massacreurs de juin 1848.

Les mesures prises par l'Assemblée avaient été immédiatement impopulaires. Elle avait abrogé le moratoire des loyers : ceux-ci devenaient exigibles immédiatement. Dans une ville qui sortait d'un long siège, où l'activité économique était inexistante, des milliers de commerçants et d'artisans risquaient la faillite. La suppression de la maigre solde des gardes nationaux privait 350 000 combattants de toute ressource. Le climat devenait explosif.

Il semble que Thiers, délibérément, ait provoqué la rupture, recherchant l'incident. Mieux valait un choc rapide qu'une atmosphère de confusion et de menaces. Il décida d'envoyer l'armée pour reprendre les canons rassemblés par la garde nationale à Belleville et à Montmartre. Ces canons devaient être, après l'armistice, livrés aux Prussiens. Mais Paris ne voulait pas les rendre.

Dans la nuit du 17 au 18 mars 1871, les soldats envoyés par Thiers fraternisèrent avec la population. Les généraux qui les commandaient furent capturés, insultés, fusillés. La guerre civile était déclarée.

LA COMMUNE DE PARIS.

Thiers organisa un nouveau siège de Paris. Il fit encercler la capitale, mise en état de blocus, avec la complicité des Prussiens. Il fit rentrer précipitamment 100 000 soldats des camps de prisonniers, les fit armer et mettre en condition par les chefs. Le général marquis de Galliffet, qui s'était bravement conduit à Sedan, prit la tête de ces « Versaillais ». Tout était prêt pour un nouveau massacre.

A Paris, le 26 mars fut élue une « Commune » qui s'empara de tous les pouvoirs civils et militaires. Elle ne prétendait pas seulement commander à Paris, mais à la France entière, et demandait aux différentes villes de se constituer, à son exemple, en « Communes ». Elle prenait pour emblème le drapeau rouge et changeait le calendrier, remettant sur le tapis le vieux calendrier révolutionnaire.

A l'évidence, les tendances les plus extrêmes dominaient la Commune. Thiers s'en réjouissait, connaissant les divisions qui opposaient depuis longtemps les révolutionnaires de toutes chapelles. De fait, le conseil de la Commune comptait même des modérés! Ceux-ci (ils étaient 23) devaient renoncer à siéger et laisser la place à 67 révolutionnaires de toutes tendances : des blanquistes comme Rigault et Ferré, partisans de la violence et de la dictature, des vieux jacobins comme Delescluzes, qui s'était illustré dans l'opposition à l'Empire ; des socialistes, membres de l'Internationale, comme Varlin et Vaillant, qui, à côté des blanquistes, faisaient figures de modérés ; quelques anarchistes, comme

Jules Vallès. La division des tendances devait s'exprimer rapidement par une divergence des politiques, d'autant que la Commune vivrait en vase clos, sans contact avec le reste du pays : les appels à la révolte avaient été entendus dans quelques villes de province, mais à Lyon comme à Marseille ou à Saint-Étienne, les troubles avaient été vite réprimés. Pour Paris, l'épisode de la Commune apparaissait comme une prolongation du siège. La capitale était encerclée, assiégée. Elle serait bientôt investie.

LE PROGRAMME DES « COMMUNARDS ».

Le comité central de la garde nationale avait réuni 200 000 insurgés dont 30 000 seulement étaient en état de combattre. Les Communards savaient qu'ils n'avaient pas une chance de réaliser leur programme s'ils ne le faisaient pas largement connaître dans le pays. Ce programme était ambitieux dans sa générosité. Il avait été défini, le 26 mars, par le « manifeste du comité des vingt arrondissements de Paris ». Il se réclamait de la tradition révolutionnaire décentralisatrice, anti-étatique. Il fallait fédérer les communes libres pour constituer un nouvel État, qui ne soit pas oppressif.

« La Commune est la base de tout État politique, disait-on, comme la famille est l'embryon des sociétés. »

Cette commune devait être « autonome » et garder sa liberté et sa souveraineté.

« L'autonomie de la Commune garantit au citoyen la liberté, l'ordre à la cité, et la fédération de toutes les communes augmente, par la réciprocité, la force, la richesse, les débouchés et les ressources de chacune d'elles, en la faisant profiter des efforts de toutes. »

La Commune s'affirmait ainsi en désaccord profond avec le jacobinisme centralisateur, elle cherchait ses racines dans les plus lointaines révoltes du Moyen Age :

« C'est cette idée communale poursuivie depuis le XIIe siècle, affirmée par la morale, le droit et la science, qui vient de triompher le 18 mars 1871. »

Pour donner le bon exemple, la Commune de Paris, marquant sa volonté de rompre avec un passé oppressif, supprimait la Préfecture de police et l'armée permanente. Elle faisait élire par les soldats les officiers de la garde nationale, responsable de l'ordre. En réalité, elle devait prendre des mesures d'urgence, pas toujours conformes aux principes, mais destinées à rétablir l'ordre dans Paris et à donner confiance aux Parisiens : le moratoire des loyers était maintenu ; ceux qui avaient emprunté, pour survivre, dans les « Monts de piété » avaient droit à des délais supplémentaires pour s'acquitter de leurs dettes. La Commune sollicitait une avance à la Banque de France, ne voulant pas disposer illégalement de ses réserves en or!

LA GUERRE CIVILE ET LA RÉPRESSION.

Les Versaillais avaient déclaré, selon la formule du général de Galliffet, la « guerre sans trêve et sans pitié » à Paris insurgé. La Commune devait faire face, avec toutes les forces dont elle pouvait disposer. Pour répondre aux provocations versaillaises, elle s'était emparée d'otages, essentiellement des prêtres. Cette mesure ne put empêcher les Versaillais de fusiller presque tous les insurgés capturés.

La violence engendre la violence. Dans la peur de la répression, dans la terreur d'un retour aux « journées de juin » 1848, les insurgés parisiens se déchaînèrent. La colonne Vendôme, symbole de la tyrannie, fut déboulonnée, Napoléon jeté à bas, les Tuileries incendiés. On se mit à raser les hôtels particuliers, pour porter des coups aux bourgeois dans leurs biens. Celui de Thiers, place Saint-Georges, fut anéanti. Les otages furent passés par les armes. Parmi eux, monseigneur Darbois.

La terreur ne donnait pas aux Communards des armes contre l'armée fanatisée du marquis, qui présentait à ses soldats les Communards comme des traîtres et des voleurs. Une sortie des Communards sur Versailles, le 3 avril, échoua devant le mont Valérien. Dès lors la Commune était réduite à la défensive.

Sous l'œil des Prussiens commença, le 21 mai, la « semaine sanglante » : les forts d'Issy et de Vanves furent emportés. Par la porte de Saint-Cloud, qui n'était pas gardée, les Versaillais entrèrent dans Paris. Ils durent enlever d'assaut plus de 500 barricades. Les combats se prolongèrent jusqu'au dimanche 28 mai. Les derniers affrontements eurent lieu parmi les tombes du cimetière du Père-Lachaise : 20 000 hommes furent tués ou fusillés sans jugement; 13 000 furent condamnés à la déportation en Algérie ou en Nouvelle-Calédonie. Le mouvement révolutionnaire était décapité. Le socialisme disparaissait de France pour dix ans.

Symbole de la résistance ouvrière, la Commune de Paris apparaîtrait comme la première insurrection révolutionnaire se donnant pour but la prise du pouvoir politique par le prolétariat. Mais Marx lui-même, dans un ouvrage d'analyse critique, devait montrer en quoi la Commune n'était pas vraiment prolétarienne : trop de tendances divisaient les révolutionnaires, qui n'avaient pas de leur action une vue suffisamment précise. Pour Jacques Rougerie, historien de la Commune, c'est « la dernière Révolution du XIXe siècle, point ultime et final de la geste révolutionnaire française du XIXe siècle ». Il faudrait ajouter : de la geste parisienne. Paris cesserait d'être le point central d'éclosion des révolutions. Jamais plus Paris ne dicterait à la France sa loi révolutionnaire. Ce que Charles X n'avait pu faire, ce que Louis-Philippe n'avait pas voulu faire, Thiers l'avait enfin réalisé. Il pouvait se flatter, en reprenant Paris, d'en avoir extirpé la révolution. Les républicains reconnaissants lui tresseraient des couronnes avant de reconstruire, pierre par pierre, son hôtel incendié de la « Nouvelle Athènes ».

La République indécise : 1871-1877.

ADOLPHE THIERS, LE RESTAURATEUR.

Désormais l'avenir n'était pas douteux : le nouveau régime qui s'installerait en France, qu'il fût ou non républicain, serait conservateur.

C'était une évidence pour les républicains eux-mêmes. Thiers, le triomphateur de 1871, était-il devenu républicain? Son passé orléaniste lui faisait mesurer les difficultés qu'il pourrait y avoir à unifier le camp royaliste. Si les républicains étaient pour l'ordre, pourquoi le pays ne voterait-il pas pour eux?

Les élections partielles du 2 juillet 1871, qui suivirent presque immédiatement la répression de la Commune de Paris, devaient

confirmer ce jugement. Sur 114 députés élus, le pays avait désigné
99 républicains.

Le sentiment national avait basculé en leur faveur, quelques
semaines seulement après la signature de la paix. Le 10 mai, en
pleine insurrection, les conditions très dures de Bismarck étaient
rendues publiques : la France, au traité de Francfort, perdait l'Alsace, une partie de la Lorraine, elle devait payer aux Prussiens une
indemnité de guerre de 5 milliards! Elle abandonnait 1 600 000 Alsaciens-Lorrains, les richesses en houille, en fer, en sel, en terres
labourables, en forêts, les industries cotonnières florissantes de la
plaine d'Alsace. Les pertes en hommes, du fait de la guerre et de la
Commune, s'élevaient à 140 000 morts. Le vote du pays signifiait
à l'évidence qu'il en avait assez des querelles politiques. Puisque
les royalistes, qui avaient vanté partout le retour à la paix de Bismarck, n'étaient pas d'accord entre eux, les républicains paraissaient
désormais les mieux placés pour assurer l'ordre et surtout pour
rendre au pays sa dignité.

La loi Rivet, votée le 31 août 1871, faisait de Thiers le « Président de la République », bien qu'il restât le chef du gouvernement.
Pendant deux ans, il serait le maître incontesté du pays, le premier
« sauveur » d'un régime qui devait en connaître beaucoup d'autres.

Le premier objectif de Thiers était la libération du territoire :
il réussit à lancer un emprunt qui permit de couvrir le paiement
intégral des 5 milliards-or exigés par Bismarck. En septembre 1873,
avec une avance de 18 mois sur le calendrier, les troupes prus-
siennes d'occupation quittaient le territoire national. L'ordre intérieur était maintenu grâce à la prolongation de l'état de siège dans
Paris, et grâce à la loi Dufaure, qui réprimait durement toute action
socialiste.

Le deuxième objectif était de réorganiser l'État. Allait-on prendre
le parti de reconstituer l'État bonapartiste centralisé, ou faire au
contraire bonne mesure au goût des notables pour une certaine
autonomie régionale ? Thiers, certes, avait l'oreille des provinces.
Mais il avait aussi le devoir de rendre à la nation-France, contre
l'Allemagne impériale, l'efficacité d'un État moderne.

Les solutions adoptées tenaient du compromis : l'administration
préfectorale héritée de l'Empire était intégralement maintenue.
Les préfets renforçaient leur autorité de tutelle sur les conseils
généraux. Mais ceux-ci étaient élus, comme les conseils municipaux qui élisaient leurs maires, sauf à Paris et dans les grandes villes,
où le choix des maires était à la discrétion du pouvoir. Ainsi les

intérêts locaux avaient leurs défenseurs, qui éliraient bientôt leurs représentants au Sénat. Mais ils devaient céder le pas aux intérêts nationaux représentés par le préfet, qui avait toujours comme mission principale le maintien de l'ordre et la préparation des élections. La réorganisation de l'État s'inspirait dans tous les domaines du souci de ménager les intérêts de la bourgeoisie dominante. Dans l'administration fiscale, par exemple, Thiers avait privilégié les impôts indirects, qui frappaient l'ensemble de la consommation, et non les impôts directs, qui auraient pu frapper la fortune ou les hauts salaires. La loi militaire favorisait aussi les bourgeois : elle établissait (en juillet 1872) un service de cinq ans, avec incorporation de la moitié seulement du contingent annuel. Les titulaires du baccalauréat faisaient un service réduit de douze mois. Les dispenses étaient nombreuses et profitaient surtout aux conscrits des familles riches, ainsi qu'aux soutiens de familles.

Thiers songeait aux intérêts de l'agriculture et de la jeune industrie : il rétablissait les tarifs douaniers, restreignant les importations en matières premières. Toujours malthusien, il était partisan d'un développement économique modéré, qui ne rendît pas la France dépendante de l'étranger, et qui mît à l'abri la bourgeoisie possédante contre les concentrations ouvrières trop lourdes. Il amorçait ainsi une évolution qui devait conduire au tarif Méline de 1892, abolissant totalement la législation libre-échangiste de l'Empire.

LE NOUVEAU PARTI RÉPUBLICAIN.

Pour Thiers, cette restauration était, en profondeur, celle de l'État libéral qu'il avait servi pendant toute sa carrière. Peu lui importait que cet État fût investi par les républicains. Ils progressaient constamment aux élections partielles, et développaient d'élection en élection une propagande de plus en plus conservatrice.

« Les voici, dit Halévy, ces sous-officiers de l'armée républicaine qui vont transformer la France... Ces hommes capables d'agir avec ensemble sur toute l'étendue du pays, d'où sortaient-ils ? »

Pour Halévy, leur origine n'est pas douteuse : ils viennent des nouvelles sociétés secrètes.

« Derrière Gambetta et ses amis, dit-il, la franc-maçonnerie est présente, et puisqu'il faut enfin à tous les régimes une classe dirigeante, c'est elle qui se prépare à en fournir les membres. »

La République des maçons, c'est celle des « comités », hier comités de défense nationale, devenus du jour au lendemain comités électoraux.

« On ne manifeste plus, dit encore Halévy, on vote, on porte aux urnes le bulletin qu'a préparé le comité, que les républicains du bourg, le vétérinaire, le marchand de vin conseillent de porter. »

La prise en main de l'électorat par les républicains est lente, mais sûre. En face du candidat des châteaux, il y aura désormais partout celui du comité, à droite on dit : celui du café du commerce.

Gambetta, pour sa part, écrivait régulièrement des articles dans la *République française*, le journal des notables de son parti. Il parcourait la France, multipliant les discours lors des immenses banquets républicains, où les orateurs devaient claironner leurs formules :

« Pour ma part, disait-il, je crois à l'avenir républicain des campagnes et des provinces. C'est l'affaire d'un peu de temps et d'instruction mieux répandue. »

Car les instituteurs sortis des Écoles normales mises en place sous l'Empire par Victor Duruy allaient être les propagandistes zélés de l'idée républicaine. Le but politique de la lutte contre l'analphabétisme était d'amener chaque jour de nouveaux lecteurs à la presse électorale et aux quotidiens régionaux rédigés par les amis des comités. Les instituteurs étaient en même temps les secrétaires des mairies, et les correspondants locaux des journaux. Ils allaient influencer les choix du personnel politique, en mettant au premier plan la lutte contre les écoles chrétiennes, contre l'Église. Si les républicains pouvaient espérer un jour prendre le pouvoir, c'est en militant contre l'école libre, qui faisait de ses enfants de futurs électeurs monarchistes.

Un grand nombre de brochures républicaines fut édité dans les années 70 pour faire la propagande du parti et du régime. La *Bibliothèque démocratique*, la *Bibliothèque populaire*, la *Librairie*

Franklin, la *Bibliothèque républicaine*, la *Société d'Instruction républicaine* éditaient de petits ouvrages simples, accessibles à tous, où l'on racontait l'histoire de la « Grande Révolution », où l'on illustrait les grands mythes de la société civile : justice, égalité, nation. La République se voulait rassurante, et les républicains s'efforçaient de s'intégrer dans la vie des campagnes, des villages, par toutes sortes de petits moyens. Par exemple ils éditaient des cartes de vœux et de félicitations pour les nouveaux mariés ou pour les naissances, ils organisaient au village des cercles ou des associations républicaines, dans les quartiers urbains des bibliothèques de prêts. Une propagande en profondeur se développait dans le pays. Elle utilisait, bien sûr, le canal des loges maçonniques de plus en plus nombreuses au sein des « nouvelles couches sociales ».

L'ÉCHEC DE THIERS.

Thiers devait apporter sa caution à la cause républicaine qu'il jugeait de plus en plus plausible. Il le fit à sa manière, avec fracas. En pleine tribune, le 13 novembre 1872, il déclarait :

« La République existe. Elle est le gouvernement légal du pays. Vouloir autre chose serait une nouvelle Révolution, et la plus redoutable. »

Il devenait dès lors l'ennemi déclaré de la majorité monarchiste. Quels que fussent les progrès du parti républicain, il ne dominait pas encore l'Assemblée. Il n'était donc pas en mesure de soutenir Thiers. Les monarchistes n'étaient pas d'accord sur la forme du régime, mais ils étaient parfaitement d'accord pour rejeter la République. Contre Thiers, ils s'unirent autour du duc de Broglie, qui devint le chef d'une majorité conservatrice, comprenant les deux formations royalistes et le petit groupe bonapartiste.

Le 13 mars, l'Assemblée votait une loi qui interdisait à Thiers de prendre la parole à la tribune sans en avoir sollicité l'autorisation. On se méfiait désormais de ses éclats. On se méfiait aussi des progrès de la gauche républicaine.

Les élections partielles confirmaient son avance régulière, et, dans le clan républicain, les radicaux n'étaient pas défavorisés, en dépit de leurs idées « avancées ». A Paris l'ami de Thiers, le comte de Rémusat, avait été battu par le radical Barodet, qui venait de

Lyon. L'élection avait fait grand bruit car le comte de Rémusat était le ministre des Affaires étrangères en exercice. A Lyon un autre radical, ancien membre de la Commune de Paris, Ranc, avait été élu sans difficulté. Les radicaux étaient désormais 90 à la Chambre. Les monarchistes avaient beau jeu de reprocher à Thiers une politique qui faisait entrer à la Chambre non des républicains modérés et conservateurs, mais des extrémistes radicaux. De Broglie était monté à la tribune, pour demander à l'Assemblée de faire prévaloir, en raison du péril, une « politique résolument conservatrice ». Aussitôt l'Assemblée votait contre le gouvernement : Thiers était renversé. Il démissionnait. Le maréchal de Mac-Mahon était élu Président de la République. Le duc Albert de Broglie devenait le chef du gouvernement. L'ordre moral était instauré.

L'ORDRE MORAL.

   « Avec l'aide de Dieu, le dévouement de notre armée, l'appui de tous les honnêtes gens, nous continuerons l'œuvre de libération du territoire et le rétablissement de l'ordre moral de notre pays. »

   Cette petite phrase du maréchal de Mac-Mahon ferait fortune : on baptisa « régime de l'ordre moral » la « République des ducs ».
   L'Église et la vieille société entreprenaient de nouveau la reconquête, contre le radicalisme, le socialisme, l'anticléricalisme et tous les fléaux « modernes de la société civile issue de la Révolution », que le pape Pie IX avait formellement condamnés. Il s'agissait de rétablir Dieu dans l'État, dans la cité, dans la famille.
   La France était redevenue pour l'Église une terre de missions. Les « erreurs » civiles, les Révolutions successives, les troubles, les émeutes ouvrières rendaient nécessaire cette reconquête en profondeur qui était bien, dans sa démarche, une restauration. Les masses ouvrières et paysannes en étaient l'objectif principal et l'Église y jouerait un rôle essentiel, avec des moyens modernes.
   Car elle s'était parfaitement adaptée aux nouvelles techniques d'orientation de l'opinion. Aux côtés de la grande presse, du *Figaro*, de *L'Union*, de *L'Univers*, du *Soleil*, de nombreux journaux catholiques, édités sous la direction des assomptionnistes, les *Croix*, *Le Pèlerin* et d'innombrables livraisons allaient soutenir le mouvement de l'ordre moral.

Le gouvernement prenait des mesures immédiates pour aider à la « reconquête ». Les enterrements civils étaient interdits de jour. Les débits de boisson, ces antres du radicalisme rural, étaient soumis à une stricte surveillance. Les journaux républicains comme la *République française* de Gambetta *Le Rappel* des fils Hugo, *Le Siècle*, organe républicain de gauche, *Le Petit Parisien* d'Andrieux étaient interdits à la criée.

Les assomptionnistes et les autres ordres religieux organisaient spectaculairement la propagande de l'Église : ils multipliaient les processions, plantaient solennellement des croix dans les villages, lançaient des « missions » pour développer le culte de la Vierge Marie auquel le Vatican donnait depuis 1870 une vive impulsion. De cette époque datent des pratiques religieuses comme le « mois de Marie » ou le culte de « l'immaculée conception ». Les miracles, dûment répertoriés et authentifiés, étaient l'occasion de donner à la ferveur populaire des thèmes nouveaux. Lourdes, un peu négligée sous l'Empire, devenait un lieu de culte, ainsi que Pontmain, Paray-le-Monial, La Salette. On posait la première pierre de la basilique du Sacré-Cœur de Montmartre à Paris, « en expiation aux crimes de la Commune ». Tous les députés monarchistes se rendaient à la procession de Paray-le-Monial, en chantant le cantique du Sacré-Cœur de Jésus.

Des mesures politiques accompagnaient la réaction religieuse. On plaçait les instituteurs, comme sous le Second Empire, sous la tutelle des préfets. On épurait les administrations, et particulièrement la justice. On abrogeait la loi qui soumettait à l'élection par le conseil municipal la nomination des maires. L'ordre moral prenait possession de l'État.

Le duc de Broglie voulait se hâter d'en finir. La propagande républicaine, avec le développement des manifestations religieuses devenait furieusement anticléricale. Une *Ligue de l'Enseignement* regroupait les instituteurs et les parents d'élèves hostiles à l'école libre. Les républicains, au lieu d'être impressionnés par l'ampleur de la réaction, s'organisaient pour la combattre. Le temps jouait en leur faveur.

Les monarchistes comprirent qu'il fallait au plus tôt réaliser l'unité de candidature au trône. Le 5 août 1873, le comte de Paris avait rendu visite au comte de Chambord : dans un esprit de conciliation, et pour ne pas faire échouer la restauration, il lui avait offert de prendre la tête du mouvement monarchiste.

« Henri V, répondit Chambord, ne peut pas renoncer au drapeau d'Henri IV. »

Sur cette absurde question de drapeau, la restauration monarchiste devait échouer.

« Le comte de Chambord est le Washington français, lançait Thiers, il fonde la République! »

De Broglie tenta de nouveau de gagner du temps. Il fit voter la loi du 20 novembre 1873 qui fixait la durée du mandat présidentiel à sept ans. Une commission de députés, dûment choisis dans le parti de l'ordre, étudiait la prochaine constitution.

Les légitimistes en voulaient au duc de Broglie qu'ils rendaient responsable de l'échec de la restauration. Ils votèrent contre le projet du gouvernement, ajoutant leurs voix à celles des républicains. Le 16 mai 1874, le duc de Broglie fut mis en minorité.

LA RÉPUBLIQUE ENTRE PAR LA FENÊTRE.

Une seule majorité était possible, celle qui unirait les orléanistes aux républicains modérés. C'est cette majorité qui vota les lois constitutionnelles ambiguës de 1875, qui définissaient un régime pouvant indifféremment devenir une monarchie constitutionnelle ou une république de notables. Un des constituants républicains, Wallon, réussit à introduire un amendement, reçu à une voix de majorité, la sienne, qui introduisait le mot « République » dans les textes, à propos d'un article fixant les conditions de l'élection du Président.

Cette république honteuse, qui osait à peine dire son nom, était bicaméraliste : un Sénat conservateur réunissait 75 sénateurs nommés à vie par l'Assemblée et 225 élus au suffrage universel indirect, très avantageux pour les ruraux. La Chambre des députés était élue au suffrage universel direct. Le Président de la République était élu par les deux chambres réunies. Il disposait du Pouvoir exécutif, nommait aux emplois civils et militaires, partageait avec les Chambres l'initiative des lois. Il pouvait dissoudre la Chambre après avis favorable du Sénat. Il était irresponsable et les gouvernements étaient directement responsables devant le Parlement. La Constitution était d'inspiration libérale, orléaniste.

L'Assemblée monarchiste n'avait plus qu'à se séparer. En mars 1876 la nouvelle Chambre donnait la majorité aux républicains. Les comités électoraux étaient désormais plus forts que les préfets. Les républicains étaient 360 contre 155 monarchistes et bonapartistes. Les légitimistes étaient écrasés. Seul le Sénat restait encore monarchiste.

Mac-Mahon avait choisi comme chef du gouvernement un républicain modéré, Dufaure, ancien ministre de Louis-Philippe. Dufaure n'avait pas réussi à dominer la majorité, qui voulait un gouvernement entièrement républicain. Il avait fallu appeler Jules Simon.

Jules Simon était pris entre les feux de l'Élysée et du Sénat, qui étaient monarchistes, et l'aile marchante du parti républicain, qui voulait la fin de l'ordre moral. Gambetta menait la charge, exigeant l'engagement immédiat d'une politique résolument anticléricale. Les évêques n'avaient-ils pas organisé une manifestation en faveur d'un retour au pape des États de l'Église ? Jules Simon accepta un ordre du jour de Gambetta. Le 16 mai, Mac-Mahon refusait de l'admettre. Il saisit le premier prétexte pour se défaire du cabinet. La crise était ouverte.

LA CRISE DU 16 MAI.

Le 18 mai, Mac-Mahon envoyait un message aux chambres pour expliquer son attitude : il se voyait contraint de dissoudre la Chambre. Jules Simon avait donné sa démission le 16 mai. Mac-Mahon avait demandé au duc de Broglie de former un gouvernement. Les républicains avaient fort mal pris cette provocation, 363 députés avaient aussitôt signé une « adresse » de protestation.

> « Le ministère, disait l'adresse, n'a pas la confiance des représentants de la nation. »

Ainsi, pour l'Assemblée, le chef du gouvernement ne pouvait-il gouverner qu'en accord avec la majorité. Mais pour Mac-Mahon, il n'était pas question d'admettre un gouvernement qui ne fût pas en conformité avec les vues politiques du Président. Le principe présidentiel s'opposait ainsi à la règle du régime parlementaire. L'Assemblée et le Président n'avaient pas du régime la même conception.

Dans ses explications du 18 mai, Mac-Mahon rappelait qu'il

avait le pouvoir constitutionnel de dissoudre la Chambre, s'il n'était pas en accord avec la majorité. Il entendait user de ce pouvoir.

« Cette grave mesure, disait-il, me paraît aujourd'hui nécessaire. Aucun ministère ne saurait se maintenir dans cette Chambre sans rechercher l'alliance et subir les conditions du parti radical. Un gouvernement astreint à une telle nécessité n'est plus maître de ses actions... C'est à quoi je n'ai pas voulu me prêter plus longtemps. »

Le 25 juin, la dissolution était en effet prononcée.

« SE SOUMETTRE OU SE DÉMETTRE. »

La crise était sans issue, si le pays renvoyait à la Chambre une nouvelle majorité républicaine. Il faudrait alors que le Président s'en aille. Le régime ne manquerait pas d'en subir, dans son principe, les conséquences.

A peine née, la République était mise en question par les monarchistes. Ils rêvaient d'en finir avec elle. Les républicains, au contraire, voulaient en finir avec la fiction présidentielle, et instaurer un régime d'assemblée. Ils voulaient une démocratie triomphante.

De part et d'autre, on prépara passionnément les élections. Les préfets de l'ordre moral reçurent des consignes pour déployer le plus grand zèle en faveur des « bons » candidats, par ailleurs recommandés chaudement dans les colonnes de la presse catholique et dans les prêches des curés. Dans la fièvre, on révoqua, on muta des fonctionnaires. On poursuivit des journaux républicains. Mac-Mahon lui-même se jeta dans la lutte, et fit le tour du pays pour soutenir ses candidats, à la manière de Napoléon III.

Gambetta faisait flèche de tout bois. Il était l'âme de la résistance républicaine. Il utilisait à fond le dynamisme des jeunes militants républicains, le dévouement des instituteurs, le zèle des loges maçonniques. Il répondait à l'impatience des « nouvelles couches », qui voulaient chasser de l'État les réactionnaires. « Quand le pays aura parlé, lançait-il à Lille, il faudra se soumettre ou se démettre. » Il allait ainsi, de banquet en banquet, infatigable, jetant des formules à l'emporte-pièce, confondant les « ennemis de la République ». La presse républicaine reprenait ses mots, martelait ses

consignes, comparait Mac-Mahon à Louis-Napoléon, à « Badinguet ».
L'enterrement de Thiers, le 3 septembre, à Paris, fut l'occasion
d'une imposante manifestation républicaine. On sentait que ces
élections devaient être décisives pour l'avenir du régime.

Elles furent décevantes pour tout le monde : les deux France
s'affrontaient, presque à égalité. Les républicains n'obtenaient
qu'un demi-succès. Ils étaient 363, ils revinrent 323. Ils totalisaient
4 200 000 voix contre 3 600 000 aux monarchistes. Ils gardaient
toutefois la majorité à la Chambre et c'était pour Mac-Mahon un
grave échec.

De Broglie dut démissionner, le 20 novembre. Le problème se
posait à nouveau, dans les mêmes termes : Mac-Mahon avait-il
les moyens d'imposer à la Chambre un gouvernement qu'elle ne
voulait pas ? Elle accepta finalement Dufaure et Mac-Mahon reconnut sa défaite :

> « L'exercice du droit de dissolution, dit-il, ne saurait être
> érigé en système de gouvernement. »

L'aveu était de taille. Il fondait le régime parlementaire : désormais les gouvernements de la République, conformément d'ailleurs à la Constitution, ne seraient responsables que devant les
chambres seulement. Les pouvoirs du Président de la République
étaient strictement mesurés, jamais plus, jusqu'à la fin du régime,
un Président n'oserait user de son droit de dissolution. Les républicains vainqueurs avaient vidé la fonction présidentielle de son
contenu.

La République aux républicains.

L'INVESTISSEMENT DE L'ÉTAT.

La crise du 16 mai fondait véritablement la III⁰ République.
Encore fallait-il que les républicains s'emparent du pouvoir.

La conquête commença par la base, à l'échelon des municipalités.
La « révolution des mairies » portait au pouvoir, dans le moindre
village, les représentants des « couches nouvelles » dont parlait

Gambetta : les instituteurs et les notaires, les médecins et les petits entrepreneurs ou commerçants. Désormais les campagnes votaient massivement contre les candidats du château. La prise de la citadelle sénatoriale devenait possible.

Elle fut réalisée lors du premier renouvellement du Sénat, le 5 janvier 1879. Les départements traditionnellement conservateurs du Nord et de l'Ouest élirent 66 sénateurs républicains, contre 13 monarchistes. Les républicains avaient désormais la majorité au Sénat, par 174 contre 126. Le « grand conseil des communes de France » recevait une garnison de nouveaux conservateurs, attachés au nouveau régime. Désormais le Sénat serait le gardien résolu des lois et des usages de la république rurale.

Mac-Mahon avait devant lui deux Chambres républicaines : il ne pouvait que démissionner. Il saisit un prétexte pour partir, le 30 janvier 1879. Jules Grévy était aussitôt élu Président de la République. Il affirmait, sans plus attendre :

> « Soumis avec sincérité à la grande loi du régime parlementaire, je n'entrerai jamais en lutte contre la volonté nationale exprimée par ses organes constitutionnels. »

Une révision constitutionnelle ultérieure déclarerait inéligibles à la présidence de la République les membres des familles régnantes et supprimerait, à l'extinction de leurs mandats, les postes de sénateurs inamovibles. Les républicains tenaient enfin tous les pouvoirs.

Il leur restait à investir l'État, les grandes administrations, les véritables postes de commande de la nation. En 1879 ils réorganisaient le haut commandement militaire. En 1881 Gambetta faisait nommer chef d'état-major le général de Miribel. Il voulait que les officiers supérieurs de l'armée ne fussent pas nécessairement républicains, pour que les plus hauts postes soient donnés selon l'efficacité et le mérite, et non pas en fonction de l'intrigue et de l'influence politique. Gambetta, qui songeait sans cesse à la revanche contre l'Allemagne, voulait une armée nouvelle, au service de la France. Mettre à sa tête des officiers du parti républicain eût été une erreur. Il fallait avant tout dépolitiser l'armée, la maintenir à l'écart des luttes politiques.

Les grands corps étaient épurés, le conseil d'État par exemple. Pendant trois mois, on suspendait l'inamovibilité des juges pour pouvoir les remplacer : procédé peu élégant mais sûr. Contrairement à l'armée, la justice allait recevoir une garnison de stricte obédience républicaine. Les royalistes n'avaient-ils pas, depuis 1871, investi les prétoires ? La République n'avait que faire de juges qui crussent en Dieu, et qui affichassent le crucifix dans les salles d'audience. Elle voulait des juges laïques, au service de la société civile.

Mais aussi au service du pouvoir. Si le Franc Germinal avait été stable pendant tout le XIXᵉ siècle, l'administration préfectorale, elle, ne l'était pas. Une fois de plus, les préfets allaient « valser », le moindre sous-préfet ne serait pas à l'abri d'une mutation ou d'une révocation. Les préfets des ducs avaient joué et perdu contre la République. Il fallait qu'ils en fussent châtiés.

Tous les ministères étaient repris en main. Les gambettistes rentraient en force à l'Instruction publique, où ils préparaient aussitôt les cartons de Jules Ferry. Au Quai-d'Orsay, on mettait à la retraite les vieux diplomates de l'Empire, qui avaient montré une remarquable incompétence. On favorisait l'accès à la « carrière » de jeunes républicains issus des grandes écoles, l'École normale supérieure notamment. Le nouveau pouvoir achevait sa conquête par celle des académies, des sous-préfectures et des consulats.

La victoire des républicains était totale, définitive. Certes elle ne reposait, au total, que sur l'adhésion d'une petite moitié de l'électorat. Elle devrait, pour être durable, se poursuivre par une politique heureuse, donnant satisfaction aux aspirations du pays. Pendant près de vingt ans, la nouvelle équipe républicaine allait s'employer à consolider ses conquêtes, en appliquant à la politique, selon le mot de Raymond Poincaré, les méthodes de la science expérimentale. Ces positivistes voulaient construire, avec les moyens du bord, une société nouvelle, qui crût au progrès, à la nation, à la promotion sociale. Leur absence de dogmatisme, leur liberté de pensée et leur souplesse politique les firent appeler *les opportunistes*. Ils étaient en réalité des républicains modérés.

LA RÉPUBLIQUE ET LES AFFAIRES.

La République des « opportunistes » n'était pas honteuse. Elle avait prouvé sa force, et son efficacité, lors de la conquête du pouvoir. Il lui restait à s'imposer au monde des affaires, qui avait soutenu jusque-là successivement l'orléanisme, et dans une certaine mesure le bonapartisme.

Le bilan économique de dix ans de restauration de l'ordre n'était

pas mauvais. La France de 1880 était prospère. Elle avait profité
de l'extraordinaire lancée du Second Empire. La crise mondiale
qui s'était dessinée en Angleterre et en Amérique à partir de 1873
avait épargné la France, astucieusement ceinturée par Thiers de
barrières douanières. On continuait à construire des voies ferrées,
des routes et des canaux. Les années de bonne récolte avaient permis
d'alimenter fructueusement un marché intérieur en expansion.

La France n'était pas en retard dans l'exploitation des brevets
industriels, dans la course aux inventions : l'Exposition universelle
de 1878 avait été un grand succès. Elle avait reçu plus de douze millions de visiteurs. Le procédé Bessemer permettait de construire
des rails de douze mètres de portée, qui avaient fait sensation. On
exposait pour la première fois un téléphone, un phonographe et un
chandelier électrique. Un ascenseur Edoux, installé au Trocadéro,
montait à soixante mètres.

L'industrie n'avait pas trop souffert de l'annexion. La France
pouvait exploiter une partie du minerai lorrain et les industriels
alsaciens s'étaient installés de l'autre côté des Vosges. La production
d'acier devait doubler entre 1870 et 1873. Le procédé Thomas
permettait de traiter le minerai de fer lorrain, et la France exportait
45 % de sa production de minerai.

L'agriculture avait connu quelques déboires : les débuts de la
crise du phylloxéra et la baisse générale des prix avaient causé des
difficultés aux agriculteurs, notamment dans le Languedoc. Mais
la baisse était largement compensée par une consommation plus
forte des produits agricoles dans les villes. La situation, dans les
campagnes, était généralement satisfaisante.

D'ailleurs la stabilité du franc garantissait les banques contre
toute surprise. Elles continuaient leurs concentrations financières
et leur politique de « capillarisation » dans les provinces et même
dans les campagnes où leurs démarcheurs venaient drainer
l'épargne, en proposant aux paysans des placements avantageux.
En 1872 avait été créée la Banque de Paris et des Pays-Bas, en 1875
la Banque d'Indochine, en 1878 l'Union générale, la banque
« catholique » de Bontoux.

LA BANQUE DE L'ARCHEVÊCHÉ.

Le krach de cette banque, en 1882, posait un problème politique.
On accusait le régime de favoriser les intérêts d'un petit groupe

d'hommes d'affaires protestants et israélites, que l'on appelait le « syndicat ». La droite catholique prétendait que l'échec de l'ordre moral était dû au financement des campagnes républicaines par le syndicat. Dès lors les catholiques, avec la Banque Bontoux, avaient imaginé qu'ils pouvaient constituer une sorte de groupement confessionnel, utilisant sa puissance financière dans le sens de la restauration de la foi catholique en Europe.

De fait la Banque Bontoux avait fait à l'étranger une politique d'investissements très imprudente. Par exemple en Autriche, elle avait lié son sort à celui du cabinet catholique et réactionnaire de Taaffe. Elle avait reçu des concessions dans les chemins de fer balkaniques dont la rentabilité était des plus douteuses. La Banque des Pays autrichiens, fondée en 1880 par l'Union générale, était destinée à offrir une aide financière à tous ceux qui, en Autriche-Hongrie, s'efforçaient d'échapper au capitalisme centralisateur des banques israélites de Vienne.

Il n'est pas certain que Gambetta n'ait pas encouragé à sa manière une entreprise qui risquait de contribuer à rapprocher Vienne de Paris, à détourner les Autrichiens de l'orbite financière allemande. Il est en revanche tout à fait certain que Bontoux n'avait pas besoin de faire de la politique pour faire de mauvaises affaires. La Banque « catholique » de Bontoux, où cotisaient certains membres illustres du haut clergé, avait distribué aux actionnaires, en 1880, des dividendes de 32 % ! De 1880 à 1881, la valeur des titres cotés en bourse avait augmenté de 20 %. Bontoux avait, plus qu'un autre, participé aux opérations spéculatives. L'écroulement de la Banque, en 1882, tenait à l'imprudence de la gestion.

Elle entraîna la chute générale du marché boursier. Les milliards dépensés par l'État dans le plan Freycinet, destinés à la construction de chemins de fer départementaux, avaient plus que relancé l'économie ; ils avaient favorisé la spéculation. On avait vu des grands propriétaires vendre en toute hâte leur domaine pour jouer à la Bourse. Ils avaient souvent tout perdu. Après le krach, la spéculation était cassée d'un coup. Les cours descendaient en chute libre. Les clients vendaient leurs actions pour acheter de l'or ou des titres d'État. La Banque de France doublait presque le taux de l'escompte (de 2 à 3,8 %), le crédit manquait aux petits et moyens entrepreneurs. Très vite, le chômage faisait son apparition. La France connaissait la première crise capitaliste de son histoire.

LE POUVOIR DEVANT LA CRISE.

Les bons avocats, journalistes et notables qui avaient pris le
pouvoir en France étaient totalement dépassés par l'ampleur des
phénomènes financiers, qui avaient des conséquences directes sur
l'activité industrielle et l'emploi. Le personnel républicain n'avait
guère de têtes économiques. Il n'en aurait pas, d'ailleurs, à quelques
exceptions près, jusqu'à la fin de la IIIe République.

La panique boursière avait des conséquences durables sur l'avenir de l'épargne, et sur les mentalités françaises. En achetant des
fonds d'État, les petits porteurs misaient sur la stabilité de la monnaie, sur la rigueur des budgets, sur la sûreté du régime. Ils allaient
voter républicain modéré. L'évolution de la situation financière,
en suscitant dans le public une certaine panique, renforçait donc le
pouvoir des notables, garants de l'ordre et de la stabilité. Pendant
cinquante ans, les petits épargnants feraient confiance, politiquement,
à ceux qui promettraient de faire de bons comptes et de veiller à
l'équilibre des balances...

Au-delà des avantages qu'ils présentaient pour une partie du
personnel politique, les petits épargnants devenaient aussi une
masse de manœuvre intéressante pour les banquiers qui allaient
placer des titres étrangers en nombre croissant sur le marché
français. Une masse considérable de l'épargne serait ainsi détournée
des investissements qui auraient pu profiter directement à l'expansion nationale. Il est vrai qu'en réalisant sur les emprunts étrangers
de fructueuses opérations, les banquiers avaient conscience de
servir au mieux la politique extérieure de la France. L'arme financière appartenait désormais à l'arsenal des chancelleries. On se
faisait des amis ou des ennemis en acceptant — ou en refusant —
l'inscription à la cote des valeurs étrangères à la bourse de Paris.

A partir de 1890, le personnel républicain fut débordé par la
crise, qui atteignait tous les pays d'Europe, et devenait vraiment
internationale. La faillite retentissante de la banque Baring, en
Angleterre, inquiéta tous les épargnants. C'était une des plus
anciennes banques européennes. La Banque de France, qui prêtait
de l'argent à l'Angleterre, pour lui permettre de faire face à la crise,
avait dû donner un nouveau tour de vis au frein du crédit. Elle avait
entraîné la faillite de la vulnérable société du canal de Panama. Un
certain nombre d'établissements financiers devaient être emportés

dans la tourmente, sans que le gouvernement tente rien pour les sauver : le Comptoir d'Escompte, par exemple, dont le directeur, Denfert-Rochereau, se suicidait spectaculairement.

L'État se contentait d'aider de son mieux l'agriculture, touchée elle aussi par la crise, sans trop se préoccuper des affaires financières et industrielles. Sans l'aide des républicains au pouvoir, on peut dire que la crise agricole des années 80 aurait connu une exceptionnelle gravité. A la fin du XIXᵉ siècle, la part de l'agriculture représentait près de la moitié du revenu national. Les paysans possédaient très souvent des parcelles inférieures à un hectare (plus de deux millions de propriétés en 1892), plus souvent encore des petits domaines de un à dix hectares (deux millions et demi de paysans). Il y avait environ 30 000 grandes propriétés de plus de cent hectares. Le soutien de l'agriculture et des prix agricoles impliquait donc un choix social et politique plus encore qu'économique de la part des dirigeants.

Le désastre de la baisse des prix, phénomène mondial, la catastrophe du phylloxéra justifiaient le soutien gouvernemental. Les tarifs Méline, en 1892, établissaient des droits qui allaient jusqu'à 20 %, frappant les produits agricoles étrangers. Le prix du blé était relevé par voie autoritaire, pour permettre aux petits fermiers de survivre. Jules Méline devenait prodigieusement populaire dans les campagnes. Comme les rentiers, les paysans voteraient désormais sans faiblir pour les républicains modérés.

L'aide à l'industrie était indirecte : elle dépendait des commandes ou du soutien financier de l'État. Les commandes d'armement, par exemple, importantes dans les années 90, allaient stimuler les industries chimique et métallurgique. Le marasme était à son comble dans les industries légères, de consommation : dans les textiles ou les industries alimentaires, il fallait licencier du personnel. Par contre la sidérurgie faisait des progrès techniques considérables (procédé Thomas) qui permettaient d'accroître la productivité et de poursuivre l'expansion. Certains grands chantiers, ceux du plan Freycinet, ceux de la Tour Eiffel, commencée en 1887, stimulaient la sidérurgie : la production de fonte passait de 1 700 000 tonnes en 1885 à 2 300 000 en 1895. Les prix de revient de la fonte et de l'acier étaient en baisse constante, en raison de la courbe des prix mondiaux d'une part, mais aussi des progrès de la productivité. Inaugurée en 1889, en pleine crise, la Tour Eiffel pesait près de 7 000 tonnes. Ses poutrelles de fonte et d'acier devenaient célèbres dans le monde entier.

La crise stimulait la recherche et les industries de pointe, et les républicains, pour des raisons militaires, encourageaient la recherche. A Froges, dans les Alpes, une société nouvelle lançait la première fonderie européenne d'aluminium. Péchiney ouvrait une usine dans le Gard : 13 tonnes par an étaient produites à partir de 1896.

En 1899, un bricoleur de génie, Louis Renault, avait monté la première usine d'automobiles, à Billancourt. En 1895, Berliet avait construit son premier véhicule. Depuis 1891 des automobiles sortaient tous les ans des usines Peugeot de Beaulieu. Les premiers prototypes de Panhard et Levassor avaient été réalisés en 1891, au cœur de la crise financière.

Pour construire son usine, Louis Renault ne disposait que de 60 000 francs. Il n'avait pas besoin de drainer l'épargne et d'avoir des titres à la cote pour monter son garage... Les frères Michelin n'étaient guère plus riches quand ils inventaient, à la même époque, le pneu et la chambre à air. Ils installaient leur établissement à Clermont-Ferrand, en plein centre de la France. A cette date les frères Lumière, des Lyonnais, avaient mis au point le cinématographe et fondé à la fois un centre technique et une maison de production, qui devait envoyer des opérateurs dans le monde entier. On a des images du Japon, tournées par les frères Lumière, qui datent de 1895 ! Le génie inventif et technique était-il brusquement devenu français ?

Il est vrai que la crise empêchait encore ces inventions de déboucher sur la production de masse. Les capitaux manquaient pour lancer les inventeurs dans la voie de la commercialisation. Dans la période de méfiance qui suivit la crise de la bourse, ils se terraient dans les « bas de laine » ou s'investissaient dans les placements sûrs. L'époque n'était pas à l'expansion. L'État limitait son effort de soutien à ses commandes navales et militaires ou à l'aide qu'il apportait aux grands chantiers. Il n'allait pas jusqu'à aider les ouvriers et les chômeurs. Aussi se détournaient-ils de lui.

LES « PROLÉTAIRES » ET LE POUVOIR.

Dix ans après la Commune, les idées révolutionnaires cheminaient de nouveau dans un milieu très touché par la crise. La stabilisation relative des masses sociales éliminait les tensions trop fortes sur le marché du travail dans l'industrie. L'exode rural s'était beaucoup ralenti depuis 1870 et la natalité en milieu urbain avait tendance à baisser. Mais le chômage, l'absence de protection légale, d'aide sociale, allaient affecter durement la condition ouvrière. Dans les années 80, les ouvriers français découvraient qu'ils étaient des « prolétaires ».

Les républicains avaient souhaité, comme l'Empire, se rattacher les ouvriers, s'en faire une clientèle politique. Ils n'avaient pas cherché à les exclure de la République. Waldeck-Rousseau, grand bourgeois libéral, avait fait voter la loi de 1884 qui permettait enfin de constituer en France des syndicats autorisés.

En réalité le mouvement ouvrier, qui avait ainsi les moyens de se grouper et de s'exprimer, devait se construire contre les républicains modérés, ses bienfaiteurs... En dix ans, les regroupements dans le cadre des professions avaient permis d'unifier l'action syndicale et de créer une grande centrale, la *Confédération générale du travail*. Les syndiqués français ne voulaient pas entendre parler d'une action politique, contre ou pour le pouvoir. Ils n'étaient pas non plus des réformistes. Ils voulaient abattre la société capitaliste et considéraient que l'action ouvrière devait être uniquement révolutionnaire. L'arme des ouvriers était la grève générale. Ils devaient s'emparer du pouvoir économique, et négliger la façade parlementaire du régime bourgeois. L' « anarcho-syndicalisme » connaissait dans les syndicats français un succès grandissant. Il s'inscrivait dans la tradition des sociétés ouvrières de résistance, qui s'inspiraient de la pensée de Proudhon ou de Bakounine. L'adhérent aux premiers syndicats cotisait dans le cadre de son métier. La première association ainsi fondée avait été celle des ouvriers chapeliers. Venaient ensuite le livre, et seulement après les mineurs et les cheminots. Les unions de métiers s'étaient regroupées à la Bourse du travail de Paris, puis dans les Bourses du travail des grandes villes de province. Les Bourses regroupaient, à l'échelon local, les différentes unions de métiers. Il y en avait quatorze dans tout le pays. La C.G.T., animée par Victor Griffuelhes, était donc l'association d'unions horizontales (les métiers) et verticales (les Bourses des principales villes). Elle devait constamment faire le point des revendications corporatives et des intérêts régionaux. L'anarchisme des vieux militants donnait à l'ensemble cette coloration particulière au syndicalisme français, qui se voulait apolitique, non point par réformisme, mais par méfiance envers le système politique bourgeois de la représentation nationale.

C'est donc dans le cadre des partis socialistes que devaient s'exprimer tous ceux qui croyaient à l'efficacité d'une action politique. Bientôt des députés socialistes feraient trembler les quatre colonnes de la Chambre des députés. Aux élections de 1885, les électeurs socialistes avaient envoyé douze députés à Paris. Parmi eux, le paysan commentryen Thivrier, venu de l'Allier en blouse et en sabots, et qui, par provocation, tutoyait dans les couloirs ses collègues qui « parlaient latin », les évêques et les marquis. La tentation était grande, pour ces élus des campagnes « rouges » ou des banlieues industrielles, de s'intégrer aux radicaux d'extrême gauche, assez proches d'eux sur le plan politique. Mais ils refusaient tout rapprochement, et ne manquaient aucune occasion d'affirmer leur volonté révolutionnaire. Partis à douze, les socialistes seraient bientôt cent. Allaient-ils remettre en question l' « équilibre » de la République bourgeoise ?

La République du juste milieu, face aux crises politiques.

LA VIEILLE SOCIÉTÉ CONTRE LA RÉPUBLIQUE.

Les élections de 1885 avaient dénoncé un double danger, pour les républicains « modérés » : la Chambre comptait, outre la douzaine de socialistes, une centaine de républicains d'extrême gauche, les « radicaux ». Elle comptait aussi, sur sa droite, plus de 200 conservateurs. La majorité gouvernementale se trouvait réduite à 260 députés. Elle était à la merci d'une crise.

Les élections reflétaient le mécontentement en profondeur de plusieurs catégories de Français. Il y avait d'abord ceux qui, à droite, n'étaient pas satisfaits de l'œuvre scolaire de Jules Ferry : au pouvoir depuis 1880, Ferry, avec Paul Bert, s'était employé à « laïciser » l'enseignement à tous les niveaux, et d'abord en l'arrachant aux mains de l'Église.

Jules Ferry ne cherchait pas la guerre : il voulait faire une école « sans Dieu », non contre Dieu. La loi de 1880 retirait, il est vrai, aux universités libres la collation des grades. Mais elle ne faisait que revenir à l'état de monopole qu'avait voulu Napoléon Iᵉʳ. L'enseignement était interdit aux membres des congrégations non autorisées. Mais elles pouvaient toujours solliciter cette autorisation. Tout dépendait de l'esprit dans lequel serait appliquée la loi. Les jésuites ne purent maintenir leurs collèges. Ils furent dissous et leur expulsion donna lieu à des manifestations violentes. Fermer les collèges de jésuites, c'était porter atteinte à une institution ; mais, après tout, il y avait des précédents : Jules Ferry ne faisait là que perpétuer une tradition de gallicanisme qui remontait loin dans l'histoire.

En réalité, les modérés voulurent maintenir avec l'Église des rapports pacifiques. Les « ministres des cultes » donnèrent des instructions pour que l'application de la loi évite les incidents. Les autorisations d'enseigner furent assez largement pratiquées. Ce que la droite ne pardonnait pas à l'œuvre de Jules Ferry, c'est moins la « persécution » contre les religieux que la mise en place d'un système efficace d'enseignement laïque.

Les lois votées de 1881 à 1886 organisaient véritablement la gratuité, l'obligation et la laïcité, dans un esprit de tolérance, mais aussi de conquête pacifique. Les meilleurs esprits de l'Université se dévouèrent pour donner au nouvel enseignement un idéal civique et une portée morale. Ernest Lavisse, professeur à la Sorbonne, directeur de l'École normale supérieure, ne dédaigna pas de tremper sa plume dans l'encre pour écrire son *Histoire de France* à l'usage des classes primaires, qui devait former des générations de Français. L'École devenait ainsi une sorte de creuset républicain. La droite monarchiste ne pouvait l'admettre.

Organiser, comme l'avait fait Ferry, l'enseignement secondaire des jeunes filles, jusque-là élevées « sur les genoux de l'Église », passait pour une provocation. Les premières agrégées féminines étaient comme des suffragettes. Elles défiaient les idées reçues. Alain Decaux a suivi leurs débuts de carrière dans son *Histoire des Françaises* :

« Mlle Dugard, dit-il, fait la classe devant des bancs vides. On ne la salue plus dans la rue. L'ostracisme. Mlle Dugard a débuté au lycée de Reims aussitôt après la promulgation de la loi de 1880. Scandale parmi les négociants de Champagne. Grève des élèves. »

Les femmes ne peuvent alors prétendre à aucun emploi. Leur ouvrir l'enseignement apparaît comme une sorte de révolution des mœurs. De la même manière, la première femme avocat fait scandale. L'œuvre de Ferry est inséparable de cette volonté collective d'affranchissement, qui devait souder de nombreuses Françaises et Français autour de l'idée républicaine, mais en éloigner beaucoup aussi. Deux sociétés s'affrontaient.

Les lois libérales votées par les opportunistes pour organiser un État moderne choquaient pareillement les tenants de la vieille société. Désormais la presse était totalement libre, ainsi que les citoyens, qui pouvaient exprimer des opinions, bénéficier de l'*habeas corpus* à l'anglaise, se réunir librement. Cette ouverture soudaine de l'appareil législatif à la liberté des individus avait fait, paradoxalement, plus d'ennemis aux républicains que d'amis. Les lois étaient alors en avance sur les mœurs.

LE BOULANGISME CONTRE LE « SYSTÈME ».

Ce que l'on reprochait le plus à Gambetta, à Ferry, à Freycinet et à leurs amis opportunistes, c'était l'affairisme : accusation dangereuse en temps de crise, il n'est pas bon d'avoir la réputation de gagner de l'argent quand tant d'honnêtes gens en manquent, par la faute du gouvernement. Ferry était tombé en 1885 sur l'affaire du Tonkin. Clemenceau lui avait reproché, en pleine tribune, d'oublier les intérêts de la France et la « ligne bleue des Vosges » pour favoriser les affaires d'export-import avec l'Indochine, la Tunisie, et tous les territoires qui demandaient aux Français l'argent de l'impôt et le sang des soldats. Les attaques de l'extrême gauche avaient trouvé, à l'extrême droite, des oreilles attentives. La crise économique avait eu pour conséquence de multiplier les mécontents dans la petite et moyenne bourgeoisie : « gogos » abusés par la spéculation boursière, boutiquiers menacés de faillite par la baisse des prix et le chômage, rentiers scandalisés par la gestion estimée discutable des deniers publics, allaient constituer une masse de manœuvre travaillée par des propagandes contradictoires, poussée à des moments de crise, à des mouvements de révolte dangereux pour le régime. Les caricatures de la droite représentaient Ferry barbotant avec Rothschild dans la « mare aux canards ». Rien n'était plus facile alors que de dresser les mécontents contre le « système ». Ils étaient prêts à toutes les formes d'action.

L'affaire Boulanger illustrait bien cet état d'esprit. Fort hostile au personnel modéré de Jules Ferry et de ses amis, le « général Revanche » avait été porté au pouvoir par les radicaux. A la sugges-

tion pressante de Clemenceau, Freycinet lui avait donné le ministère de la Guerre en 1886. Les radicaux les plus bruyamment nationalistes, comme Déroulède, fondateur en 1882 de la *Ligue des
Patriotes*, le soutenaient contre les opportunistes, que l'on accusait
de tout céder à Bismarck.

Boulanger s'était rendu, à peu de frais, populaire dans l'armée,
faisant peindre en tricolore les guérites des casernes, remplaçant
la gamelle par l'assiette dans les garnisons, autorisant les militaires
à porter la barbe... Il préparait une loi sur le recrutement favorisant
l'évolution du service long créé par Thiers vers un service plus
court, plus « national », sans exemptés. Il rendait à l'armée son
prestige, en donnant de grandes revues à Longchamp, immortali-
sées par les chansonniers. En avril 1887, il se faisait connaître du
grand public en inspectant les troupes de couverture au moment
de l'affaire Schnoeblé, ce policier français d'un poste frontière,
arrêté par les Allemands, puis relâché sous la pression du Quai-
d'Orsay. La presse nationaliste avait applaudi aux fiers mouvements
de menton du « général Revanche ».

> « Nos paysans, disait Barrès, jusqu'à Boulanger, n'avaient
> pas connu un nom de ministre... »

Et pourtant Boulanger, à la chute du cabinet Freycinet, devait
abandonner le ministère. Les modérés le nommaient par prudence
en poste à Clermont-Ferrand. Une imposante manifestation tentait
d'empêcher son train de partir, gare de Lyon. Des députés radicaux étaient juchés sur la locomotive.

Boulanger, si populaire, brimé par les opportunistes! L'opposition de droite n'en demandait pas tant : il devint le point de ralliement, non seulement de la droite, mais de tous les mécontents du
centre et de la gauche. Née chez les radicaux, l'agitation gagnait
rapidement les adversaires de la République : les bonapartistes,
les monarchistes eux-mêmes financeraient et suivraient Boulanger.
Pour tous, il représentait un espoir.

Mis à la retraite d'office en mars 1888, il était élu dans de nombreux départements et même à Paris, aux élections de janvier 1889.
Il lançait, pendant la campagne, un mot d'ordre radical : « dissolution, constituante, révision ». L'idée maîtresse du boulangisme
était en effet de renverser le système d'assemblée pour restaurer
l'autorité du pouvoir exécutif. Les radicaux n'avaient-ils pas affirmé
les premiers leur volonté d'en finir avec le régime ambigu des
notables républicains, qui sombrait dans l'affairisme ?

Il est vrai que, pour nombre de partisans de Boulanger, « révision » voulait dire : restauration. Il fallait, grâce à lui, renverser la République. Mac-Mahon était bien vieux, la réaction croyait enfin avoir trouvé un « sabre ». Pour la première fois, l'opposition au régime avait l'occasion de tenter un coup de force contre l'ordre républicain.

UN GÉNÉRAL VERSATILE.

Au sommet de sa popularité, quand il était à deux doigts du pouvoir, Boulanger devait manquer de décision. Ses partisans l'acclamaient follement place de l'Opéra. Les ministres de Jules Ferry étaient au comble du désarroi. « Mon général, à l'Élysée! » lançait Déroulède... Mais Boulanger, comme jadis Napoléon III, voulait être l'élu du peuple. Il refusa le coup de force.

Sur le terrain légal, les républicains pouvaient tenter, non sans risques, l'affrontement. L'énergique ministre de l'Intérieur Constans interdisait les candidatures multiples, pour empêcher le général d'être plébiscité. Il faisait dissoudre la *Ligue des Patriotes*, particulièrement agitée. Il persuadait le général de s'enfuir en Belgique, sous la menace d'une arrestation. Le général partait en effet. Il était aussitôt oublié.

L'exposition universelle de 1889 rendait Boulanger à l'anonymat. Il se suicida, de chagrin, sur la tombe de sa maîtresse, Madame de Bonnemain. Une condamnation l'avait rendu inéligible. La République avait bien fait les choses. Elle en était récompensée : aux élections, les républicains l'emportaient par 366 sièges, contre 22 aux conservateurs.

« Il est mort comme il a vécu, en sous-lieutenant », devait dire de Boulanger l'impitoyable Clemenceau. Non sans amertume, les radicaux de gauche, qui avaient le monopole du patriotisme jacobin depuis la Commune, avaient vu la droite, grâce à Boulanger, se parer de nouveau de la cocarde nationale. Le « général Revanche » avait fait oublier les notables « capitulards » de 1870. Le nationalisme devenait, au profit de la droite, une force révolutionnaire qui avait entraîné, sans conteste, une grande partie de la population parisienne. Le Paris de la Commune mêlé à une tentative de coup d'État contre la République? La nouveauté était d'importance... elle n'était rassurante ni pour l'aile droite, ni pour l'aile gauche du parti républicain.

Elle devait suggérer aux responsables la possibilité, puis la nécessité d'une rupture. Après l'affaire Boulanger il était clair que, dans son ensemble, la droite des conservateurs n'acceptait en rien le régime ni la société républicaine. Fallait-il, pour pouvoir persévérer dans une politique conservatrice, continuer à solliciter le « ralliement » des droites, et en particulier des catholiques ? N'était-il pas enfin temps, quinze ans après la Commune, de situer la République à gauche ? Boulanger avait donné à réfléchir aux radicaux : ils préparaient désormais leur sortie.

LA RÉPUBLIQUE ET LES SCANDALES.

Panama ne devait rien faciliter : la crise financière devenait très vite un scandale politique, où les radicaux eux-mêmes étaient compromis. Contre eux, et contre les opportunistes, la droite nationaliste exploita à fond l'indignation de l'opinion publique contre les « cent cinquante petits veaux » de la Chambre, qui avaient touché des pots de vin pour voter une loi favorable à la compagnie en difficulté.

Barbès, dans *Leurs figures*, devait flétrir ces députés corrompus, qui symbolisaient, pour lui, l'ordre républicain. Mais il devait aussi ironiser sur le cynisme des responsables ferrystes :

> « Les sages, disait-il, ou pour parler net, les principaux participants du régime (par exemple, un Carnot) pensaient qu'il était fatal que dans un système politique libéral, réglé par le marchandage et le chantage, tout appartînt aux trafiquants qui connaissaient le plus exact tarif des consciences et qui possédaient déjà un stock de reçus. Dominés par la peur, maladie endémique au Palais-Bourbon, ils jugeaient de bonne conservation sociale de ne point troubler l'égout où se canalisent les impuretés nécessaires du parlementarisme... Les radicaux, dont l'échine est toujours un peu maigre, rêvaient d'étrangler les gras opportunistes. »

Mais il y avait du scandale pour tout le monde, comme l'enquête devait le démontrer.

La Compagnie de Panama, fondée par Ferdinand de Lesseps

sur le modèle de celle de Suez, avait eu les plus grands ennuis
techniques et financiers. Elle avait eu besoin du concours des parlementaires pour pouvoir émettre des emprunts à lots, remboursables par tirage au sort. Ces emprunts n'avaient pu éviter la faillite
de la Compagnie, et donc de ses actionnaires, en 1888. Pendant
trois ans, on avait étouffé le scandale. Il éclata en 1891, quand
Fallières, garde des Sceaux, ordonna l'ouverture d'une instruction.

Les nationalistes de droite, qui développaient dans les journaux
une puissante campagne antisémite, accusaient les députés d'avoir
gagné de l'argent sur le dos des épargnants bafoués. Un intermédiaire de banque, Jacques de Reinach, mis en cause par le journaliste antisémite Drumont, était mort subitement. La commission
d'enquête parlementaire avait rendu publique une liste de 104 députés qui auraient touché de l'argent. Ces « chéquards » devenaient
les victimes d'une bruyante polémique de presse. En 1893, un
ancien ministre des Travaux publics était reconnu coupable de
concussion. Il était condamné. Les autres parlementaires étaient
acquittés. Lesseps, Eiffel, l'ingénieur de la Tour, avaient aussi été
condamnés, mais ils furent graciés. La République avait « digéré »
le scandale.

Il est vrai que beaucoup de républicains auraient du mal à se
relever de l'affaire. Le seul fait d'avoir leur nom publié dans les
journaux les discréditait pour longtemps. C'était, entre autres, le
cas de Loubet et de Clemenceau, mais aussi de Charles Floquet,
de l'ancien ministre des Finances Rouvier. On avait prononcé leurs
noms avec trop d'insistance pour qu'il n'en restât pas quelque chose.
Des hommes nouveaux, qui avaient déjà occupé des postes importants dans l'État, mais qui étaient vierges de toute compromission,
étaient heureusement là pour prendre la relève. Si la République
n'avait pas sombré corps et biens dans Panama, c'est qu'une
deuxième génération de républicains se pressait aux portes du pouvoir, celle des Poincaré, des Viviani, des Georges Leygues, des Barthou, des Delcassé.

LA RÉPUBLIQUE MISE A L'ÉPREUVE DE LA CRISE DREYFUSIENNE.

La droite avait réussi à discréditer la République : elle n'avait
pu la renverser. L'Affaire Dreyfus devait lui en fournir de nouveau
l'occasion

Ancien polytechnicien, ancien élève de l'École de Guerre, le capitaine Dreyfus, d'origine alsacienne, servait à l'état-major quand il fut accusé d'espionnage et arrêté. Dans *La Libre Parole*, quotidien antisémite, Drumont avait annoncé la nouvelle, demandant que toute la lumière fût faite sur la trahison d'un « officier juif ». Un nouveau thème de campagne nationaliste éclatait, dans un climat d'espionnite et d'antisémitisme. On exigeait le châtiment exemplaire du traître et l'arrestation de ses complices. Le général Mercier, ministre de la Guerre, était accusé d'indulgence.

Le gouvernement était faussement convaincu de la culpabilité de Dreyfus par le rapport des militaires chargés de l'instruction, aveuglés par la passion antisémite qui sévissait à ce moment dans les hautes sphères de l'armée. Un « dossier secret » fut communiqué aux juges militaires, qui condamnèrent Dreyfus au bagne à vie. Le capitaine était dégradé, envoyé à l'île du Diable, en décembre 1894. Le gouvernement avait laissé faire, convaincu que la campagne cesserait après la condamnation. Personne, à gauche, ne s'intéressait à l'affaire. Jaurès lui-même affirmait qu'il se lavait les mains du sort de ce « capitaine juif » et qu'il n'avait pas à se mêler des « querelles de famille de la bourgeoisie ».

Le frère de Dreyfus, aidé du journaliste Bernard Lazare, s'efforçait cependant d'obtenir justice. Ils trouvaient une aide inespérée en la personne d'un officier du service de renseignements, le colonel Picquart, qui découvrait le véritable coupable. Il s'agissait d'un noble d'origine hongroise, couvert de dettes, Esterhazy. C'est lui, et non Dreyfus, qui avait eu des relations avec l'attaché militaire de l'ambassade d'Allemagne, Schwartzkoppen. Picquart informa ses chefs, qui l'expédièrent dans le Sud tunisien.

Les amis de Dreyfus, mis au courant de la découverte de Picquart, en informèrent Scheurer-Kestner, vice-président du Sénat, et le directeur du journal *Le Siècle*, Joseph Reinach. Une campagne de presse révisionniste allait commencer, que le pouvoir s'efforçait d'étouffer. « Il n'y a pas d'Affaire Dreyfus », lançait à la tribune de la Chambre le président du Conseil Jules Méline.

L'acquittement d'Esterhazy, mis en cause par les révisionnistes, avait été prononcé en janvier 1898. Zola, qui, à l'intention des militaires et du pouvoir politique, avait écrit dans *L'Aurore* l'article « j'accuse », était à son tour jugé et condamné, sur les instances de l'état-major, au plus fort de la campagne antisémite de nouveau provoquée par les nationalistes. Le général Cavaignac, ministre de la Guerre, lisait, pour apaiser les esprits, une des pièces du « dossier

secret » à la tribune de la Chambre. Son discours, qui établissait la
culpabilité « indiscutable » de Dreyfus, était affiché dans toutes
les communes de France. On apprenait le lendemain que la pièce
lue à la tribune était un indiscutable faux.

Un officier du service de renseignements, le colonel Henry, avait
fabriqué ce faux « dans un but patriotique ». Aussitôt arrêté, le
colonel se suicidait dans sa cellule. La révision était en cours.

Après la démission du général de Boisdeffre, chef d'état-major,
et du ministre Cavaignac, l'Affaire devenait politique. La cour de
cassation déclarait recevable la demande en révision. Un nouveau
procès s'ouvrait à Rennes.

LE JUGEMENT DE RENNES ET LA LIQUIDATION DE L'AFFAIRE PAR WALDECK-ROUSSEAU.

Jamais l'affrontement de l'opinion en deux camps ennemis n'avait
été plus violent : pour les antirévisionnistes, la République était
un régime corrompu, incapable de défendre les valeurs militaires,
accablant pour la religion, la famille et la société. Maintenir Dreyfus
au bagne, c'était sauver l'ordre et abattre la République. Les ligueurs de la Patrie française, de la Ligue des Patriotes, de l'Action
française, exigeaient bientôt la prise du pouvoir par les nationalistes.

En février 1899, une émeute éclatait dans Paris à propos des
funérailles de Félix Faure. On conspuait, sur son passage, Loubet,
compromis dans Panama. On criait : « Vive Panama Ier ! » Déroulède
s'efforçait d'entraîner à l'Élysée le général Roget. En juin, Loubet
était frappé à coups de canne par un jeune royaliste, en plein
champ de courses, à Longchamp. Déroulède arrêté et jugé criait
à son procès :

« Vive l'armée! Oui, vive l'armée, qui est notre dernier
honneur, notre dernier recours, notre suprême sauvegarde! »

Les révisionnistes devenaient ainsi, qu'ils le veuillent ou non, les
défenseurs de la république contre les « ligueurs » déchaînés. On
était revenu, les massacres en moins, au temps des guerres de Religion. A gauche aussi s'étaient formées des *ligues* : la Ligue de l'Enseignement, la Ligue des Droits de l'Homme. Les partis devaient
s'unir jusqu'à l'extrême gauche. Des *comités de vigilance* se constituaient spontanément dans la capitale. Socialistes et radicaux frater-

nisaient : ce que la guerre sociale n'avait pu obtenir, l'affaire Dreyfus l'avait un moment réalisé. Quand Waldeck-Rousseau était chargé, le 22 juin, de former le nouveau gouvernement, les deux France s'affrontaient. On se divisait même dans les familles. Il était urgent de sauver l'ordre, en rétablissant la paix.

Waldeck-Rousseau devait y parvenir aux moindres frais. Il prenait dans son gouvernement un socialiste en rupture de banc, Alexandre Millerand, et un militaire incontestable pour la droite, le général de Galliffet, qui avait commandé les troupes versaillaises pendant la Commune. Une brève circulaire de Galliffet à l'armée devait suffire à calmer les esprits : « L'incident est clos... »

Il restait à juger le capitaine pour la seconde fois. L'armée ne pouvait se désavouer : elle le condamnait. Le gouvernement ne pouvait laisser se perpétuer le désordre : on accordait à Dreyfus les circonstances atténuantes. Ceux qui l'avaient défendu avec le plus de cœur, Jaurès, Péguy, Clemenceau, s'indignaient du jugement, conseillaient à l'accusé de refuser la grâce que lui offrait le Président de la République. Mais Dreyfus avait trop souffert. Il attendrait en paix sa réhabilitation. La grâce mettait un terme à l'agitation.

Aussitôt après le jugement, le gouvernement Waldeck décapitait le mouvement nationaliste : vingt-quatre meneurs étaient traduits en Haute Cour et condamnés, parmi lesquels Paul Déroulède. La presse antidreyfusienne, très largement catholique, était frappée d'amendes diverses, qui l'obligeaient à disparaître en partie : les *Croix*, *Le Pèlerin* se maintenaient, mais la congrégation des assomptionnistes, véritable agence de presse catholique, était dissoute.

La répression des menées anarchistes par les républicains modérés en 1893-1894 avait rendu ces derniers odieux aux socialistes. En discréditant durablement le personnel politique modéré, déjà fort éprouvé par Panama, la crise dreyfusienne ouvrait aux républicains d'extrême gauche les voies du pouvoir. Socialistes et radicaux devenaient les maîtres du terrain. Sauraient-ils s'entendre pour l'occuper ?

Le mouvement très diversement révolutionnaire appelé globalement socialiste n'avait pris partie que tardivement et partiellement dans l'Affaire. Les radicaux au contraire y avaient très largement participé. La fin de l'Affaire Dreyfus semblait annoncer l'union des gauches. Pourrait-elle trouver une véritable unité d'action ? Sur quel programme ? Et que deviendrait, dans la conjoncture politique, l'œuvre d'ensemble construite depuis vingt ans par les opportunistes, à l'intérieur comme à l'extérieur? Sans doute la gauche avait-elle sauvé, seule, l'ordre républicain. Assumerait-elle pour autant l'ordre conservateur?

On retenait, en 1899, que la République avait survécu à tous les orages : la crise boulangiste, la brusque secousse de violence anarchiste qui avait suivi Panama, la redoutable épreuve de l'Affaire Dreyfus. Dans ses profondeurs, la société française semblait avoir accepté le régime et les valeurs qu'il représentait : tolérance, laïcité, progrès économique et social, patriotisme sans provocation, expansion coloniale sans aventure. Les scandales et les crises avaient remis la République dans l'axe. Les différents complots de la vieille société n'avaient pas réussi à utiliser les mécontentements pour abattre le régime. La République conservatrice avait réussi : elle transmettait son héritage à la République « avancée ».

CHAPITRE 17

L'expansion républicaine

Il n'y avait pas de différence de nature entre les opportunistes et les radicaux, mais des différences de méthodes et de mentalités. Un Clemenceau, qui passait pour radical, avait été maire de Montmartre pendant la Commune. Accusé par les insurgés d'avoir trahi leur cause et livré les canons aux généraux versaillais, Clemenceau, la mort dans l'âme, avait abandonné la Commune. Grand admirateur de Louise Michel, qui fut déportée en Nouvelle-Calédonie, il se sentait profondément homme de gauche; c'est lui qui devait faire tirer la troupe sur les grévistes de Draveil.

Jules Ferry venait de la droite. Ce notable lorrain avait les favoris bien fournis et l'embonpoint rassurant des « messieurs à redingote ». Il avait été, il est vrai, journaliste républicain sous l'Empire, mais le gendre de l'industriel alsacien Risler, le neveu de Scheurer-Kestner et de Charles Floquet n'avait rien à voir avec un aventurier comme Gambetta. Il avait été reçu solennellement, en 1875, dans une Loge du Grand Orient, il voulait selon sa formule « organiser l'humanité sans Dieu et sans roi ». Il fit l'école laïque, et donna à la France du « mouvement » ses armes les plus solides contre la France de « l'ordre ».

Ferry et Clemenceau pouvaient bien différer en tout dans le domaine de la politique étrangère, de la politique économique, et même dans la conception de l'action politique : ils étaient profondément d'accord sur le maintien du système social libéral bourgeois. Si Clemenceau montrait de la hâte à précipiter les réformes sociales, il était seulement plus impulsif, sa République était plus « avancée ». L'expérience devait montrer que c'était bien la même République.

Les radicaux qui prenaient le pouvoir en France au début du XXe siècle trouvaient un substantiel héritage. La République « honteuse »

des années 75 était devenue triomphante, assurée de ses destinées,
malgré les crises et les scandales. Cet héritage était largement positif
Les radicaux sauraient le faire fructifier.

L'héritage des opportunistes.

LA « SOCIÉTÉ SANS DIEU ET SANS ROI ».

La « société sans Dieu » était faite pour des hommes libres.
Les fondateurs de la République, les Ferry, les Grévy, les Waldeck-
Rousseau, avaient fait voter les grandes lois de 1881, organisant la
liberté de réunion, la liberté totale de la presse, la liberté d'association avec la loi de 1884. La loi municipale du 5 avril 1884 faisait des
maires les élus des conseils municipaux, bien qu'à Paris encore les
maires d'arrondissements fussent désignés par le pouvoir.
Ainsi étaient assurées les libertés publiques. Le suffrage universel, loyalement appliqué, assurait le recrutement démocratique
des hommes d'État. La carrière d'un futur consul commençait
souvent dans un conseil municipal. Ceint de l'écharpe de maire, il
se présentait au conseil général, puis à la députation. Une fois élu,
il se faisait inscrire dans une des « commissions » de l'Assemblée
où ses talents pouvaient être remarqués par les Burgraves. Il était
ainsi, après quelques rapports bien instruits, « ministrable ». On lui
confiait, avant un maroquin, un poste de secrétaire ou sous-secrétaire d'État. Il était bon de commencer par briguer un ministère
« technique », où les qualités de travail, de sérieux et de patience
pourraient être reconnues. C'est seulement à un âge raisonnable
que l'on pouvait prétendre aux fonctions politiques, quand on
avait fait ses preuves dans le sérail. Le suffrage universel, loin
d'institutionnaliser le désordre, favorisait donc le recrutement d'un
nouveau personnel politique, où la cooptation désignait non seulement les plus fidèles et les plus dévoués, mais les plus capables.
Car la République « sans Dieu » croyait d'abord aux capacités.
C'est pour les découvrir et les former qu'elle avait construit l'école
laïque. Le programme opportuniste d'éducation populaire, qui

poursuivait, dans ses grandes lignes, le projet conçu par Victor Duruy sous l'Empire, représentait l'espoir de réalisation d'une des idées-force de la pensée politique de gauche, au XIXᵉ siècle : il fallait que tous les petits Français eussent des chances égales, qu'ils pussent, grâce à l'instruction, désigner en connaissance de cause leurs représentants, qu'ils pussent les contrôler et s'intégrer aux institutions de leur pays. L'école primaire formait des conseillers municipaux très acceptables. Les mairies aussi avaient besoin de cadres. Les Français devaient se sentir responsables d'une collectivité nationale. On ne se sent pas responsable quand on ne sait pas lire... En 1880, 25 % des hommes et 35 % des femmes de France étaient des illettrés. En dix ans, après les lois Ferry, il n'y avait plus que 15 % des hommes et 24 % des femmes. Dix ans plus tard, l'œuvre était pratiquement achevée : les îlots d'analphabétisme étaient en voie de réduction. En vingt-cinq ans les opportunistes avaient envoyé la France à l'école.

LES HUSSARDS NOIRS DE LA RÉPUBLIQUE.

Cette réussite était le résultat d'un véritable apostolat laïque. Les instituteurs, issus des écoles normales, donnaient avec une rigueur et une moralité exemplaires la même instruction à tous. La formation des instituteurs eux-mêmes correspondait exactement à l'idéal moral des responsables politiques du clan opportuniste.

Ceux-ci avaient vécu dans l'amertume la défaite de 1870, d'autant plus qu'ils étaient hostiles à l'Empire. Ils étaient convaincus de la supériorité morale de leurs ennemis. Le Second Empire, pour les républicains, était le symbole de la décadence, du relâchement, de l'irresponsabilité : les chefs de l'armée, de la diplomatie, étaient des incapables. L'État avait abandonné certaines missions fondamentales : éduquer et défendre, par exemple. Pour apporter la preuve d'une véritable renaissance de la France, il fallait changer les mentalités : l'école et l'armée devaient s'en charger.

L'école devait donner aux jeunes Français le sens de l'effort, le goût de la vérité, de l'exactitude et de l'obéissance. Elle devait les intégrer à une communauté nationale dynamique, ayant pour but le progrès de la société dans tous les domaines : pensée libre, prospérité, justice sociale, tel était l'idéal enseigné dans les classes.

Méthodes et matières étaient adaptées à cet idéal : l'histoire y tenait une large place, et le « petit Lavisse » contribuait à donner aux enfants le sentiment de la continuité nationale, des rois à la République. Mais il y avait aussi la découverte de la vie moderne. *Le tour de France par deux enfants* permettait aux maîtres qui lisaient en classe ce roman feuilleton, de faire découvrir les chantiers de la France moderne, de Saint-Nazaire au Creusot. Les « leçons de choses », admirable invention des instituteurs, apprenaient aux enfants pourquoi l'eau bout, la craie tombe, le haricot germe et le hanneton vole, ces hannetons que les élèves capturaient dans des boîtes d'allumettes pour les lâcher, le jeudi matin, dans les cours de catéchisme.

Car désormais le catéchisme avait lieu en dehors de l'école, le plus souvent à l'église. Le curé l'enseignait lui-même, sur des petits livres édités à l'archevêché, et revêtus de l'*imprimatur*. Le catéchisme avait un aspect doctrinal, obligatoire, comme l'école elle-même. A l'école, les châtiments physiques n'étaient pas rares. Le maître faisait entrer la règle de trois à la baguette dans la tête des récalcitrants, comme son collègue — et modèle — l'instituteur prussien.

La France entière éprouvait un étrange complexe d'infériorité devant la Prusse : elle se mettait en tout à son école, comme la Prusse l'avait fait de la France jadis, après la défaite d'Iéna. Les républicains accusaient la société traditionnelle de tous les vices et de tous les maux : barbes au vent, ils haïssaient les visages glabres des prêtres et les moustaches fines des mondains. Le hérissement bourru de leurs favoris impliquait un engagement moral : celui de retrouver aux sources populaires la force, la rude franchise des faits, le courage et l'espoir, celui aussi de donner à toutes les forces disponibles dans ce pays les moyens de s'épanouir, de grandir, de s'unir pour la revanche, mais non pour la restauration d'un passé détesté. Seul le progrès scientifique et moral pouvait donner à la France des armes égales contre la Prusse.

Si les lois Ferry avaient organisé l'école laïque, et concrétisé l'espoir de redressement de toute une partie de la population française, elles n'avaient en rien porté dommage à l'enseignement religieux. On ne pouvait le supprimer d'un trait de plume, car il répondait aux besoins de l'ancienne France, dans ses aspirations fondamentales. Cet enseignement comptait encore 52 000 élèves dans les établissements secondaires en 1894, contre 84 000 dans les lycées de l'État. C'est dire à quel point les opportunistes avaient interprété les lois dans un sens conciliant. La plupart des établissements religieux avaient bénéficié du régime des autorisations.

L'apostolat laïque ne pouvait mordre sur les positions de l'Église dans la « bonne société » de Paris et de province. Toute une partie de l'opinion française, d'abord dans les « hautes classes », reprochait au nouvel enseignement d'État d'être sectaire, agressif, d'enseigner à la fois le mépris de Dieu et la haine de la société. Des « fabriques d'anarchistes », tels apparaissaient les lycées dans la bourgeoisie bien pensante. Les « collèges » religieux n'avaient jamais eu si bonne presse, dans la peur sociale qui s'accroissait avec le développement du socialisme : à Paris, Stanislas, l'école Bossuet, Gerson, Saint-Jean-de-Passy fabriquaient une autre race de Français qu'Henri-IV, Saint-Louis ou Lakanal. L'enseignement religieux gardait ses positions et campait sur le terrain des beaux quartiers. L'Église avait jadis lié sa cause aux régimes politiques : elle la liait désormais aux destinées d'une classe.

LE RALLIEMENT DES CATHOLIQUES.

Le pape Léon XIII, dans sa sagesse, avait dénoncé le danger : les catholiques ne pouvaient refuser de suivre l'évolution de la société, sous peine d'être relégués à la défense d'un ordre ancien périmé. Il fallait reprendre la tâche apostolique, évangéliser les nouvelles classes sociales, ces prolétaires des usines et des mines, encadrés seulement par les socialistes. On ne lutterait pas contre la république laïque en organisant la défense des presbytères. Les évêques devaient quitter l'Aventin et faire un bout de chemin vers les républicains.

Tel était le sens du toast porté à Alger, le 12 novembre 1890, par le cardinal Lavigerie. Un toast à la République! L'affaire avait fait scandale et les *Croix*, horrifiées, n'avaient pas donné suite à cette volonté d'ouverture.

Léon XIII, dans son encyclique du 20 février 1892, avait lancé son immense autorité dans la balance : il recommandait le *ralliement* des catholiques français au régime républicain. Il précisait bien que ce « ralliement » était tactique, et non doctrinal. L'Église ne renonçait pas à sa conception théocratique de la société. Dieu seul devait posséder l'autorité, il connaissait seul les voies de la justice. Mais l'Église trouverait plus d'avantages à s'engager dans la bataille sur le terrain de l'adversaire : elle devait, en particulier, avoir des candidats aux élections qui ne détournent pas vers les républicains les suffrages populaires en recommandant de voter pour les royalistes.

Il y eut bientôt une trentaine de députés « ralliés » à la Chambre, autour de Jacques Piou et du comte de Mun. Les républicains modérés, hostiles aux radicaux dans la plupart des domaines, avaient bien accueilli ces transfuges des « blancs », ces catholiques abandonnant le parti de M. de Charette pour accepter le monde nouveau de la société civile. Pour encourager le *ralliement*, les modérés maintenaient le budget des Cultes, soutenaient les missions catholiques à l'étanger, faisaient preuve de conciliation dans l'application des lois scolaires. La politique opportuniste souhaitait la réconciliation progressive des Français, l'installation en profondeur du régime républicain par la « conquête des cœurs ». Elle avait le plus grand besoin, contre les radicaux et les socialistes, de cette clientèle électorale de la droite, dont les suffrages étaient sottement détournés au profit de candidats chimériques. Le peu de succès des candidats du ralliement avait déçu les modérés. Leur échec montrait la difficulté avec laquelle les idées républicaines mordaient sur la droite : elles se heurtaient aux tabous sociaux et religieux.

LES VALEURS MILITAIRES.

Les Républicains savaient bien que, pour favoriser la réconciliation des deux France, il fallait un « ralliement autour du drapeau ». Seule l'idée nationale était susceptible de souder de nouveau les droites. Il fallait que la République fasse la preuve qu'elle était le seul régime capable de rendre à l'idée de nation un contenu concret, vivant, dynamique.

Déjà Gambetta avait entouré l'armée nouvelle de tous ses soins. Les opportunistes, qui se gardaient de faire surgir aux frontières le tumulte guerrier, restaient fidèles à sa maxime : quand on demandait à Gambetta pourquoi il ne parlait pas de la « revanche », il répondait : « Pensez-y toujours, n'en parlez jamais. » La République devait constituer une armée vraiment nationale. Le réarmement était d'abord moral : avec l'école, l'armée devait fabriquer un moule unique de Français. En Allemagne l'armée de la Prusse avait fait l'unité de la « patrie allemande ». Les Bavarois étaient morts aux côtés des Prussiens sur les champs de bataille d'Alsace et de Lorraine. En France, une grande armée nationale ferait l'unité du pays, déchiré par ses luttes internes. Avant d'être un instrument d'expansion impérialiste, l'armée devait être une institution d'unification nationale.

Galliffet, de Miribel, de Boisdeffre n'étaient pas des officiers républicains. Gambetta le savait. Il possédait un fichier fort détaillé qui lui indiquait le nom de tous les officiers qui allaient — ou n'allaient pas — à la messe. Si les opportunistes avaient placé dans le Haut état-major les grands noms de l'aristocratie, c'était pour que tous les chefs prennent conscience que l'armée était la chose de la France, et pas seulement du régime républicain. Issus principalement du collège des jésuites de la rue des Postes, meilleure préparation à l'École polytechnique, les officiers supérieurs de l'armée étaient la plupart du temps des catholiques conservateurs, bien que, depuis les années 90, ils eussent dû laisser quelques places aux athées, protestants et juifs. La République avait éliminé tout problème politique dans l'armée, en mettant à sa tête des hommes qui n'étaient pas des siens.

Perdaient-ils de vue la « ligne bleue des Vosges » ? Cette armée commandée par les élèves des jésuites était en fait très imprégnée par la mentalité de Polytechnique : elle se voulait savante, scientifique, efficace. Le plan « XXIII », établi par de Boisdeffre en 1894, organisait la très rapide mobilisation éventuelle de 1 400 000 hommes, plus 400 000 pour les forteresses de frontières et 750 000 pour les réserves. L'armée préparée par les polytechniciens était bien équipée, bien armée, bien alimentée par des budgets militaires confortables, qui faisaient une large part à la recherche. L'artillerie avait de remarquables obusiers, un excellent canon à tir rapide, le « 75 » (qui tirait vingt coups à la minute), un explosif pour obus à charge creuse particulièrement efficace, la mélinite. L'infanterie disposait de l'excellent fusil Lebel.

Certes cette armée était encore trop attachée à des valeurs sentimentales héritées du passé : elle faisait une trop grande place à la cavalerie, elle gardait, contre tout bon sens, les uniformes rouges et bleus qui rendaient les soldats vulnérables. Mais l'instruction des recrues était particulièrement poussée. Elle commençait à vrai dire à l'école, où les enfants de douze à quatorze ans recevaient les principes de l'entraînement physique et moral des soldats.

Les séances des « conseils de révision » étaient dans les campagnes un véritable rite, ainsi que le départ pour le « régiment ». Pour les jeunes ruraux, l'armée était l'occasion de voyages, de dépaysements d'enrichissement. Si l'instituteur apprenait volontiers la morale du soldat, le sous-officier poursuivait à sa manière l'instruction des « recrues » qui, sur le plan sportif, était parfois très complète. Les Français s'étaient habitués à passer une partie de leur jeunesse à l'armée sans avoir le sentiment d'y perdre leur temps. L'esprit de l'époque était tel qu'ils avaient au contraire la conviction d'avoir accompli un devoir essentiel. Même Jaurès, critiquant l'organisation militaire, ne mettrait pas en question, bien au contraire, le devoir d'autodéfense des jeunes Français.

LES AVENTURIERS DE L'OUTRE-MER.

En France, les colonies n'avaient pas bonne presse : on trouvait les expéditions coloniales inutilement coûteuses. Les hommes politiques du « lobby colonial » étaient réputés corrompus. Les soldats qui faisaient carrière aux colonies passaient pour des incapables, et les colons eux-mêmes pour des paresseux, qui n'auraient pu réussir en France.

C'est pourquoi les opportunistes avaient été vigoureusement soutenus par l'ensemble du parti républicain quand ils avaient osé entreprendre une politique européenne plus ambitieuse. Ils étaient longtemps restés pleins de déférence apparente pour le « système » diplomatique que Bismarck avait installé en Europe. Mais l'alliance russe, négociée militairement à Saint-Pétersbourg par de Boisdeffre, permettait de rompre l'encerclement. Les marins français avaient pu jouer *La Marseillaise* à Cronstadt. La France obtenait l'assurance d'une mobilisation russe « simultanée et automatique » en cas de danger. Pendant des années, l'accord n'avait pas été révélé au public. Il ne fut connu qu'en 1897. L'année d'avant, le tsar et la tsarine étaient venus à Paris, où ils avaient reçu un accueil triomphal : « Vive la tsarine », lisait-on sur les ceintures rouge sang des forts des Halles.

L'alliance franco-russe était l'événement international le plus marquant retenu par l'opinion de l'époque. Et pourtant l'œuvre coloniale des opportunistes était autrement plus positive : la République avait longuement rodé son armée et surtout sa marine en participant à la conquête du monde, entreprise simultanément par les puissances européennes : en 1900 la France était la métropole d'un vaste empire colonial, fait de pièces et de morceaux, et dû aux initiatives de quelques aventuriers.

Député d'Oran, Eugène Étienne, ami de Gambetta, avait pris la tête d'un véritable groupe de pression au sein des opportunistes : les « aventuriers » étaient donc assurés de trouver à Paris une oreille au moins qui leur fût favorable. La Tunisie avait accepté en 1883 un traité de protectorat français. De 1883 à 1896 des effectifs militaires ridicules avaient réussi, malgré l'opposition ponctuelle des Anglais, la conquête de l'Afrique-Occidentale. Des initiatives courageuses avaient permis, autour de 1900, d'occuper l'essentiel du Sahara. L'Afrique noire était ainsi reliée à l'Afrique du Nord, bien que les seuls moyens de liaison fussent les chameaux des Touaregs.

Les officiers des grandes écoles avaient commandé au feu, sous Gallieni, pour faire en 1895 la conquête de Madagascar. De 1882 à 1893, à l'initiative de Ferry le « Tonkinois », l'Indochine, en dépit d'une vive résistance chinoise, avait été acquise, y compris le Tonkin. Jules Ferry s'était expliqué maintes fois sur les finalités de cette conquête coloniale : pour lui, elles étaient d'ordre économique.

> « La politique coloniale, disait-il, est fille de la politique industrielle... L'exportation est un facteur essentiel de la prospérité publique, et le champ d'emploi des capitaux, comme la demande du travail, se mesure à l'étendue du marché étranger... Tout le monde aujourd'hui veut filer et tisser, forger et distiller. Toute l'Europe fabrique le sucre à outrance et prétend l'exporter. »

Voilà Ferry le malthusien, élève de Thiers, converti à la conquête coloniale : puisqu'on ne peut pas empêcher l'expansion industrielle, autant qu'elle trouve des « débouchés » sur des territoires protégés.

Les grandes affaires françaises s'étaient intéressées surtout aux colonies les plus rentables, négligeant les autres. Le capital français devait traditionnellement s'investir très peu aux colonies. Il est vrai qu'à côté des riches colonies anglaises, les territoires conquis par la France faisaient piètre figure. Mais ils étaient d'une étendue telle qu'ils offraient un champ illimité au peuplement, à la mise en valeur. La Tunisie et l'Indochine étaient, par excellence, les colonies attirant les capitaux. Les banques et les compagnies de navigation avaient très vite financé la construction des ports, de quelques lignes de chemins de fer, des équipements urbains, des plantations, des mines. La Banque d'Indochine avait créé la Société des charbonnages du Tonkin. Les grandes compagnies de colonisation exploitaient déjà le sol et le sous-sol de l'Algérie avant 1900. Un demi-million d'Européens habitaient en Algérie. Les gouverneurs (Cambon, Jonnart) étaient de grands personnages consulaires qui avaient obtenu la création d'un Conseil algérien de gouvernement. La colonie évoluait vers une certaine autonomie, au profit exclusif des Français.

Les sociétés industrielles françaises, particulièrement celles qui vendaient du sucre ou du coton, avaient compris qu'il n'existait pas d' « indigène » assez pauvre qui ne pût s'acheter quelques morceaux de sucre et des cotonnades. La réussite de Manchester était, à cet égard, significative. Les colonies étaient intéressantes, moins par leurs matières premières que par leurs prespectives de marchés privilégiés. C'est pourquoi, en définitive, les ministères parisiens finirent par s'intéresser à la conquête de l'Afrique noire. En Afrique-Équatoriale, la France prenait bientôt position au Congo. Elle possédait, à l'extrême Est, le petit territoire de Djibouti et des Somalies. L'idée du commandant Marchand, en 1898, était d'étendre vers l'Est les possessions françaises, à partir du Congo. Par le Tchad il avait gagné le Nil, où il avait affronté une colonne britannique commandée par Kitchener à Fachoda. Le ministre Delcassé, en 1898, avait sacrifié Marchand à la possibilité d'une grande alliance franco-britannique. L'axe du Nil au Cap resterait anglais. Mais les bases d'une triple alliance (France-Angleterre-Russie) étaient jetées quand les radicaux s'emparaient du pouvoir.

La grande France de 1900.

LA RECHERCHE OBSTINÉE DES ALLIANCES.

Les radicaux allaient poursuivre obstinément, pendant dix ans, la politique d'expansion et de sécurité recherchée par les opportunistes. La France avait acquis en peu de temps et à peu de frais le deuxième empire colonial du monde, avec 10 000 000 de km² et plus de 60 000 000 d'habitants. Elle n'allait cesser d'accroître et de consolider ses positions.

Les radicaux au pouvoir perdaient de vue l'optique trop étroite de la revanche. Ils comprenaient que, pour l'emporter d'une manière décisive dans une guerre qui risquait d'être mondiale, ils devaient avoir une politique mondiale. Les colonies prenaient aussitôt une valeur stratégique et militaire. Au même moment, en Allemagne, Guillaume II abandonnait l'optique trop exclusivement européenne de Bismarck pour se lancer, lui aussi, dans une « Welt-politik ».

Les colonies ne comptaient pas au point d'entraîner une hostilité durable entre la France et l'Angleterre. Déjà liée à la Russie, la France de Théophile Delcassé recherchait, depuis 1898, l'alliance de Londres, avec beaucoup de persévérance. L'Allemagne était réunie à l'Italie et à l'Autriche-Hongrie par la « Triplice ». Delcassé souhaitait constituer une autre triple alliance d'importance comparable, pour équilibrer les forces en Europe.

1898 était l'année de Fachoda. Ministre des Affaires étrangères jusqu'en 1905, Delcassé allait s'efforcer de faire oublier à la France son humiliation. L'alliance russe fut renforcée en 1899 et en 1901. Les radicaux, sur ce point, suivaient les opportunistes. Des accords conclus en 1898 avec l'Italie amorçaient une collaboration économique. En 1900 notre diplomatie laissait les mains libres à l'Italie en Tripolitaine contre l'avantage réciproque accordé au Maroc. L'ambassadeur à Rome, Barrère, avait fait du bon travail.

L'Angleterre était plus difficile à convaincre : la politique du réarmement naval de l'Allemagne devait très vite l'inquiéter. L'agressivité des « commis voyageurs » allemands, pratiquant le « dumping » sur les marchandises industrielles dans le monde entier, aux dépens des produits anglais, indisposait le gouvernement de Londres. A cette époque les Anglais ne supportaient pas que leur flotte de guerre ne fût pas au moins supérieure aux deux plus importantes flottes du monde réunies. C'est ce qu'ils appelaient la règle du *two powers standard*.

Paul Cambon, ambassadeur de France à Londres, ne pouvait manquer de profiter de ces bonnes dispositions. D'autant que le Quai-d'Orsay se heurtait lui-même aux prétentions allemandes coloniales. Longtemps retardée par Bismarck, l'Allemagne arrivait tard dans le partage du monde. L'expansion française en Afrique ne l'avait pas inquiétée. Mais elle avait des intérêts commerciaux au Maroc. En 1905 une première crise franco-allemande devait éclater à propos du Maroc. Pour éviter la guerre, Delcassé démissionnait. A la conférence internationale d'Algésiras, l'appui de l'Angleterre devait éviter à la France un agenouillement. Elle gardait les mains libres au Maroc, tout en faisant leur place aux intérêts allemands. La crise marocaine avait montré l'efficacité des accords conclus entre Londres et Paris en 1904, réalisant le troc de l'Égypte contre le Maroc. *L'Entente cordiale* avait bien fonctionné.

Il restait à réconcilier l'Angleterre et la Russie, dont les intérêts divergeaient en Extrême-Orient, pour constituer un système efficace d'alliance. Cela fut réalisé en 1907, par l'accord naval anglo-russe. La crise balkanique de 1908-1909 allait montrer que l'alliance russe avait des limites. La France modérait son alliée, au lieu de soutenir ses prétentions impérialistes. L'alliance conclue avec l'Angleterre n'était pas moins conditionnelle : elle était défensive, mais n'avait pas d'implications militaires précises. Les partenaires gardaient toute leur liberté d'appréciation, sauf au cas où l'un d'entre eux aurait été l'objet d'une agression caractérisée.

La France radicale confirmait cependant la constitution de son empire colonial. Gouraud pacifiait la Guinée en poursuivant, en 1898, le grand chef Samory. Un chemin de fer était construit, à travers l'Algérie, jusqu'à Colomb-Béchar. Les oasis du Sud algérien étaient pacifiées. En 1900, trois expéditions convergeaient vers le lac Tchad : l'une d'entre elles venait d'Algérie, l'autre du Soudan, la troisième du Congo. L'unité des possessions françaises d'Afrique était pratiquement réalisée.

Restait le Maroc : Lyautey, à partir de l'Algérie, organisait la « pénétration pacifique ». Les troubles qui éclataient en permanence donnaient l'occasion d'une intervention non dissimulée contre les sultans Abd el-Aziz, puis Moulay Hafid. Seule l'Allemagne était hostile à un établissement définitif de la France au Maroc.

Dans les autres colonies, l'organisation administrative française se mettait en place : sur le modèle de l'Algérie, où l'assimilation tendait à prévaloir, mais où l'administration locale avait fait des progrès dans le sens de l'autonomie, puisque le gouverneur général était assisté de délégations financières élues par les colons, la Tunisie obtenait en 1907 un organisme consultatif. En 1895 l'Afrique occidentale était administrativement constituée. L'Afrique équatoriale le serait en 1900. L'Union indochinoise existait depuis 1887. Dans tous les domaines, y compris dans celui de l'aide aux missions catholiques, la continuité de la politique de la France était totale. Les radicaux étaient devenus les défenseurs les plus acharnés de l' « Empire ».

LE RETOUR A LA PROSPÉRITÉ.

Ils devaient bénéficier du renversement de la conjoncture économique : après 1895, mais surtout à partir de 1900, le mouvement mondial de chute des prix était inversé : l'expansion devenait à nouveau possible. Le maintien et même le renforcement des lois protectionnistes par les radicaux devaient inscrire cette expansion dans un espace protégé.

La grande industrie faisait des progrès décisifs. La sidérurgie bénéficiait des commandes de l'État, en raison de la politique de réarmement et de l'équipement des colonies en ports, en mines, en chemins de fer. La France produisait 40 millions de tonnes de houille en 1910 au lieu de 28 millions en 1895. La production de fer et d'acier avait quadruplé! La métallurgie employait deux fois plus d'ouvriers.

Sans doute les industries traditionnelles occupaient-elles encore les plus grandes masses de travailleurs : les textiles comptaient 40 % des effectifs industriels. La France occupait le premier rang en Europe pour la soie, le deuxième pour les filés de laine et les tissages de coton. Mais elle s'engageait résolument dans la voie de la deuxième « révolution » industrielle, celle du pétrole et de l'électricité.

Avec la bauxite de Provence, elle était le deuxième producteur d'aluminium du monde. La houille blanche, exploitée dans les Alpes, produisait de l'électricité bien avant 1914. La France avait un rôle pionnier dans la construction des automobiles et des avions. Blériot réalisait la traversée de la Manche en 1909. Roland Garros en 1913 traversait la Méditerranée. La France sortait tous les ans 45 000 voitures et camions. Les 16 CV Renault réalisaient des moyennes de 60 km/h. Les voitures de course, fabriquées pour les compétitions, amélioreraient rapidement ces moyennes : un engin piloté par Hemery atteindrait la vitesse inouïe pour l'époque de 202 km/h en 1909.

Ces activités de pointe contrastaient avec la stagnation relative des campagnes.

Les radicaux avaient parfaitement compris la technique des modérés dans leurs rapports avec le monde rural. Il fallait à tout

prix maintenir la démocratie des villages, si l'on voulait que la
République garde son « équilibre ». Cette notion de pondération
sociale était dans l'héritage des opportunistes. Les radicaux la
conservaient soigneusement en portefeuille.

La remontée des prix agricoles, sur le plan mondial, leur facilitait la tâche. Les agriculteurs pouvaient employer les rentrées ines-
pérées d'argent pour moderniser leurs cultures. Ils utilisaient de plus
en plus les engrais chimiques, amélioraient les rendements. Il est
vrai que le choix politique de protection des petits propriétaires
était un obstacle aux progrès décisifs, car ceux-là étaient trop
pauvres pour acheter du matériel agricole.

Malgré ce retard technique, les petits pouvaient se regrouper,
grâce au mouvement coopératif, pour acheter en commun les
semences, et protéger les produits à la vente. Ils pouvaient surtout
compter, en faisant nombre, sur une protection accrue de l'État.
Ils étaient donc la clientèle privilégiée du parti radical, puisqu'ils
avaient besoin, plus que les autres, du soutien des députés et des
sénateurs. L'encouragement donné à la petite propriété fut l'un
des principes directeurs du nouveau parti radical, qui devait se
donner un cadre et des moyens d'action au début du siècle.

Les encouragements à la production agricole n'étaient pas illégitimes dans un pays dont l'économie restait largement rurale : la
France était le premier producteur agricole de l'Europe ; elle venait
en tête pour la production du vin, en second pour le blé, en troisième pour la pomme de terre, en quatrième pour la betterave.
L'élevage et les cultures maraîchères étaient en progrès constants,
en raison du gonflement des marchés urbains. Les grandes régions
avaient tendance à se spécialiser : les terroirs riches du Nord et du
Bassin parisien dans les cultures betteravières et céréalières, la
Normandie et les montagnes dans l'élevage, les terres chaudes
du Midi et de Bretagne dans les fruits et primeurs, le Languedoc
dans la vigne. Le chemin de fer encourageait cette spécialisation,
qui provoquait de graves problèmes. La surproduction du vin était
à l'origine de la révolte des vignerons du Languedoc en 1907.

LES ÉPARGNANTS FRANÇAIS ET LES EMPRUNTS RUSSES.

Les profits du système de production se traduisaient par les progrès spectaculaires de l'épargne : elle passait de deux à cinq milliards
de francs-or. La stabilité remarquable de la monnaie favorisait

l'épargne dans tous les milieux, des agriculteurs aux petits-bourgeois et même à certains ouvriers. Drainée par une organisation bancaire très efficace, l'épargne se portait sur des valeurs sûres, les emprunts d'État par exemple.

Mais l'effort des banques tendait de plus en plus à « placer » auprès de la clientèle des emprunts ou des actions étrangers, qui rapportaient aux intermédiaires de fructueuses commissions. Le rapport de la rente d'État était sûr mais faible : 2,5 %. Les emprunts étrangers rapportaient 5 %, parfois 6 %. Ces placements pouvaient donc tenter les petits épargnants, pour peu qu'on les rassure sur leur destination et leur solidité.

Il faut croire que les démarcheurs des banques firent du travail efficace puisqu'en 1913 la France avait soixante milliards placés à l'étranger, dont un dixième seulement dans ses colonies. Les placements les plus importants avaient été faits en Russie mais aussi en Égypte et en Amérique latine, dans l'Europe centrale et balkanique, y compris l'Autriche-Hongrie.

Les emprunts russes avaient fait l'objet d'une véritable propagande. L'argent que le tsar empruntait en France (« La France, c'est la caisse », disait le comte de Witte, son ministre des Finances) était partiellement réinvesti dans les journaux français qui avaient pour mission de rassurer l'épargnant, de lui faire sentir la force, l'immensité de sa fidèle alliée. En Russie ou dans les autres pays d'Europe, la plupart des placements se portaient sur les fonds d'État, mais d'autres allaient aux compagnies de chemins de fer, aux mines, aux industries. Cette hémorragie de l'or français vers l'étranger était singulièrement dommageable à notre économie. L'attrait irrésistible des fonds russes détournait l'épargne des investissements qui auraient permis de moderniser les industries qui accusaient du retard sur leurs concurrentes étrangères, les textiles par exemple.

En outre l'expérience montrait que ces placements étrangers étaient risqués, aventureux même, que l'épargnant aurait subi moins de préjudice en achetant des valeurs industrielles françaises, si leur propagande avait été bien faite. Mais la structure quasi familiale des principales entreprises françaises — même des plus importantes — répugnait aux accroissements de capital et aux opérations boursières.

Le capitalisme français était timide, parce que l'esprit d'aventure n'existait guère dans les entreprises. Comme les agriculteurs, les industriels souhaitaient dans leur majorité la protection de l'État.

Ils n'avaient pas l'esprit compétitif : les grands marchés étrangers leur échappaient. Il leur suffisait de vendre sur l'espace national et colonial. La richesse française tenait à la protection des marchés, à la masse des revenus de l'argent placé à l'étranger. Elle était donc à la merci de la conjoncture internationale. La stagnation démographique (800 000 naissances par an au lieu d'un million trente ans auparavant) accusait le vieillissement d'une population devenue malthusienne et adepte du « fils unique ». Déjà, pour ses industries, la France de 1900 utilisait un million de travailleurs étrangers.

PARIS CAPITALE DE L'EUROPE.

Les radicaux n'aimaient pas Paris plus que les modérés. Mais les étrangers l'aimaient beaucoup. Paris faisait par ses fêtes la publicité de la France. Les fêtes industrielles d'abord : la grande exposition de 1900 avait réuni plus de cinquante millions de visiteurs ; on avait construit, pour la circonstance, le pont Alexandre-III, en l'honneur de l'alliance russe. Le tsar avait fait édifier des palais à coupoles sur les rives de la Seine. Le prestige de la Tour Eiffel servait le triomphe de l'électricité, qui tombait en cascades coloriées jusqu'aux pieds des spectateurs. Les fêtes mondaines, les courses, les spectacles témoignaient de la vitalité internationale d'une ville que le monde entier courtisait : pour conforter l'alliance anglaise, on ne trouvait rien de mieux à faire que d'inviter à Paris le prince de Galles. Les princes russes faisaient les beaux soirs de chez Maxim's. Les millionnaires du monde entier se pressaient dans les salons, les cabarets de luxe, les tribunes des champs de courses. Edmond Rostand donnait *Cyrano de Bergerac* et Sarah Bernhardt interprétait *L'Aiglon*. Courteline réjouissait les Boulevards et Anatole France le salon de Mᵐᵉ de Caillavet. La « belle époque » avait ses ténors : le célèbre Boni de Castellane invitait 3 000 personnes au bal du bois de Boulogne pour l'anniversaire de sa femme ; les reines du Moulin-Rouge et les demi-mondaines de l'avenue du Bois étaient là, parmi les princesses. Les ministres radicaux ne dédaignaient pas de paraître dans ces fêtes, non moins que dans les salons politiques et littéraires où se faisaient les carrières. Si Clemenceau avait la coquetterie de faire jouer une pièce de sa composition à l'opéra-comique par amour d'une chanteuse, maints jeunes radicaux intrigueraient dans le « monde » pour être remarqués par un président du Conseil en puissance. La politique avait ses assises en province, mais sa tête restait à Paris.

La capitale restait le centre de l'activité économique et de l'esprit d'entreprise. Pour cette raison aussi, elle était recherchée par les étrangers. Ils venaient admirer les chantiers et les premières lignes en activité du fameux « Métropolitain ». Ils regardaient les boulevards pleins de voitures automobiles, qui se frayaient bruyamment leur route, à son de trompe, au milieu des attelages. Ils logeaient dans les « beaux quartiers » de l'Ouest, tout neufs, avec leurs lourds immeubles aux façades sculptées. Toutes les grandes sociétés, même provinciales, avaient leurs sièges à Paris. Ce mélange unique de frivolité et d'activité donnait à la « vie parisienne » un attrait irrésistible pour les provinciaux de Feydeau ou les hôtes de marque de toutes les cours d'Europe. Du Quai-d'Orsay dépendait l'inscription à la cote des emprunts étrangers, à la Bourse de Paris. Tous les pays en mal d'argent venaient faire leur cour pour obtenir cette inscription. Ils ne ménageaient rien pour se l'assurer.

LA SOLIDE PROVINCE RADICALE.

La politique, particulièrement la radicale, ne recrutait jamais ses élites parmi les représentants du « monde » parisien. Les hommes politiques les plus en vue venaient de la moyenne et petite bourgeoisie de province. Clemenceau le « Vendéen », Poincaré le « Lorrain », fils d'un fonctionnaire, Barthou le « Pyrénéen », Briand le « Nantais » étaient avocats ou médecins. Ils étaient les représentants de ces « classes moyennes » qui s'étaient emparées du pouvoir politique. La France de 1910 comptait 500 000 rentiers, 600 000 fonctionnaires, d'innombrables boutiquiers, notaires, commerçants en tout genre : telle était l'ossature politique du pays. Elle votait alternativement radical ou opportuniste selon la tendance, la tradition et la conjoncture.

Les ruraux, qui formaient la moitié de la population, votaient parfois socialiste dans le Centre ou dans le Midi, mais la plupart du temps modéré ou radical. Ils donnaient, avec les petits et moyens bourgeois, toute sa solidité au régime républicain. Paris dominait en apparence : c'est la province qui faisait la politique. Pour être élu, il fallait d'abord y faire ses classes. Le Parisien nouvellement débarqué dans une circonscription, sans attaches locales, avait

alors bien peu de chances d'être élu. La force de la province était
dans la permanence de ses notables, qu'elle avait maintenus, contre
vents et marées, pendant tout le XIXᵉ siècle. L'élargissement du
cadre des notables, qui comprenaient désormais tous les petits-
bourgeois, donnait à la République radicale une assiette encore plus
vaste, plus solide ; mais elle la mettait davantage encore à la merci
de la province.

LES OUVRIERS EN RUPTURE DE RÉPUBLIQUE.

Pas plus que les modérés, les radicaux ne réussiraient à intégrer
la classe ouvrière dans la vie politique. La condition des ouvriers
s'était, il est vrai, améliorée. S'ils travaillaient encore au moins
dix heures par jour — sauf dans les mines —, ils bénéficiaient d'une
protection légale accrue grâce aux mesures prises en leur faveur
par les opportunistes. Mais la condition matérielle restait précaire.
Les difficultés d'union, au sein de la classe ouvrière, tenaient aux
conditions de vie très variables suivant les professions, la structure
des entreprises, le lieu d'activité. Il n'y avait pas commune mesure
entre un ouvrier bronzier du Marais, à Paris, travaillant dans un
petit atelier avec un salaire convenable, et le mineur des bassins du
Nord, misérablement logé, mal nourri, soumis aux maladies professionnelles et craignant les restrictions d'horaires ou le chômage.
L'inégalité des salaires de Paris et de province était criante, de
même que celle des salaires masculins et féminins. L'alimentation
représentait au moins la moitié des dépenses dans un budget
d'ouvrier. Il payait parfois jusqu'à 40 % de son salaire pour se
loger. Il ne pouvait guère s'habiller...

L'amélioration du niveau de vie tenait essentiellement à la hausse
des salaires réels, qui était, pour les plus avantagés, de 45 % depuis
1875, ainsi qu'à la mise en place d'un système d'assurances vieillesse
et risques du travail. Mais il n'y avait pas d'assurances maladies
et les risques de chômage, même en période d'expansion, étaient
en 1900 de l'ordre de 10 %. L'ouvrier, contrairement au petit
bourgeois, vivait sans « réserves », dans l'insécurité matérielle. Il
n'avait pas les moyens d'assurer l'avenir et la promotion de ses
enfants.

L'organisation du mouvement syndical était le fait des ouvriers
les plus évolués, les plus instruits. Merrheim, un des leaders de la
C.G.T., était une sorte d'ouvrier idéal, chaudronnier en cuivre de

son métier, individualiste, évolué, ouvert aux idées et aux hommes. Le recrutement syndical était alors une sorte d'apostolat. Il n'était pas facile de convaincre les gens de tous niveaux, venus de tous les horizons, des nécessités d'une action coordonnée. Les effectifs du mouvement syndical français étaient assez faibles : la C.G.T. comptait en 1911 700 000 adhérents, soit 7 syndiqués sur 100 salariés. La proportion en Angleterre était de 25 à la même époque.

Représentés au Parlement par un nombre croissant de députés socialistes, mais aussi par les radicaux ou les opportunistes qui bloquaient un chiffre important de voix ouvrières, les travailleurs étaient physiquement peu présents dans le monde de la politique : 10 % des députés seulement étaient d'origine ouvrière, contre 80 % d'origine bourgeoise. Encore les leaders du mouvement socialiste étaient-ils souvent eux-mêmes des bourgeois, comme Jaurès et plus tard Léon Blum.

Mal intégrée à la société républicaine en raison des tendances syndicalistes révolutionnaires de ses représentants, la classe ouvrière française, qui se souvenait de la Commune, qui avait lu *Germinal*, n'avait pas renoncé à la violence ni à la révolte.

Les retards de la législation française du travail favorisaient la propagande des révolutionnaires : seuls les mineurs, en 1914, avaient droit à la journée de huit heures. La loi sur le repos hebdomadaire datait de 1906. Les retraites ouvrières ne seraient pas discutées au Parlement avant 1910. Un ministère du Travail avait pourtant été créé en 1906. Son action devait être trop lente pour porter ses fruits. Les ouvriers étaient politiquement insensibles à des avantages qui venaient trop tard. Ils avaient le sentiment que seule une action syndicale très dure pouvait de nouveau arracher des mesures de justice au patronat. Les radicaux, en matière sociale, ne s'étaient guère montrés plus hardis que les opportunistes.

LA RÉPUBLIQUE DES « LUMIÈRES ».

Très souvent francs-maçons, quelquefois athées, grands lecteurs des philosophes du XVIIIᵉ siècle, de Comte, de Taine et des positivistes, les radicaux dont les ancêtres, comme l'a bien montré Jean-Thomas Nordmann, remontent au tout début du siècle, avaient une sorte de culte pour le progrès scientifique. Ils stimulaient avec la dernière énergie la recherche scientifique et technique. Henri

Poincaré le mathématicien, Branly le physicien, Berthelot le chimiste donneraient leur nom à toutes les places publiques, lycées, collèges et deviendraient des gloires nationales, au même titre que Pasteur, qui fut quasiment canonisé. La popularité de l'inventeur du vaccin contre la rage était telle que Lucien Guitry écrivait sur lui une pièce de théâtre de boulevard!

La découverte de l'uranium et de ses propriétés, due aux travaux de Becquerel, celle du radium par Pierre et Marie Curie placeraient la France au tout premier rang de la recherche.

Le progrès scientifique n'avait d'ailleurs nullement pour corollaire celui du scientisme. Le spiritualisme s'affirmait de manière étincelante dans les premiers ouvrages d'Henri Bergson : *Essai sur les Données immédiates de la conscience* en 1889 et *L'Évolution créatrice* en 1907. Paradoxalement, le radicalisme triomphant avait remis à la mode son contraire : l'antipositivisme, la recherche du « supplément d'âme », et provoqué un véritable coup de fouet sur la pensée et l'action catholique. Conséquence de l'encyclique *Rerum Novarum*, l'équipe du journal *Le Sillon*, constituée par Marc Sangnier, s'efforçait de réconcilier la pensée catholique avec les luttes et les espoirs du siècle, rendant à la religion sa vocation de contact avec les plus défavorisés. *Le Sillon* avait été violemment condamné par le pape en 1910, mais le grain qu'il avait semé devait germer dans les esprits. Les *Cahiers de la Quinzaine* de Charles Péguy en étaient inspirés. Ils devaient prolonger jusqu'au seuil de la guerre la pensée du renouveau catholique, toute d'ouverture et de générosité.

Si la pensée et la science étaient en avance sur leur temps, la littérature était en retard : elle célébrait alors les valeurs officielles. Le roman bourgeois, dans la tradition française, s'illustrait avec Paul Bourget, Anatole France ou Pierre Loti. Le radicalisme était le triomphe de l'auteur de *L'Anneau d'Améthyste* ou de *La Rôtisserie de la Reine Pédauque*. Les jeunes romanciers et poètes comme Proust, Valéry, Apollinaire, Gide et Claudel avaient alors une audience très restreinte, limitée aux cercles littéraires et aux revues spécialisées. Il en était de même en peinture, où Cézanne, avec ses toiles fortement construites, Gauguin et sa peinture angoissante, l'éclatant Van Gogh, Vlaminck et Matisse, les premiers fauvistes, Braque et Picasso, les premiers cubistes, annonçaient une révolution dans l'art que ne tarderait pas à rejoindre la révolte des esprits de l'immédiat après-guerre. Mais pour l'heure ces jeunes gens étaient loin d'être à la mode. La République de Clemenceau admirait les Monet, les Renoir, les Sisley et les Pissarro. Elle était en peinture pour l'impressionnisme, en littérature pour le symbolisme. Mallarmé, mort en 1898, revenait à la mode.

Mais alors éclataient les sculptures de Rodin, Maillol et Bourdelle, la musique de Debussy, Ravel, Fauré et Paul Dukas. Paris devait avoir en 1909 la révélation des Ballets russes de Diaghilev. Plus que jamais les événements mondiaux, dans l'art, étaient parisiens.

La politique radicale.

LES RADICAUX.

Il n'y avait guère de différence entre la République des opportunistes et celle des radicaux dans tous les domaines qui faisaient la vie française. C'est évidemment la politique intérieure, et ses conditions d'exercice, qui allaient définir le nouveau style du régime. Les radicaux voulaient faire entrer la France, très vite et définitivement, dans la voie d'une véritable société civile, détachée des valeurs du passé, orientée vers le progrès et la démocratie. Dans ce but exclusif ils allaient assumer la rupture spectaculaire — dont les opportunistes n'avaient pas voulu — avec la grande ennemie de la société nouvelle, l'Église. Le combat pour le XXe siècle était engagé.

Les radicaux s'étaient assurés du terrain. La conquête en profondeur des mentalités avait été réalisée en partie grâce aux instituteurs, ces missionnaires de la laïcité. Très respecté dans les campagnes, l'instituteur menait le combat du progrès, de l'hygiène, de l'alphabétisation, du mieux-vivre et de la rigueur des principes républicains. Il était à la fois enseignant, propagandiste politique et animateur rural. Il était membre, très souvent, d'une de ces loges maçonniques, véritable creuset de la pensée dirigeante, grand soutien des radicaux en province.

Car la société radicale était essentiellement provinciale. Paris, depuis Boulanger, votait à droite. Le radicalisme parisien, le « jacobinisme », existait à l'état de tendance, mais non plus de force électorale. Les radicaux dominaient bientôt dans le Midi, le Languedoc, la Méditerranée, le Sud-Ouest, la région lyonnaise et le Centre. Ils s'implantaient dans le Nord. A partir de 1902 ils dominaient les consultations électorales, remportant victoires sur victoires, avec la participation croissante des socialistes. Maîtres du terrain avec 200 000 voix d'avance aux élections de 1902, ils étaient de nouveau vainqueurs aux élections de 1906, et détenaient à la Chambre 247 sièges contre 74 aux socialistes. Ils l'emportaient encore en 1910 et même au printemps de 1914, grâce à la coalition Caillaux-Jaurès.

Depuis 1901 les radicaux s'étaient organisés en un véritable parti. Ils disposaient de comités locaux, rassemblant les militants de la base. Les départements avaient leurs *fédérations*. A l'échelon national, le *Comité parisien de la rue de Valois* organisait les congrès annuels et désignait le président du parti.

En plus des comités électoraux, qui jouaient un rôle déterminant dans le contact entre les parlementaires et l'opinion des militants, le parti disposait, avec la presse de province, d'un formidable instrument de propagande. Dans les années 1895-1900, les vieux journaux conservateurs avaient disparu, remplacés par des feuilles à grand tirage et à bon marché. Les *Dépêches* de Toulouse, de Lyon, de Lille, étaient des organes radicaux qui se présentaient comme des feuilles régionales d'information. Elles avaient des tirages spéciaux pour chaque département et couvraient de vastes régions.

Les radicaux disposaient en outre d'un certain nombre de postes clés dans la politique et l'administration, qui permettaient de « tenir » les campagnes et les villes de province : le ministère de l'Intérieur et les préfets, l'instruction publique et les instituteurs, l'agriculture, les subventions et les comices agricoles.

Maître en profondeur de la France républicaine, le parti radical ne manquait ni de talents, ni de discipline électorale. Il sortait de l'Affaire Dreyfus auréolé de la gloire neuve de Clemenceau et de ses campagnes dans *L'Aurore*. Léon Bourgeois, grand pape du maçonnisme, était consulté chaque fois que l'on composait un ministère, et même quand on élisait un président. Édouard Herriot et Joseph Caillaux assuraient, à partir de 1910, la relève des élites.

Très individualistes, les radicaux se partageaient cependant en diverses tendances : l'une était pour l'entente à tout prix avec les socialistes : sa maxime était : « Pas d'ennemis à gauche. » L'autre, plus modérée, préférait les formules de gouvernement centristes. Mais toutes les tendances étaient réunies pour défendre les objectifs fondamentaux du parti.

Et d'abord : le régime libéral. Les députés, comme les électeurs, étaient de farouches défenseurs du principe de la propriété individuelle et de la liberté économique. Selon le mot de l'un d'eux, les radicaux avaient « le cœur à gauche et le portefeuille à droite ». Leur alliance avec les socialistes ne pouvait être qu'électorale. Ils se séparaient dès qu'ils avaient à exercer des responsabilités ministérielles. Ils ne s'entendaient, souvent au second tour seulement des élections, que pour faire échec aux candidats de la droite, au nom de la « discipline républicaine ».

Il est vrai que des nuances politiques divisaient aussi les socialistes : certains, à partir du congrès de Saint-Mandé en 1896, avaient suivi Millerand et les « participationnistes » pour entrer dans les cabinets « bourgeois ». Millerand lui-même avait accepté un portefeuille dans le ministère Waldeck-Rousseau. Jaurès devait longtemps défendre l'idée réformiste de la participation au pouvoir, contre le marxiste Jules Guesde et contre Vaillant. Au congrès socialiste d'Amsterdam, en 1904, la participation avait été formellement condamnée. En 1905 avait été fondée la S.F.I.O. (Section française de l'Internationale ouvrière), et les socialistes dissidents, Millerand en tête, avaient quitté le nouveau parti pour devenir les « socialistes indépendants » où se recruteraient les ministres des cabinets radicaux.

Les radicaux, comme les socialistes, étaient tous d'accord contre un ennemi commun : la droite cléricale. Au congrès de Nancy, les radicaux avaient défini un programme d'action démocratique, dont l'article essentiel était la séparation de l'Église et de l'État.

LES RADICAUX CONTRE L'ÉGLISE.

De 1899 à 1902, le cabinet Waldeck-Rousseau, liquidateur de l'Affaire Dreyfus, assurait la transition entre la République opportuniste et la République radicale. Waldeck lui-même sortait des rangs opportunistes, il avait été ministre de l'Intérieur dans le grand cabinet Gambetta de 1881. Modéré, Waldeck avait dû, cependant, prendre des mesures contre les ligues nationalistes et la presse assomptionniste. Il avait condamné, dans son discours de Toulouse, en octobre 1900, les « moines ligueurs et les moines d'affaires ». Il avait invectivé les congréganistes, qui condamnaient la France, disait-il, à avoir « deux jeunesses », il avait dénoncé « le milliard des congrégations ».

C'était allumer la guerre sainte. Le but de Waldeck n'était pas de détruire l'enseignement congréganiste, mais seulement de le contrôler. La loi sur les associations, votée le 2 juillet 1901, exigeait des congrégations une demande d'autorisation pour enseigner. Cette demande serait soumise au Parlement. Les congrégations non autorisées pouvaient être dissoutes par simple décret. Waldeck avait appliqué la loi sans zèle excessif et sa démission prématurée, en 1902, après les élections qu'il venait de gagner, laissait subsister un doute sur ses intentions réelles : violent dans son langage, mais mesuré dans son action, Waldeck cherchait-il à éviter ou à précipiter la *séparation* ?

On peut penser que, comme Méline ou Poincaré, ou même Briand, il souhaitait une séparation « à froid » et non « à chaud ». La situation devait cependant empirer rapidement sous le gouvernement d'Émile Combes, de 1902 à 1905.

LE « PETIT PÈRE COMBES » TRANCHE LE NŒUD GORDIEN.

Ancien séminariste, le « petit père Combes » était un anticlérical militant qui allait organiser la guerre laïque contre les congrégations. En 1903 il fit fermer toutes celles qui n'avaient pas reçu ou demandé l'autorisation d'enseignement. Les demandes d'autorisation furent rejetées en bloc à la Chambre. La loi de juillet 1904 retirait l'autorisation d'enseigner, contre toute justice, aux congrégations qui avaient déjà reçu cette autorisation du gouvernement antérieur. Les biens des ordres religieux étaient saisis, et vendus.

En 1903 Rome avait un nouveau pape, Pie X, qui n'était pas comme Léon XIII d'un naturel patient. Il saisit la première occasion venue pour rompre les relations diplomatiques avec la France : le Président Loubet rendait visite, à Rome, au gouvernement italien. Le pape, qui affectait de subir la présence dans la « ville sainte » des institutions de l'État italien, considéra la visite du Président français comme une « insulte » et le fit savoir. En mai 1904, le Vatican et Paris rappelaient leurs ambassadeurs. Il devenait impossible d'appliquer en France le Concordat, de désigner les évêques en accord avec le pape. L'Église avait pris l'initiative de la rupture.

Un certain nombre de difficultés politiques obligèrent Combes à se retirer. L'affaire des « fiches » du général André dénonçait certaines méthodes du gouvernement radical, fondées sur la délation et la surveillance des « consciences ». André aurait « fiché » tous les officiers de l'armée selon leur religion, leurs convictions politiques, leurs amitiés, etc. L'avancement des officiers se serait effectué en fonction de leurs « sentiments républicains ». Le « bonapartisme sans grandeur », selon la formule de François Goguel, instaurait un régime de « camarades », et le « petit père Combes » lui-même déclarait à ses amis radicaux qu'ils devaient veiller à réserver aux amis du pouvoir « les faveurs dont la République dispose ». Cette politique ne lui valait pas que des amis.

LA SÉPARATION « A CHAUD ».

Combes parti, il fallut trancher. Il laissait derrière lui une situation tendue. La séparation « à chaud » devenait inévitable, pour régler clairement, devant l'attitude du Saint-Siège, les rapports de l'État et de l'Église.

Le gouvernement Rouvier, qui succédait à Combes, mesurait immédiatement les difficultés de l'entreprise. Il réalisait la séparation tout seul, en l'absence de tout contact avec le Vatican, devant l'hostilité déclarée de toute l'Église, et des provinces de l'Ouest et du Nord-Est, du Centre aussi, restées très attachées aux pratiques religieuses. Les radicaux n'allaient-ils pas rallumer en France la guerre de religion ?

Aristide Briand, rapporteur de la loi, s'efforçait de la rendre la plus acceptable possible pour les évêques, avec lesquels il avait des contacts secrets. Votée le 9 décembre 1905, la *loi de séparation des Églises et de l'État* garantissait la liberté de conscience des Français, tout en précisant que la République ne devait subventionner ni reconnaître aucun culte. Des associations culturelles constituées par les fidèles recevraient en propriété les biens des Églises, après inventaire dûment effectué. L'État renonçait à contrôler l'Église. Elle était désormais libre.

Telle quelle, la loi sur la Séparation serait brutalement refusée par le Saint-Siège. Les encycliques *Vehementer Nos* puis *Gravissimo Officii* condamnaient formellement l'opération. Le pape interdisait la constitution des associations cultuelles et demandait au clergé et aux fidèles de refuser les inventaires. Ainsi l'Église de France était-elle menacée de perdre d'un coup tous ses biens, sans contrepartie. Le pape, poussé par les catholiques français les plus intransigeants, semblait conduire les fidèles au pire.

Son message fut entendu : en Bretagne, en Lozère, les paysans prenaient les fourches, s'opposaient physiquement aux inventaires,

sous la conduite des curés. Les Basques faisaient venir des ours
sauvages sur le parvis des Églises pour éloigner la maréchaussée.
Il y eut des troubles dans la région parisienne, un mort dans un
village du Nord, un autre dans la Haute-Loire. Partout le gouvernement devait faire donner la troupe, quand les incidents éclataient.
Mais il n'y eut pas ce soulèvement général de l'opinion que l'on
escomptait peut-être à Rome. Dans son ensemble, la majorité du
peuple français acceptait la séparation. La guerre de religion n'aurait
pas lieu.

CLEMENCEAU ET LA GUERRE SOCIALE.

Restait la guerre sociale : le *Congrès d'Amiens*, en 1906, avait
donné au syndicalisme révolutionnaire sa charte et son unité. Les
syndicats se proclamaient indépendants de toute influence politique,
en particulier socialiste, mais affirmaient par contre leur volonté de
changer la société et les rapports de classes en prenant le pouvoir
par des moyens violents : le pouvoir économique, et non politique.
Il fallait agir « directement contre » le patronat, et non pas
combattre la façade parlementaire de l'État bourgeois. L'action
directe, c'était la grève générale.

De 1906 à 1910, l'anarcho-syndicalisme s'efforçait de s'emparer
du pouvoir en France, en usant de toutes les armes dont il disposait.
Mais le pouvoir avait en réserve un homme de choc à lui opposer,
l'ancien maire de Montmartre pendant la Commune, Georges Clemenceau. « Premier flic de France », comme il s'appelait lui-même,
il fut le « Monsieur Thiers » des années folles du début du siècle.

Président du Conseil, Clemenceau, sourd aux violentes critiques
de Jaurès, défendait avec force l'ordre « républicain » contre les
grèves révolutionnaires. La première affaire sérieuse fut la grève
des mineurs de Lens. Clemenceau pour les dominer n'hésita pas à
appeler l'armée, qui devenait ainsi l'instrument essentiel de la
défense de l'ordre. La « guerre sociale » commençait.

A la Chambre, Jaurès avait des accents lyriques pour évoquer le
courage des ouvriers :

> « Vous avez interrompu, lançait-il à Clemenceau, la vieille
> chanson qui berçait la misère humaine, et la misère humaine
> s'est réveillée avec des cris. »

Il ne suffisait pas d'avoir éduqué le peuple, de l'avoir libéré des liens religieux, de l'avoir amené aux urnes, il fallait lui donner, disait Jaurès « sa place, sa large place au soleil ».

Rien n'allait plus entre radicaux et socialistes. Ils avaient un moment réalisé le « Bloc des gauches », dans la lutte anticléricale. Mais ils s'apercevaient rapidement qu'ils n'étaient d'accord sur rien dans tous les autres domaines. Clemenceau défenseur du régime libéral allait, contre la volonté des socialistes, employer la force contre les grévistes partout où cela serait nécessaire.

LES « BRAVES SOLDATS DU 17e ».

Dans le Languedoc, en 1907, il dut faire face à une véritable révolte régionale. La baisse continue du prix du vin, conséquence de la surproduction et de la concurrence des vins d'Algérie, provoquait la formation dans toutes les communes rurales de comités de défense qui allaient bientôt se constituer également dans les villes. Catholiques et socialistes soutenaient le mouvement, d'accord pour une fois contre les radicaux. Un tribun populaire, Marcelin Albert, qui parlait en langue d'oc, prenait le ton de la croisade pour exhorter ses partisans.

De Paris, Clemenceau ne comprit pas tout de suite l'étendue de la révolte. Pendant l'été de 1907, cependant, Marcelin Albert et ses amis lançaient des mots d'ordre, fort suivis, pour que personne ne paye plus les impôts, pour que les maires et les conseillers démissionnent en bloc, pour que l'on fasse table rase devant Paris. Toute la région organisait le sabotage administratif et entrait en rébellion. Chaque ville avait ses agitateurs, comme Ferroul, le maire de Narbonne, surnommé « Ferroul le poilu », arborant un œillet rouge sang à sa boutonnière et retranché dans sa ville comme un seigneur féodal.

> « Citoyens, lançait Ferroul, aux actes maintenant. Demain, à huit heures du soir, je fermerai l'hôtel de ville, après y avoir fait arborer le drapeau noir, et au son du tocsin de la misère, je jetterai mon écharpe à la face du gouvernement. »

Le 9 juin 1907, le Languedoc était en état de rébellion, comme sous Louis XIII.

Clemenceau fit donner la troupe. Il y eut cinq morts devant l'hôtel de ville de Narbonne. La préfecture de Perpignan fut prise d'assaut par les manifestants. Les soldats du 17ᵉ régiment d'infanterie, envoyés en renfort, mirent la crosse en l'air en chantant *L'Internationale*. Clemenceau fit arrêter les meneurs, acheta Marcelin Albert pour le déconsidérer, ramena la paix dans les esprits en prenant les mesures qu'attendaient les viticulteurs : lutte contre la fraude sur les vins, remontée des prix de vente. En 1910, toute agitation avait disparu.

Dans la région parisienne, des troubles graves avaient éclaté. La grève générale s'était étendue comme une épidémie à toutes les professions. Même les fonctionnaires se mettaient en grève, événement inouï pour l'époque. La population parisienne connaissait avec horreur la première grève de l'électricité.

Les affrontements durs eurent lieu en banlieue. La ceinture de Paris était alors envahie de manœuvres qui travaillaient sur les chantiers du métropolitain. Ces ouvriers, très politisés, étaient pour l'action violente. A Draveil et à Villeneuve-Saint-Georges, on allait extraire le sable et le gravier dont les grands chantiers parisiens faisaient une énorme consommation. Pour briser la grève générale, Clemenceau avaient fait venir des régiments de dragons et de cuirassiers. En juin 1908 il y avait eu deux morts parmi les employés de la sablière, en juillet, les cheminots cégétistes avaient dressé des barricades à Villeneuve-Saint-Georges. Les dragons avaient chargé, faisant 7 morts et 200 blessés. Clemenceau avait fait arrêter Griffuelhes. La paix était rétablie au prix d'une très lourde répression. « Clemenceau le rouge » perdait auprès des ouvriers toute popularité.

L'APAISEMENT, SOUS BRIAND.

Briand, qui succédait à Clemenceau en 1909, devait d'abord continuer le combat social. Une grève générale des cheminots causait le plus grand tort à l'ensemble de l'économie. Cet ancien avocat, défenseur des syndicalistes, n'hésitait pas à décréter la mobilisation des grévistes au nom de l'intérêt national. A la Chambre, il osait dénoncer, dans une tempête de protestations socialistes, l' « illégalité de la grève ».

Il est vrai qu'à partir de 1910, la conjoncture politique et sociale devait changer. Les socialistes avaient eu 100 députés aux élections, les radicaux plus de 250. Mais le Bloc des gauches avait vécu. La guerre sociale avait séparé les deux partenaires. Les radicaux n'étaient plus d'accord entre eux : certains demandaient, comme Joseph Caillaux, une politique fiscale progressiste, un « impôt sur le revenu ». D'autres regrettaient les exagérations de la politique combiste et redoutaient les excès des caillautistes. Ils dénonçaient le caractère « vexatoire » de l'impôt sur le revenu, profondément impopulaire dans de larges secteurs de l'électorat radical.

Les radicaux de province avaient accepté les mesures de force contre l'Église, tout en condamnant les violences déployées par la troupe lors des inventaires. Ils avaient été frappés par le caractère révolutionnaire des grèves, et tenaient à prendre leurs distances par rapport aux socialistes, qui défendaient les révoltés. Ces radicaux, rejetés vers la droite, soutiendraient Briand dans son œuvre de pacification sociale, entreprise au nom de l'intérêt national. Ils étaient prêts à retrouver ceux des anciens opportunistes, non compromis dans l'Affaire Dreyfus, et qui soutenaient, eux aussi, le cabinet Briand. Poincaré et Barthou se retrouvaient ainsi, après une longue éclipse, dans l'axe de la nouvelle majorité du centre. Il suffisait que la conjoncture se modifiât à l'extérieur pour qu'au climat de guerre sociale se substituât de nouveau une idéologie du rassemblement patriotique. La seconde crise marocaine, qui éclatait après Agadir, venait à point pour brusquer cette évolution de la politique intérieure française, et retirer aux radicaux le monopole du pouvoir.

QUATRIÈME PARTIE

La France
contemporaine

CHAPITRE 18

La France
et la Grande Guerre : 1914-1929

Les Français de l'été 14 s'attendaient, comme les Allemands, à une guerre courte. Ils devaient combattre pendant plus de quatre ans. De tous ceux qui criaient « à Berlin ! » sur les quais de la gare de l'Est, un sur dix peut-être rentrerait indemne. On espérait une revanche sur 1870, une guerre du XIXᵉ siècle en somme, on eut une guerre mondiale.

Et pourtant la France de 1914 était superbement souveraine, comme l'Angleterre, comme l'Allemagne ; elle semblait maîtresse de ses décisions, de son destin. Les trois plus grandes puissances d'Europe n'avaient pas alors de concurrents dans le monde. Les États-Unis s'étaient tracé un espace économique dans les Caraïbes et dans le Pacifique. La Russie était une colonie de l'Europe, qui exploitait ses mines de fer et ses puits de pétrole. Le Japon s'était manifesté comme puissance, dans la guerre contre les Russes, mais non comme grande puissance.

La France n'avait plus à redouter la suprématie absolue de l'Angleterre dans le monde : certes, dans le domaine colonial, elle avait recueilli les miettes que l'Angleterre lui avait laissées. Le « coq gaulois », dans les caricatures anglaises, plantait ses ergots dans le sable du désert. Mais des conquêtes disparates des « coloniaux », des points de relâche dispersés dans toutes les mers du monde par les amiraux, elle avait fait un ensemble, des Antilles au Pacifique, avec d'immenses territoires en Afrique. Elle avait même une zone d'influence au Proche-Orient et en Extrême-Orient.

Elle avait donc été admise au partage du monde : elle partageait avec l'Angleterre le privilège d'être en même temps que le plus grand pays colonisateur le plus grand banquier des continents : la France de 1914 avait de l'argent, celui de centaines de milliers d'épargnants, investi par les banques en Russie, en Amérique du Sud et jusqu'en

Chine... L'argent était le nerf des alliances, l'arme diplomatique par excellence.

En raison de son engagement dans le monde, précisément, la France ne pouvait manquer d'être prise dans la mécanique des forces d'où sortirait la guerre. L'Allemagne avait depuis longtemps débordé hors de ses frontières pour investir de ses marks et des produits de son industrie le champ fertile de la Mittel Europa. Par son alliée de Vienne, elle poussait ses tentacules en Turquie, et, par Istanbul, elle espérait atteindre Bassora et les puits sans fond de l'or noir des Perses. C'était le but de chemin de fer de Bagdad. Sur mer, elle talonnait l'Angleterre, et les navires de von Tirpitz portaient le pavillon impérial en Amérique du Sud, en Afrique, et même dans la mer de Chine.

L'Allemagne, l'Angleterre, et les Balkans comme champ de manœuvre. Vienne et Saint-Pétersbourg, l'un et l'autre « protégés » par Berlin et Paris, intervenaient constamment dans les querelles des petits pays, armés par Krupp ou par Schneider. Comment préserver la paix dans le réseau si étroit, si contraignant des alliances où l'on s'était laissé enfermer ? La guerre de l'été 14, qui d'un coup fit flamber l'Europe, se préparait en fait dès les années 1910-1911.

L'incendie de l'Europe : 1910-1914.

LA CANONNIÈRE D'AGADIR.

La canonnière allemande *Panther* mouillait en rade d'Agadir, canons pointés sur la côte marocaine : les Allemands, qui ne parvenaient pas à leurs fins au Maroc, avaient décidé de pratiquer l'intimidation, comme dans la mer de Chine. Le 1ᵉʳ juillet 1910, Guillaume II sommait Joseph Caillaux, le président du Conseil français, de négocier au Maroc. Sous la menace.

Caillaux réunit aussitôt l'état-major : le prudent Joffre lui affirma que si la France faisait la guerre, elle n'avait que 70 chances sur 100 de l'emporter. Comment prendre le risque ? Caillaux choisit de négocier.

Pour être efficace et passer outre une opinion publique et parlementaire très hostile à toute idée de négociation avec l'Allemagne,

Caillaux évita le Quai-d'Orsay et le Parlement : il entra en contact direct avec le secrétaire d'État allemand aux Affaires étrangères, Kiderlen-Wätcher. Il eut recours à un homme d'affaires, Fondère, familier du conseiller de l'ambassade d'Allemagne à Paris, von Lancken. Parallèlement, l'ambassadeur Jules Cambon négociait à Berlin, avec les instructions directes de Caillaux. Le ministre français des Affaires étrangères, le pâle de Selves, était totalement tenu à l'écart des « tractations secrètes », ainsi que les commissions spécialisées de la Chambre et du Sénat.

Dans ces conditions très inhabituelles, Caillaux aboutit à l'accord avantageux de 1911, qui laissait à la France les mains libres au Maroc, contre l'abandon à l'Allemagne d'un morceau du Congo. L'accord était si favorable à la France, qui depuis des années cherchait à s'implanter au Maroc, que les nationalistes allemands manifestèrent pour protester. Mais en France l'opinion parlementaire déchaînée, au lieu de remercier Caillaux, le renversa.

LE NATIONALISME FRANÇAIS.

La France de 1911, après tant d'années de crise sociale, se réveillait en pleine crise nationaliste. Depuis 1908, le mouvement de l'Action française multipliait les manifestations devant la statue de Jeanne d'Arc, et place de la Concorde, au pied de la statue de Strasbourg. La même fièvre qui agitait l'Allemagne de Guillaume II gagnait maintenant Paris, débordant les milieux traditionnellement nationalistes. Des esprits aussi peu politiques que Boutroux ou Bergson, philosophes et académiciens, devenaient les idoles d'une certaine jeunesse étudiante, celle qui détestait la France radicale et la littérature esthète. Barrès, Péguy, Ernest Psichari servaient de modèles et de guides aux étudiants épris d'action, d'exploits sportifs, de foi chrétienne et patriotique. Les jeunes normaliens de Jean Barois, qui préféraient les aviateurs aux professeurs de grec et Péguy à Anatole France n'étaient pas, comme les étudiants en sciences politiques interrogés pas Massis et de Tarde dans la célèbre *Enquête d'Agathon*, des gens de droite et d'extrême droite. Le patriotisme débordait largement les cercles maurassiens pour devenir une idée force. Le président de l'Association générale des étudiants de France devait protester solennellement contre l' « abandon » d'Agadir.

Il faut dire qu'une violente campagne de la presse parisienne avait attaqué l'accord négocié par Caillaux, et que les journaux de grande information, comme *Le Journal* ou *Le Petit Parisien*, avaient une autre audience dans les milieux populaires que les quotidiens socialistes. *Le Figaro*, sous la plume de Gaston Calmette, poursuivait ses attaques venimeuses contre Caillaux. *L'Autorité* des frères de Cassagnac, parlait de trahison. Judet, dans *L'Éclair*, évoquait la « débâcle » et *La Liberté*, de Georges Berthoulat, tout comme *L'Écho de Paris*, journal catholique de droite, attaquaient les parlementaires trop pressés d'aller voter le « désastreux traité ».

Au Parlement, dans les commissions spécialisées, Poincaré et Clemenceau avaient mené la charge contre Joseph Caillaux. Poincaré, parlementaire lorrain, avait été appelé à lui succéder au pouvoir. Un ministère « musclé » succédait au ministère de « l'abandon ». Une page était tournée : celle de la République pacifique des radicaux.

POINCARÉ-LA-GUERRE.

Poincaré s'empressait de faire ratifier par le Sénat le traité négocié par Caillaux. Il trouvait d'admirables accents pour le défendre. Il mettait toute sa coquetterie d'avocat à se gagner les voix radicales — celles des amis de Caillaux — en rappelant au bon moment ses convictions laïques et même son passé anticlérical, alors qu'il s'était presque constamment abstenu dans les grands scrutins de la Chambre du Bloc des gauches.

Cette modération, cette prudence, autant que sa grande compétence financière, lui avaient jadis valu les sympathies des opportunistes, les Ferry, les Jules Méline, les Dufaure. Rassurant de leur point de vue, il était aussi le recours des Jacobins radicaux contre la propagande internationaliste des socialistes. Mais il était surtout, pour la majorité comme pour l'opinion publique, le petit homme à la barbiche volontaire, l'homme du poing tendu — « le poing carré » comme on chantait au café concert — contre l'Allemagne. La République trouvait en lui le successeur de Gambetta, le chef incontesté — sauf par Clemenceau, son vieil adversaire — de la deuxième génération des hommes de la « revanche ».

Gardant pour lui le ministère des Affaires étrangères, Poincaré, qui sentait venir l'orage, se disposait à renforcer de son mieux les traités d'alliance. Il épurait le Quai-d'Orsay, qu'il jugeait trop pacifiste, en pratiquant un vaste « mouvement de personnel ». Son ami Maurice Paléologue, qui avait été son condisciple au lycée Louis-le-Grand, devenait directeur des Affaires politiques du Quai, avant d'aller remplacer à Saint-Pétersbourg l'ambassadeur Georges Louis, « fatigué ». Paléologue devait veiller à ce que l'alliance russe soit efficace en cas de guerre, et que la mobilisation du tsar soit rapide.

A Londres, Poincaré avait fait un voyage très solennel à seule fin de concrétiser les aspects militaires de l'Entente cordiale. On avait sorti à l'occasion les carrosses et les guirlandes. Mais il n'avait obtenu du cabinet britannique qu'une lettre promettant un échange mutuel des plans d'état-major en cas de danger de guerre. C'est tout ce qu'il avait pu tirer de la traditionnelle prudence anglaise. En 1913 par contre, à Saint-Pétersbourg, il avait resserré les liens de l'alliance et s'était assuré de l'efficacité de l'armée russe. Le tsar, au cours d'une grande revue, lui en avait présenté les principales unités.

Il avait nommé ministre de la Guerre Alexandre Millerand, un ancien socialiste. Millerand avait pratiqué de larges mutations dans le haut commandement. Joffre avait été maintenu, mais il avait dû choisir autour de lui des officiers supérieurs partisans de l'offensive, qui était la nouvelle doctrine de l'École de guerre. Les « galonnés du Champ-de-Mars » voulaient pratiquer une guerre de mouvement, où l'on recherche rapidement la décision. Grâce à Joffre, les anciens des guerres coloniales, qui avaient la pratique du commandement et une certaine expérience du feu, remplaçaient peu à peu, aux leviers de commande, des diplômés trop théoriciens. L'armée républicaine était prête.

Son armement n'était pas négligeable : en dépit de la croissance régulière des budgets militaires depuis 1900, il était loin pourtant d'égaler celui de l'armée allemande. Les crédits militaires allemands étaient le double des nôtres. Poincaré devait augmenter puissamment les ressources de l'armée en matériel. Les officiers de 1900 ne croyaient ni aux mitrailleuses, ni aux canons lourds, ni à l'aviation, qu'ils considéraient comme un sport sans valeur militaire. Ceux de 1912 commençaient à réfléchir. Un effort vigoureux de remise à jour permit de lancer la fabrication d'engins nouveaux : en trois ans l'armée reçut deux fois plus de mitrailleuses, un tiers de plus d'artillerie de campagne. La France avait, en 1914, 136 avions de ligne. Une partie du retard était rattrapée.

Dans le domaine des effectifs, la France restait à la traîne. L'Allemagne venait de porter son armée active à 850 000 hommes. La

France n'avait que 540 000 soldats immédiatement disponibles. Pour atténuer l'écart, il fallait changer en France la loi du recrutement militaire, et porter la durée du service militaire à trois ans.

Ce projet de *loi de trois ans* suscita une violente polémique : pour toute la gauche, le projet du président du Conseil était synonyme de guerre. Réarmer, c'était abandonner l'idée de la paix à tout prix, c'était s'engager dans la mécanique de la guerre. Telle était aussi bien la thèse de Jaurès que celle de Caillaux. Mais Poincaré défendait le point de vue de nos experts militaires. Le but de la loi était de porter l'armée active à 750 000 combattants. Outre la garde des frontières, il fallait que l'armée fût immédiatement disponible pour une riposte éclair de grande envergure au cœur du territoire ennemi.

Constamment combattue, la loi de trois ans ne fut votée qu'en 1913, grâce à l'action continue de Poincaré et de ses amis. Il n'avait pas pu la présenter lui-même au suffrage du Parlement. Quand il avait prévu d'engager le débat, il avait été renversé sur un projet de modification de la loi électorale. La Chambre préférait, dans sa majorité, le maintien du scrutin d'arrondissement au système, plus juste, de la représentation proportionnelle.

Poincaré renversé, la campagne contre la loi de trois ans prenait de l'ampleur, dans la presse notamment. Les journaux socialistes ou radicaux combattaient le projet, au nom du pacifisme. L'opinion de gauche était hostile à la doctrine de l'offensive défendue par l'état-major et ses amis dans la presse. A l'époque paraissait un quotidien, *La France militaire* dont les experts défendaient vivement le projet. Les journaux militaires, quotidiens et hebdomadaires, étaient alors nombreux et fort lus. Ils étaient tous pour la loi.

La gauche reprochait à la doctrine de l'état-major d'être ruineuse en hommes et moralement condamnable. La République ne pouvait envisager de guerre que défensive. Jaurès avait publié en 1911 *L'Armée nouvelle*, un ouvrage où il exposait sa propre théorie de la « nation armée » en milices défensives. Il voulait abolir le service militaire, les armées nationales, au profit d'un système d'autodéfense décentralisé. Les radicaux caillautistes partageaient en partie ses vues. Ils étaient hostiles au réarmement.

POINCARÉ PRÉSIDENT.

On pouvait craindre que cette nouvelle « coalition des gauches » — soudées en somme par Poincaré et la loi de trois ans — ne l'emportât aux élections législatives de 1914, et que la loi de trois ans ne fût de nouveau annulée, si jamais la Chambre la votait d'ici-là. Aussi l'élection présidentielle de janvier 1913 prenait-elle une importance politique de premier plan, alors que jusqu'ici, ce genre de scrutin était une aimable cérémonie versaillaise, un rituel sans conséquences des fastes de la République. Le climat international était suffisamment tendu pour que l'on voulût élire un Président de la République qui pût éventuellement se comporter en homme d'État. Dans l'immédiat on attendait, à droite, que Poincaré élu dominât la future Chambre des députés, qui risquait, aux prochaines législatives, d'être à gauche.

Le risque de guerre provoqua autour de la candidature de Poincaré un regroupement de l'opinion politique, et même, à travers la presse, de l'opinion publique. Toutes les forces politiques « patriotes » exigeaient le maintien d'une ligne gouvernementale dure, axée sur la préparation à la guerre. Les radicaux centristes eux-mêmes, avec Léon Bourgeois, poussèrent Poincaré à se présenter.

« Poincaré-Badinguet! » lançait Clemenceau à la « délégation des gauches », regroupement parlementaire où les socialistes et les radicaux caillautistes étaient hostiles à la candidature du lorrain. Pour Clemenceau, le Président de la République ne devait pas être en mesure de s'adresser au pays par-dessus les députés. Une personnalité trop forte risquait de fausser dangereusement le jeu des institutions. Clemenceau lança la candidature de Pams, patron du célèbre papier à cigarettes Job.

La presse imposa Poincaré : une vive campagne du *Figaro*, puis du *Temps*, prit à partie les parlementaires. Dans *Le Figaro*, un article du comte Albert de Mun emportait la conviction des catholiques : il fallait imposer silence aux parlementaires inconscients du danger, et ne penser plus qu'au drapeau; c'était, de nouveau revenu, le temps du « ralliement ».

Aussitôt élu, Poincaré s'employait à faciliter le vote de la loi de trois ans. Il désignait comme président du Conseil son ami Barthou, favorable au projet. L'hostilité était forte à la Chambre, où Jaurès et Caillaux dominaient la « délégation des gauches » et faisaient vivement campagne contre le réarmement. La loi fut votée de justesse, en août 1913, par 339 voix contre 283.

La gauche chercha sa revanche en préparant activement les élections du printemps de 1914. « Guerre à la guerre », disaient ensemble Caillaux et Jaurès. Ils demandaient l'abolition de la loi de trois ans. Refuser la loi c'était, disaient-ils, refuser la guerre. Jaurès parlait de la solidarité des socialistes allemands, évoquait le congrès de Stuttgart en 1907 où l'action pacifiste internationale avait vraiment commencé. Il voulait, pour maintenir la paix, que les travailleurs de France et d'Allemagne imposent le désarmement à leurs dirigeants. Approuver le réarmement, c'était engager le pays dans un processus irréversible.

La campagne de la gauche fut particulièrement ardente, elle fut payante : les socialistes avaient 104 élus, les radicaux 172, les « républicains socialistes » de Viviani 23 : ces trois groupes avaient la majorité à la Chambre.

Poincaré avait donc devant lui une chambre de gauche. Inlassablement, il s'obstinait à lui présenter des présidents du Conseil favorables à la loi de trois ans, comme Alexandre Ribot, que la Chambre mettait en minorité. Il réussit enfin à convaincre Viviani de l'imminence du danger de guerre, et de la nécessité d'un vaste rassemblement politique. Viviani accepta de former le gouvernement. Poincaré lui avait donné carte blanche pour présenter à la Chambre un article essentiel du programme de la gauche : l'impôt sur le revenu. Il avait en même temps sauvé sa loi militaire.

L'Union sacrée : 1914-1917.

L'ARCHIDUC ASSASSINÉ.

Le 28 juin 1914, un télégramme d'agence annonçait l'assassinat du prince héritier d'Autriche, l'archiduc François-Ferdinand, et de son épouse, dans la ville bosniaque de Sarajevo. L'été 14 risquait d'être chaud.

L'attitude de l'Autriche, son humiliant ultimatum à la Serbie, l'intransigeance de la Russie, l'appui sans réserve donné par Berlin à Vienne, tout contribuait à jeter l'Europe dans le brasier. La détermination des états-majors était le facteur essentiel de l'aggravation de l'incendie, en raison des pressions qu'ils exerçaient sur les gouvernements. Même si la France ne voulait pas la guerre, elle ne pouvait pas s'empêcher de redouter une mobilisation trop tardive, trop lente, de son allié russe. Même si le tsar affirmait qu'il ne procédait qu'à une mobilisation partielle, il devait céder aux injonctions des militaires, qui lui répétaient qu'ils n'avaient prévu dans leurs plans qu'une mobilisation totale. Même si le gouvernement allemand souhaitait seulement apporter un soutien à l'Autriche dans les Balkans, il ne pouvait pas rester sourd aux exigences de l'état-major, qui voulait d'abord régler la question sur le front de l'Ouest, où étaient massées les divisions les plus nombreuses.

L'armée allemande multipliait donc les provocations à l'Ouest, où les Français, sur ordre de Viviani, avaient reculé de dix kilomètres. Après l'ultimatum allemand du 31 juillet, demandant à la France si elle resterait neutre « en cas d'une guerre entre l'Allemagne et la Russie », la mobilisation générale avait commencé presque simultanément en France et en Allemagne, le 1er août. La France ayant répondu qu'elle ferait « ce que lui commanderaient ses intérêts », l'ambassadeur d'Allemagne, von Schoen, avait apporté le 3 août à Viviani la déclaration de guerre de son pays. Le prétexte était une série de violations de frontières et le soi-disant bombardement de Nuremberg par un avion français.

Le 2 août au soir, avant même la déclaration de guerre à la France, l'armée allemande avait envahi le Luxembourg. Le 4, à 8 heures du matin, la Belgique, puissance neutre, était à son tour envahie. Aussitôt l'Angleterre entrait en guerre.

A Vienne, à Pétersbourg, à Berlin et même à Londres, les foules saluaient les soldats qui partaient pour la guerre, hâtivement mobilisés. Tous s'attendaient à une lutte violente, mais brève. Nulle part les manifestations pacifistes n'avaient gravement troublé l'unanimité du sentiment guerrier.

A LA GARE DE L'EST.

A Paris les manifestations bruyantes à la gare de l'Est étaient sans doute le fait des ligues nationalistes. « A Berlin! » : le cri des réservistes répondait aux « nach Paris! » des mobilisés d'outre-Rhin. Mais un sentiment populaire d'exaltation accompagnait les départs, qui n'était pas contrarié par les pacifistes. Les syndicalistes n'avaient pas fait de résistance à la mobilisation. Il n'avait pas été nécessaire d'utiliser contre eux le fameux « carnet B » du ministère de l'Intérieur, qui contenait la liste des « meneurs » à emprisonner en cas de troubles.

L'assassinat de Jaurès au café du Croissant, le 31 juillet, désarmait les socialistes. Nul ne pouvait dire quelle aurait été son attitude, en dernière analyse, devant le fait de l'agression allemande. Les sociaux-démocrates n'avaient-ils pas voté, au Reichstag, les crédits militaires ? A ses funérailles Léon Jouhaux, le leader cégétiste, devait affirmer :

> « Je déclare que nous allons sur le champ de bataille avec la volonté de repousser l'agresseur. »

On était loin du temps où les cégétistes affirmaient qu'ils refuseraient, en cas de mobilisation, d'aller aux frontières. Le 31 juillet, le 1er août, il y avait eu quelques manifestations contre la guerre, relatées dans *L'Humanité* : notamment à Lyon et dans la région parisienne. Mais dans la nuit du 31 juillet le comité confédéral de la C.G.T. avait repoussé à l'unanimité la grève générale ; le 2 août, la grande centrale ouvrière reconnaissait l'« irréparable ». Ce jour-là, dans un grand meeting socialiste à Paris, Vaillant devait déclarer :

> « En présence de l'agression, les socialistes rempliront tout leur devoir. »

On s'attendait à 13 % de réfractaires, il n'y en eut qu'1,5 %. Même si ce n'était pas l'enthousiasme au village, les manifestations de folie guerrière se multipliaient dans les gares des grandes villes : partout on criait aux hommes, en leur lançant des fleurs, qu'on attendait, très vite, le retour des vainqueurs :

> « Nous sommes partis, écrivait Péguy, pour le désarmement général et la dernière des guerres. »

L'agression allemande commandait l'union de toutes les familles politiques françaises « autour du drapeau » : le 7 août, à la Sorbonne, Ernest Lavisse et la sœur de Paul Déroulède accueillaient, dans une manifestation pour le « secours national », Dubreuilh, secrétaire de la S.F.I.O., et Jouhaux, secrétaire général de la C.G.T. Avant d'être une réalité parlementaire, l'« union sacrée » existait dans les mentalités. Bientôt Viviani constituait son cabinet de guerre, avec le « marxiste » Jules Guesde et le socialiste Marcel Sembat. Delcassé revenait aux Affaires étrangères. Clemenceau restait seul en dehors du grand regroupement. Il réservait sa vigilance à la critique du pouvoir civil et militaire.

LA PANIQUE DE LA FIN AOUT.

La mystique de l'offensive avait d'abord porté les Français en avant, et conforté l'opinion publique. On croyait avoir libéré l'Alsace parce qu'on avait pris Mulhouse, mais bientôt les Allemands reprenaient la ville, et brisaient les grandes attaques d'Alsace, de Lorraine, et des Ardennes. Les Français devaient abandonner l'Alsace et se retirer jusqu'au Grand Couronné de Nancy, sur le front lorrain.

Tout à l'espoir de résultats rapides, les journalistes parisiens entretenaient l'illusion sentimentale de la revanche, et fermaient les yeux sur les nouvelles pourtant alarmantes qui venaient de Belgique : le gros des divisions allemandes (40, réparties en trois armées) déferlait sur Liège dont les forts étaient enlevés par le colonel Ludendorff, puis sur Bruxelles où elles entraient le 20 août. La IIIe armée s'emparait de Dinant, puis de Charleroi et franchissait la Meuse. Maubeuge se rendait sans combat. La 5e armée de Lanrezac et le corps expéditionnaire anglais du général French battaient en retraite. Du 24 août au 5 septembre, l'ensemble des armées du Nord reculait, sur ordre du Quartier général. Joffre, qui s'était laissé surprendre, voulait reconstituer ses forces, et réorganiser son commandement. Il avait aussi besoin de reprendre en main les Anglais.

A Paris, c'était la panique. La retraite, certes, n'était pas une débâcle. Mais le départ des civils était un exode : plus de 500 000 Parisiens s'enfuirent en huit jours, abandonnant tout derrière eux. L'annonce de l'arrivée des Allemands sur la Somme mit un comble à la panique, qui gagna même le gouvernement : le 2 septembre, il se replia sur Bordeaux. Poincaré dut aussi partir. On parlait de complot, de trahison. Les magasins Maggi, réputés allemands, étaient pillés. La foule s'en prenait à tout ce qui portait un nom de consonnance germanique. On cherchait partout des espions.

LA MARNE.

Joffre, cependant, ne perd pas la tête. Il décide de faire venir
le maximum de renforts de l'Est vers l'Ouest. Une nouvelle armée,
commandée par Maunoury, se concentre sur la Somme. Au centre,
la 9e armée de Foch se prépare à la contre-attaque. Les soldats
épuisés s'arrêtent. Va-t-on enfin repartir?

Sur la Somme et sur l'Aisne, les positions ne sont pas tenables.
De nouveau l'ordre de repli atteint les unités. Les forces allemandes
sont trop supérieures et le moral des Anglais est au plus bas. Le
1er septembre, les armées repartent en direction de la Seine. Sarrail
reçoit mission de défendre Verdun. Gallieni doit tenir Paris. Entre
lui et les Allemands, il n'y a plus que l'armée Maunoury.

Les Allemands sont grisés par leur victoire. Moltke voulait enve-
lopper Paris vers l'ouest, mais French avait disparu vers le sud.
von Kluck, qui voulait à tout prix les atteindre et les anéantir,
prit au plus court par l'est de Paris, sans protection sur son flanc
droit.

Les aviateurs français surprirent ses colonnes grises étirées sur
les routes de Seine-et-Marne. Joffre puis Gallieni furent informés.
Gallieni proposa aussitôt d'enfoncer von Kluck. Mais il fallait
arrêter French, qui était à Melun et poursuivait sa retraite. Joffre,
qui voulait une offensive générale, réussit à convaincre le général
anglais. Il dut, semble-t-il, lui parler de « l'honneur de l'Angleterre ».

« On se battra sur la Marne », dit enfin Joffre aux chefs d'armées.
Le 6 septembre, à l'aube, toutes les unités alliées interrompent leur
retraite pour contre-attaquer : les Anglais arrêtent la cavalerie
allemande, la 9e armée de Foch bloque Bülow dans les marais de
Saint-Gond. A l'ouest, la 5e armée progresse lentement. L'avance
allemande est partout contenue. Seul Maunoury est accroché
sévèrement par von Kluck. Le mouvement de débordement de
l'armée von Kluck par le nord réussit pleinement. Les Allemands
doivent à leur tour décrocher, battre en retraite. La bataille de la
Marne est gagnée.

La mythologie populaire a retenu essentiellement l'épisode des
« taxis de la Marne ». A Paris Gallieni a été fêté comme un sauveur.
Son action spectaculaire avait des effets surtout psychologiques,
mais il avait quand même réussi à conduire au front, en pleine nuit,
l'armée de Paris. Une mauvaise querelle a été faite à Joffre par ceux

qui prétendaient que Gallieni avait gagné la bataille. On connaît sa célèbre réplique :

> « Je ne sais pas qui a gagné la bataille de la Marne, mais je sais bien qui l'aurait perdue. »

LES TRANCHÉES DU FRONT DE L'OUEST.

Après le « miracle de la Marne », l'armée franco-britannique avait poursuivi les troupes allemandes en repli. Elle n'avait pu aller très loin. Une fois passé l'Aisne, les Allemands s'étaient enterrés, décourageant toute attaque frontale. Les Français durent en faire autant. La guerre des tranchées commençait.

A l'ouest de l'Oise, la ligne de guerre n'existait encore ni d'un côté ni de l'autre : la course à la mer fut effrénée, chacun des adversaires essayant de déborder vers l'ouest les positions de l'ennemi. Joffre et Falkenhayn, qui venait de remplacer Moltke, le vaincu de la Marne, livrèrent des batailles en séries : la Picardie d'abord, du 15 au 30 septembre, puis la bataille d'Arras, enfin, avec les Anglais et les Belges, la bataille de l'Yser. Le roi Albert, en suivant la côte, avait réussi à replier son armée d'Anvers sur l'Yser. Les Allemands y furent arrêtés grâce aux inondations. La bataille d'Ypres, où Joffre put empêcher les Allemands de percer le front entre l'armée britannique et les armées françaises fit apparaître avec netteté que la guerre de mouvement était définitivement terminée.

Dans la boue de Champagne et d'Artois, de la mer à la frontière suisse, les armées françaises durent attendre des jours meilleurs. A l'est, le tsar n'emportait pas la décision et devait faire face à des attaques de plus en plus sévères des Allemands. La France et l'Angleterre recherchaient désespérément de nouveaux alliés. Le Japon avait bien déclaré la guerre à l'Allemagne, mais il s'intéressait seulement aux possessions allemandes d'Extrême-Orient. Il refusa d'envoyer des troupes sur le front européen.

Seuls les Allemands, entraînant les Turcs dans la guerre, semblaient avoir trouvé des alliés. Or les Franco-Britanniques avaient un besoin urgent de renforts en hommes. On sollicita les Italiens, en se prêtant à de multiples marchandages. On n'obtint d'eux que la signature du traité secret de Londres, d'avril 1915. Ils ne déclaraient pas, dans un premier temps, la guerre à l'Allemagne mais seulement à l'Autriche-Hongrie.

A cette date, les Allemands avaient enfoncé le front russe, reprenant Varsovie, faisant près d'un million de prisonniers. Les Franco-Britanniques allaient s'épuiser pendant de longs mois pour tenter d'établir un second front dans les Dardanelles. Les Turcs tenaient en respect le corps expéditionnaire et coulaient les navires anglais qui s'approchaient des détroits. Les pertes alliées étaient considérables, la presqu'île de Gallipoli était finalement évacuée.

Les Français et les Anglais devaient pratiquement faire face seuls, sur le front ouest, à l'effort de guerre allemand. Pendant l'année 1915, on livra de furieux combats dans les tranchées. Les Anglais avaient fait venir des troupes fraîches du Canada et de l'Inde. En juillet, ils avaient mobilisé 1 300 000 volontaires et armé 28 divisions qui montaient aussitôt en ligne. Kitchener, le ministre de la Guerre, avait rattrapé le retard britannique.

Les Français manquaient d'armes et de munitions. On avait prévu les approvisionnements pour une guerre courte. On tirait 2 à 3 000 coups de canon par jour et l'armée avait 4 000 canons de 75 ! Il fallut rappeler du front les ouvriers spécialisés, engager les femmes dans les usines. La condition des soldats au front devenait insoutenable. Dans de nombreux corps, ils n'avaient pas de permissions pendant plus d'un an. Les pertes, dans la guerre des tranchées, étaient de plus en plus lourdes. Les opérations les plus meurtrières n'étaient jamais décisives. Après la préparation d'artillerie, qui transformait le champ de bataille en paysage lunaire, les attaquants pouvaient s'emparer, au prix de lourdes pertes, de la première et parfois de la deuxième ligne de tranchées. Ils étaient alors repoussés par les troupes fraîches qui arrivaient par les « boyaux » transversaux. La guerre d'usure et de position décourageait les « poilus » couverts de boue, infestés de poux, accablés par la pluie, le froid, la soupe tiède et l'inutilité des combats. Les « nettoyeurs de tranchées », qui attaquaient à la baïonnette et au couteau, multipliaient en pure perte les atrocités. Il fallait survivre, attendre, tenir... Les offensives lancées en Artois aux mois de mai et juin, en Champagne en septembre-octobre n'avaient d'autre résultat que de permettre à Joffre d'annoncer « une longue période d'attitude défensive ».

On s'efforçait d'améliorer le sort des soldats. Après 25 jours d'attaques ou de bombardements, le repos était nécessaire, ou le déplacement des unités vers des secteurs plus tranquilles. On créa des décorations nouvelles, comme la croix de guerre, les « fourragères » pour les régiments. On décida d'adopter un système régulier de permissions. Il fallait à tout prix entretenir le moral des combattants, car la guerre avait changé de nature. On distribua aux « poilus » de nouvelles tenues « bleu horizon », avec casques protecteurs. Le dangereux « pantalon rouge » disparut des armées. Il y eut peu de cas de désertion ou d'abandon de postes. Le front « tenait ».

LES IMPATIENCES DE L'ARRIÈRE.

C'est l'arrière qui flanchait. Les soldats en permission revenaient écœurés par le moral des civils. Ils ne manquaient de rien, mais se plaignaient sans cesse. Les parlementaires s'impatientaient, les journaux s'étonnaient des lenteurs. On demandait l'offensive.

Les députés avaient obtenu le droit de siéger en permanence et de constituer des commissions pour contrôler les actes du gouvernement en guerre. La méfiance mutuelle du Parlement, qui voulait tout savoir, et de l'état-major, qui ne voulait rien dire, devait s'accroître pendant les longs mois de guerre immobile. Poincaré utilisait l'énergie toujours disponible des parlementaires en leur demandant de surveiller l'approvisionnement des armées, la construction des armes nouvelles rendues nécessaires par la guerre de tranchées. Sous l'impulsion de Clemenceau et d'une partie de la presse on s'en prenait à Joffre, dont on critiquait « le pouvoir absolu » et les choix malheureux d'officiers généraux.

Joffre restait immensément populaire dans le pays, et les parlementaires ne pouvaient le prendre de front. Aussi attaquèrent-ils sans relâche Viviani qui finit par démissionner, remplacé par Aristide Briand. Le nouveau président du Conseil, qui n'aimait pas Joffre, s'empressa de nommer ministre de la Guerre le général Gallieni, et sous-secrétaire d'État à l'artillerie le socialiste Albert Thomas. Mais Gallieni était loyal, et Thomas patriote : ni l'un ni l'autre n'attaquèrent Joffre. Thomas galvanisa les producteurs de canons et de mortiers de tranchées. Il fit fabriquer en série les fameux « crapouillots », mais aussi les mitrailleuses et les canons lourds qui manquaient cruellement. Pour faire pièce aux offensives allemandes à l'hypérite, il ordonna la mise en chantier des premiers prototypes d'obus à gaz asphyxiants.

LE GRAND ASSAUT DE 1916.

Ni les Alliés ni les Allemands n'obtenaient de décision. Le débarquement franco-britannique à Salonique permit de tenir une tête
de pont, mais les Bulgares avaient suffi à empêcher la progression
du corps expéditionnaire et la « libération » de la Serbie.

Falkenhayn choisit Verdun pour forcer la décision sur le front de
l'Ouest. Il rassembla devant Verdun, pour préparer l'offensive,
plus de 1 000 canons de gros calibres. L'attaque commença le
21 février 1916. Le 25, le fort de Douaumont était pris.

Pétain, désigné par Joffre, dut faire face. Avec dix divisions il
devait « tenir sur la rive droite entre Meuse et Woëvre ». Il fit
aussitôt aménager, entre Verdun et Bar-le-Duc, la seule route
rendant possible l'approvisionnement en vivres et munitions. Cette
« voie sacrée » fut bientôt sillonnée par plus de 3 000 véhicules. Les
secours arrivèrent, avec parcimonie, car le haut commandement
préparait une offensive sur la Somme.

Pendant six mois Verdun fut un enfer. On se battait partout,
d'une tranchée à l'autre. Les soldats attaquaient en bondissant de
trou d'obus en trou d'obus, s'enlisant souvent dans la boue ou
dans les sables mouvants. Des régiments périssaient jusqu'au dernier homme dans un feu qui n'arrêtait pas, le jour et la nuit. La cote
304 et les hauteurs du Mort-Homme, défendues jusqu'au bout par
les Français, permettaient de tenir les rives de la Meuse. La bataille
se poursuivit, acharnée de part et d'autre, jusqu'à la fin de l'année.
Mais il était clair, dès la fin du mois de juin, qu'elle était un échec
pour les Allemands. Ils n'avaient pas pris Verdun et la résistance
de ce bastion du front français faisait échouer leur plan général
d'offensive à l'Ouest. 500 000 combattants furent déclarés morts,
disparus ou prisonniers. L'enfer était tel que l'on comptait un
disparu pour cinq morts !

LA GUERRE EN QUESTION.

L'année 1916 se terminait sans que les deux adversaires aient
imposé la décision. L'offensive alliée sur la Somme, en juillet, avait
à peine modifié la ligne du front, et les Alliés avaient mis 40 divisions dans la bataille ! Falkenhayn, du côté allemand, était remplacé
par Hindenburg. On ne lui pardonnait pas l'échec de Verdun.

La guerre, certes, avait gagné toute l'Europe, mais la carte des opérations semblait immuable : les Roumains s'étaient rangés aux côtés des Alliés mais ils étaient tenus en respect par les Germano-Bulgares. Les Autrichiens avaient attaqué les Italiens sur l'Adige mais le général Cardona gagnait dans le Trentin.

En France comme en Allemagne, après deux ans d'opérations, la population était lasse de l'effort de guerre. En Allemagne on ne pouvait consommer que 170 grammes de pain par jour et par personne. Le soldat allemand mangeait du « pain K » à base de farine de pomme de terre. L'offensive de la guerre sous-marine causait des difficultés d'approvisionnement aux Alliés, ainsi que le manque de main-d'œuvre. On entrait dans l'ère du rationnement.

Dans un camp comme dans l'autre, aucune issue rapide n'apparaissait possible. On n'attendait plus la victoire que de l'épuisement de l'adversaire. Dès lors, certains secteurs de l'opinion publique, d'abord ralliés à l'idée de guerre défensive, furent de plus en plus sensibilisés au thème de la « paix blanche », une paix sans vainqueur ni vaincu. La propagande pacifiste reprit de plus belle, au risque de décourager les combattants.

C'est ainsi que les socialistes « minoritaires », en Allemagne comme en France, commencèrent à critiquer la politique de l'« union sacrée ». En Italie, tous les socialistes se déclaraient hostiles à la guerre. A l'initiative des Italiens, un congrès s'était réuni à Zimmervald, près de Berne, en Suisse, dès septembre 1915. Deux délégués français et deux délégués allemands, au milieu d'une quarantaine de participants, avaient demandé aux « prolétaires d'Europe » d'imposer à leurs gouvernements une « paix sans annexions ni indemnités ». Une nouvelle conférence devait se réunir en avril 1916 à Kienthal. L'action pacifiste ne touchait pas encore les masses ouvrières, mais elle troublait l'appareil des syndicats et des partis. Le manifeste de Kienthal demandait aux députés socialistes de tous les pays belligérants de sortir des majorités de guerre et de refuser le vote des crédits militaires. Le plus actif partisan de cette thèse était un réfugié russe du nom de Lénine.

La propagande des socialistes minoritaires risquait de trouver un terrain préparé : après la mort de l'empereur François-Joseph, à la fin de 1916, les gouvernements allemand et autrichien avaient envoyé une note à l'Entente proposant « d'entrer dès à présent en négociation de paix ». Il s'agissait, sans doute, d'une manœuvre politique destinée à impressionner, en particulier, le Président des États-Unis. Mais elle venait en son temps, au moment où les opinions publiques des pays de l'Ouest étaient vraiment lasses de la guerre.

Engager les Américains dans la guerre était le but affiché des Franco-Britanniques. Mais Wilson, réélu Président des États-Unis en novembre 1916, ne promettait que ses « bons offices ». Il demandait aux belligérants, en décembre, de préciser leurs « buts de guerre ». L'Allemagne refusa la première, de peur de choquer Wilson par ses revendications territoriales. Les Alliés n'en furent que plus à l'aise pour rédiger en commun une déclaration vague et pour applaudir sans vergogne au discours prononcé par Wilson sur la « paix sans victoire ». On attendait avec de plus en plus d'impatience le secours des divisions américaines.

Ces manœuvres diplomatiques trouvaient de plus en plus d'écho dans la presse parisienne, et affaiblissaient le moral des civils. L'effort de guerre de la France était considérable. Pour ne pas avoir recours à un trop lourd contingent d'ouvriers, on avait engagé massivement les femmes dans l'industrie d'armement. L'hécatombe de Verdun et de la Somme avait multiplié les deuils dans les familles. Le ralentissement général de la production agricole et des biens de consommation développait à l'arrière un climat de pénurie. L'opinion s'indignait des inutiles massacres et du fiasco des opérations en Orient. L'année 1917 s'annonçait redoutable.

1917 : l'année terrible.

LE DÉSASTREUX NIVELLE.

Pour le gouvernement Briand, l'année 1916 avait été difficile. Il avait du s'accommoder d'un généralissime qu'il n'aimait pas, et d'un ministre de la Guerre fatigué, bientôt malade ; de plus Poincaré et Clemenceau le soupçonnaient de rechercher une paix « sans victoire ». Mal vu au Parlement, qui lui reprochait de garder le secret sur les opérations militaires, le « père Joffre » fut, en douceur, écarté de son commandement par Briand, qui voulait donner satisfaction à l'opinion politique. On proposa au vainqueur de la Marne un poste honorifique qu'il refusa. Remplacé le 2 décembre par

Nivelle, idole des couloirs de la Chambre, il fut nommé maréchal de France.

Dès janvier, Nivelle annonçait aux députés et sénateurs qu'il préparait une grande offensive pour mars. Il avait promis d'obtenir une rupture du front grâce à une concentration de moyens sans précédents. Briand, qui l'avait préféré à Pétain, le laissa faire.

Nivelle voulait une action rapide, sur quarante-huit heures. Il fut obligé d'informer du détail de son opération non seulement les commandants d'armées et les chefs de corps, mais les chefs de petites unités, dont le rôle était déterminant. Des prisonniers parlèrent et les Allemands étaient au courant des dispositions françaises quand Nivelle donna l'ordre d'attaque. Un espace de vingt kilomètres fut immédiatement libéré par l'ennemi, pour « casser » l'offensive.

Les Alliés attaquèrent néanmoins, les Anglais entre Lens et Arras, les Français entre Soissons et Reims. Les deux offensives furent brisées, avec des pertes très lourdes. Le 15 mai, Nivelle était limogé, Briand démissionnait, Pétain devenait commandant en chef.

LES MUTINERIES.

En cinq jours de combats, 100 000 hommes étaient tombés du côté des Alliés. Les Français avaient déjà perdu 500 000 hommes en 1915 et 570 000 en 1916. Les désastres succédaient aux désastres, affaiblissant considérablement le moral des troupes, et surtout celui des civils.

La propagande pacifiste s'intensifiait. Briand et son successeur Ribot avaient négocié par divers intermédiaires avec les empires centraux. Briand, en mars, avait accepté l'entremise du prince de Bourbon-Parme pour étudier les possibilités de paix. Il avait rencontré en Suisse le baron von Lancken, directeur de la section politique du gouvernement général allemand de la Belgique. Enfin le gouvernement français n'était pas resté sourd aux propositions du pape Benoît XV qui offrait ses bons offices aux belligérants pour arrêter les massacres. Ces diverses tentatives n'avaient pas abouti, car les Allemands refusaient toujours de rendre l'Alsace et la Lorraine, mais elles avaient semé le doute sur les intentions réelles des Alliés.

Chez les socialistes, les minoritaires gagnaient du terrain. La conférence de Stockholm avait ouvert les yeux des militants sur la possibilité d'arrêter les combats, en faisant une sorte de grève de la guerre de part et d'autre du front. L'agitation ouvrière se développait à Paris, où les grèves, à partir de mai 1917, succédaient aux grèves. Il y avait en juin 100 000 grévistes dans la région parisienne, 230 000 à Londres. Les ouvrières des usines d'armement défilaient sur les Champs-Élysées, avec des banderolles demandant la paix.

Certes, le 6 avril, les États-Unis avaient déclaré la guerre et Wilson avait dit : « Le droit est plus précieux que la paix. » Mais l'armée américaine ne comptait guère que 300 000 hommes et la Révolution russe avait commencé le 8 mars, après les grands revers militaires. Le tsar déposé, le gouvernement Kerensky n'avait pas les moyens de continuer à imposer la guerre aux soldats, d'autant que les Allemands avaient laissé passer Lénine, qui s'était rendu de Suisse en Russie dans le « wagon plombé » de la légende. Et Lénine était pour la paix immédiate.

Ces nouvelles, venues de Russie, filtraient dans la troupe malgré la censure. A partir d'avril commencèrent les mutineries dans l'armée française. Les hommes abandonnaient leurs postes devant l'ennemi, il y eut des troubles dans les deux tiers des divisions au front. Le mouvement se répandit d'abord, comme le montre bien Pedroncini, parmi les troupes qui avaient participé à l'offensive Nivelle, dans la région comprise entre Soissons et Reims. Il gagna ensuite les autres zones combattantes, notamment Verdun. A Soissons les régiments avaient défilé, drapeau rouge en tête. Certains avaient désigné, à la manière russe, des « conseils de soldats ». Plus de 90 régiments eurent des mutins. Les autres furent touchés par les manifestations pacifistes. Les mutineries se poursuivirent jusqu'en septembre.

Dirigée par Pétain lui-même, la répression fut limitée au minimum. Il y eut tout de même 50 000 condamnations, dont 452 à la peine de mort. Les mutineries n'avaient pas eu de conséquence sur la guerre elle-même : Ludendorff n'en eut connaissance qu'à la fin, quand l'ordre était rétabli. Le haut commandement put être modéré : il n'y eut qu'une cinquantaine d'exécutions.

Pétain veillait à la reprise en main du moral des soldats en améliorant leur condition matérielle. Il surveilla de près le rythme des permissions, les questions de ravitaillement, l'aménagement de périodes de repos suffisantes pour les troupes en ligne à l'arrière du front. Il incita les officiers à reprendre en main leurs hommes, en leur expliquant le sens de la guerre. Pourquoi tant de sacrifices, s'ils ne devaient pas conduire à la victoire, à la victoire sur la guerre ?

Quand l'ordre fut rétabli, il fallut veiller au moral de l'arrière : la cherté des prix, la difficulté des transports, le ralentissement des importations, les restrictions alimentaires causaient un mécontentement profond. Les grèves répétées inquiétaient petits bourgeois et rentiers, dont beaucoup avaient souscrit aux emprunts pour la Défense nationale.

Le ministre de l'Intérieur Malvy réussit à calmer le mouvement revendicatif sans employer la force, mais il ne put endiguer le courant pacifiste, nouveau cheval de bataille des syndicalistes. Il s'affichait maintenant au grand jour dans les salons, dans certaines salles de rédaction, se réclamant d'auteurs connus comme Romain Rolland, prix Nobel de la paix en 1916, Henri Barbusse, Henri Bataille, Victor Margueritte... Il y avait un pacifisme mondain, un pacifisme universitaire, une presse pacifiste bourgeoise... A droite *L'Action française*, au centre le journal de Clemenceau *L'Homme enchaîné* fustigeaient les pacifistes, demandant la tête de Malvy. Clemenceau l'accusait de trahison. Devant l'ampleur de la campagne, reprise par toute la presse « patriote », Malvy dut démissionner, le 31 août 1917. Les socialistes décidaient aussitôt d'abandonner le gouvernement. C'était la rupture de l'Union sacrée.

CLEMENCEAU AU POUVOIR.

Le faible gouvernement Painlevé qui se constitua dès lors sans la participation des socialistes était incapable de lutter contre la vague pacifiste. Les minoritaires, encouragés par les progrès de la Révolution russe, dominaient les meetings socialistes, où les paroles de Lénine l'emportaient sur celles de Jaurès. On attendait chez les socialistes la fin de tous les États bourgeois.

Les scandales et les affaires de trahison se multipliaient en France. Le député Turmel était accusé d'avoir touché en Suisse une somme d'argent dont il ne pouvait justifier l'origine. Un aventurier, Bolo Pacha, avait acheté *Le Journal* avec de l'argent allemand. *Le Drapeau Rouge* de l'anarchiste Almeyreda avait compromis un certain nombre d'hommes politiques. Il était temps de faire passer en jugement ceux que dans *L'Action française* Daudet appelait « les traîtres de la bande caillaux-malvyste ».

Qui d'autre que Clemenceau aurait pu, dans une telle conjoncture, galvaniser les énergies « nationales » ? Poincaré, qui ne l'aimait pas, avait tardé à l'appeler. Mais il avait dû faire passer le patriotisme avant les sentiments personnels. S'il n'offrait pas le pouvoir à Clemenceau, la Chambre découragée risquait d'imposer Caillaux, et de le suivre dans la voie de la négociation, que réclamaient à grands cris les salons de la gauche bourgeoise. C'est Clemenceau qui fut appelé et investi par la Chambre :

> « Ma politique étrangère et ma politique intérieure c'est tout un, déclarait Clemenceau à la tribune. Politique intérieure : je fais la guerre. Politique étrangère, je fais la guerre. Je fais toujours la guerre. »

Celui que l'on appelait « le Tigre » et bientôt le « père la Victoire » multipliait les visites au front, pour garder le contact avec la troupe. Il passait une nuit entière, couché par terre, dans le fort de Douaumont repris par les Français. Il coiffait le casque des « poilus » pour se rendre en première ligne. L'infatigable vieillard jouissait bientôt aux armées d'une formidable popularité. Il ne se gênait pas pour condamner les « embusqués » de l'arrière. Il se dépensait sans compter pour donner aux soldats le sentiment que l'on pouvait gagner la guerre, que la victoire était à portée de fusil.

À l'intérieur, il engageait la bataille contre le pacifisme. Il censurait ou poursuivait les journaux suspects, faisait passer en conseil de guerre tous les espions que l'on arrêtait. Un climat de terreur gagnait le monde politique. Malvy était arrêté, ainsi que Caillaux, pour « intelligence avec l'ennemi ». Briand n'osait plus parler. Ribot lui-même était suspect.

Cette extraordinaire fermeté s'accompagnait d'une sorte de dictature morale imposée au Parlement. La seule opposition qui osât dire son nom, celle des socialistes, s'en trouvait stimulée. En juillet 1918 on verrait Frossard et Cachin, partisans de la « paix blanche », prendre la tête du parti : Cachin deviendrait directeur de *L'Humanité* et Frossard secrétaire de la S.F.I.O.

LA VICTOIRE AU FRONT.

À cette date, l'anéantissement du front russe avait permis au nouveau commandant en chef allemand, Ludendorff, de masser 192 divisions à l'Ouest, alors que les Alliés n'en avaient que 170. La paix de Brest-Litovsk semblait promettre la victoire aux Allemands, pour peu qu'ils attaquent à l'ouest avant l'arrivée des divisions américaines.

La fin de la guerre en France fut une prodigieuse course de vitesse entre les troupes allemandes qui revenaient de l'Est à marches forcées, et les troupes américaines qui montaient en ligne aussitôt débarquées et instruites. Une première attaque allemande fut montée en mars, à la jonction des armées françaises et britanniques, dans la région de Saint-Quentin. 65 divisions allemandes y participèrent. Les pièces lourdes placées tout près des lignes ne commencèrent à tonner que cinq heures avant l'offensive, pour ne pas laisser le temps aux Alliés d'envoyer des renforts. Le front anglais fut très vite enfoncé et la surprise permit aux Allemands d'avancer de 60 kilomètres en 15 jours.

Dans les bois de Villers-Cotterêts, l'offensive se brisa sur la résistance des renforts français arrivés en toute hâte. Le front occidental était sauvé. L'alerte avait été suffisamment chaude pour que les Anglais acceptent le commandement unique de Foch, nommé pour la circonstance généralissime des armées alliées.

Ludendorff sentait que le temps travaillait contre lui : il attaqua de nouveau à Armentières, en avril, avec 36 divisions : mais cette fois l'armée anglaise ne fut pas surprise et les Allemands furent repoussés. Le commandement interallié avait bien fonctionné. Le front anglais fut percé un peu plus tard, en mai, sur le Chemin des Dames. Les Allemands avaient fait 50 000 prisonniers et atteint la Marne. Mais Foch et Pétain rétablirent la situation.

Dans Paris bombardé par la « grosse Bertha », un canon géant allemand qui touchait sa cible à plus de cent kilomètres, le moral était au plus bas. Des obus étaient tombés sur l'église Saint-Gervais, le dimanche à l'heure de l'office. Le milieu politique s'agitait, multipliant les escarmouches contre le gouvernement et mettant une fois de plus en question le haut commandement.

Clemenceau, infatigable, intervint au Parlement le 4 juin, pour couvrir ses généraux. Il obtint la confiance des députés, et accéléra les rigueurs de la répression contre les « ennemis de l'intérieur ».

Les Allemands attaquèrent une dernière fois en juillet, sur le front de Champagne. Mais, à cette date, les renforts américains étaient arrivés. Les Allemands furent de nouveau repoussés. Les Alliés disposeraient bientôt de deux millions de combattants américains, et d'un matériel offensif d'un type nouveau, le char de combat. Une première contre-offensive de Mangin, à la fin de juillet, avait permis de faire reculer les Allemands de quarante kilomètres. Foch vainqueur était fait maréchal de France. La victoire semblait proche.

Il fallut encore de longues semaines de combats avant que les Allemands capitulent : une première offensive franco-britannique en août, une offensive générale en septembre. Les Allemands s'accrochaient encore au terrain. Lille ne fut libérée qu'en octobre. Le 10 novembre l'ensemble du territoire français avait été libéré, au prix d'un effort constant. Une nouvelle offensive se préparait en Lorraine, qui avait pour but l'invasion de l'Allemagne. Foch avait 100 divisions de réserve, contre 17 seulement à Ludendorff. Les Allemands faisaient toujours front, mais ils étaient épuisés.

La Révolution qui fit flamber les villes d'outre-Rhin leur porta le coup de grâce. Déjà la Turquie, l'Autriche-Hongrie avaient signé des armistices. Le 9 novembre, le Kaiser avait abdiqué. Il avait trouvé refuge en Hollande. A Rethondes, les Allemands envoyaient des plénipotentiaires. Le 11 novembre, à 11 heures du matin, le clairon sonnait l'armistice sur tout le front de l'Ouest. L'Allemagne était vaincue.

La « paix perdue » de 1919.

CLEMENCEAU NÉGOCIATEUR.

Le pays imputait la victoire à Clemenceau, en raison du redressement de 1917. Grâce à Clemenceau le Parlement, et non seulement l'état-major, était présent au triomphe. La démocratie parlementaire sortait intacte de la guerre : la République avait su trouver en son sein les hommes capables de galvaniser les énergies nationales. Aussi bien Clemenceau, dans la pure tradition jacobine, n'entendait pas laisser le champ libre aux généraux vainqueurs.

Ceux-ci partageaient sa popularité, Foch surtout, le vainqueur de la dernière heure, mais aussi le combattant de la Marne, le héros des marais de Saint-Gond. Dès la fin des combats, le « Tigre » n'avait pas manqué d'affirmer son autorité sur Foch, et d'annoncer clairement son intention de négocier la paix seul. Clemenceau le radical voulait instaurer une « Europe du droit » qui dressât d'abord le constat de l'anéantissement des « vieilles monarchies oppressives ». Le modèle démocratique français et britannique lui semblait de nature à inspirer les nouveaux régimes des nouvelles nations.

Mais Clemenceau était aussi un « réaliste ». Il était le partisan déterminé d'une paix à l'ancienne manière, conclue « sur le tambour », avec, à la clé, une bonne et solide alliance franco-britannique et franco-américaine. Il voulait prolonger dans la paix les alliances de la guerre. Il estimait que la France n'avait pas les moyens de faire la paix seule, ni surtout de la garantir, une fois signée. Il n'admettrait pas, comme les Italiens, l'idée d'une rupture possible avec les Anglo-Saxons, face à l'Allemagne.

Il ne devait pas tarder à rappeler durement à l'ordre ou même à désavouer ceux des militaires qui poussaient un peu loin en Allemagne la politique « républicaine » des « annexions déguisées », comme par exemple Mangin. Certes Clemenceau eût été ravi de voir les pays rhénans demander leur autonomie, voire même leur rattachement à la France dans la tradition de 1793. Mais il se défendait de toute volonté annexionniste, ou simplement impérialiste.

Même s'il ne partageait pas les vues de la droite sur la « reconquête du Rhin français », il était le seul qui pût faire aboutir une « paix française », c'est-à-dire une paix de victoire, avec réparations et restitutions. Clemenceau était encensé jusque dans *L'Action française* en raison de son patriotisme passionné. N'était-il pas l'épurateur de la « chambre caillaux-malvyste » ? Il avait, au Parlement, une majorité confortable. A la moindre difficulté, il posait la question de confiance, exerçant ainsi, pendant toute l'année de la paix, une sorte de dictature morale : qui oserait le renverser ? L'attentat dont il fut victime, rue Franklin, en février 1919 lui valut d'incroyables témoignages de sympathie d'un pays dont il était devenu le symbole.

LE DUEL CLEMENCEAU-WILSON.

Clemenceau dut compter, plus qu'il ne l'avait pensé, avec Wilson. Le Président des États-Unis, contrairement à toute attente, vint lui-même à Paris, en décembre 1918, pour négocier la paix. Ses « quatorze points » affirmaient notamment le « droit des peuples à disposer d'eux-mêmes » et interdisaient toute annexion. Ils annu-

500 La France contemporaine

laient les « traités secrets » conclus entre belligérants pendant la guerre. Ils rendaient très hypothétiques les prétentions françaises sur la rive gauche du Rhin, maintes fois affirmées cependant dans les définitions successives des « buts de guerre ». Ils posaient le principe de la création d'une *Société des nations* qui, inévitablement, devrait inclure un jour les vaincus.

Le wilsonisme devint pour Clemenceau un obstacle en politique intérieure, dans la mesure où il fut très vite la doctrine officielle des socialistes, majoritaires et minoritaires, un instant réconciliés dans l'idéologie de la « paix sans vainqueur ni vaincu », de la « paix des peuples ». Les troubles sociaux, le climat révolutionnaire de l'année 1919 obligèrent Clemenceau à tenir compte de cette opposition, dont Wilson connaissait parfaitement l'existence. Le développement du bolchevisme en Europe centrale et orientale, la menace d'une révolution bolchevik généralisée en Allemagne, donnaient à la paix de Versailles le caractère d'une paix de refoulement du communisme en Europe, comme l'a très bien vu Arno Meyer. Cela inclinait à une certaine indulgence envers les vaincus.

LE « BOCHE PAIERA ».

D'autant que Wilson et Lloyd George avaient un moment songé à négocier avec les Bolcheviks eux-mêmes, au grand dam de Clemenceau, qui entretenait sur les fonds du Quai-d'Orsay d'innombrables « Russes blancs ». Clemenceau considérait les Bolcheviks russes comme des alliés objectifs des Allemands. Peu lui importait que les Allemands fussent bolchevisés : il y aurait ainsi toutes les raisons de monter enfin la grande croisade de l'Occident contre le bolchevisme, dont il rêvait. L'échec de la conférence de Prinkipo lui apporta un profond soulagement : Wilson n'avait pu s'entendre avec Lénine. Clemenceau pourrait imposer son point de vue de fermeté à l'égard de l'Allemagne. Si elle était contaminée par la Révolution, c'était une raison de plus pour prendre contre elle, et contre le bolchevisme, des « sécurités » sur le Rhin.

Dans sa majorité, l'opinion française soutenait Clemenceau dans cette voie : elle voulait une paix dure, « payante », dans le style de celle que Bismarck avait imposée en 1871. La campagne « le Boche paiera », entreprise par *Le Matin* pendant la négociation, affirmait la volonté française de récupérer non seulement les « réparations » dues par les Allemands au titre des destructions, mais aussi les

« frais de guerre », puisque l'Allemagne était seule responsable du conflit. Au ministre des Finances Klotz qui prétendait accroître la masse fiscale en instaurant un « impôt sur le capital », *Le Matin* répondait : « le Boche paiera », formule quasiment magique qui semblait régler d'un coup tous les problèmes de l'après-guerre : la vie chère, la ruine de la rente et de la monnaie, les destructions immenses des régions du Nord et du Nord-Est, les pertes en main-d'œuvre et en moyens de transports... La campagne du *Matin* avait un appui politique et parlementaire dans les formations qui soutenaient la majorité. Le rapporteur général du budget, Louis Marin, député de Nancy, était fanatiquement pour une politique des réparations « intégrales », comprenant les frais de guerre. Le président de la commission du Budget, Raoul Péret, partageait cette opinion, ainsi que de nombreux députés radicaux.

Quand il fut très clair pour tous les Alliés que « le Boche » ne paierait pas du tout, et qu'il convenait de se demander ce qu'il pouvait au juste payer, l'opposition reprit de plus belle au Parlement français, stimulée par les commissions spécialisées et par les personnages consulaires, comme Briand et Barthou, qui n'avaient pas pardonné à Clemenceau les excès de son intransigeance pendant la guerre. La paix serait-elle remise en question à la Chambre ?

LA CABALE CONTRE LA PAIX.

On le crut un moment, quand la conjonction des oppositions fut en avril et en mai une menace politique précise contre Clemenceau. Si les Italiens avaient claqué la porte au nez de Wilson, pourquoi le « Tigre » n'en faisait-il pas autant ? On se posait beaucoup la question dans la presse, ainsi qu'à l'état-major de Foch. Les conjurés trouvèrent des complices, non pas à l'Élysée où Poincaré, qui partageait leur avis, se garda bien de les suivre, mais au Parlement, auprès de certains sénateurs comme Paul Doumer, ou de députés comme Franklin Bouillon.

Clemenceau avait les moyens de réagir. Il pouvait imposer sa paix en s'appuyant sur l'immense majorité de l'opinion qui, au mois de mai, voulait qu'on en finisse rapidement avec l'Allemagne.

Il avait eu la partie fort difficile avec Lloyd George et Wilson qui étaient d'accord entre eux sur l'essentiel : démobiliser au plus tôt leurs soldats et rétablir la situation économique de l'Allemagne en Europe, seul moyen de contenir le bolchevisme. La pensée de Keynes, conseiller de la délégation britannique, était très nette sur ce point. Clemenceau n'avait pas réussi à dresser Lloyd George contre Wilson. Les Anglais n'étaient pas pour la paix sur le tambour.

La paix était négociée sur la base d'un compromis entre ce que les Anglo-Saxons avaient exigé et ce que Clemenceau avait sauvegardé. Elle donnait à la France des satisfactions non négligeables : le retour de l'Alsace et de la Lorraine, garanti par les « quatorze points », était réalisé sans plébiscite, contrairement à ce que demandaient les Allemands et certains socialistes français. L'occupation de la Sarre par les Français était prévue pendant quinze ans, jusqu'à la consultation populaire qui déciderait du sort final de ce territoire. La France obtenait des réparations substantielles, l'acquisition, sous mandat de la Société des Nations, de certaines colonies allemandes (Togo et Cameroun notamment), des restitutions de matériel, des livraisons de charbon, des avantages commerciaux et industriels (l'acquisition de certains « brevets » de l'industrie chimique par exemple). La rive gauche du Rhin et cinquante kilomètres de la rive droite étaient « démilitarisés ». On laissait à l'Allemagne, à la demande de Lloyd George, 100 000 hommes pour son armée régulière, une simple force de police.

Les Alliés devaient occuper une partie du territoire ouest-allemand pendant quinze ans, comme garantie des réparations. Il est vrai que ces forces d'occupation avaient été réduites au minimum, et que Clemenceau avait dû batailler durement pour en imposer le principe. En l'absence de toute force exécutive de la Société des Nations, il était clair que les Alliés n'avaient pas les moyens matériels de faire respecter les clauses de la paix, au cas où l'Allemagne y manquerait. La thèse de Foch, qui demandait l'occupation en permanence des têtes de pont du Rhin, avait été rejetée.

A tous ceux qui lui reprochaient d'avoir fait une paix sans garanties ni sécurités, Clemenceau opposait la promesse d'une alliance anglo-saxonne. En cas d'agression, l'Angleterre et les États-Unis s'engageaient à intervenir aussitôt militairement. Dès octobre 1919 cependant, il apparut que le Sénat des États-Unis refuserait le vote de cette garantie. Les critiques d'un Jacques Bainville, journaliste à *L'Action française*, ou d'un Louis Marin, député de Nancy, étaient donc parfaitement fondées : on avait lâché la proie pour l'ombre.

LES PERTES DE LA GUERRE.

Mais avait-on les moyens de tenir la proie ? Le pays était exsangue. Quatre ans de guerre l'avaient ruiné moralement et physiquement. Dans les faits, il n'y avait pas de vainqueurs mais des pays ravagés. La production française avait diminué de moitié. L'absence de main-d'œuvre était particulièrement sensible dans les campagnes, qui avaient supporté le principal de l'effort en hommes. La production de blé s'était effondrée, le cheptel était décimé. Le gouvernement avait dû instaurer, comme sous la Révolution, un maximum des prix, pour éviter la spéculation.

Un dixième de la population avait été éliminé par la guerre : 1 400 000 tués ou disparus, près de 3 000 000 de blessés! Les civils avaient beaucoup souffert de l'épidémie de « grippe espagnole » qui avait sévi en 1918. Les destructions matérielles étaient considérables ; elles étaient encore accrues par l'évacuation systématique du matériel industriel, pratiquée par les Allemands dans les territoires envahis. Un quart de la fortune française relevait des « dommages de guerre ». L'État devait verser deux millions et demi de pensions civiles et militaires : « Ils ont des droits sur nous », avait dit Clemenceau à la tribune de la Chambre, en parlant des anciens combattants. Quand on avait chiffré ces droits, on était parvenu à des sommes considérables.

La situation financière était catastrophique : le déficit du budget était de 18 milliards pour 1918. La France devait payer, au titre de sa dette extérieure, 16 milliards aux États-Unis et 13 à la Grande-Bretagne. La dette intérieure, en bons du Trésor flottants, était énorme. La « planche à billets » avait financé la guerre, provoquant la hausse des prix, l'inflation. Les prix avaient plus que triplé depuis 1914. Les « emprunts patriotiques » avaient opéré une ponction en profondeur de l'épargne individuelle. Les désastres extérieurs avaient anéanti nombre de placements jadis florissants. Il n'y avait plus d'emprunts russes (douze milliards de francs 1914 étaient ainsi perdus), plus d'emprunts mexicains, plus d'emprunts d'Europe centrale. Les petits rentiers, qui vivaient à l'aise en 1914, se trouvaient ruinés : ils étaient, dans le pays, plus de 500 000. Ils constitueraient une force de contestation politique constamment mobilisable, par la droite surtout. Les modifications de la fortune française, et, plus généralement, des conditions de vie en France, allaient conditionner la redistribution des forces politiques dans la dure période de reconstruction : 1919-1929.

La France des Années folles.

LA DROITE « BLEU HORIZON ».

Aussitôt signé le traité de Versailles, les Français ne songeaient plus qu'à revenir aussi vite que possible à l'avant-guerre. La réouverture des courses, à Longchamp, faisait la « une » des journaux le jour de la cérémonie de la signature. Les Français étaient las des deuils et des restrictions. Ils voulaient vivre. Une sorte de frénésie s'empara de la jeunesse. Le jazz et les automobiles, les jupes courtes et les bas de soie eurent vite raison de la morosité de tous les perdants de la guerre. Pourtant, avec l'Allemagne, rien n'était réglé. On n'éviterait pas une négociation directe.

Deux France étaient de nouveau en présence : celle qui voulait oublier le passé, faire confiance aux formes modernes de sécurité, qui se grisait de modernité au point d'admettre même la Révolution communiste : cette France « de gauche » demanderait bientôt le « réexamen » du traité de Versailles et l'établissement de rapports normalisés avec l'Allemagne.

Mais il y avait l'autre France, celle des anciens combattants, qui se groupaient déjà par ligues et associations, celle des victimes civiles et militaires de la guerre, celle des rentiers ruinés et des patriotes déçus. Cette France soutenait Poincaré quand il demandait « l'application intégrale du traité de Versailles », une politique de rigueur, au besoin de violence, à l'égard de l'Allemagne.

En 1919, la parole était à la France de droite : elle devait gagner, très largement, les élections de novembre. Il lui avait suffi de montrer sur ses affiches « l'homme au couteau entre les dents », le bolchevik, présenté comme un anarchiste. 437 députés sur 613 appartenaient au « bloc national » constitué par les droites et le centre réunis dans la lutte contre le socialisme.

Les candidats, « unis comme au front », étaient souvent des anciens combattants, comme Xavier Vallat ou André Maginot, d'anciens aumôniers militaires, des membres actifs des associations nouvelles d'anciens du front, comme la « ligue des chefs de section » de Binet-Valmer.

C'était la Chambre la plus à droite que la France ait connue depuis l'Ordre moral. Cette chambre « bleu horizon » voulait imposer à l'Allemagne les réparations les plus lourdes possibles, et rétablir en France la situation économique grâce à l'argent allemand. Il était en effet urgent de désarmer le mouvement social, qui devenait inquiétant pour les nouveaux élus de la droite.

LE NOUVEAU SOCIALISME.

Clemenceau se retira des affaires en 1920, après son échec à la Présidence de la République. Son départ, après trois ans de pouvoir, laissait un vide que ses successeurs, Millerand, Georges Leygues, Briand, furent impuissants à combler. Clemenceau tenait en respect le mouvement socialiste. Il avait fait preuve de la plus grande énergie en 1919, en faisant tirer sur les manifestants du 1er mai.

Ses successeurs durent faire face à des grèves en rafales, que l'inflation et la vie chère semblaient justifier, mais qui présentaient en fait un caractère révolutionnaire : depuis janvier 1920 se succédaient les grèves des transports, du métro de Paris, de l'électricité. Les secteurs clés de l'économie étaient ainsi paralysés, la reconstruction était impossible. Le sentiment croissant d'irritation, qui se répandait dans le public, facilitait la répression. Même si les gouvernements manquaient d'autorité politique, ils déployaient l'énergie nécessaire pour briser une vague révolutionnaire qui rappelait en violence celle des années 1906-1910. La troupe bien reprise en main après les troubles de 1919 — où l'on avait dû réprimer des mouvements révolutionnaires dans les unités de garnison, notamment à Toulouse et à Brest — devait être une arme efficace contre les grévistes.

La division du socialisme et du syndicalisme, en décembre 1920, devait affaiblir, dans un premier temps, le mouvement ouvrier français. La scission de Tours séparait les *majoritaires*, favorables à la révolution bolchevik, et les *minoritaires* plus pondérés qui conservaient, derrière Léon Blum, l'appareil du vieux parti S.F.I.O. Les majoritaires, avec Cachin et Frossard, fondaient le *parti communiste français* qui allait connaître d'abord un rapide mouvement d'adhésions, avant d'être surpassé en nombre d'adhérents par le parti socialiste, grand triomphateur des élections de 1924. Les communistes s'étaient emparés de la direction du journal *L'Humanité*.

Parmi ceux qui rejoignirent le parti communiste en 1920, bien peu y restèrent. Des anarchistes, des surréalistes, des esthètes, qui

La France contemporaine

allaient être les premières victimes des purges, avaient adhéré par dégoût du socialisme. La reprise en main du parti serait lente et difficile, en raison de cet afflux d'intellectuels souvent extravagants. Pendant longtemps le nouvel appareil refuserait tout contact avec les socialistes, et se présenterait aux élections seul, pour maintenir intacte sa force révolutionnaire.

La scission politique s'accompagnait d'une division syndicale : de la C.G.T. se distinguait la C.G.T.U. (Confédération générale du Travail unitaire). Au congrès de Lille la minorité communiste et libertaire (C.G.T.U.) abandonnait la vieille centrale et décidait de devenir une « école primaire du communisme ». Le syndicalisme était très affaibli par cette division, qui profitait essentiellement à la droite.

LE FOL APRÈS-GUERRE.

Cette droite n'était pas unie : beaucoup déploraient, avec Poincaré la réduction continuelle des créances sur l'Allemagne que nous imposaient les Alliés de conférence en conférence. Mais si la politique de facilité financière des premiers gouvernements du « bloc national » ruinait la monnaie en multipliant les emprunts, la pratique de l'inflation (la livre sterling était à 26 francs en juin 1919, elle grimpait à 60 francs un an plus tard...) avantageait les spéculateurs et soutenait le mouvement des affaires. On achetait tout ce qui représentait une valeur : les objets en or, les bijoux, les biens matériels, terre, maisons, villas du bord de mer, et même les objets d'art. La cote des peintures modernes montait à toute allure au cours des années 1920-1922. Utrillo allait décupler en sept ou huit ans. Les « heures chaudes de Montparnasse » sont d'abord celles d'une folle spéculation.

Les joueurs et spéculateurs s'affichaient aux bains de mer, jouaient gros jeu dans les casinos de Cannes et de Deauville, donnaient à Paris des fêtes échevelées où le jazz importé d'Amérique faisait fureur. La vieille France, celle des bourgeois dignes et des rentiers ruinés, celle des « chefs de section » et des anciens « ligueurs », enrageait de voir les « trains de plaisir » des profiteurs gagner au « week end » les « planches » de Deauville, ou les cars bondés d'étrangers avantagés par le change envahir les grands hôtels parisiens. La fête indignait aussi les socialistes, qui demandaient à grands cris le « prélèvement sur le capital ».

LA « VIEILLE FRANCE » AU POUVOIR.

Les grincheux, les humiliés, les frustrés bondirent d'indignation en ouvrant leur journal, quand ils virent, sur une photographie, Lloyd George « donner une leçon » de golf à Briand, sur le terrain de Cannes, où se tenait une nouvelle conférence qui avait de nouveau pour but de réduire la dette allemande. Briand dut quitter le pouvoir. Poincaré qui lui succédait, était le vengeur de la vieille France. Il allait enfin, pensait-on, « frapper du poing sur la table ».

En 1922, la Chambre « bleu horizon » avait trouvé son homme. Rongeant son frein à l'Élysée, s'imposant une réserve qui n'allait guère avec son caractère, le Lorrain avait fait courir sa plume vengeresse, aussitôt sorti de fonction, pour faire la critique vigilante de la politique extérieure et financière de la France de l'après-guerre. Son retour au pouvoir signifiait fermeté à l'intérieur, dureté à l'égard de l'Allemagne.

De fait il commençait par augmenter les impôts de 20 %, tout en limitant les dépenses des administrations. Il contractait un nouvel emprunt américain, pour lutter contre la spéculation sur le franc. Il affichait l'intention d'aller chercher, s'il le fallait, le charbon allemand « sur le carreau des mines ».

Il engagea sans les Anglais, le 11 janvier 1923, l'opération de la Ruhr. Ce jour-là, les troupes du général Degoutte occupèrent la célèbre région industrielle. Plusieurs classes de jeunes Français durent être incorporées pour faire cesser la « résistance passive » organisée par les autorités économiques allemandes, qui interdisaient aux mineurs tout travail pour les occupants. La Chambre des députés soutenait le gouvernement Poincaré dans son effort. L'Action française exultait. Le parti communiste commençait, avec l'aide des socialistes, une campagne de la dernière violence contre « Poincaré-la-guerre ».

Herriot et ses amis radicaux reprochaient à Poincaré d'être entré dans la Ruhr pour rien. La preuve ? Il ne savait comment en sortir. Il faudrait bien, un jour ou l'autre, obtenir des Anglais et des Allemands la signature d'un accord international. A l'étranger, l'affaire de la Ruhr était follement impopulaire. Les caricaturistes anglais représentaient Poincaré coiffé d'un casque à pointe. A Paris les salons briandistes ridiculisaient (comme Giraudoux dans son roman, *Bella*) Poincaré-Rebendard, le poing éternellement dressé contre

l'Allemagne dans ses discours de monuments aux morts. Briand
aurait-il sa revanche ?

Finalement, on réunit un nouveau « comité d'experts », en
octobre. L'Allemagne avait fini par consentir à la négociation. Le
plan Dawes, qui fut alors mis au point, avait le mérite d'établir,
pour la dette allemande, un échéancier précis. La violence, les
polémiques, les crédits engagés pour une opération dont l'issue
était si discutable, tout indignait la gauche, et décevait la droite :
l'Action française désavouait Poincaré que combattait, pour les
élections de 1924, une coalition radicale et socialiste.

LE RETOUR A L'ORDRE DE 1926-1928.

Le « cartel des gauches », formation électorale du printemps de
1924, sut gagner le pouvoir, mais non le garder. L'échec des gouvernements du Cartel est exemplaire : il manifeste avec netteté
l'impuissance où se trouvait alors la gauche dans l'exercice du
pouvoir : elle était désunie, elle était incompétente dans les questions financières.

L'échec du Cartel fut la cause directe du retour de Poincaré
aux Affaires, appelé par le pays comme un sauveur. Blum, Herriot,
Auriol avaient mené avec vigueur la campagne de 1924 et gagné
les élections, soutenus par *Le Quotidien* et par la presse radicale et
socialiste. La propagande des instituteurs et des petits fonctionnaires, tout acquis aux idées de la gauche réformiste, devait gagner
des régions et des couches nouvelles de population. Le Cartel
avait au total 329 députés sur 582. La gauche avait pris le pouvoir :
le radical Herriot était président du Conseil.

S'il put, en quelques semaines, liquider l'affaire de la Ruhr,
amorcer le rapprochement avec l'Allemagne et établir des relations diplomatiques avec l'U.R.S.S., Herriot, d'entrée de jeu, fut
confronté au problème financier. La droite organisait, dès son arrivée au pouvoir, l'exode des capitaux. Les petits porteurs menaçaient
de demander le remboursement des bons à court terme. Les grands
intérêts subventionnaient des ligues comme les *Jeunesses patriotes*
de Pierre Taittinger ou le *Faisceau* de Georges Valois. Les catholiques, furieux de la politique anticoncordataire que menait le
nouveau gouvernement en Alsace, adhéraient à la *Fédération catholique* du général de Castelnau.

Ces groupes de pression jetaient le trouble dans la rue, multi-

pliaient les manifestations, menant de violentes actions antiparlementaires. Débordés par la panique financière, les radicaux laissaient faire... Herriot, lâché par Caillaux et ses amis, dut pourtant
se retirer, en avril 1925. Le gouvernement du Cartel n'avait pas
duré un an.

Briand, qui lui succéda avec une majorité de fortune, eut tout
juste le temps de signer avec Stresemann les accords de Locarno,
qui sanctionnaient le rapprochement franco-allemand. Il fut emporté
par la crise financière. La spéculation contre le franc, sur les places
étrangères, était à son sommet en 1926 quand la livre atteignait
250 francs! Les ligueurs hurlaient, autour du Palais-Bourbon :
« Herriot, voleur! Herriot, à la Seine! » Les chauffeurs de taxis
trafiquaient sur la livre, les femmes s'arrachaient dans les magasins les kilos de sucre et les bas de soie.

Briand tombé, Poincaré fut accueilli comme un sauveur, et
d'abord par la Chambre issue du Cartel des gauches. Dès son
retour, la « confiance », phénomène quasi magique, revenait dans le
public. Les spéculateurs qui avaient joué la baisse du franc jouaient
maintenant la hausse. La monnaie se redressait d'heure en heure
sur les marchés extérieurs.

Avec un cabinet qui comprenait aussi bien Herriot que Louis
Marin, avec Briand aux Affaires étrangères, comme garant de la
continuité d'une politique de rapprochement avec l'Allemagne,
Poincaré prit à bras-le-corps l'ensemble du problème financier.
Fallait-il « revaloriser » le franc, lui rendre sa parité d'avant la
guerre, celle du bon vieux « franc germinal »? Fallait-il seulement
le stabiliser, à un taux qui rendît les prix français compétitifs à
l'étranger? Poincaré choisit la deuxième solution, qui n'arrangeait
pas les affaires des rentiers, ses admirateurs inconditionnels.

La stabilisation avait un avantage considérable : dévaluation
déguisée, « banqueroute aux 4/5e », comme disait Léon Daudet,
elle permettait à l'État de rembourser facilement ses dettes, à
l'étranger comme à l'intérieur. Même si François de Wendel et
Édouard de Rothschild, tous les deux régents de la Banque de
France, s'opposaient à cette solution au nom de l'orthodoxie monétaire, la « stabilisation de fait » de 1926 fut suivie en 1928 d'une
« stabilisation de droit » qui créait le *franc Poincaré*, représentant
65,5 mg d'or fin. Le gouvernement put régulariser sa dette, créer
la Caisse d'amortissement, qui assurait aux petits porteurs le remboursement de leurs créances, même si celles-ci étaient fortement
amputées par la dévaluation. L'augmentation des impôts, une meil-

leure gestion administrative mirent le budget en équilibre. Le franc avait été sauvé sans aucune aide extérieure.

Tout semblait rentrer dans l'ordre : la production agricole et industrielle retrouvait en 1929 ses niveaux d'avant la guerre, et les dépassait dans certains secteurs. Les élections législatives de 1928 avaient donné la majorité aux candidats poincaristes. Poincaré devait rester au pouvoir jusqu'en juillet 1929. Il n'en fut chassé que par la maladie, au moment où il faisait voter par le Parlement la loi sur le remboursement des dettes interalliées. On avait oublié le climat de guerre sociale de l'immédiat après-guerre. L'isolement et le recul numérique des communistes semblaient garantir aussi la stabilité du système politique : une gauche réformiste, à l'anglaise, disputait le pouvoir à une droite conservatrice, mais libérale, qui donnait à la France, en 1930, les assurances sociales et la gratuité de l'enseignement secondaire.

Avait-on trouvé le port? La crise mondiale, singulièrement sous-estimée par les responsables français, la victoire du Front populaire et l'entrée des communistes dans l'arène politique allaient remettre en question cet équilibre : on s'apercevrait bientôt que la France, pas plus que l'Angleterre, ne pouvait faire comme si la Première Guerre mondiale n'avait pas existé.

CHAPITRE 19

La France des années 30

A partir des années 30, la France est entraînée, comme les autres nations européennes, dans la guerre par la crise, sans qu'elle puisse s'opposer à cette mécanique des forces. Ses dirigeants se flattent d'éviter la crise et de repousser la guerre : double illusion. Les événements extérieurs imposent leur dure nécessité à notre vie politique et rendent dérisoire la recherche de solutions purement françaises à des problèmes mondiaux. La France des années 30, si fière de son équilibre retrouvé et de son « Empire » colonial, s'achemine les yeux fermés vers une des plus grandes catastrophes de son histoire.

La lutte contre la crise mondiale, entreprise par les gouvernements de droite qui se succèdent sans interruption ou presque de 1929 à 1935, ne parvient pas à esquiver la victoire électorale du Front populaire en 1936, où pour la première fois depuis 1920 le parti communiste faisait partie d'une « union des gauches ». Pas plus que la droite, la gauche au pouvoir ne parvenait à imposer des solutions nettes : elle était semblablement paralysée par le système.

Le régime parlementaire vieilli semblait incapable de s'adapter aux situations nouvelles : la gauche gagnait presque constamment les élections, en 1924, 1932 et 1936; mais elle était incapable de définir des choix, faute de disposer du pouvoir économique et des organes d'opinion. Elle devait donc abandonner le pouvoir à la droite parlementaire. Mais celle-ci n'avait pas de majorité suffisamment solide pour imposer une politique claire. D'ailleurs les hommes de droite redoutaient tellement la Révolution qu'ils répugnaient aux bouleversements salutaires, aux réformes indispensables. On craignait à droite le mouvement, et à gauche l'échec par précipitation. Léon Blum, sur le tard, tenterait de gouverner comme Poincaré, avec un cabinet « d'union nationale »...

Il n'existe donc, pour le changement, ni moyens ni volonté. Rien de comparable à la grande remise en question du New Deal *aux États-Unis. Dans le cadre du conservatisme et de la peur, le seul désir qui se manifeste est celui de la survie. Cette timidité des dirigeants correspond très largement aux tendances de la masse : épuisés par la guerre, les Français ont mis dix ans pour retrouver leur niveau de vie et leur capacité de production. Mais ils n'ont pas retrouvé le dynamisme ni l'optimisme. La peur du lendemain incite de plus en plus les familles à cultiver le fils unique. La retraite tranquille et l'héritage sans partage restent un idéal pour les paysans, les bourgeois grands et petits, et même pour les ouvriers qui ressemblent aux pêcheurs à la ligne de* La Belle Équipe, *le film de Julien Duvivier. Les ouvriers français votent à gauche et rêvent à droite, au bonheur individuel par la propriété.*

L'impuissance du Parlement devant la crise est pire encore devant la menace de guerre, qui se précise à partir de 1936 : pas plus que le Front populaire ne peut imposer au pays les décisions d'une majorité divisée, les gouvernements Daladier et Paul Reynaud n'ont les moyens d'opposer un front uni à Hitler, dans le désarroi de la gauche et l'aveuglement d'une droite qui redoute bien plus la révolution que le fascisme.

La droite française et la crise mondiale.

LA NOUVELLE DONNE.

Si les niveaux de production de 1929 étaient comparables à ceux de 1913, c'était au prix de modifications assez sensibles des forces de production. Les milieux politiques n'étaient pas toujours conscients des mutations en profondeur imposées à la société par la nouvelle donne des cartes économiques.

Comment les 41 000 000 de Français de 1929 pourraient-ils être comparés aux 39 700 000 qui peuplaient le territoire en 1914 ? D'abord le territoire lui-même avait changé, il s'était accru des « provinces perdues ». Les Français n'étaient en 1919 que 38 700 000 avec l'Alsace-Lorraine, et si la natalité de l'immédiat après-guerre avait donné quelque espoir de reprise à long terme, en 1928 il avait fallu déchanter : la France avait aussi peu de mariages et de naissances qu'en 1914. Les Français étaient redevenus malthusiens.

En l'absence de ressources suffisantes en main-d'œuvre française, il avait fallu ouvrir toutes grandes les vannes de l'immigration : il y avait 1 500 000 étrangers en 1921 (contre 1 million en 1914). En 1930 on compterait 3 millions de Polonais, de Belges, d'Espagnols et d'Italiens : aux plus dures besognes, on trouvait désormais les étrangers.

Si le prolétariat ressemblait déjà, dans certaines banlieues, à celui d'aujourd'hui, la population active n'avait guère changé dans ses grandes masses : 13 millions d'hommes et 8 millions de femmes travaillaient. 51 % (au lieu de 44) vivaient dans les villes. La France restait en équilibre. Comme avant la guerre, les gouvernements encourageaient le maintien de la population rurale dans les campagnes, par le régime douanier, les subventions, et la politique coopérative.

Grâce aux provinces du Nord-Est, la production industrielle avait gagné en puissance dans les industries d'équipement : 12 millions de plus de tonnes de houille par an, 39 millions de tonnes de fer au lieu de 22, 8 millions et demi de tonnes d'acier au lieu de 5... Certaines industries avaient démarré en flèche : l'automobile par exemple. Les usines françaises sortaient déjà 250 000 voitures par an en 1929. La concentration de la main-d'œuvre dans ces grandes usines s'était renforcée : la sidérurgie avait doublé ses effectifs ; l'automobile, l'aluminium exigeaient d'énormes installations. Exploitant à fond les brevets allemands, l'industrie chimique faisait des progrès spectaculaires, et la Compagnie française des Pétroles installait ses centres de raffinage.

Les petites et moyennes entreprises étaient d'un tiers moins nombreuses. Dans certains secteurs, le marché était déjà dominé par de véritables *trusts* : le *Cartel de l'Acier* était créé en 1926. En 1928 la société Poulenc fusionnait avec les Usines du Rhône pour donner Rhône-Poulenc. Une *Confédération générale de la Production française* réunissait des représentants des grandes entreprises pour définir une politique commune des salaires et des investissements. Le capitalisme français s'organisait. Que pouvaient les faibles majorités parlementaires, composées de députés généralement ignorant de la chose économique, devant tant de puissances ?

Les entreprises industrielles étaient solidement tenues en main par les banques, dont le dynamisme était spectaculaire : les « quatre grands » (*Crédit lyonnais, Société générale, Comptoir national d'Escompte* et *Crédit industriel et commercial*) avaient des succursales dans toutes les régions. Les banques d'affaires investissaient dans les secteurs de pointe : la *Banque de Paris et des Pays-Bas* dans le pétrole et la radio, par exemple. Les banques de dépôt dressaient le constat de la ruine des classes moyennes et des rentiers. La fortune française avait tendance à se concentrer en quelques mains. Le mythe des « deux cents familles » date des années 30.

Les heureux bénéficiaires de l'évolution économique de l'après-guerre étaient donc les banquiers et les industriels des secteurs de pointe (automobile, aluminium, caoutchouc, chimie, aéronautique). Par contre les patrons du textile étaient déjà en difficulté, de nombreuses affaires commerciales avaient disparu devant la concurrence des grands magasins et des magasins à succursales multiples. Mais les grandes victimes de l'après-guerre étaient les agriculteurs. S'ils avaient retrouvé le volume de production de l'avant-guerre, ils subissaient la baisse continue des prix agricoles. Les exploitants avaient des problèmes insolubles. Les petites propriétés étaient mises en vente. Il n'y avait plus qu'un million de domaines de moins d'un hectare (au lieu de deux). La création du *Crédit agricole* en 1920 et la multiplication des coopératives n'avaient pu enrayer le mouvement de concentration. Si les campagnes survivaient encore, c'était en raison seulement de la protection de l'État.

LE PROFIL FRANÇAIS DE LA CRISE.

La crise de 1929 ne fut en France ni aussi rapide, ni aussi sensible qu'ailleurs. La monnaie venait d'être redressée par Poincaré. Elle pouvait affronter la tempête. Les réserves d'or étaient importantes. Les activités rurales fixaient une grande partie de la population. Les campagnes pouvaient connaître la misère, non le chômage. La France n'était de ce point de vue ni l'Angleterre, ni l'Allemagne.

La récession atteignit l'industrie dès 1930, même dans l'automobile. Le textile fut tout de suite le plus touché. Les prix agricoles s'effondraient : — 30 % pour le blé, — 20 % pour le vin... Mais la loi Loucheur d'aide au logement encourageait la construction, et les échanges avec les colonies se développaient. C'est en 1935 que les effets de la crise furent les plus sensibles : on produisait moitié moins d'acier, 2/3 de moins de fer. Le coton était touché à 35 %, comme l'automobile. Même le bâtiment reculait. La France avait 400 000 chômeurs, ce qui paraissait énorme. Chômeurs et agriculteurs étaient les premières victimes : avec un quintal de blé, le paysan pouvait s'acheter en 1929 une tonne de charbon : en 1935 il n'en achèterait plus que cinq cents kilos.

L'aide de l'État aux prix agricoles était trop mesurée pour être vraiment efficace. Elle ne pouvait, sans danger, être plus importante. L'État avait fixé, en 1933, un minimum pour le prix du blé. En fait, les gros marchands, pour vendre à coup sûr, consentaient des avantages occultes à leurs acheteurs. Comment les en empêcher ? L'action de l'État dans les départements vinicoles était plus inefficace encore : comment contraindre les viticulteurs à l'arrachage des plants dans une période de sous-emploi et de difficultés de crédits ?

Car le crédit n'existait plus. La balance commerciale avait accru son déficit. La monnaie, grâce aux réserves d'or, était forte sur les marchés extérieurs ; il devenait donc avantageux d'acheter. L'argent avait tendance à fuir le marché national, cependant que les touristes désertaient la France. Le déficit de la balance comptable était constant. Il ne fallait plus compter sur les paiements allemands et les recettes fiscales étaient en baisse. L'État, de nouveau, devait emprunter pour vivre et restreindre son propre crédit.

Dès lors les banques ne pouvaient que suivre le mouvement ; encore un certain nombre d'entre elles suspendaient-elles leur activité, au grand scandale des épargnants. Ceux-ci n'avaient plus confiance ni dans la monnaie, ni dans la bourse ; ils achetaient de l'or, thésaurisaient. Les plus fortunés faisaient fuir leurs capitaux à l'étranger. L'argent devenait rare et cher.

L'État se montrait plus préoccupé de défendre la monnaie que de relancer l'économie. Il freinait la consommation des objets ou denrées d'importation, il évoluait vers l'autarcie, donnant à l'« Empire » le sens d'un espace économique fermé. En 1931 eut lieu à Paris une immense « exposition coloniale ». La restriction du crédit empêchait les industriels d'investir, le maintien de la monnaie à un taux élevé leur fermait les marchés extérieurs. Le seul moyen pour eux de « tenir » était de licencier le personnel.

Les gouvernements successifs bravaient l'impopularité pour tenir le contrat monétaire. Une « zone franc » avait été déterminée en Europe par une entente avec les banques de Belgique et de Suisse. Il fallait tout faire pour défendre cette zone. Laval irait, en 1935, jusqu'à lancer la fameuse « déflation » qui amputait les dépenses de l'État de 10 %, y compris les traitements des fonctionnaires !

Ce système fermé, coercitif, supposait un pouvoir politique fort, mettant l'effort de redressement à l'abri de la démagogie, de la pression légitime des producteurs et consommateurs. Le mécontentement des Français ne trouvait pour le combattre que des gouverne-

ments faibles, de plus en plus discrédités : de juillet 1929 au printemps de 1932 huit ministères s'étaient succédé ! On voyait tourner
les vedettes, dans l'arène politique, comme les chevaux dans les
cirques de province : toujours les mêmes en piste, Laval, Tardieu,
Chautemps et Steeg. Radicaux de droite et centristes modérés
faisaient feu des quatre fers pour redresser une situation de plus
en plus compromise.

Les élections n'arrangeaient pas la situation politique, elles
la rendaient au contraire plus confuse : la gauche radicale et socialiste l'emportait en 1932, avec Blum et Herriot. Pas plus qu'en 1924,
Herriot ne pouvait définir une politique financière, n'ayant pas,
dans ce domaine, le moindre pouvoir. Il devait gouverner à droite,
s'attirant immédiatement l'opposition des socialistes. La Chambre,
en cette période de crise, était ingouvernable. La gauche n'avait pas
les moyens de sa politique. Elle n'avait même pas de politique.

LES DÉPUTÉS, A LA SEINE !

De nouvelles élections n'auraient pas apporté de solution : chaque
fois la gauche l'aurait emporté, et les milieux d'affaires auraient
immédiatement organisé le boycott du système politique. Comme
en 1924-1926 ils recommencèrent à subventionner des Ligues,
pour exercer sur le Parlement une « pression salutaire ».

On réactivait l'Action française, qui devenait virulente, notamment dans son antisémitisme, le Faisceau, les Jeunesses patriotes,
dont l'allure était de plus en plus fascisante. Les Croix-de-Feu
n'avaient pas besoin de soutien financier pour exister. Ils regroupaient plusieurs centaines de milliers d'anciens combattants :
tous des hommes du front, déçus, amers, indignés de l'inconscience
des parlementaires et des désordres de l'économie, décidés à
obtenir un assainissement des mœurs politiques, un pouvoir exécutif
plus fort. La Ligue des Croix-de-Feu, animée par le colonel de
La Rocque, ne comprenait à l'origine que les combattants décorés
de la croix de guerre. Mais elle s'était considérablement élargie
et recrutait dans tous les milieux, fonctionnaires compris. Elle
devint ainsi un véritable phénomène politique, une puissance
électorale, bien qu'antiparlementaire, qui pouvait être mobilisée
facilement. Les Croix-de-Feu défilaient le dimanche, sur les Champs-
Élysées, avec la tenue du front, le casque et les décorations. L'ancien
combattant tenait dans la mythologie sociale des années 30 une

place immense. Il mobilisait la passion des foules. Bien d'autres
Ligues, comme la Solidarité française, subventionnée par le parfu-
meur Coty, propriétaire du *Figaro*, manifestaient alors dans la
rue. Mais aucune n'avait le succès populaire des Croix-de-Feu.

En 1935 l'Italie était fasciste depuis treize ans, et l'Allemagne
nazie depuis deux ans. S'il n'y a pas eu de mouvement fasciste
français, les ligues antiparlementaires inquiétèrent suffisamment
les partis pour susciter quelques examens de conscience spectaculaires : chez les radicaux, Jean Zay, Pierre Mendès France, Jacques
Kayser, Pierre Cot, Jean Mistler demandaient plus de clarté, plus
de courage dans les choix politiques. Ils avaient l'accord de Daladier
quand ils exigeaient dans les congrès radicaux un programme précis,
une ligne politique, au grand scandale des vieux élus. Chez les
socialistes les jeunes parlementaires remuants comme Déat, Adrien
Marquet, Renaudel se préoccupaient aussi d'efficacité et d'une
redéfinition des buts de guerre du parti. Se rapprochant des socialistes belges disciples d'Henri de Man, ils se détachaient de la
S.F.I.O. pour fonder le parti socialiste de France (P.S.F.) qui
avait à son programme la réalisation d'un « socialisme national ».

Tous les milieux politiques et intellectuels réagissaient devant
la montée du fascisme : un jeune radical, Gaston Bergery, fondait
la revue « frontiste » *La Flèche*. Chez les catholiques, on s'interro-
geait sur les droits et la dignité de la personne humaine. En 1932
paraissait pour la première fois le journal démocrate chrétien *L'Aube*.
Emmanuel Mounier, philosophe et moraliste, fondait *Esprit*. Le
mouvement catholique de gauche retrouvait ses assises et son
inspiration.

Les grands scandales financiers avaient porté à son comble l'exaspération du public. En 1931 l'affaire Oustric avait longuement
défrayé la chronique, mais c'est surtout l'affaire Stavisky qui devait
mettre le feu aux poudres, en raison des compromissions qu'elle
impliquait dans le milieu parlementaire. Alexandre Stavisky, le
célèbre escroc, était protégé par un procureur de la République
parent du Président du Conseil Chautemps. Avec la complicité
du député-maire de Bayonne, il avait fait sauter la caisse du Crédit
municipal. On incarcéra le directeur du Crédit, mais non Stavisky,
qui prit la fuite. Le scandale, au début de 1934, était devenu public.
Le ministre des Colonies Dalimier, qui avait couvert l'escroquerie,
dut démissionner. Un député radical compromis fut arrêté, ainsi
que deux directeurs de journaux. Le cabinet Chautemps tomba dans
le scandale, le 27 janvier, quand on apprit que Stavisky s'était

suicidé dans un chalet de Chamonix. Toute la presse d'opposition affirmait qu'il avait été tué par un policier, pour qu'il ne pût parler.

Quelques jours après la chute de Chautemps éclatait la crise très grave du 6 février : ce jour-là les ligues rassemblaient leurs militants autour du Palais-Bourbon, pour manifester contre les parlementaires complices des « voleurs ». Daladier, en formant son gouvernement, voulait changer le préfet de police Chiappe, beau-frère d'Horace de Carbuccia, directeur de *Gringoire*, un journal d'extrême droite. La manifestation avait pour but de faire pression sur le gouvernement pour qu'il garde le préfet Chiappe.

Il y avait là les ligueurs de l'Action française, la canne au poing; ceux de la Solidarité française et surtout les Croix-de-Feu, innombrables. On apprit que, dans la « ceinture rouge » de Paris, les communistes convoquaient à leur tour leurs militants. Allait-on vers la guerre civile?

Au Palais-Bourbon, où Daladier présentait son cabinet, les communistes réclamaient à grands cris « les soviets! ». Le député de droite Vallat quittait la séance en lançant : « Ma place est dans la rue aux côtés de mes camarades de combat. » « Aventurier! provocateur! » criait Thorez à Tardieu qui répliquait : « Je vous reconnais le droit de tout dire, je vous ai mis en prison et je recommencerai quand je pourrai. » Cependant on apprenait (il était 19 h 30) que les manifestants avaient enfoncé le barrage de gardes mobiles du pont de la Concorde. « On tire », criait Scapini, aveugle de guerre. Les députés en venaient aux mains, arbitrés par les huissiers...

Les premiers gardes blessés affluaient dans la cour du Palais-Bourbon ; qui avait donné l'ordre de tirer ? La question fut posée en séance à Daladier, qui était bien en peine pour répondre. En peu de temps il y eut des dizaines de morts, des quantités de blessés.

> « La Chambre se vidait peu à peu de ses membres, raconte André Cornu, et les moins courageux n'étaient pas les derniers à partir. »

Il n'y avait plus en fin de séance que cinq députés présents, dont Herriot. Ils se sauvèrent comme ils purent. Les manifestants voulaient les jeter à la Seine.

Chose étrange, les Croix-de-feu, au plus fort de la journée, ne donnèrent pas l'assaut final. Le Parlement était à prendre, ils se retirèrent en bon ordre. Pourquoi cette décision du colonel de La Rocque? A-t-elle été improvisée ou négociée avec le pouvoir? En tout cas Daladier, lui aussi, se retirait, sacrifiant son cabinet à l'émeute. Un vieux radical très populaire, Gaston Doumergue, ancien Président de la République, était appelé en hâte dans sa retraite de Tournefeuille pour former un gouvernement d'union. Le calme revenait, provisoirement.

Pour calmer les « ligueurs », Doumergue faisait appel à Tardieu et au maréchal Pétain, idole des anciens combattants. Pétain prenait la Défense nationale. Herriot était membre du gouvernement d'union, comme otage de la gauche.

Ce gouvernement croupion devait tenir neuf mois. Le grand renouvellement de la politique française, par le regroupement de toutes les gauches — communistes compris — se profilait à l'horizon. Avec le 6 février, les Français s'étaient crus au bord de la guerre civile. Le 9 février, peu après la constitution du cabinet Doumergue, les communistes avaient organisé un « rassemblement antifasciste » et le 12 la C.G.T. avait lancé un mot d'ordre de grève générale. Des centaines de milliers de manifestants étaient descendus dans la rue en une sorte de « Front populaire » spontané. Toutes les organisations de gauche et d'extrême gauche, syndicales, politiques et ligueuses (la Ligue des Droits de l'Homme, par exemple) étaient présentes. La grève générale s'était réalisée sur le thème de l' « unité d'action ». Le fascisme et l'hostilité aux gouvernements de la droite d'argent (Laval et Tardieu) en étaient le ciment.

Le Front populaire.

LAVAL, LE PÈRE DU « FRONT ».

Car la droite était fondamentalement pour la non-intervention, à l'égard du fascisme. L'année 1936 était celle des premières agressions : l'Italie s'était lancée dans la guerre d'Éthiopie. L'Allemagne hitlérienne réarmait. Au début de mars 1936, elle devait occuper sans coup férir la Rhénanie, déclarée à Versailles « démilitarisée ». Le gouvernement français n'avait pas réagi. L'état-major consulté estimait qu'il ne pouvait intervenir sans mobiliser. La stratégie française restait défensive, à l'abri de la ligne Maginot, construite à grands frais de Longuyon à la vallée du Rhin, malgré les recommandations du colonel de Gaulle qui avait publié en 1934 *Vers l'armée de métier*. Pétain et Weygand s'étaient déclarés hostiles à cette conception d'une force « cuirassée » capable d'intervenir avec 3 000 chars sur un front de cinquante kilomètres, hors des frontières. Devant la provocation de Hitler, la France, que l'Angleterre n'aurait pas soutenue dans cette « aventure », s'estimait donc les mains liées.

Hitler pourrait ainsi construire tranquillement sa ligne Siegfried et mettre la Ruhr à l'abri des Alliés, cependant que la Belgique dénonçait l'accord militaire de 1920 avec la France et revenait à la neutralité. La frontière du Nord, non défendue par la ligne Maginot, était désormais ouverte.

On sait aujourd'hui que Hitler bluffait et qu'une simple avance des forces françaises du Nord-Est aurait suffi à faire échouer le coup monté en Allemagne contre l'avis des chefs de la Reichswehr. Cette première reculade n'était pas sans conséquences : elle obligeait les responsables à rechercher des sécurités diplomatiques, puisqu'il ne pouvait y avoir de sécurité militaire. Dans cet esprit Laval avait fait, dès 1935, le voyage de Moscou. De ces conversations franco-soviétiques était sortie l'approbation publique donnée par Staline à la politique française de réarmement : désormais les communistes français pourraient, par antifascisme, devenir « patriotes ». Le parti allait barioler de tricolore les drapeaux rouges de ses cortèges. Il sortait de l'isolement politique pour entrer dans le combat, aux côtés des autres formations de gauche. Contre de simples promesses de Staline, Laval avait « dédouané » le P.C.F.

LE RASSEMBLEMENT DES GAUCHES.

Le Front populaire n'était pas une entente entre députés, mais d'abord un rassemblement des masses sur le thème de l'antifascisme, avec la très active participation des communistes. Le 14 juillet 1935, un gigantesque défilé organisé par toutes les formations de la gauche avait réuni 500 000 Parisiens sur le parcours de la Bastille à la République. Thorez défilait côte à côte avec Blum, mais aussi avec Daladier. Les radicaux avaient rejoint le mouvement, malgré la réserve d'Herriot. L'union des gauches était réalisée dans la rue.

Le « rassemblement populaire » ne comprenait pas que les partis politiques : les centrales syndicales, la Ligue des Droits de l'Homme, le Comité Amsterdam-Pleyel de lutte contre la guerre et le fascisme, le Comité de vigilance des Intellectuels antifascistes, avec Paul Rivet, le philosophe Alain et Jacques Soustelle, le Mouvement d'action combattante réunissant des anciens combattants de gauche, toutes ces formations multipliaient les meetings, réclamaient la dissolution des ligues fascistes. Le mouvement était largement suivi en province. La fièvre de l'union avait gagné les syndicats ; au congrès de Toulouse, en février 1936, la C.G.T. et la C.G.T.U. s'étaient pour la première fois réunies depuis la scission de 1921. Les deux centrales redonnaient pour but d'entreprendre la grande refonte du système économique et social, et la défense de la démocratie politique.

BLUM, THOREZ ET DALADIER.

Le régime n'avait pas alors de meilleur défenseur que la gauche. Critiqué à droite par les parlementaires comme Tardieu ou Flandin, mis en question par les « ligueurs », il était défendu par tous ceux qui voyaient dans le Parlement un rempart des libertés contre la menace sournoise du fascisme. C'est dans la légalité que la gauche voulait gagner les élections, dominer le Parlement et prendre le pouvoir.

Contre le Front populaire qui préparait fébrilement sa campagne, la droite constituait le *Front national*, de l'extrême droite d'Action française, aux radicaux hostiles au Front comme Joseph Caillaux, l'ancien président du Conseil. La droite française, comme la droite espagnole, prétendait éviter la guerre civile par une politique de fermeté. Des troubles sanglants, des émeutes, des attentats se multipliaient en Espagne. Voulait-on d'une pareille situation en France ? On soulignait, à droite, que l'antifascisme, c'était la guerre civile. Le journaliste-aviateur de Kerillis et l'ancien ministre André Maginot, deux héros de la guerre, dénonçaient inlassablement dans les leaders du Front populaire des fauteurs de trouble :

> « Hitler, disaient-ils, guette l'occasion de se jeter sur vous et de vous terrasser dans une guerre atroce. »

La droite redoutait bien davantage le Front populaire que Hitler. « Le pain, la paix, la liberté », tel était le slogan de la gauche. La paix ? Il y avait de l'ambiguïté à soutenir le vieux mot d'ordre pacifiste, qui avait été longtemps celui de la gauche (« guerre à la guerre ») quand les communistes devenaient partisans du réarmement, de la paix armée en somme. Il est vrai que la propagande communiste était devenue furieusement tricolore. Dans son célèbre discours de la « main tendue », Thorez faisait appel à tous, même aux Croix-de-Feu :

> « Nous te tendons la main, volontaire national, ancien combattant devenu Croix-de-Feu, parce que tu es un fils de notre peuple, que tu souffres comme nous du désordre et de la corruption, parce que tu veux, comme nous, éviter que le pays ne glisse à la ruine et à la catastrophe. » [Et Thorez d'ajouter :] « Nous, communistes, nous avons réconcilié le drapeau tricolore de nos pères et le drapeau rouge de nos espérances. »

Le mot d'ordre de *L'Humanité* était : « Pour l'ordre, votez communiste. »

Comme en Espagne à la même époque, la gauche remportait un triomphe aux élections. Le programme socialiste rédigé par Georges Monnet, qui proposait aux agriculteurs un plan précis de lutte contre la baisse des prix, était pour beaucoup dans le ralliement des campagnes aux candidats de la S.F.I.O. La gauche obtenait 5 600 000 voix contre 4 200 000 à la droite. Le Front avait 386 élus, contre 222 au Front national. Pour la première fois les socialistes arrivaient en tête des partis de gauche avec 149 élus. Les communistes, en progrès spectaculaire, avaient 72 députés et les radicaux une centaine. Les radicaux avaient perdu 400 000 voix.

Le leader du parti le mieux placé, Léon Blum, était tout désigné pour former le gouvernement.

> « Je ne sais pas, disait-il, si j'ai les qualités d'un chef... je ne peux pas le savoir... Mais il y a quelque chose qui ne me manquera jamais, c'est le courage et la fidélité. »

UN NEW DEAL FRANÇAIS ?

Pour la première fois dans l'histoire de la République, un socialiste formait le gouvernement. C'était une révolution. Bien qu'il n'eût pas obtenu la participation des communistes, et qu'il dût gouverner avec les radicaux daladiéristes, il était devenu, d'un coup, la bête noire de la droite. On imagine mal la haine que suscita Blum dans les milieux conservateurs. La presse s'acharnait sur lui, l'accusant de toutes les trahisons. N'était-il pas intellectuel et bourgeois ? Tout ce que l'on avait pu dire, jadis, contre Jaurès fut repris et amplifié contre Blum, avec, en plus, les injures anti-sémites. Il était le juif qui voulait donner aux communistes les clés de la France bourgeoise.

Blum voulait avant tout sortir de la crise, et jeter les bases d'une sorte de *New Deal* français. Auriol et Monnet se chargeraient de prendre les mesures financières nécessaires, et de réaliser les réformes de structures indispensables. La politique dite du « pouvoir d'achat » voulait augmenter les salaires sans augmenter les prix et maintenir la monnaie à une valeur stable.

Ce tabou monétaire, très étrange dans une majorité de gauche, devait être responsable de l'échec économique du programme. Un des rares radicaux qui eût connaissance des mécanismes monétaires mondiaux, Raymond Patenôtre, en avait averti Léon Blum, que par ailleurs il soutenait ardemment : on ne pouvait faire le *New Deal* avec une idéologie monétaire de droite. Il fallait, d'entrée de jeu, faire sauter le verrou et dévaluer.

Mais d'abord « remettre la France au travail », comme l'écrivait Patenôtre dans son journal, *Le Petit Parisien*. La période des élections avait été marquée par une série de grèves spontanées « sur le tas », avec accordéon et casse-croûte, éventuellement des pique-niques dans les bois de Vincennes et de Boulogne : le Front populaire était, de ce point de vue, une joyeuse kermesse. A peine nommé président du Conseil, Blum se faisait un devoir d'accueillir une à une toutes les délégations syndicales et tentait d'obtenir, en promettant des avantages décisifs, le retour des travailleurs dans les usines.

En mai et juin 1936 une série de réunions, dues à l'initiative du gouvernement, confronta les représentants du patronat et les syndicats ouvriers. Elles aboutirent en juin aux accords Matignon, qui augmentaient d'un coup l'ensemble des salaires de 12 %. Les fonctionnaires retrouvaient l'intégralité de leurs traitements, amputés par Laval, dont tous les décrets étaient abolis. Les patrons acceptaient la présence de représentants ouvriers dans les réunions traitant de l'emploi. Les conditions de travail devaient être définies dans le cadre de conventions collectives négociées bilatéralement. La semaine de quarante heures devenait obligatoire. Les congés payés devaient permettre aux travailleurs d'avoir deux semaines de vacances par an aux frais de leurs patrons.

Cette politique sociale résolument novatrice provoquait l'opposition immédiate des milieux patronaux. Ne pouvant tenir sur les prix, le gouvernement assistait impuissant à la hausse généralisée des prix industriels, entraînant de nouvelles grèves, et de nouveaux ajustements de salaires. On arrivait à des augmentations de 25 % dans certains secteurs. Les industries les moins armées ne pouvaient pas suivre. Les grèves sévissaient en permanence dans le textile.

LES PRIX AGRICOLES ET LA MONNAIE.

Le monde agricole était très satisfait de l'augmentation autoritaire des prix réalisée grâce à la création par le gouvernement de l'*Office du blé*. Les prix des céréales devaient être désormais alignés sur l'indice général des prix. Les agriculteurs obtenaient une augmentation immédiate et très substantielle. Ils n'avaient pas voté socialiste pour rien. Des primes étaient attribuées simultanément aux éleveurs et aux viticulteurs.

La politique agricole, comme la politique industrielle, supposait de vastes investissements de l'État. Mais comment trouver les ressources nécessaires quand on affirmait, en priorité, le souci de défendre la monnaie ? A l'évidence, il fallait dévaluer. Mais Blum avait gardé la hantise de la dévaluation. Il préférait multiplier les risques monétaires, accepter l'inflation, demander des avances à la

Banque de France, plutôt que de reconnaître le fait de la dévaluation, qui lui paraissait désastreux pour l'opinion.

La conséquence immédiate de cette politique « au jour le jour » était le ralentissement dramatique des exportations. Les prix français avaient un écart de 25 % au moins avec les prix étrangers. Le refus de la dévaluation rendait nos prix impraticables sur les marchés extérieurs. L'or sortait sans cesse de France et la Banque de France, réformée par le Front populaire (des fonctionnaires avaient été substitués aux anciens « régents », représentants des intérêts privés), voyait ses réserves d'or et de devises disparaître. Il fallut bientôt recourir au cours forcé de la monnaie et envisager enfin, « à chaud », la dévaluation.

L'opération apportait de l'eau au moulin de la droite. Le mot lui-même faisait peur. Poincaré, qui connaissait bien son public, avait baptisé sa dévaluation « stabilisation ». On dirait inévitablement à droite que les socialistes avaient « vidé les caisses » jadis remplies par Poincaré, que le Front populaire avait une fois de plus fait la preuve de l'incapacité de la gauche à gérer les affaires de l'État.

Le *franc Auriol* appelé encore *franc élastique* était dévalué de 25 à 34 % par rapport au *franc Poincaré*. L'absence de contrôle des changes (refusé par les radicaux) rendait la monnaie instable très sensible à la spéculation extérieure. La dévaluation improvisée ne s'était pas faite à un taux suffisamment bas pour permettre la reprise massive des exportations. Elle n'arrêtait nullement l'hémorragie des capitaux, les épargnants n'ayant aucune confiance dans la nouvelle monnaie. La politique financière du Front était un échec total. Il fallait renoncer au *New Deal*.

La réforme de la Banque de France, la création de l'Office du Blé, la signature des accords Matignon, la création de la Société nationale des Chemins de fer français (S.N.C.F., entreprise d'économie mixte) étaient du moins des réformes tangibles, qui engageaient l'avenir et montraient, pour l'économie, une voie possible. Ces réalisations donneraient plus tard la période du Front populaire en exemple à tous ceux qui s'efforceraient d'établir en France un dirigisme planificateur.

LES CONTRADICTIONS POLITIQUES DU FRONT.

En juillet 1936, des officiers de l'armée espagnole, menés par le général Franco, tentaient un coup de force avec l'aide des soldats du Maroc, Maures et légion étrangère. Une inexpiable guerre civile commençait. Une partie de l'armée et de la marine soutenait en effet la République et constituait des « milices » armées. Les atrocités qui furent commises de part et d'autre, l'âpreté des combats, l'importance des pertes, tout était de nature à impressionner l'opinion publique en France. Terrorisée à droite, tétanisée à gauche, l'opinion affolée cherchait un pôle, une raison solide de se stabiliser dans une position fixe.

Sentimentalement, Blum se sentait porté à soutenir le Front populaire espagnol. Mais comment intervenir, sans déclencher une guerre européenne? Le 18 juillet des navires et des avions allemands et italiens avaient participé au *pronunciamiento* du général Franco. Dès le mois d'août, l'Angleterre entraînait la France de Blum dans une politique de non-intervention qui était une « farce de neutralité », car comment contrôler l'aide militaire des dictatures? Les Allemands envoyaient sans arrêt des chars et des avions, les Italiens des combattants. L'aide des Soviétiques était inefficace, parce que trop lointaine. Tout ce que la France pouvait faire était de laisser passer les volontaires des « Brigades internationales » et leur armement. Elle devait s'aligner sur la position britannique de stricte non-intervention.

Cette politique était soutenue par les radicaux et par les « pacifistes » du parti socialiste, qui encourageaient Blum à la prudence. Les communistes enrageaient de ne pas pouvoir entraîner la majorité dans le « combat antifasciste ». L'agitation des esprits était telle que les polémiques sur la guerre d'Espagne dépassèrent en intensité et en violence la bataille qui s'était engagée sur la politique économique et sociale. Pourtant, sur le front du travail, les grèves avaient repris, quasi permanentes. Même les électeurs de gauche, les socialistes de province, étaient hostiles au désordre, à l'inflation, à la dégradation de l'économie.

L'extrême droite profitait évidemment de ces bonnes dispositions pour accentuer sa campagne contre Blum, dans les termes les plus crûment racistes. Léon Daudet et Charles Maurras fulminaient, dans *L'Action française*, contre « les juifs au pouvoir » et le « cabinet crétins-talmud ». Sans doute avait-on dissous les ligues, mais elles s'étaient arrangées pour tourner la loi : elles avaient constitué des partis classiques : les Croix-de-Feu étaient devenus le *Parti social français* (P.S.F.) Un ancien communiste, devenu fasciste, Jacques Doriot, avait lancé le *Parti populaire français* (P.P.F.). Une organisation clandestine de militaires et d'anciens combattants, subventionnée par des industriels (le *Comité secret d'action révolutionnaire ou C.S.A.R.*, appelé familièrement la *Cagoule*), préparait un éventuel coup de force sur le modèle espagnol, en noyautant l'armée, la police et l'administration.

On semblait au bord de la guerre civile : la grandiose exposition de 1937, qui devait bouleverser la colline du Trocadéro, ne pourrait pas être inaugurée car les chantiers étaient en grève permanente. Les contradictions du Front étaient telles qu'il était unanimement attaqué dans la majorité de la presse dont les organes étaient aux mains des grandes affaires — mais non pas unanimement défendu dans la presse de gauche, les communistes étant de plus en plus hostiles et les radicaux de plus en plus réservés. Blum avait dû intervenir pour remettre au travail les ouvriers agricoles des grandes propriétés de Seine-et-Marne, à la demande des sénateurs radicaux.

LA LIQUIDATION.

Ulcérés par la politique espagnole du cabinet, les communistes devaient vivement protester contre la *pause* réclamée par Blum sur le terrain économique et social en février 1937. Ils exigeaient que le gouvernement aille beaucoup plus loin dans la collectivisation de l'économie. En mars, les gauches manifestaient dans la rue contre les militants du P.S.F. La police dut rétablir l'ordre. Il y eut aussi des blessés dans les rangs de la gauche.

L'incident mit le feu aux poudres : Blum, pour se maintenir, dut proposer un train de mesures économiques et sociales dirigistes. Il fut renversé au Sénat, à la suite d'une violente attaque de Joseph Caillaux. Ainsi finit le Front populaire.

Blum, cependant, allait être rappelé au pouvoir par le Président de la République Lebrun, dans des circonstances tragi-comiques. Un événement très grave ébranlait l'Europe : les troupes allemandes, le 12 mars 1938, avaient occupé l'Autriche : l'*Anschluss* (le rattachement de l'Autriche à l'Allemagne) était réalisé au mépris du droit. Les nazis autrichiens menés par Seyss-Inquart s'étaient imposés au malheureux chancelier Schuschnigg, qui avait dû démissionner. Chamberlain avait déconseillé aux Autrichiens toute résistance, et l'Angleterre avait fait savoir à la France qu'elle n'interviendrait pas dans l'affaire autrichienne. Pour la première fois les nazis annexaient, par un coup de bluff, un pays européen, et la

France, comme pour la réoccupation de la Rhénanie, restait muette. La violente réaction de l'opinion publique en France, cette fois très sensibilisée au danger de guerre, surprit le nouveau gouvernement Chautemps en pleine crise ministérielle. On se demande comment la France aurait pu tenter la moindre offensive devant l'Anschluss, alors que le président du Conseil se retirait « sur la pointe des pieds », démissionnait en pleine tempête, estimant qu'il n'avait pas l'autorité nécessaire pour exercer le pouvoir.

C'est dans ces conditions que Blum fut, pour la seconde fois, chargé de constituer le gouvernement. Très sensibilisé au danger fasciste, désespéré de n'avoir pas pu venir en aide aux républicains d'Espagne, qui perdaient pied chaque jour davantage, Blum tenta de constituer un cabinet d' « Union nationale », appelant à la fois au pouvoir Louis Marin et Maurice Thorez. Ni l'un ni l'autre n'acceptèrent. La France n'était pas mûre pour la guerre et l'affaire de l'Anschluss était, du point de vue français, la répétition générale de Munich.

Munich et la « drôle de paix ».

LA GUERRE A L'HORIZON.

Le gouvernement Daladier qui prit le pouvoir en avril 1938 avait peu de temps pour préparer le pays aux épreuves que l'on sentait poindre à l'horizon, et dont le nouveau président du Conseil était, plus qu'aucun autre, conscient. Il voulut d'abord liquider définitivement le Front populaire, et rassurer la droite en mettant aux Finances un libéral incontestable, adversaire déclaré de la politique du Front, Paul Reynaud. Habile et déterminé, celui-ci réalisait en peu de temps la dévaluation qui s'imposait, à froid et avec l'aide des milieux financiers. En mai 1938 le franc « ajusté» permettait la reprise économique. La semaine de quarante heures était abolie par « décret-loi », le déficit budgétaire était résorbé, l'or reprenait le chemin des caves de la Banque de France.

Le réarmement, facteur essentiel de la reprise, permettait au gouvernement d'opposer une argumentation efficace aux grévistes cégétistes : faisait-on grève dans les usines de Hitler ou de Mussolini? Puisque les communistes étaient antifascistes, comment pouvaient-ils encourager les grèves, alors que la Défense nationale exigeait tous les concours? Au congrès radical de Marseille, les militants avaient manifesté leur volonté de rompre avec les communistes, dénoncés désormais comme fauteurs de désordre.

La France divisée pourrait-elle faire face à une nouvelle menace des dictatures? Il devenait parfaitement clair que la politique d'agression de Hitler ne se limiterait pas à l'Autriche. En Tchécoslovaquie vivaient plus de trois millions de Sudètes, de langue allemande. Le *parti allemand des Sudètes* recevait ses ordres de Hitler. Il demandait bientôt l'autonomie et le rattachement au Reich. Le Président de la République tchécoslovaque, Beneš, demandait à la France et à l'U.R.S.S., ses alliées, une assistance immédiate.

Daladier ne pouvait que confirmer un traité d'alliance formellement signé. Il fit savoir qu'en cas d'agression contre la Tchécoslovaquie, la France honorerait sa signature. Georges Bonnet, ministre des Affaires étrangères, s'efforçait aussitôt de sonder sur leurs intentions les Anglais et les Soviétiques.

Le conservateur Neville Chamberlain était le partisan résolu d'une politique de non-engagement de l'Angleterre en Europe. Il prêchait l' « apaisement » et justifiait même la revendication de Hitler sur les pays allemands d'Europe. Il fit savoir qu'il n'était pas disposé à entrer en guerre pour la Tchécoslovaquie. Quant aux Soviétiques, ils donnèrent leur accord pour une intervention armée, à condition que la Pologne et la Roumanie permettent à l'armée rouge de traverser leur territoire. Elles refusèrent vigoureusement. La France abordait donc seule la crise des Sudètes.

Le 12 septembre, Hitler, à Nuremberg, demandait d'une voix vibrante l'annexion pure et simple des territoires contestés. Le 18, il fit connaître sa volonté à Chamberlain, qui avait pris l'avion pour lui rendre visite à Berchtesgaden. Daladier dut se résigner à envoyer un ultimatum à Beneš, en commun avec Chamberlain, pour que les Tchèques acceptent le démembrement.

Fort de l'accord de Beneš, Chamberlain retourna voir Hitler, le 22 septembre, à Godesberg. Il fut surpris de l'entendre formuler de nouvelles exigences : comment demander aux Tchèques d'évacuer le territoire sudète sans emmener leurs biens? Chamberlain ne pouvait l'accepter. La crise était ouverte.

La mobilisation générale avait été décrétée en Tchécoslovaquie.

La France et l'Angleterre avaient rappelé plusieurs classes. Hitler avait donné des ordres de concentration de troupes. La guerre risquait d'éclater.

Sur l'initiative de Mussolini, une conférence des chefs de gouvernement des quatre grandes puissances occidentales se tint à Munich les 29 et 30 septembre. L'U.R.S.S. et la Tchécoslovaquie étaient exclues des discussions. Daladier rappelait volontiers le rôle de conciliateur joué par Mussolini dans cette conférence, où lui-même rencontrait pour la première fois le chef nazi. Hitler devait accepter finalement l'occupation progressive des territoires sudètes, du 1er au 10 octobre, et la liquidation des biens des résidents tchèques. Chamberlain puis Daladier signaient avec lui un pacte de non-agression. La France avait abandonné son alliée tchécoslovaque et perdu tout prestige en Europe centrale. Elle avait également brisé l'alliance russe.

Daladier était convaincu, à son retour de Munich, que ce n'était pas « la paix pour cent ans ». Mais il avait vu sur les visages des Munichois un tel désir de paix, une telle joie après la signature des accords, qu'il ne pouvait manquer d'accepter les gerbes de roses et les vivats du Bourget même si sa légendaire lucidité lui soufflait qu'il fallait attendre la tempête. Il s'attendait, pour son retour, à être hué. Il fut encensé.

Les forces politiques en France s'étaient divisées pendant la crise : les radicaux et les socialistes divergeaient d'opinion sur le règlement accepté à contrecœur par Daladier, qui laissait pratiquement les mains libres à Hitler. La tendance Paul Faure chez les socialistes rejoignait celle de Georges Bonnet chez les radicaux : la vieille idéologie « pacifiste » de la gauche approuvait, comme disait Blum, « avec un lâche soulagement », des accords désastreux qui n'avaient que l'avantage d'éviter une guerre immédiate. Les communistes, les jeunes radicaux, de Mendès France à Jacques Kayser, certains socialistes blumistes, des démocrates chrétiens et même quelques hommes de droite comme Champetier de Ribes, Louis Marin et Paul Reynaud protestaient vivement contre Munich. Dans son ensemble, cependant, la vieille droite était munichoise.

DALADIER PRÉPARE LA GUERRE.

D'avril 1938 à mars 1940, Daladier devait sans relâche préparer la guerre. Déclarée en septembre 1939, elle devait commencer

sur le front de l'Ouest en mai 1940 seulement. A cette date, Daladier avait cessé d'être président du Conseil.

Gouvernant au centre, à coups de décrets-lois, Daladier donnait
satisfaction à tous ceux qui, dans le pays, souhaitaient le retour
à l'ordre. Il entreprenait une action de grande envergure contre
les communistes, très mécontents de Munich. En novembre 1938
il faisait échouer une tentative de grève générale. Il avait « réquisi-
tionné » les travailleurs.

La menace extérieure lui permettait de renforcer considérablement les budgets militaires, et de pousser les travaux de mise en
activité de la ligne Maginot. Après le retour de la Belgique à la
neutralité, il avait fallu construire des ouvrages légers, à la hâte,
jusqu'à la mer du Nord. Une visite faite dans la région de Sedan
avait convaincu Daladier qu'une attaque allemande à travers les
Ardennes était impossible avec des moyens modernes.

La guerre avait éclaté à propos de l'affaire polonaise : dès la
fin de mars 1939, Hitler avait présenté des revendications sur
Dantzig et le « corridor » polonais. Il demandait un lien permanent
avec la Prusse orientale, que la paix de Versailles avait séparée
de l'Allemagne. Le 1er avril la décision de Hitler était prise : il
envahirait la Pologne à la date du 1er septembre. Il envisageait
la guerre de sang-froid. Les Alliés avaient-ils protesté quand il
avait occupé Prague, le 15 mars ? Il pouvait raisonnablement penser
que les Occidentaux ne viendraient pas non plus au secours de la
Pologne.

L'Angleterre cependant sortait de sa torpeur. Elle faisait savoir
le 31 mars qu'elle ne tolérerait pas une nouvelle agression contre
la Pologne, avec laquelle elle engageait des conversations pour une
alliance militaire. Conjointement avec la France, elle entreprit
de négocier avec les Soviétiques pour conclure une entente contre
Hitler. Molotov accepta une alliance politique, mais demanda,
pour une alliance militaire, des garanties précises : des experts
franco-britanniques furent envoyés à Moscou en août.

Les Polonais restaient hostiles à toute ouverture de leurs frontières aux troupes soviétiques. L'alliance militaire Paris-Londres-
Moscou échouait une fois de plus. On apprenait alors que simultanément Molotov avait négocié avec von Ribbentrop : dans la
surprise et la peur, les Français connurent, le 22 août au soir,
les données du pacte germano-soviétique, pacte de non-agression
qui laissait à Hitler le champ libre en Pologne. Mais l'opinion
française ignorait encore que Staline et Hitler s'étaient très simple-

ment partagé la Pologne, cependant que l'U.R.S.S. était autorisée
à occuper la Finlande, l'Estonie, la Lettonie, la Lituanie et la
Bessarabie roumaine. Les « actualités » cinématographiques du
monde entier devaient montrer Staline portant un toast au champagne à la santé de Hitler.

La guerre était inévitable : en France, Daladier mettait les
communistes hors-la-loi. Les députés du P.C. étaient frappés de
déchéance parlementaire quand ils acceptaient le pacte. Beaucoup
furent arrêtés et déportés en Algérie.

Les Polonais s'attendaient à un assaut imminent. Ils avaient
toujours refusé de négocier avec l'Allemagne. Beck, totalement
inconscient, s'imaginait qu'une résistance était possible. Daladier
comprit que l'Europe était au bord de la guerre. Aussi écrivit-il
à Hitler, pour le mettre en garde :

> « Je crois sincèrement, lui dit-il, qu'aucun homme de cœur
> ne pourrait comprendre qu'une guerre de destruction puisse
> s'engager sans qu'une dernière tentative d'arrangement paci-
> fique ait lieu entre l'Allemagne et la Pologne. »

En fait Hitler refusa la négociation que le gouvernement polonais,
au demeurant, ne lui proposa que le 31 août. Assuré du soutien
de Staline, Hitler franchissait comme prévu le 1er septembre la
frontière polonaise, avec une puissante armée. La France et l'Angleterre avaient mobilisé leurs troupes. Le 3 septembre, elles
déclaraient la guerre à l'Allemagne.

LA « DROLE DE GUERRE ».

La France entrait en guerre avec une opinion divisée, un moral
qui n'était pas à toute épreuve. La lutte anticommuniste, largement
justifiée par le pacte germano-soviétique, empêchait une formule
d' « union sacrée » comme en 1914. Les socialistes ne s'y seraient
pas prêtés, et pourtant ils soutenaient le gouvernement et approuvaient la répression sans précédent qui frappait les membres du
P.C.F. A l'extrême droite, le débat portait sur la guerre elle-
même, dont on soulignait l'inutilité. Il est vrai que, dans ce secteur
aussi, le pacte germano-soviétique avait brouillé les cartes : on ne
pouvait plus emboucher la trompette anticommuniste sans atta-

quer l'Allemagne. On accusait les responsables d'avoir poussé Hitler dans les bras de Staline.

Dans l'ensemble le pays avait du mal à admettre la nécessité d'une nouvelle guerre mondiale, si peu de temps après la boucherie de 1914-1918. Puisque les dirigeants occidentaux n'avaient pu arrêter Hitler dès le début, puisque les Anglo-Saxons nous avaient empêchés d'imposer à l'Allemagne une « paix de sécurité », pourquoi ne pas leur laisser la responsabilité d'un nouveau conflit? Staline montrait la voie : il avait manœuvré à nos dépens, repoussé la guerre vers l'Occident. Il aurait fallu faire comme lui. Les seuls partisans de la guerre étaient ceux qui avaient refusé la honte de Munich, moins les communistes : les jeunes radicaux, les socialistes blumistes, un petit groupe de la droite patriote.

La « drôle de guerre » de l'hiver 39-40 donna longtemps aux Français le sentiment que la paix était à tout moment possible. En trois semaines Hitler avait envahi la Pologne, avec 70 divisions dont 7 blindées, regroupant 500 chars, les fameuses *Panzerdivisionen*. 3 000 avions avaient soutenu l'attaque, réduisant les points de résistance et les centres nerveux du pays. La *Blitzkrieg* avait fait merveille.

La leçon fut-elle comprise de l'état-major français ? Il n'avait nullement esayé d'attaquer le rideau de 50 divisions qui faisaient « pendre leur linge » sur la ligne Siegfried que Hitler avait hâtivement fait construire en face de la ligne Maginot. Le général Gamelin n'avait même pas pu prendre Sarrebruck. Jusqu'au mois de mai, le front de l'Ouest devait rester absolument immobile.

En France, Daladier, usé par la « drôle de guerre », avait donné sa démission le 22 mars ; en dehors des hostilités entre la Finlande et l'U.R.S.S., rien n'avait bougé en Europe. Paul Reynaud, à peine au pouvoir, décida de brusquer les événements, et de « couper la route du fer » entre l'Allemagne et la Suède. On prit aux Allemands, qui avaient occupé préventivement le Danemark et la Norvège, le port de Narvik. Jusqu'au 10 mai, jour de l'attaque allemande à l'ouest, le corps franco-britannique devait tenir Narvik.

L'INVASION.

Les 105 divisions du front de l'Ouest reçurent l'attaque des Allemands le jour même où Churchill, furieusement antifasciste, remplaçait à Londres le timide Chamberlain. Cette fois, c'était vraiment la guerre. Les Allemands, forts de 145 divisions dont les *Panzer* revenues de Pologne, attaquèrent avec une aviation formidable : 3 500 bombardiers et 1 500 avions de chasse contre 500 appareils pour les Occidentaux. L'aviation britannique était réservée pour la défense des îles. Elle ne devait guère participer aux combats.

1 500 chars commandés par Guderian franchirent les routes étroites des Ardennes, pendant qu'une attaque de diversion attirait vers la Belgique et la Hollande le gros des troupes franco-britanniques. Les Alliés ne purent sauver la Hollande qui capitula, pendant que les Belges abandonnaient le canal Albert. Les Allemands avaient percé à Sedan et franchissaient la Meuse. Les divisions blindées fonçaient vers l'ouest pour atteindre la mer, par Abbeville. L'infanterie portée suivait. L'aviation détruisait les colonnes alliées sur les routes, déjà encombrées par les civils qui fuyaient vers le sud.

Gamelin fut limogé. Reynaud désigna Weygand le 19 mai. L'ancien chef d'état-major de Foch tenta de sauver les armées du Nord en montant une attaque à travers les colonnes de Guderian. Mais l'aviation rendait toute action impossible. Déjà l'armée anglaise fonçait vers les ports d'embarquement. A Dunkerque une formidable flottille, ravagée par les attaques en piqué des Stukas, tenta d'évacuer vers l'Angleterre le plus possible de soldats anglais et français. 270 000 Anglais et 100 000 Français purent ainsi échapper à la capitulation. Les Allemands firent cependant prisonnier tout ce qui restait des armées françaises du Nord.

Weygand tenta de tenir sur la ligne de l'Aisne et de la Somme. Il lui restait 49 divisions. Les Allemands attaquèrent le 5 juin avec 100 divisions, dont 10 *Panzer*. Le 8 juin ils étaient sur la Seine. Le 10 juin, le gouvernement quittait Paris pour Tours et Bordeaux.

Pour les Français, c'était l'effondrement. La radio annonçait d'heure en heure les nouvelles les plus désastreuses : le « coup de poignard dans le dos » de Mussolini, qui choisissait la date du 10 juin pour nous déclarer la guerre. On signalait partout, en une sorte de panique, des avions de bombardement italiens s'attaquant aux civils... On ne savait pas que 6 divisions françaises devaient suffire pour tenir en respect sur les Alpes 32 divisions italiennes. On ne savait pas que les élèves de l'École de cavalerie de Saumur avaient résisté jusqu'au bout, forçant l'admiration de l'ennemi. On voyait les officiers isolés, recherchant leurs corps dans la déroute, se plaignant des trahisons. On voyait des colonnes de soldats perdus, fuyant vers le sud à pied, en charrettes, dans les tenues les plus hétéroclites. Tout mouvement de troupes était rendu impossible par la ruée des civils sur les routes et les attaques continuelles de l'aviation. Aux carrefours, on voyait les militaires brûler les drapeaux et même les billets de banque des caisses des régiments. Des corbillards, des bennes à ordures transportaient une population en proie à la panique. Les gens mangeaient et couchaient au hasard de la route. Les enfants et les vieillards des hôpitaux étaient évacués, transportés, quand ils le pouvaient, dans les véhicules de l'armée. L'accueil des réfugiés sur le parcours était impossible : à Briare, ils passaient à raison de 12 000 par jour. Ceux qui restaient au village redoutaient les pillages, les vols la nuit. Ils se barricadaient chez eux, enterraient vivres et argent. L'essence se vendait vingt francs le litre. Un verre d'eau, un simple verre d'eau, coûtait parfois, entre Seine et Loire, la somme fabuleuse de dix francs.

Quand les ponts de la Loire sautent, le 16 juin, des centaines de milliers de Français doivent perdre tout espoir de gagner le Sud. Mais il en est passé plusieurs millions : Agen, qui a 25 000 habitants, en a 45 000, Cahors passe de 12 000 à 60 000! Il y a 40 000 réfugiés à Lourdes. A Toulouse, à Bordeaux, ils sont innombrables. Les émigrants sont accueillis tant bien que mal par les municipalités du Midi. Ils couchent dans les écoles ou dans les halles. On organise des secours, des repas collectifs. On les loge peu à peu chez l'habitant.

Les nouvelles, les vraies et les fausses, enlèvent à la nation le peu de moral qu'elle peut conserver. On annonce partout l'arrivée des Allemands. Quand ils arrivent vraiment, la foule insulte les soldats qui tirent dessus. A quoi bon résister? La trahison règne partout. Les communistes passent pour être complices de la Cinquième colonne pour renseigner et diriger l'ennemi. Deux motocyclistes de la Wehrmacht suffisent pour qu'une ville se rende. On craint par-dessus tout les bombardements. Tout le monde attend la fin des combats. La France est à genoux.

Le 25 juin, la ligne Maginot était encerclée. Les Allemands, dépassant Lyon, avaient atteint Valence. A l'ouest, ils étaient entrés dans Paris, puis ils avaient foncé sur Brest et Bordeaux. Ils n'avaient rencontré nulle part de résistance organisée. Ils avaient fait des centaines de milliers de prisonniers. Les hommes se rendaient en masse, persuadés qu'ils seraient aussitôt relâchés. Les Allemands, très souvent, ne les gardaient même pas.

Devant la déroute, Paul Reynaud hésitait. Fallait-il continuer le combat en Afrique du Nord, comme certains le suggéraient, ou constituer avec la Grande-Bretagne une véritable union politique, un État unique, comme le proposait Winston Churchill? Georges Mandel et le général de brigade Charles de Gaulle, membre du gouvernement Reynaud, poussaient à la poursuite de la guerre. Mais la majorité des ministres était de l'avis de Weygand et du maréchal Pétain : il fallait demander l'armistice.

L'ARMISTICE ET LE 18 JUIN.

Pour le pays désorienté, le départ de Paul Reynaud mettait un comble à la confusion. De Gaulle était parti en avion pour Londres où il avait lancé, sur l'antenne de la B.B.C., son fameux appel du 18 juin :

« Quoi qu'il arrive, disait-il, la flamme de la résistance française ne doit pas s'éteindre et ne s'éteindra pas. »

A l'époque, ce message devait passer tout à fait inaperçu. Tout le monde en France attendait l'armistice.

Il fut signé le 22 juin à Rethondes, dans le wagon de Foch. Hitler avait exigé ce cérémonial. « L'heure est venue de cesser le combat », avait dit Pétain, d'une voix lasse, à la radio. Le général Huntziger, chef de la délégation française, avait dû signer en cédant à peu près sur tout, y compris sur les clauses « déshonorantes » : livraison des réfugiés politiques allemands et application à l'Italie d'un protocole semblable à celui qu'imposaient les Allemands.

L'armée française était réduite à 100 000 hommes, cantonnés en zone Sud. La France « libre » était réduite aux deux cinquièmes du territoire. La zone « occupée », théoriquement française, s'étendait au nord d'une ligne Genève-Tours-Bordeaux, avec une bande le long de l'Atlantique qui allait jusqu'en Espagne. La France devait payer une énorme indemnité d'occupation. Ses prisonniers restaient en Allemagne jusqu'à la conclusion de la paix. Elle sauvait sa flotte, qui devait être désarmée, et son « empire » colonial. De cet armistice désastreux, l'opinion publique ne retenait que la démobilisation immédiate : c'était — enfin — la fin de la guerre, la fin du désordre. Elle voyait en Pétain un sauveur et un père.

Il avait sauvegardé ce qui pouvait l'être. Il parlait de concorde et de paix :

> « Nul ne parviendra, disait-il le 23 juin, à diviser les Français, au moment où leur pays souffre. »

Le pays, dans son désarroi, acceptait ces paroles comme un baume.

Le 10 juillet Pétain réunit les chambres et leur demanda les pleins pouvoirs pour définir le nouveau régime. C'était demander la fin de la République. Sauf 80, tous les députés et sénateurs s'exécutèrent. La IIIe République avait vécu.

La France du Maréchal.

UNE FRANCE AFFLIGÉE.

Partout où l'on côtoyait les Allemands, on s'étonnait de les voir si « corrects », si bien attentionnés envers la population. Étaient-ce là les affreux envahisseurs que la propagande de Daladier annonçait? On s'aperçut en fait très vite que la remise en ordre, sur l'ensemble du territoire, dépendait de leur volonté. A entendre les discours du Maréchal, on pensait que l'occupation serait « temporaire » et que la France resterait unifiée. En fait on découvrit peu à peu les intentions réelles des Allemands : il n'y avait pas une France, mais quatre, dès l'été de 1940.

D'abord, la « zone interdite ». Elle ne figurait pas dans les clauses de l'armistice. Les réfugiés la découvrirent quand ils demandèrent l'autorisation de rentrer chez eux : elle leur fut refusée s'ils habitaient au nord de la « ligne verte » définie par l'*Ostland* (société agricole d'Allemagne orientale). Créée le 23 juillet, cette ligne incluait douze départements français : Nord, Pas-de-Calais, Somme, Aisne, Ardennes, Marne, Haute-Marne, Côte-d'Or, Meuse, Meurthe-et-Moselle, Vosges, Doubs. Dans toute cette zone, l'*Ostland* fit le recensement des terres des réfugiés, de celles des prisonniers, prescrivit des remembrements, organisa la colonisation par des Allemands. Dans les Ardennes, 110 000 hectares furent ainsi « occupés ». Les récoltes allaient naturellement en Allemagne. C'est seulement à la fin de 1941 que les Allemands admirent le retour dans leurs foyers des émigrés. La frontière de la « zone interdite » ne fut supprimée qu'en mai 1943.

L'armistice n'avait nullement prévu l'annexion de l'Alsace-Lorraine : elle fut cependant réalisée par les Allemands sans préavis, au début du mois d'août. On installa simplement les anciens postes frontières d'avant 1914. Vichy protesta pour la forme, mais contribua en fait à développer dans la France libre la propagande allemande pour le rapatriement des Alsaciens-Lorrains. Ceux-ci étaient accueillis en gare de Strasbourg par les jeunesses nazies chantant le *Horst Wessel Lied*. On fêtait le retour des « frères exilés ». En Lorraine on rebaptisait fébrilement les villes et les rues. On installait partout des écoles en allemand. La place de la République à Strasbourg devenait la *Bismarck Platz*. Il y avait à Mulhouse une *Adolf Hitler Strasse* ! L'Alsace et la Lorraine étaient redevenues allemandes. Leurs fils seraient enrôlés dans la Wehrmacht.

La zone occupée était strictement contrôlée par l'armée et la police allemande, même si la France de Pétain y maintenait ses fonctionnaires. Les « réfugiés » devaient y revenir en grand nombre, et dans un temps relativement court, grâce aux efforts des chemins de fer : au début d'octobre, 3 500 000 Français étaient rentrés dans leurs foyers.

Là, des surprises les attendaient. Ils ne pouvaient communiquer avec leurs parents restés en « zone libre » que par des cartes d'un modèle unique, les fameuses « cartes interzones ». S'ils voulaient envoyer de vraies lettres ou franchir sans « Ausweis » la « ligne de démarcation », les Français de la zone occupée devaient payer des « passeurs » clandestins : 10 francs la lettre, de 100 à... 5 000 francs pour passer un homme. Jusqu'en février 1943 le franchissement de la ligne fut un fructueux profit pour certains Français, un instrument politique et policier très efficace pour les Allemands, un des moyens de maintenir la France en servitude.

Pour ceux qui étaient restés en zone libre, la vie n'était guère plus facile : les réfugiés repartis, l'absence des prisonniers parut cruelle, surtout dans les foyers ruraux où ils étaient les plus nombreux. Les hommes démobilisés ne retrouvaient plus leur travail, les entreprises fermaient, faute de matières premières. Quand elles rouvraient, c'est qu'elles travaillaient pour les Allemands. La France s'installait dans la condition d'une nation colonisée.

L'OPINION DIVISÉE.

Le régime de Vichy promettait la concorde et l'union dans l'effort. Il avait connu au début dans l'opinion un incontestable succès. C'était une monarchie absolue, volontairement réactionnaire, avec, à sa tête, le « père de la patrie ». Le Maréchal, qui disposait de tous les pouvoirs, voulait que la France « renonce aux erreurs et aux mensonges ». Le 12 juillet, il était devenu « le chef de l'État français », il avait son effigie sur les timbres, les monnaies, et les cocardes tricolores que l'on distribuait gratuitement aux enfants des écoles. Ceux-ci se massaient sur les parcours officiels pour venir l'applaudir dans les tournées qu'il entreprenait à travers la France « libre ». Las des parlementaires rendus responsables des malheurs de la patrie, les Français acceptaient volontiers le « sacrifice » de celui qui « avait fait à la France le don de sa personne ».

Mais le donataire ne faisait pas la part égale entre tous les Français. D'abord, il excluait les communistes. Même si la persécution anticommuniste fut un peu relâchée au début du règne (Daladier et Reynaud s'en étaient chargés), elle devint beaucoup plus efficace à partir de 1941, après l'invasion de l'U.R.S.S. par l'Allemagne. 30 000 communistes furent arrêtés. Les partis politiques avaient été dissous. Dans les villes de plus de 2 000 habitants on avait supprimé l'élection au conseil municipal. Les maires étaient désormais nommés par Vichy. La France était dépolitisée. Les communistes et les socialistes n'avaient plus d'existence légale. Les syndicats étaient également supprimés, remplacés par des *corporations*, dont les conseils étaient nommés par le gouvernement.

Ainsi la gauche politique était exclue de l'État : elle ne devait plus exister. Bientôt une Cour de justice était réunie à Riom pour juger Reynaud, Blum, Daladier, et tous les politiques considérés comme responsables de la défaite. Ils étaient arrêtés, condamnés, certains, comme Georges Mandel, assassinés par la milice. Curieusement, Daladier partageait un moment sa cellule avec le colonel de La Rocque, le chef des Croix-de-Feu.

Après les politiques, les fonctionnaires. On révoquait tous ceux qui refusaient de prêter serment au Maréchal. Préfets et hauts fonctionnaires étaient souvent remplacés par des amiraux plus volontiers vichystes. La lutte entreprise contre les francs-maçons s'accompagnait d'une vive campagne de presse qui les présentait comme des « fossoyeurs de la nation ». Ils étaient particulièrement persécutés dans l'enseignement.

> « L'Univérsité, disait le Maréchal, dont la mission est d'éclairer les esprits, a pour premier devoir de préserver la foi chez ceux qui l'ont, et d'indiquer à ceux qui ne l'ont pas le prix qu'elle a dans la vie. »

Les instituteurs francs-maçons ou communistes étaient révoqués, les écoles normales (ces antiséminaires, disait Pucheu) étaient fermées.

On chassait les Français juifs des administrations et de l'armée. La loi portant statut des juifs du 3 octobre 1940 leur interdisait non seulement les emplois publics mais l'accès aux cadres de la presse et de l'industrie. Les juifs étrangers pouvaient être internés ; quant aux juifs algériens, ils perdaient la nationalité française qu'ils avaient depuis 1870. Xavier Vallat, *premier commissaire aux questions juives,* affirmait sa volonté de « défendre l'organisme français du microbe qui le conduisait à une anémie mortelle ».

Cette législation visait les juifs de zone libre. En fait, la persécution antijuive avait commencé dans les autres zones, et les Allemands l'avaient organisée sans que Vichy intervienne pour s'y opposer. En septembre les juifs ne pouvaient pas regagner la zone occupée. Les commerçants juifs devaient porter une affiche, rédigée en allemand et en français, désignant leur entreprise comme juive. Étaient considérés comme juifs tous ceux qui étaient adeptes de la religion juive mais également ceux qui avaient plus de deux grands-parents juifs.

Un avocat israélite de la zone Sud, Pierre Masse, avait écrit à Pétain :

> « Je vous serai obligé de me dire si je dois aller retirer ses galons à mon frère, sous-lieutenant d'infanterie tué à Douaumont en avril 1916... » (cité par R. Aron : *Histoire de Vichy*).

Non seulement les juifs protestaient en vain, mais il devenait de plus en plus évident que Vichy alignait, à leur égard, sa position sur celle des Allemands. En mai 1942 le port de l'étoile jaune leur était imposé en zone Nord. 400 000 étoiles étaient réparties dans Paris dans les commissariats de quartier pour être distribuées aux juifs. Les anciens combattants portaient dans la rue toutes leurs décorations au-dessus de l'étoile. Même les enfants devaient la porter en classe.

Le commissariat aux Affaires juives menait une active politique de spoliation. Les juifs non français étaient enfermés dans des camps, leurs biens saisis. On s'en prit bientôt aux Français juifs, arrêtés pour des infractions diverses, par exemple pour le refus du port de l'étoile. La première rafle, en zone occupée, avait eu lieu le 20 août 1941, à Paris, dans le XIᵉ arrondissement. On avait conduit les juifs arrêtés à Drancy, puis à Compiègne, et de là en Allemagne. D'autres rafles devaient se succéder, surtout en 1942. Les 16 et 17 juillet plus de 13 000 juifs parisiens furent rassemblés au Vélodrome d'Hiver, à la demande des Allemands. Sur les 350 000 juifs qui vivaient en France, en 1939, 150 000, dont 20 000 enfants devaient être déportés.

Les plus riches, ou les plus heureux, avaient réussi à franchir les frontières, à gagner l'Angleterre ou la Suisse, ou l'Espagne. Le plus grand nombre de ceux qui échappèrent se réfugièrent dans la zone libre ou en Afrique du Nord. La question juive divisait et passionnait les Français. Ils ne voyaient pas sans horreur les coups montés de la persécution. Mais ils se disaient bien souvent que ces juifs étaient des étrangers, des émigrants récents, des « apatrides », que le Maréchal protégeait les bons juifs, les Français. La lâcheté, la dénonciation décimèrent les familles dans cette époque sinistre. Mais il y eut l'entraide, le courage, la volonté populaire, bien souvent affirmée, de refuser la honte du racisme.

LA RÉVOLUTION NATIONALE.

Ni juifs, ni maçons, ni communistes, ni syndicalistes, sur qui Vichy pouvait-il compter ? Sur les anciens combattants, ceux qui avaient souffert du désastre de juin 40, et qui étaient préparés par la propagande des « ligues » d'avant-guerre à rejeter sur la politique la responsabilité du désastre. Ceux-là furent regroupés dans la *Légion*, fidèle phalange du Maréchal. Chaque village avait un « président » de la « légion française » qui devait exercer l' « autorité morale » en même temps que le curé. Ancien combattant, le légionnaire portait le béret basque et la francisque. Il était souvent dépositaire d'un bureau de tabac ou d'un débit de boisson. Il était censé représenter le nouveau militant de la révolution nationale. Le président de la Légion était Xavier Vallat, ancien combattant, mutilé de guerre, dont la vigilance antisémite était notoire.

Après les anciens combattants, les jeunes. Le Maréchal répétait sans cesse que la défaite de 40 venait de l' « esprit de jouissance » et qu'il fallait lui substituer « l'esprit de sacrifice ». En juillet 1940, le général de la Porte du Theil avait reçu mission de Pétain d'organiser avec 100 000 garçons de 20 ans des « chantiers de jeunesse ». Des unités de moins de 2 000 hommes, avec un uniforme vert, campaient ainsi loin des villes, vivant la vie des bûcherons. Largement réfractaires au début de l'expérience, les jeunes devaient apprendre les joies de l'entraide et de la vie dans la nature, et surtout penser à ce réarmement moral de la nation, qu'enseignaient les cadres sortis de l'École d'Uriage, et qui seraient les meilleurs éléments des futurs maquis.

Jeunes des Chantiers, de l'École des cadres, des « compagnons de France », des scouts et éclaireurs de France, tous ces « moins de 20 ans » des années 40 ne pouvaient manquer de reconnaître une certaine dette à la « révolution nationale », même s'ils devaient résister de toutes leurs forces et payer de leur vie cette résistance aux abandons du régime vichyste. A travers les mouvements de jeunesse, le régime essayait surtout de se gagner les catholiques.

L'Église catholique et l'Église protestante avaient, au début de Vichy, pris officiellement parti en faveur de Pétain : « Pétain est la France et la France est Pétain », disait le cardinal Gerlier, et le pasteur Bœgner, en 1940 : « Il n'est qu'un seul devoir, suivre le Maréchal. » L'administration vichyste avait abandonné la séparation de l'Église et de l'État. Les congrégations rentraient en France, elles étaient payées par l'État. Des écoles religieuses s'ouvraient partout. Il est vrai que si la hiérarchie catholique devait, pour une grande partie, rester fidèle au vichysme, le doute puis l'indignation s'étaient manifestés chez certains évêques et chez les dignitaires protestants. Le même pasteur Bœgner qui accueillait Pétain avec confiance en 1940 lui écrivait deux ans plus tard, après les persécutions juives pour le supplier

> « d'imposer les mesures indispensables pour que la France ne s'inflige pas à elle-même une défaite morale dont le poids serait incalculable ».

Cette évolution de l'esprit public, sensible dès l'été de 1941, montrait les limites de la « révolution nationale » : elle n'avait finalement réussi à rallier que les catholiques les plus réactionnaires ou les légionnaires à tempes grises, sensibles aux mots d'ordre de

Maurras. Unanimement — ou presque — respectueuse à l'égard du Maréchal au lendemain de l'armistice, l'opinion devait de plus en plus se diviser jusqu'à rendre le « sinistre vieillard » responsable de tous les abandons, de la désastreuse politique de collaboration.

LA COLLABORATION.

Pour toutes les familles de la droite qui s'étaient retrouvées à Vichy, la collaboration n'était pas prévue au contrat. Les militaires de la nouvelle armée française et même les chefs de la marine voyaient d'un bon œil une alliance avec l'Allemagne, contre l'Angleterre qui avait coulé des unités de la flotte française à Mers-el-Kébir. Ils étaient en tout cas favorables à une stricte neutralité. Les « technocrates » de la haute administration, comme Barnaud ou Lehideux, étaient sensibles à l'orientation d'un régime qui refusait la mainmise des financiers sur les producteurs. Ils rêvaient de définir les règles d'un progrès planifié, sans souci immédiat de profit. La collaboration ne figurait pas dans leurs plans.

Tous ceux qui entouraient Pétain de bonne foi, sans appétit de carrière ou de revanche, les Romier, les Carcopino, les Baudouin et même les Bergery, faisaient comme si l'occupant n'existait pas, comme si les Allemands étaient encore les sujets de Guillaume II et non les exécutants aveugles du pouvoir nazi. La « poignée de main de Montoire » devait réveiller bien des consciences.

A Montoire, en octobre 1940, le vieux Maréchal avait serré la main de Hitler, à l'instigation de Pierre Laval, l'âme damnée de la collaboration. Cette politique imposée en réalité par les Allemands livrait l'État français aux exigences de plus en plus importantes des Allemands en argent et en nature, sans aucune contrepartie. Hitler refusait de rendre les deux millions de prisonniers. Montoire était un marché de dupes.

Laval croyait à la victoire allemande et ne manquait pas une occasion de le clamer. Pétain passait pour plus nuancé : on lui prêtait le réalisme du vieux chef, qui voulait gagner du temps sans trop se compromettre. La poignée de main de Montoire détruisait cette image du « double jeu ». Même s'il put un moment se passer de Laval et faire venir aux Affaires l'amiral Darlan, il dut bientôt reprendre Laval. Sur ordre de l'occupant.

En 1942 ces ordres étaient comminatoires : la fiction de l'indé ·

pendance relative de Vichy irritait les Français : le dirigisme des technocrates vichystes avait étendu le contrôle de l'État à toutes les activités économiques, et d'abord aux banques. Le marché de l'or était strictement réglementé. Il en était de même de la Bourse et des marchés financiers. Rien ne pouvait échapper à l'État — donc à l'occupant. Les virements par chèques supérieurs à 3 000 francs étaient répertoriés. Les salaires étaient contrôlés, les grèves impensables. D'ailleurs la France industrielle était presque tout entière située dans la « zone interdite » administrée directement par les Allemands, ou dans l'Alsace-Lorraine devenue *Reichsland*, ou dans la zone occupée. Les Allemands disposaient librement du fer, du charbon, du pétrole, des grandes usines sidérurgiques ou métallurgiques. Ils imposaient en plus une politique de prélèvements financiers et de saisies matérielles.

Vichy, faute de devises, ne pouvait pas importer de biens de consommation et les Allemands, en vertu de la collaboration, accroissaient de mois en mois leurs demandes en denrées agricoles. Or 380 000 agriculteurs étaient prisonniers. Il n'y avait dans les fermes ni main-d'œuvre, ni engrais, ni machines en assez grand nombre, ni carburant pour les machines. Les terres ensemencées étaient réduites, les rendements pauvres. Il fallait organiser la pénurie. L'opinion ne pardonnerait pas au régime vichyste les douleurs morales et physiques du rationnement.

LA FRANCE DE LA PÉNURIE.

La production industrielle fonctionnant dans sa quasi-totalité au bénéfice de l'occupant, il n'y avait plus de charbon pour le chauffage, ni d'essence pour les voitures. Même le courant électrique était strictement rationné. Les autobus avaient des « gazogènes », comme les camions de livraison. On voyait reparaître les voitures à chevaux, les fiacres et surtout les bicyclettes. Les courses dans Paris se faisaient en « vélo-taxis ».

Dans Paris où le drapeau à croix gammée flottait sur les édifices publics, tout était rationné : les pâtes, le pain, le sucre, puis le beurre, le fromage, le café. La viande n'était vendable que certains jours. Le vin et l'alcool n'étaient pas servis tous les jours dans les restaurants et cafés. Le pain devenait de plus en plus noir. Il y avait des « queues » interminables devant les magasins d'alimentation. Pour déjeuner au restaurant, il fallait apporter ses « tickets ». Les vêtements, les chaussures étaient également rationnés. On fabriquait des souliers à semelles de bois, le cuir étant saisi par l'occupant. Les costumes étaient en « erzatz », en « végétalose ».

Des biscuits vitaminés étaient distribués dans les écoles pour éviter les ravages de la tuberculose. Des restaurants communautaires accueillaient les indigents. Parallèlement à l'alimentation officielle, les Français prenaient l'habitude, quand ils en avaient les moyens, de s'alimenter clandestinement. Beaucoup recevaient des « colis » de la campagne, quand ils n'allaient pas chercher eux-mêmes les vivres, qu'ils rapportaient en ville dans de lourdes valises. Le « marché noir » permettait de fructueuses affaires : le beurre se vendait ainsi dix fois son prix, la viande quatre fois. On élevait des animaux en pleine ville. En démolissant le quartier du Vieux Port, à Marseille, les Allemands eurent la surprise de trouver dans les caves des porcs, des moutons et même des vaches d'élevage. Les restaurants du « marché noir » servaient du « Pernod » et des produits d'avant la guerre, à prix d'or. La France devenait un terrain de contrebande généralisée. On troquait le tabac contre du beurre, du beurre contre des pneus de bicyclette... Jusqu'en 1942 les convois d'Afrique arrivaient encore à Marseille, livrant le chocolat, les agrumes, le café, l'huile... Il est vrai que les Allemands tentaient de saisir la plus grande partie de ces arrivages. Mais les quais de Marseille avaient bien des fuites... tout ce trafic cessa en 1942. Les enfants de l'occupation ne devaient pas connaître le goût des oranges.

Ces restrictions devaient marquer durablement toute une génération de Français. Les paysans et les commerçants de l'alimentation étaient à l'évidence les profiteurs de la situation. Les trafiquants du marché noir (appelés B.O.F. : beurre, œufs, fromage) édifiaient des fortunes rapides, spectaculaires. Certains bouchers avaient construit des abattoirs clandestins. Un trafic parallèle s'organisait, parfois avec la complicité de l'administration et des Allemands, eux-mêmes clients du « marché noir ». On exécuta à la Libération bien des profiteurs de ce trafic, sans tambours ni trompettes, simplement parce qu'ils avaient suscité l'envie et l'exaspération des ventres-creux, de ceux qui n'avaient ni les moyens d'acheter, ni les moyens de vendre.

De telles conditions de vie minaient le moral de la nation. La révolution nationale de Vichy, qui se voulait un réarmement moral, était un remarquable échec. Les Français faisaient trop souvent de

l'immoralité un principe et s'ils attendaient la libération, c'était
— toute honte bue — pour retrouver la paix de vivre, la jouissance
tranquille de l'avant-guerre.

Les modes de l'époque exprimaient l'écœurement de la jeunesse
et le refus du conformisme menteur de Vichy. Les *zazous* dansaient
le *swing* sur des airs américains, portaient de longues vestes et des
cheveux longs. Ils raillaient le « retour à la terre » et exprimaient
leur révolte contre la guerre, la misère et la honte. Dans les cafés
chauffés avec des poêles à sciure, les écrivains confrontaient leur
isolement : ceux que l'on devait appeler plus tard les *existentia-
listes* s'étaient souvent connus au *Café de Flore* autour d'un poêle,
parce que le froid les chassait de leurs chambres. Dans le relâchement général de la moralité, dans le découragement accablant des
Français, dans l'isolement des femmes de prisonniers, dans l'abat-
tement des ouvriers d'usine exploités par l'occupant, au-dessus de
toute révolte possible, un espoir se formulait, de plus en plus net,
celui de la résistance d'abord, de la révolte violente et de la révolution ensuite. Toute la France de la frustration et de la pénurie,
la France de l'amertume, tournait le soir le bouton du poste de
radio pour entendre les émissions de Londres.

CHAPITRE 20

La République de la Libération

Depuis la fin de 1942, on savait en France que la Libération se préparait, même si elle n'était pas proche. Ce sentiment était nouveau, irrésistible. En 1940 le désastre avait enlevé tout espoir aux Français. Les Allemands semblaient dominer leur guerre et l'on pouvait penser, comme Laval, que la France devait s'habituer à survivre dans une Europe allemande.

Après Stalingrad et les revers de Rommel en Afrique, la victoire de l'Allemagne devenait improbable. Sauf imprévu, elle devait finalement céder devant la formidable machine de guerre industrielle lancée contre elle dans le monde entier. Même si la « majorité silencieuse » gardait en France une grande reconnaissance au Maréchal pour son rôle en 1940 (Pétain reçu à Paris au printemps de 1944 mobiliserait encore une foule ardente), elle était consciente que la carte de la guerre avait changé. Elle écoutait de plus en plus la radio anglaise, et les familles achetaient des cartes du monde pour y planter les drapeaux de couleur des fronts alliés.

Quant au régime de Vichy, il perdait la face : le débarquement américain du 8 novembre à Alger avait eu pour conséquence immédiate l'invasion par les Allemands de la zone Sud et le sabotage de la flotte française à Toulon. Aucun pouce du territoire français n'échappait désormais à l'ennemi. Dès lors, à quoi bon Vichy ? Le royaume de Bourges perdait son sens. L'armée d'armistice était dissoute et les Allemands cherchaient les jeunes hommes pour les soumettre au S.T.O. (Service du travail obligatoire).

Par contre de Gaulle devenait pleinement crédible. Il avait gagné la bataille à Londres, il avait constitué une force combattante, il s'acharnait à unifier et à dominer les mouvements de la Résistance intérieure. A Alger, il s'imposerait aussi sûrement qu'à Londres. L' « autre France » avait un chef.

*Personne ne voyait clairement l'avenir, et pour cause, en 1943.
Pourtant la « majorité silencieuse » sentait confusément que la France
de demain exigerait un Régime plus efficace que la IIIe République,
qui avait perdu la guerre. Que la Libération rapporte les libertés,
tout le monde le souhaitait; qu'elle assure la sécurité et la paix civile,
c'était le vœu du plus grand nombre. Quant à tous ceux qui, ouverte-
ment ou dans l'ombre, assumaient depuis 1940 parfois le combat de la
France résistante, ils savaient parfaitement ce qu'ils ne voulaient
plus : plus de caste politique, de caste galonnée, de « synarchie », de
hiérarchie dans l'Église. On voulait une démocratie efficace et sociale,
qui respectât l'homme.*

De Gaulle et la Résistance française.

L'AUTRE FRANCE.

Résister, en 1940, c'était passer la Manche, gagner Londres.
De Gaulle fut entouré d'une poignée d'hommes : les marins de
l'île de Sein, les légionnaires de Narvik, puis une foule sans cesse
croissante de volontaires isolés qui « ralliaient » la France libre par
leurs propres moyens : intellectuels catholiques ou juifs, juristes,
écrivains, journalistes, quelques hommes politiques, officiers de
toutes les armes... La première victoire de de Gaulle fut de se
faire reconnaître par Churchill comme le « chef de tous les Français
libres ».

Sa seconde victoire fut de rallier une partie de l'Empire : s'il
échoua à Dakar, il réussit, grâce à Leclerc, en Afrique équatoriale.
S'il dut abandonner la Syrie et le Liban, il put compter sur les
Nouvelles-Hébrides, la Nouvelle-Calédonie, Tahiti, les comptoirs
des Indes : dès 1940 il pouvait créer le *Conseil de défense de l'Empire*.

Un accord avait été signé avec la Grande-Bretagne, pour permettre aux volontaires français de combattre dans l'armée et
l'aviation britanniques. Certains pilotes français, comme Pierre
Clostermann, devaient s'illustrer dans la R.A.F. Plus tard un accord
semblable permettrait le recrutement dans l'aviation rouge de la
célèbre « escadrille Normandie-Niemen ». La libération des territoires français permettait d'organiser des unités combattantes à

croix de Lorraine : celles des F.F.L. (Forces françaises libres). Elles combattaient aux côtés des Alliés sur les champs de bataille d'Afrique ; Leclerc à Koufra, Kœnig à Bir Hakeim. Grâce à leurs faits d'armes, les Alliés reconnurent le *Comité national français;* ils étendirent à la France libre le bénéfice de la loi « prêt et bail ». De Gaulle s'était fait reconnaître, dès septembre 1941, par tous les belligérants.

Il eut plus de mal à s'imposer en Afrique du Nord, où l'on aimait Pétain et le général Giraud. Celui-ci fut soutenu, contre de Gaulle, par les Américains. Mais de Gaulle tenait bien en main la situation à Londres. Des hommes politiques importants l'avaient rallié, Blum, par écrit, avait approuvé son action, il avait donné aux différents partis toutes sortes d'apaisements, il s'était affirmé désireux de rétablir dès que possible en France la légalité démocratique. Même si Roosevelt put un moment lui imposer Giraud comme « commandant en Algérie » (à la conférence de Casablanca) de Gaulle put mettre en place à Alger une sorte de petit Parlement, le *Comité français de Libération nationale*, qui disposait de la « souveraineté française » sur tous les territoires non occupés par l'ennemi, et qui le soutint puissamment dans l'élimination de Giraud. Les membres de ce comité, de Fajon à Mendès France et de Le Troquer à Jacquinot, représentaient toutes les formations politiques françaises. Politiquement, Giraud ne représentait rien.

Cette victoire définitive de juin 1943 rendait de Gaulle incontestable comme représentant de l' « autre France », celle de l'au-delà des mers. Mais il n'aurait pu prétendre parler au nom de tous les Français s'il n'avait su rallier la résistance intérieure.

L'ARMÉE DES OMBRES.

En 1940 les résistants étaient une poignée. Les maladresses de Vichy et l'engagement des communistes dans la guerre aux côtés des Alliés les rendirent beaucoup plus nombreux dès 1941. En 1942 une « armée des ombres », souterraine, entraînée, efficace, était en place. Elle sortirait en 1943 au grand jour pour constituer, avec les anciens de l'armée de Vichy et les réfractaires du S.T.O., les grands « maquis » nationaux.

L'acte de résister était au départ individuel, une sorte de saut dans l'inconnu, la réaction d'une conscience contre la honte, l'agenouillement, la misère de la collaboration. Il y avait des résistants dans tous les milieux, toutes les classes sociales, des jeunes et des moins jeunes, des hommes et des femmes, parfois presque des enfants. Le passage à la clandestinité n'était jamais spectaculaire : les réseaux se constituaient prudemment, lentement. Parfois ils avaient pour cadre un milieu professionnel : le rail, l'armée. Le plus souvent, ils résultaient d'engagements individuels et spontanés

La France était trop morcelée pour que la Résistance pût être autre chose, à l'origine, qu'un ensemble de mouvements autonomes, de recrutement et d'inspiration régionale. Il y avait une résistance dans la zone Nord, une autre en zone libre, une autre encore en zone « interdite » et même en Alsace-Lorraine, où les déserteurs de la Wehrmacht étaient chaque jour plus nombreux. Les contacts entre les différents foyers étaient difficiles, aléatoires. La Résistance était largement régionale : elle reconstituait la France des provinces, la Savoie, la Bretagne, la Corse, le Limousin... L'Histoire de la Résistance, telle qu'elle est aujourd'hui décrite, doit faire une part très large à cette éclosion spontanée des mouvements provinciaux, qui cherchaient, après plusieurs mois d'existence précaire, un dénominateur commun.

Les Français étaient trop profondément divisés pour que les mouvements de résistance pussent avoir une idéologie commune. Les intellectuels chrétiens et juifs de la première vague de recrutement n'étaient que rarement communistes et trouvaient difficilement un langage commun avec les réseaux établis par le parti en 1941 et 1942. Que dire des officiers de l'armée de Vichy? Des jeunes de l'École des cadres, ou des ingénieurs du rail? La Résistance était le rassemblement de Français venus de tous les horizons politiques, militant souvent dans des mouvements dont ils ne partageaient nullement l'idéologie dominante.

Les actes individuels de sabotage étaient nombreux dès 1940. Ils avaient été durement réprimés et fournissaient à la Résistance ses premiers martyrs. La manifestation des étudiants le 11 novembre à l'Étoile était citée en exemple par les propagandistes. Car la première tâche des réseaux était la « propagande clandestine » qui utilisait tous les moyens : le bouche à oreille, les tracts, les inscriptions sur les murs, les lettres ronéotées et les journaux, voir même les prédictions, comme celle de sainte Odile qui affirmait :

> « Le conquérant aura atteint l'apogée de ses triomphes vers le milieu du sixième mois de la deuxième année des hostilités. »

Les « petites nouvelles » destinées à soutenir le moral des sympathisants étaient véhiculées par *Résistance, Les Petites Ailes,* des
feuilles éphémères qui circulaient sous le manteau. Des groupes
se formaient en zone Nord : celui du musée de l'Homme, animé
par des intellectuels, le groupe Combat, dirigé par un militaire,
Frenay. Bientôt paraissaient de véritables journaux clandestins
comme *La Voix du Nord* ou, en zone Sud, *Franc-Tireur,* qui tirait
en 1941 à 6 000 exemplaires. Parmi ses martyrs, le groupe Franc-
Tireur devait compter l'historien Marc Bloch, torturé et fusillé
par les Allemands. Dans la zone occupée paraissait *Libération,*
l'organe du réseau d'Astier de la Vigerie.

La deuxième tâche de la Résistance était le renseignement.
Dans la désorganisation de l'Intelligence Service en France, les
Anglais avaient encouragé de Gaulle à constituer le B.C.R.A.
(Bureau central de renseignements et d'action) qui devait tout de
suite enrôler des volontaires :

> « Les Anglais, écrit Marie-Madeleine Fourcade, qui ne s'at-
> tendaient à découvrir chez nous que de petits groupes de
> techniciens, furent stupéfaits de la quasi-génération spontanée
> de nos formations patriotiques et de leur variété. »

Parmi ces réseaux spontanés, il y avait celui du colonel Broussard,
ancien commandant de Saint-Cyr, et le réseau Confrérie Notre-
Dame du colonel Rémy. Dès la fin de 1940, six réseaux essentiels
fonctionnaient, bien coordonnés par Londres. De Gaulle disposait
donc de moyens permanents de contacts avec les membres de la
résistance intérieure.

Encore fallait-il convaincre ceux-ci de la nécessité d'une action
unique, non seulement coordonnée mais commandée à partir de
Londres. La constitution de groupes autonomes communistes
rendait l'unité difficile. Traqués par Pétain, les communistes avaient
jeté les bases d'une action régionale dès 1940, avec des chefs comme
Charles Tillon dans le Bordelais, Havez en Bretagne, Guingouin
dans le centre. Le parti était entré dans la clandestinité dès 1939,
les cellules avaient été dissoutes, remplacées par des « groupes de
trois ». Les groupes spécialisés de l'*Organisation spéciale* furent
entraînés pour l'action directe. Ils devinrent en 1941 les *Bataillons
de la jeunesse,* puis les *Francs-tireurs et partisans* (*F.T.P.*). Les
chefs de groupe étaient souvent des anciens de la guerre d'Espagne,
rompus à la guérilla. Le futur colonel Fabien devait tuer de ses

mains un officier de la Kriegsmarine, en août 1941, au métro
Barbès. Les premiers F.T.P. étaient partisans du terrorisme,
accusaient Londres d'attentisme et voulaient entrer au plus vite
dans la guerre révolutionnaire. En 1943 les groupes d'action furent
intégrés dans une hiérarchie proprement militaire coiffée par
Tillon. Les F.T.P. avaient leurs maquis, leurs approvisionnements, leurs imprimeurs et même leur service de santé, patronné
un moment par le professeur Robert Debré.

Les non-communistes avaient aussi leurs maquis : il était urgent
de songer à unifier les mouvements de Résistance. L'armée de
l'armistice était passée à la clandestinité. Elle armait et instruisait
les réfractaires du S.T.O., les anciens prisonniers évadés, les jeunes
recrues enthousiastes des provinces. Elle avait multiplié les dépôts
d'armes et de matériel en prévision de la « revanche ». Les camps
militaires d'entraînement fonctionnaient parfois côte à côte : un
maquis F.T.P., un maquis F.F.I. (Forces françaises de l'Intérieur).

Le renforcement des effectifs, l'intensification des actions de
propagande et de renseignements devaient provoquer des réactions violentes de l'occupant. La population assistait dans la terreur à cette guerre inexpiable, qui se traduisait par des attentats,
des arrestations spectaculaires, des déportations, un renforcement
considérable de l'appareil policier, une propagande pro-allemande
étalée à la radio, dans la rue, dans les journaux. Moins la guerre
avait de chances d'être gagnée par l'Allemagne, plus les collabo-
rateurs étaient virulents ; par voie de conséquence, plus les mouvements de Résistance avaient tendance à unir leurs forces sous la
menace. La création de la *Milice française* en 1943, sous l'autorité
de Joseph Darnand, accélérait le processus de fascisation. Darnand
exerçait la réalité du pouvoir politique, Vichy ne comptait plus ;
Philippe Henriot s'occupait de la propagande ; Déat, ministre du
Travail, organisait les prélèvements en main-d'œuvre au profit
des Allemands. La répression et la propagande allaient de pair :
la radio vichyste condamnait les résistants, que la police vichyste
livrait à la *Gestapo*. Au régime longtemps ambigu de Vichy succédait la dictature fasciste. Les réseaux étaient démantelés, les résistants traqués, les dénonciations et l'efficacité des fichiers de la
Gestapo risquaient d'avoir raison des mouvements, s'ils ne parvenaient pas à s'unir.

Dès novembre 1942 un premier pas avait été franchi en zone
Sud : un *Mouvement unifié de résistance* (*M.U.R.*) avait permis la
fusion de plusieurs groupements gaullistes. Une *armée secrète*

avait été constituée, dont la mission était de rechercher toutes les possibilités d'action immédiate. L'A.S. prit aussitôt contact avec les F.T.P. pour coordonner cette action. C'est ce que souhaitait, à Londres, le général de Gaulle.

Mais il voulait aussi avoir l'initiative et le contrôle des opérations, à partir du *Comité de libération*. Le préfet Jean Moulin avait été parachuté en France à la fin de 1942 avec la mission de prendre contact avec toutes les organisations de Résistance. Délégué général du *Comité français de libération nationale*, Jean Moulin avait été arrêté, torturé, et exécuté en juin 1943. Mais il avait réussi, avant de se faire prendre, à coordonner tous les réseaux. En mai 1943 s'était constitué le *Conseil national de la Résistance* (*C.N.R.*) reconnu par tous les maquis, communistes compris.

LE PROGRAMME DU C.N.R.

Georges Bidault, président du C.N.R., désigné par les réseaux de Résistance intérieure, ne devait pas tarder à entrer en conflit avec Alexandre Parodi, délégué général de Londres. Le général de Gaulle lui avait ordonné d'affirmer son autorité au-dessus des partis.

    « L'État, disait-il, est au-dessus de toutes ces formes et de toutes ces actions. »

Pour Bidault, au contraire, la Résistance avait un programme précis, qu'elle entendait faire respecter, même à Londres : la *charte du C.N.R.*, rédigée sous l'autorité de Bidault, définissait l'action politique qui devait être entreprise après la Libération. On se proposait d'en finir avec les puissances financières de l'avant-guerre, de nationaliser le crédit, les industries de base, de purifier la presse et les banques. On demandait la sécurité sociale et l'indépendance des syndicats. On exigeait l'abandon de l'idée d'empire colonial. On voulait une République pure et libre, insensible aux groupes de pression et libérée des vieilles castes. On exigeait de toutes parts une nouvelle définition des droits de l'homme ; il fallait que tous fussent protégés dans l'avenir contre ce que le nazisme représentait : le mépris de l'homme, le racisme, la volonté d'asservissement des consciences.

La charte du C.N.R., à l'évidence, marquait la réunion — ou le compromis — de deux courants de pensée : l'un communiste ou socialiste, qui venait du Front populaire : il voulait socialiser les moyens de production pour changer la société en profondeur ; l'autre courant, démocrate-chrétien, inspiré par les idées « personnalistes » de la revue *Esprit* ou du journal *L'Aube,* militait pour une démocratie sociale avancée, où les droits des individus fussent garantis. La *charte* serait à l'origine des toutes premières réalisations de la IVᵉ République.

LA RÉSISTANCE ET LA NATION.

La Résistance devait atteindre parfaitement son but, qui était d'abord de sensibiliser la population à la nécessité du combat pour la Libération. Elle devait être puissamment aidée par la radio de Londres et l'action personnelle du général de Gaulle : les émissions de la B.B.C. en langue française augmentaient régulièrement ; il y avait à la fin de la guerre cinq heures de programmes par jour. La B.B.C. était le lieu de rencontre de tous les Français résistants : Maurice Schumann et Pierre Brossolette, Pierre Olivier Lapie et Pierre Bourdan, Jean Marin et Jean Oberlé en étaient les animateurs quotidiens. « Les Français parlent aux Français », la célèbre émission de la B.B.C., livrait à Radio-Paris de Jean Herold Paquis et à Radio-Vichy de Philippe Henriot une véritable guerre des ondes. Les Anglais appelaient de Gaulle le « général-micro ».

La radio était en effet l'arme absolue pour la propagande. Les Allemands brouillaient les émissions et interdisaient l'écoute de la B.B.C. Mais les Français, de plus en plus nombreux, étaient au rendez-vous. On put, grâce à la radio, lancer de véritables campagnes d'intoxication, faire couvrir, par exemple, tous les murs de France des fameux « V » de la victoire. On se servait aussi de la radio, par les « messages personnels », pour donner des directives ou établir une liaison rapide avec les réseaux d'action.

Les auditeurs français avaient ainsi l'écho quotidien de la lutte. L'existence des maquis, à partir de 1943, leur donnait en outre le contact souvent direct avec les groupes armés qui vivaient presque au sein de la population, « empruntant » les voitures réquisitionnées et les armes de chasse, demandant des vivres, des soins, des complicités permanentes. Nul ne pouvait ignorer la Résistance, et les engagements que livraient les maquis étaient devenus en 1944, malgré la propagande de Vichy, la revanche de la France intérieure.

Les effectifs engagés étaient devenus importants : De 1 500 000 travailleurs français réclamés par l'Allemagne au titre du S.T.O. la moitié seulement devait prendre le chemin des usines d'outre-Rhin, 130 000 environ rejoignaient les maquis, où ils étaient encadrés par des officiers d'active ou par des chefs improvisés, dans le cadre des unités F.F.I. ou F.T.P. En 1943 déjà, 4 000 hommes combattaient en Corrèze. Des zones entières étaient contrôlées par les maquisards, armés par les parachutages britanniques. En 1944 les Allemands devaient envoyer 12 000 hommes pour « réduire » le maquis des Glières. Ils employèrent les blindés et l'aviation contre les 5 000 combattants du Vercors. Trois divisions allemandes furent utilisées dans le Jura.

Plus encore qu'aux opérations militaires, la population civile était sensible aux actions de sabotage entreprises avec une fréquence croissante par le mouvement de Résistance-rail. A partir du débarquement de juin 1944, les cheminots réalisèrent 800 déraillements et plus de 3 000 sabotages. L'armée d'occupation avait le plus grand mal à assurer ses liaisons.

A l'approche des armées alliées, les maquis combattaient à découvert, barrant les routes, faisant sauter les ponts, attaquant les colonnes en retraite de la Wehrmacht. Dans les villes les résistants armaient la population qui offrait spontanément son concours : combien de Parisiens des barricades faisaient-ils réellement partie des organisations de Résistance ? Ils étaient descendus dans la rue aux premières heures de l'insurrection, tout à la joie d'en finir avec l'occupant dans l'odeur de la poudre.

Des centaines de milliers de déportés, des dizaines de milliers de fusillés faisaient de la Résistance un grand mythe national, auréolé de martyrs. Les massacres perpétrés par les troupes allemandes dans des villages comme Oradour-sur-Glane rendaient particulièrement odieux ceux qui, parmi les Français, avaient admis ou aidé l'occupant. La Libération devait nécessairement s'accompagner d'une épuration. L'exécution de Pucheu à Alger, celle de Philippe Henriot à Paris, annonçaient que cette épuration ne s'accomplirait pas sans violence.

L'installation du nouveau régime.

LES LAMPIONS DE LA LIBÉRATION.

En août 1944, de Gaulle faisait son entrée dans Paris libéré, dans un concours extraordinaire de population. Il se refusait à proclamer la République sur le balcon de l'Hôtel de Ville. Pour lui, elle n'avait pas cessé d'exister. Un nouveau gouvernement provisoire avait été constitué, avec, comme ministre des Affaires étrangères, Georges Bidault, président du C.N.R. Plus de la moitié des membres du gouvernement étaient des hommes politiques ou d'anciens parlementaires communistes, socialistes, radicaux, démocrates-chrétiens. Pour la première fois dans son histoire, la France avait des ministres communistes : de Gaulle avait reconnu et admis tous les partis.

Il devait tout de suite reprendre en main la situation intérieure, compromise par les menées indépendantes des « commissaires de la République » qui s'étaient improvisés dans les provinces, surtout par l'existence, dans certaines régions, de « milices patriotiques » en armes, d'obédience communiste.

Un climat de terreur régnait dans de nombreuses régions. De nouveau, les dénonciations se donnaient libre cours : l'épuration frappait à la hâte, sans contrôle. Ses excès sont difficiles à mesurer : 10 000 exécutions sommaires selon le ministère de l'Intérieur, de 20 000 à 100 000 selon d'autres estimations. La situation réelle était mal connue du gouvernement de Paris qui n'avait que peu d'autorité sur les commissaires de la République, véritables proconsuls de la Révolution. Au demeurant les règlements de compte n'étaient pas toujours imputables à la politique. Les responsables communistes n'étaient pas moins débordés que les gaullistes : il était difficile de maîtriser les vengeances personnelles, les haines de familles ou de clochers.

La situation était assez inquiétante pour que de Gaulle souhaîtât d'y mettre un terme : il obtint des ministres communistes la dissolution des milices patriotiques en octobre 1944. Le 6 novembre, une grâce amnistiante permettait à Maurice Thorez, condamné le 25 novembre 1939 à six ans de prison pour désertion, de rentrer de Moscou. Si l'on en croit le biographe de Thorez, Philippe Robrieux,

> « la coïncidence n'était pas fortuite. Il fallait désarmer les milices sur le terrain : les responsables du parti s'en chargèrent ».

Ils consolidaient, en revanche, leurs avantages politiques. Ils étaient largement représentés dans l'Assemblée consultative de 248 membres qui devait préparer la mise en place du nouveau régime. Présents au gouvernement, ils comptaient dans l'administration de nombreux partisans ou sympathisants : « que de hauts fonctionnaires et parmi les plus haut perchés jouent le communisme gagnant », disait le socialiste Robert Lacoste. Il y avait des préfets, des généraux communistes, et même, si l'on en croit Jules Moch, des policiers et des gardes mobiles.

Les communistes, avec d'autres, avaient récupéré les locaux et le matériel de la presse « collabo ». *L'Humanité* en octobre 1944 avait 456 000 lecteurs, contre 382 000 au *Figaro*. Le P.C. éditait des hebdomadaires, des journaux, pour les femmes, les jeunes, les enfants. La presse communiste devenait beaucoup plus importante que la presse catholique. En province, les quotidiens avaient des titres patriotiques : *La Marseillaise*, *Le Patriote*. Le parti dominait très largement le « quatrième pouvoir ».

L'épuration s'était faite selon ses vœux : 30 000 personnes avaient été arrêtées, Laval avait été condamné à mort et exécuté, Pétain condamné à mort et gracié... par de Gaulle. La France vichyste, qui applaudissait encore Pétain en mai 1944, ne comptait plus désormais que sur de Gaulle pour dominer le communisme. La droite française était culpabilisée, déconsidérée, démantelée, rejetée aux ténèbres extérieures. Et pourtant les Français s'inquiétaient, dans leur masse silencieuse, des excès de l'extrême gauche triomphante. Même s'ils écoutaient depuis deux ans la radio anglaise, ils avaient plaint Pétain lors de son interminable procès. Ceux-là auraient souhaité une réconciliation spectaculaire Pétain-de Gaulle, assurant la continuité et l'harmonie des deux France. Bien des partisans de la « révolution nationale » en 1940, convertis vers 1943 à la Résistance, soutenaient de Gaulle par haine des communistes. Une force électorale conservatrice était ainsi sous-jacente, disponible, et n'attendait que les élections pour s'exprimer.

LES VOTES.

Les Français — et maintenant les Françaises — retrouvaient ou découvraient l'usage du droit de vote. Les élections manquaient à l'univers mental des Français. Ils n'avaient pas élu de députés depuis 1936! S'ils avaient retrouvé les bals et les fêtes populaires, ils s'impatientaient des lenteurs de la remise en ordre, bientôt ils se plaindraient de trop voter.

Ils avaient tellement hâte de revenir à l'avant-guerre : l'année « kaki à goût de chewing-gum fabriqué aux États-Unis » (Georgette Elgey) n'avait pas apporté de satisfactions immédiates de ce point de vue. Les prisonniers et les déportés qui rentraient dans leurs foyers y trouvaient les restrictions, les coupures de gaz et d'électricité, la persistance du marché noir.

> « En 1944, disait de Gaulle, les Français étaient malheureux, maintenant ils sont mécontents, c'est un progrès. »

Ils n'éprouvaient pas un intérêt primordial pour les débats constitutionnels. Le 21 octobre 1945 ils avaient voté contre le retour à la IIIᵉ République, mais ils avaient aussi refusé le régime proposé par les communistes, où l'Assemblée aurait un pouvoir illimité. Pour le P.C., c'était un échec, mais les partisans du renouveau n'avaient pas de quoi se réjouir : si les électeurs voulaient du changement, c'était uniquement dans le décor.

Seuls ou presque, les anciens partis avaient leurs faveurs. On l'avait bien vu aux élections municipales d'avril, où le *Mouvement républicain populaire (M.R.P.)* d'inspiration démocrate chrétienne, était le seul parti nouveau qui avait pu obtenir des suffrages et des sièges. Les formations issues de mouvements de résistance avaient échoué. Le résultat fut le même aux législatives d'octobre : les électeurs reprenaient, avec les vieux partis, les personnages de l'ancienne comédie : il y avait 152 communistes élus à l'*Assemblée constituante*, 142 socialistes et autant de M.R.P. que de communistes. Ces derniers avaient recueilli les voix des anciens partis de la droite : les voix « antimarxistes ». Seuls les radicaux avaient perdu la faveur du public : Daladier, Herriot étaient impopulaires. Leurs amis eurent une trentaine d'élus.

DE GAULLE ET LES PARTIS.

Le général de Gaulle avait été élu, à l'unanimité, Président du Gouvernement provisoire de la République par la nouvelle Assemblée. Il refusait aux communistes les grands ministères, mais leur confiait des portefeuilles d'importance économique et sociale. Maurice Thorez était ministre d'État. Les gaullistes n'étaient pas oubliés : Soustelle et Malraux faisaient partie du cabinet. A peine constitué, celui-ci entrait en conflit avec l'Assemblée.

Les partis étaient impatients de retrouver leur place dans la nation : avec les 3/4 des suffrages, les trois grands partis groupaient les 4/5e des sièges. Ils avaient leur presse, leurs militants, leurs leaders. Les hommes de Londres et ceux d'Alger avaient trouvé leur place dans les appareils. Pour eux le Général devenait un gêneur. Ils voulaient le pouvoir, tout de suite.

De Gaulle avait eu besoin de ces hommes politiques pour mener, pendant la guerre, son combat, pour imposer aux Alliés une image de marque démocratique de la France libre. Dans le célèbre échange de lettres qu'il avait eu avec Léon Blum, il avait reconnu la légitimité des partis. Il en mesurait maintenant pleinement les dangers et les faiblesses. Le « système des partis » risquait de frapper d'impuissance la République à peine née. Où serait, dans six mois, dans un an, l'unité de la Résistance? Grâce au référendum, le Général avait gagné du temps. Mais il avait, de son point de vue, perdu les élections.

De la Chambre tripartite ne pouvait sortir une Constitution conforme aux vues du Général, avec un Exécutif efficace, un Législatif pondéré. Il s'en voulait d'être pris au piège du parlementarisme, il voulait rester en dehors des affrontements partisans, comme un recours pour la France.

En janvier 1946 un débat s'était engagé à l'Assemblée. Le socialiste André Philip, un des hommes de Londres, avait demandé une restriction des crédits militaires. De Gaulle comprit ce jour-là que sa place n'était plus à la tête du gouvernement. Il ne pouvait lutter de l'intérieur contre l'immense appétit de pouvoir des hommes des partis. Il fit part de sa décision au Conseil des ministres :

> « Ma mission est terminée, dit-il, le régime exclusif des partis a reparu. Je le réprouve. »

Il ne fit aucune déclaration à la radio. A l'Assemblée, il avait dit à André Philip :

> « Le point qui nous sépare, c'est une conception générale du gouvernement et de ses rapports avec la représentation nationale. Si vous ne tenez pas compte des nécessités absolues d'autorité, vous irez à une situation où, un jour ou l'autre, vous regretterez amèrement d'avoir pris la voie que vous aurez prise... Veut-on un gouvernement qui gouverne ou bien veut-on une assemblée omnipotente, déléguant un gouvernement pour accomplir ses volontés ? Personnellement, je suis convaincu que cette deuxième solution ne correspond en rien aux nécessités du pays dans lequel nous vivons, ni à celles de la période où nous sommes. »

Telle était la raison profonde du départ du Général.

Mais après quatre ans de guerre, de silence, d'oppression, l'appétit de liberté, la volonté de tout dire, le désir d'ouverture, de discussion, rendaient inévitable le retour à un parlementarisme qui risquait d'être excessif, dans la mesure même où les Français, longtemps privés de luttes politiques, souhaitaient les débats d'idées, les affrontements spectaculaires, la liberté totale. Le langage sévère du Général paraissait insupportable, comme s'il avait ordonné le silence aux violons du bal.

Le 26 janvier, les hommes du M.R.P. auraient pu éviter le départ du Général en refusant de participer à un gouvernement qu'il ne présiderait pas. Ils se précipitèrent dans le cabinet du socialiste Gouin. La République revenait aux parlementaires.

Ils firent approuver par le pays une Constitution selon leurs vœux : non sans luttes, ni sans efforts. Le régime de l'assemblée unique et omnipotente, qui avait la faveur des marxistes, fut une fois de plus écarté. On choisit un régime parlementaire avec deux assemblées, comme sous la précédente République. Le Président n'était pas l'élu du pays, mais des deux chambres réunies ; il avait à peine plus de responsabilités que ses prédécesseurs. Le gouvernement était très étroitement responsable devant la majorité de l'Assemblée. Quant à la deuxième chambre, baptisée « Conseil de la République », elle était une résurgence très atténuée du vieux Sénat. A une faible majorité, le pays avait voté cette Constitution défendue par Georges Bidault et le M.R.P., critiquée vivement par le général de Gaulle dans son discours de Bayeux, le 16 juin 1946. La IVe République voyait enfin le jour. Il la reniait.

Reconstruction et restauration.

UN NOUVEAU SYSTÈME ÉCONOMIQUE.

La permanence du système politique parlementaire hérité du passé contrastait singulièrement avec le nouveau système socio-économique qui se mettait en place, à la suite des grandes lois de 1944-1946 qui définissaient les orientations de la future société.

Les grandes ordonnances de 1945 avaient donné satisfaction à la *Charte du C.N.R.* et aux partis de la gauche. La sécurité sociale était mise en place. Les secteurs clé de l'énergie étaient nationalisés, le charbonnage, l'électricité et le gaz. Air France devenait comme la S.N.C.F. une société « nationale ». Le crédit était entre les mains de l'État : les quatre grandes banques de dépôt étaient nationalisées ainsi que les compagnies d'assurances. Depuis le 2 décembre 1945 la Banque de France avait cessé d'être une banque privée. Le Conseil national du Crédit devait superviser tous les investissements et protéger la monnaie. Seules quelques banques de dépôts et les banques d'affaires (Rothschild, Paris-Bas, Banque d'Indochine, etc.) échappaient à la nationalisation.

Jamais la France n'avait connu une telle vague de collectivisation. L'expérience du Front populaire semblait bien timide, au regard de cet engagement massif. Les industries elles-mêmes n'étaient pas épargnées : pour des raisons politiques, Renault passait sous le contrôle de l'État ainsi que Gnome et Rhône. En outre la loi du 22 février 1945 créait les *comités d'entreprise*. Composés de représentants élus des travailleurs, ces comités étaient chargés de surveiller les conditions de travail, la gestion des entreprises, d'organiser l'action sociale. Grâce à l'emprise du P.C. sur la centrale syndicale C.G.T. qui groupait cinq millions et demi d'adhérents, les fonds des comités d'entreprise permettaient de constituer un important groupe de pression, et de faire bénéficier le parti d'une clientèle politique fidèle. La France avait fait un pas de géant dans la voie d'un socialisme d'État. Elle avait installé la gauche dans une position politique en apparence très solide.

Le contrôle des moyens d'information, une des idées maîtresses de la Résistance, était également réalisé au profit de la gauche. On voulait empêcher la presse écrite et parlée de retomber sous le contrôle des groupes capitalistes. Le monopole s'était emparé de la radio. Les radios privées n'étaient pas autorisées. L'agence *France Presse*, contrôlée par l'État, distribuait aux journaux les nouvelles et le ministère de l'Information leur distribuait le papier. L'État aidait la presse, la sienne : celle du tripartisme.

LES PLANIFICATEURS.

Le redressement se fit dans le cadre d'un plan, animé par un homme d'expérience, rompu aux négociations internationales, familier des affaires anglo-saxonnes, Jean Monnet. Les vues très modernes de Jean Monnet sur la solidarité des économies européennes et les modalités de l'aide américaine permirent au plan français d'être efficace parce qu'il était très précisément adapté. Le but était de faire retrouver à l'économie française, dès 1948, son niveau d'activité de 1929. En 1950, ce niveau devait être dépassé de 25 %. Le plan était indicatif, non contraignant. Il « indiquait » aux responsables de la politique et de l'économie ce qui devait être fait. Il n'avait pas, comme dans les pays socialistes, le pouvoir d'imposer ses prévisions. L'économie était « concertée », non « dirigée ».

Grâce au plan, qui permettait aux organismes financiers de prévoir les masses d'investissements nécessaires pour assurer la remise en état et le développement des secteurs-clés, la reconstruction fut très rapide. Les structures économiques rénovées étaient efficaces ; les pertes en hommes et en capitaux étaient bien moindres qu'en 1919. Le matériel industriel était périmé, plus que détruit. Les ports et les transports avaient — il est vrai — beaucoup souffert des bombardements. Mais, en cinq ans, tout était effacé. Dès 1945 l'agriculture tournait à 80 % de ses chiffres de 1938. En raison de l'obstruction des ports, l'industrie devait stagner deux ans. Mais l'aide américaine négociée par Jean Monnet devait permettre de rétablir rapidement la situation.

En 1945 Jean Monnet avait conclu un important accord prêt-bail avec les États-Unis : deux milliards de dollars en or étaient en réserve à la Banque de France. A partir de 1947 les circonstances politiques en Europe allaient favoriser l'intensification de l'aide américaine : les débuts de la guerre froide et les événements de l'Europe de l'Est firent bénéficier les pays de l'Ouest des crédits sans cesse accrus de l'aide *Marshall*. Les entreprises françaises, et particulièrement les entreprises nationalisées, en sentirent tous les bienfaits.

LES MÉFAITS DE L'INFLATION.

La France se reconstruisait. Les salariés avaient acquis des avantages sociaux appréciables et la montée des salaires avait été contenue jusqu'à la fin de 1946 par les efforts des communistes, membres des gouvernements. Le pouvoir d'achat des travailleurs était remis en cause par la hausse des prix que ni l'État ni les entreprises ne parvenaient à dominer. La course salaires-prix semblait impossible à juguler.

Les communistes ne pouvaient longtemps contenir la marée des revendications. Ils prirent le parti de se faire les porte-parole des salariés, au sein des cabinets. Pour ne pas perdre leur position politique et syndicale, ils renonçaient à la lutte contre l'inflation. Bientôt la monnaie perdait toute valeur. Il y avait cinq fois plus de billets en circulation qu'avant la guerre. Les prix avaient quadruplé. Il avait fallu augmenter de 150 % les tarifs des transports. Pendant l'année 1946 les prix agricoles avaient augmenté de 70 %! On devait prolonger jusqu'en 1947 les tickets de rationnement. En deux ans les prix alimentaires devaient tripler, alors que les prix industriels doublaient seulement. Quant aux salaires, ils n'avaient augmenté que de 60 %.

L'inflation rendait la pression sociale irrésistible. Les communistes ne pouvaient pas ne pas se sentir solidaires d'un mouvement en profondeur. Au lieu de mettre fin aux grèves, ils les encourageaient, et leur situation au sein des gouvernements socialistes devenait de plus en plus intenable. La détérioration du climat social remettait en question le difficile équilibre politique du tripartisme. Une nouvelle donne était nécessaire.

LES CONVULSIONS POLITIQUES : LES COMMUNISTES A LA PORTE.

Un gouvernement Ramadier mit fin aux embarras du parti communiste. Les socialistes étaient très inquiets : depuis les élections de novembre 1946, les communistes ne cessaient de progresser à leurs dépens, sur le plan politique comme sur le plan syndical, où ils s'étaient rendus maîtres absolus de la puissante C.G.T. Des bruits de complot communiste circulaient. Le feu courait outremer. A peine éteint en Algérie (grâce à l'action énergique du socialiste Naegelen), il embrasait l'Indochine, puis le Maroc et Madagascar. Les communistes étaient-il partout présents pour détruire l'ancien empire ?

Vincent Auriol, élu Président de la République, avait chargé Paul Ramadier de former le gouvernement, après l'échec de Léon Blum : c'est Ramadier qui démissionna en avril 1947 les ministres communistes sans leur demander leur avis. Ils apprirent leur départ par le *Journal officiel*. Désormais, les socialistes devraient rechercher leurs alliés à droite, chez les républicains populaires et sans doute au-delà. La politique française devait changer. Mais que feraient les communistes ? On craignait une épreuve de force.

Au plus fort du désordre, des grèves violentes et des bruits de complot, de Gaulle intervint. Il décida, en avril 1947, de créer le *Rassemblement du peuple français*, pour opposer aux partis une force unanimiste, particulièrement au parti communiste, dénoncé avec vigueur comme « séparatiste ». Le discours de Strasbourg faisait appel à la France résistante, au « drapeau de la France libre ». L'appel fut entendu... par toute la France anticommuniste qui élit en masse les gaullistes aux élections municipales d'octobre 1947.

Dès lors le gaullisme devenait un ennemi commun pour les trois partis dominants. Il venait de faire la preuve, aux municipales, que ses élus prenaient leurs voix aux M.R.P. Il était détesté des socialistes qui l'accusaient de méditer un coup d'État. Il était naturellement la cible des communistes.

LA « TROISIÈME FORCE ».

Dans ces conditions, les deux victimes de la nouvelle conjoncture politique, les socialistes et le M.R.P., décidèrent de vivre ensemble, puisque tel était leur intérêt. L'orientation du régime vers le centre était définitive. Elle était en outre commandée par le *leadership* américain, au plus fort de la guerre froide : l'acceptation totale par la France du plan Marshall, en juin 1947, impliquait son engagement dans le camp occidental sans la moindre réserve, c'est-à-dire son engagement dans l'anticommunisme.

La « troisième force », entre le gaullisme hostile au régime et les communistes mis au ban du système, n'était pas une voie facile : la majorité très faible des gouvernements était à la merci d'un incident de séance. De 1947 à juillet 1950, la France ne connut pas moins de six gouvernements. Les socialistes se divisaient entre eux sur la défense des colonies, la question scolaire opposait les radicaux aux républicains populaires, qui voulaient aider les écoles religieuses. Les radicaux étaient très hostiles à la politique économique des socialistes.

Il est vrai que le « coup de Prague » de février 1948 devait donner à réfléchir aux socialistes français et à leur nouveau secrétaire général Guy Mollet. Non seulement ils allaient orchestrer et diriger la lutte contre le mouvement social en France, manifestement politisé par les communistes (en décembre 1947 le syndicat Force Ouvrière quitterait la C.G.T., pour devenir la C.G.T.F.O., indépendante des communistes), mais ils allaient suivre et parfois précéder le M.R.P. dans la politique d'intégration européenne et atlantique. En juillet 1949, la France ratifiait le *Pacte atlantique* qui constituait une association commune de défense contre l'Est. L'Europe des Six était en gestation grâce au *pool charbon-acier*, mis sur pied, du côté français, par le M.R.P. Robert Schuman et signé en mai 1950. Le traité de la *Communauté européenne du charbon et de l'acier*, signé en avril 1951, engageait délibérément notre économie dans la voie d'une étroite concertation avec nos voisins européens, et particulièrement avec l'Allemagne.

L'UNION FRANÇAISE.

Un autre ciment soudait les centres et les rendait solidaires : ils étaient hostiles à la décolonisation. L'opinion, dans sa majorité, ne concevait pas la nécessité d'abandonner les colonies, même si elle était hostile à une coûteuse politique de maintien par la force. Cette contradiction devait subsister pendant tout le drame de la décolonisation.

Radicaux, républicains populaires et socialistes s'étaient disputé avec une certaine âpreté les possessions de l'ancien empire colonial français. Ils disposaient chacun de leurs sphères d'influence, de leurs intérêts matériels, moraux ou confessionnels. Le Président Vincent Auriol veillait personnellement aux destinées de la nouvelle *Union française*, avec la plus vigilante attention.

Il ne pouvait pas éviter l'accumulation des révoltes, que l'on avait décidé de briser dans le sang. L'affaire indochinoise était, dans l'immédiat, la plus grave. L'échec des négociations de Fontainebleau avec Ho Chi Minh en 1946 avait abouti à la généralisation du conflit. En 1950, c'était le désastre de Cao Bang. A l'Assemblée, seuls les communistes et quelques socialistes osaient se dire hostiles à cette politique coloniale. Les gaullistes reprochaient vivement au régime l'abandon de l'Union française.

Le corps expéditionnaire en Indochine impliquait un effort considérable : 375 000 hommes qui recevaient constamment des renforts. L'essai de constitution d'un Viet Nam nationaliste et anticommuniste avec l'empereur Bao Dai avait été un échec. Le rapport du général Revers, qui préconisait un regroupement des forces françaises dans le delta, était saisi à Paris sur des ressortissants vietnamiens. L' «affaire des généraux» empoisonnait le climat politique. La nomination du général de Lattre de Tassigny, et les premiers succès remportés sur le terrain devaient calmer les esprits. Mais le général demandait d'importants renforts. Où les prendre ?

La faiblesse du pouvoir politique à Paris rendait impensable l'envoi en Indochine du contingent. D'ailleurs l'opinion publique ne l'aurait pas admis. Il fallut envoyer l' «armée d'Afrique», mettant ainsi les soldats d'Afrique du Nord en contact avec la guerre révolutionnaire. Or les rapports du général Juin, résident général au Maroc, et du sultan se dégradaient chaque jour davantage, les violences se multipliaient en Tunisie, une soixantaine de rebelles avaient pris le maquis en Algérie dans les Aurès. Les prisons de Madagascar étaient pleines et, en Afrique Noire, le Rassemblement démocratique africain réunissait les partisans de l'indépendance.

Cette situation très grave ne pouvait être maîtrisée par un régime instable, par des gouvernements qui n'avaient pas d'autorité parce qu'ils n'avaient pas de majorité. Les hommes de la « troisième force », pour trouver des assises politiques plus stables, décidèrent d' «aménager» la loi électorale ; en 1951 la loi Queuille truquait délibérément le scrutin en instaurant le système des «apparentements». Si une liste «apparentée» avait la majorité absolue dans une circonscription, elle enlevait tous les sièges disponibles. Cette disposition devait permettre aux partis du centre de l'emporter très largement sur les extrêmes à la consultation. De fait, les communistes, avec un quart des voix, n'avaient que cent députés. Les gaullistes, qui refusaient les apparentements, avaient 21 % des voix et 119 élus seulement. La troisième force avait une majorité très large de 400 voix. Avec l'ancien mode de scrutin, les communistes auraient été 181 et les gaullistes 144 : la collusion des oppositions aurait ouvert la crise du régime. En acceptant le système des apparentements, le général de Gaulle aurait eu plus de 200 députés. Son refus ouvrait la voie à la République d'un pays légal, qui ne correspondait plus au pays réel.

LE RETOUR DE LA DROITE AUX AFFAIRES.

Désormais la droite d'affaires n'avait plus besoin du Général contre le danger communiste. Elle avait une chambre à sa merci. Il est vrai que l'impressionnante majorité centriste (400 voix) était divisée en quatre formations concurrentes et antagonistes : les socialistes, qui avaient perdu des voix, les M.R.P., grandes victimes de l'élection, le parti radical qui revenait en force, et les « indépendants » qui avaient fait, à droite, une percée remarquée. Pour que des majorités soient possibles à gauche ou à droite, il aurait fallu leur intégrer, soit le parti communiste, soit le groupe R.P.F. Mais si les gaullistes voulaient bien participer à une majorité du centre-droit, ils étaient opposés aux centristes sur la question, essentielle pour eux, de l'intégration européenne. L'entente ne pouvait être que de courte durée. Les tribus gauloises campaient au Palais-Bourbon.

Les milieux d'affaires étaient cependant impatients de rétablir une certaine stabilité monétaire, qui rendît possible l'expansion. Cette politique supposait que la droite prît le pouvoir, qu'une majorité se constituât pour une opération précise : tel fut le but de l' « expérience Pinay » en 1952. Sous la direction tour à tour bonhomme et bourrue de ce « Poincaré du pauvre » comme l'appelaient méchamment les journalistes, le phénomène de la « confiance » put jouer une fois de plus en faveur du franc. Les prix se stabilisaient ; la baisse des prix mondiaux rendait possible une pause bien accueillie de tous côtés dans la course des salaires et des prix. La France de M. Pinay retrouvait avec soulagement son rythme de vie d'avant guerre. A peine sortie de la pénurie, elle entrait dans l'abondance.

Il est vrai qu'elle ressentait déjà pleinement les effets de la troisième révolution industrielle, celle du plastique, de l'électronique, de l'informatique et de l'atome, qui devait se répandre très largement de 1952 à 1960, soutenue par un climat modérément inflationniste. La droite d'affaires revenait au pouvoir au moment où les affaires se portaient bien. Il n'est pas étonnant qu'elle ait relativement réussi.

LA « RÉVOLUTION DES CHOSES ».

Dès 1960 une certaine stabilité avait été réalisée, après deux dévaluations successives de la monnaie (1948 et 1949). L'essor de la production industrielle était alors de 7 à 8 % par an. Les chiffres de la production agricole d'avant la guerre étaient dépassés. Le plan Monnet avait bien réussi.

De 1950 à 1958 la production française devait s'accroître de 50 %! La stabilisation Pinay de 1952 devait porter ses fruits jusqu'en 1955. Le deuxième plan d'équipement, de 1954 à 1957, devait permettre la modernisation de l'agriculture et les progrès rapides des industries de transformation. La chimie faisait un bond en avant, doublant sa production. Les plastiques et les textiles artificiels, les hydrocarbures étaient largement responsables de ce *boom*. On avait découvert du gaz à Lacq, du pétrole à Parentis, et même au Sahara, en 1956. En 1958 l'indice de la production industrielle était le double de celui de 1939. Le « miracle français » touchait tous les domaines : l'électronique, l'automobile et même l'industrie aéronautique avec le lancement, en 1957, de *Caravelle*.

La société française était bouleversée par l'industrialisation ; et d'abord la démographie. Depuis la guerre, les Français avaient perdu le culte du fils unique. Les lois sociales et les dispositions fiscales avantageaient les familles nombreuses. L'industrie, par ses besoins croissants en main-d'œuvre, encourageait l'immigration de travailleurs étrangers et l'exode rural. Il y avait régulièrement 800 000 naissances au moins tous les ans, un excédent annuel de 250 000 personnes, soit 2 millions et demi de nouveaux Français tous les dix ans.

La région parisienne était la grande bénéficiaire des migrations intérieures. Elle accueillait chaque année 100 000 habitants en plus dans un désordre urbain indescriptible, alors que l'effort de construction et d'équipement demeurait très insuffisant. L'écart des salaires entre Paris et la province était en grande partie responsable de la migration. Paris et sa région comptaient en 1958 plus de huit millions d'habitants, soit 18 % de la population totale de la France. Ces nouveaux arrivés, très jeunes pour la plupart, allaient habiter les sinistres « villes dortoirs » ou les « grands ensembles » de banlieue.

Après Paris, la moitié Nord de la France — au Nord d'une ligne Rennes-Valence — recevait les bienfaits de l'industrialisation, alors que les régions situées au Sud de cette ligne s'enfonçaient, sauf exception notable, dans le sous-développement. Le Nord, la Lorraine et l'Alsace, la Haute-Normandie, la région Rhône-Alpes étaient les lieux privilégiés d'une expansion qui « oubliait » le Midi. La population de Toulouse et de Nice augmentait, mais Marseille et Bordeaux périclitaient, en dépit des hydrocarbures. Des déserts économiques s'installaient dans l'Ouest, dans le Centre, dans le Sud-Ouest. La France était très inégalement développée, mais, grâce au surdéveloppement du Nord, elle basculait définitivement dans l'âge industriel. Sept Français sur dix habitaient la ville en 1960.

LES OUBLIÉS DE L'EXPANSION.

Les problèmes de l'agriculture ne devaient pas être atténués par l'exode rural, bien au contraire ; après une forte période de hausse, les prix agricoles se stabilisaient, alors que les prix industriels continuaient régulièrement à monter. Les paysans ne percevaient pas le profit de leur politique d'investissements dans la modernisation. Ils faisaient travailler l'industrie sans toucher les bénéfices de leurs efforts.

Dès 1953 des mouvements violents de revendication éclataient dans les campagnes, toujours surpeuplées en dépit des départs vers la ville. Les besoins des agriculteurs, intégrés par le crédit et la modernisation dans la vie industrielle, avaient crû plus vite que leurs ressources. Les petits et les moyens exploitants devenaient les protestataires de la société d'abondance, et leur protestation prendrait vite l'aspect d'un mouvement régional, parfois d'allure autonomiste. Le *Centre national des jeunes agriculteurs*, avec Michel Debatisse, organisait des actions concertées, pour faire pression sur les pouvoirs publics et obtenir des ajustements de prix. Les jeunes agriculteurs demandaient en même temps des réformes profondes dans les structures de production et surtout dans les circuits de distribution. Ils exigeaient l'organisation par l'État des principaux marchés, la constitution de sociétés d'intervention foncière permettant de constituer des ensembles plus vastes d'exploitation.

La coexistence, au sein du monde industriel, des grandes entreprises et des petits ateliers était restée, en 1958, la caractéristique de la société française. Il est vrai que la concentration atteignit un degré inconnu auparavant dans les industries lourdes et la chimie par exemple, et que les petites et moyennes entreprises avaient des conditions de vie plus difficiles. C'est pourquoi la revendication ouvrière avait un double caractère ; chez les petits artisans et entrepreneurs, on demandait la protection de l'État contre les grands, l'atténuation de la pression fiscale jugée intolérable.

LES « NOUVELLES COUCHES SOCIALES ».

Mais chez les ouvriers des grandes entreprises, qui étaient très relativement les privilégiés de l'expansion, un syndicalisme « de gestion » semblait se développer, qui insistait moins sur les problèmes de salaires que sur le contrôle de la gestion des entreprises, sur la sécurité de l'emploi, sur la formation du personnel. Les « accords d'entreprise » conclus chez Renault en 1955, qui garantissaient une hausse des salaires indexée sur le coût de la vie et une garantie d'emploi, tendaient à se généraliser, cependant que le syndicalisme assagi renonçait aux grèves « politiques » des années 1950-1952 pour multiplier les « grèves techniques », catégorielles, estimées plus « payantes ».

La nouvelle bourgeoisie de 1958 n'était pas constituée, comme avant la guerre, de rentiers, mais de cadres achetant à crédit et capitalisant grâce au crédit. A l'américaine, la société « de consommation » avait commencé par toucher les salariés les plus élevés dans la hiérarchie, pour gagner progressivement les petits cadres, tentés eux aussi par les facilités du crédit. Les industries modernes, où la proportion des cadres était de 12 à 20 % des salariés, constituaient avec les administrations et le secteur tertiaire (commerce, publicité, services divers) une nouvelle couche sociale, inconnue avant la guere et qui remplaçait les anciennes « classes moyennes ».

Les réactions de cette nouvelle bourgeoisie étaient imprévisibles : on s'aperçut cependant très vite qu'elle aspirait à l'ordre, au confort, à la sécurité, à la dépolitisation. La mode des automobiles, des vacances, des week-ends et des résidences secondaires, les progrès rapides de la télévision, éloignaient les cadres et les ouvriers spécialisés des partis et des syndicats, dont les effectifs fondaient au soleil de l'expansion. La France s'intéressait de moins en moins à la « République des députés ». Elle assistait avec une croissante indifférence aux jeux parlementaires considérés comme futiles, coûteux et anachroniques.

Les convulsions du régime.

LES MALHEURS DE LA DROITE.

La décolonisation continuait d'empoisonner la vie politique : l'affaire d'Indochine obligeait le gouvernement à envoyer de plus en plus de renforts et de matériel. Les soldats de métier menaient une guerre extrêmement dure, sans être le moins du monde soutenus par une opinion qui s'indignait au contraire du coût trop élevé des opérations. Il y avait autour de l'Indochine une odeur de scandale (le trafic des piastres) et de mauvaise foi. Personne ne croyait à l'indépendance du soi-disant Viet Nam de Bao Daï. Quand, en 1950, de Lattre mourut, il était clair que le seul objectif raisonnable, pour son successeur Raoul Salan, était la seule défense du delta du Tonkin.

L'armée d'Afrique avait été partiellement engagée dans les opérations indochinoises, et bientôt la révolte gagnait les protectorats d'Afrique du Nord, où les anciens soldats français étaient nombreux. Les rapports avec la Tunisie s'étaient détériorés au point que Robert Schuman avait dû faire arrêter Bourguiba. On avait envoyé l'armée pour faire face à la guérilla déclenchée dans tout le pays. Pareillement, au Maroc, le mouvement de l'*Istiqlal* vers l'indépendance avait été contrarié par Juin, et le remplacement de Juin par Guillaume avait, à grand-peine, évité la rébellion. On était au bord du drame. Ni en Afrique du Nord ni en Indochine, les responsables politiques français n'avaient de doctrine. Ils ne savaient ni partir ni rester. Ils comptaient sur les Américains pour durer. Leur politique était au jour le jour.

Ils maintenaient l'Union française hors d'eau, alors qu'elle menaçait à tout moment de sombrer. Ils la prolongeaient sans avoir de moyens militaires, financiers et diplomatiques suffisants. La France de M. Pinay n'était pas disponible pour une guerre, même coloniale. L'électorat de droite s'indignait des abandons sans vouloir consentir les sacrifices nécessaires.

Pour la France des années 50, la Résistance n'était déjà qu'un souvenir lointain. La presse de la Libération avait sombré corps et biens. Elle était remplacée par des journaux à grand tirage, entre les mains de quelques groupes financiers puissants. Cette

presse de consommation n'avait que faire de l'héroïsme. Le grand
feuilleton des années 50 était *Caroline chérie* de Cecil Saint-Laurent, publié dans *France-Dimanche*. Les « intellectuels » étaient-ils
plus conscients ? On jouait sur les boulevards *Les Mains sâles* de
Jean-Paul Sartre, condamné à Moscou, encensé à New York.
Dans *L'Opium des Intellectuels*, Raymond Aron expliquait longuement que les notions de droite et de gauche n'avaient plus aucun
sens, qu'on avait oublié la « lutte des classes » parce qu'il n'y
avait plus de « classes ». Comment mobiliser les Français en leur
expliquant qu'ils défendaient en Indochine le « monde libre » contre
le communisme, selon la doctrine de Georges Bidault, alors qu'ils
avaient le spectacle quotidien de la démobilisation des commu-
nismes européens ?

L'ENTERREMENT DE LA C.E.D.

S'il était difficile de lever le contingent pour se battre en Indochine, on pouvait très bien, par contre, mobiliser l'opinion publique
sur le thème de la lutte contre la *Communauté européenne de défense*
(*C.E.D.*). Il suffisait d'expliquer aux Français qu'ils risquaient
d'avoir une armée commandée par des officiers allemands.

Le projet de C.E.D. était pourtant, à l'origine, une idée française. Les « Européens » du Parlement avaient voulu éviter le
réarmement unilatéral de l'Allemagne. La C.E.D. empêchait
qu'il y eût une armée nationale allemande. René Mayer, Georges
Bidault, un certain nombre de députés socialistes approuvaient le
projet d'une armée allemande « intégrée ». Les cédistes soutenaient
que leur projet était le moins mauvais possible, puisque les Américains exigeaient que l'Allemagne fût réarmée.

Les communistes faisaient évidemment campagne contre la
C.E.D. puisqu'elle était destinée à assurer la « défense de l'Occident » contre les pays de l'Est. Quant aux gaullistes, ils attaquaient
vivement le projet au nom de l'indépendance nationale. Ils étaient
aidés par certains radicaux, comme Édouard Herriot.

La droite au pouvoir éludait le débat. Ni Pinay ni Laniel, des
« indépendants », n'étaient soucieux d'ouvrir un dossier qui allait
les brouiller avec les gaullistes. Ils avaient sur les bras l'ensemble
des problèmes coloniaux. Ils ne pouvaient capoter sur la C.E.D.,
d'autant qu'il ne leur était pas toujours facile de la défendre. Un
des leurs, René Coty, venait d'être élu Président de la République.

Ils consolidaient leurs progrès dans l'opinion publique, affichant volontiers la défense d'un certain nationalisme. La presse et certains groupes de pression commençaient à exiger le maintien de la présence française en Afrique du Nord. Les *Jeunes Indépendants* soutenaient ce courant d'opinion, également animé par les gaullistes. Michel Debré, dans *Le Courrier de la Colère*, protestait avec vigueur contre le moindre signe de faiblesse outre-mer. Comment être patriote dans l'Union française, et accepter une armée intégrée ? Les indépendants ne voulaient certes pas avoir l'air moins cocardiers que les gaullistes. Au Parlement, dans les cadres de l'armée, dans la presse, une nouvelle droite s'affirmait avec force, regroupant les notables indépendants ou radicaux, le gaullisme autoritaire et patriote, et les centurions qui giflaient place de l'Étoile un ministre de la Défense, devant la tombe du soldat inconnu.

LE MENDÉSISME.

Tout ce qui était hostile, en France, au maintien du colonialisme, mais aussi tout ce qui souhaitait une politique nouvelle, adaptée au monde moderne, généreuse et dynamique, nationale, mais efficace, applaudit à la venue au pouvoir de Pierre Mendès France. Il était, d'entrée de jeu, l'homme nouveau.

Le désastre de Dien Bien Phu, en 1954, impliquait l'abandon à court terme de l'Indochine. Il exaspérait les partisans du maintien de la présence française outre-mer. Mais comment se maintenir, alors que la situation s'était constamment dégradée depuis la mort du général de Lattre de Tassigny ? Salan avait 400 000 hommes sous ses ordres mais le Viet Minh attaquait en force au Tonkin et vers le Laos, soutenu par les Chinois. On avait espéré attirer et détruire les forces d'Ho Chi Minh dans la cuvette de Dien Bien Phu. On espérait un succès militaire qui permît de négocier la paix dans de bonnes conditions. Le 13 mars 1954, le général Giap donnait l'assaut au camp retranché français, où les meilleures troupes du corps expéditionnaire devaient tomber entre les mains de l'ennemi.

On imagine mal le retentissement de Dien Bien Phu. La télévision n'était pas encore répandue au point que l'humiliation nationale fût présente dans tous les foyers, mais la presse, dans son ensemble, réagissait avec la plus grande vigueur, en des sens diamétralement opposés, à gauche comme à droite. A Paris le gouvernement Laniel tombait dans la confusion. Appeler Mendès France, pour la Chambre, c'était appeler le diable.

Depuis 1946 il n'avait cessé de condamner la politique de facilité, l'absence de vues d'ensemble des dirigeants, la veulerie de l'opinion. Il voulait un redressement, spectaculaire. Celui qui avait eu le courage de proposer à de Gaulle, en 1945, une politique d'austérité n'était certes pas homme à leurrer l'opinion sur les chances réelles de la France outre-mer. Il fallait faire la part du feu, tout de suite, et sauver ce qui pouvait l'être, après tant d'années de flottement. Contrairement à beaucoup de ses collègues radicaux, Pierre Mendès France était pour la franchise et l'efficacité.

Soutenu par les hebdomadaires parisiens qui militaient pour une politique libérale outre-mer (*L'Express* où écrivait François Mauriac et *L'Observateur* de Claude Bourdet et Roger Stéphane), P.M.F. mettait à la fois la majorité de la Chambre et les négociateurs étrangers devant un calendrier précis : il réussissait à négocier et à faire accepter à Paris les accords de Genève qui réglaient le problème indochinois sur le modèle de l'armistice coréen, et permettaient le rembarquement du corps expéditionnaire. L'Indochine était perdue après une guerre de sept ans. Elle avait coûté 3 000 milliards d'anciens francs et fait 92 000 victimes, chez les Français et leurs alliés.

Après cette amputation, le chirurgien Mendès France abordait le problème tunisien. Il propulsait avec lui en Tunisie le général Juin, ouvrait à Carthage une négociation avec Bourguiba, sorti de prison, en faisant une déclaration libérale. Il ne put aller plus loin, devant les menaces du parti africain qui s'était constitué à Paris, et dut même accepter de couvrir au Maroc une politique qu'il n'approuvait pas : on avait déposé le sultan Mohammed V que l'on avait déporté en Corse, puis à Madagascar. Mieux encore, devant les menaces qui pesaient sur l'Algérie, Mendès France avait fait une déclaration très ferme sur la présence de la France dans ses départements du Maghreb, et nommé délégué général le gaulliste Jacques Soustelle qui déclarerait bientôt :

« Un choix a été fait par la France, ce choix s'appelle l'intégration.

Sur le fond de la politique coloniale, Mendès France ne fut donc à aucun moment le « bradeur d'Empire » que dénonçaient ses ennemis de la droite. Il était au contraire entraîné à des contradictions, en raison des conditions difficiles de l'exercice du pouvoir sous la IVe République. S'il était pour l'évolution, il devait se prononcer pour la fermeté sous peine d'être balayé par le courant nationaliste. Même contradiction dans le débat sur la C.E.D. qui empoisonnait l'atmosphère politique : Mendès dut présenter à l'Assemblée, en raison des engagements internationaux pris par ses prédécesseurs, un traité qu'il n'approuvait pas et qui fut d'ailleurs repoussé, le 30 août 1954, par 319 voix contre 264.

Cet homme d'entreprise et de réalisation était sans cesse contrarié dans sa course par les nombreux freinages du régime d'assemblée : il avait demandé les pouvoirs économiques spéciaux, pour entreprendre une lutte héroïque contre tous les « assistés » de l'État. Mais comment attaquer les « betteraviers » et « bouilleurs de cru » qui touchaient d'importantes subventions pour transformer en alcool leurs excédents de production, sans mécontenter gravement les notables radicaux ses alliés ?

Précisément, P.M.F. voulait renouveler le parti radical, le galvaniser, lui donner un souffle, un programme, des objectifs. Au début de l'automne, il tentait encore de réanimer le débat au sein du vieux parti, encouragé et suivi par de nombreux jeunes partisans. Mais l'affaire d'Algérie devait porter à Mendès France un coup fatal. On allait rendre sa politique tunisienne responsable de la révolte.

Par sa manière très personnelle de gouverner, par son goût de l'efficacité et son refus du compromis, par les dévouements sincères et spontanés qu'il avait réussi à susciter chez de tout jeunes serviteurs de l'État, Pierre Mendès France s'était fait au Parlement beaucoup d'envieux. Les seules sympathies qui lui étaient réellement acquises étaient à gauche ou chez certains gaullistes. Les républicains populaires le rendaient responsable de l'échec de la C.E.D. ainsi qu'un certain nombre de radicaux. La droite l'accusait d'avoir « bradé » l'Union française. Ses propres amis lui reprochaient d'avoir brisé l'union des centres, et rendu la République ingouvernable.

De fait Pierre Mendès France, comme Edgar Faure, comme Antoine Pinay, comme René Pleven, estimait le régime parlementaire menacé. Le gouvernement ne pouvait avoir d'autorité sur des majorités trop restreintes. Peut-être fallait-il réformer les institutions, en finir avec le désordre. Déjà Mendès France avait réussi, au cours de son gouvernement, à faire voter quelques mesures précises pour faciliter le travail parlementaire et renforcer la sécurité des gouvernements. Il était difficile d'aller plus loin, devant les exigences contradictoires des différents groupes politiques : il était en particulier impossible de trouver un accord général sur la réforme de la loi électorale de 1951.

L'AFFAIRE ALGÉRIENNE ET LA FIN DES NOTABLES.

Les gouvernements qui succédèrent à Pierre Mendès France, quelle que fût leur qualité, devaient être nécessairement les victimes de l'instabilité puisque le régime n'avait pas su trouver en lui-même de remède ni de sauveur. Edgar Faure réussit à lancer une politique « d'expansion dans la stabilité » qui assura à l'économie française un essor remarquable. Il organisa la lutte contre la rébellion en Algérie, tout en favorisant, au Maroc, « l'indépendance dans l'inter-dépendance ». Mais ce spécialiste de la pré-révolution (il devait écrire sa thèse sur Turgot) ne parvint pas à faire réformer les institutions. Il prit la décision de dissoudre une Chambre ingouvernable en décembre 1955. C'était la première dissolution de l'histoire de la République depuis Mac-Mahon.

Elle ne fut pas profitable à Edgar Faure. Le *Front républicain* (Mendès France, Guy Mollet, Mitterrand, Chaban-Delmas) l'emportait assez sensiblement sur le centre-droit d'Edgar Faure. A l'extrême droite, un mouvement de contestation fiscale des commerçants et artisans, animé par un papetier du Lot, Pierre Poujade, gagnait, à la surprise générale, 50 sièges après une campagne des plus violentes, qui avait pour thème : « sortez les sortants » : Les poujadistes voulaient en finir avec le personnel politique de la IVe République.

Les gaullistes et les républicains populaires étaient les victimes de la consultation, qui avait en majorité porté à la Chambre des radicaux mendésiens et des socialistes. Le pouvoir était à gauche : le pays voulait la paix en Algérie.

Chargé de constituer le gouvernement, Guy Mollet, élu sur le thème de la paix, s'entourait de Pierre Mendès France et entreprenait des négociations secrètes avec les mouvements d'insurgés. Une visite à Alger devait lui montrer l'impopularité de cette politique. L'Algérie comptait plus de 800 000 Français ou Européens qui ne voulaient pas entendre parler d'une politique d'abandon.

Les « tomates » reçues au « gouvernement général » durcirent la position du président du Conseil, moins que l'échec des premières tentatives de négociation. Il nommait bientôt ministre en Algérie son ami Robert Lacoste, et intensifiait l'effort de guerre : on envoya en Algérie le « contingent », on maintint les soldats sous les drapeaux au-delà de la durée légale et l'on rappela les disponibles récemment libérés. Ce rappel fut difficile. Il y eut des troubles dans les centres de recrutement. L'opinion métropolitaine refusait cette guerre comme elle avait refusé la guerre d'Indochine.

Les socialistes durent longuement expliquer, en France, le sens du combat : on mit l'accent, dans la propagande, sur le terrorisme arabe, on diffusa largement les documents réunis par Lacoste sur les victimes des attentats. On justifiait le « quadrillage » militaire de l'Algérie par la nécessité de protéger les civils contre le terrorisme.

L'affaire d'Algérie était d'autant plus irritante pour les socialistes au pouvoir que tous les autres problèmes coloniaux avaient trouvé leur solution : le Maroc et la Tunisie étaient indépendants. Gaston Defferre avait mis au point, avec l'Ivoirien Houphouët-Boigny, une *loi-cadre* pour l'Afrique Noire, qui donnait l'autonomie aux territoires, en leur promettant l'indépendance. L'intransigeance des Européens et des musulmans en Algérie empêchait toute solution : il fallait continuer la guerre.

Pour les Arabes, elle était dirigée à partir du Caire, où le colonel Nasser semblait défier l'Occident. On avait « bouclé » les frontières tunisienne et marocaine, on avait envoyé dans Alger, pour rétablir l'ordre, les parachutistes du général Massu, mais on se trouvait, pour négocier, devant un problème international : les maîtres du jeu n'étaient pas dans les Aurès, mais au Moyen-Orient.

Si l'opinion de gauche s'élevait avec vigueur contre les méthodes employées dans Alger par les « paras » de Massu, un courant de plus en plus important dénonçait dans la presse l'attitude munichoise des Occidentaux devant Nasser, l'ambiguïté de la politique américaine, la honte d'un chantage dont Israël était la première victime. La fameuse « expédition de Suez » montée par Guy Mollet et les Britanniques surprit le monde entier et suscita de violentes campagnes de presse dans tous les pays occidentaux. Au lieu d'approuver le « coup de force » franco-britannique, la plupart des journaux dénonçaient ou ridiculisaient la « politique de la canonnière ». L'absence presque totale de résistance égyptienne rendait le « coup de poing » occidental encore plus inefficace. Les menaces américaines, puis soviétiques, en obligeant les Franco-britanniques à abandonner, montraient au monde, au monde arabe en particulier, que les Occidentaux n'avaient plus les moyens d'imposer par la force le maintien de leur présence outre-mer, et que rien ne pouvait menacer la politique pan-arabe de Nasser, qui profitait à fond du discrédit où le colonialisme était tombé.

Guy Mollet avait donné satisfaction, par sa réaction massive, à la droite du clan colonialiste, qui depuis longtemps demandait une action internationale. L'échec de Suez devait sonner le glas de ce que l'on appelait, dans une certaine gauche parisienne, le « national-molettisme ». Abandonné depuis longtemps par Mendès France, critiqué par bon nombre de ses amis socialistes, attaqué par la droite sur sa politique économique, Guy Mollet tombait et avec lui disparaissait l'espoir d'une politique cohérente de la gauche.

L'AGONIE.

Les gouvernements Bourgès-Maunoury et Félix Gaillard devaient accumuler les blocages. Le projet de « loi-cadre » pour l'Algérie échouait pendant l'été de 1957. De plus en plus, le pouvoir militaire occupait le vide laissé par le pouvoir civil défaillant. En Algérie, l'armée avait charge d'âmes. Les officiers devaient veiller non seulement au moral du contingent, à la protection des Français, mais aussi à la fusion des communautés et à l' « intégration » des musulmans. Ils avaient une tâche écrasante et s'indignaient de n'être pas davantage soutenus et compris à Paris.

En France où la situation économique et financière redevenait mauvaise (on avait dû de nouveau dévaluer) l'humiliation nationale de la crise de Sakhiet devait emporter le gouvernement Gaillard : des avions français avaient bombardé un village tunisien. Il y avait des victimes civiles. Le gouvernement français avait dû recourir aux « bons offices » d'une mission anglo-saxonne pour dénouer la crise. On parlait à droite d'entrer en campagne, d'aller « coucher dans le lit de Bourguiba ». L'opposition nationaliste devenait violente, relayée en Algérie par l'opinion « pied-noir », et par les chefs de l'armée.

La désignation de l'alsacien Pierre Pflimlin comme président du Conseil mit le feu aux poudres à Alger. Pflimlin avait écrit récemment un article où il se déclarait partisan d'une solution libérale, négociée, en Algérie. Le jour du débat d'investiture, le 13 mai 1958, la foule algéroise se rassemblait devant le gouvernement général. Des groupements politiques organisaient une manifestation, qui dégénéra en véritable sécession. Un *Comité de salut public* présidé par Massu s'empara du pouvoir à Alger. Il envoya au Président Coty un télégramme comminatoire. A Paris l'Assemblée investissait le cabinet Pflimlin. Même les communistes avaient voté pour lui. L'incompréhension était totale entre Alger et Paris.

C'est alors qu'intervint de Gaulle, dans la lassitude d'une opinion publique qui ne voyait pas de solution au conflit, en dehors d'un rassemblement des Français autour d'un « sauveur ». Le Général se garda d'approuver l'émeute. Il dressa simplement le constat de l'impuissance du régime, qu'il avait maintes fois dénoncée, et se déclara prêt à assumer la charge du pouvoir suivant une procédure régulière et acceptée de tous. Certains éléments gaullistes assuraient la liaison avec Alger et le Comité de salut public. A Paris la négociation du Général avec les chefs politiques fut longue et difficile. Il reçut certains d'entre eux, rencontra même Pierre Pflimlin. Devant les menaces de l'armée, et l'indignation de l'opinion publique, et malgré la manifestation d'union parfaitement réussie par les gauches réconciliées, l'accord fut enfin conclu : le 1er juin 1958 l'Assemblée votait à une large majorité une loi constitutionnelle qui autorisait le général de Gaulle, chef du gouvernement, à établir une constitution nouvelle. Le Général allait pouvoir réaliser le programme du discours de Bayeux. La IVe République avait vécu. Elle avait d'elle-même mis fin à ses jours.

CHAPITRE 21

La Vᵉ République

Les équipes et les idées étaient prêtes depuis longtemps quand de Gaulle franchit le Rubicon en mai 1958. Installé au pouvoir, qu'il n'avait pas pris, mais ramassé, il lui suffisait d'imposer aux parlementaires, qu'il traitait désormais avec un mépris poli, les grandes lignes d'une constitution qui avait mûri douze ans dans le silence de Colombey-les-deux-Églises.

La grande fête gauloise était terminée. Il n'y aurait plus de luttes tribales, de comportements incontrôlés, de danses du scalp au Palais-Bourbon, de course au pavois, de navigation improvisée : le grand roi franc avait pris Paris, avec ses barons du Nord. Quand il aurait fait sa paix avec les Sarrazins, il serait bien difficile de le renvoyer dans ses terres.

D'autant que Paris était désormais le centre de l'activité tourbillonnaire de la troisième révolution industrielle. Comme la tornade blanche, celle-ci décapait l'ancienne société. Les choix politiques des hardis barons encourageaient ce bond en avant de l'économie. De 1958 à 1966 pas de chômage, peu de grèves, pas de « question sociale ». Tous sont à l'ouvrage, avec la foi dans l'expansion indéfinie. La « politique de prestige » encourage et facilite les exportations françaises dans le monde entier. Les complexes d'infériorité ont disparu : les Français savent, maintenant, qu'ils peuvent fabriquer et vendre aussi bien que les autres, et qu'ils ont les moyens de bien vivre, de vivre libres, comme des Américains!

L'euphorie, l'optimisme des années 60 ne résiste pas, il est vrai, au grand vent de mai 68. La secousse en France est rude, mais non décisive. Le départ inopiné du Général, en 1969, surprend, afflige beaucoup, mais n'inquiète pas. La France gaullienne, malgré les orages, survit à de Gaulle.

Le miracle français.

UN FRANC TOUT NEUF.

Les conditions d'un véritable départ de l'économie étaient réunies dès 1958. L'effort fait depuis la Libération dans les industries d'équipement portait ses fruits, ainsi que le développement du crédit sous toutes ses formes. La reconstitution de l'épargne et du capital, la concentration financière des grandes sociétés, tout annonçait un grand départ : il y manquait la stabilité financière et politique, permettant de faire des choix industriels pour dix ans, en toute sécurité.

L'assainissement monétaire fut l'œuvre de Jacques Rueff, Antoine Pinay, Valéry Giscard d'Estaing, représentants d'un néolibéralisme français qui rendait à l'or sa fonction fondative : la dévaluation de 1958 « à froid » fut une réussite parfaite. Le *franc de Gaulle* perdait 14,93 % de sa valeur, mais il se définissait par rapport à l'or et c'était l'essentiel. Le *nouveau franc*, qui valait nominalement cent francs de la IVe République, devait rapidement s'affirmer comme monnaie forte en Europe, et permettre à la France d'affronter sans problèmes les diverses étapes de libération des échanges prévues par le traité de Rome de 1957 entre les six pays du marché commun. La politique étrangère du gaullisme faisait du respect des clauses du marché commun l'une de ses lignes fondamentales.

Dès le début des années 60, cette politique permit la concentration des capitaux. La hausse continue des valeurs mobilières (jusqu'en 1962) assurait aux entreprises un financement puissant. La réforme du marché financier, qui intervint alors, était destinée à assurer la continuité de ce financement : divers avantages fiscaux étaient destinés à assurer aux acheteurs de titres boursiers des placements rémunérateurs. On facilitait la création de sociétés de gestion de l'épargne, qui se substituaient aux acheteurs inexpérimentés dans l'exploitation des portefeuilles, et leur garantissaient un rapport déterminé.

Malgré la baisse des valeurs, qui survint après 1962, et les débuts de la spéculation sur l'or, le marché financier put être réanimé. L'in-

flation continue du dollar obligeait l'économie française à vivre de
plus en plus sur la défensive. Après avoir été trop riche en or et en
devises, la France risquait à son tour d'en manquer, si la spéculation, qui avait miné le dollar, jouait à son tour contre le franc.

LES MONOPOLES.

L'élargissement continu du marché financier s'était accompagné, à
partir de 1962, d'un mouvement de concentration des capitaux. Des
groupes puissants se constituaient, par fusion de sociétés, parfois
dans un contexte international ou européen. Péchiney s'alliait, dans
l'industrie chimique, à Saint-Gobain. Peugeot et Renault s'asso-
ciaient. La Fiat italienne prenait, non sans problèmes, une participation dans la Citroën. La plupart des grandes sociétés françaises
étaient soumises à ces concentrations, quand elles ne les provoquaient
pas.
Le but était d'exercer un contrôle monopolistique du marché, ou
de se grouper pour affronter mieux la concurrence. Ainsi Michelin,
qui contrôlait Citroën depuis 1934, devait absorber Panhard-Levas-
sor en 1965 et prendre une participation majoritaire dans Berliet.
Certains groupes américains profitaient du mouvement de concentration pour absorber des sociétés françaises. La présence américaine
était très forte dans les industries électroniques. Michel Debré,
ministre des Finances au plus fort de ce raz de marée, croyait bon
d'indiquer au micro d'*Europe 1* qu'il ne voyait pas d'inconvénients
aux investissements américains en France, à condition qu'ils ne
prennent pas de participation majoritaire dans les industries travaillant pour la Défense nationale... La concentration monopolistique
était un phénomène mondial. Il était inévitable que l'économie française y fût soumise, quel que fût le désir des dirigeants gaullistes
d'éviter les absorptions et de limiter les implantations de capital
étranger en France.

LES CHOIX ÉNERGÉTIQUES.

La concentration des capitaux s'accompagnait en France d'une
révolution de l'énergie. Le choix politique de l'engagement de la
recherche scientifique et technique dans la voie nucléaire ne donnait

pas les résultats attendus en raison du coût élevé du procédé français, laborieusement mis au point. Mais le mouvement général de la recherche, la concentration de quelques grandes sociétés en une sorte de *pool atomique* (Péchiney, Schneider, Alsthom, etc.), l'édification des premières centrales nucléaires et la construction du sous-marin atomique servaient finalement le progrès industriel par la mise en activité de certaines techniques de pointe. La France, après prospection du territoire et des anciennes colonies, pouvait produire 770 000 tonnes d'uranium brut par an, et 1 200 tonnes de métal raffiné, ce qui n'était pas négligeable.

C'est à l'électricité et au pétrole que la France gaullienne devait son nouveau profil énergétique. L'équipement rapide en hydro-électricité (la France était, de ce point de vue, en tête des pays européens) fut réalisé dans la période 1950-1962. Il porta ses fruits dans les années 60. La consommation électrique devait doubler tous les dix ans. La France réussit à équilibrer production et consommation. Des régions entières purent accéder à l'industrialisation grâce à l'électricité : la région Rhône-Alpes, déjà très engagée, l'Alsace, la Normandie, les Pyrénées.

La politique pétrolière et gazière contribua à cette expansion. Les oléoducs et les gazoducs sillonnèrent le territoire, permettant les implantations industrielles. Les importations d'hydrocarbures par tankers géants facilitèrent la reconversion des ports, têtes de pont des grands pipe-lines intérieurs. Le développement de l'énergie électrique et pétrolière accélérait la désaffection pour les mines de charbon. Il n'y avait, dans les années 60, aucune inquiétude pour l'approvisionnement de l'Europe en hydrocarbures, à des prix rendant ce type d'énergie meilleur marché. La Ve République devait effectuer de difficiles reconversions de mineurs, dans le Massif Central, mais aussi dans le Nord.

LES NOUVELLES INDUSTRIES.

L'approvisionnement massif des ports en matières énergétiques favorisait l'installation des grandes entreprises sidérurgiques au fil de l'eau, et la désaffection des régions traditionnellement productrices, comme la Lorraine. L'abandon progressif des mines de fer de Lorraine suscitait des troubles graves chez les mineurs, et même dans les entreprises de construction métallique.

Une nouvelle métallurgie se construisait dans les ports A Dun-

kerque on importait du minerai étranger à haute teneur en fer,
suédois, espagnol ou mauritanien. Des minéraliers géants assuraient
l'approvisionnement des hauts fourneaux les plus modernes d'Europe : on traitait à Dunkerque 4 000 tonnes d'acier par jour. Toutes
les industries modernes bénéficiaient de l'afflux d'énergie. Péchiney
installait des usines d'aluminium dans les montagnes. La France
devenait le troisième producteur mondial. Elle investissait en Guinée, en Grèce et même aux États-Unis. La chimie des phosphates et
des engrais de synthèse se groupait près des ports. Elle était aux
mains de Péchiney et d'Ugine-Kuhlmann.

L'électronique investissait les régions les plus développées, car ses
500 000 salariés devaient avoir une formation professionnelle. Une
bataille s'engageait entre les groupes français et étrangers pour la
domination du marché. I.B.M. et Bull General Electric dominaient
la fabrication des ordinateurs, mais la Compagnie générale d'Électricité et la Compagnie française de Télégraphie sans fil se réservaient les marchés d'appareils électriques. L'État créait une Compagnie française de Télévision, associée à Thompson-Houston et à
Saint-Gobain, pour lancer le procédé de télévision en couleurs
S.E.C.A.M. inventé par Henri de France.

D'autres industries connaissaient une vive expansion sous le
gaullisme : l'automobile par exemple, qui atteignait dans les années
60 des chiffres de production record. La France était au troisième
rang des producteurs mondiaux d'avions : Sud-Aviation continuait
à construire des *Caravelles* et des hélicoptères. En mars 1969 elle
faisait voler le premier prototype de *Concorde*, l'avion supersonique
franco-britannique. Nord-Aviation se spécialisait dans les appareils
militaires. La *Générale aéronautique Marcel Dassault* construisait
les célèbres *Mirages*, chasseurs très appréciés à l'étranger... et des
petits réacteurs d'affaires qui se vendaient très bien en Amérique.

LES « BLOCAGES » DE L'ANCIENNE FRANCE.

Ces industries étaient largement exportatrices. Elles constituaient,
avec les industries d'armement, le fer de lance de l'appareil économique français. D'autres industries, exportatrices dans le passé,
avaient des difficultés pour s'adapter au Marché commun. Les industries textiles par exemple, qui souffraient de la fermeture des
anciens marchés coloniaux. Elles supportaient très mal la concur-

rence de la chimie synthétique. Elles devaient connaître, en pleine prospérité, le « chômage technique ».

Ainsi la France gaullienne, dans bien des domaines, connaissait des crises et des blocages, avec une économie en expansion rapide. Les industries de pointe manquaient souvent de cadres, de techniciens, tandis que les industries les moins adaptées se séparaient de leur personnel, faute de pouvoir le reconvertir. Un gigantesque travail de ventilation de la main-d'œuvre était en cours, une révision souvent déchirante de la carte industrielle de la France, dans la hâte et parfois dans l'improvisation. Ce mouvement des entreprises et des hommes à travers le territoire impliquait des tensions et des conflits locaux, qui débouchaient souvent sur le terrain politique.

Il n'existait alors ni formation professionnelle adaptée, ni crédits pour le recyclage des cadres et des techniciens en sous-emploi. Des régions entières comme le Nord, patrie des textiles, étaient dans l'embarras. Des adaptations astucieuses (comme Moulinex en Normandie) fixaient une main-d'œuvre nouvelle dans des régions traditionnellement agricoles, alors que les régions traditionnellement industrielles comme le Nord avaient beaucoup de mal à se reconvertir.

LE MONDE RURAL.

L'agriculture avait la même fièvre d'adaptation et de changements que l'industrie. Elle devait faire face au Marché commun. La grande agriculture industrielle n'était pas en peine. Elle doublait sa consommation d'engrais, atteignait dans les céréales des rendements record.. Les producteurs de vins fins, de primeurs, de fruits, de produits d'élevage se plaçaient sur les marchés étrangers aussi bien que leurs concurrents italiens, beaucoup mieux que les Allemands.

L'agriculture pauvre, celle du Midi, du Centre, de l'Ouest, avait par contre beaucoup de mal à s'adapter aux conditions nouvelles des marchés. La France de 1967 comptait encore 1 700 000 exploitations agricoles dont la moitié étaient inférieures à dix hectares et la très grande majorité inférieures à cinquante hectares. Les terres les plus ingrates devaient être abandonnées, elles ne nourrissaient plus leur homme.

Depuis 1966 l'État avait pris l'initiative des remembrements. Mais ils étaient plus faciles dans les régions les plus riches, plus difficiles ailleurs, où la méfiance était grande. Le mutualisme, l'organisation des marchés n'étaient pas des remèdes suffisants pour les plus déshérités. Dès 1960 et 1961 des troubles graves éclataient en Bretagne, en Languedoc, à Avignon et à Perpignan. Les Bretons prenaient d'assaut une sous-préfecture.

Ceux qui restaient à la terre (1 500 000 agriculteurs l'avaient quittée de 1954 à 1962) étaient encore 15 % de la population active. Le gaullisme ne pouvait négliger ni leur puissance électorale, ni la menace grave des contestataires de la France verte. Des *Sociétés d'aménagement foncier et d'établissement rural* (S.A.F.E.R.) furent mises en place dans les départements, avec mission d'exercer un droit de préemption sur les ventes de terres, de les acquérir et de les revendre à des jeunes agriculteurs. Des *Sociétés foncières agricoles*, (S.F.A.) garanties par l'État, achetaient pour leur compte des terres qu'elles louaient à des exploitants. Un fonds d'action sociale donnait une indemnité viagère aux agriculteurs âgés et distribuait leurs terres aux jeunes. Cet énorme travail d'organisation et d'intervention n'empêchait pas les paysans mécontents de se grouper en syndicats très actifs : en 1953 avait été créée la *Fédération nationale des syndicats d'exploitants agricoles* (F.N.S.E.A.). Les petits exploitants adhéraient au *Comité de Guéret* (socialiste), au *Mouvement de défense des exploitations familiales* (communiste), au *Centre national des Jeunes agriculteurs* de Michel Debatisse, puis de Serieys. Les jeunes agriculteurs contestaient la « nouvelle société » où ils estimaient leur place insuffisante.

LES VICTIMES DES GRANDES SURFACES.

Autres contestataires : les commerçants. Le bond en avant de la production industrielle avait eu pour conséquence le gigantisme des « points de vente ». Les villes et les banlieues nouvelles n'avaient plus de « boutiques » mais des « grandes surfaces », qui passaient directement les marchés avec les grandes entreprises. Le petit commerce représentait en 1962 70 % du commerce intérieur français. Il n'était plus en 1969 que 50 %. Les magasins populaires (Uniprix, Monoprix), les magasins à prix unique et les « grandes surfaces », véritables « usines à vendre », s'emparaient du marché. On leur reprochait d'obtenir de l'État des conditions fiscales plus avantageuses. Les petits commerçants demandaient à l'État aide et protection, quand ils ne rejoignaient pas les rangs d'un syndicalisme violent, héritier du poujadisme, celui de Gérard Nicoud et du

C.I.D.U.N.A.T.I. Les actes de violence se multipliaient contre les grandes surfaces et les perceptions. Mais le débat des commerçants avec l'État ne faisait pas revenir les clients dans les boutiques : les goûts et les besoins s'étaient modifiés. Les familles de travailleurs se satisfaisaient de produits standard, voire de produits « surgelés », qu'elles achetaient une fois par semaine dans un grand magasin pourvu d'un vaste parking. L'évolution des mœurs s'opposait ici au maintien d'une activité traditionnelle. Les victimes en rendaient l'État responsable.

LA « NOUVELLE SOCIÉTÉ ».

L'État était à la fois conscient de ces changements et de leur caractère inéluctable. Il ne mettait en aucune manière en question la poursuite de l'industrialisation et de l'urbanisation. Au contraire : le choix pour une société industrielle était profond, irréversible. On en acceptait toutes les conséquences sociales et politiques.

L'industrialisation avait accru les effectifs ouvriers, mais bien davantage les emplois « tertiaires ». Ils étaient 40 % de la population active (contre 35 % en 1945). La multiplication de ces emplois était un phénomène mondial, dans les pays industriels. Les travailleurs du tertiaire n'étaient généralement pas syndiqués, sauf dans l'enseignement et dans certaines administrations. S'ils n'avaient pas de revenus très supérieurs à ceux des ouvriers, ils attachaient plus qu'eux d'importance au mode de vie, ils s'intéressaient passionnément aux vacances, aux loisirs, ils recouraient volontiers au crédit. Ils formaient une classe flottante, dépolitisée, très attachée aux valeurs de la « société de consommation ».

La France comptait, en 1969, 190 000 ingénieurs et 450 000 « cadres supérieurs ». La multiplication de ces personnels était une conséquence directe du bond industriel. Ils étaient très attachés au credo de la nouvelle société : expansion, organisation, adaptation. Ils étaient les gardiens privilégiés de l'idéologie dominante et soutenaient généralement la Ve République, même si, lecteurs des hebdomadaires d'opposition, ils étaient susceptibles de basculer du jour au lendemain dans l'autre camp, en fonction de la conjoncture.

Le régime politique se devait de coïncider aussi étroitement que possible avec ces forces politiques nouvelles, disponibles, mais difficiles à mobiliser, promptes à l'adhésion comme à la révolte. La forme politique, rigide dans sa théorie institutionnelle, avait dû s'adapter souplement aux nécessités de l'économie comme aux pulsions de la société. La Ve République n'était pas, comme la précédente, un régime du XIXe siècle prolongé. Sur le tard, la France avait sécrété, dans l'approximation et non sans confusion, une République industrielle.

La République gaullienne décolonise : 1958-1962.

DE GAULLE ET L'ALGÉRIE.

Les premières années de la Ve République devaient être dominées par le problème algérien. Au départ, de Gaulle n'avait pas d'idée préconçue. Il croyait sans doute que son retour au pouvoir suffirait largement à dénouer la situation, à désarmer les antagonismes. N'était-il pas garant désormais, devant les Arabes, de la parole de la France ? Quant aux « pieds-noirs » il avait appris à les connaître. La nomination de Michel Debré comme Premier ministre devait suffir à les rassurer. Le polémiste du *Courrier de la Colère* n'était pas l'homme des abandons. Pourtant Soustelle avait été écarté du ministère de l'Intérieur. Où allait le Général ?

Avec une Chambre largement dominée par le nouveau parti gaulliste, l'U.N.R. (Union pour la Nouvelle République) qui avait 206 élus aux élections contre 10 au P.C. et 47 à la S.F.I.O., l'opposition de gauche n'avait plus de voix. Le nouveau scrutin d'arrondissement avait donné au général une chambre docile, prête à le suivre aveuglément.

Il avait fait un voyage en Algérie, sans faire vraiment le choix d'une politique. Sans se décider pour l'intégration, il avait dû, devant un adversaire qui ne désarmait pas, accentuer l'effort militaire et lancer le *Plan de Constantine* qui avait pour but de faire « décoller » économiquement le pays. Toute une génération de jeunes Français — et notamment les jeunes cadres sortis des grandes écoles — allait se dévouer totalement aux tâches d'assistance et de sécurité, pendant quatre ans. Une Algérie nouvelle pouvait-elle naître, bien éloignée du vieux pays des colons et des privilégiés ? De Gaulle a pu le croire. Pensait-il à cette Algérie de l'avenir, celle de la réconciliation dans l'effort et dans l'égalité, quand il déclarait au très *ultra* directeur de *L'Écho d'Oran*, en avril 1959 : « L'Algérie de papa est morte »?

Le Général devait sortir de l'imprécision et lancer en septembre 1959 sa fameuse politique de l' « autodétermination », qui devait, pensait-il, donner satisfaction à la fois aux musulmans et aux Français de bonne volonté.

> « Je m'engage, disait-il, à demander d'une part aux Algériens dans leur douze départements, ce qu'ils veulent être en définitive et d'autre part à tous les Français d'entériner ce que sera ce choix. »

Il proposait en effet le choix entre la sécession, qui entraînerait selon lui « un chaos politique », l'intégration ou « francisation » et l' « association » ou « gouvernement des Algériens par les Algériens, appuyé sur l'aide de la France et en liaison étroite avec elle ». Avait-il cru, par cette dernière proposition, se rallier toutes les faveurs? Était-il mal informé?

Le gouvernement provisoire de la République algérienne (G.P.R.A.) fit en tout cas savoir qu'il était hostile à cette proposition, parce qu'elle faisait des Français d'Algérie, et de l'armée française les arbitres de la consultation. Quant aux « pieds-noirs », ils affirmaient qu'il n'y avait pas d'autre solution pour l'Algérie que l'intégration et ils prétendaient exprimer ainsi l'opinion des chefs de l'armée. Ce point de vue trouvait en France de nombreux défenseurs dans une certaine presse, au Parlement, voire dans les rangs de la majorité, voire au gouvernement.

L'ALGÉRIE FRANÇAISE CONTRE DE GAULLE.

Le 19 janvier Massu, « pacificateur » d'Alger, donna une interview à un journal allemand, en faveur de l' « Algérie française ». Il fut aussitôt démis de ses fonctions, rappelé à Paris. Alger dressait des barricades.

De nouveau, Paris et Alger n'étaient plus sur la même longueur d'onde. C'est de Gaulle qui rétablit le contact, rudement. Le 29 janvier, il apparut à la télévision dans sa tenue de général de brigade, avec pour insigne la croix de Lorraine. Il donna ordre à l'armée d'obéir, et réaffirma la politique d'autodétermination. Une grève générale symbolique d'une heure fut décidée par tous les syndicats, pour soutenir son action. L'armée et les chefs militaires, qui avaient suivi le discours du Général, même en brousse, grâce aux « transistors », se soumirent aussitôt. Comme le dit dans ses *Mémoires* le colonel Argoud, il y avait dans l'armée de nombreux officiers supérieurs, « incapables de raisonner dès lors que de Gaulle a parlé ». Les officiers partisans de la thèse « ultra », comme Argoud, n'étaient pas la majorité. Les mutins des barricades étaient abandonnés. Tout rentrait dans l'ordre.

Pour un temps seulement : à Paris, le Général avait demandé et obtenu du Parlement les « pouvoirs spéciaux ». Soustelle et Cornut-Gentile, partisans de l'Algérie française, étaient écartés du pouvoir. Déjà Pinay ne faisait plus partie du gouvernement, en raison de son opposition aux données de la politique économique et financière. Les hommes de l'Algérie française risquaient de trouver au Parlement un terrain favorable.

De Gaulle entreprit en Algérie sa célèbre « tournée des popotes » pour rassurer l'armée au niveau de ses capitaines, et décida d'entrer en contact avec les représentants du G.P.R.A. Les premières conversations (Melun, juin 1960) n'aboutirent pas : les rebelles voulaient traiter sur un pied d'égalité avec la France. Le Général ne voulait pas négocier avant le cessez-le-feu. Il demandait « la paix des braves ». Il voulait que les rebelles « laissent le couteau au vestiaire ».

En France, une violente opposition se dessinait contre la guerre. Les intellectuels protestaient contre la torture, le manifeste des 121, signé en particulier par J.-P. Sartre, demandait en septembre l'arrêt immédiat des combats et lançait un appel à l'insoumission.

LA NÉGOCIATION ET LA RÉVOLTE.

Le 4 novembre 1960, de Gaulle, déçu par le faible écho de ses propositions aux Algériens, faisait un pas décisif en faveur de la négociation. Désormais, il voulait aboutir, et vite. « La République algérienne existera un jour », déclarait-il. A Paris, il fallut de nouveau modifier le gouvernement, écarter les partisans de l'intégration. A Alger, Morin remplaçait Delouvrier, cependant qu'à Paris Joxe devenait ministre d'État chargé des affaires algériennes. Désormais de Gaulle et Joxe allaient assumer seuls la négociation, presque en dehors du Premier ministre Debré, dont les sympathies pour l'Algérie française étaient connues.

En janvier 1961 le Général demandait au pays, par voie de réfé-

rendum, s'il approuvait la politique d'autodétermination, 56 %
des inscrits l'approuvèrent. Les communistes et l'extrême droite
avaient fait voter « non ». En Algérie sept électeurs sur dix approuvaient. Pour les « pieds-noirs », il ne restait que la révolte.

L'Organisation de l'armée secrète (O.A.S.) constituait ses réseaux
clandestins pendant l'hiver de 1960-1961. Elle allait provoquer,
à Alger d'abord, à Paris ensuite, une série d'attentats spectaculaires. L'Algérie serait-elle une Irlande ?

Le 22 avril 1961, quatre généraux s'emparaient du pouvoir à
Alger, arrêtant les délégués du gouvernement français Morin et
Robert Buron, annonçant leur intention de maintenir par la force
la présence française. Le général de Gaulle dénonçait avec la plus
grande fermeté l'absurdité de la rébellion d'un « quarteron de
généraux en retraite ». Le contingent ne suivit pas les ordres des
officiers rebelles. Seuls les régiments de mercenaires s'étaient
divisés. De ce fait, la rébellion put être facilement réduite, sans
que le sang coule. Les généraux Challe, Zeller, Salan et Jouhaud
se rendirent ou s'enfuirent. Comme le disait le général de Gaulle
au Conseil des ministres :

> « Ce qui est grave, messieurs, dans cette affaire, c'est
> qu'elle n'est pas sérieuse. »

Son discours du 23 avril à l'armée avait suffi à désamorcer le
complot.

> « Au nom de la France, avait-il dit, j'ordonne que tous les
> moyens, je dis tous les moyens, soient employés pour barrer
> la route à ces hommes-là, en attendant de les réduire. J'in-
> terdis à tout Français, et d'abord à tout soldat, d'exécuter
> leurs ordres... L'avenir des usurpateurs ne doit être que
> celui que leur destine la rigueur des lois. »

Cette rigueur, de Gaulle la voulait exemplaire. Elle fut tempérée
par l'entourage de Michel Debré et en particulier par Jean Foyer.
L'affaire d'Alger avait exaspéré les partisans de l'Algérie française,
en France comme en Algérie. Il ne fallait pas de nouveau diviser
irrémédiablement les Français.

Pourtant le pouvoir parisien ne pouvait plus compter que sur
la force pour imposer sa politique libérale. En mai 1961 avait
commencé la première négociation d'Évian avec le G.P.R.A. Elle

devait échouer en juin en raison des prétentions algériennes sur le pétrole du Sahara. La crise franco-tunisienne de juillet, à propos de Bizerte, devait envenimer le climat. Il fallait conclure vite : l'armée avait perdu le moral et l'O.A.S. multipliait ses actions terroristes. En septembre un attentat avait failli coûter la vie au général de Gaulle. Il y avait eu huit morts, au métro Charonne, au cours d'une grande manifestation organisée par les communistes, huit morts étouffés qui se précipitaient dans la bouche du métro pour échapper aux charges de la police.

En février, Joxe négociait de nouveau avec le G.P.R.A. Il n'était plus question de se disputer le Sahara. On l'abandonnait. L'Algérie ne serait pas limitée. La communauté européenne serait intégrée à l'État algérien. En mars, à Évian, les accords étaient enfin signés : un Exécutif provisoire devait assurer l'ordre en Algérie, sous la direction de Christian Fouchet. Un référendum aussitôt organisé en France démontrait l'approbation massive du pays (80 %) à cette politique de paix. Une première phase de l'histoire de la Ve République venait de s'achever.

Non sans douleur : la grande majorité des Français d'Algérie choisissait de partir. En 1962, 700 000 d'entre eux regagnaient la métropole, dans un dénuement souvent total. Salan, arrêté au mois d'avril, sauvait de peu sa tête. Les chefs politiques de l'O.A.S., Soustelle et Bidault, trouvaient refuge à l'étranger, attendant une amnistie qui ne surviendrait qu'en 1969. La dernière étape de la décolonisation avait été sans conteste la plus douloureuse.

La grande politique du Général : 1962-1969.

UN NOUVEAU RÉGIME.

Débarrassée de l'affaire algérienne, la Ve République allait enfin pouvoir donner sa mesure, et les Français pourraient mesurer le changement. Jusqu'en 1962, ils avaient admis une sorte de régime d'exception, largement justifié par la situation, sans prêter trop attention aux changements constitutionnels. On savait que le Président de la République était le maître de l'Exécutif, qu'il nommait les ministres et le Premier ministre. On avait déjà assisté, de 1958 à 1962, à des révocations spectaculaires. L'Élysée devenait un pouvoir, le « château », comme disaient les députés. Le Premier ministre était en réalité le « commis » du « château ». Le Président tenait son pouvoir d'un collège électoral de 80 000 grands électeurs comprenant les parlementaires, les délégués des conseils municipaux, les conseillers généraux. Le Parlement ne pouvait pas aussi facilement faire tomber les ministères : la « motion de censure », qui obligeait le Premier ministre à démissionner, devait être votée à la majorité absolue. Il n'y avait plus d'interpellations à la Chambre.

De Gaulle, qui avait remplacé Michel Debré par Georges Pompidou, son directeur de cabinet, voulait en finir avec l'ambiguïté d'un régime qui restait encore, à ses yeux, trop soumis au schéma parlementaire. Le 12 septembre 1962, il fit savoir qu'il proposait au pays un référendum sur le principe de l'élection du Président au suffrage universel. Le Général mettait tout son poids dans cette réforme, que le milieu parlementaire (et en particulier les sénateurs) contestait :

> « Si la majorité des *oui* est faible, médiocre, aléatoire, disait-il, il est bien évident que ma tâche sera terminée aussitôt et sans retour. »

La situation politique était tendue : les responsables du complot d'Alger avaient été jugés : on avait épargné les chefs, et fusillé quelques lieutenants. Jouhaud, condamné à mort, n'avait pas été exécuté. Degueldre, oui. Bastien Thiry, responsable de l'attentat du Petit-Clamart contre le Général, avait été fusillé. L'extrême droite et l'armée en révolte avaient désormais leurs victimes. La fronde parlementaire se déchaînait. On ridiculisait Pompidou, choisi par de Gaulle, on voyait dans cette nomination un mépris pour le Parlement. Ce normalien, ancien fondé de pouvoirs d'une grande banque d'affaires, connaissait à la fois la finance et la rhétorique, mais certainement pas le Palais-Bourbon. Il n'avait obtenu, pour son vote de confiance, que 259 voix contre 128 et 119 abstentions! Tous les partis d'opposition faisaient campagne contre le projet de référendum, aidés par une grande partie de la presse. Le Sénat réélisait comme président Gaston Monnerville, farouche adversaire du référendum. A l'Assemblée, le gouvernement Pompidou était censuré par 280 voix, sur initiative de Paul Reynaud. Aussitôt le Général prononçait la dissolution de la Chambre. La campagne pour le référendum ₃erait jumelée avec des élections législatives.

Mais le pays voyait que de Gaulle avait apporté la paix, ce que les parlementaires n'avaient jamais su faire. Les élections devaient être un triomphe pour de Gaulle, un camouflet pour la caste politique. Il faut dire que le Général n'avait pas hésité à descendre dans l'arène pour régler leur compte aux vieux partis.

> « Les partis de jadis, disait-il, ne représentent pas la
> nation. »

On avait mené de pair, du côté des gaullistes, la campagne du référendum et celle des législatives ; rondement. Une *association pour la Ve République*, présidée par André Malraux, avait donné les investitures aux candidats de l'U.N.R. et de l'U.D.T. (*Union démocratique du travail*) qui regroupait les gaullistes de gauche. On avait aussi distribué des investitures aux indépendants et à des républicains populaires, créant ainsi, avant les élections, la future majorité. Du côté de l'opposition, le *cartel des non* avait décidé de répartir les candidatures pour battre les gaullistes avec le maximum d'efficacité. Les communistes allaient seuls au combat du premier tour, mais déjà Guy Mollet déclarait qu'entre un communiste et un gaulliste, il choisirait au second tour le communiste.

Un véritable raz de marée gaulliste devait surprendre, dès le premier tour, les observateurs politiques. L'U.D.R. dominait, majestueuse, une poussière de partis. La majorité de ceux que l'on appelait dans *Le Canard enchaîné* les « députés godillots » était absolue. Les députés de gauche n'étaient qu'une centaine. Georges Pompidou revenait aux affaires, prenant une revanche éclatante sur la motion de censure.

Mais surtout le Général avait gagné son référendum. Contre l'avis de tous les partis, les électeurs avaient choisi, par 13 millions de *oui* contre 8 millions de *non*, l'élection du Président de la République au suffrage universel. Les *non* provenaient essentiellement des régions situées au sud de la Loire. L'Est, le Nord, la région parisienne avaient voté *oui*. Le référendum opposait la France des Francs à l'antique *Romania* attachée aux traditions parlementaires. Au nord de la Loire, on souhaitait en politique efficacité et autorité. Au sud, on voulait défendre les franchises, les traditions, et aussi les privilèges. Les deux France avaient parlé selon leur conscience. Mais le scrutin modifiait en profondeur les attitudes politiques :

ce n'est pas dans le cadre des partis que l'on pourrait se défaire du gaullisme : l'opposition devrait jouer durement le jeu de l'élection présidentielle. Il faudrait que la gauche s'y adapte.

LA « POLITIQUE MONDIALE » DU GÉNÉRAL DE GAULLE.

Pour la première fois depuis cinquante ans, la France renouait avec une tradition : concevoir sa politique étrangère à l'échelle du monde, avec des idées d'ensemble, des principes, des moyens. De Gaulle rendait sa fonction à la diplomatie, jusque-là reléguée aux tâches de transmission ou de représentation dans les organismes internationaux.

La première idée simple du Général était la libération des peuples, qu'il était, disait-il, du devoir de la France de soutenir : pour « libérer » l'Afrique noire, il suffisait au Général d'élargir la loi cadre Houphouet-Defferre de 1956 et de créer la Communauté. Les États membres, en 1960, choisirent tous l'indépendance. La coopération succédait à la colonisation pour quatorze États nouveaux d'Afrique Noire et de Madagascar. Des « experts » militaires et civils étaient envoyés dans tous les États, à leur demande, pour assurer le décollage économique, politique, social et scolaire. D'un printemps à l'autre, aux mâts du rond-point des Champs-Élysées, un nouveau drapeau à dominante verte venait annoncer aux Parisiens la visite d'un de ces chefs d'État africains dont certains, comme Senghor ou Houphouet Boigny, étaient déjà très connus du public. Des milliers de « coopérants » prenaient le chemin de l'Afrique Noire, des enseignants, des médecins, des agronomes ou des spécialistes de la formation professionnelle. La France était libérée de l'Empire et les nouveaux Français étaient bien accueillis dans les anciennes colonies.

Il restait à la France à se libérer elle-même des liens qui l'intégraient, depuis 1947, dans les diverses communautés à tendance supranationale. Le général de Gaulle avait accepté une certaine idée de l'Europe. Mais il ne voulait pas que la France y perdît sa souveraineté. A l'Europe intégrée, il préférait l'Europe associée, dont le premier acte était la réconciliation franco-allemande. Les liens privilégiés qu'il établissait avec Conrad Adenauer devaient permettre le spectaculaire voyage en Allemagne de l'Ouest de septembre 1962 et la visite à l'École des Officiers de Hambourg. Le traité franco-allemand de janvier 1963 était un premier pas vers l'axe franco-allemand, qui devait, selon de Gaulle, dominer le Marché commun. Cela supposait, de la part de la France, une volonté déterminée d'intégration économique, malgré les difficultés agricoles, et pendant longtemps l'éviction de la candidature britannique, considérée comme inopportune. Le rêve gaullien d'une Europe unie « de l'Atlantique à l'Oural » supposait l'affranchissement de l'Europe de l'Ouest à l'égard des États-Unis.

LE NEUTRALISME POSITIF.

La politique d'ouverture vers l'Est était la conséquence du refus de l'intégration atlantique. Il fallait « abandonner cette communauté atlantique, colossale, sous présidence et direction américaine ». Cette politique supposait que les partenaires européens du Marché commun suivissent la France. Si le Général réussit à rendre la défense française indépendante par rapport aux États-Unis, les autres pays d'Europe restèrent sous orbite américaine. La France était déphasée.

Mais elle devenait une puissance militaire : la force de frappe nationale, engagée sous la IVe République, avait été discutée et approuvée par le Parlement en 1960. Cette année-là, en février, la première bombe française avait explosé au Sahara. Une loi-programme de cinq ans était adoptée en 1964, après que le Général eut refusé de participer en 1963 à la conférence de Moscou sur la limitation des armes nucléaires. La France gaullienne faisait de son armée moderne l'article essentiel de sa politique étrangère.

Dans ces conditions, l'intégration atlantique avait vécu. Déjà la France avait interdit aux Américains d'installer sur le territoire des « rampes de lancement » pour les fusées. La flotte française était retirée au commandement interallié de l'Atlantique. En 1965 le Général annonçait son intention de retirer la France de l'O.T.A.N. C'était chose faite en 1966.

Le dégagement à l'égard de l'Amérique s'accompagnait d'une politique d'entente et d'ouverture avec les pays de l'Est, y compris la Chine. A la suite d'une mission d'Edgar Faure, la France reconnaissait en 1964 la Chine communiste. Un voyage triomphal accompli par de Gaulle à Moscou en 1966 devait contribuer à accréditer l'image de marque d'une France neutraliste et pacifique, mettant ses bons offices à la disposition d'une réconciliation planétaire de l'Ouest et de l'Est. La médiation française dans l'affaire d'Indochine, ressentie douloureusement à Washington, confirmait cette optique, dont les grandes lignes avaient été fixées dans le discours de Pnom-Penh. Les visites présidentielles accomplies en Afrique, en Amérique du Sud, au Brésil, au Canada (vive le Québec libre! avait crié devant la foule le Général) rendaient non seulement à la France, mais à l'Europe son poids et son prestige dans les relations internationales.

LA « ROGNE ET LA GROGNE ».

Comment cette politique était-elle reçue par l'opinion française? Depuis cent ans, la règle était l'indifférence relative de l'opinion aux questions de politique étrangère. Toutefois, pour des raisons de fierté nationale, la politique d'indépendance avait paradoxalement la faveur du public : il voulait l'indépendance sans la force de frappe. A partir de 1966 les premiers effets de la crise mondiale mettaient déjà au premier plan les problèmes économiques et sociaux, et la politique extérieure du Général tendait à être présentée comme une inutile et coûteuse « politique de prestige » par ses adversaires de gauche comme de droite.

A l'extrême droite les antigaullistes s'appuyaient sur les rapatriés d'Algérie et comptaient bien constituer, derrière l'avocat Tixier-Vignancour, un groupe de pression puissant en métropole. Les nostalgiques de l' « Algérie française » rejoignaient les opposants à la démocratie directe du Général, les notables de la droite et du centre, les républicains populaires partisans de l'Europe supra-nationale...

Ces forces disponibles du centre et de la droite, le maire socialiste de Marseille, Gaston Defferre, avait en vain tenté de les unir dans une opposition non communiste au gaullisme, une sorte de nouvelle « troisième force ». Il avait échoué. Force était donc aux socialistes de se retourner vers leurs vieux adversaires communistes pour constituer un « front uni » et peut-être reconstituer un « Front populaire ». Curieusement l'initiative vint d'un homme seul, qui n'avait pas été nourri au sérail de la Cité Malesherbes, François Mitterrand, un homme du centre.

Le renforcement présidentialiste du régime devait donner raison à Mitterrand, qui depuis des années prêchait à l'opposition qu'elle ne pourrait jamais gagner sans les communistes. Mitterrand avait créé avec quelques « clubistes » une *Convention des institutions républicaines* qui allait servir de plate-forme pour présenter en 1965 sa candidature aux élections présidentielles, contre de Gaulle. Il réussit à constituer une majorité incluant les communistes, les socialistes rameutés par Guy Mollet, un important parti de radicaux et le P.S.U. (parti socialiste unifié). La droite et l'extrême droite faisaient voter Jean Lecanuet ou Tixier-Vignancour.

Mitterrand réussit à mettre le Général en ballottage, bien qu'il eût mis toute son autorité dans la balance. Il est vrai qu'il avait négligé l'esprit public, et particulièrement la télévision. La découverte de l'instrument comme moyen d'action politique était récente en France. Jusqu'alors on détournait du petit écran les grands conflits politiques, donnant à l'information télévisée le caractère d'une sorte de journal officiel. Mais les récepteurs de T.V., en 1965, étaient présents dans tous les foyers. Les Français découvraient à l'heure du potage les arguments de l'opposition, qu'ils ne connaissaient guère, ne lisant plus les journaux, et le visage des opposants, qu'ils ne connaissaient pas, puisqu'ils ne passaient pas à la télévision. La jeunesse relative de Lecanuet, l'habileté de Mitterrand étaient une révélation pour les téléspectateurs, qui avaient oublié la politique.

L'âpreté de la bataille, la victoire finale du Général, par trois millions de voix, acclimataient la nouvelle Constitution en faisant la démonstration que l'élection était le résultat d'un vaste débat d'idées politiques entre les deux France. Le régime avait à tort douté de lui-même. Il avait suffi que le Général eût consenti à « dialoguer » avec un journaliste, au lieu de monologuer dans l'Olympe, pour qu'il l'emportât aisément.

Mais il était difficile, désormais, de minimiser l'opposition en parlant de « rogne et de grogne » : le mécontentement des Français avait des causes profondes, et l'élection présidentielle lui donnait l'occasion de s'exprimer politiquement. L'élection législative, ce « troisième tour des présidentielles », comme l'écrivait le directeur du *Monde* Jacques Fauvet, devait confirmer la « dynamique de la gauche » dont parlait François Mitterrand. Le ressac gaulliste se confirmait. Les difficultés des rapatriés d'Algérie, l'apparition du chômage, les crispations de la reconversion industrielle, avec toutes ses conséquences sociales, l'impopulaire « plan de stabilisation », premier signe visible de la crise économique, tout indiquait que les beaux jours de la prospérité étaient finis. La *F.G.C.S.* de Mitterrand avait 120 députés (au lieu de 89) et les communistes étaient 72, au lieu de 41.

LE VENT DE MAI.

La crise de mai 68 devait surprendre le pays en pleine mutation. Les forces politiques étaient le reflet de ces incertitudes profondes. La gauche profitait, à l'évidence, de la mauvaise conjoncture économique et sociale. Elle avait des problèmes d'union et de fusion mais la majorité avait aussi les siens : le gaullisme autoritaire mécontentait de plus en plus les élus « giscardiens » qui demandaient, comme condition de leur alliance, une libéralisation plus avancée de la vie politique et de la vie publique. C'était le « oui mais » de Valéry Giscard d'Estaing. La droite d'opposition exerçait une perpétuelle guérilla aux lisières de la majorité, sans que celle-ci parvînt ni à l'intégrer, ni à la désarmer.

Depuis mars, la crise était ouverte dans certaines universités : des groupes d'agitateurs s'étaient constitués çà et là, à la manière allemande. La T.V. avait diffusé le portrait de Rudi Dutschke (Rudy « le rouge ») et le « mouvement du 22 mars » à Nanterre développait son action de propagande, avec « red Dany », Daniel Cohn-Bendit. Le pouvoir laissait faire, pas fâché de voir ces « professeurs, mandarins hostiles à toutes les réformes, aux prises avec les jeunes déchaînés ». Un peu d'agitation aiderait à transformer l'enseignement supérieur.

Mais la masse des étudiants était devenue considérable : elle avait triplé en dix ans. Ils étaient désormais 600 000 et leur destin concernait bien des familles françaises. Beaucoup s'interrogeaient avec angoisse sur la finalité de leurs études, sur la rareté et la précarité des débouchés, mais aussi sur le sort qui les attendait dans une « société de consommation » où leur insertion était tristement programmée : la crise morale était chez eux plus grave que la crise matérielle.

Les premières bagarres, au début de mai, eurent rapidement pour conséquence la mobilisation spontanée de masses étudiantes décidées à l'affrontement : le 7 mai, ils étaient plus de 60 000 au Quartier latin. Le mouvement s'étendait en province, où les facultés se mettaient en grève.

Relayant et amplifiant la révolte étudiante, le monde ouvrier entrait dans l'action, sous l'effet d'une irrésistible poussée de la base. Un ordre de grève générale était lancé par la C.F.D.T. et la F.E.N. (Fédération de l'éducation nationale) pour le 13 mai. Ce jour-là les syndicats tous réunis organisaient une manifestation de

200 000 personnes à la Bastille. Le lendemain, le général de Gaulle partait pour la Roumanie.

Pendant son voyage, du 14 au 18, la situation s'était considérablement aggravée. Les occupations d'usines se multipliaient, la S.N.C.F. entrait dans la grève, le mouvement des universités parisiennes avait gagné toute la province. L'intervention du Général le 19 (« la Réforme oui, la chienlit non ») ne devait pas calmer les esprits, mais elle mobilisait silencieusement les masses inquiètes devant les affrontements continuels, l'effervescence des journalistes des medias, les images de voitures incendiées et de charges brutales diffusées par les écrans de T.V. Même les paysans, peu touchés jusque-là par le mouvement, commençaient à manifester à partir du 24. La France semblait prise de folie.

De Gaulle annonçait un référendum, pendant que Pompidou commençait à Grenelle une longue négociation avec les syndicats. Guena, ministre des P.T.T., faisait couper les moyens de retransmission en direct des événements du Quartier latin. Les postes périphériques ne pourraient plus rendre compte sur le vif des troubles de la rue, faire entendre à la France le bruit des grenades. Le 29 de Gaulle disparaissait brusquement entre Paris et Colombey-les-Deux-Églises. On avait perdu sa trace. On devait apprendre, par la suite, qu'il s'était rendu en Allemagne, pour rencontrer certains chefs de l'armée. Il reparaissait le 30, annonçait la dissolution de la Chambre et l'organisation d'élections législatives. Il ne parlait plus de référendum.

L'autre France respirait. Les gaullistes organisaient la résistance, mobilisaient les militants. Une immense foule se pressait à leur appel, le 30 mai, de la Concorde à l'Étoile. Dès lors, la partie était gagnée. La foule silencieuse, qui subissait jusque-là les événements, avait retrouvé sa voix.

Elle retrouvait aussi les bulletins de vote. On voterait dès le 23 juin, dans un pays revenu à la vie normale. L'essence, longtemps rationnée, coulait à flots, les trains, les postes, l'E.D.F., les services publics et les banques avaient repris progressivement le travail. Depuis le 13 juin les étudiants nettoyaient la Sorbonne que la police occupait sans problème le 16, ainsi que le théâtre de l'Odéon. Les groupements d'extrême gauche étaient dissous, leurs militants arrêtés. Seules la T.V. et la radio restaient en berne, elles ne devaient reprendre leur rythme normal qu'après le deuxième tour des élections.

Ces élections incroyables assuraient à la majorité un triomphe inattendu. La « chambre introuvable » comptait 294 U.D.R. La majorité était absolue : 358 députés sur 485. La gauche était écrasée, laminée. La grande peur de mai envoyait au Palais-Bourbon les gardiens de l'ordre de la majorité silencieuse. Elle devait avoir pour deuxième conséquence le départ du Général.

Il avait renvoyé Pompidou, pris Couve de Murville, il avait lutté de longs mois contre la crise économique et sociale, contre le désordre monétaire. Mais il sentait que le pays, dans ses profondeurs, demandait autre chose que des expédients. Il voulait une réforme des structures politiques et sociales et surtout une sorte de nouvelle donne morale, une remise en question des rapports sociaux, des relations des personnes au sein de la société. Mais comment de Gaulle pouvait-il imposer la réforme aux anciens et aux nouveaux notables, aux défenseurs de l'ordre du passé et aux bénéficiaires de l'ordre nouveau ? Ni la politique de participation, ni la réforme des institutions ne trouvait dans l'opinion des défenseurs chaleureux. La régionalisation était vivement combattue par les notables, et la participation par le monde des affaires. L'échec du référendum constitutionnel d'avril 1969 permettait à Charles de Gaulle d'effectuer une nouvelle retraite, laissant le pays stupéfait, l'opinion déconcertée, devant un départ qui était un événement.

Les héritiers.

Au temps du Général, on se posait beaucoup de questions sur l' « après-gaullisme ». De fait, la succession était difficile. Mais, comme disait Georges Pompidou, la terre tourne, et les problèmes sont là, qui n'attendent pas.

Mai 68 avait changé les *mentalités*, même si les Français n'en étaient pas sur le moment conscients. Quant aux *réalités*, elles se modifiaient à toute allure sous les effets de la crise mondiale. Une succession de détails gauchissait, en s'accumulant, le profil des jours ; les Français s'apercevaient, au bout du compte, que leur vie avait changé, qu'ils avaient un espace plus restreint, un temps plus rigide, une capacité thoracique plus faible. Une nouvelle histoire s'annonçait pour la France. Serait-ce encore l'Histoire de France ?

La France vivait depuis plus de cent ans dans la croyance au progrès indéfini des sciences, des techniques, du mieux-être. La société française, dans son évolution récente, donnait du corps à cette croyance. Jamais le progrès n'avait été plus spectaculaire que pendant ces trente ans, pour les individus, pour la nation. La pseudo-révolution de mai remettait en question les finalités de ce progrès matériel au moment où, par les effets de la crise, il était considérablement ralenti.

Car la crise s'installait, en dépit des différents plans de « redressement » ou de « stabilisation ». Elle était là, pour contrarier le « miracle français » et la puissante expansion qui avait porté le gaullisme. On parlait désormais de « croissance zéro » et des méfaits de la croissance. On faisait campagne sur la pollution. On remettait en question même la politique démographique, après avoir longtemps encouragé la natalité. L'optimisme de l'après-guerre était mort ; la mode « rétro » l'avait emporté.

Toutes les prouesses techniques dont le règne était si fier, l'avion *Concorde*, l'aciérie moderne de Dunkerque, le projet de tunnel sous la Manche, étaient passées au crible de la rentabilité et de l'opportunité. Il n'était plus possible de faire claquer le drapeau, comme sur le toit des maisons achevées, sur des réalisations de prestige. On avait critiqué la société de consommation ? C'était la production, dans ses forces vives comme dans ses cellules de pointe, qui était mise en question et souvent compromise, quels que pussent être les efforts de remise à flot. On avait de plus en plus le sentiment d'un déphasage entre les commandes de l'État et le moteur à grande puissance de la production. Comme si les ordres, de plus en plus nerveux, étouffaient le régime, comme s'ils étaient de moins en moins opérationnels, sur une mécanique qui ne dépendait plus d'un, de six ou de dix États, mais de l'état du monde. On avait le sentiment que la France ne pouvait plus jouer seule son destin, qu'elle était soumise, comme ses voisins, à la succession des crises de l'or, du dollar, de la monnaie, des prix agricoles, de l'énergie, de tous les maux qui, depuis 1968, l'accablaient en rafales.

La dure nécessité donnait raison à ceux qui voulaient, depuis plusieurs années déjà, réformer la société. On parlait plus haut de nouveau « contrat social », on découvrait l'immensité de la tâche à accomplir ; au-delà des bidonvilles et des travailleurs étrangers, on découvrait d'autres injustices, d'autres « blocages ». D'un coup le sort des femmes, et particulièrement des salariées, préoccupait la presse, les *media*, les pouvoirs publics, les organisations politiques et confessionnelles, comme si les inégalités de droit et de fait entre les sexes étaient une nouveauté. Toute l'Europe se mettait de la partie. Quand on militait en France pour la liberté de l'avortement, on bataillait en Italie pour le divorce. C'est la société occidentale tout entière qui demandait à franchir un pallier, celui de la liberté des mœurs et de la sécurité des hommes et des femmes de toute race et de toute condition. Le problème pour les Français n'était plus seulement de gagner plus pour vivre mieux, mais d'accéder à une nouvelle conception de la dignité de la personne.

Très sensible au niveau de la vie sociale et même familiale, la tendance libérale s'affirmait avec force dans les régions où les minorités revendiquaient, parfois avec violence, leur existence légale. On voyait refleurir les troubadours et les bardes bretons. La France n'avait pas d'Irlande mais elle avait ses autonomistes en Corse, en Bretagne, en Languedoc. Les notables avaient refusé le référendum du Général sur les régions, le jugeant trop timide, ou, au contraire, dangereux. Ils étaient désormais aux prises avec une agitation permanente entretenue par des extrémistes de droite ou de gauche. La vieille tendance centrifuge des provinces périphériques — celles qui avaient subi dans le passé les gabelous et les dragons du roi —, durement réprimée par les Jacobins centralisateurs des Républiques successives, se manifestait de nouveau sous le soleil libéral de la société permissive, et parfois avec éclat.

Il est vrai que la simplification de la vie politique sous la Ve République enlevait aux élites locales traditionnelles beaucoup de leur influence. La décadence du Parlement rendait mince le rayonnement des parlementaires. Les revendications des régions se trouvaient noyées, neutralisées, dans la lutte acharnée que se livraient les deux grands partis au moment des élections. Ni la majorité ni l'opposition n'étaient en mesure de soutenir les thèses régionalistes parce que le pouvoir — comme l'antipouvoir — était, de nature, centralisateur. Comme toutes les minorités professionnelles, sociales ou culturelles, les régions devaient, pour se faire entendre, attirer sur elles l'attention par des voies extraordinaires.

La Ve République était solide dans ses institutions. L'élection de Valéry Giscard d'Estaing l'avait démontré. Les nouveaux cadres de l'État garantissaient au pouvoir une grande efficacité. Ils étaient pleinement admis par l'opinion. Mais comment concilier l'autorité et la liberté, l'efficacité et le contrôle, dès lors que le Parlement perdait son pouvoir de pondération? La décadence du Parlement était continue, irrémédiable. Mai 68 en avait fait l'éclatante démonstration. Les jeunes gens en colère avaient manifesté partout, même autour de l'O.R.T.F. Il ne leur était jamais venu à l'idée de s'en prendre aux parlementaires. Comme s'ils n'existaient pas. A aucun moment les débats du Parlement n'avaient retenu l'attention du pays. Il était devenu un instrument technique de contrôle, il n'était plus une tribune.

Si la République devait trouver une pondération aux excès de pouvoir de l'Exécutif, il fallait manifestement qu'elle la demande aux Français eux-mêmes, « en direct », comme on dit à la télévision. Puisque les contrôles traditionnels étaient insuffisants, et les vieux notables discrédités, il fallait imaginer d'autres contrôles, et, pour les gouvernants, d'autres conduites. Au lieu de trôner dans l'Olympe ils devaient descendre dans la rue, se mettre au niveau des gens, sans craindre de perdre en prestige ce qu'ils gagnaient en contacts. Ils ne devaient pas redouter la critique des *media*, mais au contraire la rechercher, parce qu'elle était un des modes d'expression possibles des tendances profondes. Ils ne devaient pas interdire les manifestations de l'esprit public, mais les provoquer pour les contrôler. Une démocratie nouvelle était en route, en France comme ailleurs. Et ses règles n'étaient inscrites dans aucune constitution.

La fièvre libérale orientait désormais les réflexions — et parfois les décisions du pouvoir politique. Dans les pays occidentaux, on voulait tout libérer d'un coup ; les enfants dans la famille, les soldats dans les casernes, les prisonniers dans les prisons et jusqu'aux animaux dans les zoos. Toute contrainte semblait intolérable. La société libérale, exprimée violemment par les *media*, contestait en vrac l'armée, la justice après l'École et l'Université. Même le parti communiste publiait une « charte des libertés », comme s'il tenait à les garantir. La société française, si longtemps contenue, semblait se précipiter dans la frénésie des libertés, après tant d'autres vieux pays de la très prude Europe du Nord. Avait-on jeté à la mer tous les interdits ?

« Elle ne dure pas longtemps, la fête des fous », chante Leporello dans *Don Juan*. Les peurs ancestrales reviennent à l'horizon mental des Français, à l'approche de la fin du siècle. Quarante ans de paix n'ont pas fait oublier la menace, et pour beaucoup la menace la plus grave, c'est la perte de l'identité. Le vent d'Amérique est humide et froid. Celui des steppes risque de geler les rivières et de bloquer les ports. Jamais le coq, au sommet des clochers, n'eut plus de mal à dire le temps. C'est qu'il n'y a plus de saison. Mais y aura-t-il, demain, *une* France ?

Bibliographie

OUVRAGES GÉNÉRAUX :

E. LAVISSE : *Histoire de France depuis les origines jusqu'à la Révolution*, Paris, Hachette, 1903-1911.
L. HALPHEN, R. DOUCET, J. DENIAU, J. GODECHOT, M. BEAUMONT : *Histoire de la Société française*, Paris, Nathan, 1955.
G. DUBY : *Histoire de la France*, Paris, Larousse., 3 vol, 1970.
A. DECAUX : *Histoire des Françaises*, Paris, Librairie Académique Perrin, 1972.
A. LATREILLE, E. DELARUELLE, J. R. PALANQUE : *Histoire du Catholicisme en France*, Paris, S.P.E.S., 1960.

SUR LA PRÉHISTOIRE ET L'ANTIQUITÉ :

L. PALES : *Les Néandertaliens en France*. Paris, Masson, 1958.
A. LEROI-GOURHAN : *Les Religions de la Préhistoire*, Paris, P.U.F., 1964.
J. PIVETEAU : *Origine de l'Homme*, Paris, Hachette, 1962.
A. C. HAUDRICOURT et L. HEDIN : *L'Homme et les plantes cultivées*, Paris, Gallimard, 1944.
M. DILLON, N. K. CHADWICK, Ch. J. GUYONVARC'H : *Les Royaumes celtiques*, Paris, Fayard, 1974.
P. M. DUVAL : *Les Dieux de la Gaule*, Paris, P.U.F., 1957.
A. GRENIER : *Les Gaulois*, Paris, Payot, 1945.
H. HUBERT : *Les Celtes*, Paris, A. Michel, 1950.
F. LOT : *La Gaule*, Paris, Fayard, 1947.
P. GRIMAL : *La Civilisation romaine*, Paris, Arthaud, 1960.
P. M. DUVAL : *La Vie quotidienne en Gaule romaine pendant la paix romaine*, Paris, Hachette, 1953.

H. P. Eydoux : *La France antique*, Paris, Plon, 1962.
A. Grenier : *La Gaule, province romaine*, Paris, Didier, 1946.
F. Lot : *La Fin du monde antique et le début du Moyen Age*, Paris, A. Michel, 1968.

SUR LE MOYEN AGE :

L. Musset : *Les Invasions, les vagues germaniques*, Paris, P.U.F., 1965.
P. Riche : *Les Invasions barbares*, Paris, P.U.F., 1967.
R. Latouche : *Les grandes invasions et la crise de l'Occident au Ve siècle*, Paris, Aubier, 1946.
P. Riche : *Éducation et culture dans l'Occident barbare*, Paris, Le Seuil, 1962.
G. Fournier : *Les Mérovingiens*, Paris, P.U.F., 1966.
G. Terrier : *Le Baptême de Clovis*, Paris, Gallimard, 1964.
F. L. Ganshof : *Qu'est-ce que la féodalité?*, Lebegue, Bruxelles, 1957.
Ch. Lelong : *La Vie quotidienne en Gaule à l'époque mérovingienne*, Paris, Hachette, 1963.
J. Chelini : *Histoire religieuse de l'Occident médiéval*, Paris, A. Colin, 1968.
G. Duby : *L'Économie rurale et la vie des campagnes dans l'Occident médiéval, IXe-XVe siècles*, Paris, Aubier, 1962.
J. Le Goff : *La Civilisation de l'Occident médiéval*, Paris, Arthaud, 1964.
R. S. Lopez : *Naissance de l'Europe*, Paris, A. Colin, 1962.
G. Tessier : *Charlemagne*, Paris, A. Michel, 1967.
R. Boutruche : *Seigneurie et féodalité*, Paris, Aubier, 1959.
M. Bloch : *Les Rois thaumaturges*, Strasbourg, Istra, 1924.
R. Fawtier : *Les Capétiens et la France*, Paris, P.U.F., 1942.
M. Bloch : *La Société féodale*, Paris, A. Michel, 1939-1940.
G. Duby : *L'An Mil*, Paris, Julliard, 1967.
F. Lot et F. Fawtier : *Histoire des institutions françaises au Moyen Age*, 3 volumes, Paris, P.U.F., 1957-1962.
P. Wolff et P. Dollinger : *Bibliographie d'histoire des villes de France*, Paris, Klincksieck, 1967.
C. Petit-Dutaillis : *La Monarchie féodale en France et en Angleterre, Xe-XIIIe siècles*, Paris, A. Michel, 1933.
P. Wolff : *Histoire de Toulouse*, Toulouse, Privat, 1958.
J. Le Goff : *Les Intellectuels au Moyen Age*, Paris, Le Seuil, 1957.
E. Perroy : *La Guerre de Cent ans*, Paris, Gallimard, 1946.
P. Contamine : *La Guerre de Cent ans*, Paris, P.U.F., 1968.
G. Duby et R. Mandrou : *Histoire de la civilisation française*, Paris, A. Colin, 1958.
A. Bossuat : *Jeanne d'Arc*, Paris, P.U.F., 1967.

E. G. Léonard : *Les Angevins de Naples*, Paris, P.U.F., 1954.

E. Baratier et F. Reynaud : *Histoire du Commerce de Marseille*, Paris, Plon, 1951.

R. Boutruche : *La Crise d'une société : Seigneurs et Paysans du Bordelais pendant la Guerre de Cent ans*, Paris, Les Belles Lettres, 1947.

C. Higonnet : *Histoire de Bordeaux*, Bordeaux, 1965.

P. Wolff : *Commerce et marchands de Toulouse*, Paris, Plon, 1954.

J. Huizinga : *Le Déclin du Moyen Age*, Paris, Payot, 1948.

M. Mollat : *Genèse médiévale de la France moderne — XIVᵉ-XVᵉ siècles* Paris, Arthaud, 1970.

J. Bartier : *Charles le Téméraire*, Bruxelles, 1946.

P. Murray-Kendall : *Louis XI*, Paris, Fayard, 1974.

E. Gabory : *Anne de Bretagne Duchesse et Reine*, Paris, Plon, 1941.

H. de Man : *Jacques Cœur, argentier du Roy*, Paris, Tardy, 1951.

M. Mollat : *Le Commerce maritime normand à la fin du Moyen Age*, Paris, Plon, 1952.

H. Touchard : *Le Commerce maritime breton à la fin du Moyen Age*, Paris, Les Belles Lettres, 1967.

Ph. Wolff : *Histoire du Languedoc*, Privat, 1970.

J. Delhumeau : *Histoire de Bretagne*, Privat, 1971.

Ch. Higonnet : *Histoire de l'Aquitaine*, Privat, 1972.

Ph. Dollinger : *Histoire de l'Alsace*, Privat, 1972.

M. Mollat : *Histoire de l'Ile-de-France et de Paris*, Privat, 1973.

M. De Boüard : *Histoire de la Normandie*, Paris, 1971.

LA RENAISSANCE ET L'ANCIEN RÉGIME :

P. Chaunu : *Le Temps des Réformes*, Paris, Fayard, 1975.

F. Braudel : *La Méditerranée et le monde méditerranéen à l'époque de Philippe II*, 2 volumes, Paris, A. Colin, 1967.

F. Hincker : *Les Français devant l'impôt sous l'Ancien Régime*, Paris, Flammarion, 1971.

J. Delumeau : *La Civilisation de la Renaissance*, Paris, Arthaud, 1967.

H. Hauser et A. Renaudet : *Les Débuts de l'Age moderne*, Paris, P.U.F., 1956.

R. Mousnier : *Les XVIᵉ et XVIIᵉ siècles*, Paris, P.U.F., 1965.

R. Doucet : *Les Institutions de la France au XVIᵉ siècle*, 2 volumes, Paris, Picard, 1948.

G. Zeller : *Les Institutions de la France au XVIᵉ siècle*, Paris, P.U.F., 1948,

M. Bloch : *Les Caractères originaux de l'Histoire rurale française*, Paris, A. Colin, 1953.

E. Le Roy-Ladurie : *Les Paysans de Languedoc*, 2 volumes, Paris, S.E.V.P.E.N., 1966.

P. et G. FRANCASTEL, P. TINE et M. BEX : *Histoire de la peinture française du XIVe au XVIIIe siècle*, 2 volumes, Paris, Bruxelles, 1955.

R. MANDROU : *Introduction à la France moderne 1500-1640*, Paris, A. Michel, 1961.

L. FEBVRE : *Le Problème de l'Incroyance au XVIe siècle : la religion de Rabelais*, Paris, A. Michel, 1947.

G. LIVET : *Les Guerres de religion*, Paris, P.U.F., 1962.

H. MÉTHIVIER : *Le Siècle de Louis XIII*, Paris, P.U.F., 1964.

R. MOUSNIER : *Les XVIe et XVIIe siècles en Histoire générale des civilisations*, T. 4, Paris, P.U.F., 1965.

V. L. TAPIE : *La France de Louis XIII et de Richelieu*, Paris, Flammarion, 1967.

R. MANDROU : *Magiciens et sorciers en France du XVIIe siècle*, Paris, Plon, 1968.

P. GAXOTTE : *La France de Louis XIV*, Paris, Hachette, 1968.

P. GOUBERT : *Louis XIV et Vingt millions de Français*, Paris, Fayard, 1966.

R. MANDROU : *La France aux XVIIe et XVIIIe siècles*, Paris, P.U.F., 1967.

H. MÉTHIVIER : *Louis XIV*, Paris, P.U.F., 1950.

R. MOUSNIER : *Les Hiérarchies sociales de 1450 à nos jours*, Paris, P.U.F., 1969.

G. LIVET : *L'Intendance d'Alsace sous Louis XIV*, Paris, Les Belles Lettres, 1956.

J. ORCIBAL : *Louis XIV et les Protestants*, Paris, Vrin, 1951.

P. BÉNICHOU : *Morales du Grand Siècle*, Paris, Gallimard, 1948.

P. HAZARD : *La Crise de la conscience européenne.*

B. TEYSSÈDRE : *L'Art au siècle de Louis XIV*, Paris, L.G.F., 1967.

P. VERLET : *Versailles*, Paris, Fayard, 1961.

A. BEHRENS : *L'Ancien Régime*, Paris, Flammarion, 1969.

H. MÉTHIVIER : *L'Ancien Régime* Paris, P.U.F., 1968.

F. GAXOTTE : *Le Siècle de Louis XV*, Paris, Fayard, 1974.

H. MÉTHIVIER : *Le Siècle de Louis XV*, Paris, P.U.F., 1968.

J. BOUVIER et H. GERMAIN-MARTIN : *Finances et Financiers d'Ancien Régime*, Paris, P.U.F., 1964.

A. CORVISIER : *L'Armée française, de la fin du XVIIe siècle au ministère de Choiseul*, 2 volumes, Paris, P.U.F., 1964.

A. DAUMARD et F. FURET : *Structures et relations sociales à Paris au XVIIIe siècle*, Paris, A.C. 1961.

J. EGRET : *La Pré-Révolution française*, Paris, P.U.F., 1962.

E. FAURE : *La Disgrâce de Turgot*, Paris, Gallimard, 1961.

C. E. LABROUSSE : *Esquisse du mouvement des prix et des revenus en France au XVIIIe siècle*, 2 volumes, Paris, Dalloz, 1933.

J. LEVRON : *Madame de Pompadour*, Paris, Arthaud, 1961.

J. MEYER : *La Noblesse bretonne au XVIIIe siècle*, 2 volumes, Paris, S.E.V.P.E.N., 1966.

R. Pernoud : *Histoire de la Bourgeoisie en France*, Paris, Le Seuil, 1960-1962.

E. Cassirer : *La Philosophie des Lumières*, Paris, Fayard.

M. Launay et J. M. Goulemot : *Le Siècle des Lumières*, Paris, Le Seuil, 1968.

R. Mauzy : *L'idée de bonheur au XVIIIᵉ siècle en France*, Paris, A. Colin, 1960.

LA RÉVOLUTION ET L'EMPIRE •

P. Gaxotte : *La Révolution française*, Paris, Fayard, 1975.

A. Mathiez : *La Révolution française*, Paris, A. Colin, 1959.

F. Furet et D. Richet : *La Révolution française*, 2 volumes, Paris, Hachette, 1965.

J. Godechot : *Les Révolutions 1770-1799*, Paris, P.U.F. 1963.

G. Lefebvre : *La Révolution française*, Paris, P.U.F. (Peuples et Civilisations), 1963.

R. Mousnier, E. Labrousse, M. Bouloiseau : *Le XVIIIᵉ siècle, Révolution intellectuelle, technique et politique, 1715-1815*, Paris, P.U.F. (Histoire générale des Civilisations), 1953.

A. Soboul · *La Révolution française*, Paris, P.U.F., 1965.

P. Caron : *Les Massacres de septembre*, Paris, Maison du Livre Français, 1935.

G. Lefebvre : *La Grande Peur de 1789*, Paris, A. Colin, 1932.

A. Mathiez : *Études sur Robespierre*, 2 volumes, Paris, A. Colin, 1918.

A. Ollivier : *Saint-Just et la force des choses*, Paris, Gallimard, 1955.

J. Godechot : *La Pensée révolutionnaire en France et en Europe 1789-1799*, Paris, A. Colin, 1964.

P. Goubert et M. Denis : *1789, Les Français ont la Parole, les Cahiers de Doléances des États Généraux*, Paris, Julliard, 1964.

P. Bois : *Les Paysans de l'Ouest*, Paris, Mouton, 1960.

A. Soboul : *Les Soldats de l'An II*, Paris, Club Français du Livre, 1959.

J. Vidalenc : *Les Émigrés français 1789-1825*, Fac. des Lettres de Caen, 1963.

J. Godechot : *L'Europe et l'Amérique à l'époque napoléonienne*, Paris, P.U.F., 1967.

G. Lefebvre : *Napoléon*, Paris, P.U.F., 1965.

J. Mistler : *Napoléon et l'Empire*, 2 volumes, Paris, Hachette, 1968.

G. Lacour-Gayet : *Talleyrand*, Paris, Payot, 1946.

J. Godechot : *Les Institutions de la Révolution et de l'Empire*, Paris, P.U.F., 1968.

J. Tulard : *L'Anti-Napoléon, la légende noire de l'Empereur*, Paris, Julliard, 1965.

L. DE VILLEFOSSE et J. BOUISSONNOUSE : *L'Opposition à Napoléon*, Paris, Flammarion, 1969.

B. MELCHIOR-BONNET : *La Conspiration du Général Malet*, Paris, Del Duca, 1963.

F. CROUZET : *L'Économie britannique et le blocus continental*, Paris, P.U.F., 1956.

M. BALDET : *La Vie quotidienne dans les armées de Napoléon*, Paris, Hachette, 1965.

LE XIXᵉ SIÈCLE :

G. DE BERTIER DE SAUVIGNY : *La Restauration*, Paris, Flammarion, 1955.

L. GIRARD : *La Garde nationale, 1814-1871*, Paris, Plon, 1964.

C. MORAZE : *La France bourgeoise*, Paris, A. Colin, 1946.

R. RÉMOND : *La Droite en France, de la Restauration à nos jours*. Paris, Aubier, 1963.

A. J. TUDESCQ : *Les Grands notables en France, 1840-1849*, Paris, P.U.F., 1964.

M. AUGE-LARIBE : *La Révolution agricole*, Paris, A. Michel, 1955.

C. FOHLEN : *Naissance d'une civilisation industrielle* in *Histoire générale du Travail*, Paris, N.L.F., 1961.

B. GILLE : *La Banque et le Crédit en France de 1815 à 1848*, Paris, P.U.F., 1959.

A. DAUMARD : *La Bourgeoisie parisienne de 1815 à 1848*, Paris, S.E.V.P.E.N., 1963.

A. DANSETTE : *Histoire religieuse de la France contemporaine*, Paris, Flammarion, 1948.

C. LEDRÉ : *La Presse à l'assaut de la monarchie*, Paris, A. Colin, 1960.

J. BOUVIER : *Les Rothschild*, Paris, Fayard, 1967.

E. DOLLEANS : *Proudhon*, Paris, Gallimard, 1948.

M. RECLUS : *Monsieur Thiers*, Paris, Plon, 1929.

J. TOUCHARD : *La Gloire de Béranger*, Paris, A. Colin, 1968.

L. GIRARD : *Naissance et mort de la IIᵉ République*, Paris, Calmann-Lévy, 1968.

P. VIGIER : *La Seconde République*, Paris, P.U.F., 1967.

H. GUILLEMIN : *Le Coup du 2 décembre*, Paris, Gallimard, 1952.

G. DUVEAU : *1848*, Paris, Gallimard, 1965.

J. MAITRON : *Dictionnaire géographique du mouvement ouvrier français*, 3 volumes, Paris, Éditions ouvrières, 1964-1966.

J. BOUVIER : *Le Crédit Lyonnais*, Paris, Flammarion, 1968.

J. BOUVIER, F. FURET, M. GILLET : *Le Mouvement du profit en France au XIXᵉ siècle*, Paris, Mouton, 1965.

M. LÉVY-LEBOYER : *La Croissance économique en France au XIXᵉ siècle*, Annales, juillet 1968, pp. 788-807.

G. P. PALMADE : *Capitalisme et capitalistes français au XIX* siècle*, Paris, A. Colin, 1961.

A. PROST : *Histoire de l'Enseignement en France*, Paris, Colin, 1968.

P. SORLIN : *La Société française*, 2 volumes, Paris, Arthaud, 1969.

A. DANSETTE : *Histoire du Second Empire*, Paris, Hachette, 1967.

M. PARTURIER : *Morny et son temps*, Paris, Hachette, 1969.

G. DUVEAU : *La Vie ouvrière sous le Second Empire*, Paris, Gallimard, 1946.

L. GIRARD : *La Politique des travaux publics du Second Empire*, Paris, A. Colin, 1952.

D. HALÉVY : *Visites aux paysans du Centre*, Paris, Grasset, 1961.

A. ADAMOV : *La Commune de Paris*, Paris, Éditions Sociales, 1959.

G. BOURGIN : *La Commune*, Paris, P.U.F., 1969.

H. GUILLEMIN : *Les origines de la Commune*, Paris, Gallimard, 1966.

A. OLLIVIER : *La Commune*, Paris, Gallimard, 1966.

M. WINOCK et J. P. AZEMA : *Les Communards*, Paris, Le Seuil, 1964.

LES RÉPUBLIQUES :

J. B. DUROSELLE : *La France et les Français 1900-1914, 1914-1920*, 2 volumes, Éditions de Richelieu, 1972.

G. et E. BONNEFOUS : *Histoire politique de la III* République*, 7 volumes, Paris, P.U.F., 1956-1971.

J. CHASTENET : *Histoire de la III* République*, 4 volumes, Paris, Hachette, 1953-1957.

J. M. MAYEUR : *Les Débuts de la III* République* in *Nouvelle Histoire de la France contemporaine*, Points, Le Seuil, 1973.

J. BEAUJEU-GARNIER : *Géographie de la population*, Paris, Gémin, 1963.

J. BOURGEOIS-PICHAT : *Évolution de la population française depuis le XVIII* siècle*, Populations, octobre 1951 et avril 1952.

F. CROUZET : *Essai de construction d'un indice annuel de la production industrielle française au XIX* siècle*, Annales, janvier 1970.

M. AUGE-LARIBE : *La Politique agricole de la France de 1850 à 1940*, Paris, P.U.F., 1950.

T. J. MARKOVITCH : *Histoire quantitative de l'Économie française. L'Industrie française de 1789 à 1964*, 4 volumes, Paris, I.S.E.A., 1966.

R. MANEVY : *La Presse de la III* République*, Paris, Foret, 1955.

J. KAYSER : *La Presse de province sous la III* République*, Paris, Colin, 1958.

R. GIRARDET : *La Société française dans la France contemporaine, 1815-1839*, Paris, Plon, 1952.

F. GOGUEL : *La Politique des partis sous la III* République*, Paris, Le Seuil, 1968.

A. SIEGFRIED : *Tableau politique de la France de l'Ouest sous la III* République*, Paris, Colin, 1913.

A. MELLOR : *Histoire de l'anticléricalisme français*, Tours, Marne, 1966.

R. GIRARDET : *Le Nationalisme français, 1871-1914*, Paris, Colin, 1966.

E. WEBER : *L'Action française*, Paris, Stock, 1964.

P. SORLIN : *Waldeck-Rousseau*, Paris, Colin, 1966.

P. MIQUEL : *Poincaré*, Paris, Fayard, 1961.

E. BEAU DE LOMÉNIE : *Les Responsabilités des Dynasties bourgeoises*, Paris, Denoël, 1947.

J. T. NORDMANN : *Les Radicaux*, Paris, La Table Ronde, 1974.

J. KAYSER : *Les Grandes batailles du radicalisme*, Paris, M. Rivière, 1962.

M. SOULIÉ : *La Vie d'E. Herriot*, Paris, Colin, 1962.

C. WILLARD : *Socialisme et Communisme français*, Paris, Colin, 1967.

G. LEFRANC : *Le Mouvement socialiste sous la IIIᵉ République*, Paris, Payot, 1963.

C. WILLARD : *Le Mouvement socialiste en France, les Guesdistes*, Paris, 965.

G. LEFRANC : *Le Syndicalisme en France*, Paris, P.U.F., 1964.

J. M. MAYEUR : *La Séparation de l'Église et de l'État*, Paris, Julliard, 1966.

G. WORMSER : *La République de Clemenceau*, Paris, P.U.F., 1961.

A. KRIEGEL et J. J. BECKER : *1914, la guerre et le mouvement ouvrier français*, Paris, Colin, 1964.

A. POIDEVIN : *Finances et relations internationales, 1887-1914*, Paris, Colin, 1970.

M. BEAUMONT : *L'Essor culturel et l'impérialisme colonial, 1878-1904*, Paris, Alcan, 1965.

P. RENOUVIN : *La Crise européenne et la Première Guerre mondiale*, Paris, P.U.F., 1962.

J. ISAAC : *Un Débat historique, le problème des origines de la guerre*, Paris, Rieder, 1933.

J. DROZ : *Les Causes de la Première Guerre mondiale*, Paris, Le Seuil, 1973.

G. BOURGIN : *La IIIᵉ République*, Paris, Colin, 1967.

P. BARRAL : *Le Département de l'Isère sous la IIIᵉ République*, Paris, Colin, 1962.

P. BARRAL : *Les Fondateurs de la IIIᵉ République*, Paris, Colin, 1968.

D. HALÉVY : *La Fin des Notables*, Paris, Livre de Poche, 1972. *La République des Ducs*, 1972.

J. LHOMME : *La grande bourgeoisie au pouvoir, 1830-1880*, Paris, P.U.F., 1960.

G. BONHEUR : *Qui a cassé le vase de Soissons ? l'album de famille de tous les Français*, Paris, Laffont, 1963.

M. OZOUF : *L'École, l'Église et la République*, Paris, A. Colin, 1963.

P. RENOUVIN : *La Première Guerre mondiale*, Paris, P.U.F., 1965.

M. FERRO : *La Grande Guerre, 1914-1918*, Paris, Gallimard, 1969.

ARNO MAYER : *Political Origins of the New Diplomacy, 1917-1918*, NewHaven, Y.U.P., 1959.

G. PEDRONCINI : *La Haut Commandement et la poursuite de la guerre 1917-1918*, Paris, 1971.

A. KRIEGEL : *Aux Origines du parti communiste français, 1914-1920*, Paris, Mouton, 1964.

G. PEDRONCINI : *Les Mutineries de l'armée française, 1917*, Paris, P.U.F., 1968.

A. DUCASSE, J. MEYER, G. PERREUX : *Vie et mort des Français*, Paris, Hachette, 1962.

M. GENEVOIX : *Ceux de 14*, 4 volumes, Paris, Flammarion, 1949.

P. RENOUVIN : *L'Armistice de Rethondes*, Paris, Gallimard, 1968.

P. MIQUEL : *La Paix de Versailles et l'opinion publique française*, Paris, Flammarion, 1972.

G. BONNET : *Le Quai-d'Orsay sous trois Républiques*, Paris, Fayard, 1961.

A. FRANÇOIS-PONCET : *De Verdun à Potsdam*, Paris, Flammarion, 1948.

E. MOREAU : *Souvenirs d'un gouverneur de la Banque de France*, Paris, Genin, 1954.

C. FOHLEN : *La France de l'entre-deux-guerres*, Paris, Castermann, 1966.

A. SAUVY : *Histoire économique de la France entre les deux guerres*, 2 volumes, Paris, Fayard, 1965-1967.

L. BODIN, L. TOUCHARD : *Front populaire 1936*, Paris, Colin, 1961.

G. LEFRANC : *Histoire du Front populaire*, Paris, Payot, 1965.

H. AMOUROUX : *La Vie des Français sous l'Occupation*, Paris, Fayard, 1961.

R. ARON : *Histoire de Vichy* (avec Georgette Elgey), Paris, Fayard, 1954.
            Histoire de la libération de la France, Paris, Fayard, 1959.

A. LATREILLE : *La Seconde Guerre mondiale*, Paris, Hachette, 1966.

H. MICHEL : *Histoire de la Résistance*, Paris, P.U.F., 1960.
            Histoire de la France Libre, Paris, P.U.F., 1963.

M. BLOCH : *L'Étrange Défaite*, Paris, A. Colin, 1957.

G. DUPEUX : *La France de 1945 à 1965*, Paris, Colin, 1969.

J. M. JEANNENEY : *Forces et Faiblesses de l'Économie française 1945-1956*, Paris, Colin, 1965.

A. GROSSER : *La Politique en France*, Paris, 1964.

J. CHAPSAL : *La Vie politique en France depuis 1940*, Paris, P.U.F., 1966.

G. ELGEY : *La République des Illusions*, Paris, Fayard, 1965.
            La République des Contradictions, Paris, Fayard, 1968.

J. FAUVET : *La IVe République*, Paris, Fayard, 1959.

PH. WILLIAMS : *Polities in Post War France*, Londres, Longmans, 1954.

P. ROBRIEUX : *Thorez*, Paris, Fayard, 1974.

M. DUVERGER : *La Ve République*, Paris, P.U.F., 1959.

P. AVRIL : *Le Régime politique de la Ve République*.

H. W. EHRMANN : *Polities in France*, Boston, Little Brown and, 1968.

S. HOFFMANN : *A la recherche de la France*, Paris, Le Seuil, 1963.

PH. ALEXANDRE : *Le Duel De Gaulle — Pompidou,* Paris, Grasset, 1970.

J. CHARLOT : *Le Phénomène gaulliste,* Paris, Fayard, 1970.

E. POGNON : *De Gaulle et l'Histoire de France.*

J. THIBAUDEAU : *Mai 68 en France,* Paris, Le Seuil, 1968.

P. VIANSSON-PONTÉ : *Histoire de la République gaullienne,* Paris, Fayard, 1970.

M. PARODI : *L'Économie et la société française de 1945 à 1970,* Paris, A. Colin, 1971.

P. M. DE LA GORCE : *La République et son armée,* Paris, Fayard, 1963.

R. GIRARDET : *La Crise militaire française,* Colin, Paris, 1964.

H. GRIMAL : *La Décolonisation,* Paris, Colin, 1967.

F. NOURISSIER : *Les Français,* Lausanne, Rencontre, 1968.

R. RÉMOND : *Forces religieuses et attitudes politiques dans la France contemporaine,* Paris, Colin, 1965.

P. GRIMAL et E. TEMIME : *La Société française 1914-1970 à travers la littérature,* Paris, Colin, 1971.

G. DE CARMOY : *Les Politiques étrangères de la France 1944-1966,* Paris, La Table Ronde, 1967.

M. COUVE DE MURVILLE : *Une Politique étrangère 1958-1969,* Paris, Plon, 1971.

A. GROSSER : *La Politique extérieure de la Ve République,* Paris, Le Seuil, 1965.

Chronologie

1122	Suger, abbé de Saint-Denis.
1132	Achèvement de l'abbatiale de Vézelay.
1137	Mariage de Louis VII et d'Aliénor d'Aquitaine.
1146	Saint Bernard prêche la Deuxième croisade.
1152	Aliénor épouse Henri Plantagenêt.
1163	Début de la construction de Notre-Dame de Paris.
1179	Couronnement de Philippe II « Auguste ».
1207	Excommunication de Raymond VI de Toulouse.
1213	Bataille de Muret.
1214	Bouvines.
1226	Avènement de saint Louis.
1270	Mort de saint Louis devant Tunis.
1285	Avènement de Philippe IV le Bel.
1305	Élection du pape Clément V qui s'installe à Avignon.
1307	Arrestation des Templiers.
1322	Soumission des Cathares.
1328	Philippe VI de Valois, roi de France.
1345	La Peste noire.
1346	Bataille de Crécy — Siège de Calais.
1356	Bataille de Poitiers : Jean le Bon, prisonnier.
1356 1357	Révolte d'Étienne Marcel.
1358	Charles le Mauvais écrase les Jacques.
1360	Traité de Brétigny.
1407	Jean sans peur, duc de Bourgogne, fait assassiner Louis d'Orléans.
1415	Azincourt.
1419	Meurtre de Jean sans Peur.
1429	Jeanne d'Arc délivre Orléans.
1431	Jeanne d'Arc brûlée à Rouen.
1438	Pragmatique sanction de Bourges.
1450	Formigny.
1453	Castillon.
1461 1483	Règne de Louis XI.
1491	Mariage d'Anne de Bretagne avec Charles VIII.
1495	Charles VIII entre à Naples.
1512	Ravenne.
1515	Marignan.
1525	Pavie : François Ier prisonnier.
1534	Affaire des Placards.
1539	Ordonnance de Villers-Cotterêts.
1559	Traité du Cateau-Cambrésis.
1560	Conjuration d'Amboise.
1561	Colloque de Poissy.

1563   Assassinat de François de Guise.
1572   Saint-Barthélemy.
1588   Assassinat du duc de Guise et du cardinal de Lorraine.
1589   Mort de Catherine de Médicis.
1594   Henri IV couronné à Chartres (27-2).
       Henri IV entre dans Paris (22-3).
1598   Édit de Nantes.
1610   Assassinat de Henri IV.
1617   Assassinat de Concini.
1624   Richelieu entre au Conseil du Roi.
1627   Siège de La Rochelle.
1629   Édit de grâce d'Alès.
1636   *Le Cid* de Corneille.
1642   Mort de Richelieu.
1643   Mort de Louis XIII. Anne d'Autriche et Mazarin au pouvoir.
1648   Traité de Westphalie.
1659   Paix des Pyrénées.
1661   Début du gouvernement personnel de Louis XIV.
1664   Condamnation de Fouquet — Première de *Tartuffe*.
1665   Colbert, contrôleur général des Finances.
1668   Traité d'Aix-la-Chapelle.
1672   Louis XIV s'installe à Versailles.
1682   Déclaration des quatre Articles.
1685   Révocation de l'Édit de Nantes.
1697   Traité de Ryswick.
1710   Destruction de Port-Royal.
1713   Paix d'Utrecht.
1714   Traité de Rastatt.
1715   Mort de Louis XIV.
1716 ⎫
1720 ⎭   « Système » de Law.
1723   Majorité de Louis XV.
1726   Fleury Premier ministre.
1745   Fontenoy.
1748   Traité d'Aix-la-Chapelle.
1751   Premier volume de l'*Encyclopédie*.
1757   Attentat de Damiens.
1758   Choiseul aux Affaires.
1763   Traité de Paris.
1766   Rattachement de la Lorraine à la France.
1768   Traité de Versailles. La Corse française.
1774   Louis XVI roi, Turgot aux Affaires.
1777   La Fayette en Amérique, Necker aux Finances.
1783   Calonne aux Finances.

1786   Traité de commerce franco-anglais.
1788   (Août) Rappel de Necker.
1789   *5 mai :* Ouverture des États généraux.
        20 juin : Serment du Jeu de Paume.
        14 juillet : Prise de la Bastille.
        4 août : Abolition des privilèges.
        26 août : Déclaration des droits de l'homme.
1790   *12 juillet :* Constitution civile du clergé.
        14 juillet : Fête de la Fédération.
1791   *14 juin :* Loi Le Chapelier.
        22 juin : Varennes.
        17 juillet : Fusillade du Champ-de-Mars.
        1ᵉʳ octobre : Ouverture de la Législative.
1792   *10 août :* Suspension du roi.
        21 septembre : Abolition de la monarchie.
        20 avril : Déclaration de guerre.
        20 septembre : Valmy.
        6 novembre : Jemmapes.
1793   *21 janvier :* Mort de Louis XVI.
        10 mars : Soulèvement de la Vendée.
        6 avril : Formation du Comité de salut public.
        16 mctobre : Exécution de Marie-Antoinette.
        31 octobre : Exécution des Girondins.
1794   *24 mars :* Exécution des Hébertistes.
        27 juillet : Chute de Robespierre.
        19 novembre : Fermeture du club des Jacobins.
        24 décembre : Abolition du maximum.
1795   *31 mai :* Suppression du Tribunal révolutionnaire.
        22 août : Vote de la Constitution de l'An III.
        5 octobre : Journée du 13 Vendémiaire.
        26 octobre : L'installation du Directoire.
1796   *10 mai :* Arrestation de Babeuf.
        14 mai : Prise de Milan par Bonaparte.
        5 août : Castiglione.
        17 novembre : Arcole.
1797   *21 mars :* Rivoli.
        4 septembre : Coup d'État du 18 Fructidor.
        17 octobre : Paix de Compo formio.
1798   *9-18 avril :* Élections jacobines.
        11 mai : Coup d'État du 22 Floréal.
        19 mai : Départ de l'expédition d'Égypte.
        23 juillet : Prise du Caire.
1799   *18 juin :* Coup d'État du 39 Prairial.
        9 octobre : Retour de Bonaparte en France.
        9 novembre : Coup d'État du 18 Brumaire.

1800	*13 février :* Création de la Banque de France.
	28 février : Plébiscite sur la Constitution de l'an VIII.
	14 juin : Marengo.
1801	*15-16 juillet :* Concordat.
	9 février : Traité de Lunéville.
1802	*18 janvier :* Épuration du Tribunat.
	25 mars : Traité d'Amiens.
	2 août : Bonaparte consul à vie.
	4 août : Constitution de l'An X.
1804	*février-mars :* Arrestation de Pichegru, Cadoudal et Moreau.
	21 mars : Exécution du duc d'Enghien.
	Promulgation du Code Civil.
	18 mai : Établissement de l'Empire.
	20 décembre : Sacre de Napoléon.
1805	*18 mars :* Napoléon, roi d'Italie.
	21 octobre : Trafalgar.
	2 décembre : Austerlitz.
	26 décembre : Paix de Presbourg.
1806	*14 octobre :* Iéna et Auerstadt.
	21 novembre : Décret de Berlin. Blocus continental.
1807	*19 août :* Suppression du Tribunat.
	8 février : Eylau.
	14 juin : Friedland.
	7 juillet : Alliance franco-russe.
	13 octobre : Décret de Fontainebleau.
	23 nov. et 17 déc. : Décrets de Milan.
1808	*4 décembre :* Les Français à Madrid.
1809	*6 juillet :* Enlèvement du pape.
	14 octobre : Traité de Schönbrunn.
1810	*3 mars :* Mariage de Napoléon et de Marie-Louise.
1811	*20 mars :* Naissance du Roi de Rome.
1812	*23 février :* Annulation du Concordat.
	5 et 7 septembre : Bataille de la Moskova.
	28 et 29 novembre : Passage de la Bérésina.
1813	*25 janvier :* Concordat de Fontainebleau.
	16-19 oct. : Leipzig.
1814	*6 avril :* Abdication de Napoléon.
	2 mai : Publication de la charte.
1815	*1er mars :* Retour de l'île d'Elbe.
	1er juin : Acte additionnel.
	18 juin : Waterloo.
	8 juillet : Louis XVIII entre à Paris.
	14-22 août : Élection de la « Chambre introuvable ».
	7 décembre : Exécution de Ney.
1816	*5 septembre :* Dissolution de la Chambre.

1817	Loi Laîné sur les élections.
1818	Loi Gouvion Saint-Cyr sur la conscription.
1819	Decazes au pouvoir.
1820	*20 février* : Gouvernement Richelieu après l'assassinat du duc de Berry.
1821	*5 mai* : Mort de Napoléon.
1822	Exécution des quatre sergents de La Rochelle.
1823	Bataille du Trocadéro.
1824	Élection de la « Chambre retrouvée ».
1825	Sacre de Charles X à Reims.
1827	Villèle dissout la Chambre — Élections libérales.
1828	Départ de Villèle.
1829	Ministère Polignac.
1830	*5 juillet* : prise d'Alger. *27-28-29 juillet* : Les Trois Glorieuses. *9 août* : Louis-Philippe prête serment de fidélité à la Charte.
1831	Révolte des canuts lyonnais.
1834	Émeutes républicaines à Lyon et à Paris.
1835	« Lois scélérates » contre les républicains.
1847	Guizot, président du Conseil.
1848	*24 février* : Chute de Louis-Philippe. *25 février* : Proclamation de la République. *4 mai* : Réunion de la Constituante. *22-26 juin* : « Journées de juin ». *5 juillet* : Cavaignac, président du Conseil. *9-11 août* : Lois sur la presse. *12 novembre* : Constitution promulguée. *10 décembre* : Élection de Louis-Napoléon.
1849	*26 mai* : Dissolution de la constituante. *1er juillet* : Prise de Rome par les Français.
1850	*15 mars* : Loi Falloux. *31 mai* : Loi électorale.
1851	*2 décembre* : Coup d'État. *21 décembre* : Plébiscite en faveur de Louis-Napoléon.
1852	*2 décembre* : Rétablissement de l'Empire.
1855	*8 septembre* : Prise de Malakoff.
1856	*30 mars* : Traité de Paris.
1858	*14 janvier* : Attentat d'Orsini. *19 février* : Loi de sûreté générale. *13 juillet* : Entrevue de Plombières.
1859	Loi sur les Chemins de fer (11-6). *10 novembre* : Traité de Zurich.
1860	*23 janvier* : Traité de commerce franco-anglais. *24 mars* : La Savoie à la France.

25 octobre : traité de Pékin.

24 novembre : Droit d'Adresse au Corps législatif.

1862   *5 juin* : Cochinchine française.

1863   Loi sur les sociétés à responsabilité limitée.

Protectorat au Cambodge.

Fondation du Crédit Lyonnais.

1864   Manifeste des Soixante.

Droit de grève (mai).

Krak du crédit mobilier.

1867   Montana.

Départ des Français du Mexique.

1869   *17 novembre* : Inauguration du Canal de Suez.

1870   *2 janvier* : Ministère E. Ollivier.

20 avril : Senatus-consulte sur les pouvoirs de l'Empereur.

8 mai : Plébiscite en faveur de l'Empire.

13 juillet : Dépêche d'Ems.

19 juillet : Déclaration de guerre.

2 septembre : Bataille de Sedan.

27 octobre : Capitulation de Metz.

4 septembre : Déchéance de l'Empire.

1871   *12 février* : Réunion de l'Assemblée nationale à Bordeaux.

17 février : Thiers, chef du gouvernement.

10 mars : Pacte de Bordeaux.

18 mars : Début de la Commune de Paris.

21-28 mai : « Semaine sanglante ».

5 juillet : Affaire du drapeau blanc.

26 février : Préliminaires de paix.

1873   Démission de Thiers — Évacuation du territoire.

1875   *30 janvier* : Amendement Wallon.

24 février : Loi sur l'organisation du Sénat.

25 février : Loi sur l'organisation des pouvoirs publics.

16 juillet : Loi sur les rapports des pouvoirs publics.

1876   Ministère Jules Simon.

1877   *16 mai* : Mac-Mahon renvoie Jules Simon.

juin : Dissolution de la Chambre.

14 octobre : Élections républicaines.

10 novembre : Démission de Broglie.

1879   *30 janvier* : Démission de Mac-Mahon.

juin : Élection de Jules Grévy.

1880   Jules Ferry, Président du Conseil.

1881   *29 mars* : Lois municipales.

12 mai : Traité du Bardo.

30 juin : Loi sur le droit de réunion.

29 juillet : Loi sur la presse.

14 novembre : Ministère Gambetta.

1882   Loi Ferry sur l'enseignement primaire.
1883   Prise d'Hanoï, protectorat sur l'Annam, occupation de Madagascar — Guerre franco-chinoise.
1884   *21 mars* : Loi Waldeck-Rousseau sur les syndicats.
       5 avril : Loi Naquet sur le divorce.
       11 mai : Traité de T'ien-Tsin.
1885   *9 juin* : Second traité de T'ien-Tsin.
1886   Boulanger, ministre de la Guerre.
1887   Scandale Wilson, démission de Grévy.
1888   Premier emprunt russe.
1889   *27 janvier* : Élection de Boulanger à Paris.
       Septembre : Échec des Boulangistes aux élections.
       Fondation de la IIe Internationale.
       Inauguration de l'Exposition de Paris avec la Tour Eiffel.
1890   Toast du cardinal Lavigerie à Alger.
1891   Visite de la flotte française à Cronstadt.
       27 avril : Accord franco-russe.
1892   Tarif Méline.
1892 }
1893 } Scandale de Panama.
1894   Assassinat du Président Sadi Carnot.
1894 }
1899 } Affaire Dreyfus.
1895   Élection de Félix Faure, fondation de la C.G.T.
1898   Delcassé, ministre des Affaires étrangères.
       Fondation de l'Action française.
1899   Élection de Loubet, cabinet Waldeck-Rousseau.
1900   Loi Millerand sur la durée du travail.
1902   Ministère Combes.
1904   Loi contre les congrégations — Visite de Loubet à Rome — Entente Cordiale.
1905   *25 avril* : Constitution de la S.F.I.O.
       28 septembre : Accord franco-allemand sur le Maroc.
       9 décembre : Loi de séparation de l'Église et de l'État
1906   Charte d'Amiens.
       Ministère Clemenceau.
1908   Grèves de Draveil.
1909   Accord franco-allemand sur le Maroc.
1910   Grève des cheminots.
1911   Crise d'Agadir.
1912   Ministère Poincaré.
1913   *17 janvier* : Élection de Poincaré, Président de la République.
       7 avril : Loi des Trois ans.
1914   *avril-mai* : Élections de gauche à la Chambre.
       13 juin : Viviani, président du Conseil.

31 juillet : Assassinat de Jaurès.

—   : Ultimatum allemand à la Russie et à la France.

1ᵉʳ août : Mobilisation en France.

3 août : L'Allemagne déclare la guerre à la France.

5-10 septembre : Bataille de la Marne.

24-25 septembre : Bataille de l'Aisne et de la Somme.

1915   *26 janvier* : Offensive de Champagne.

mai-juin : Offensive de l'Artois.

septembre-octobre : Offensive de Champagne.

19 février : Les Dardanelles.

25 avril : Gallipoli.

5 octobre : Salonique.

29 octobre : Cabinet Briand.

1916   *21 février* : Début de la bataille de Verdun.

1ᵉʳ juillet : Offensive alliée sur la Somme.

24 octobre : Reprise de Douaumont.

2 décembre : Nivelle généralissime.

—   : Congrès de Kienthal.

1917   *9-19 avril* : Offensive Nivelle.

10 janvier : Note alliée sur les buts de la guerre.

19 avril : Accords de Saint-Jean-de-Maurienne avec l'Italie.

6 avril : Ministère Ribot.

31 août : Démission de Malvy.

7 septembre : Cabinet Painlevé.

17 novembre : Cabinet Clemenceau.

1918   *21 mars* : Offensive allemande sur la Somme.

26 mars : Conférence de Doullens.

— : Foch, généralissime allié.

9 avril : Attaque franco-anglaise dans les Flandres.

27 mai : Chemin des Dames.

15 juillet : Offensive allemande sur la Somme.

8 août : Offensive franco-américaine sur la Somme et l'Aisne.

15 septembre : Saint-Mihiel.

28 septembre : Offensive alliée des Flandres.

11 novembre : Armistice de Rethondes.

1919   *28 juin* : Traité de Versailles.

16 novembre : Élections de la Chambre « bleu horizon ».

1920   Congrès de Tours — élection de Deschanel, puis de Millerand.

1921   Cabinet Briand.

Conférences des réparations à Paris.

1922   Cabinet Poincaré — scission C.G.T.-C.G.T.U.

1923   Occupation de la Ruhr.

1924   Élections du cartel des gauches — Doumergue, Président de la

République — Herriot, président du Conseil. Reconnaissance de l'Union Soviétique.

1925   Locarno, entente Briand-Stresemann.

1926   *23 juillet* : Cabinet Poincaré, stabilisation du franc. Accords sur les dettes interalliées.

1928   Élections poincaristes — Pacte Briand-Kellog.

1929   Retraite de Poincaré.

1931   Briand battu par Doumer à l'élection présidentielle.

1932   Doumer assassiné — Lebrun élu.
        Élections de gauche : cabinet Herriot.

1934   Début de l'affaire Stavisky — Cabinet Daladier.
        Émeutes du 6 février — Cabinet Doumergue.

1935   Traité d'assistance mutuelle franco-soviétique.

1936   Élections du Front populaire — Cabinet Blum.
        7 juin : Accords « Matignon ».
        25 septembre : Dévaluation du franc.

1937   *21 juin* : Chute de Blum.
        30 juin : Nouvelle dévaluation.

1938   *30 septembre* : Accords de Munich.
        30 novembre : Grève générale.
        mai : Troisième dévaluation du franc.

1939   *15 mars* : Les Allemands envahissent le Tchécoslovaquie.
        23 août : Pacte germano-soviétique.
        1ᵉʳ septembre : Invasion de la Pologne.
        3 septembre : L'Angleterre puis la France déclarent la guerre à l'Allemagne.

1940   *30 novembre* : Daladier a les pleins pouvoirs.
        20 mars : Démission de Daladier — Cabinet Reynaud.
        10 mai : Invasion de la Belgique et des Pays-Bas.
        14 mai : Sedan.
        3 juin : Dunkerque.
        10 juin : L'Italie déclare la guerre à la France.
        14 juin : Les Allemands à Paris.
        16é juin : Démission de Paul Reynaud.
        — : Pétain demande l'armistice.
        18 juin : Appel de De Gaulle à Londres.
        22 juin : Armistice franco-allemand.
        10 juillet : Le Parlement vote les pouvoirs à Pétain.
        28 juin : De Gaulle reconnu par les Anglais comme chef de F.F.L.
        24 octobre : Entrevue Hitler-Pétain.

1941   *février* : Darlan, vice-président du Conseil.
        11-12 mai : Entrevue Hitler-Darlan à Berchtesgaden.
        1ᵉʳ décembre : Pétain-Gœring à Saint-Florentin.

1942   *18 avril* : Cabinet Laval.

8 *novembre* : Débarquement allié en Afrique du Nord.
11 *novembre* : Invasion de la « zone libre ».
24 *décembre* : Assassinat de Darlan.

1943   30 *janvier* : Création de la milice.
16 *février* : Création du S.T.O.
24 *mars* : Entrevue de Gaulle-Giraud à Casablanca.
15 *mai* : Constitution du C.N.R.
9 *novembre* : De Gaulle seul Président du C.F.L.N..

1944   6 *juin* : Débarquement allié en Normandie.
28 *juin* : Assassinat de Ph. Henriot.
7 *juillet* : Assassinat de G. Mandel.
15 *août* : Débarquement en Provence.
25 *août* : Libération de Paris.
23 *novembre* : Prise de Strasbourg.
27 *novembre* : Retour de Thorez à Paris.
10 *décembre* : Pacte franco-soviétique.

1945   1er-20 *janvier* : Offensive allemande dans les Ardennes.
8 *mai* : Capitulation allemande.
23-7/14-9 : Procès Pétain.
21 *octobre* : Élections.
3 *décembre* : Nationalisation des banques.

1946   20 *janvier* : Départ de De Gaulle.
19 *avril* : Vote d'une première constitution.
23 *juin* : Cabinet Bidault.
16 *décembre* : Cabinet Blum.

1947   14 *avril* : De Gaulle crée le R.P.F.
19-26 *octobre* : Élections municipales.
23 *novembre* : Cabinet Schuman.
19 *décembre* : Scission C.G.T.-C.G.T.F.O.

1948   24 *janvier* : Dévaluation du franc.
1949   19 *septembre* : Nouvelle dévaluation.
20 *septembre* : Début de l'Affaire des généraux.

1950   6 *décembre* : De Lattre de Tassigny en Indochine.
1951   13 *mars* : Cabinet Queuille.
17 *juin* : Élections législatives.
1er *novembre* : Émeutes à Casablanca.
18 *avril* : Traité de Paris créant la C.E.C.A.

1952   17 *janvier* : Émeutes en Tunisie.
20 *janvier* : Cabinet E. Faure.
28 *mai* : Emprunt indexé « Pinay ».
23 *décembre* : Chute de Pinay.
27 *mai* : Traité de Paris sur la C.E.D.

1953   6 *mai* : De Gaulle abandonne les députés du R.P.F.
1954   3-2/7-5 : Dien Bien Phu.
19 *juin* : Cabinet Mendès France.

27 juin : Armistice au Tonkin.
31 juillet : Mendès France à Tunis.
30 août : Rejet de la C.E.D. au Parlement.
1er décembre : Début de l'insurrection dans les Aurès.
1955   *26 janvier* : Soustelle nommé en Algérie.
23 février : Cabinet E. Faure.
1956   *1er février* : Cabinet Guy Mollet après la victoire électorale du « front républicain ».
2 mars : Indépendance du Maroc.
3-10/3-12 : Crise de Suez.
1957   *7 janvier* : Massu nommé à Alger.
13 septembre : Vote de la loi-cadre sur l'Algérie.
1958   *13 mai* : Comité de salut public à Alger.
15 mai : Déclaration du général de Gaulle.
29 mai : De Gaulle accepte de constituer le gouvernement.
1er juin : Le cabinet De Gaulle investi.
4-7 juin : Voyage de De Gaulle en Algérie.
24 septembre : Création de l'U.N.R.
28 septembre : Référendum constitutionnel.
21 décembre : De Gaulle élu Président.
1959   *1er janvier* : Entrée en vigueur du Marché commun.
8 janvier : Cabinet Debré.
16 septembre : Discours de Gaulle sur l'autodétermination.
1960   *24 janvier* : Barricades à Alger.
2 février : Vote des pouvoirs spéciaux.
juin : Indépendance des États d'Afrique noire.
1961   *8 janvier* : Référendum sur l'Algérie.
22-25 avril : Complot des généraux à Alger.
20 mai : Ouverture des négociations d'Évian.
1962   *8 février* : Manifestation anti-O.A.S. à Paris : 8 morts.
18 mars : Accords d'Évian.
19 mars : Cessez-le-feu en Algérie.
8 avril : Référendum sur l'Algérie.
14 avril : Cabinet Pompidou.
28 octobre : Référendum sur l'élection du Président de la République au suffrage universel.
1963   *18 décembre* : Candidature Defferre à la Présidence de la République.
1964   *27 janvier* : Reconnaissance de la Chine communiste.
1965   *9 septembre* : Mitterrand candidat à l'Élysée.
5 décembre : De Gaulle en ballottage, réélu le 19.
1966   *1er juin* : Retrait des troupes françaises de l'O.T.A.N. Création des républicains indépendants.
1er juillet : Voyage de De Gaulle en U.R.S.S.
1967   *12 mars* : Législatives.

1968   *3 mai :* La police à la Sorbonne.
        10-11 mai : Nuit des barricades.
        19 mai : Début des grandes grèves avec occupation d'usines.
        — Discours de De Gaulle.
        30 mai : Dissolution de l'Assemblée, manifestation gaulliste
        à l'Étoile.
        16 juin : Évacuation de la Sorbonne.
        23-30 juin : Élections législatives.
        13 juillet : Cabinet Couve de Murville.
1969   *27 avril :* Référendum sur la réforme du Sénat et des régions.
        28 avril : Démission de De Gaulle.
        31/5-15/6 : Élection de Georges Pompidou.
1970   *6/13 octobre :* Voyage de G. Pompidou en U.R.S.S.
        9 novembre : Mort du général de Gaulle.

Table des matières

DANS LA MÊME COLLECTION

Achevé d'imprimer en septembre 1988
sur presse CAMERON
dans les ateliers de la S.E.P.C.
à Saint-Amand-Montrond (Cher)
pour le compte de la librairie Arthème Fayard
75, rue des Saints-Pères — 75006 Paris

35-14-6119-14
ISBN 2-213-00318-1
Dépôt légal : septembre 1988
N° d'Édition : 482. N° d'Impression : 1788.

Imprimé en France

35-6119-8